LES

# THÉORICIENS

AU POUVOIR.

L'auteur et l'éditeur déclarent réserver leurs droits de traduction et de reproduction à l'étranger.

Cet ouvrage a été déposé au ministère de l'intérieur (section de la librairie) en mars 1870.

---

PARIS. TYPOGRAPHIE DE HENRI PLON, IMPRIMEUR DE L'EMPEREUR, RUE GARANCIÈRE, 8.

# LES
# THÉORICIENS
## AU POUVOIR.

CAUSERIES HISTORIQUES.

PAR

## D. DELORME

DU CAP (HAÏTI).

*Cedant arma togæ.*

PARIS
HENRI PLON, IMPRIMEUR-ÉDITEUR
RUE GARANCIÈRE, 10.

MDCCCLXX

*Tous droits réservés.*

# ÉPOQUE GRECQUE.

# PÉRICLÈS.

Il pouvait être cinq heures du soir. Le soleil descendait lentement vers la montagne. Il avait dépouillé cette magnificence qu'on ne lui voit que dans ce ciel ardent des Antilles, et il semblait s'arrêter en passant, pour jeter un dernier regard dans la forêt sur les palmiers élancés à la chevelure retombante, et sur ces grands acajous qui mettent cent ans à s'élever.

Sa lumière affaiblie faisait au milieu des bois ce demi-jour mystérieux qu'adorent les rêveurs et les poëtes. Et sur la feuille large et lisse des bananiers qu'on voyait au loin dans la plaine, ses dernières clartés semblaient ruisseler.

Paul et George se promenaient au bord du petit torrent qui fait tant de bruit dans la montagne, au milieu des roches qui lui barrent le passage, et qui coule si tranquille dans son gravier bordé d'herbes vertes, sur la grande route qui mène de Plaisance à Limbé.

Ils s'aimaient beaucoup, ces deux jeunes gens. Une longue communauté d'études les avait réunis dans une intime communauté d'affection. Ils avaient depuis quelques jours quitté leur ville pour venir respirer l'air des montagnes.

George était malade; il souffrait depuis longtemps.

et il avait le vague pressentiment d'une fin prochaine, au milieu même des premières années de la vie. Paul le suivait avec la sollicitude d'un frère. Il comptait sur ce changement de vie et de température pour améliorer la santé de son jeune ami.

Ils s'étaient promis d'être heureux au milieu de cette végétation splendide, de ces solitudes pleines d'ombre et de silence, de ces sites grandioses et changeant à chaque pas, où Dieu lui-même semble avoir placé la source éternelle de l'émotion et de l'enthousiasme.

George tenait un volume entre ses doigts. Il alla s'asseoir sur un vieux tronc couché près de la haie. Il ouvrit le livre d'un air distrait. Ce livre, c'était l'*Émile*. On ne pouvait rien choisir de plus approprié aux lieux où l'on se trouvait. Lire Rousseau au milieu des bois et sur les montagnes, c'est étudier la nature dans son sein même et à la voix de son plus fidèle interprète. C'est multiplier son admiration et l'élever au dernier degré de hauteur où le sentiment puisse arriver.

Le jeune homme feuilleta quelque temps le volume et lut au hasard quelques paroles du *Vicaire savoyard*. Puis s'arrêtant tout à coup : « Je ne puis comprendre, dit-il à Paul assis à ses côtés, qu'un poëte comme Rousseau ait abdiqué l'autorité du sentiment, qui le rend si puissant sur les âmes, pour s'armer d'une dialectique douteuse et pour élever, à l'aide de raisonnements contestables, des théories sur le droit public des sociétés. Comment cet homme, tout pétri d'émotion et d'amour, qui, avec un cri sorti du cœur, établit plus de vérités qu'un logicien avec les meilleures formules du syllogisme, a-t-il voulu expliquer la société par un contrat, et raconter l'origine du gouvernement par un compromis qui ne saurait être, au contraire, que le résultat d'une longue expérience à travers les temps? Ne pourrait-on pas lui répliquer que le contrat social ne vient que longtemps après la société, comme il advint à Rome au mont Aventin, où l'on régla, cinq cents ans après la fondation, les garanties du peuple lésé dans ses droits? Ne pourrait-on pas lui montrer dans cette seconde phase du gouvernement la véritable origine de ce contrat social, qu'il place à la naissance même des sociétés? N'eût-il pas eu plus d'autorité à faire découler le gouvernement du besoin d'ordre et de justice naturel à la vie humaine, et à le fonder ainsi sur le modèle de la nature, dont les lois éternelles enseignent partout l'équilibre et la proportion?

Comment a-t-il pu compromettre, dans les hasards de la controverse, des vérités qu'il eût pu affirmer dans la langue qui lui est propre, avec la logique du sentiment?

Pourquoi même s'est-il mêlé de la science technique du droit politique, quand il pouvait tout expliquer, tout persuader par la seule leçon de l'ordre universel dans l'ensemble des choses?

Les hommes d'imagination ne sont ni des hommes d'État ni des publicistes.

Paul écoutait la tête baissée.

— Ami, dit-il en se redressant, je comprends Jean-Jacques. Les hommes d'imagination dont tu parles sont souvent des hommes très-puissants; et tu les trouveras presque tous, si tu y songes, engagés dans les luttes de la politique, non pas seulement à l'état spéculatif comme Jean-Jacques, et avant lui Platon, mais la plupart d'une manière active et militante.

— Et de quoi se mêlent-ils, répliqua Georges, tous ces rêveurs, qui ne sont que des poëtes et des utopistes? Qu'ont-ils à voir dans la politique?

Paul. D'abord, Rousseau, s'il n'a pas fait l'histoire véridique de la société dans l'ordre chronologique des événements, n'en a pas moins posé les règles équitables de la vie politique pour le genre humain.

Ensuite, s'il n'eût raisonné qu'avec le cœur, son livre n'eût été qu'un roman, comme son *Héloïse;* on ne l'eût pas invoqué dans la politique pour le soumettre à l'espèce d'application qui s'en fait dans le monde depuis les décrets de la Révolution française.

Puis, faisons ensemble quelques réflexions, et voyons s'il n'y a pas moyen d'expliquer cette tendance constante des hommes dits d'imagination vers les questions de cette espèce.

L'interprétation de la nature, l'explication de ce qui est obscur et difficile, la solution de tout ce qui est impénétrable et insoluble, ont en elles un attrait intime qui attire, qui séduit les organisations supérieures.

Or, ce qu'il y a de plus difficile en ce monde....

George. C'est l'éternel problème de l'âme, c'est la formidable question de concilier les données matérielles de la science avec l'inévitable *absolu* que la matière ne montre pas, mais qu'on rencontre pourtant à chaque pas dans la spéculation; c'est...

Paul. Non, mon George, ce qu'il y a de plus difficile ici-bas, ce n'est pas Dieu, que nous découvrons avec les yeux intérieurs de l'âme; ce n'est pas la science, dont les lois se retrouvent au sein de la nature, au moyen de l'observation et du raisonnement; ce n'est pas l'art, qui confie à la fin ses secrets à l'inspiration et au génie; ce n'est pas la quadrature du cercle; ce n'est pas la reproduction de la création; c'est la politique et le gouvernement : le gouvernement, dont les règles diverses, complexes, jamais générales, confondent l'esprit le plus pénétrant, déroutent l'étude la plus assidue, abusent la conscience la plus honnête.

GEORGE. Je ne suis pas de ton avis. Je me rappelle un mot de Montaigne qui simplifie la grosse difficulté qui t'épouvante. Le grand penseur, appuyant Plutarque, dit de Philopœmen qu'il était né pour commander, parce qu'il *sçavoit non-seulement commander selon les loix, mais aux loix mesmes quand la nécessité publicque le requeroit.* Toute la politique est dans ce mot.

PAUL. Mais tu oublies que l'événement n'a pas toujours secondé ceux qui, désespérant de commander selon les lois, ont essayé de commander aux lois elles-mêmes. Tu ne te rappelles pas non plus que le même Montaigne, qui creusait tout, réfléchissant à la tâche de conduire les hommes, dont le caractère n'offre pas de prise à une étude certaine et régulière, a dit ce mot non moins profond, qui explique d'une manière admirable l'inconsistance et l'instabilité des systèmes en politique. « *Certes c'est un subiect merveilleusement vain, divers et ondoyant, que l'homme : il est malaysé d'y fonder iugement constant et uniforme.*

En effet, l'histoire et l'expérience de tous les jours

révèlent dans l'ordre politique des contre-sens si étranges, qu'ils bouleversent de fond en comble toutes les règles du raisonnement, le seul guide de l'esprit humain.

Ainsi l'on voit deux hommes d'État, suivant exactement le même système, la même ligne de conduite, atteindre deux résultats non pas seulement différents, mais même diamétralement opposés. Et l'on voit, par contre, deux autres hommes d'État s'engager dans deux voies complétement contraires, et réaliser en fait cette sorte de paradoxe d'arriver tous deux à un but semblable. L'un se perd par sa tyrannie ; l'autre se perd également par le libéralisme de ses sentiments.

George. Il est vrai que cela se voit.

Paul. Et voilà ce qui fait de la politique la chose la plus difficile à comprendre en ce monde ; et voilà pourquoi, dans tous les temps, les intelligences les plus élevées se sont préoccupées de la direction des sociétés ; poussées en cela non point seulement par l'orgueil de tout comprendre, mais aussi et surtout par le zèle de la justice, par le culte de la vérité.

George. Et un peu aussi par la vanité des honneurs publics, par l'ambition d'exercer le pouvoir.

Paul. Le plus souvent, à mon avis, par l'unique passion de faire le bien. La nature sait compléter ses œuvres. En formant les esprits d'élite, elle ne leur plaint pas les trésors du cœur. Autant d'intelligence, autant de loyauté ; clarté dans la tête, amour dans l'âme ; en un mot, science et conscience unies et confondues.

George. Mais quelle influence ces hommes ainsi

faits ont-ils exercée sur les destinées de leur pays? Quelle carrière y ont-ils fournie? Et quels succès obtenus?

Paul. Le sujet est intéressant. Employons donc à l'étudier le temps que nous passons dans ces belles montagnes. Nous en causerons tout à notre aise, en nous restreignant toutefois aux exemples les plus remarquables.

Nous n'aurons pas besoin de remonter aux époques primitives où des hommes de génie ramassaient, comme Moïse, des fugitifs dans le désert, et en faisaient de grandes nations. Nous ne rappellerons pas ces hommes exceptionnels qui, profitant d'un milieu social favorable à leurs desseins, ont donné, comme le roi Numa et comme Mahomet, à des tribus de brigands les lois et les maximes qui en ont fait les maîtres du monde.

Nous ne rappellerons ni Lycurgue faisant de Sparte un prodige qui ne s'est plus reproduit sur la terre; ni Confutzée donnant à la Chine des milliers d'années d'organisation et d'inviolable indépendance.

Il suffira de traiter de ceux qui, dans des sociétés déjà en pleine civilisation et au sein des plus belles époques des lumières de l'esprit humain, ont entrepris de diriger les affaires publiques, d'appliquer leur intelligence à améliorer l'espèce humaine, de remplacer le règne de la force par le gouvernement de la pensée. Trois peuples surtout se sont signalés sur la terre par l'éclat de leur histoire, par la grandeur de leurs travaux, par leur esprit d'initiative, par l'influence intellectuelle et politique qu'ils ont exercée sur le reste du monde : les Grecs, les Romains, les Français.

C'est chez ces trois nations, qui ont tenu successivement en main la direction des affaires du monde, qu'il importe d'étudier l'action des hommes d'intelligence sur la politique et le gouvernement. C'est chez elles que se sont faits sur la plus grande échelle les essais divers de toutes les formes possibles de gouvernement connues dans l'univers. C'est là que s'est révélée dans tout son jour la grosse, l'immensurable difficulté de gouverner les hommes. C'est là enfin que le redoutable problème s'est posé sous toutes ses faces et a produit les solutions les plus diverses.

— Je t'écouterai avec attention, dit George en se levant; mais je te promets aussi de te contredire toutes les fois que tu voudras forcer ton opinion pour en faire un système, un corps de doctrine.

— Et tu feras bien, répondit Paul. Dans les choses qui n'ont pas la matière, c'est-à-dire l'évidence, pour point de départ et de comparaison, la vérité ne se peut trouver que par l'analogie, le libre examen et la discussion.

Mais voici venir l'air de la nuit, qui descend de la montagne; il pourrait te faire mal. Prends mon bras et regagnons la chaumière.

Le lendemain matin, avant le jour, ils étaient assis devant la petite maison où ils logeaient, à Camp-Coq. Il y avait dans l'air une fraîcheur délicieuse. Cette fraîcheur était imprégnée de toutes les douces senteurs matinales des plantes de la forêt. Les oiseaux se réveillaient et réveillaient les hommes par leurs cris et leurs chants divers. On respirait un indéfinissable sentiment de paix et de confiance. On oubliait les idées tristes, on se sentait heureux, ce qui est si rare en ce bas monde!

La vieille du logis jetait du maïs à ses poules, qui sautaient à bas des branches en battant des ailes. A quelques pas de la maison, une jeune femme accroupie trayait une vache sous le caïmitier, et emplissait de lait un de ces vases oblongs formés d'une moitié de calebasse. Un petit garçon, nu-tête et nu-pieds, vêtu d'une blouse de *colette* attachée par une ceinture de cuir sur un large caleçon de coton bleu, retenait tout près de là, en s'appuyant sur ses talons, le petit de la vache, attaché à un licou, qui tirait sur la corde et faisait mille efforts pour s'échapper.

La paysanne se releva, l'enfant lâcha la corde, et le bouvart, en deux bonds, était entre les jambes de sa mère, pressant avec avidité et secouant en tous sens le sein maternel dont on l'avait sevré durant toute la nuit.

La jeune femme regardait en riant. Elle remit à l'enfant la calebasse remplie; puis elle jeta par hasard les yeux sur les hauteurs, et de sa main noire et potelée, toute couverte encore du lait de sa vache, elle montra la montagne aux deux jeunes gens.

— Regardez, messieurs, dit-elle. Voilà le soleil en train de se lever. Je crois que c'est cela que vous aimez tant à voir quand vous allez si matin là-haut, sous les bambous du grand chemin.

C'était vraiment une bien belle chose. Les feuilles étaient couvertes de grosses gouttes de rosée. Le soleil, en se levant, encore à moitié caché par la montagne en face, glissait son premier rayon à travers les plus hautes branches, et le promenant sur les feuilles humides, faisait de chaque gouttelette une pierre étincelante. Toutes les couleurs de la lumière se croisaient, se séparaient, se réunissaient. Cette magnificence se reproduisait sur chaque arbre, sur chaque branche, sur chaque feuille de la montagne. Les diamants, sous le feu des lustres dans les salons, n'ont rien d'aussi riche, d'aussi brillant que cette parure humide des arbres de la forêt, éclairés par la lumière du ciel.

Les savants y étudient le phénomène de la réfraction; les poëtes y adorent la gloire du Créateur.

Nos deux amis se levèrent, et en s'en allant vers la hauteur, l'un d'eux dit à la jeune femme : « Et toi, n'aimes-tu pas aussi cette belle chose que tu nous montres? — Oh! oui, fit-elle. Ça se voit ainsi tous les matins, et cependant tous les matins ça paraît nouveau. C'est ce que je ne comprends pas. »

Ils prirent le chemin rocheux qui tourne à gauche, puis, à main droite, un petit sentier qui longe quelques cafiers plantés épars sur la colline. De larges fleurs blanches et violettes s'ouvraient humblement dans l'herbe mouillée sous les cafiers.

Ils allèrent s'asseoir sur une roche, d'où l'on découvre au fond de la vallée la petite rivière qui coule sans bruit, bien loin en bas, comme une raie blanche sur le vert foncé de cette puissante végétation.

— Eh bien, Paul, commença George après une heure de muette contemplation, si tu as assez joui en silence de ce spectacle, qui est la meilleure des religions, dis-nous un mot de tes hommes d'État, capables de construire la meilleure des politiques.

Paul. Tu dis doublement vrai. C'est ici la source même des vraies religions, car c'est Dieu lui-même qu'on y entend et qu'on y voit.

Quant à ces hommes d'État dont nous avons à causer ensemble, ils sont en effet capables de créer les meilleurs des gouvernements, parce que c'est en Dieu lui-même qu'ils vont chercher leurs lois, pour les avoir sages, justes et bienfaisantes.

George. Mais il leur faut une autre qualité; il faut encore qu'elles soient praticables; et ce n'est pas là la dernière des conditions qu'elles aient à réunir pour éviter d'être des rêves et de beaux projets.

Paul. Praticables, tu as raison; et je veux, contre ton attente, m'appliquer surtout à rechercher les aptitudes pratiques de ces hommes dont nous parlons. Je veux étudier ce qu'ils ont fait et les moyens qu'ils ont employés. Je tiens à démontrer que les plus *positifs* d'entre ceux qui ne reconnaissent en politique que l'action, la force et l'astuce, appelées par eux habileté, n'ont pas fait preuve dans la vie publique d'une entente plus nette et plus précise de la conduite du gouvernement. Et du résultat de ces recherches plutôt que de l'étude de leurs opinions, j'espère déduire la forme de gouvernement la plus propre à mener à bien la chose publique dans tous les pays.

George. Grosse affaire, mon cher Paul! Je suis tout oreilles à t'écouter.

Paul. Nous causons à deux et intimement. Nous pouvons nous dire tout ce que nous pensons, sans craindre d'être taxés de prétention par des tiers.

Nous sommes convenus de nous en tenir à trois époques, à trois nations?

George. C'est ce que tu as dit toi-même; mais nous verrons le reste une autre fois.

Paul. Nous sommes convenus aussi que nous commencerons par les Grecs?

George. Pour procéder méthodiquement, c'est bien l'ordre des temps qu'il convient de suivre.

Paul. Eh bien, les Grecs, pour entrer en matière, sont certainement un peuple admirable, et qu'on ne cessera pas d'admirer dans le monde. Cependant, toute la race grecque en général a-t-elle acquis au même degré cette excellence qui justifie cette admiration? Je ne le crois pas.

De tous ces petits peuples de l'antiquité génériquement connus sous la commune dénomination d'Hellènes, le plus remarquable incontestablement et le plus propre à fournir à l'étude que nous entreprenons, ce sont les Athéniens.

George. Ils ont fait plus de bruit que les autres.

Paul. Je mets à part le bruit qu'ils ont fait, quoique ce bruit soit la conséquence naturelle de leur caractère généreux, et je dirais même chevaleresque, si l'anachronisme n'était si fort; je mets de côté cet éclat, qu'ils partagent avec les Français d'aujourd'hui, et dont ils avaient l'élégance d'esprit et l'enthousiasme.

Je m'en tiens à leur vie publique, à leurs lois, à leurs mœurs, à la carrière politique qu'ils ont remplie.

La défaite des Perses, la première puissance militaire de l'époque, avait rendu les Grecs maîtres des nations méditerranéennes, qui formaient alors le corps de la civilisation du monde. Et dans cette confédération mal disciplinée des peuples grecs, les Athéniens, qui avaient presque à eux seuls accompli cette merveille de vaincre le *roi des rois* et ses armées, représentées par la légende comme plus nombreuses que le sable du rivage des mers, tenaient l'hégémonie de la Grèce et la suzeraineté des autres États.

Après ce triomphe, qui venait d'effacer les exploits de leurs aïeux, célébrés dans les vers d'Homère, les divers peuples de la Grèce rentrèrent dans le repos, et pour ainsi dire dans l'obscurité. Mais les Athéniens continuèrent à grandir et devinrent bientôt la nation la plus puissante, la plus prospère et la plus polie de la terre.

A qui devaient-ils ces progrès, cette supériorité, cette prééminence incontestable? A l'un de ces hommes d'imagination que tu exclus de la politique, à un homme de génie, à un citoyen formé par l'étude, et qui avait nourri, cultivé, fortifié son intelligence pour la faire servir au bien de la chose publique.

GEORGE. Et cet homme?

PAUL. C'est Périclès.

GEORGE. Je ne l'accepte pas; c'est un tyran.

PAUL. S'il est un tyran, il prouve au delà même de mon assertion; et du premier coup, tu m'accordes plus que je ne demande. En effet, je n'avais qu'à faire voir que ceux qui s'occupent de spéculations et d'abstractions n'en sont pas moins propres à prendre part au gouvernement, et voilà que nous trouverions dans un de ces hommes non-seulement des aptitudes pratiques incontestables, mais, bien plus, l'audace et l'habileté d'imposer son autorité à un peuple, sans être empêché par ces hésitations, par ces nuages, par ces scrupules qu'on attribue d'ordinaire à ces penseurs.

George. Mais Périclès n'était pas de ces hommes. C'était un orateur de faconde, et nullement un rêveur et un enthousiaste.

Paul. Jamais esprit plus orné ne s'est rencontré dans toute la Grèce, la terre classique de l'imagination et de la poésie.

Son premier maître fut un poëte, le vieux Damon, sorte de troubadour, on disait rapsode dans ce temps-là, qui courait le pays, offrant des leçons de musique, et cachant sous les dehors de cette profession, dans la crainte sans doute du breuvage de Socrate, des idées politiques et des connaissances spéciales, qu'il communiqua au jeune artiste. Ainsi ses premières études, il les fit à la cadence du rhythme et sous le voile de la fiction.

Il suivit ensuite les cours de Zénon, le panthéiste. Il était possédé de l'ardeur de l'étude. Il recherchait assidûment la compagnie des philosophes et des lettrés. Il passa enfin à l'école d'Anaxagore, qui le prit en amitié, et qui lui donna cette dignité d'attitude que ses contemporains appelaient olympienne. Il paraît que ce républicain avait la majesté de Louis XIV.

Amyot, traduisant Plutarque, nous dit, dans sa langue expressive, que ce Périclès dont nous causons « avoit été à plein instruict en la cognoissance des choses naturelles, mesmement de celles qui se font en l'air et au ciel, et qu'il en prit non-seulement une grandeur et hautesse de courage, et une dignité de langage où il n'y avait rien d'affecté, de bas ny de populaire, mais aussi une constance de visage qui ne se mouvoit pas facilement à rire, une gravité en son marcher, un ton de voix qui jamais ne se perdoit, une contenance rassise, et un port honnête de son habillement, qui jamais ne se troubloit pour chose quelconque qui lui advinst en parlant, et autres semblables choses, qui apportoyent à tous ceulx qui les voyoyent et consideroyent un merveilleux esbahissement. »

Cet Anaxagore savait tant de choses, qu'on le surnommait d'un mot qui signifie don de savoir. Toute la science de son temps, il la possédait, et il la transmit à son élève.

Il avait entrepris, dans ses théories, d'enlever au hasard la direction du gouvernement, pour la donner à l'intelligence. Périclès n'aurait pu mieux trouver.

Ainsi nous découvrons en ce vieux raisonneur de l'antiquité grecque le premier chef de l'école politique à laquelle nous appartenons.

GEORGE. A laquelle tu appartiens.

PAUL. A laquelle tu appartiendras aussi quand tu auras noté les observations que nous allons faire.

Périclès donc, que nous verrons bientôt aux affaires, était un lettré de première classe, comme on dirait chez les Chinois. En outre, c'était un artiste. Personne plus que lui, pas même Phidias, n'avait le sentiment de l'art et de la poésie qui l'anime et qui l'inspire. Il ne l'a que trop montré par les choses qu'il a faites dans sa brillante administration. C'était le goût le plus délicat et l'imagination la plus fleurie. Son éloquence était un miracle : il parlait avec tant de grâce et de séduction, que les poëtes de son temps disaient de lui, dans leur langage toujours figuré, que la déesse de la Persuasion résidait sur ses lèvres.

Et c'est au milieu de cette culture des sciences, de ce goût enthousiaste des arts, de ce culte assidu des choses de l'imagination et de la poésie, qu'il gouverna quarante ans la république ombrageuse des Athéniens.

George. Précisons les choses pour bien nous entendre. Il s'agit uniquement entre nous d'hommes de lettres offrant en eux cette alliance, que je nie, des aspirations de la philosophie avec l'entente des choses positives. Celui que tu cites n'est pas dans ce cas : il a régné en tyran, sans scrupule et sans choix de moyens.

Paul. Tu reconnais donc d'abord en celui-ci, que l'enthousiasme de l'esprit n'a pu rien ôter au sens pratique de l'homme d'État. C'est déjà un point de gagné. Traitons maintenant la question de tyrannie.

Un tyran usurpe le pouvoir à main armée, renverse les lois établies, commande en maître à la place de ces lois, menace et fait trembler. Un tyran, c'est Denys, c'est Agathocle, c'est Sylla, c'est Cromwell.

Mais Périclès a-t-il jamais violé ou même pu violer la constitution du peuple athénien? A-t-il pu jamais commander en maître? N'a-t-il pas été, au contraire, toute sa vie, attaqué par l'envie et la malveillance, persécuté par une armée d'ennemis qui le surveillaient, le dénonçaient, le calomniaient, et qui nuit et jour tramaient sa ruine? A-t-il jamais eu d'autre autorité que celle que lui donnaient la supériorité de son esprit et la confiance qu'elle inspirait? Un tyran se trouve-t-il dans ce cas?

Périclès a passé sa vie à combattre le parti des grands, et ce parti lui a donné dans l'histoire la réputation à laquelle tu crois.

Il appartenait cependant à la première noblesse de la Grèce. Si les rangs, dès ce temps-là, étaient réglés comme en Europe au moyen âge, on eût pu le comparer aux Montmorency et aux Rohan. Son père avait combattu et vaincu le Perse à Mycale ; sa mère descendait de Clisthène, libérateur et législateur de la république.

Mais il préféra la démocratie. L'instinct du juste l'emportait en lui sur les préjugés. C'est l'histoire du duc d'Orléans, qui n'a pas été aussi heureux que lui. C'est plutôt l'histoire de Mirabeau, mais qui n'a pas eu le temps d'exercer comme lui le pouvoir.

George. Ainsi, à t'entendre, c'était un libéral et un démocrate que ce grand seigneur aux allures royales, qui a pour ainsi dire inventé l'étiquette en Europe?

Paul. Cette attitude et ces mœurs ne font qu'ajouter à son mérite en ce qu'elles ont augmenté les obstacles qu'il eut à vaincre pour arriver à la tête des affaires.

Les Athéniens revoyaient Pisistrate dans sa figure, dans son geste, dans ses manières, dans son parler facile et séduisant. De plus, il était riche, et il avait des alliances dans les grandes familles.

Naturellement l'envie se mit en campagne contre cet homme à grandes façons, et la guerre se déclara dès qu'il manifesta son premier penchant pour les affaires.

Lui, politique habile et de sagesse prématurée, cacha son jeu, dissimula, se fit petit.

Il prit d'abord du service dans les armées, et le lettré, que nous verrons bientôt à la tête des flottes de la république, livrant de grandes batailles, remportant de grandes victoires, se montrait dès lors vaillant soldat.

Deux des hommes les plus grands de la Grèce gouvernaient Athènes dans ce temps-là : le peuple les exila. La proscription des supériorités était comme une des lois essentielles de la démocratie athénienne.

Thémistocle et Aristide ainsi disparus, Cimon briguait le pouvoir. Il s'était fait le chef du parti des grands et voulait gouverner dans le sens de leurs intérêts.

Périclès saisit ce moment : il crut son heure enfin arrivée, et il se porta, pour ainsi dire, candidat du peuple au gouvernement.

GEORGE. Il avait besoin du suffrage du peuple pour combattre son rival, plus en crédit que lui dans la société.

PAUL. Mais ça n'était pas trop maladroit, et je ne vois pas en quoi c'est répréhensible.

GEORGE. En ce qu'il ne se souciait que médiocrement du sort de ce peuple, qu'il abusait.

PAUL. L'imputation n'est que gratuite. Elle n'est pas justifiée par l'administration de Périclès, et elle ne répond guère à ce qu'on peut juger de ses convictions par les actes de sa vie publique.

Il voulait fonder un gouvernement sur les théories qu'il avait étudiées. L'ordre et la proportion, qu'il avait découverts dans les sciences naturelles; la logique et la justice, qu'il avait trouvées dans les doctrines des philosophes, il avait le dessein de les faire passer dans la politique. Il se proposait d'en faire une science.

Or cette science ne pouvait être que la démocratie, c'est-à-dire le gouvernement de la raison, équilibrant tous les intérêts, pondérant tous les droits, combinant tous les devoirs, dégageant toutes les garanties, produisant l'harmonie par l'équité.

Il voulait être neutre entre les partis : noble par la naissance, peuple par la conscience, représentant la chose publique.

Mirabeau, dans le même cas que lui, a adopté la même politique.

George. Et comme Mirabeau, il voulait probablement soigner quelque peu ses affaires personnelles.

Paul. Il faut beaucoup d'attention et de soin pour voir clair dans les accusations portées contre Mirabeau, et avant lui, contre Bacon chez les Anglais. Il y a tant de passions et d'intérêts coalisés contre ces sortes d'hommes ! Ne nous hâtons ni de condamner ni de justifier. Nous verrons Mirabeau une autre fois.

Ne nous occupons aujourd'hui que de Périclès, et constatons une fois pour toutes, avec les historiens mêmes qui l'ont jugé le plus sévèrement, que loin de bénéficier du gouvernement, il a dépensé de son propre bien au service de la république.

George. Il est clair néanmoins qu'en se séparant de l'aristocratie, à laquelle il appartenait, il voulait gouverner par la multitude en favorisant la démagogie.

Paul. Il répugnait souverainement au contraire aux désordres de la place publique.

George. Quelle sorte de gouvernement hybride et impossible pensait-il donc établir à Athènes ?

Paul. C'est ici que tout son mérite va éclater.

Quel était à cette époque le gouvernement du peuple athénien? — Le gouvernement de la multitude. Le peuple faisait la loi, le peuple exécutait la loi, le peuple jugeait lui-même et dirigeait l'État sur la place publique.

Ce régime était funeste.

Pour gouverner la république, il fallait à l'avance se résigner à l'ostracisme, à la calomnie, à la misère, à la mort en pays étranger. Aristide lui-même y avait passé.

L'administration n'avait pas d'ordre, et les affaires périclitaient.

Cependant le gouvernement populaire n'était pas enraciné dans les traditions du peuple athénien. Codrus n'avait pas laissé à son peuple le souvenir des Tarquins de Rome. Il y avait moyen de ramener les esprits à un gouvernement plus rationnel et plus sage.

George. Comment! le gouvernement démocratique, à ton avis, n'est pas basé sur des principes de raison et de sagesse?

Paul. Distinguons d'abord entre démocratie et démagogie. L'une est le gouvernement en vue du peuple, l'autre est le gouvernement par le peuple lui-même. La première, c'est la justice; la seconde, c'est la déraison et l'impossible.

Le gouvernement d'un seul tourne au despotisme et mène à Louis XIV; le gouvernement d'une classe tourne à la tyrannie et conduit au *Conseil des Dix;* le gouvernement de la foule tourne à l'anarchie et aboutit à 93.

Cependant l'unité du pouvoir donne de la précision

au gouvernement, les lumières des classes élevées sont des garanties d'ordre et de raison ; et les délibérations de la masse du peuple sont les conditions de la liberté.

Le problème consiste à réunir ces trois avantages dans la combinaison de ces trois formes : Le *peuple* peut-il légiférer, concurremment avec le *sénat*, sous la direction d'*un magistrat* désigné par la confiance publique?

GEORGE. Mais ce magistrat seul, c'est un monarque.

PAUL. L'essence du pouvoir monarchique, c'est l'hérédité. L'élection supprime l'abus et enlève toutes les objections.

Ce système, c'est le moyen terme. Le vrai ne se peut trouver ni dans un extrême ni dans l'extrême contraire. L'homme, nature finie, ne peut tomber dans l'infini, qui est l'absolu, c'est-à-dire l'extrême, sans se tromper et sans se perdre.

Ceux qui tiennent, en philosophie, pour la matière seule et pour ses lois, ravalent l'humanité et la plongent, à leur insu, dans le danger du *moi* exclusif, de l'intérêt primant le devoir.

Ceux qui, comme Malebranche, voient tout dans l'abstraction et dans l'esprit pur, arrêtent le progrès humain et plongent l'homme, à leur tour, dans le rêve et l'extase inféconde des sociétés asiatiques.

Il faut l'alliance et le moyen terme. Entre les nominalistes et les réalistes du douzième siècle, Abailard s'était mis au milieu.

L'éclectisme, qu'on raille quelquefois, est pourtant le dernier mot de la science humaine.

Il n'en est pas autrement en politique.

Tout s'enchaîne dans la vie des hommes.

George. Les Muses sont sœurs, disaient ces Grecs dont nous parlons ; mais il ne s'agissait pour eux que de sciences et d'arts, qu'ils réunissaient par cette image dans une fin commune et philosophique.

Paul. Tous les ordres d'idées, sans exception, ont entre eux une corrélation générale qui les relie dans une grande unité, sur le modèle de la création.

Ainsi, les systèmes absolus ne sont pas les meilleurs en fait de politique pas plus qu'en philosophie. Et la même idée se retrouvera vraie dans toutes les sciences, dans tous les arts, comme dans toutes les matières où l'activité humaine peut avoir à s'exercer.

Il y aura toujours, entre homœopathes et allopathes, entre neptunistes et plutonistes, entre coloristes et dessinateurs, entre classiques et romantiques, entre réalistes et humanistes, entre harmonistes et mélodistes, entre protectionnistes et libre-échangistes, le même moyen terme qu'indique la raison entre absolutistes et anarchistes, entre autoritaires et démagogues.

George. Mais ce moyen terme, en politique, ce ne peut être que l'aristocratie ou l'oligarchie. Or, le gouvernement aristocratique n'est pas moins que les autres un système extrême, puisqu'il n'est que le gouvernement exclusif d'une caste à son propre profit.

Paul. J'hésite à dire *aristocratie*. Ce mot a perdu dans le cours de l'histoire son acception grecque et primitive. Il signifiait, dans le principe, gouvernement des *meilleurs* et des plus dignes. La même signification lui a été conservée dans le latin, qui disait aussi *optimates*. Mais depuis il a changé de couleur, et n'a plus servi qu'à nommer l'usurpation des nobles ou des plus riches. Ce n'est pas là l'idée que je veux rendre.

Entre ces deux termes extrêmes du problème politique qu'il s'agit de résoudre : *un seul* et *tous à la fois*, prenons pour moyen terme *les plus capables*, et nous aurons la solution.

Et pour éloigner de ce système toute idée d'oligarchie, séparons ces plus capables de toute acception de caste et de parti, de toute étroite considération de naissance et de fortune. Prenons-les où ils se trouvent.

GEORGE. Mais qui les reconnaîtra, ces *meilleurs* et ces *plus capables*, pour les appeler à la tête du pouvoir? Je n'admets, moi, que des choses pratiques. Devront-ils, par la force, s'imposer à la société?

PAUL. Par la force, ils ne le pourraient pas : ils ne l'ont jamais de leur côté. Mais par le choix des peuples, la chose est possible, et elle s'est même souvent produite. L'histoire de cette Grèce dont nous parlons nous le fait voir à chaque instant.

L'antiquité ne connaissait pas la république. La Grèce seule, dans ces temps reculés, donne au monde l'exemple du gouvernement populaire. L'univers civilisé d'alors se gouvernait par des monarques. Rappelons-nous les peuples les plus anciens dont nous ayons entendu parler : Égypte, Perse, Inde, Chine ; partout nous trouvons le gouvernement absolu d'un seul. Preuve que le contrat social, comme tu l'as dit, n'est point l'origine, le point de départ, mais l'expérience et le progrès.

GEORGE. Ces derniers mots te font honneur.

PAUL. Merci mille fois pour le compliment. Je

cherche le vrai dans le vraisemblable et dans l'expérience. On ne saurait avoir meilleure méthode.

Or, ces Grecs sont les premiers dans l'antiquité qui, par l'élévation de leur esprit, aient contesté le gouvernement d'un maître suprême.

Les Juifs ont bien quelquefois simulé la république sous leurs juges et leurs prophètes ; mais cette démocratie, issue du principe théocratique, ne pouvait engendrer que le pire des asservissements.

Les Grecs seuls ont fait la république. Mais en la faisant, ils ne visaient pas tout d'abord à la domination de la multitude. Ils ne cherchaient que le moyen de se préserver des Pisistrate et de leurs pareils.

La preuve, c'est que nonobstant les formes démocratiques qu'ils avaient adoptées, les Athéniens, chaque fois qu'ils trouvaient un homme de mérite, lui laissaient les rênes de l'État. Et sans l'envie des médiocrités, Athènes eût acquis, dans ce système, dès après les guerres médiques, une stabilité qui lui eût fait de plus belles et de plus longues destinées. Mais elle bannissait tous les meilleurs après les avoir appelés à la sauver. Aristide même n'a pas trouvé grâce.

Périclès avait creusé ces questions, et il avait entrepris d'implanter dans son pays et de l'affermir par son exemple, le régime politique que nous venons de voir, avec ces deux mots pour constitution : la liberté et l'autorité.

Tous les hommes d'étude et de réflexion arrivent forcément à cette opinion. De quelque point qu'ils partent dans la carrière, ils deviennent ce qu'on appelle aujourd'hui libéraux-conservateurs. Libéraux, parce qu'ils trouvent l'obligation du progrès au fond de toutes leurs études; conservateurs, parce qu'au fond de ces mêmes études ils trouvent également l'obligation de l'ordre comme condition de tous les progrès.

En leur qualité de libéraux, ils ont à cœur les droits des peuples; en leur qualité de conservateurs, ils veulent un pouvoir capable de préserver ces droits de la ruine qu'entraîne le désordre.

Libéraux, ils demandent que le peuple prenne part à son gouvernement par le choix de ses législateurs et de ses gouvernants; conservateurs, ils veulent que ces législateurs et ces gouvernants soient les plus capables et les plus dignes.

Périclès cherchait cela quatre cents ans avant notre ère. C'était un libéral-conservateur. Il est très-curieux de rencontrer cette variété moderne chez les anciens.

GEORGE. Mais ce que tu dis là n'est pas le gouvernement de la majorité; donc ce n'est pas la démocratie.

PAUL. La démocratie, c'est le gouvernement en vue du peuple, et non le gouvernement par le peuple lui-même.

La foule ne délibère pas, elle se passionne. Elle n'a pas le calme et la réflexion qui sont nécessaires pour délibérer. Elle n'a pas non plus les lumières que réclame une tâche si difficile. Donc, elle ne peut pas être raisonnable et sage, et partant elle ne peut gouverner sans compromettre même ses propres intérêts.

Mais elle gouverne par ses élus. Et cette minorité, savamment combinée par la loi, devient effectivement la majorité.

La majorité matérielle n'est pas une raison, et un chiffre n'est pas un droit. L'idée du système représentatif n'est pas tant de trouver la volonté arbitraire du plus grand nombre que de découvrir la droite raison. C'est la raison seule qui guide l'homme et les sociétés : elle seule doit les discipliner et les gouverner, et c'est elle seule qu'on cherche dans l'élection.

Le plus grand nombre peut se tromper ; il se trompe souvent, il se trompe même presque toujours.

George. Et la minorité ne se trompe jamais?

Paul. Elle se trompe aussi : *Errare humanum est;* pardonne-moi ce dicton latin. Mais quand elle se trompe, il y a une ressource : on peut en appeler. Et à qui en appeler quand c'est la majorité elle-même qui commet la faute? C'est alors l'injustice consacrée par la force; c'est la tyrannie sous une autre face. Cette raison du plus fort, dénoncée par le fabuliste : *quia nominor leo* (encore du latin), est la plus tyrannique et la plus funeste de toutes les raisons.

D'ailleurs, et c'est là le principe, la minorité, comme nous l'entendons, offre des garanties contre l'erreur : elle a des lumières et du raisonnement.

C'est elle qui a éclairé le monde. C'est elle qui a réalisé dans les sciences, dans l'industrie, dans les arts, les progrès dont nous jouissons. Ce n'est pas à la majorité que nous devons les grandes découvertes et les inventions qui ont fait la civilisation que nous voyons.

Nous pouvons compter les quelques hommes qui, par leurs études et par leurs travaux, ont dissipé la nuit des temps d'ignorance, de misère et d'asservissement. Les multitudes n'ont pas délibéré dans le forum pour décréter les propriétés des corps, les lois de l'attraction, la force de la vapeur, la vitesse du courant électrique, les procédés divers introduits dans l'agriculture, dans les professions, et qui ont renouvelé l'existence humaine en portant partout la facilité, l'aisance, l'amélioration morale et matérielle.

George. Cependant, au milieu même de tous ces progrès, les peuples n'en eussent pas été plus avancés, s'ils n'avaient revendiqué les droits politiques, qui les mettent à même d'y participer. Les découvertes les plus merveilleuses eussent-elles été faites au moyen âge, quel avantage les peuples en eussent-ils retiré, courbés qu'ils étaient sous les jougs divers qui pesaient sur eux?

Paul. Mais ces droits politiques, où en ont-ils trouvé l'idée, l'origine et la leçon? Les ont-ils reçus du ciel par une communication du Saint-Esprit? Ne sont-ce pas quelques penseurs, mûris par l'étude, qui les ont proclamés, qui en ont démontré l'évidence et la légitimité?

A-t-on convoqué le peuple dans ses comices pour lui faire voter l'*Esprit des lois*, le *Novum organum*, le *Dictionnaire philosophique*, le *Contrat social*?

George. Par l'idée naturelle de l'égalité, les peuples seraient parvenus d'eux-mêmes à discerner la part qui leur revient dans la constitution des sociétés.

Paul. Ce n'est pas cette part légitime qu'ils auraient trouvée; mais, au milieu des conflagrations qui arrivent dans les grandes réactions des temps barbares, ils auraient trouvé ou plutôt retrouvé le droit de la force, et non point la force morale d'organiser le droit pour le conserver.

GEORGE. Tu oublies donc 89 et ce grand mouvement populaire qui a fondé à tout jamais la liberté dans le monde?

PAUL. Loin de l'oublier, j'y trouve un appui à mon opinion. Cette révolution, en effet, incomparable par les conséquences morales qu'elle a produites, n'eût enfanté que les excès que nous savons, sans la direction d'une dizaine d'esprits supérieurs qui l'ont provoquée ou qui l'ont menée. Si acharnés qu'ils fussent pour la plupart contre leurs adversaires et leurs ennemis, ils avaient en eux le rayon de lumière qui les guidait vers des idées d'ordre et de reconstruction. Sans eux, il y eût eu table rase.....

GEORGE. Cependant, si l'homme à l'état de nature peut trouver en lui l'idée d'un Dieu voulant le bien, pourquoi n'y trouverait-il pas de même l'idée de la justice dans le gouvernement?

PAUL. Comme nous allons loin ainsi, de fil en aiguille, avec tous ces *mais* et ces *si* que nous accumulons les uns sur les autres! Mais nous ne faisons que causer, et toutes digressions nous sont permises : il n'y a pas de tiers pour nous reprendre. C'est d'ailleurs le propre de la causerie de passer d'un sujet à l'autre, libre et dégagée des règles de l'art.

Cette idée de Dieu, que tu m'opposes comme naturelle et comme innée, je la crois telle. Mais cette même idée, complétée par l'idée du devoir, qui en découle, ce sont quelques grands génies qui l'ont donnée aux hommes.

Nous trouvons chez la plupart des peuples de l'antiquité un personnage légendaire partout connu sous le nom de Bacchus ou d'Hercule, qui enseignait une morale dans ses initiations, ou qui délivrait les peuples des monstres et des tyrans. Les fables des Égyptiens le consacrent, comme celles des Grecs et des Indiens. Or, ce Bacchus ou cet Hercule, qu'on rencontre dans tout l'Orient, ne peut être qu'un philosophe ou une école de philosophie, qui aura prêché dans ces temps primitifs une morale dérivant d'une religion monothéiste, comme Moïse, Mahomet et le Christ l'ont fait plus tard dans ces mêmes pays.

George. Tu es de force, si j'insiste, à me prouver aussi que ce sont quelques hommes de génie qui ont enseigné le bon sens lui-même au genre humain.

Paul. C'est la philosophie, dans sa guerre constante aux religions positives, qui combat en effet le mystère et les superstitions dont on enveloppe l'esprit religieux dans l'intérêt de la politique. C'est la philosophie qui enseigne à l'homme à communiquer avec Dieu sans l'intermédiaire d'aucun miracle et d'aucun envoyé. Ce sont les philosophes qui, en créant le libre examen, ont créé du même coup ces libertés politiques dont nous parlons. On ne peut raisonner sur une matière sans raisonner en même temps sur tout le reste.

Appartiennent-ils à la majorité, ces philosophes, ces libres penseurs? La majorité, au contraire, ne les a-t-elle pas suppliciés dans d'autres temps, ou n'a-t-elle pas applaudi à leur supplice?

George. Et tu conclus?

Paul. Que le gouvernement démocratique tend moins à obéir au dire du plus grand nombre qu'à réaliser ce qui est avantageux au sort de ce plus grand nombre ;

Que si l'on n'a en vue que la volonté des majorités, on obtient forcément l'oppression de tout le reste ;

Que la société ne doit pas se partager en oppresseurs et en opprimés ;

Qu'il n'est pas plus juste qu'il y ait un petit nombre qu'un grand nombre d'opprimés ;

Et qu'il n'y aura oppression ni d'un côté ni de l'autre, si ce n'est ni majorité ni minorité qui fait la loi et qui l'exécute.

GEORGE. Et qui la fera ?

PAUL. La raison seule.

GEORGE. Et cette raison, cette secourable abstraction, où la trouver, où la chercher ?

PAUL. Dans l'intelligence et dans la conscience des hommes éclairés.

GEORGE. Sont-ils donc si faciles à trouver ?

PAUL. Il y en a partout, plus ou moins grands, plus ou moins brillants, suivant le milieu social où ils sont placés.

GEORGE. Qui les appellera ?

PAUL. Je te l'ai déjà dit : le peuple lui-même, qui sait les reconnaître et qui les a toujours reconnus au milieu de la foule.

On les distinguait dans l'antiquité à la tribune aux harangues, où ils étaient admis à faire leurs preuves.

Dans les temps modernes, des travaux intellectuels de toute nature, la publicité périodique, le crédit qu'ils acquièrent dans l'opinion, les désignent à la confiance publique.

Et on les appelle, comme en Angleterre, où ce sont eux qui délibèrent et qui commandent ; comme aux États-Unis, où la valeur morale d'un citoyen est l'unique condition qui lui donne le pouvoir.

George. Alors tu n'as rien inventé si ton système est déjà en application ?

Paul. Je ne te promettais pas une idée neuve. J'ai simplement entrepris de chercher avec toi si le meilleur des gouvernements n'est pas celui de l'intelligence. Et puisque je tâche de démontrer que c'était le système de Périclès, je ne pouvais avoir l'idée de créer une doctrine déjà vieille de plus de deux mille ans.

Il n'y a rien de nouveau sous le soleil : le mot est parfaitement juste.

Espérons cependant que l'application que cette doctrine obtient de nos jours ne sera pas son dernier mot. L'expérience et le progrès l'étendront de plus en plus dans le monde et la dégageront des obstacles qu'elle rencontre encore même dans les pays de liberté que je viens de citer.

George. Faudra-t-il une loi dans le genre de celles du vieux Lycurgue, une loi qui dise par exemple :

« Les premières magistratures de l'État seront occupées par les plus lettrés. »

Paul. Raille à ton aise. Je suis heureux de te voir en gaieté. Mais n'oublie pas que les lois les plus fortes ne sont pas celles qu'on vote et qu'on écrit, mais celles qui, par la force de la raison, sont entrées dans les mœurs des peuples.

Ceux qui, par la supériorité de leurs études, se

sont faits de nos jours les chefs de l'école libérale et démocratique, n'ont pas, au fond, d'autre programme que celui-là.

GEORGE. Périclès, donc? car il est temps, je pense, d'y revenir.

PAUL. Se sépara du parti des grands pour faire prévaloir la démocratie. Cimon, son rival, cultivait le peuple par ses largesses. Il s'était fait homme d'aumône et de charité, visitant les malades, secourant les pauvres, gagnant la foule par ses bienfaits. Il était riche, et il était aidé par son parti.

La fortune de Périclès ne lui permettait pas d'en faire autant. Il fallait cependant traverser Cimon; il fallait, comme lui et même plus que lui, semer des bienfaits pour le supplanter dans la faveur populaire. Il convertit ces secours en droit civil; il proposa d'établir des distributions publiques, des espèces de congiaires, comme on les appela plus tard à Rome. A titre de secours publics et obligatoires, il fit distribuer au peuple une partie du trésor public, et il démonta Cimon, qu'il fit bannir quelque temps après, comme voulant établir le gouvernement oligarchique.

GEORGE. Le beau service qu'il a rendu là pour son début! N'était-ce pas officiellement encourager la paresse, enhardir les exigences, préparer les troubles civils?

PAUL. Oui, l'exemple était mauvais; mais c'est ce qu'on est convenu d'appeler *agir en homme politique*. S'il ne l'eût pas fait, ses ennemis l'eussent écrasé, et il serait appelé un incapable. Voilà le danger de l'adoration des faits accomplis.

Cependant Périclès avait en lui, comme nous le verrons, de quoi remédier au mal qu'il avait employé comme moyen d'action.

En attendant, il allait son chemin et satisfaisait à toutes les règles de ce qu'on nomme d'ordinaire la politique *pratique* et *positive*. Il ne laissa pas à ses ennemis le temps de se reconnaître. Après avoir écarté Cimon, le chef du parti, il frappa sur le parti lui-même. L'Aréopage, comme tous les sénats, tenait pour la noblesse : il lui fit retirer le pouvoir judiciaire, qui était dans ses priviléges ; il abaissa son influence et le décrédita dans l'opinion.

Dès ce moment il devint l'homme le plus puissant de la république, parce qu'il s'en était fait l'homme le plus estimé, le plus populaire.

George. Cette popularité à elle seule ne prouve pas que ton rhéteur fût un grand politique. Il avait usé de violence au moyen de la foule ; mais la politique consiste plutôt dans l'habileté.

Paul. Tu vas avoir un échantillon de son habileté. Cimon, banni par le peuple à son instigation, voulait déjouer les plans de son rival : il prit les armes dans son exil pour combattre, à Tanagre, les ennemis de la république. Cette action était magnanime : elle décelait une âme sans rancune contre son pays et dévouée, malgré ses rigueurs, à ses intérêts et à sa gloire. Elle lui ramena la faveur populaire.

Périclès n'eut pas plutôt aperçu ce revirement de l'opinion, qu'il se mit à la tête de l'idée du jour, pour n'avoir pas plus tard à la subir. Il proposa le rappel de Cimon. Il en fit lui-même le décret, qu'il pria l'assemblée du peuple d'adopter *pour le bien de l'État.*

La magnanimité de Périclès effaça celle de Cimon; ou plutôt, pour appeler les choses par leur vrai nom, Cimon trouva, dans notre rhéteur, plus politique et plus habile que lui.

George. C'était un retors et un madré; mais je n'y vois pas cette politique élevée et généreuse que tu veux montrer dans tes hommes d'État.

Paul. Quand ils ne sont que généreux, tu les appelles d'inutiles rêveurs; et quand ils font preuve d'adresse pratique en se pliant aux circonstances, tu trouves qu'ils n'ont pas de cœur.

Je gagnerai ma cause, je le vois bien.

Tu n'ignores pas, d'ailleurs, que notre Périclès avait les sentiments les plus élevés.

George. Je n'en vois guère la preuve dans ses actions.

Paul. Rappelle-toi qu'il s'abstint dans la suite de soutenir contre le même Cimon une accusation capitale, où ce dernier devait perdre la vie. Il avait été nommé d'office; et à l'audience où la cause fut jugée, il atténua le crime par la manière dont il en parla, et sauva son ennemi par ses réticences.

George. Et la mort d'Éphialtes?

Paul. Éphialtes était son ami. Après ce qu'il vient de faire pour un ennemi acharné, dont la mort lui était nécessaire, il est clair que cette imputation est l'ouvrage de ses envieux. De quoi d'ailleurs ne l'a-t-on pas accusé? C'est la commune histoire de tous les hommes de cette espèce.

Citons un mot de Plutarque pour le défendre à cet

égard, et pour défendre en même temps que lui tous ceux que la supériorité du cœur et de l'esprit expose comme lui aux traits de l'envie. Plutarque est un juge plutôt sévère qu'indulgent.

« Périclès, traduit Amyot, quoiqu'il ne fût pas *ir-*
« *répréhensible,* si est-ce qu'il avoit le cueur grand et
« noble, et la nature désireuse d'honneur, ès quelles
« manières d'hommes lon ne voit pas gueres avenir
« que telles passions si brutales et si cruelles s'en-
« gendrent. »

George. Le mot est beau.

Paul. Il est surtout juste et profond, fondé sur une attentive observation de la nature.

Cimon mourut, et Périclès n'eut plus à lutter. Il était seul à la tête des affaires, et il allait mettre la main aux grandes choses qu'il méditait.

Mais la faction ennemie ne l'entendit pas de la sorte. A la place de Cimon, elle mit Thucydide. Ce Thucydide, qui n'est pas celui que nous connaissons, n'était point, comme Cimon, un militaire, un homme de sabre. Il n'avait pas, comme lui, orné de dépouilles enlevées au Mède les temples d'Athènes et ses palais. Mais c'était un homme politique dans toute l'acception moderne de ce mot.

Il maniait la parole avec aisance, et il était comme chez lui à la tribune. Ce fut pour Périclès un rude adversaire, et plus dangereux que le premier.

Le nouveau venu se mit à l'œuvre avec vigueur, et, en un rien de temps, il eut mis sur pied une ligue formidable contre notre héros. Il réorganisa le parti des nobles, le disciplina et le tint debout.

George. Ton bel-esprit avait trouvé son homme.

Paul. Voyons comment il soutint la lutte. Voyons surtout s'il a manqué, en ces graves conjonctures, de ce sens pratique qu'on invoque à tout coup contre les *parleurs* et les *faiseurs de phrases*.

Périclès se mit en plein socialisme. En présence des prétentions et des menaces de l'aristocratie, il dressa un programme économique, philanthropique et national : il fallait mettre ordre aux ressources publiques, soulager les misères du peuple, et préserver en même temps la puissance d'Athènes dans ses colonies.

Ce plan, il le mit en œuvre, et se fit du peuple un rempart armé.

La puissance d'Athènes consistait surtout dans sa marine; mais cette marine dégénérait. Il fit ce que ferait en pareil cas tout bon Anglais. Il arma des navires en grand nombre, les fit monter par les citoyens pauvres, les envoya croiser neuf mois de l'année dans les eaux des colonies et sur les côtes de l'ennemi. Durant la croisière, il fit servir à ces équipages une solde élevée, qui leur permettait de rapporter l'aisance dans leurs foyers. Quand ces hommes revenaient au Pirée, c'étaient des marins expérimentés; ce qui mettait la république à même de lancer à la mer à tout instant des flottes puissantes par le nombre et par la tactique.

Le commerce s'agrandit du même coup par la protection que l'État lui donnait, et augmenta les ressources du trésor.

Il fit partir des colonies pour les îles alliées et tributaires; il leur distribua des terres et fit leur fortune. Il atteignit par là le double résultat de combattre la misère par le travail, et de faire garder par des citoyens la fidélité des peuples alliés.

Il institua des jeux nouveaux, il ajouta aux spectacles, qui faisaient la passion de la multitude. Il éleva des édifices publics. Il bâtit des temples, des palais, des portiques, des théâtres, des gymnases. Il créa, pour ainsi dire, l'architecture et les arts qui s'y rattachent.

Il remplit Athènes de monuments si nombreux et si splendides, qu'elle surpassa tout ce que les hommes avaient vu en ce genre dans le monde entier.

Il suscita Phidias, et l'inspira; on peut dire même qu'il le forma, qu'il le créa. A sa voix, ce Phidias, qu'il faut nommer sans épithète, peupla l'Attique de ces statues qui semblaient vivre, et qui respiraient l'âme et le génie radieux du peuple grec. Le nouveau Prométhée anima la matière inerte des conceptions de son esprit, et l'assouplit sous ses doigts puissants, comme on fait de l'argile ou de la cire. Phidias, historien et poëte, écrivit avec la pierre, avec le marbre, avec l'airain, la religion, l'histoire, la civilisation entière de la race hellène.

On dirait qu'ils sortaient de terre, les artistes et les arts qui surgirent dans le même moment à l'invocation de Périclès. Gravures, médailles, tableaux, bas-reliefs, poésies lyriques, idylles, tragédies héroïques, poëmes comiques, chants sacrés et musique; tous les chefs-d'œuvre, toutes les merveilles, accoururent à la fois pour orner, pour couronner la ville d'Athènes, à l'appel du grand citoyen qui la gouvernait.

Il rendit son pays l'admiration de l'univers. De nos

jours encore, à près de trois mille ans de distance, quand la puissance militaire des Grecs n'est plus qu'un souvenir littéraire mêlé de fables, quand le génie de cette belle race s'est envolé dans sa décadence, l'Europe, initiée par elle aux derniers secrets de l'art et de l'esthétique, admire à genoux les restes oblitérés de la majestueuse civilisation que ce Périclès avait créée dans son pays.

L'Europe, dans les premières années de notre siècle, lassée de guerres et de commotions, s'est réveillée au cri des descendants de ces Grecs aux prises avec leurs oppresseurs; et, mêlant à la politique le culte qu'elle professe pour le souvenir de tant de génie et de tant de gloire, elle a volé à leur secours, et elle a rendu à la liberté la terre que le grand homme avait consacrée.

GEORGE. J'aime à te voir dans cet enthousiasme. Mais moi, pauvre malade qui va mourir, j'envisage les choses sans illusion. Je n'ai pas le prisme qui colore et embellit le monde à tes regards; et je cherche au milieu de ces arts que tu décris avec tant de pompe, l'avantage réel qu'ils ont apporté à la république des Athéniens.

Tout cet éclat et toute cette gloire l'ont-ils préservée des troubles et de l'anarchie? Lui ont-ils donné la paix et la stabilité? Ne l'auront-ils pas plutôt énervée et préparée à la défaite, qui survint un peu plus tard?

PAUL. D'abord, que parles-tu de malade et de mourir? L'air des montagnes te donne la santé, et ta jeunesse, qui refleurit, ne peut mépriser que des lèvres l'enthousiasme, qui te ranime à ton insu.

Cet enthousiasme que tu dédaignes, c'est l'aile du

monde; c'est souvent sa force et son levier. Il a souvent plus fait pour l'humanité que le calcul et la froide raison. Il y a un grand mot dans le christianisme : la foi soulève les montagnes.

Le culte du beau n'énerve pas comme tu le supposes ; il élève au contraire et il fortifie. La ruine d'Athènes, et de la Grèce après elle, a eu d'autres causes, que nous discernerons sans trop d'efforts.

La création de ces arts a produit dans le moment les résultats politiques les plus heureux. C'était, comme je l'ai dit, du socialisme que faisait Périclès.

Pour l'exécution de tant de travaux, il avait employé les citoyens inoccupés. Il leur donna des professions, et les retira ainsi de la misère et de la sédition, qu'elle enfante naturellement. Il sema dans les derniers réduits l'aisance et le contentement. Il supprima par là les distributions publiques dont tu viens de lui faire un crime, et il apprit au peuple à vivre de son travail au lieu de vivre de ses clameurs. C'était l'élever à la fois en dignité et en raison.

Tous ces oisifs si turbulents et si dangereux, qui faisaient le danger permanent de la république, il les occupa et les disciplina.

Il en fit des mineurs, des bûcherons, des équarrisseurs, qui fournissaient la matière première. Il les fit maçons, charpentiers, mouleurs, fondeurs, tailleurs de pierre, sculpteurs, teinturiers, orfèvres, menuisiers, tourneurs, et tout le reste, pour ouvrer la matière et la transformer. Il les fit voituriers, charretiers, selliers, pilotes, pour la transporter ; charrons, cordiers, pionniers, pour aplanir les routes, faciliter les transports. Il les fit enfin marchands, négociants de toutes catégories, pour le débit des objets venus du dehors et indispensables à tous ces travaux. Il enleva la foule à l'agitation chronique et pour ainsi dire normale de cette époque; il l'initia à l'idée de l'ordre, et il l'intéressa ainsi, autant que les riches, au maintien de la paix publique.

Et voilà comment Périclès, pendant vingt-cinq ans, lutta contre ses ennemis. Voilà comment, au milieu des embûches et des dangers, il renouvela la démocratie, et introduisit dans l'esprit du peuple, par les bienfaits qu'il accumula, le principe du gouvernement de la chose publique par les plus éclairés et les plus capables.

Cependant, toutes ces entreprises et tous ces travaux, qui devaient faire l'honneur de la Grèce, ses ennemis les lui reprochèrent. Il consumait le trésor de la Grèce, il violait le dépôt commun placé à Délos sous la garde de Diane et d'Apollon. Il trompait les alliés; il suscitait la guerre civile entre les Grecs.

Périclès, fatigué de ces clameurs, proposa au peuple de prendre ces travaux à son compte personnel, à la condition d'attacher son nom à chaque chef-d'œuvre qu'il faisait créer. Mais le peuple d'Athènes, qui préférait la gloire à l'argent, l'acquitta par acclamation, et l'autorisa même, par un plébiscite, à achever au compte de l'État les ouvrages déjà commencés.

Cette manœuvre n'ayant pas réussi, on imagina de l'attaquer dans sa vie privée. On l'accusa d'avoir débauché la fille de son fils. Mais il ne répondit pas à cette horreur : c'est ce qu'il avait de plus digne à faire.

Thucydide cependant dressait machine sur machine

pour le ruiner dans l'esprit du peuple. Mais ce peuple, qu'il avait transformé et rendu heureux, n'épousa pas la haine de ses ennemis. Loin de là, il bannit Thucydide, et mit à néant la ligue qu'il avait montée.

GEORGE. Maintenant qu'il n'a plus à lutter, voyons comment il se conduisit pour légitimer ce grand système de l'administration de l'État par les plus instruits.

PAUL. Débarrassé de ses ennemis, il devint le principal personnage, le premier citoyen de son pays. Il avait sous ses ordres et en sa main les finances, les armées, la marine, les colonies, les alliés, toute la puissance de la république.

Personne ne lui en demandait compte. Le peuple d'Athènes, qui ne confiait le gouvernement à un citoyen que pour une année, satisfait de son administration et confiant en son civisme, lui avait durant vingt-cinq ans continué le commandement de la république, malgré la cabale de ses ennemis.

Mais alors, ces ennemis n'ayant plus de chef, le peuple lui remit sans réserve et sans terme le pouvoir suprême, qui devait durer quinze autres années, qui s'étendait sur les Grecs et sur les Barbares, et qui comptait dans son obéissance les nations les plus célèbres et les rois les plus puissants. L'empire romain, au temps de ses prospérités, n'avait pas une domination plus étendue ni plus sûrement établie. Quelle preuve plus manifeste aura-t-on jamais dans le monde de la légitimité du gouvernement des plus capables, après cette adhésion générale et entière du peuple jaloux de la ville d'Athènes au gouvernement de Périclès; de ce même peuple qui avait banni Thémistocle, vainqueur à Salamine, et qui avait chassé Aristide, réputé le meilleur d'entre les Grecs?

A ce moment, cependant, où Périclès se vit tout-puissant dans son pays, et placé à la tête de la civilisation de son époque, que fit-il pour conserver cette faveur populaire qui lui avait donné toute cette puissance? Il se mit à refréner la multitude et à contenir ses tendances excessives. Il s'appliqua à donner du nerf au gouvernement. Il se fit sévère, et il s'occupa d'asseoir sur les droits de tous des institutions à la fois *libérales* et *conservatrices*.

GEORGE. C'est-à-dire que, n'étant plus gêné, il se fit tyran.

PAUL. Pas le moins du monde. Il n'usa point de violence pour discipliner la multitude. Il la gouverna par le raisonnement. « Il menoit le peuple, dit Plu-« tarque, par remonstrances et raisons à faire volun-« tairement et de bon gré ce qu'il mettoit en avant. »

GEORGE. Le même Plutarque nous dit aussi que « quelquefois il tiroit le peuple par force. »

PAUL. « Mais pour lui faire faire contre sa volunté « ce qui estoit pour le mieulx. » C'est là la politique que tu demandes.

Son pouvoir, c'était le raisonnement; son arme, c'était l'éloquence et le talent. Mais quand cette arme s'émoussait sur la passion populaire et sur l'ignorance, il faisait acte de politique : il se servait de l'autorité qu'il avait en main pour imposer ce qui était juste et avantageux à la *communaulté*.

GEORGE. Et toute cette puissance dans le même moment n'a pas dû peu servir à agrandir sa maison, à élever les siens, à lui faire une cour et des satellites.

PAUL. Tu es sévère à son égard. Tu lui demandes l'abnégation d'un dieu et non simplement les vertus d'un homme. Il se trouvait placé, étant à la tête du gouvernement d'Athènes, au-dessus des rois les plus puissants. Il ne songea point cependant à former une de ces fortunes scandaleuses que des subalternes mêmes, des courtisans et des favoris, ont la facilité d'accumuler aux dépens des peuples, sous les tyrans.

Il ne se fit ni cour, ni satellites, comme tu le dis; mais il s'entoura d'amis, d'hommes de mérite et de bon conseil, qu'il préparait à continuer après lui le gouvernement qu'il avait fondé.

GEORGE. Il se servit néanmoins du pouvoir pour satisfaire sa vanité, pour régner, pour s'entourer de splendeur et de cet éclat *olympien* que tu as dénoncé toi-même involontairement en commençant.

PAUL. Il était entouré, on ne peut le nier, d'une sorte d'auréole de gloire et de majesté; mais cet éclat et cette dignité appartenaient moins à sa position qu'à son caractère et à ses œuvres.

Anaxagore et la philosophie lui avaient d'abord enseigné cette attitude; l'expérience des affaires la fortifia en lui et la fit entrer dans son système. Il gouvernait en démocrate, tout en traçant autour de sa personne la ligne de respect qui arrête l'audace, enhardie par la bonté. La familiarité engendre le mépris, dit un des proverbes les plus vulgaires de la langue que nous parlons. Encore en cela, il faisait acte d'homme politique.

Suivons toujours le beau discoureur dans les difficultés du gouvernement. Après les travaux que nous venons de voir, il croyait n'avoir pas encore assez fait pour son pays. Il n'avait pas encore atteint l'idéal qu'il avait en vue : c'était un homme à grandes idées, comme à peu près tous ses pareils.

Il convoqua à Athènes un congrès général et international de tous les peuples de la Grèce, quelque chose de supérieur même, par son objet, à l'antique conseil des amphictyons.

Il prit adroitement la religion pour prétexte : il s'agissait, disait-il, d'aviser aux moyens de relever les temples détruits par les Barbares, de rétablir les sacrifices et les rites profanés et interrompus par l'invasion. Sous ce programme de piété nationale, que personne ne pouvait contester, et auquel il ajoutait la nécessité d'édicter un code maritime réglant les garanties de la navigation et du commerce des Grecs contre les Barbares, il cachait l'idée politique de faire reconnaître officiellement, par l'acceptation de cette initiative, la suprématie des Athéniens, qui tenaient déjà l'empire de la mer. Il tentait, en un mot, ce que M. de Bismark poursuit de nos jours : l'hégémonie du royaume de Prusse sur tous les peuples de race germanique.

Mais Lacédémone jalousait Athènes. Cette république austère et sombre, dont Lycurgue avait fait une sorte de couvent de moines militaires, vivant brutalement dans une inféconde communauté de biens et dans une immorale communauté de femmes, n'aimait pas la délicatesse du peuple athénien et l'éclat extérieur que lui donnait l'élan français de son caractère.

Ses services mêmes dans la guerre des Mèdes, les victoires de Salamine et de Mycale, les exploits hardis de Cimon, cette gloire des lettres et des arts qui rejaillissait pourtant sur toute la Grèce, avaient envenimé la haine cachée des Spartiates contre Athènes.

Les gens dits positifs et exclusivement pratiques ne souffriront jamais les hommes d'imagination et de cœur. Il a toujours existé une sorte de rivalité sourde et latente entre les races anglo-saxonnes et le génie du peuple français.

Sparte s'opposa au congrès. Alors Périclès entreprit d'affirmer par des faits ce qu'il avait voulu faire reconnaître par des traités. Il équipa une flotte de cent galères, et il se mit à faire la police des mers. Il parcourut la Méditerranée, protégeant les Grecs sans distinction, châtiant les alliés des Perses, prémunissant les colonies, livrant bataille aux pirates, dispersant les brigands qui dévastaient les côtes, plaçant des croisières dans les parages les plus difficiles, délivrant les peuples de leurs tyrans, et soutenant la démocratie, qui luttait dans les îles de l'Archipel contre le parti oligarchique.

Il revint à Athènes couvert de gloire, avec la réputation d'un grand capitaine ajoutée à celle d'un grand politique.

Enhardis par tant de succès, les Athéniens voulurent rompre avec la prudence. Ils voulurent tenter ce qui perd tous les vainqueurs quand, gâtés par la fortune, ils visent à une domination universelle et contre nature. Ils demandèrent ce que plus tard firent les Romains, quand ils n'eurent plus besoin de se défendre et qu'ils entreprirent de tout asservir; ce que fit la France après avoir fait triompher ses libertés et ses droits sur l'étranger qui les menaçait; ce que rêvent les États-Unis d'Amérique, après avoir élevé l'empire démocratique le plus puissant dont le monde ait jamais eu l'exemple.

Ils voulurent envahir et conquérir, c'est-à-dire courir à ces désastres qu'ont rencontrés tous ceux qui ont cédé à l'ambition et à l'injustice, et que rencontreront tous ceux qui, après s'être honorés en fondant leur propre indépendance, voudront s'armer à leur tour contre la raison, en asservissant la liberté d'autrui, en abusant de la force contre les faibles.

George. Tu n'as jamais rien dit de mieux pensé que ces paroles. C'est un spectacle bien triste, en effet, que celui de cet abus de la force donné par les grandes nations. Elles ne sont devenues grandes, comme tu l'as dit, qu'en réclamant le droit d'être libres; et sitôt que la fortune a béni leurs efforts, elles entreprennent de violer la liberté des faibles, de soumettre à leur tyrannie tout ce qui n'est pas assez fort pour se défendre.

Paul. Ajoute que ces injustices n'ont jamais duré. Elles ont bien eu d'abord une espèce de succès de passage; mais la nature n'a pas tardé à les condamner. Aucune politique au monde ne peut aller contre la nature.

Nous disions, il y a trois ans : Les peuples ne se forment pas par l'aveugle action du hasard. Il y a des raisons intimes d'histoire, de sang, de langue, de traditions, qui forment ce qu'on appelle une nation. Quand on violente toutes ces raisons pour assimiler des peuples étrangers à une seule et unique administration, ils semblent plier d'abord; mais c'est pour se ramasser l'instant d'après et recouvrer la légitime indépendance qu'ils tiennent de la nature des choses.

L'histoire, dont le propre est d'enseigner, offre de frappants exemples à cet égard. Les Romains, qui avaient vaincu le monde et qui le gouvernaient par leurs proconsuls, ont trouvé leur ruine dans cette juxtaposition forcée de races étrangères, enchaînées à leur char de triomphe. C'est chez les vaincus que s'est formée la tempête qui a détruit leur immense empire. Une telle centralisation était une monstrueuse déraison. Une administration si étendue était une impossibilité matérielle, qui devait naturellement engendrer la corruption et la dissolution qui l'ont *couronnée*.

Les Arabes, après avoir porté leurs armes jusqu'aux Pyrénées, ne possèdent plus de nos jours un seul coin de terre où flotte encore le croissant de leurs califes.

Les Turcs en sont réduits aujourd'hui à implorer de la pitié de l'Europe ce qui leur reste autour de Constantinople, des conquêtes d'Othman et de Mahomet II.

La France, après une révolution sociale qui a régénéré le genre humain, enivrée par la victoire, promenant son drapeau par toute l'Europe, a tenté d'inféoder à son empire et de tenir en vasselage toutes les nations qui l'entouraient. La logique a condamné cette usurpation de la grande nation; et, le jour des revers arrivé, elle a perdu à la fois et ces conquêtes exagérées et ces limites géographiques que la nature elle-même semble avoir assignées à sa nationalité.

Les citoyens des États-Unis ont ajouté graduellement à leur puissance les territoires qui environnaient leur république primitive. Une politique excessive leur suggère de plus en plus la pensée de continuer ces agrandissements, d'asservir à leur domination le Mexique et les Antilles. La différence des races, la différence des langues, la différence des idées, condamnent cette ambition. La force matérielle des armées et des flottes ne vaincra pas la force morale qui s'y oppose. Les canons rayés et les vaisseaux blindés ne pourront rien contre la force des choses.

Les Américains du Nord sont les représentants de la race anglo-saxonne dans le nouveau monde, et les républiques formées dans le Sud sont issues du sang de l'Europe latine.

Au point de vue moral, la chose serait inique; au point de vue politique, elle serait imprudente; au point de vue pratique et administratif, elle serait impossible par l'étendue du service, par la complication infinie des rouages, par l'accroissement outre mesure des charges publiques nécessaires pour maintenir dans le devoir des peuples si jaloux de la liberté, et dont l'insurrection et la *guerrilla* deviendraient, dans l'annexion, l'état normal et permanent.

L'intérêt matériel des États-Unis dans les Amériques n'est pas la conquête et l'unification. L'esprit pratique de leurs constituants a proscrit la conquête de leur civilisation. L'esprit non moins pratique de leurs gouvernants doit leur montrer l'unification comme un obstacle au lieu d'un avantage, et de plus comme une apostasie.

Le véritable intérêt des États-Unis, au Nouveau Monde, est dans l'alliance américaine des nationalités qui s'y sont formées au nom de cette même liberté qu'invoquaient Franklin et Washington.

S'unir à ces peuples par des traités internationaux, constituer par ces alliances une solidarité américaine par rapport aux revendications européennes, étendre son commerce avec ces nations qui, placées pour la plupart sous les tropiques, ont plus d'intérêt à développer la production des denrées tropicales, devenues dans le monde d'un usage général et indispensable, qu'à se livrer à la fabrication et à la manufacture, que la république des États-Unis exploite seule dans toute l'Amérique ; s'enrichir ainsi par l'approvisionnement en matières ouvrées de ces pays essentiellement agricoles ; tel est le véritable intérêt de la république du Nord.

Au contraire, l'annexion à main armée ne pourrait lui créer que des obstacles ; elle n'aurait jamais de stabilité. Elle soulèverait contre les vainqueurs la conscience universelle, puisque, devenus grands par la liberté, ils auraient renié leur origine et leur principe en violant la liberté de leurs voisins. Et en fin de compte, cette même force des choses, cette même raison inflexible qui gouverne le monde en souveraine, cette même nature que rien ne peut vaincre ni faire fléchir, amèneraient infailliblement les résultats qu'a obtenus dans l'ancien monde la politique inique de la domination universelle.

D'ailleurs, pourquoi la grande république a-t-elle en Europe ces sympathies et ce crédit qui doublent sa force parmi les nations? C'est parce que, née de l'idée de liberté, elle a jusqu'ici maintenu dans sa vie publique cette idée féconde en progrès. Mais du jour qu'elle aurait répudié la liberté en entreprenant d'opprimer les peuples libres qui l'avoisinent, cette sympathie l'abandonnerait. Et cette réprobation de l'opinion serait le signal, lointain peut-être mais infaillible, de sa décadence et de sa ruine.

GEORGE. Tu parles comme les sages; les anciens diraient : comme les dieux. Je te serre la main, mon philosophe.

Mais comme nous abusons de notre droit de causeurs, et comme nous avons laissé loin derrière nous Périclès et les Athéniens!

Encore un mot cependant de la république des États-Unis; c'est toi qui as commencé. Ne vois-tu donc pas où elle en veut venir? N'entrevois-tu pas qu'elle autorisera son usurpation de ce prétexte sans cesse invoqué, que les petites républiques de l'Amérique ne sont pas dignes de l'autonomie, puisqu'elles ne peuvent ni progresser ni s'administrer avec régularité?

PAUL. Et de ton côté, ne vois-tu pas qu'il faut objecter péremptoirement à ce prétexte, que ces nations américaines n'ont pas encore un siècle d'existence, et que les peuples qui sont devenus grands par la civilisation ont tous passé, sans exception, par une longue série de siècles d'agitations et de bouleversements, qui ont été leur enfance nationale, et pour ainsi dire leur école politique?

GEORGE. A cela on ne manquerait pas de te riposter que les États-Unis ne sont guère plus vieux, et que cependant ils sont au niveau de la civilisation de la vieille Europe.

Paul. Mais les États-Unis, mon cher George, ne sont nullement une jeune nation. C'est un peuple depuis longtemps vieilli dans la vie publique, et qui s'est séparé de sa métropole, déjà muni de tous les éléments d'administration et de progrès qu'on pouvait trouver dans la Grande-Bretagne.

Les Américains du Nord ne sont à aucun titre des hommes nouveaux comme les citoyens des républiques du Sud. Ce sont tout simplement des Anglais qui se sont affranchis du gouvernement britannique, et qui, avec toutes les ressources accumulées par la mère patrie dans la colonie, ont formé une nation nouvelle, en continuant l'administration qu'ils avaient en main.

Mais dans le reste de l'Amérique, ce sont des opprimés qui se sont soulevés contre leurs tyrans. Ce sont les descendants des Indiens massacrés par les vainqueurs, qui ont pris en main la revendication des droits de leurs ancêtres, et qui, après la victoire, se sont trouvés seuls vis à vis d'eux-mêmes, dans des pays dénués de ressources, et où la métropole, négligeant les arts, l'agriculture et les industries, ne s'était appliquée qu'à exploiter les mines pour s'enrichir promptement, sans aucune idée d'organisation. L'Espagne, en effet, n'avait point placé dans ces colonies les moyens d'action des gouvernements d'Europe, et les indigènes n'y ont pas hérité d'une civilisation déjà tout établie, comme il est arrivé aux colons anglais de de l'Amérique du Nord.

L'argument acquiert une nouvelle force si on l'applique à l'État d'Haïti, où les nouveaux citoyens se sont trouvés dans une situation encore plus difficile.

Ceux-ci ont eu à poursuivre l'une après l'autre trois conquêtes de premier ordre. Issus du sang de l'Afrique, il leur a fallu d'abord combattre pour le principe de l'égalité des races. Ils réclamaient ainsi au nom de la nature et au nom de la France elle-même, qui, par sa proclamation des vérités sociales en 1789, les appuyait théoriquement dans cette lutte première, qui a été leur point de départ.

Secondement, ils ont eu à renverser l'institution de l'esclavage, qui retenait les leurs dans l'infériorité sociale des ilotes et des parias.

Et enfin ils ont eu à lutter pour l'indépendance de leur pays.

Inutile d'ajouter qu'après tant de luttes successives et acharnées, il ne resta rien d'organisé sur le sol ainsi conquis à la liberté par les Haïtiens.

Ici ce ne sont donc pas seulement des hommes nouveaux, privés de ressources et d'éléments d'organisation ; mais c'est en outre une race nouvelle, calomniée par un système absurde et surtout par d'odieux calculs, isolée, sans appui, sans amis, qui s'est mise, il y a seulement soixante-cinq ans, à faire pour la première fois dans le monde l'essai de son autonomie, de sa propre civilisation.

George. Il n'y a rien de sérieux, à mon avis, à opposer aux raisons nettes et précises que tu viens de produire.

Paul. Et nous conclurons de tout cela que l'honneur, de même que l'intérêt de la belle république des

États-Unis d'Amérique, consiste non point à opprimer les républiques ses voisines, mais à s'allier fraternellement à elles pour fonder ensemble une grande solidarité américaine en face de l'Europe amie et réconciliée.

George. Et voilà la cause d'Athènes reléguée au second plan, et te voilà passé d'un saut prodigieux de Périclès au président Grant.

Paul. Ce qui corrobore ce que nous disions il y a un instant, que tout se relie et s'enchaîne dans le monde. Les faits des temps anciens ne sont conservés que pour servir d'enseignement à la vie actuelle.

Les Athéniens donc, se voyant à la tête d'une puissance immense, organisée par un homme de génie, voulurent courir à la conquête de l'Égypte, de la Perse, de la Sicile, de l'Italie, de l'Afrique, où Carthage dominait déjà.

Périclès arrêta cet élan. Il donnait par là une grande leçon aux hommes d'État des temps à venir. Il fit prévaloir la politique de modération dans le succès. Il détourna ses concitoyens, par l'ascendant de sa parole, de l'idée funeste des expéditions lointaines, injustes et inutiles. Il s'appliqua à conserver ce que la république avait acquis, à affermir ses prospérités, à contenir l'envie des Lacédémoniens, que la fortune d'Athènes empêchait de dormir.

Il concentra ses préoccupations sur cet ennemi intérieur, qui profitait de toutes les occasions pour faire échec aux Athéniens, qui employait toutes les manœuvres pour corrompre la fidélité de leurs alliés.

Il entretint des agents dans la ville de Sparte; il se

fit rendre compte jour par jour de tout ce qui s'y disait et même de tout ce qui s'y pensait. Il ouvrit au budget de l'État un chapitre spécial pour ce service, qu'on appellerait aujourd'hui police générale.

Ce chapitre privilégié se votait à Athènes à huis clos et sans discussion. L'assemblée du pays, sans défiance à l'égard de son chef, le dispensait de rendre aucun compte de ces fonds secrets, qui trouvaient le moyen d'entrer dans l'austère Lacédémone et d'y fléchir ces intégrités proverbiales formées à l'école de Lycurgue.

George. Et tu donnes ton assentiment à ce procédé immoral de corrompre l'ennemi avec de l'argent.

Paul. On appelle Machiavel un grand politique pour avoir indiqué dans son livre du *Prince* l'emploi de tous les moyens.

George. Et là-dessus, tu approuves, tu applaudis et tu enseignes.

Paul. Je constate des faits. Si j'avais des principes à poser, je les appuierais sur la morale. Tu m'as dit que les hommes d'esprit ne sauraient être des hommes d'État, j'entreprends simplement de combattre ton opinion par quelques exemples. Malgré Adrien, Marc-Aurèle, Julien et tant d'autres encore, on prétend que les philosophes ne sont pas propres à gouverner ; c'est le contraire de cette idée que je tâche de démontrer.

George. Mais Marc-Aurèle n'a jamais rien fait, lui, que ne pût avouer la philosophie.

Paul. Donc, si Périclès ne te convenait pas, celui-là du moins justifierait ma thèse. C'en serait déjà un de reconnu.

Mais il ne faut pas, dis-tu, que les abstractions du

philosophe embrouillent les rouages de la politique. Or, je te présente un homme qui savait voir clair dans la politique tout en cultivant ces abstractions que tu repousses ; donc tu n'as pas droit de le récuser.

Par le moyen que nous venons de voir, Périclès avait déjà chassé de l'Attique une armée laconienne conduite par un général du nom de Cléandride. Ce Cléandride avait été chargé par les éphores d'assister le jeune roi, qui commandait l'expédition. Périclès, au moyen de sa police et de son budget, n'eut pas besoin de déranger les Athéniens. Il ne fit ni battre la générale ni déclarer la patrie en danger, comme de nos jours on aurait fait. Il communiqua sans bruit avec Cléandride, et l'Attique fut évacuée.

GEORGE. Cette façon de combattre n'était guère de nature à faire honneur aux Athéniens, ni à faire respecter la république.

PAUL. Il avait sur les bras des affaires plus pressantes. Il était dans l'Eubée, occupé à réduire des rebelles, quand il apprit l'invasion soudaine des frontières de l'Attique, en même temps qu'une agitation du côté de Mégare. Les ennemis du continent avaient profité de son absence. Il revint en hâte, dégagea le pays diplomatiquement, comme nous venons de le voir, et repartit pour l'Eubée sans perdre une heure.

Il n'aurait pu rien faire de plus habile. C'était là de la politique comme tu la rêves.

En Eubée, il bloqua les ports, assiégea les villes, et rétablit l'ordre en quelques jours dans tout le pays. Pour prévenir de pareils ennuis, il plaça une colonie d'Athéniens dans la principale des villes rebelles.

Puis, il donna ses soins à l'administration des colonies, d'où la république tirait ses revenus. Et il monta sa marine de manière à pouvoir en même temps tenir les îles dans le respect et menacer les côtes de la Grèce, prêt à opérer une descente sur le littoral de ses ennemis dès qu'ils feraient mine d'envahir de nouveau les terres de l'Attique.

Débarrassé maintenant de l'insurrection qui occupait ses forces, il faisait face aux Lacédémoniens, et leur offrait cette fois du fer, et non plus de l'or, comme auparavant. La mer était le siége de la puissance d'Athènes et la source de sa richesse. Maître de la mer, Périclès dominait les côtes des pays hostiles et imposait respect à tout le monde.

Et voilà comme il s'y prit, mais en temps opportun, pour préserver à la fois l'honneur et la sûreté de son pays, que suivant toi il avait compromis.

Les Lacédémoniens, ainsi contenus, se résignèrent à signer avec Athènes un traité de paix de trente années. Périclès profita de cet armistice pour déclarer la guerre à l'île de Samos.

GEORGE. Il faisait donc aussi la guerre de conquête?

PAUL. C'était plutôt une guerre de principe. C'est la liberté qu'il apportait à Samos.

Les Samiens, comme tous les peuples grecs de la Méditerranée, étaient perpétuellement divisés en deux partis : la noblesse ou le parti des riches, qui voulait établir l'oligarchie, et qui, en raison de cela, s'appuyait sur Lacédémone; et le parti populaire, qui soutenait le gouvernement démocratique et invoquait l'influence des Athéniens.

Athènes et Lacédémone étaient ainsi les deux têtes de la Grèce, ou plutôt les deux centres autour desquels elle gravitait.

Samos, sous le gouvernement de l'aristocratie, était en guerre avec les Milésiens. Ceux-ci implorèrent naturellement l'intervention des Athéniens. Périclès, chef de la démocratie, accueillit la démarche des Milésiens, pour avoir l'occasion de rétablir à Samos le régime démocratique.

Il intima au gouvernement samien l'injonction d'envoyer à Athènes des députés pour régler le litige à l'amiable, on s'y refusa, et Périclès passa à Samos à la tête d'une flotte.

Il renversa l'oligarchie, établit un gouvernement démocratique, qu'il confia aux citoyens les plus respectables, et, pour assurer cette solution, il prit des otages du parti adverse, qu'il mit en dépôt dans l'île de Lemnos.

Les familles dépossédées du pouvoir lui firent offrir de fortes sommes d'argent par l'entremise d'un satrape du roi de Perse. Périclès méprisa ces offres et maintint fermement ce qu'il avait fait. Ne trouves-tu pas que le discoureur faisait bien les choses et qu'il les faisait avec grandeur?

GEORGE. C'est à la fin et non au milieu de sa carrière qu'on doit juger un homme d'État.

PAUL. On peut le juger même dès le commencement. Personne n'est maître de la fortune.

Cependant, le parti oligarchique à Samos ne s'était pas tenu pour battu. Rien d'aussi vivace qu'un parti politique : quand on croit l'avoir détruit, il se relève plus menaçant. Le satrape reprit les otages placés à

Lemnos, et rétablit l'ancien ordre de choses chez les Samiens.

Périclès reprit la mer. On l'attendait en règle à Samos. On y avait fait d'immenses préparatifs de guerre. Le Perse leur avait donné toutes les ressources qu'il leur fallait. Les Samiens rangèrent en ligne de bataille une flotte de soixante-dix galères. Périclès en avait quarante-quatre. Il livra bataille.

Mais à la guerre, comme en bien d'autres choses, c'est moins le nombre que la tactique qui décide de la victoire. Encore une preuve, et celle-ci la plus forte, de la supériorité de l'intelligence dans les affaires humaines. Même au milieu des combats, du sang, du massacre, du brutal emportement des passions, c'est encore elle qui commande et qui triomphe.

La bataille eut lieu devant Tragia, dans les Sporades. Ce fut un des plus grands faits d'armes de l'antiquité. Les Samiens se battaient avec acharnement, avec fureur.

Périclès dirigea la manœuvre avec une habileté que lord Nelson n'eût pas désavouée. Il battit l'ennemi, le mit en déroute, et courut à sa poursuite devant Samos. Il savait à la fois vaincre et profiter de la victoire.

Il mit le blocus devant le port. Mais il fallait empêcher les alliés de l'ennemi d'arriver à son secours. Il laissa une partie de ses forces devant la place, et alla croiser dans les environs.

Les Samiens profitèrent de son absence pour faire une sortie sur les galères qui tenaient le siége; ils eurent le dessus dans ce combat et coulèrent bas un très-grand nombre de navires athéniens.

A la nouvelle de cet échec, Périclès accourut à son poste. Il livra un nouveau combat, et le gagna par sa présence. Il opéra un débarquement sur la plage, et la ville étant munie de fortes murailles, il entreprit d'en faire le blocus. Ce siége dura neuf mois. On ne connaissait pas encore les ingénieuses machines de guerre dont on se servit plus tard dans le siége des places. Périclès, qui suscitait toutes les grandes capacités dans les sciences comme dans les arts, avait avec lui un savant ingénieur, qui lui inventa des engins puissants.

Les Samiens furent contraints de se rendre. Périclès rasa leurs murailles, enleva leur marine, les soumit au tribut, et rétablit le gouvernement démocratique.

Trouves-tu que tout cela soit d'un rêveur impropre à l'action?

GEORGE. L'histoire est souvent une science pleine d'imagination, de poésie et de passion. Elle n'est la plupart du temps que la reproduction des sentiments politiques de celui qui tient la plume. Chacun l'écrit à son point de vue, et la séduction du talent consacre souvent des appréciations qui ne sont pas précisément l'exactitude. Ce ne sont pas les Samiens qui ont écrit le récit de ces guerres.

PAUL. Je tombe d'accord là-dessus. Mais quand des esprits sérieux et élevés se sont donné la tâche d'examiner les événements et de faire concorder le vraisemblable avec les données fournies par l'investigation, on peut se flatter d'avoir le vrai.

Or Thucydide, l'historien celui-là, qui n'était sollicité, on le sait, que par l'intérêt absolu de la science, et qui travaillait avec tant de soin et de scrupule, a écrit que dans cette guerre difficile il s'en fallut de fort peu que les Samiens n'enlevassent l'empire de la mer aux Athéniens. Ce mot donne une assez juste idée de l'habileté du chef qui a vaincu.

Périclès lui-même, enthousiasmé de sa propre victoire, rappela les souvenirs poétiques d'Homère et de la Troade. Agamemnon, dit-il, était resté dix longues années devant les murs de Troie, défendue par des Barbares; et lui, en moins d'une année, avait enlevé l'une des plus fortes places de la Grèce, défendue par des Grecs, habiles dans l'art de la guerre!

George. Et le beau mérite pour un chef d'État d'imposer à son pays de grands sacrifices d'hommes et d'argent pour satisfaire le caprice d'une femme, pour faire plaisir à une courtisane!

Paul. Je m'étonnais un peu que tu n'eusses pas encore parlé d'Aspasie. Il paraît, en effet, que cette femme exerçait un certain empire sur l'esprit de Périclès; mais il est invraisemblable qu'elle ait pu gouverner l'État sous son nom, comme on l'a dit.

Un homme fait comme Périclès peut avoir des faiblesses, on le comprend, pour une femme du genre d'Aspasie; mais, au milieu même de ses complaisances, il sent le besoin de se respecter. C'est de la dignité et c'est du calcul : la femme cesse d'aimer dès qu'elle cesse d'estimer et de respecter.

Mais cette femme, dont tu parles avec tant de dédain, disons-en un mot, puisque nous causons. Il paraît qu'elle n'était pas précisément ce que tu penses. Elle avait fait de fortes études, elle s'occupait de littérature et de philosophie. Socrate allait la voir avec ses disciples, et s'entretenait gravement avec elle des doctrines qui se professaient dans ce temps-là. Platon rapporte que les érudits fréquentaient sa maison et lui demandaient même des leçons de rhétorique. Il paraît que cette femme étonnait la Grèce, comme plus tard Hypathie confondait les docteurs d'Alexandrie.

Je crois donc qu'au lieu de la ranger, comme tu le fais, dans la classe vulgaire des courtisanes, il serait plus exact de voir dans sa maison ces salons brillants de madame de Rambouillet, où se réunissait dans le temps à Paris l'élite des beaux esprits et du beau monde.

GEORGE. Tu oublies que l'hôtel Rambouillet n'était pas moins une école de mœurs qu'une école de bon goût en littérature. Si tu veux faire un rapprochement, tu ferais peut-être mieux de parler de Marion ou de Ninon.

PAUL. A ton tour, tu vas trop loin. Pour bien juger d'un personnage historique, il faut se rendre compte du milieu social où il vivait. Xénophon nous apprend qu'en ce temps-là les maris étaient dans l'usage de prêter leurs femmes par patriotisme à leurs amis. Aspasie donc, malgré les galanteries que tu lui reproches, a pu être, à Athènes, environnée d'hommages et de respects. Socrate allait chez elle, et je crois que ce n'est pas peu dire.

Cette femme n'était pas dans la foule. Elle fait partie de la gloire de ce siècle, auquel Périclès a laissé son nom. Elle s'occupait même de politique, et l'on dit qu'elle l'entendait si bien, qu'elle l'enseignait publiquement aux Athéniens en même temps que la philosophie.

GEORGE. Ce qui t'amène à reconnaître que ce bas-bleu gouvernait vraiment sous Périclès, et qu'elle a bien pu causer, par ses passions, les guerres qu'on reproche à son amant.

Nous savons ce que peut la femme. Sa faiblesse est une puissance, et l'une des plus grandes qu'il y ait sur la terre. C'est bien à bon droit que les poëtes en font le ressort et le nœud de la tragédie. L'action scénique ne devient drame que lorsqu'elle s'en mêle et la domine. Quand elle sourit, la femme commande; et quand elle pleure, elle ordonne en maître.

Faible et dolente comme les enfants, forte et violente comme les lionnes, la femme est un prodige dans la création. Quand cette énergie de la faiblesse l'exalte et la possède, ce n'est plus un dieu qui la travaille, comme sur l'antique trépied du temple de Delphes; c'est une furie, c'est un démon qui la pousse, et qui ne la quitte que lorsqu'elle a obtenu ou qu'elle s'est brisée. Partout où les causes se passionnent, cherche la femme, elle n'est pas loin. Que les cœurs s'abattent au milieu des désastres, elle les relève et les rallume : songe à Jeanne d'Arc. Si les religions s'exaltent et se fanatisent, c'est sa ferveur qui les enflamme : vois sainte Thérèse. Quand la politique trouve des martyrs, c'est encore elle qui les inspire et qui souvent marche en avant : rappelle-toi madame Roland. Que de choses encore sont faites par elles sans qu'on s'en doute, parce que ce n'est pas leur main qui se fait voir!

Dieu a rendu presque aussi puissant que lui ce mélange de grâces, de larmes, de soupirs, d'émotion, d'enthousiasme et d'ardeur, qu'on appelle la femme.

Périclès n'a pas pu aimer une femme comme cette Aspasie sans subir sa domination.

PAUL. Xantippe a torturé Socrate, mais elle ne l'a pas fait dévier de son chemin. Aspasie a enveloppé Périclès de toutes les séductions, de toute la magie de sa beauté et de son génie, mais elle ne lui a pas fait oublier son devoir et son pays.

Il y a des hommes forts parmi les hommes, et ceux-là savent rester fidèles, en dépit d'Armide, à l'idéal qui luit en eux.

GEORGE. Ainsi, à t'entendre, ce sont les ennemis de ton héros qui auront fait de la Milésienne une Omphale et une Junon; mais ton Hercule n'aura jamais posé sa massue, et le Jupiter athénien n'aura abdiqué son sceptre que devant la mort.

PAUL. Tu as de l'esprit et tu t'en sers bien.

GEORGE. Tu veux que je te complimente à mon tour? Je n'en ferai rien.

Reprends ton apologie, et voyons comment le pilote va manier sa barque au milieu des orages que je vois venir.

PAUL. Dix ans après la guerre de Samos.....

GEORGE. Nous appellerons ce qui suit : *Dix ans après?*

PAUL. Ou le commencement de la fin, comme tu voudras. Lacédémone continuant d'exciter sous main les républiques grecques contre les Athéniens, Périclès se préparait à la guerre, qu'il ne pouvait que retarder par son adresse. Ces délais qu'il obtenait, il les employait à se fortifier, à recruter de nouveaux auxiliaires.

Sur ces entrefaites, Corinthe, amie de Sparte, attaqua Corfou, île indépendante. Périclès saisit l'occasion. Il proposa au peuple de secourir ceux de Corfou, pour s'en faire des alliés dans la guerre qui allait s'ouvrir. L'assemblée adopta ses vues.

Mais le parti de Cimon remuait de nouveau et fondait sur son fils de nouvelles espérances. La famille de Cimon, en haine de Périclès, avait lié amitié avec les Lacédémoniens, avec les ennemis jurés de la république. Les partis politiques, dans leur fureur, vont jusqu'à la trahison de la cause même de la patrie.

D'une pierre il fit deux coups : il donna à ce fils de Cimon le commandement de l'expédition, mais qu'il ne forma que de dix galères. En obtenant d'appuyer Corfou, il allait augmenter les forces de la république; et en plaçant le jeune Cimon à la tête des premiers secours qu'il envoyait, il le mettait dans l'impuissance de rien faire de bon en ne lui donnant que ces dix vaisseaux, sachant le jeune homme incapable de trouver dans son esprit de quoi compléter le peu de forces qu'on lui remettait. Il allait donc jouer un rôle inutile ou même ridicule, et son insuccès devait ruiner la naissante influence dont l'entourait déjà le parti des grands. Mais cet insuccès avait encore une autre portée : il devait le faire soupçonner de favoriser l'ennemi, les relations de sa famille avec les Lacédémoniens étant chose notoire.

GEORGE. Et tu vas encore applaudir à ce coup?

PAUL. Je continuerai d'affirmer que les hommes que je défends, quand ils veulent s'y mettre, savent manier la politique bien mieux peut-être que les plus grands maîtres. Je ne me mêle pas d'applaudir.

Notre homme avait pour règle invariable de n'accorder jamais aucune facilité à ses ennemis. Il les tenait toujours en bride. Les fils de Cimon, tant qu'il vécut, ne purent arriver à aucune charge publique.

L'expérience prouve qu'il avait raison. Ceux que la bonté de leur âme porte à tendre la main à leurs adversaires politiques en reçoivent bientôt un nouveau coup de poignard, mais ce dernier plus profond que les autres, étant porté de bien plus près.

L'historien grec Thucydide dit, au livre I<sup>er</sup> de son histoire : « Il vivra dans une parfaite sécurité, celui qui s'expose le moins au repentir d'avoir servi ses ennemis. »

Il faut avoir été victime soi-même pour sentir toute la profondeur de cette parole pourtant si amère, si opposée aux sentiments d'une âme élevée.

George. Je trouve cependant qu'il pouvait causer un grand malheur à son pays en exposant ainsi ces dix vaisseaux avec les citoyens qui les montaient.

Paul. Le cas n'était pas pressant. Les Athéniens paraissaient sur les lieux d'abord à titre d'intermédiaires. Mais Périclès expédia d'autres forces, qui arrivèrent juste assez tard pour laisser percer l'insuffisance du jeune Cimon et pour secourir les alliés en temps opportun.

A ce moment, la guerre du Péloponnèse était imminente. De tous côtés les amis du continent se mirent, à l'instigation de Lacédémone, à élever des griefs contre Athènes. La faction des riches, réduite à l'impuissance par le grand homme, trahissait la république, fomentait à Sparte la guerre contre la patrie.

Corinthe, Mégare et Égine se répandaient en imprécations contre la fortune des Athéniens. Enfin Potidée se souleva, et Périclès la fit assiéger.

On envoya des députés à Athènes pour lui proposer des humiliations au lieu de lui offrir des conditions. La république était au faîte de sa puissance. Elle n'avait essuyé aucun échec. Elle ne pouvait accepter rien d'humiliant sans abdiquer son autorité aux yeux de la Grèce, sans s'avouer vaincue avant de combattre. On ne voulait donc que l'insulter pour rendre la guerre inévitable.

Périclès décida ses concitoyens à ne consentir à rien d'indigne. La moindre faiblesse, en présence des prétentions jalouses de l'ennemi, devait les déconsidérer et les amener à perdre, avec leur crédit, les ressources qui faisaient leur force. Les alliés ne savent s'attacher qu'à celui qui sait être fort.

Cependant, à l'approche du danger, les ennemis de Périclès s'enhardissaient. Ils firent accuser Phidias d'avoir volé l'or et l'argent fournis par le peuple pour la statue de Minerve. L'artiste prouva le contraire : sur l'avis prévoyant de Périclès, il avait réuni toutes les parties du chef-d'œuvre avec des vis ; il les détacha et on les pesa. Ne pouvant le prendre sur le chef de vol, on l'attaqua dans l'art lui-même. On voulait arriver par lui à son protecteur. On l'accusa de s'être représenté sur le bouclier sacré de Pallas et d'y avoir fait figurer l'image de Périclès. On le mit en prison, et il y mourut.

GEORGE. C'est pourtant Périclès lui-même qu'on accuse de l'avoir fait empoisonner dans la prison.

PAUL. Et tu as par cela la mesure exacte de ce que peut la haine contre les hommes de cette espèce. On les accuse tous d'avoir tué, d'avoir volé, assassiné, trahi, commis les crimes les plus affreux. Quand on lit la vie de l'un, on connaît l'histoire de tous les autres.

Mais ce ne fut pas tout. Après lui avoir imputé la mort de Phidias, qu'il aimait et dont la gloire s'associait à la sienne, on accusa Aspasie d'irréligion et d'athéisme : elle ne croyait pas aux dieux *établis*. On fit passer un décret contre les mécréants et les philosophes. Dans ce coup de filet, on comptait prendre à la fois Aspasie, Anaxagore et Périclès. C'est comme la préface du procès de Socrate.

Voilà donc la sainte *Inquisition* fonctionnant dans l'Attique quatre cents ans avant Jésus-Christ, seize cents ans avant saint Dominique et Innocent III. Aspasie allait passer par l'*auto-da-fé* sans l'éloquence de Périclès, qui la sauva avec son vieux maître.

Ces attaques renouvelées le firent réfléchir. Il sentit l'opiniâtreté de ses ennemis, qui se servaient des appréhensions de la guerre pour tromper le peuple.

Le peuple, qui ne raisonne pas, se lasse à la fin de ses meilleurs soutiens et les abandonne à la haine de leurs ennemis. Le même homme qu'il acclame aujourd'hui, demain il le maudira et courra le huer à son supplice.

Périclès donc hâta la guerre du Péloponnèse. C'était un procédé homœopathique. Cette même guerre qu'on lui reprochait, il en fit sa planche de salut.

GEORGE. Ainsi, pour sauver son pouvoir, le philosophe patriote n'hésita pas à faire couler le sang.

PAUL. Il ne s'agissait pas de son pouvoir, mais de sa vie. D'ailleurs, la guerre était inévitable, comme tu l'as vu. Il n'aurait pu que l'éloigner de quelques jours. Dans l'intervalle, la foule l'aurait sacrifié à ses ennemis. Les Lacédémoniens visaient à le supprimer, à l'*oster et ruiner,* comme dit Amyot, pour vaincre à coup sûr la puissance d'Athènes.

Au moyen de cette guerre et en la brusquant, il comptait à la fois affermir la fortune de son pays, se rendre indispensable au milieu des difficultés de l'administration, et déjouer la cabale de ses envieux.

Les conditions de l'ennemi ayant été rejetées, Archidamus, roi de Lacédémone, envahit l'Attique à la tête de son armée.

Ainsi commença cette guerre, la plus grande par sa durée, par les malheurs qui l'accompagnèrent, par les conséquences qui la suivirent, de toutes celles qu'aient eues les Grecs soit entre eux-mêmes, soit avec l'étranger.

Le Spartiate, en ravageant l'Attique, ménageait les propriétés de Périclès. C'est la tactique qu'employa plus tard Annibal, préservant les terres de Fabius, pour le rendre suspect à ses concitoyens; mais Périclès avait prévu le coup et l'avait paré longtemps à l'avance en annonçant qu'on le lui porterait.

Il laissa piller les campagnes d'Athènes. Il fit entrer

les paysans dans la ville et ferma les portes, laissant l'ennemi se désorganiser dans le désordre.

George. Je ne retrouve pas ici ton grand capitaine.

Paul. Tu ne le comprends pas : sa puissance était dans la mer; il allait faire ce que Scipion, à son exemple, a fait depuis contre Annibal. Il allait ramener l'ennemi dans son pays en portant chez lui la guerre et les représailles.

Mais la ville ainsi fermée et bloquée, ses ennemis se soulevèrent avec un surcroît d'acharnement. On l'accusa d'avoir causé la guerre, et d'enfermer ensuite les citoyens comme un troupeau dans un parc, sans rien faire pour les défendre. Il ne s'émut pas de ces clameurs.

Il équipa une flotte de cent vaisseaux et l'expédia sur les côtes de l'ennemi. Cette expédition fit tant de mal aux Péloponnésiens sur leur territoire, qu'ils allaient en hâte évacuer l'Attique; mais la fortune vint à leur aide. Elle avait tourné le dos aux Athéniens.

George.  « Un mal qui répand la terreur,
« Mal que le ciel en sa fureur
. . . . . . . . . . . »

Paul. Oui, la peste, et il faudrait les vers de *Lucrèce* pour dire l'horreur des maux qu'elle fit dans Athènes.

Le déchaînement contre Périclès n'eut plus de bornes. Il était la cause de tout le mal; c'était lui qui, en entassant dans la ville la population des champs, habituée au grand air, avait *créé* l'épidémie qui décimait la république. Il était responsable de la mort de tous ces citoyens dont les cadavres s'amoncelaient chaque jour sur la place publique.

Pour conjurer ce *tolle*, il embarqua une nouvelle levée et se mit lui-même à la tête de la flotte. Il alla bloquer la ville d'Épidaure ; mais quand la fortune s'en va, rien ne succède. La nature elle-même semblait se mettre de la partie : une éclipse de soleil vint effrayer l'escadre. Périclès, en homme d'esprit, jeta son manteau sur les yeux du pilote, et expliqua ingénieusement par cette image le phénomène qu'on traduisait en mauvais présage.

Mais l'expédition ne fut pas heureuse : la peste avait suivi les Athéniens devant Épidaure, et ils furent forcés de lever le siége.

Les ennemis de Périclès avaient trop beau jeu. Ils soulevèrent la multitude épouvantée et parvinrent sans peine à le faire mettre en jugement. Il fut destitué et condamné à payer une indemnité au trésor public. C'était lui qui avait fait le fléau ! Il était de complicité avec l'atmosphère.

Chacun, dès lors, suivant la noble coutume des multitudes, se mit à l'accuser, à l'accabler ; ses services n'étaient plus rien. Les longues années de paix, de gloire et de prospérité qu'il avait procurées à la république ; tous les efforts qu'il avait faits, les luttes personnelles qu'il avait soutenues, les périls divers qu'il avait courus, pour établir dans son pays un régime désormais régulier, intelligent et équitable, tout cela était oublié.

Quand l'humanité donne de ces spectacles, et elle les donne assez souvent, la conscience s'attriste et se prend à douter de la sainte obligation du devoir parmi les hommes.

Son fils lui-même s'éleva contre lui. Le père avait contenu ses goûts dispendieux, et l'ignoble jeune homme, à l'heure des revers, trahit le père qu'il avait à défendre.

George. Il l'accusa, je crois, d'avoir suborné sa fille à lui, le respectueux accusateur!

Paul. L'absurdité de la chose nous dispense d'y faire attention; mais il le calomnia de mille autres manières.

On remarque, au milieu de ses invectives, une chose étrange : il accusa son père, comme d'une sorte de crime, d'avoir passé sa vie dans des études littéraires et philosophiques.

George. On était donc suspect à Athènes quand on s'occupait de choses semblables, à peu près comme au moyen âge, quand on s'occupait de magie et d'alchimie?

Paul. Il paraît que le renom de lettré et de philosophe éveillait à peu près les mêmes préjugés; mais il est plus probable de croire que c'étaient les partis encroûtés qui s'en servaient, quand ils le pouvaient, contre leurs ennemis et contre le progrès.

Enfin tout le monde lui tomba dessus. Le lion était par terre, chacun, suivant la règle, lui en donnait en passant; l'âne lui-même n'y manqua pas. La fable est l'image narrée de la vie humaine. C'est la joie suprême des natures vulgaires de cracher au front à un grand malheur.

Tous les genres de revers lui survinrent à la fois. Le sort a la déloyale habitude de ne frapper jamais un seul coup sur l'homme qu'il renverse; il revient à la charge, il faut qu'il l'accable. La peste enleva tous ses autres enfants, toute sa famille, tous ses amis. Il resta seul, plongé dans la douleur, tout près du désespoir.

Cependant on ne trouva personne parmi ses ennemis pour le faire oublier dans le gouvernement. Ils n'eurent pas un seul homme de mérite à offrir à la place de celui qu'ils poursuivaient. Le gouvernement allait à vau-l'eau : aucune main habile pour tenir la barre dans les graves conjonctures où l'on se trouvait.

On avait pris l'habitude du jeu facile des lois et de l'administration sous le gouvernement de Périclès, et l'on ne put supporter les tâtonnements et les petitesses des médiocrités qui l'avaient supplanté. On fut obligé de revenir à lui.

Le peuple le pria d'oublier, et il oublia.

George. Quel amour du pouvoir !

Paul. Ou plutôt : quel amour de son pays !

Il pardonna à ce peuple, qu'on avait trompé, et qui se souvint que cet homme l'avait placé à la tête de la Grèce, à la tête du monde et de l'époque.

Périclès reprit les affaires, mais il ne fut pas longtemps à les conduire. L'épidémie l'atteignit, et il mourut.

On raconte que, sur le point de mourir, il montra aux amis qui l'entouraient un charme qu'il portait au cou. C'étaient les femmes qui le lui avaient mis comme préservatif contre la contagion. Les femmes, dans tous les temps, ont ces crédulités et ces superstitions. « Il faut », dit-il à ses amis, « il faut que je sois bien près d'en finir pour me résigner à porter amulette. » Sa philosophie ne le quittait pas même aux derniers moments.

Puis, la foule de ceux qui entouraient son lit

s'étant mise à énumérer les grandes choses qu'il avait faites, lui, se retournant, déjà mourant et d'une voix éteinte, murmura ces mots : « Tout ce que vous dites » là, d'autres l'ont pu faire comme moi; mais ce dont » je m'honore, c'est de n'avoir ordonné la mort de » personne. » C'est que nul Athénien, dit Amyot, *n'a oncques porté robbe noire pour occasion de moi.*

Il ne s'enorgueillissait que de cette innocence. Ainsi, cet homme qui avait civilisé une nation, ne réclamait que le mérite de n'avoir point de sang à se reprocher ! Et c'est en disant cette parole simple et sublime que mourut cet homme étonnant, qui, au moyen de l'intelligence et du talent, avait su conserver quarante ans le gouvernement d'une démocratie ombrageuse, dont le principe traditionnel était la proscription des hommes supérieurs !

George. Tu lui fais là, j'espère, une magnifique oraison funèbre.

Paul. C'est lui-même qui se l'est faite, simple et courte, comme il convient à la bonne conscience, à la vraie grandeur.

Ai-je assez bien trouvé pour commencer? Et qu'aurais-tu à lui reprocher de sérieux, à celui-là, comme homme politique et comme chef d'État?

Il a gouverné près d'un demi-siècle un peuple éclairé, difficile et remuant. Il l'a gouverné avec habileté, avec fermeté, et au moyen de la légalité.

George. Sa tâche n'était pas difficile. Il n'y avait pas de constitution écrite dans ce temps-là. C'étaient des temps rudimentaires en matière de gouvernement. Des lois nettes et positives ne contenaient pas le chef de l'État; et il n'avait pas besoin d'étudier ces lois, d'étudier son peuple et de s'étudier soi-même pour administrer convenablement, dans la stricte légalité, tout en faisant par son initiative prospérer les affaires publiques.

Paul. Il y avait des lois, et des lois précises, dans les traditions et dans les mœurs : celles-là ne sont pas les plus faibles. Il y en avait aussi d'écrites : n'oublie pas le code de Solon.

Il ne gouvernait pas à sa fantaisie; les Athéniens ne l'eussent pas permis, témoin les difficultés qu'il a rencontrées.

Le régime sous lequel il commandait n'était pas, il est vrai, le régime représentatif qui a cours aujourd'hui, et qui est plus rationnel et plus méthodique; mais c'était un système non moins libéral.

L'un des esprits politiques les plus libéraux et les plus pratiques de notre temps appelle pour les sociétés, comme le terme le plus reculé de l'idéal de la liberté, le gouvernement du plébiscite. C'est dans ce système que Périclès a gouverné.

Le suffrage universel, qu'on n'appelait pas du même nom à cette époque, le continuait périodiquement à la tête du pouvoir; et lui, il administrait tout seul dans l'intérêt de la république. Quand la circonstance était difficile ou importante, il consultait l'assemblée du peuple et obtenait son vote avant d'agir. C'était le régime plébiscitaire.

George. Son système lui a-t-il survécu? Et que laissait-il à l'avenir?

Paul. Son exemple. Il avait formé des hommes pour

le continuer, mais les événements ne l'ont pas voulu. Le plus remarquable de ses élèves et de ceux qui lui succédèrent, Alcibiade, n'avait gardé de lui que les facilités et les ornements de l'intelligence. Ses goûts et ses mœurs le rendaient impropre à continuer la grande tradition que le grand homme venait de fonder.

George. Il a gouverné avec éclat, il a eu de brillants succès, mais a-t-il donné de la stabilité à son ouvrage, a-t-il pu sauver son pays? Ne lui a-t-il pas laissé, au contraire, une guerre qui devait le perdre?

Paul. Il lui a donné durant quarante ans la paix intérieure, l'ordre, la liberté, la prospérité, tous les genres de gloire, et la prédominance dans le monde.

Cette guerre, tu le sais bien, était la conséquence inévitable des rivalités qui divisaient la Grèce. S'il eût vécu, c'est certainement Athènes qui eût triomphé. Et si plus tard Philippe eût trouvé à la tête des républiques grecques des citoyens de cette valeur, la Grèce n'eût pas été la proie de l'usurpation macédonienne.

George. Mais Philippe a trouvé Démosthènes, et cependant il a vaincu.

Paul. Démosthènes? Je suis bien aise que tu le nommes. Tu me facilites la transition. La transition, sans qu'on s'en doute, est chose délicate et difficile. Je suis étonné que les rhéteurs n'en aient pas fait une règle sévère et doctrinale, comme l'exorde ou la division. Nous ne faisons que causer, il est vrai; néanmoins il est toujours bon de passer sans effort d'un sujet à un autre, comme en glissant.

Le soleil était haut dans le ciel quand les deux amis descendirent la colline. Ils regagnèrent le toit de paille, où la jeune femme du matin les attendait sur la porte.

# DÉMOSTHÈNES.

C'est du vendredi au samedi que les paysans apportent leurs produits dans la ville voisine. La route de Bidorette, creusée dans la montagne, était remplie de voyageurs. Les montagnards poussaient devant eux à la file leurs chevaux et leurs ânes, portant chacun deux sacs de café sanglés sur le bât.

De temps en temps des femmes robustes, à la cotte de gingas retroussée au genou, criaient après leurs bêtes de charge trébuchant dans les bourbiers. D'autres, assises sur la *macoute,* d'où sort la tête d'un régime de banane, épluchaient en chantant une canne à sucre ou un mangot. Les échos de la montagne redisaient d'un ton vague et sourd les chansons de l'ajoupa, ces *ranz des vaches* du pays aimé, dont le rhythme mélancolique remplit les rêves du proscrit loin du ciel de la patrie.

Nos deux jeunes gens allaient à pied dans la foule, à contre-sens des paysans. Ils s'arrêtaient souvent pour deviser avec eux, leur offrir un cigare ou leur acheter des noix grillées. Ils montaient ainsi la pente sinueuse, qui trompe la montagne en la tournant.

A chaque coude, à chaque détour, un nouvel aspect s'offre aux regards. Tantôt des forêts de pins couronnent la hauteur qu'on a en face; tantôt des rocs escarpés menacent de leur masse abrupte la maisonnette penchée sur le précipice ; plus loin, des cépées de bambous réunissent leurs tiges et leurs branches entrelacées pour faire la nuit sur la rivière qui coule au fond dans la vallée. Les bambous, balancés par le vent, ont une plainte sombre et lugubre qui attriste le voyageur.

Mais les montagnards descendaient en foule, et leurs voix couvraient les gémissements de la branche plaintive. Ils s'arrêtaient quelquefois à regarder avec étonnement nos deux amis, vêtus à l'européenne, cheminant parmi eux dans ces forêts.

« Ces hommes m'intéressent vivement, dit tout à coup George d'une voix émue. Ils vivent confiants dans ces montagnes, sans s'inquiéter du train du monde, sans se soucier de cette politique dont nous parlons, et dont les évolutions influent pourtant sur leurs travaux et disposent de leur sort.

Cette ignorance et cette confiance ont quelque chose de touchant et de sérieux. L'homme politique a besoin de vivre dans ce milieu pour prendre le sentiment de ses devoirs, pour contracter une juste idée de la responsabilité qu'il assume en dirigeant la vie des peuples.

En effet, une mesure financière, une loi de douane, une décision quelconque en matière d'impôts, votées dans les assemblées, au milieu du cliquetis de l'éloquence bruyante des faiseurs de codes, viennent rebondir dans ces montagnes en y apportant la misère ou l'aisance, selon que la raison ou l'inconséquence, selon que le bien public ou l'intérêt personnel ont inspiré la délibération.

Ainsi, selon que la politique suit l'un ou l'autre de ces deux courants, ces hommes des champs et du travail vivent heureux dans la paisible obscurité de la nature, ou recueillent, pour fruit de leurs labeurs, les difficultés de l'existence et l'abrutissement qui suit la misère.

Paul. Ceci justifie ce que je t'ai dit, que la politique est la chose du monde la plus difficile. La difficulté de conduire les hommes, si divers de caractère et d'idées, si changeants et si passionnés, s'ajoute à la difficulté non moins grande d'opérer par l'administration l'amélioration des classes qui souffrent et qui s'étiolent dans l'ignorance.

George. Est-il pourtant si difficile de leur assurer ce bien-être qui leur est dû et qui est l'obligation des gouvernements? Que demandent-ils, en effet, ces hommes qui vivent de peu et qui forment la plus intéressante et la plus utile portion de la population de tous les pays? L'affranchissement de taxes trop lourdes déguisées sous des noms *indirects,* et qui les frappent directement pourtant chaque fois qu'ils achètent une blouse pour se vêtir, ou un peu de sel pour leur subsistance; la sécurité de leurs récoltes, le moyen de les améliorer, la facilité de leurs transports, une équitable proportionnalité entre le prix des objets ouvrés et le prix des produits qu'ils offrent en échange.

Paul. Et tu crois tout cela chose aisée et pouvant se faire en un tour de main! Ce sont là questions économiques de la plus haute difficulté. Il faut des études longues et profondes, il faut une contention d'esprit des plus soutenues pour arriver à résoudre ces graves problèmes sans toucher à l'équilibre de la société, sans blesser les droits légitimes d'aucune des diverses classes, des divers intérêts qui la composent, sans arrêter la marche des affaires publiques, sans paralyser l'activité du gouvernement et des travaux qui lui incombent.

Ces améliorations sont dues au peuple, à toutes les classes qui travaillent et qui vivent de leur salaire ou de leur récolte. Il y en a d'autres encore qui leur sont dues : tu as omis le bienfait d'un humble enseignement, qui mette l'homme de la nature en communication avec la société, avec la science, avec le devoir, avec Dieu.

Mais pour les opérer graduellement, scientifiquement, sans imprudence et sans secousse, il faut, je te l'ai déjà dit et tu le vois bien, des hommes supérieurs au timon des affaires.

George. Tu reviens à ton idée fixe. Comment! une administration composée d'hommes sensés et bien inspirés ne peut-elle donc pas trouver le moyen de faire le bonheur d'une population?

Paul. Tu dis : d'hommes sensés et bien inspirés; mais ce sens et cette inspiration, s'ils ne sont éclairés par l'intelligence et par l'étude, quel résultat veux-tu qu'ils obtiennent? Et s'il faut de l'intelligence pour conduire même des affaires privées et restreintes au cercle d'une famille ou d'une compagnie, ne faut-il pas une bien plus grande supériorité pour embrasser la chose générale, pour mener à bien les destinées de toute une nation?

George. Cependant l'humanité a plus constamment

marché sous la direction d'hommes ordinaires mais ayant du sens, que sous l'éclat de tes grands penseurs.

Paul. Aussi a-t-elle enregistré plus de misère que de bonheur dans ses annales.

Et l'avenir auquel elle aspire ne se réalisera que lorsque le gouvernement des sociétés ne sera confié qu'aux plus méritants dans tous les pays.

George. A mon avis, l'esprit théorique de ceux dont tu parles les rend plus propres à formuler les vérités qu'à les appliquer. Ils aspirent à bien faire, je le crois bien ; mais cet enthousiasme même qu'ils ont pour la gloire les empêche de discerner les moyens pratiques.

Ils prennent les hommes non pour ce qu'ils sont, mais plutôt pour ce qu'ils devraient être. Et cet aveuglement généreux, il faut dire le mot, les éloigne de la route du vrai, du réel et du possible. Ils sont dans le rêve au lieu de vivre sur la terre avec les hommes tels qu'ils sont, c'est-à-dire faits de contradiction, de passions, de malignité.

Un véritable homme d'État est celui qui se sert des défauts mêmes des hommes pour arriver à les conduire. Celui qui veut appliquer à des hommes des procédés propres à des anges, ne parviendra qu'à les rendre encore pires.

La suprême habileté consiste à agir dans le milieu où l'on se trouve et à tirer de ce milieu même les ressources dont on a besoin. Ce n'est ni Platon ni Rousseau qui peuvent gouverner l'humanité. Il faut des hommes pratiques et hors des rêveries.

Paul. C'est-à-dire des hommes sans scrupule, des hommes comme Denys ou comme Mandrin.

George. Pourquoi ne pas dire comme Washington, comme William Pitt, comme Turgot?

Paul. Eh bien, ôte à ces derniers la supériorité intellectuelle par laquelle nous les connaissons et qui a fait toute leur valeur, et dis-moi si, avec toutes leurs bonnes intentions, ils eussent pu faire une seule des choses qu'ils ont accomplies. Turgot traduisait Virgile et vivait au sein des lettres.

George. C'étaient des hommes supérieurs, je le reconnais, mais ce n'étaient pas des utopistes.

Paul. Tous ceux qui apportent des idées nouvelles et des vérités, on les appelle des utopistes. Le préjugé seul n'est pas l'utopie pour les sectateurs du positivisme.

George. Moi, je ne me fie pas à ces poëtes et à ces artistes. Ton Périclès a pu être une exception; mais je te défie de trouver dans le beau parleur auquel tu penses en ce moment les aptitudes spéciales d'un homme de gouvernement.

Les deux interlocuteurs, à ce moment, étaient arrivés devant la barrière d'une petite habitation qui s'étend en pente sur la ravine. Ils entrèrent par le tourniquet, et demandèrent au maître de la case la permission de visiter ses plantations. Ils marchèrent longtemps parmi les palma-christi plantés derrière la maison, et ils allèrent s'asseoir sur l'herbe, en face du panorama de montagnes et de torrents qu'ils avaient devant eux.

— Écoute un peu, dit Paul en tirant deux ou trois volumes d'un petit sac de voyage qu'il portait à la main. A un talent qui tenait du prodige et qui est resté dans le monde le modèle suprême en son genre,

Démosthènes joignait les facultés pratiques les plus remarquables. C'est même à son esprit patient, travailleur et persévérant qu'il doit cet éclat qui fait auréole autour de son nom.

GEORGE. Cependant cet éclat, je le crois surfait. Plutarque s'est donné la peine de nous apprendre qu'il n'avait pas fait les études premières qui sont le fondement des grands talents.

PAUL. Toujours dans les préjugés! Démosthènes, trompé par ses tuteurs, n'avait pas suivi ce qu'on appelle aujourd'hui des études classiques. Mais à cette époque, où il n'y avait pas, comme de nos jours, des littératures antiques à étudier sur les bancs, comme on apprend le latin et le grec dans les colléges, on ne saurait guère comprendre ce que pouvaient être les classes dont tu me parles.

Des rhéteurs donnaient chez eux des leçons dites de grammaire. La grammaire embrassait alors l'ensemble des connaissances littéraires. Les jeunes gens qui pouvaient payer suivaient ces leçons, comme à peu près les cours du Collége de France et de la Sorbonne. Démosthènes avait perdu son père en bas âge, et ses tuteurs, infidèles, retinrent son bien et lui refusèrent cette éducation libérale qu'on donnait alors aux jeunes Athéniens.

Mais cette nature avide de savoir ne s'en mit qu'avec plus d'ardeur à l'étude, quand il eut senti ce qui lui manquait, pour cultiver la vocation qu'il avait en lui. Il s'instruisit, et il devint l'homme que nous savons.

La plupart des plus grands génies dont s'honore le monde ont à peu près la même origine.

Shakespeare n'avait pas étudié les lettres grecques. Il n'avait même pas pu se familiariser avec la littérature latine dans les langues vivantes, puisque de son temps il n'y avait pas encore de traducteurs. Par cet Amyot seul que nous citons quelquefois, il avait dû se faire une idée du monde littéraire et philosophique des anciens. Shakespeare a fait cependant des choses qui révèlent une intuition complète de tous les temps. Et ce n'est pas seulement le rayonnement du génie qui éclate et éblouit dans ses œuvres ; mais à sa puissante originalité s'ajoute le goût délicat de l'art attique le plus raffiné.

Rousseau peut s'appeler divin comme son devancier parmi les Grecs; et sans le secours des lois de l'école, il a tout compris, tout senti, tout exprimé, dans une langue sans pareille, où la dialectique et l'émotion s'associent et se confondent.

Ce n'est pas dans les traditions scolastiques qu'Alexandre Dumas a puisé cette facilité, cette universalité, cette étonnante personnalité, qui en font un esprit sans précédent dans les littératures connues jusqu'ici.

Homère lui-même, cet Adam de l'école classique, devant qui tout le monde s'incline, que doit-il à la tradition? L'école n'existait pas avant lui, et c'est lui qui l'a créée sans le vouloir. C'est le génie qui fait la règle, c'est son exemple qui donne la loi, parce qu'il a le don d'entendre la nature, qui est le foyer de toutes les lois.

Et c'est ainsi que ce Démosthènes se trouve aujourd'hui l'un des premiers classiques dans les écoles.

George. Si puissant qu'il soit cependant, le génie a besoin de se discipliner pour ne pas s'égarer dans l'élan déréglé de son orgueilleuse indépendance.

Paul. Je ne conteste pas ce judicieux avis. Aussi Démosthènes s'est-il mis à la torture pour suppléer par le travail personnel à ce qui lui manquait de ce côté-là.

La première fois qu'il parut en public, il fut sifflé. Le démon de la gloire le possédait, et il n'avait pas encore assez travaillé. Il se servait, dit-on, *de longues clauses confuses, et enveloppait son dire de tant d'arguments les uns sur les autres, qu'il en estoit fascheux et ennuyeux à ouïr.* Compositions de la jeunesse!

Il ne perdit pas courage, mais il s'attrista. Une voix intérieure lui disait cependant : Marche et ne faiblis pas. Eunomus le vit dans son chagrin. Tu as le génie de Périclès, lui dit-il pour le relever, et tu atteindras à sa gloire si tu as son courage et sa persévérance.

Il affronta la tribune une seconde fois, et une seconde fois il fut sifflé. *Les longues traînnées de clauses* que nous savons agaçaient les nerfs au goût athénien.

Cette fois, ce fut un comédien qui lui remonta le moral. Les acteurs prennent sur les planches un aplomb magistral qui efface le talent et qui s'impose même à sa place. Ils font école et ils enseignent. On sait les relations de Roscius avec l'oracle de l'éloquence latine.

Démosthènes se plaignait que des ignorants trouvaient le moyen de plaire au peuple, tandis que lui, qui sentait la pensée fermenter dans son cerveau, ne pouvait enlever que les huées de l'assemblée. Patience, lui dit Satyrus, je te ferai voir ce qui te manque. Et là-dessus le comédien lui donna à dire des vers d'Euripide et de Sophocle. Démosthènes gâta ces vers en les récitant. Satyrus les déclama, et ils sortirent de sa bouche vivants, palpitants, transfigurés. Démosthènes ne les reconnut pas. C'est de ce moment qu'il fit de l'action la principale règle de l'art de parler.

Il se remit au travail, un travail dur, opiniâtre, ascétique. Il descendit sous terre pour se séparer des préoccupations du monde. Il parla aux flots soulevés pour dominer les clameurs de la foule. Il médita, il consulta, il compara, il étudia les hommes et la nature.

Il reparut devant le public, et cette fois le public l'applaudit. Il avait trouvé !

GEORGE. *Fiunt oratores*.

PAUL. Ou bien *Labor omnia vicit*.

GEORGE. « Le génie est une longue patience. » C'est le mot de Buffon qu'il faut préférer.

PAUL. Moi, je crois qu'on peut dire après lui : Le génie est une confiance inspirée par la nature et fortifiée par le travail.

A Athènes, il fallait le talent de la parole pour commander. Et il fallait que cette parole fût littéraire et savante. Les marchandes d'herbages s'entendaient en style et en esthétique.

C'est par la parole qu'on gouvernait, à peu près comme dans les temps modernes, sous le régime parlementaire, où les grands orateurs dominent les assemblées et deviennent ministres dirigeants. Le Verbe a fait le monde, dit l'Évangile, et depuis lors c'est lui qui le modifie chaque jour et qui le transforme. Mais il y a cette différence que de nos jours le peuple choisit ses orateurs pour les faire arriver au gouvernement, tandis que chez les anciens, chacun prenait la parole sur la place publique, sans mandat spécial, et ouvrait le plus souvent les avis les plus extravagants.

Ces motions bizarres prévalaient souvent, et alors elles cessaient d'être bizarres pour devenir funestes. D'où l'infériorité du système tumultuaire de la place publique devant le système représentatif, où les lumières et la raison sont seules conditions d'éligibilité, où la foule ne délibère pas, mais élit ceux qui délibèrent, c'est-à-dire ceux qui peuvent délibérer.

C'est un progrès sur l'antiquité. L'humanité avance chaque jour vers la lumière : chaque jour plus près, elle voit plus clair.

On nous promet qu'il viendra un temps où, le mécanisme étant simplifié, le peuple, consulté méthodiquement, répondra par oui et par non sur les questions générales de politique et de gouvernement, et confiera à ses élus le soin d'administrer d'après ces votes. Alors, nous dit M. de Girardin, la liberté sera *entière* et le pouvoir sera *indivis*, mieux constitué, et plus en état de faire le bien.

A cette époque, ce n'était pas cela. Le peuple légiférait et administrait, ce qui rendait l'ordre impossible, et le progrès plus impossible encore, puisque la raison seule peut trouver le vrai. C'est sous cette constitution que Démosthènes eut à se produire.

L'instinct le poussait vers la chose publique avec cette force de la vocation à laquelle on ne résiste pas. Il lui fallait la parole pour y arriver, et il ne possédait pas d'abord la parole. Il se tortura pour l'acquérir. Il l'acquit à la fin, et il devint à la fois le chef de sa république et le plus grand orateur de tous les temps.

C'était une magistrature étrange en son genre et difficile à définir dans les idées précises qui fixent de nos jours la distribution des fonctions publiques. L'orateur qui gouvernait n'avait besoin d'être ni archonte ni revêtu d'aucune charge légale. Il prenait possession du pouvoir par son éloquence, et par elle il dirigeait l'État. Le peuple l'écoutait et se fiait à lui.

Démosthènes débuta par une cause nationale et palpitante d'actualité. Philippe, roi de Macédoine, s'était préparé sans bruit et de longue main à subjuguer les Grecs, affaiblis par les guerres civiles.

Ce petit roi barbare, dévoré d'audace et d'ambition, méditait une conquête où avait échoué le *roi des rois*. Il avait créé une marine, discipliné une armée, amassé des trésors immenses. Son fils devait en hériter pour étonner le monde et pour le bouleverser.

Ainsi le deuxième roi de Prusse, Frédéric-Guillaume, réunit presque à l'insu de l'Europe les ressources et les moyens qu'employa son fils, le grand Frédéric, à étonner le monde à son tour par ses victoires et à former une grande nation du petit duché de Brandebourg.

Philippe avait décelé son audace en essayant une attaque sur les Thermopyles. Nausiclès, général athénien, s'inspirant du souvenir de Léonidas, l'avait repoussé.

La Grèce, énervée par l'anarchie, s'endormait dans le danger. On ne faisait rien pour se défendre. On ne voyait pas Philippe s'avançant sur la frontière; mais

Démosthènes entendait le bruit lointain de son armée, et il entreprit de réveiller ses concitoyens.

Il aborda la tribune aux harangues. Déjà, depuis ses échecs, il avait plaidé avec succès une cause personnelle contre ses tuteurs. Il ne faisait plus de ces longues *trainnées* que nous avons vues. Dès ce plaidoyer, qui nous est conservé, il avait dessiné les lignes sévères de cette éloquence sans faste et sans apprêt, qui devait être le caractère imposant de son génie. Je ne comprends pas que Cicéron l'ait pris pour modèle; je le comprendrais plutôt de Mirabeau.

Ce n'était point la période harmonieuse et sonore avec laquelle son émule latin devait séduire le forum et le sénat. Ce n'était point cet art savant et minutieux de réunir tous les secrets de la rhétorique pour étendre la parole en l'embellissant. Ce n'était point le discours académique, limé, poli, châtié, raffiné, irréprochable de correction. C'était l'accent mâle et sévère de l'homme d'État pressé de s'expliquer pour agir vite et sans délai. C'était la harangue politique dans toute sa vigoureuse simplicité, frappant fort, frappant juste, et triomphant au pas de charge.

Point d'exorde. Il entrait en matière par la matière même. Vite il entamait l'argumentation. Il accumulait les faits, les preuves, les exemples, les images, les réflexions, les uns sur les autres, comme une montagne. De ce sommet, il proclamait les principes et les vérités qui légitimaient sa conclusion. Point d'éclatante péroraison. Il concluait encore par la matière même. Il la résumait tout entière en trois ou quatre phrases, pleines et complètes. Et quand il descendait, la conviction était dans les esprits, l'enthousiasme était dans les cœurs; et toutes les mains et toutes les voix applaudissaient comme en délire. Il menait la république comme par la bride. Il était le maître des volontés. Puissance étonnante de l'esprit humain!

George. Danger non moins énorme quand celui qui possède une telle puissance la fait servir à ses passions!

Paul. Tu dis vrai, et l'Aréopage, pensant comme toi, jugeait de nuit pour éviter l'influence de l'action oratoire. Ces juges impassibles redoutaient la fascination du geste et des traits animés de l'orateur. Mais comment échapper à la magie du discours, de la pensée ingénieusement conçue et revêtue des charmes de la diction?

L'austère Caton, sentant le danger dont tu parles, a fait de l'éloquence une sorte de religion. *Vir bonus,* disait-il, *dicendi peritus.* Sublime définition de l'orateur!

Les vrais orateurs nous viennent comme des Messies. Ils apparaissent à la décadence d'un ordre social, à la chute des sociétés, pour essayer de les sauver en relevant le sens moral. Comme celui de Bethléhem, ils succombent tous dans l'effort de la lutte. Le même orage et la même passion du succès ont emporté Démosthènes, Cicéron, Rienzi, Mirabeau. Mais ils ne meurent pas tout entiers. Ils lèguent au monde en tombant l'héritage des vérités qu'ils ont affirmées. Ils ne peuvent être grands qu'en prêchant le vrai.

Pour enlever l'estime et l'admiration, il ne suffit pas qu'ils soient brillants, il faut surtout qu'ils soient honnêtes.

George. Et celui dont nous parlons présentement réunissait-il les deux conditions?

Paul. Nous allons voir.

Philippe donc s'apprêtait à marcher, et Démosthènes monta à la tribune. « Ce Philippe, dit-il, qui ose rêver d'asservir les Grecs, comment a-t-il pu concevoir une telle audace? Parce que les Athéniens négligent leurs affaires. Si Philippe eût considéré les obstacles qui s'opposent à un pareil dessein, il n'eût pas entrepris cette témérité. Et vous, à votre tour, si vous n'envisagez que les difficultés de la guerre qu'il vous prépare, si vous ne vous décidez à détruire sa puissance, vous n'aurez pas même le courage de vous défendre.

» L'obscur petit roi d'une obscure nation des montagnes attente à la liberté de la Grèce, et la Grèce, qui a vaincu l'empire des Perses réunis aux Mèdes, ne trouvera pas dans le respect de sa gloire l'obligation de se lever pour maintenir son indépendance!

» C'est l'indolence des Grecs et leurs divisions qui font tout le succès de ce petit tyran.

» Et s'il périssait de mort subite, il surgirait dans un autre coin du monde un autre Philippe, enhardi comme lui par votre inaction. Qu'attendez-vous donc pour vous décider? Je ne sache point de nécessité plus pressante que le moment du déshonneur.

» Vous prenez Philippe pour un favori du sort, à qui tout prospère et doit prospérer; mais ce despote, que vous voyez si puissant à travers le prisme de votre terreur, ne commande cependant qu'à des ennemis réunis par force sous son pouvoir. Les villes qu'il a surprises, les pays qu'il a subjugués, les officiers qui le servent, les amis eux-mêmes qui l'environnent, n'attendent que le signal de la résistance pour se délivrer d'un maître haï, corrompu par les excès, absolu dans ses caprices, et qu'on ne supporte qu'en conspirant.

» Que vous faut-il pour hâter sa ruine, pour délivrer les nations captives, pour assurer la paix de la Grèce? — La résolution et l'énergie. »

Puis, sans s'égarer dans de pompeuses exclamations, il se met à indiquer les préparatifs qu'il faut faire en hâte, les ressources qu'il faut réunir.

Ce n'est pas un rêveur qui va discourir, c'est un homme d'État qui va dire la situation de la chose publique. Il en connaît tous les détails. Il les a longuement étudiés et approfondis. Il va relever l'esprit de ses concitoyens, en leur montrant la possibilité de réussir, après leur avoir montré l'imminence du danger.

« La vieille gloire d'Athènes est dans sa marine. Il faut revenir aux traditions des ancêtres, dont l'illustration est un enseignement. Il faut armer cinquante trirèmes, et s'arranger de manière à les monter en personne, si le cas y échet.

» Il faut équiper des navires de transport pour la moitié de la cavalerie. Il faut lever une armée et la tenir prête à entrer en campagne. Ne me parlez, dit-il, ni de dix mille ni de vingt mille étrangers, ni de ces grandes armées qui n'existent que sur le papier. Je veux des troupes nationales, intéressées au sort de la patrie. Les généraux, vous les trouverez.

» Mais il faut pourvoir à la subsistance des troupes, il faut fixer le mode et la nature du recrutement. Il faut trouver à l'avance les ressources nécessaires pour entretenir la guerre.

» Quelles seront ces troupes? Quel sera leur nombre? Où puiser le moyen de les entretenir? Tout cela vous effraie. Eh bien, moi, j'ai pensé à tout, et je répondrai à tout, et avec ordre. »

Alors il entre dans le dénombrement des troupes nécessaires par ordre d'armes. Il dit ce qu'il faut de marins, de cavaliers, de fantassins, de mercenaires à placer au *milieu* et *sous la garde* des citoyens.

« Pour les vivres et les munitions, il vous faudra quatre-vingt-dix talents, dont quarante pour les vaisseaux d'escorte, à raison de vingt mines par mois pour chaque navire; autant pour deux mille fantassins, d'après le chiffre mensuel de dix drachmes par tête; douze talents pour deux cents cavaliers, à trente drachmes par mois et pour chaque homme. Puis les premiers succès mettront l'armée en état de vivre à l'aise en pays ennemi. »

Mais est-ce tout de dire ce qu'il faut d'argent? Ne faut-il pas surtout indiquer le moyen légal d'avoir cet argent? C'est à quoi tout d'abord il avait songé, et il va indiquer les voies et moyens. Là-dessus, il fait lire par le greffier de l'assemblée le tableau détaillé, préparé par lui, des ressources ordinaires et des moyens d'exception à employer pour réunir la somme nécessaire.

« Hâtons-nous d'agir! s'écrie-t-il après avoir développé la partie financière et pratique de son discours. Ne faisons pas la guerre à coups de messages et de décrets; mais arrêtons Philippe les armes à la main.

» Hâtons-nous, pour lui enlever l'espérance qu'il

fonde sur la saison, qu'il veut choisir à son gré; car il veut nous surprendre au retour des vents étésiens ou au fort de l'hiver, pour nous mettre hors d'état de lui faire face.

» Équipez la flotte, embarquez l'armée, envoyez-la à Lemnos, à Thasos, à Sciathe, dans toutes les îles de l'Archipel. Elle hivernera sous les drapeaux. Elle vous préservera de toute surprise.

» Dans l'intervalle, nos croisières bloqueront les ports de l'ennemi et détruiront tout son commerce. Vous lui enlèverez ainsi les ressources qu'il nous vole pour nous combattre. Il ne pourra plus courir en pirate sur les côtes de nos alliés; il ne pourra plus, comme il l'a fait à Geræstos, envelopper nos vaisseaux marchands et s'enrichir à nos dépens.

» Vous êtes, ô Athéniens, le premier peuple de la Grèce et le plus puissant par votre marine, par vos chevaux, par vos alliés, par vos revenus. Mais cette puissance, vous n'en faites aucun bon usage. Vous dépensez des sommes prodigieuses pour les jeux publics, pour les théâtres, pour les Panathénées et les Dionysies, et vous négligez d'avoir une armée pour défendre votre indépendance.

» Vous perdez le temps et votre avenir en vaines disputes sur la place publique; et, dans l'anarchie où vous vivez, rampant en esclaves à la traîne des événements, vous ne songez pas à adopter une politique qui vous mette à la tête des affaires, c'est-à-dire à votre place.

» Toute votre politique se borne à faire du bruit. Vous ne savez plus que faire des décrets. Apprenez-vous que Philippe est dans la Chersonèse? décret pour secourir la Chersonèse. Est-il aux Thermopyles? décret pour les Thermopyles. Toujours des décrets, et jamais rien que des décrets!

« Vous n'avez plus ni sagesse dans le conseil, ni décision au moment d'agir. Je vous parle avec *liberté*, avec *simplicité*, avec *franchise*. J'ignore ce qui me reviendra de mes conseils, mais mon devoir est de vous les donner, persuadé que votre intérêt est de les suivre. J'ai dit. Puisse prévaloir l'avis qui doit vous sauver! »

Tel est le sens général de la première des Philippiques. C'était parler à ses concitoyens, comme le disent les trois mots de la fin, avec la simplicité du vrai talent, avec la franchise de l'homme de bien, avec la liberté du citoyen.

Dans cette harangue, nous voyons mieux que dans toutes les histoires la situation d'Athènes à cette époque. Ce n'était plus la démocratie du temps de Périclès; c'était une anarchique démagogie, qui mettait le pays à deux doigts de sa ruine.

A cela rien d'étonnant. Il n'est pas possible que la foule gouverne. Son intérêt et son droit à la fois exigent qu'il remette le pouvoir aux citoyens capables de traduire en lois la raison et la justice, et de gouverner d'après ces lois.

Cette idée est forcément la politique de tous les esprits sérieux et honnêtes. Démosthènes la poursuivait. Il y voyait le salut de son pays. Il espérait, à force de talent, faire revivre l'administration libérale et intelligente de ce Périclès qu'il admirait.

Dans chaque ligne de la harangue, nous trouvons

cette pensée adroitement exprimée. Partout où il critique l'indolence du gouvernement, le désordre du peuple et sa turbulence, partout où il indique les moyens que l'assemblée du peuple a perdus de vue; partout où il montre les ressources que l'incurie a fini par ignorer; partout, il condamne le gouvernement de la multitude et recommande la direction des hommes capables.

George. Voyons cependant quel changement, quel beau changement la première Philippique produisit à Athènes.

Paul. On ne refait pas les peuples si soudainement. Le génie, si grand qu'il soit, ne possède pas la baguette des fées. Il faut du temps, de la persévérance, et les circonstances.

Les Athéniens étaient corrompus par les dissensions. La voix de Démosthènes dissipa la léthargie du désordre, si ces deux mots peuvent aller ensemble. Mais, n'étant pas encore personnellement attaqués, ils ne sentirent pas l'urgence d'entrer en campagne.

L'année d'après, Démosthènes plaida pour l'île de Rhodes. Les oligarques de ce pays, ou plutôt les riches, soutenus par le roi de Perse, avaient aboli le régime populaire. Les démocrates s'adressèrent à Athènes, comme ceux de Samos l'avaient fait dans le temps sous Périclès.

La similitude des institutions crée les amitiés politiques, comme la similitude des intérêts. La république des États-Unis a combattu l'établissement de la monarchie au Mexique. Dans la même intention politique, Périclès avait secouru les Samiens. Le parti démocratique, dans toute la Grèce et dans tout l'Archipel, considérait Athènes comme sa métropole et sa capitale.

Une pareille situation était propre à donner aux Athéniens une influence considérable. Périclès s'en était servi pour faire la puissance et la prospérité de son pays. Démosthènes jugea sage d'en faire autant.

Son premier mot dans le plaidoyer pour les Rhodiens est un coup d'adresse, qui porte la marque du grand maître. Il se servira souvent de ce moyen. « Le plus difficile, dit-il, dans le gouvernement des Athéniens, n'est pas de leur enseigner le parti le plus sage : *leur esprit prompt et éclairé* le distingue sans qu'on le leur montre ; mais c'est de les porter à le mettre en pratique. »

Il ajoute tout de suite à ce trait un autre trait non moins habile : « C'est qu'Athènes est connue pour prendre la défense de toutes les infortunes. » Des paroles de ce genre lui gagnaient immédiatement son auditoire. Jamais peuple n'a plus aimé la gloire que les Athéniens.

Viennent ensuite des considérations de la plus grande profondeur, et qui révèlent l'homme capable de diriger. Les intérêts des rois et des peuples sont scrutés avec un soin de détails joint à des vues d'ensemble, qui fait penser à M. Thiers, dans sa grande histoire, à l'endroit des sécularisations et des cours allemandes.

Aux motifs d'honneur qu'il vient d'invoquer, il se hâte d'ajouter l'intérêt de la république dans la question. Il s'adressait ainsi à tous les partis : aux hommes d'enthousiasme comme aux gens positifs.

« La reine Artémise, dit-il, ne s'opposera pas à nos desseins, si nous prenons les devants pour nous rendre maîtres de l'île de Rhodes, parce qu'elle a moins à redouter notre voisinage que celui des Perses. Mais si nous laissons au roi la latitude d'achever à son gré la campagne d'Égypte, la reine, pour faire sa cour au vainqueur, s'empressera d'elle-même de lui offrir ses secours pour le mettre en possession de cette république.

» A tous les points de vue, il importe d'intervenir à Rhodes à bref délai et d'y rétablir la démocratie. Notre intérêt nous le commande : nous y trouverons des alliés et des ressources. »

Écoute les paroles qui vont suivre, et dis si nous avons affaire à un rêveur, voyant les choses à travers les nuages. « C'est un abus de la force, diront nos ennemis? Mais puisque la politique universelle n'est que l'art d'être injuste impunément, afficher seuls, en présence des violences des autres, le prétexte de l'équité, ce n'est plus justice, c'est lâcheté. Partout nous voyons la grandeur des droits se mesurer à la grandeur de la force. »

GEORGE. Et c'est ce principe que tu invoques?

PAUL. Je ne l'invoque pas, je le condamne; mais je te le montre établi partout et dans tous les temps comme le fondement de cette science *pratique* que tu élèves pourtant si haut; et je te fais voir en même temps un de ces hommes dits de théorie et d'abstraction, réputés incapables de la comprendre, la comprenant cependant profondément et l'appliquant aussi pour sortir d'embarras.

On dit aujourd'hui : *sortir de la légalité pour rentrer dans le droit;* c'est ce que Démosthènes disait dès ce temps-là. Nous voulons agir au nom du droit; cela nous honore et fait notre gloire, laissa-t-il entendre en finissant; mais nous voyons ce droit partout violé : en effet, dans le droit public de la Grèce, le plus fort fait la loi au plus faible. Il faut aviser aux moyens de rétablir l'équité, et vous y parviendrez quand tous les peuples verront en vous les défenseurs de leur indépendance contre les plus forts. Employons la force pour relever le droit.

GEORGE. Tout cela est fort contestable au point de vue de la morale et justifie bien des attentats.

PAUL. J'en conviens avec toi. Mais c'est là cette politique sans abstraction que tu préconises. Il la pratiquait comme on le faisait partout autour de lui. Il aurait joué un rôle naïf, il aurait conseillé à son pays un rôle de dupe, on l'eût bafoué par-dessus le marché, et toi-même, tu l'eusses traité de rêveur si, au lieu d'en user ainsi, il n'eût invoqué que les théories transcendantes de Platon, son maître, réputé chef de tous les rêveurs.

GEORGE. L'homme de bien doit faire son devoir sans s'inquiéter de ce qu'on en dit.

PAUL. Il ne faut donc pas proscrire la philosophie de la politique.

L'orateur, continuant son plaidoyer, revient à son idée fixe de la réforme du gouvernement : « Je ne suis
» pas surpris que vous ayez tant de peine à faire ce que
» vous devez. Les autres peuples n'ont à combattre
» que des ennemis déclarés; vainqueurs, rien ne les

» empêche plus de jouir de leurs avantages. Mais vous,
» Athéniens, outre ce combat commun à tous, vous en
» soutenez un autre qui est plus rude. Il faut que dans
» vos délibérations, vous triomphiez de citoyens qui,
» par système, attaquent les intérêts de la république;
» et *comme rien d'utile ne peut s'effectuer sans cette*
» *lutte,* vous manquez nécessairement beaucoup d'avan-
» tages. »

Nous verrons revenir dans tous ses discours cette pensée constante d'une réforme à opérer. Pour faire accepter ces critiques sévères, il avait des paroles péremptoires qui couronnaient la hardiesse de ses harangues : « Vous écoutez avec joie l'éloge de vos
» ancêtres; vous célébrez leurs exploits, vous con-
» templez leurs trophées, mais songez qu'ils ont érigé
» ces trophées pour vous inspirer non une admiration
» stérile, mais le désir d'imiter leurs vertus. »

Est-ce la brutalité du sabre ou la raideur du positivisme qui trouverait de ces adresses suprêmes pour faire entendre raison à la multitude ?

George. Et la multitude qui applaudissait, a-t-elle suivi ses conseils, a-t-elle adopté ses vues ?

Paul. On ne sait pas au juste ce qui résulta des premiers efforts de l'orateur. Tronquée en mille endroits, l'histoire ne nous a conservé que des données incomplètes à cet égard comme à l'égard de tant d'autres choses. Pour des époques mêmes qui confinent à la nôtre, nous en sommes souvent réduits à des conjectures.

Nous voyons seulement que Philippe, favorisé par l'inertie des Grecs, employa deux années à les tromper. Le rusé politique réunissait sans bruit ses moyens d'action. Dans le même moment, sa diplomatie, très-habile, travaillait nuit et jour, sans relâche. Cette activité muette et souterraine s'est reproduite de nos jours, il n'y a pas longtemps : c'est ainsi qu'ont été préparés le fusil à aiguille et Sadowa.

Enfin Philippe entra en campagne, et l'on était loin de s'y attendre. Ses batteries étaient montées, son armée était en bon ordre, et ses agents avaient préparé les esprits dans les villes ennemies.

Il s'empara de Phères, de Géra, de Stagyre, de Myciberne et de Torone. Pour compléter sa nouvelle ligne, il lui manquait seulement Olynthe.

Olynthe ainsi menacée députa vers les Athéniens. Olynthe était une ville de premier ordre, enrichie par le commerce et placée, comme autrefois Amsterdam et aujourd'hui New-York, à la tête d'une puissante confédération. Elle avait fait la guerre avec succès à Lacédémone et à Athènes, les premières puissances de la Grèce. Elle s'était même emparée de la capitale de la Macédoine et de plusieurs autres villes de ce pays, sous le règne d'Amyntas, père de Philippe.

L'orateur Démade combattit la demande de secours, Démosthènes appuya Olynthe. « C'est une marque
» manifeste de la bienveillance des dieux pour Athènes,
» que Philippe ait mis contre lui les armes d'un peuple
» limitrophe de ses États et redoutable par sa puis-
» sance. Il faut vous montrer, ô Athéniens, aussi
» favorables à vous-mêmes que le concours des évé-
» nements. »

Peut-on entamer un sujet de ce genre d'une manière plus adroite et plus propre à frapper les esprits dans une assemblée populaire? La protection des dieux! Elle se montre à nu; ce sera donc plus que de l'incurie, ce sera de l'impiété, si l'on ne se hâte d'en profiter.

Après avoir ainsi mis le ciel de son côté, il introduit Philippe en scène : Philippe, un pervers qui trompe tout le monde à la fois, et que tout le monde s'apprête à tromper; Philippe, qui par la fraude et la violence a usurpé des États, qu'il ne peut retenir quelque temps encore qu'au moyen de nouvelles violences et de nouvelles fraudes! C'est le pressentiment de sa ruine prochaine qui le pousse à ces entreprises qui vous étonnent. C'est l'inquiétude qui le fait agir et non point la confiance en ses forces. Il n'y a de vraie force et de vraie puissance, il le sent bien lui-même, que celle basée sur l'amour des peuples et sur la justice.

Retenons de l'orateur ces grandes paroles, dignes d'un philosophe et d'un homme d'État qui veut gouverner en moralisant : « Quelqu'un de vous, peut-être,
» quoique voyant Philippe dans les embarras où il s'est
» engagé, pense qu'il maintiendra sa domination par
» la violence, puisqu'il a pu se saisir de tant de places,
» de ports, de positions militaires. Erreur! c'est quand
» les armes sont unies par l'intérêt commun que les
» coalisés consentent à partager les fatigues, à souffrir,
» à persévérer. Mais quand, par une avide scélératesse,
» l'un d'eux, comme celui-ci, opprime les autres par la
» violence, au premier revers, au moindre prétexte,
» toutes les têtes se redressent et les chaînes sont vite
» brisées. Car ce n'est pas, non, ce n'est pas sur l'ini-
» quité, sur le parjure, sur le mensonge, que se fonde
» une puissance durable : moyens ignobles qui, d'aven-

» ture, se soutiendront quelque temps, promettront
» même l'avenir le plus florissant, mais que le temps
» arrête dans leurs progrès trompeurs, et qui s'écrou-
» lent sur eux-mêmes. Comme dans un édifice, dans
» un vaisseau, les parties inférieures doivent être les
» plus solides, de même donnons pour fondement à la
» politique la justice et la vérité. »

George. Cela est très-beau, mais se conduisait-il d'après ces maximes?

Paul. Il les observait comme règle générale, mais il savait en même temps se plier aux circonstances pour parvenir à les dominer.

Il voyait clair dans les événements, et il voulait les diriger lui-même, pour ne pas avoir à les subir. Aussi conseillait-il toujours l'action et l'énergie. Il proposa d'envoyer une ambassade en Thessalie pour prêcher la croisade contre l'ennemi commun; mais il demanda que cette ambassade fût précédée chez les alliés par le bruit de résolutions dignes de la république. « Si la parole
» sans les faits ne semble qu'un vain son, c'est surtout
» quand elle est portée au nom d'Athènes; car plus
» nous la manions avec souplesse, plus elle excite la
» défiance générale. »

Tout cela est-il d'un songeur?

C'était une lutte corps à corps que ce malheureux avait sans cesse à livrer à la démagogie insensée qui perdait son pays. On est, pour ainsi dire, saisi de pitié au spectacle de ce grand citoyen employant toutes les ressources d'un talent miraculeux à sauver un peuple corrompu par les saturnales de la place publique. « Vous qui jadis, Athéniens, vous levâtes contre La-

» cédémone pour défendre le droit des Hellènes; vous
» qui, tant de fois maîtres d'accroître votre domina-
» tion et vos trésors, l'avez dédaigné, et qui, pour
» assurer aux autres cités la jouissance de leurs biens
» légitimes, prodiguiez les vôtres et voliez les premiers
» aux dangers, aujourd'hui vous tremblez de quitter
» vos foyers, vous hésitez à contribuer, et il s'agit de
» vos propres possessions! Sauveurs de la Grèce en-
» tière, sauveurs de chacun de ses peuples en particu-
» lier, vous perdez vos domaines, et vous dormez!.....
» Vous avez perdu le temps à tergiverser, à espérer que
» d'autres feraient votre devoir, *à vous dénoncer mu-*
» *tuellement, à vous condamner*, à ressusciter vos chi-
» mères, à faire, peu s'en faut, ce que vous faites
» encore aujourd'hui. O comble de folie! Quoi! par
» cette conduite qui a renversé Athènes florissante,
» vous vous flattez de relever Athènes abattue! mais
» cela n'est ni dans la raison ni dans la nature. »

Voilà l'histoire du gouvernement populaire chez les Athéniens et chez tous les peuples. C'est dans Démosthènes qu'il faut l'étudier. C'est dans ces harangues qu'il faut chercher, comme dans une œuvre historique patiemment élaborée, toutes les déraisons et tous les dangers de la souveraineté militante de la multitude.

GEORGE. Voudrais-tu conclure de là contre la souveraineté du peuple et contre le suffrage universel?

PAUL. Le peuple est l'unique source du pouvoir, et le plus infime de tous les hommes a droit de participer au gouvernement qui décide de son sort. Mais ces principes, comme tous les principes, ont leurs règles et leurs limites.

La part des masses dans le gouvernement consiste à choisir librement lescapacités qui doivent former, par leur réunion, la somme de raison et de lumières indispensable au gouvernement.

Aller au delà, c'est la confusion et c'est la ruine.

Aucun historien n'a dit tous les maux qui dévoraient Athènes à cette époque. C'est l'orateur qui les a dénoncés.

Des citoyens de grand mérite, capables de commander les armées de la république, mais dégoûtés de l'ingratitude de la foule, qui gouvernait, montaient pour leur propre compte des expéditions militaires, et allaient s'emparer de places ennemies à leur profit particulier.

On ne sait où chercher une comparaison à cet état normal de brigandage et de piraterie. Ce n'est qu'à la découverte de l'Amérique qu'on a vu plus tard des aventuriers de ce genre, sans mission du gouvernement de leur pays, aller, mais au loin, dans un monde inconnu, tenter des conquêtes à leur profit.

Il n'y avait ni ordre ni direction. « Autrefois, dit » Démosthènes, vous contribuiez par classe : aujour- » d'hui c'est par classe que vous gouvernez. Chaque » parti a pour chef un orateur, aux ordres duquel est » un général, avec les trois cents et leurs vociférations. » Sortons vite de cette anarchie.... Remettons en com- » mun la parole, le conseil et l'action. Si vous laissez » ceux-ci vous commander en despotes, si ceux-là sont » forcés d'équiper des vaisseaux, de prodiguer leur for- » tune et leur sang; si d'autres enfin ont le privilége » de lancer des décrets sur les contribuables sans par-

» tager leurs sacrifices, jamais les secours nécessaires
» ne seront apportés à temps. *La partie opprimée*
» *s'épuisera en vain* : alors, au lieu de vos ennemis,
» qui frapperez-vous? vos concitoyens. »

On demeure étonné de tant de désordre et de tant de violences. On ne s'étonne pas moins de trouver dans un homme de l'antiquité des idées si nettes et si précises sur l'égalité des citoyens, sur la liberté individuelle, sur la tolérance des partis, sur la délibération parlementaire, sur le vote de l'impôt et sur son assiette. Ce sont tout à fait là les doctrines qui prévalent de nos jours et qu'on croit nouvelles.

Sous l'impression de ce discours, les Athéniens expédièrent à Olynthe trente vaisseaux et trois mille hommes. Charès, chef de l'expédition, mit en déroute la garde du corps de Philippe, appelée les *mignons*. Ce succès de peu d'importance enivra les Athéniens. Ils crurent la guerre déjà finie, et ils se livrèrent à l'enthousiasme.

Démosthènes, lui, comprit que rien n'était fait tant que Philippe était debout.

GEORGE. *Nil actum reputans si quid.....*

PAUL. C'est cela. Il reprit la parole, et il usa de tout son génie pour ramener à la raison ce peuple athénien, intelligent et spirituel, mais gâté par l'anarchie.

Il leur montra Philippe plus menaçant qu'avant son échec, et, profitant de la circonstance où son avis venait d'obtenir un bon résultat, il osa proposer, en termes voilés, un changement complet de gouvernement. Il se croyait sur le point de saisir le rôle de

Périclès. L'histoire n'a pas remarqué ce moment de la vie politique de Démosthènes.

Il dit, en forme de préambule et pour arriver à son sujet, l'amas énorme de lois sans effet qui gênaient la marche des affaires, comme dans toutes les civilisations en décadence. Il proposa de les réformer, de les réduire au *strict nécessaire*, et de nommer un *promoteur* chargé de les mettre à exécution.

Ici Démosthènes se révèle tout entier. Il demande le gouvernement des capacités, et il laisse entrevoir la ferme confiance qu'il sent en lui de sauver la république si le pouvoir lui est confié.

Mais que d'adresse et de précautions pour présenter cette idée à la multitude défiante et susceptible! Il ne parle d'abord que d'un promoteur : il a longtemps cherché ce mot inusité pour en envelopper sa pensée craintive. Il délaye son insinuation dans une foule d'idées presque étrangères au sujet et propres à la dissimuler, à la dissoudre, pour ainsi dire.

Il comptait sur la finesse d'esprit des Athéniens et sur un bon mouvement de l'assemblée.

Avant cette réforme que je vous conseille, soyez persuadés, dit-il, que nul n'est assez puissant pour attaquer impunément les mauvaises lois qui vous font obstacle; et excepté ce promoteur que je vous propose, vous ne trouverez pas un orateur qui, pour vous sauver, consente à périr par vos mains.

Si la pensée est claire et incontestable, le danger qu'il courait en l'énonçant n'en ressort pas moins des considérations qu'il est obligé de faire valoir.

GEORGE. Il voulait donc faire un dix-huit brumaire?

Paul. Un dix-huit brumaire de tribune, un coup d'État de philosophe et de citoyen. Il n'avait, lui, pour arme que son talent. Ses bataillons, c'étaient ses idées. Le pouvoir nouveau qu'il voulait fonder, c'était celui du bon sens et de la loi. La tyrannie qu'il comptait élever, c'était celle de la liberté.

Il voulait sauver son pays, et il l'aurait fait si on l'eût compris.

Après ce coup d'audace, se laissant aller à l'horizon qu'il venait de s'ouvrir et espérant enlever l'assemblée dans un moment d'enthousiasme, il ralluma son génie à l'ardeur du patriotisme, et il dit alors des choses sublimes :

Il rappela la mémoire des grands citoyens qui avaient fait la gloire et le bonheur de la patrie, qui parlaient au peuple sans faiblesse et sans flatterie, et qui sacrifiaient tout à leur devoir. « C'est par de tels
» principes, dit-il, que se dirigeaient les Aristide, les
» Nicias, les Périclès, et celui dont je porte le nom.
» Ainsi faisaient ces orateurs de nos ancêtres, qu'on
» loue aujourd'hui à cette tribune et qu'on est si loin
» d'imiter.... Et ces hommes, que ne caressaient pas
» leurs orateurs, commandèrent quarante-cinq ans à
» la Grèce librement soumise, déposèrent au delà de
» dix mille talents dans la citadelle, exercèrent sur le
» roi de Macédoine l'empire qui appartient à des Grecs
» sur un barbare.

» Vainqueurs en personne sur terre et sur mer, ils
» érigèrent de nombreux trophées; et, seuls entre tous
» les mortels, ils laissèrent dans leurs œuvres une
» gloire supérieure aux traits de l'envie. Tels ils furent

» à la tête des Hellènes; voyez-les maintenant dans
» leur patrie, hommes publics ou simples citoyens.
» Pour l'État, ils ont construit de si beaux édifices,
» orné avec magnificence un si grand nombre de tem-
» ples, consacré dans leurs sanctuaires de si nobles
» offrandes, qu'ils n'ont rien laissé à surpasser à la
» postérité. Pour eux-mêmes, ils furent si modérés, si
» attachés aux vertus républicaines, que celui de vous
» qui connaîtrait la demeure d'Aristide, de Miltiade,
» ou de leurs illustres contemporains, la trouverait
» aussi modeste que la maison du plus humble citoyen.
» Ils dirigeaient l'État pour accroître la fortune publi-
» que, et non la leur. Loyaux envers les peuples de la
» Grèce, religieux envers les immortels, fidèles au
» principe de l'égalité civique, ils montèrent au faîte
» de la gloire par une voie droite et libérale. »

Paul ferma le volume où il lisait ces grandes paroles. On ne sait comment s'arrêter, dit-il avec animation, quand on ouvre des livres de ce genre. Voilà, dans toute sa plénitude, ce que les anciens appelaient l'atticisme; voilà cette inimitable simplicité où la grandeur éclate à chaque ligne; voilà l'éloquence des grands génies et des grandes époques. Rien de Byzance ni d'Alexandrie; rien du sophiste, rien du rhéteur. La vérité seule, et la langue qu'elle parle!

Mais, à part la gloire de l'orateur, dis, as-tu entendu parler avec plus de clarté des intérêts publics, que dans ces discours que nous relisons? Peut-on, avec plus d'habileté, tracer le tableau des misères d'un peuple, lui reprocher son abaissement et le rappeler à sa dignité? Trouverait-on dans les ministères, dans les bureaux, des chefs de service plus au courant des détails qu'ils dirigent, que cet orateur qui, après avoir dit la triste situation des affaires publiques, indique tous les moyens disponibles qu'il faut employer pour y remédier?

Et ce philosophe si pratique et si propre à l'action, l'appelleras-tu dédaigneusement un théoricien perdu dans les rêves?

GEORGE. Tu es admirable dans l'enthousiasme; mais tu as oublié que ton orateur n'a pas bien mené son coup d'État.

PAUL. Il n'a pas réussi, on ne l'a pas compris; et ce n'est pas lui qui y perdait.

Si nous voulons, à notre tour, le bien comprendre comme homme d'État, suivons-le un peu dans ses luttes de tribune.

GEORGE. Nous relirons donc toutes ses harangues?

PAUL. Il suffit de chercher dans les principales les principaux indices de ce qui nous occupe.

Après ce discours, Athènes équipa dix-huit trirèmes, qu'elle expédia avec quatre mille hommes de pied et cent cinquante chevaux, sous la conduite de Charidème. Ces troupes ravagèrent les côtes et entrèrent dans Olynthe, où elles se livrèrent à des débauches dont leur chef leur donnait l'exemple.

Olynthe députa une troisième fois, pour demander des troupes composées d'Athéniens, celles qu'on avait envoyées n'étant formées que de mercenaires.

Démade, encore cette fois, s'éleva contre l'intervention, et Eubule se joignit à lui. Démosthènes, fidèle à sa politique, appuya l'ambassade des Olynthiens.

Toujours le même préambule : il n'est pas besoin de grands efforts pour indiquer aux Athéniens les résolutions les plus sages ; ils les comprennent avec facilité, grâce à la vivacité de leur esprit. Mais le difficile est de combattre le mauvais parti et de faire adopter les mesures salutaires. Cependant Philippe ne perd pas le temps, et pour peu qu'on tarde à l'arrêter, il sera bientôt sur les terres de l'Attique.

Il agit, lui Philippe, avec énergie et promptitude. Ce qui fait la rapidité de ses succès, c'est qu'il est *seul maître* de ses opérations, c'est qu'il réunit en sa personne le trésorier, le général, l'administrateur, et qu'il se retrouve partout où marchent ses armées.

GEORGE. Je vois où il en veut venir.

PAUL. La chose est claire : il reproche aux Athéniens le manque d'unité qui fait seule toute leur faiblesse.

GEORGE. Ce qui signifie, dans son esprit et peut-être aussi dans le tien, que le régime monarchique, où tout se fait par l'ordre d'un seul, a plus de nerf et de précision.

PAUL. Ce qui signifie plutôt que le gouvernement démocratique, pour combattre l'éternelle objection de ses adversaires, doit réunir dans une sage mesure les qualités essentielles des deux autres formes : lumières dans le conseil, unité dans l'action.

GEORGE. J'entends : lumières ou aristocratie, unité ou monarchie. Tu concèdes au peuple la forme et le mot, et tu remets le pouvoir à un roi, entouré d'un conseil de pairs. C'est la vieille constitution carlovingienne, moins la couronne et les grands fiefs.

Quelle part reste-t-il au peuple dans cette démocratie à ta façon?

Paul. Quelle part? Mais tout est à lui, puisque tout se fait pour lui et en son nom. C'est lui qui choisit ces conseillers que tu qualifies de grands vassaux; c'est lui qui nomme ce magistrat, qu'il te prend fantaisie d'appeler un roi. Il n'y a pas de royauté sans hérédité, il n'y a pas d'oligarchie sans priviléges. Or, le système que je défends, c'est l'élection et l'égalité.

Mais l'égalité seule serait un leurre si l'on n'y ajoutait la faculté donnée aux plus humbles, par le soin des lois et des gouvernants, de s'élever chaque jour de plus en plus par le mérite et l'activité. Ceci est du socialisme; je dépasse donc ton idéal, qui n'est que la liberté, c'est-à-dire le droit sans la faculté. Qu'importe que j'aie le droit de devenir sénateur ou l'un des quarante, si je n'ai pas le moyen de faire les études qui me permettent d'y prétendre!

Mes aristocrates et mes monarques, ce sont les plus capables et les plus dignes, appelés périodiquement par le peuple lui-même et sortis de son sein sans acception de caste, au lieu d'être placés par *la grâce de Dieu*.

George. Je crois cependant que ton sentiment sur le droit des peuples, c'est qu'ils *doivent* élire ceux qui *peuvent* élire.

Paul. Je raisonne sans préjugé, et j'ai le courage de mes opinions. Je crois que le sens rationnel du suffrage populaire est la libre élection de ceux qui sont aptes à découvrir dans la société les capacités qu'elle contient, pour en former la raison publique, c'est-à-dire le gouvernement. Et cela, dans l'intérêt des masses, pour augmenter même leurs garanties et leur sécurité.

Si la politique est une science et non une routine, c'est par les procédés scientifiques qu'il faut la traiter. Or, pas de science sans l'observation, qui donne la loi; sans la méthode qui trace la voie. Ici l'observation, c'est l'histoire, et la méthode, c'est l'expérience : or, on arrive toujours à tromper la foule quand elle est appelée à décider directement et par elle-même sur les affaires publiques. Il suffit que ceux qui ont sa confiance décident en son nom et sous son contrôle.

Dans la science, il n'y a pas d'intrigues, il n'y a pas de partis, il n'y a pas de passions; il n'y a que la nature, ses lois, ses procédés éternellement les mêmes. Or, la politique, ou la science de l'homme et de ses intérêts mis en commun, est soumise, quant à son objet, à des règles dont elle ne peut pas plus s'écarter que la physique ou la chimie ne peuvent s'affranchir des lois de la pesanteur et des affinités.

Ainsi, puisqu'on repousse, et à bon droit, le caprice d'un maître de même que la coalition d'une caste, et puisqu'en même temps on reconnaît et redoute le danger des passions de la foule, il ne reste de place que pour les citoyens les plus méritants, pris partout où ils peuvent se trouver, et seuls capables d'amener, par leurs lumières, ce règne équitable de la *raison*, *l'unique souveraine* du genre humain. C'est l'histoire et l'expérience qui donnent cette conclusion et qui tracent cette loi.

GEORGE. C'est la légitimité de la raison; mais il y

en a, tu le sais, qui soutiennent des légitimités d'une autre espèce. Que répondrais-tu à ceux qui disent que l'idée religieuse est le foyer de l'ordre civil, parce qu'elle s'adresse à l'homme dans sa double nature, matérielle et spirituelle? Qu'aurais-tu à objecter à ceux qui invoquent le régime patriarcal, par analogie au père de famille, qui met l'ordre dans la maison dans l'intérêt de tous les siens? Causons à notre aise, puisque nous causons, et voyons comment tu soutiendrais ton système contre chacun de ceux qui ont cours dans le monde.

PAUL. Toujours de l'ordre et de la méthode : ne confondons pas des choses que la nature a séparées. L'idée religieuse règle l'ordre moral; c'est la discipline des consciences, indépendamment de la vie publique.

Le monde ancien avait ses dieux, ses rites et ses prêtres, qui prêchaient le devoir, comme les chœurs de la tragédie, sans se confondre avec la politique, qui dirigeait seule la vie militante. Des hommes politiques étaient même souvent *souverains pontifes,* sans influer théocratiquement pour cela sur le gouvernement de l'État.

Le christianisme, un instant, ou plutôt le catholicisme, forçant sa vocation et son esprit sous l'impulsion de quelques grands papes, a tenté d'imposer au monde la forme politique de Moïse et de David; mais l'esprit rationnel des temps modernes a repoussé cette promiscuité de deux idées et de deux principes, sinon opposés, mais différents.

La théocratie est le plus dangereux ennemi de la liberté : on peut tout oser au nom de Dieu.

Il y a un gouvernement des âmes, je le reconnais : c'est la religion, pour ceux qui croient; c'est la philosophie, pour ceux qui raisonnent. Ce gouvernement des âmes, sous l'une ou l'autre de ces deux formes, facilite la tâche au gouvernement civil; mais il ne peut ni le remplacer ni le dominer.

Les intérêts de l'âme sont trop délicats pour se mêler aux intérêts précis de la politique. L'homme est formé de deux natures, la chose est évidente et irréfutable : à chacune de ces deux natures sa direction séparée et son mode d'existence à part. Dans cette dualité se trouve l'unité, ainsi que nous le voyons dans mille phénomènes de la nature.

GEORGE. C'est défendre assez habilement ce qu'on appelle aujourd'hui la séparation de l'Église et de l'État. Mais l'idée du père de famille ne te semble-t-elle pas assez plausible et assez naturelle pour embarrasser les publicistes et le principe du suffrage universel?

PAUL. Le père ne commande aux fils que dans leur enfance. Même au temps des patriarches, les fils une fois hommes affirmaient leur individualité et leur liberté en allant former une nouvelle famille.

Quels sont, en outre, les liens naturels qui attachent le maître à ses sujets comme le père à ses enfants?

Le roi ne peut donc avoir d'analogie avec le patriarche, qui lui-même n'a pas d'autorité sur l'âge viril de ses fils.

GEORGE. Ici les enfants ce sont les peuples, et qui peut préciser leur majorité?

8.

PAUL. Ils sont majeurs dès qu'ils réclament, comme l'enfant est homme dès qu'il raisonne.

D'ailleurs, de nos jours, même dans l'enfance du fils, la loi limite les droits du père, tant il est reconnu que la créature humaine ne doit obéir qu'à la raison.

GEORGE. Mais le roi aussi peut avoir des lois.

PAUL. Si c'est lui qui les fait, ce ne sont pas des lois; s'il les reçoit d'un corps, ce n'est plus le patriarche, qui commande seul et sans contrôle; et comme il faut que ceux qui donnent ces lois en aient reçu le mandat, nous entrons dès lors dans la vie parlementaire ou démocratique. Il n'est donc plus question du chef de famille.

Il y a trois degrés dans la vie humaine : la famille, que conduit le père; l'État, que conduit la loi; l'humanité, que conduit Dieu. Chacune de ces trois sociétés a ses lois différentes, tirées de sa propre nature. Le principe du gouvernement de la famille est dans le cœur du père, qui s'aime encore lui-même dans ses enfants. Peut-on invoquer un pareil principe dans les sentiments d'un monarque pour ses sujets?

Il n'y a donc aucun rapport entre le père de famille et le souverain.

Il n'y a de légitime en politique que le libre examen et la *république*. La légitimité de la raison renverse celle de tous les potentats, de tous les oligarques, de tous les démagogues.

Ainsi, Démosthènes, disions-nous.....

GEORGE. Il est vraiment temps d'y revenir.

PAUL. Reprochait aux siens de favoriser par leur incurie l'ennemi qui les menaçait, et de donner en même temps raison par leur désordre aux partisans de l'absolutisme.

Cependant, malgré ses efforts, il ne put que retarder la prise d'Olynthe. Philippe avait vaincu avec son argent tout autant qu'avec ses armes. La démagogie servait l'ennemi par sa turbulence.

Philippe, établi dans la Grèce, se fit admettre au conseil des Amphictyons. Mais pour consacrer régulièrement ce titre, il lui manquait l'assentiment des Athéniens. Démosthènes, qui le combattait quand il menaçait les villes de la Grèce, changea de politique à son égard, alors qu'il s'était emparé de toutes les places qu'il convoitait.

George. C'est assez curieux.

Paul. Puisqu'il n'avait pas pu faire repousser Philippe, il était sage d'employer des moyens adroits pour préserver l'Attique de son ambition. Il fallait faire la paix avec Philippe. Ici l'homme politique est dans tout son jour.

Il sent mieux que personne les difficultés de son nouveau rôle, et il exhorte le peuple à l'écouter avec calme, afin de délibérer avec sagesse sur le sort de la république.

Il rappelle habilement à ses concitoyens les bons avis qu'il leur a donnés en maintes occasions, et que les événements ont justifiés. Pendant les troubles de l'Eubée notamment, lui seul, dit-il, s'était opposé à l'intervention, et ses prévisions se sont vérifiées. Alors vous avez reconnu, ajouta-t-il, que de tous ceux qui vous conseillaient, le vrai défenseur de vos intérêts, c'était toujours moi.

Il cite encore deux autres grandes circonstances, et après avoir, suivant son système, accumulé les faits et les preuves en sa faveur, il demande la paix avec Philippe et son admission au congrès de la Grèce.

George. Je vois d'ici la stupéfaction des Athéniens.

Paul. Cette paix, dit-il, elle n'est pas dans mes sentiments, et elle ne m'inspire aucune confiance. Cependant il faut la maintenir pour se préparer aux événements. Repousser Philippe du conseil des Amphictyons, c'est attirer sur Athènes les Amphictyons eux-mêmes qui l'ont adopté.

Les considérations qui suivent, sur l'esprit des confédérations, sur les intérêts des confédérés, sur les mobiles qui les font agir, sont d'une profondeur qui a dû enseigner les plus grands politiques des temps postérieurs.

Tout cela est dit avec tant d'art et de clarté que sa conclusion, malgré son hostilité contre Philippe, arrive sans effort et comme naturellement amenée par la situation même des affaires.

Les Athéniens suivirent son conseil; mais il les avertit d'être plus que jamais sur leurs gardes à l'endroit de Philippe.

Le rusé politique, en effet, pour endormir les Athéniens, leur avait envoyé des ambassadeurs pour se plaindre de leur défiance, et poursuivait sous main les hostilités.

Deux républiques amies, dans le même moment, poussées par l'intrigue, avaient député auprès d'Athènes pour se plaindre de je ne sais quels griefs. C'était le

Macédonien qui travaillait, qui ranimait les vieilles jalousies des Grecs contre la cité de Périclès.

Démosthènes se chargea de répondre. Il répondit aux trois ambassades dans le même discours.

C'est encore et toujours, pour se faire écouter, le même hommage rendu à la finesse d'esprit des Athéniens; et puis, pour tenter un changement, le même reproche à leur légèreté, à leur ingratitude envers les meilleurs citoyens, à leur inertie au milieu de l'abondance de leurs décrets. Après ce préambule, il reprit sa lutte contre Philippe.

Dans ce discours admirable, la grandeur des dangers que courait la république lui inspira des paroles qui ont inspiré à leur tour plus d'un tribun de la Convention. Étudions un peu ces origines oratoires :
« Pour la garde et pour le salut des villes, l'art a mul» tiplié les moyens de défense : palissades, murailles,
» fossés, fortifications de mille espèces, qui toutes
» exigent beaucoup de bras et des frais immenses.
» Mais dans le cœur des citoyens, la nature élève un
» plus sûr rempart; c'est là surtout que les républiques
» peuvent braver leurs tyrans; ce rempart, c'est la
» défiance. Qu'elle soit votre garde, qu'elle vous serve
» d'égide! Tant que vous la conserverez, le malheur
» sera loin de vous. Que cherchez-vous? La liberté?
» Eh! ne voyez-vous pas que les titres mêmes de Phi» lippe la combattent? Oui, tout despote, tout roi, est
» ennemi-né des lois et de la liberté. »

GEORGE. Voilà, certes, un fier langage, mais qui détonne assez à côté de ses incessantes invectives contre le pouvoir de la multitude.

Paul. Tu ne dis cela que pour chicaner, car tu n'as pas manqué de reconnaître en notre orateur un sage, également éloigné de tous les extrêmes : du despotisme des tyrans comme du despotisme des multitudes.

Il répondit ainsi à Philippe et aux deux républiques, et il finit sa harangue en dénonçant, sans encore le nommer, un traître qui avait causé tous les dangers de la patrie. Cette dénonciation, en apparence insignifiante, est, pour ainsi dire, la préface d'une des plus grandes luttes oratoires qui se soient encore vues dans le monde : le procès d'Eschine.

On envoya à Philippe une copie du dernier discours. Le roi ne put cacher son admiration pour le talent de son adversaire. « J'aurais voté dans son sens
» contre moi-même, dit-il, si je faisais partie de l'as-
» semblée. Les discours d'Isocrate, ajouta-t-il, sen-
» tent l'escrime ; ceux de Démosthènes respirent la
» guerre. »

———

Ici, les deux causeurs changèrent de place pour chercher de l'ombre, le soleil devenant trop chaud.

Un bruit léger et continu, comme celui de l'eau tombant dans l'eau, attirait leur attention depuis leur arrivée sur l'herbe où ils étaient assis.

Ils suivirent le murmure qui les invitait, et ils finirent par trouver l'endroit le plus charmant qu'ils eussent encore vu dans leurs courses au milieu de ces bois.

Un repli de la montagne formait en ce lieu une sorte de grotte, couverte de lianes. Cinq ou six filets d'eau, pas plus larges que des gouttes de pluie, sortaient de dessous une roche incrustée dans le morne.

Ces filets d'eau se réunissaient et formaient un petit bassin presque rond dans le creux d'une pierre, placée là comme par la main d'un ouvrier.

Ce bassin, à son tour, comme on en voit dans les jardins faits à grands frais et avec moins de grâce que ce lieu sauvage, versait son eau sur une autre pierre, un peu plus bas. L'eau, en tombant ainsi, s'étendait en courbe, et s'ourlait d'une seule pièce sur le rebord de la roche ; on eût dit un voile de gaze déplié d'une pierre à l'autre.

De cette troisième étape, elle se jetait d'environ trois pieds sur un fond de gravier, où elle faisait ce bruit de cascade qui avait attiré nos promeneurs.

Puis, de là, grossie par de petites sources qui jaillissaient de mille fissures au bas du rocher, elle coulait en murmurant dans un sable fin et plissé, légèrement remué par les crevettes qui y couraient.

Un amandier sauvage, planté par le hasard au-dessus de la roche d'où suintait l'eau, couvrait de ses branches touffues un large espace autour de la source; et ses racines rampaient à droite et à gauche, noueuses et repliées comme des couleuvres.

Cet arbre donnait à ce lieu une fraîcheur que l'été des tropiques n'a jamais altérée. Sous son ombrage, l'eau de la cascade roulait dans le sable, claire et transparente; et elle allait ainsi entre deux rangées de cressons et de pourpiers, couchés sur ses bords dans le gazon.

Une eau si belle invite à boire. Les deux jeunes gens

se baissèrent, plongèrent leurs mains, et à plusieurs reprises dégustèrent l'onde isolée, dont le chuchotement les avait appelés.

Ils s'assirent au bord du ruisseau, et le contemplèrent longtemps sans se rien dire, respirant avec bonheur. Mais George, qui chaque fois, pour faire l'esprit fort, prenait soin de couper court au ravissement, rompit le silence.

Démosthènes et Périclès, dit-il, doivent bien s'étonner, là où ils sont maintenant, de s'entendre nommer dans les montagnes de ce pays, dans un monde qu'ignorait la science de leur époque.

PAUL. C'est là le privilége des grands hommes, de revivre dans tous les âges. Ils portent l'enseignement longtemps encore après leur mort chez les peuples les plus éloignés.

GEORGE. Que se passait-il en Amérique du temps de ces hommes? Qu'étaient à cette époque ces Français et ces Africains qui sont venus, deux mille ans après, fonder une histoire dans cette île inconnue? La barbarie régnait dans les Gaules, qui avaient alors à peine un nom, comme elle vit encore dans les forêts du Sénégal.

Les peuples se succèdent dans la carrière du temps. Les civilisations s'éteignent pour reparaître dans d'autres régions. Et l'homme, survivant aux hommes, fortifié chaque jour du travail de ses devanciers, continue son ascension vers la lumière, au milieu des ruines et des renaissances qui composent la vie perpétuelle de l'humanité.

PAUL. Réflexions imposantes, en effet, et dignes

d'occuper l'attention du philosophe! La civilisation des Grecs s'est arrêtée avec leur histoire, et voilà qu'au fond de ces bois d'une terre récemment trouvée, nous cherchons des enseignements dans les débris qu'elle a laissés.

George. Maintenant, mon cher Paul, achève-moi ici, sous ce frais ombrage, l'édifiante histoire de ton orateur.

Paul. Au point où nous l'avons laissé, Démosthènes était devenu l'homme le plus important de son époque. Son crédit était immense dans son pays, et à l'étranger on parlait de lui comme d'un prodige.

Les peuples de la Grèce le considéraient comme leur défenseur. Le roi de Perse, le plus grand personnage de ces temps-là, à peu près comme l'empereur d'Allemagne au moyen âge, lui écrivait des lettres affectueuses et lui témoignait la plus haute estime. Philippe lui-même, voyant en cet homme le principal obstacle à ses desseins, tentait de le gagner par des caresses et par des offres. Il avait déjà acheté plusieurs de ces traîtres qui faisaient commerce de leur influence sur la place publique. Il n'était question que de Démosthènes à la cour du Macédonien.

Son talent, son génie, son patriotisme, sa politique ferme, habile et clairvoyante, avaient fait de lui l'homme le plus célèbre de ces temps et le premier magistrat de sa république.

L'honnêteté de ses principes ne contribuait pas moins à lui faire cette célébrité et cette haute situation dans le monde. Un philosophe a dit de lui que ses discours étaient tous basés sur cette maxime, *qu'il n'y a* que ce qui est *honeste seulement qui se doyve choisir et elire pour l'amour de soy mesme.*

GEORGE. Ce n'est pas ce qu'a dit Eschine.

PAUL. En le calomniant, Eschine était dans son rôle. Nous le prendrons d'ailleurs en flagrant délit de mensonge.

Plutarque a porté ce jugement sur notre orateur, qu'il était plus homme de bien que tous les orateurs de son temps, à part Phocion. Plutarque est peu sujet à caution.

Enfin, éclairés par ses avis, les Athéniens avaient compris la situation, et s'étaient décidés à s'allier à Lacédémone pour résister à l'ennemi commun. Philippe, effrayé de cette ligue soudaine des deux premiers États de la Grèce, dissimula ses projets sur ce pays, et se porta sur la Thrace, où il exerça les dernières violences.

Diopithe, général athénien, avait profité de la campagne du roi dans la haute Thrace pour ravager le littoral soumis à ses armes, et d'où il venait de repousser une colonie athénienne; puis il avait prudemment battu en retraite dans la Chersonèse. Philippe, furieux, députa vers Athènes pour se plaindre de son général. Les *philippistes* d'Athènes ne manquèrent pas d'appuyer sa plainte, mais Démosthènes prit la parole pour défendre Diopithe. Voyons encore un peu comment ce philosophe entendait les choses de la politique. Prenons la substance de sa harangue : « C'est Philippe, dit-il, qui
» est l'agresseur. Diopithe n'a fait qu'user de repré-
» sailles. Faut-il que le Macédonien soit au Pirée pour
» que vous reconnaissiez en lui votre ennemi personnel

» et acharné? Rien ne lui a donné plus d'avantage sur
» vous que sa diligence à vous prévenir. Toujours à la
» tête de ses armées, il s'élance soudain et d'un bond
» sur l'ennemi qu'il a choisi. Nous, au contraire, ce
» n'est qu'à la nouvelle de ses invasions que nous
» commençons *nos préparatifs tumultueux* et sans
» suite.

» Loin donc de céder aux intrigues de vos ennemis,
» loin de licencier l'armée de Diopithe, fournissez-lui
» de nouvelles troupes. Nous n'avons ni la volonté de
» payer, ni le courage d'aller combattre, ni la vertu de
» renoncer aux distributions du trésor; et, au lieu de
» féliciter un citoyen qui a pu se créer des ressources
» sur le sol de l'ennemi pour le combattre, nous le
» laissons attaquer dans nos murs par les propres
» agents de Philippe!

» Les alliés qui nous payent des subsides, nous les
» donnent, disent-ils, par affection! mais ils ne font
» que payer par leurs tributs la liberté de leur com-
» merce, la sécurité de leurs navires marchands, pro-
» tégés par nos croisières. Eh bien, voyant Diopithe
» aujourd'hui à la tête d'une forte escadre, tous vous
» apporteront leurs subsides; rien n'est plus certain.
» Mais si vous condamnez votre général, plus de sub-
» sides, plus de ressources.

» Vous mollissez à l'égard de l'ennemi, et toutes
» vos rigueurs sont pour les citoyens qui vous sont
» utiles.

» ..... Et grâce aux complaisances des démagogues
» qui vous abusent, vous perdez le sens de vos intérêts
» et vous courez au bord de l'abime...

» C'est pourtant sur nous, sur notre république que
» Philippe concentre tous ses projets. Il comprend que,
» lors même qu'il aurait asservi tout le reste de la
» Grèce, il ne pourrait compter sur rien de solide tant
» que subsisterait notre démocratie. Il sait que dès qu'il
» éprouvera un de ces revers qui frappent si brusque-
» ment le mortel même le plus heureux, toutes les na-
» tions que la violence tient réunies sous son joug cour-
» ront se jeter dans nos bras. Philippe, en un mot, veut
» vous détruire, parce que c'est toujours vous qui pre-
» nez la défense du plus faible. Faut-il affranchir les
» peuples? c'est toujours vous qu'on voit arriver! »

A ces mots, l'assemblée a dû tressaillir. On voit d'ici le courant électrique remuer cette foule avide de gloire, mais gâtée par l'oubli de l'ordre.

Des paroles semblables, dites à l'hôtel de ville en 1848, ont fait relever le drapeau tricolore, ont sauvé Paris et la France. Le Français, c'est l'Athénien des temps modernes : même élan généreux dans le cœur, même délicatesse dans l'esprit, même inconstance dans la politique.

Puissent l'exemple et l'histoire d'Athènes lui servir d'enseignement, et affermir, dans l'intérêt de la civilisation du monde, les destinées de la plus grande nation que la terre ait encore vue !

« Qui pourrait croire, ajouta Démosthènes, qu'un
» ambitieux qui fait tant d'efforts pour enlever de mi-
» sérables bicoques, ne fasse bientôt tout ce qui est en
» son pouvoir pour s'emparer d'Athènes, de ses arse-
» naux, de ses flottes, de ses richesses, de ses res-
» sources immenses?......

» Mais Philippe est moins dangereux à la tête de ses
» armées qu'ici même, dans notre assemblée! C'est
» surtout ici qu'agit sa puissance par les démagogues
» qu'il a achetés, par tous ces traîtres qui vous tien-
» nent ce langage : Quel trésor que la paix! Quel far-
» deau qu'une grande armée à entretenir! C'est le pil-
» lage de nos finances que l'on prêche en conseillant la
» guerre. — C'est avec ces paroles qu'on aide Philippe
» et qu'on l'amènera enfin aux portes d'Athènes.

» Ces traîtres gagés s'appliquent à vous irriter contre
» les meilleurs de vos citoyens. Ils veulent qu'occupés
» à les juger et à les proscrire, vous laissiez le champ
» libre à vos ennemis. Et pourtant le péril est plus
» grand pour vous que pour aucun autre peuple de la
» Grèce. Asservir Athènes ne peut satisfaire Philippe,
» il faudra qu'il l'anéantisse. Vous ne voulez pas servir,
» il le sait bien; et lors même que vous le voudriez,
» vous ne le pourriez pas, habitués à commander......
» Il faut détruire l'ennemi domestique avant de vaincre
» l'ennemi du dehors.... Quand on a pour sauvegarde
» la tactique de vous courtiser à la tribune, la hardiesse
» est sans péril. Mais lutter contre vos erreurs, vous
» servir sans vous flatter et sans vous tromper, entre-
» prendre honnêtement pour vous sauver le soin de la
» politique, où *le succès dépend plus de la fortune que*
» *des calculs,* et se rendre responsable à la fois des
» calculs et de la fortune, voilà l'homme de cœur et le
» citoyen ! »

Ainsi, nous retrouvons dans le grand orateur, au
milieu des sévères vérités qu'il fait entendre à ses concitoyens, la réflexion que je te faisais en commençant,

sur cette incertitude essentielle des choses de la politique, qui en fait la question du monde la plus difficile, la moins sujette à des déductions régulières et logiques. On en avait donc fait l'expérience et on l'avait dit bien longtemps avant nous.

George. Tu dis cependant que la politique est une science. Or, toute science a des données fondamentales et invariables; comment celle-ci n'en aurait-elle pas?

Paul. Les bases fondamentales de celle-ci, c'est le droit et la justice, appliqués par la raison; ce sont les moyens d'application qui varient à l'infini et qui déroutent l'homme d'État par leurs succès et leurs échecs consécutifs. C'est le sujet sur lequel la science opère, c'est l'homme lui-même, *divers et ondoyant* comme nous l'avons vu dans Montaigne, qui glisse entre les doigts, qui échappe à l'analyse, qui défie toute conclusion certaine, générale, invariable.

George. Et c'est à le fixer que consiste la difficulté et le problème?

Paul. Il serait insoluble; c'est plutôt à le suivre, pour le ramener par la conviction.

Démosthènes enfin rappela ses services rendus, comme Cicéron le fit si souvent après lui. « Je ne cite-
» rai, dit-il, ni les vaisseaux équipés à mes frais, ni
» mes fonctions de chorége, ni mes contributions vo-
» lontaires, ni les prisonniers que j'ai rachetés, ni tant
» d'autres choses que j'ai faites dans l'intérêt de mon
» pays. Je n'ai qu'un mot à dire à mes ennemis et aux
» vôtres, c'est que mon administration ne ressemble
» pas à celle des traîtres. »

Puis, comme on applaudissait, il renouvela la grande leçon, et finit comme il avait commencé : « Si, » toujours inactifs, vous vous bornez à des applaudis- » sements, si vous faites du bruit quand il faut agir, » il n'est point d'éloquence qui puisse vous sauver. »

Chacun de ces discours est à la fois un chapitre d'histoire et une leçon d'éloquence politique. On y trouve aussi bien les règles de l'art oratoire que l'explication de la chute des peuples.

Mais il y avait à cette époque à Athènes un homme remarquable par la singularité de sa fortune, et qui entreprit de combattre Démosthènes, comme autrefois Cimon et Thucydide s'étaient opposés à Périclès, s'il est permis toutefois de placer ces deux noms, surtout le premier, à côté du nom d'Eschine.

George. Décidément, tu ne l'aimes pas.

Paul. Cet Eschine donc était doué d'heureuses qualités intellectuelles. Il était comédien, fils de comédienne, ce qui n'est pas une injure. Les Grecs, comme les peuples d'aujourd'hui, n'attachaient pas à cette profession l'espèce d'opprobre dont les Romains l'ont constamment flétrie ; et ils faisaient bien, les Grecs s'entend.

Mais la personne même d'Eschine était assez peu digne d'estime. Il s'était élevé, par une facilité naturelle, à un talent de parole assez distingué pour faire concurrence au grand orateur. Athènes, qui favorisait tous les intrigants, surtout ceux qui savaient arranger leurs phrases à la tribune, l'avait envoyé en ambassade auprès de Philippe. Celui-ci, qui cherchait partout des secours, ne manqua pas d'acheter l'envoyé. Il revint pensionnaire du roi, avec mission, naturellement, de combattre Démosthènes de tout son pouvoir. Il tint parole, ou plutôt il remplit son marché.

Eschine, dès lors, ne manquait pas d'argent. Il prit des allures d'aristocrate pour se faufiler dans le grand monde, où Démosthènes ne manquait pas d'ennemis. D'autre part, il usa de sa facilité de discourir pour gagner les bonnes grâces de la multitude.

Quatorze ans durant, il avait combattu les généreux efforts de Démosthènes.

GEORGE. Je trouve que tu en parles assez à ton aise. Le talent de cet Eschine en fait pourtant un homme supérieur.

PAUL. C'était un beau parleur, c'est vrai; mais ce n'était pas un orateur. Il était disert, fleuri, agréable, séduisant même; mais il n'avait pas le souffle puissant que donne le génie.

GEORGE. Il a cependant lutté vaillamment contre ton héros. La lutte a duré longtemps, et s'est divisée en trois combats. Dans le premier, il a eu le dessus; la victoire, au second, est restée indécise; et ce n'est qu'après les plus grands efforts que Démosthènes a pu parvenir à le faire exiler. Son talent était si sympathique et si admiré, quoi que tu en dises, que les trois discours que nous avons de lui nous sont venus sous le nom des *Trois Grâces*.

PAUL. Certes, il avait du talent et un beau talent; qui le conteste? Mais c'était du talent et non du génie. Un causeur admirable n'est pas pour cela un grand orateur; un sophiste n'est pas un logicien; un versificateur n'est pas un poëte.

George. Quel géomètre de l'esprit faudra-t-il trouver pour délimiter le talent, pour le séparer de ce que tu appelles si pompeusement le génie?

Paul. Il n'est pas besoin d'arpenteur, il n'y a pas d'espace à mesurer. C'est dans le rayonnement qu'est la différence.

A un cri sorti de l'âme, à un de ces traits de lumière qui ne sont pas des reflets, mais des rayons, et qui éclairent dans tous les temps sans le secours des circonstances, on reconnaît ce que j'appelle le génie.

Le talent, c'est le soin, l'effort, le travail, produisant des perfections et souvent même des merveilles. Il a souvent aussi plus de mérite, s'étant donné plus de peine. Mais ce n'est pas là l'étincelle soudaine qu'on appelle communément le feu sacré, et qui illumine les grandes idées, les grandes conceptions, qui à leur tour éclairent le monde.

Le talent reproduit, le génie produit et crée. Il faut du talent à l'acteur qui sait jouer Tartuffe; il a fallu du génie à Molière pour le concevoir. Les hommes de talent sont des favorisés, les hommes de génie sont des privilégiés. Les uns ont la faculté, les autres ont la puissance.

George. Subtilités!..... Continue ton récit.

Paul. Démosthènes allait dénoncer Eschine sur ses relations avec Philippe, et Timarque, homme de tribune aussi, devait entamer l'accusation. Eschine prit les devants. Il accusa Timarque devant le peuple de déréglement et de mœurs infâmes. Solon avait fait une loi qui interdisait les fonctions publiques au citoyen convaincu de mauvaises mœurs.

Le discours d'Eschine fut admirable. Le style en est soigné, orné, rempli de charmes. Sa période, son argumentation, son procédé de rhétorique, son ironie fine et adroite, tout en lui décèle le modèle que Cicéron a dû étudier.

Tout est admirable dans son langage, jusqu'à son audace pour invoquer des maximes qui parlent contre lui-même. Je n'ai jamais accusé personne pour reddition de compte, dit-il en commençant. — Pour une bonne raison, pourrait-on lui répondre. L'or de Philippe lui interdisait ce rôle. Il fait la définition des formes de gouvernement, et il ose dire aux Athéniens : Nous qui avons pour principe l'égalité et la loi, nous devons punir toute action, tout discours qui porte un caractère d'illégalité. Et l'or de Philippe était dans ses poches !

Puis il défend la pureté des mœurs. Il cite Dracon et Solon ; il n'a pas peur de ces grands noms. Il oublie tout à fait l'or de Philippe. Il arrive à l'article des violences commises sur les enfants et sur les esclaves. Nous ne répéterons rien des mœurs dégoûtantes de ce temps-là : ce sont elles qui expliquent la chute même du monde hellénique. Disons seulement un mot du cynisme d'Eschine à l'endroit des esclaves. « Peut-être, » dit-il, vous étonnerez-vous qu'une loi sur l'inviolabi- » lité des personnes fasse aussi mention des esclaves : » *ce n'est pas que le législateur s'intéresse à l'esclave ;* » mais, pour nous mieux accoutumer au respect des » personnes libres, il étend ce respect même à ceux qui » n'y ont pas droit. »

Ainsi l'esclavage est légitime et découle d'un droit.

Pas un mot pour la liberté naturelle de la créature humaine.

George. Mais ce reproche, ce n'est pas à lui seul que tu dois le faire. Je ne sache pas qu'un seul des anciens ait plaidé la cause de la liberté. Les plus beaux génies l'ont accepté, et on dirait que l'élévation de leur esprit n'allait pas jusqu'à soupçonner les grandes vérités sociales qui font le fondement du monde actuel. C'est Jésus-Christ le premier qui en a parlé.

Paul. A ceci je n'ai pas de réplique. Et si je t'ai fait remarquer l'avis d'Eschine à cet égard, ç'a été dans l'intention d'envelopper dans le même blâme les deux civilisations grecque et latine, qui ont pourtant vu clair dans des questions moins évidentes, où la vérité se laisse bien moins voir.

Le mot d'Eschine est catégorique. Il révèle plus qu'aucun autre écrit la culpabilité des anciens à cet égard. « Le législateur n'a que faire de l'esclave. » C'est là une sentence qui a dû être très-populaire dans la Caroline du Sud ou chez les beys de Tunis et de Tripoli.

Eschine, après cette grande phrase, entre à pleines voiles dans le puritanisme. Il invoque toutes les vieilles coutumes, toute l'austérité des anciens jours, la statue de Solon à Salamine, la main cachée sous son manteau; toutes les lois de la république, les plus anciennes comme les plus nouvelles. Toutes, d'après lui, condamnent Timarque, Timarque coupable de tous les vices, de toutes les débauches, de toutes les hontes. Au nombre de ses infamies, nous trouvons qu'il faisait battre les coqs, exactement comme dans notre pays.

Tu ne croirais pas que ce jeu fût grec? C'est Eschine qui nous l'apprend.

Timarque a tout fait, c'est un infâme; il doit être exclu de la tribune. Sa présence est une profanation, il corrompt l'air qu'il respire, il déshonore le sol qu'il foule, il faut le bannir, il faut le frapper.

Il en vient ensuite à Démosthènes. Démosthènes est le but caché de son discours. La haine l'aveugle et l'exalte. Démosthènes est un sophiste, *l'inépuisable Démosthènes,* dit-il lui-même.

Puis il lui cherche des crimes : il l'accuse d'élégance et de recherche : « Si l'on faisait passer aux mains des » juges tes surtouts à coupe élégante et ces chemisettes » si délicates que tu portes quand tu écris contre tes » amis, nul doute que, n'étant pas prévenus, ils ne » sauraient à quel sexe appartiennent ces parures. » Comme si le soin de sa personne pouvait être un démérite, comme si la délicatesse et l'élégance n'étaient pas indices de noble nature!

Il l'accuse enfin de toute sorte de choses. Il a englouti son patrimoine, quand chacun sait, dans Athènes, que c'est le contraire qui lui arriva, ses tuteurs l'ayant dépouillé. Mais ce qui est plus fort, c'est qu'il accuse Démosthènes, en pleine ville d'Athènes, d'avoir parlé sans respect de Philippe et d'Alexandre, son fils. C'est vraiment à n'y rien comprendre. « Sied-il bien, » dit-il, de lancer des paroles outrageantes contre le » roi de Macédoine? » Il se montre ici dans tout son jour, et il n'y aura plus moyen de le défendre du crime de trahison quand viendra l'heure de la justice.

Il continue longtemps sur le même ton. L'éloge de

Philippe s'étale à l'aise et sans retenue. Les beaux diseurs, une fois lancés, s'aveuglent ainsi et se dispensent de toute réflexion.

Démosthènes est un rustre d'une *grossièreté brutale*, qui ne sait pas se plier à l'étiquette des cours. Il ne s'en défend pas; tout à l'heure, cependant, c'était un coquet, tout occupé de sa parure.

Pour faire agréer toutes ces invectives, il a besoin de contrefaire son ennemi; il fait appel à l'intelligence des Athéniens, *la plus vive et la plus haute qui soit donnée à un peuple*.

GEORGE. Il paraît que les Athéniens aimaient cette caresse, car ton Démosthènes s'en sert souvent.

PAUL. Tout le discours, en un mot, est d'un rhéteur accompli. Il révèle même une grande étendue d'esprit jointe à un goût littéraire très-épuré.

GEORGE. Tu le reconnais?

PAUL. Mais tout cet éclat de langage ne peut atténuer son infamie. C'était un traître. Il vendait son pays à l'étranger, et rien ne rachète un pareil crime.

Timarque fut condamné. On croit même que le discours d'Eschine lui fit tant de peine qu'il se pendit de désespoir.

GEORGE. Cela rappelle les vers d'Archiloque. Eschine était un maître.

PAUL. Un maître à sa manière. Mais il n'avait pas atteint son but. Il s'était proposé de combattre par avance et de l'empêcher, l'attaque que préparait Démosthènes. Celui-ci ne s'en émut pas, il produisit son accusation. Le plaidoyer est long, et rempli d'un bout à l'autre de faits concluants habilement groupés. On regrette seulement d'y trouver l'injure ; c'est une arme qu'il aurait dû laisser à ses ennemis.

GEORGE. Cette *courtoisie* de langage se retrouve partout chez tes anciens. Les gros mots qui se disaient à Rome, au forum comme au sénat, eussent été parfois de mauvais goût dans les rixes de la rue dans les temps actuels.

PAUL. La remarque est juste. C'était malheureusement le goût de l'époque. A part les injures, ce plaidoyer est un chef-d'œuvre. Jamais accusé n'a été serré de si près sur la sellette.

L'orateur est fidèle à son procédé de concentrer sa cause, d'acculer son adversaire, de le mettre hors d'haleine, de le désarmer. Rapidement et sans digressions, il narre les faits, cite les témoins, lit les pièces, commente la loi, presse son homme de questions vives, claires, sans ambages, qui l'interloquent et le mettent à *quia*. Eschine était dans un étau.

Il s'adresse alors aux juges, à leur conscience ; il les prend par l'émotion, et il fait le tableau pathétique que tu sais des désastres de la Phocide, dont Eschine est l'unique auteur.

Quand tous les nuages sont dissipés, quand tous les doutes sont évanouis, quand la cause est en pleine lumière et le crime hors de conteste, il passe à Eschine, à l'homme privé.

GEORGE. C'est-à-dire aux compliments que nous savons.

PAUL. Malheureusement, oui ; mais ils sont dits de telle sorte, ces compliments, qu'on peut encore y faire une curieuse étude des mœurs de l'époque.

Il ne peut comprendre comment ce *copiste* (il l'appelle ainsi pour faire allusion à son style soigné) a pu se mêler de la chose publique. Il ne peut s'expliquer que cet homme de bruit, le *sonore Eschine*, dit-il, ait pu réunir des suffrages et se trouver en mesure de faire le malheur de la république. Il ne doit cette fortune étrange qu'à l'espèce d'audace qu'il a prise sur les planches.

Puis il raconte l'origine du marché passé par Eschine avec Philippe, et au moyen de ce tour adroit, il glisse encore une leçon sur le danger de cette administration de tout le monde. Les traîtres ont dit à Philippe :
« Le peuple, multitude remuante, est chose incon-
» stante, irréfléchie à l'excès. C'est la vague qu'un
» souffle capricieux agite en désordre sur les mers :
» l'un vient, l'autre s'en va; aucun n'a souci de la
» chose publique. Il faut donc que vous ayez dans
» Athènes des amis qui, à chaque occasion, travaillent
» pour vous et conduisent les choses à votre gré. Pro-
» curez-vous cet appui, et vous ferez sans peine tout
» plier sous votre bon plaisir chez les Athéniens. »

La leçon est claire. « C'est ainsi, poursuit-il, qu'Es-
» chine est devenu l'espion du roi dans notre pays.
» Mais si Philippe avait appris qu'au retour de vos
» députés, ceux qui lui avaient tenu ce langage avaient
» été livrés au supplice, il aurait imité le roi de Perse,
» qui, à la nouvelle que vous aviez mis à mort Tima-
» goras qu'il avait payé pour vous espionner et vous
» pervertir, cessa de solder des traîtres, et fit la paix
» avec vous. »

Je ne crois pas qu'il soit possible de dire les choses

avec plus de clarté et d'énergie, ni qu'on puisse traiter le même sujet avec plus d'éloquence et d'habileté.

Mais il ne lui suffit pas d'avoir raisonné, il veut appuyer le raisonnement sur des allégations d'une autre espèce. Il sait comment il faut s'y prendre pour persuader et convaincre à la fois. « Pendant que,
» membre de l'ambassade, je séjournais à Pella auprès
» de Philippe avec mes collègues, eux acceptaient des
» présents et festinaient gaiement avec le roi; moi, je
» cherchais nos captifs, je travaillais à leur rachat, j'y
» dépensais mon propre argent, je demandais au
» prince leur liberté à la place des dons qu'il nous
» offrait. Philippe fit sonner l'or à nos oreilles; un
» seul de vos députés refusa ses offres, et mon refus
» augmenta la part de mes collègues..... Et pourtant
» Eschine a dit que j'avais promis à Philippe de l'aider
» à détruire votre démocratie! »

Voilà ce qui se passait en ce temps-là. Pour l'imputation dont s'étonne l'orateur, nous la retrouvons dans la vie de tous ceux qui lui ressemblent. On a accusé Cicéron d'aspirer à la dictature, à la tyrannie. Il n'est sorte d'horreurs qu'on n'entasse sur ces hommes. On les accuse surtout des choses qu'ils combattent le plus énergiquement.

Il continue : « Est-il au monde deux postes plus
» utiles à Athènes que les Thermopyles sur terre, et
» sur mer l'Hellespont? Par un marché sans nom, les
» députés les ont vendus l'un et l'autre. Ces traîtres
» nous ont perdus par leur aptitude à vous faire per-
» dre du temps dans les discussions, dans de vains
» débats. Philippe agissait dans l'intervalle. C'était le

» mot d'ordre..... Où sera le point d'appui d'un gou-
» vernement fondé sur la parole, si cette parole n'est
» pas honnête? Et si de plus elle est payée, si elle
» plaide la cause de l'ennemi, à quels périls n'est-on
» pas exposé! »

Ces réflexions ne sont pas sans portée; écoute-le encore un instant, tu le comprendras. « Dans les gou-
» vernements oligarchiques ou monarchiques, je vois
» les choses s'exécuter par un édit. Chez vous, dans
» chaque affaire, il faut d'abord que le conseil, rapport
» entendu, prépare un décret. Ce corps ne se réunit à
» l'extraordinaire que pour répondre à une ambassade.
» Il faut ensuite qu'il assemble le peuple, et seulement
» le jour fixé par la loi. Là, les bons citoyens ont à
» combattre invariablement une opposition ignorante et
» criminelle. Ce n'est pas tout : lorsque le parti le plus
» sage a pu se faire jour, lorsqu'il y a décision, il faut
» attendre que les citoyens se mettent en mesure à
» leur gré d'acquitter les charges nouvellement décré-
» tées. De sorte que, faire perdre du temps à un
» gouvernement tel que le nôtre, ce n'est pas seule-
» ment le retarder, c'est lui ôter même tout moyen
» d'agir. »

Relis avec soin ces paroles simplement dites, tu y découvriras, réunis et complets, tous les principaux vices du pouvoir de la foule. Perte de temps en vaines paroles, délibérations bruyantes au moment d'agir, décisions imprudentes et irréfléchies, administration sans régularité, revenus publics jamais payés à temps, quand on les paye; jamais de l'ordre, jamais de la sagesse, jamais ce qu'il faut pour le bien du pays.

Relis bien tout ce plaidoyer, Eschine à la fin ressemble à Verrès.

Eschine, plaidant contre Timarque, avait fait de grands frais d'érudition. Il avait cité Solon, Sophocle et Euripide. Mais Démosthènes les connaissait tout aussi bien au moins que son adversaire. Aussi les commente-t-il à son tour et à la grande manière. « Ce » n'est pas à l'orateur, dit-il à Eschine, de tenir la » main sous son manteau ; c'est à l'ambassadeur que » s'adresse la leçon. » Ce trait n'a pas son égal.

Il va conclure. Lisons un chef-d'œuvre. « Vous » avez, Athéniens, rendu naguère un jugement contre » des citoyens punis de mort à l'occasion d'une mis- » sion comme celle d'Eschine. Par cet arrêt, vous avez » fait mourir des citoyens qui avaient encore des titres » à votre estime. Mais quand on se mêle de vos affai- » res, on ne doit pas être intègre à demi. Eh bien, si » de tous les méfaits qui ont coûté la vie à ces députés » il en est un seul qu'Eschine et les siens n'aient pas » commis, faites-moi mourir à l'instant même.

» Examinez plutôt : *Attendu*, dit la sentence, *que* » *les députés ont agi contre leurs instructions,* premier » grief. Ceux-ci n'ont-ils pas violé leurs instructions ? » N'ont-ils pas exclu la Phocide du traité de paix, » quand leur mission portait précisément d'étendre » cette paix aux Athéniens et à leurs alliés ? Ne se » sont-ils pas contentés de la parole de Philippe, quand » il leur était prescrit de recevoir dans chaque ville le » serment des chefs ? N'ont-ils pas constamment con- » féré dans l'intimité avec Philippe contrairement à » leurs instructions, qui leur interdisaient formelle-

» ment des négociations particulières et secrètes?
» *Attendu que plusieurs d'entre eux* (c'est toujours l'ar-
» rêt) *sont convaincus d'avoir fait de faux rapports au*
» *conseil.* — Mais ceux-ci en ont fait au peuple. Et
» comment en sont-ils convaincus? Par les preuves les
» plus éclatantes, par les faits eux-mêmes. *Qu'ils ont*
» *écrit des impostures :* ceux-ci n'en ont-ils pas écrit?
» *Qu'ils ont trompé nos alliés et reçu des présents.* Au
» mot *trompé* substituez *livré.* Pour les présents, s'ils
» niaient en avoir reçu, resterait à les en convaincre ;
» mais ils l'avouent. Qu'attendez-vous donc pour en
» faire justice? »

George. Cela est magnifique. La cause est reproduite dans un exemple. Tout le procès revit dans ce rapprochement, et la conclusion en sort sans effort et sans réplique.

Paul. N'en citons pas plus long. Rappelons seulement un mot admirable du grand orateur sur la triste influence de l'éloquence mal employée.

« Sans doute l'éloquence, jointe à l'ambition du
» patriotisme et de la vertu, doit être pour vous une
» cause de joie et de juste orgueil. C'est un bien que
» se partage un peuple entier. Mais ce talent se ren-
» contre-t-il chez l'homme indigne que la cupidité
» courbe devant un peu d'or? Repoussez l'orateur, re-
» poussez-le avec dégoût, avec énergie. Devenu une
» puissance par la parole, le méchant, chez vous, est
» le fléau de l'État. »

Eschine fit sa réplique. Son discours est une merveille en son genre. L'exorde est un vrai modèle. Mais l'injure ne se fait pas attendre ; et tout l'art de l'orateur consiste à l'embellir, à la présenter sous les dehors les plus séduisants.

Voyons un peu comme il est facile d'insulter un bon citoyen, un homme de mérite : Démosthènes est un personnage prétentieux et insupportable. C'est un méchant, un envieux (Envieux de qui? Serait-ce d'Eschine?). C'est un imbécile : il n'a pas su parler devant Philippe; il a fait un exorde embrouillé, il s'est épuisé en efforts ridicules sans parvenir à rien dire de bon. Sa mère descend des Scythes nomades, c'est un barbare, un esclave fugitif que le fer chaud du bourreau a omis de flétrir. Tout son corps n'est qu'une souillure, y compris même l'organe de la parole. C'est le bâtard d'un armurier. Son langage est d'un paysan. C'est un assassin, un vendeur d'éloquence écrite.

Quant à lui, Eschine, sa mère est femme libre, et tous ses parents sont de bonne lignée. Il sent le besoin de s'en faire accroire. Tout cela est dit avec agrément, mais il y a loin de là à cette vigueur de la conviction, à cette majesté sereine du génie, qui éclate dans chaque parole, dans chaque accent de Démosthènes.

On y trouve cependant un mot sérieux, qui sort du cœur, et qui inspire de l'intérêt : « Ah! dit Eschine » dans sa pompeuse péroraison, ce n'est pas la mort » qui est affreuse; ce qu'on doit redouter, c'est l'ou- » trage essuyé en tombant. Voir alors un visage en- » nemi que le rire épanouit, entendre en expirant les » sarcasmes de la haine, voilà ce qui est affreux. »

GEORGE. Je me rappelle un peu ce discours, et je me rappelle aussi qu'il est fort beau.

PAUL. Sa beauté même et le soin extrême qu'y a mis

l'habile artiste de style dont nous parlons sont à mes yeux des indices de la culpabilité de l'accusé. La vérité parle un autre langage.

Au milieu de ces luttes de tribune, la guerre se ralluma entre Philippe et les Athéniens. Le Macédonien ne pouvait un instant demeurer tranquille. Démosthènes, de son côté, le suivait de l'œil, démasquait ses plans, et conjurait la Grèce d'armer en toute hâte, pour être prête à tout événement.

Ses prévisions se réalisèrent. Lui seul voyait clair dans la république, et seul s'occupait de son salut.

Philippe recommença ses invasions. Démosthènes fit chasser les Macédoniens de l'Eubée. Il fit envoyer des forces aux Byzantins et aux Périnthiens, malgré la rancune que gardait Athènes contre ces deux peuples. Il parcourut en personne les villes de la Grèce, prêchant la coalition contre le tyran. Il déploya tant de zèle et d'activité qu'il parvint à monter une ligue puissante. Il mit sur pied une armée confédérée de quinze mille hommes de pied et de deux mille chevaux, sans compter les bourgeois des villes, qui s'armèrent aussi à leurs propres frais.

Les cités grecques, à sa voix, contribuèrent toutes par acclamation, pour former la somme nécessaire à la guerre.

Mais le plus difficile restait à faire : c'était de décider les Thébains à entrer dans la ligue. Leur pays confinait aux États du roi, qui, en raison de cela et à cause de leur grande puissance militaire, s'était appliqué à les caresser. Démosthènes alla à Thèbes. Philippe, en même temps, y envoya des députés.

Les envoyés du roi rappelèrent aux Thébains l'amitié de leur maître et les services qu'il venait de leur rendre. Démosthènes après eux prit la parole. Il dépeignit aux Thébains sous des couleurs si vives leurs vrais intérêts comme peuple grec, qu'ils accédèrent à la ligue malgré les dangers qu'ils avaient les premiers à courir.

Ce succès foudroya Philippe. Démosthènes lui barrait le chemin. Un homme seul, avec son génie, arrêtait les armées d'un conquérant.

Philippe se trouva tellement empêché, qu'il fut forcé de recourir à sa diplomatie, c'est-à-dire à ses ruses. Il dépêcha des agents par toute la Grèce; mais la Grèce entière obéissait à Démosthènes. Il commandait, dit Plutarque, non-seulement au peuple athénien, mais aux gouverneurs de Thèbes et de la Béotie, *et estoient*, comme l'explique Amyot, *les assemblées de conseil à Thèbes aussi bien regies par luy, comme celles d'Athènes, y estant egalement aimé des uns et des autres, et y ayant pareille authorité de commander, non point sans cause, comme bien le dit Theopompus, ains meritoirement et très justement.*

Tout était donc prêt pour repousser Philippe, pour le poursuivre même dans ses États. Démosthènes avait pourvu à tout : armées, flottes, finances, rien n'avait été négligé. Il était évident que Philippe allait être vaincu. La Grèce entière était debout.

George. Qu'advint-il pourtant de tout ce branlebas? Philippe en a-t-il moins vaincu? C'est celui-là qui était un homme d'État!

Paul. La fortune est aveugle, tu le sais bien; et la

glorification du succès, tu le sais aussi, est la plus immorale de toutes les doctrines. C'est par la fortune, par la fatalité seule que Plutarque explique la défaite des Grecs, si bien prémunis contre les événements.

*Quelque fatale destinée et révolution des affaires,* lisons-nous dans Amyot, *avoyent prefix et arresté le but dernier de la liberté des Grecs à ce temps-là. Et y eut plusieurs signes celestes qui monstrerent et pronostiquerent quelle devoit estre l'issue.*

Cette défaite était si improbable, que le grave historien se résout à l'attribuer à une influence mystérieuse. Il se fait superstitieux pour mieux exprimer son étonnement.

George. C'est plutôt l'usage des anciens. Toute l'histoire de Tite-Live est cousue de fables de ce genre. Quand l'événement est heureux, c'est la vertu de la république qui l'a produit; mais quand la chose tourne à mal, ce sont les dieux mêmes qui l'ont voulu.

Paul. Mais ici tel n'est pas le cas; la main du sort est visible dans cet événement. Tout ce qui était possible avait été fait, et la prévoyance humaine était allée aussi loin qu'elle peut s'étendre.

La bataille se livra sur le Thermodon, près de Chéronée.

George. C'est là que je t'attendais.

Paul. Je m'en doutais. Mais Chéronée ne m'embarrasse pas.

On consulta l'oracle, comme d'ordinaire, avant la bataille. La Pythie répondit en faveur de l'ennemi. Elle *philippise,* répliqua Démosthènes. Épaminondas et Périclès, dit-il, n'avaient que faire de ces prophéties, qu'ils considéraient comme *couverture de belle couardise*. Le philosophe et l'homme d'esprit ne perdait pas la carte devant le danger.

GEORGE. Dieu veuille qu'il la conserve dans le danger même!

PAUL. Après une lutte acharnée, qui rougit les eaux du Thermodon, les alliés furent mis en déroute, et Démosthènes s'enfuit avec l'armée.

GEORGE. Tu arranges la chose à ta façon. Plutarque, que tu prends pour guide, nous dit lui-même que ton héros quitta son rang, jeta ses armes et se sauva. Pour courir plus à l'aise, il jeta lâchement ce bouclier sur lequel il avait écrit en grosses lettres d'or : *A la bonne fortune*.

PAUL. Mais c'est cette fortune elle-même qui venait de se mettre du côté de l'ennemi. On a pris plaisir à répéter à travers les siècles que Démosthènes a pris la fuite, et l'on n'a pas l'équité de dire en même temps : l'armée était en déroute.

GEORGE. Il devait tenter de rallier l'armée; c'était là son rôle.

PAUL. Pouvait-il s'opposer seul à l'effort des vainqueurs? Crois-tu donc si facile le miracle de Coclès?

GEORGE. *La garde meurt et ne se rend pas;* à plus forte raison elle ne doit pas fuir. Démosthènes devait être *la garde* pour la république, qu'il représentait, et qu'il avait lui-même poussée à la guerre.

PAUL. Si la bravoure et l'intrépidité ont élu domicile quelque part dans le monde, c'est, à coup sûr, dans l'armée française; néanmoins, dans la circonstance que tu rappelles, la fortune, comme à Chéronée, avait pris parti dans les rangs de l'ennemi. On ne résiste pas à la fortune, et quand la bataille est perdue, il faut bien qu'on se retire.

D'ailleurs les Athéniens étaient affaiblis par les longues dissensions de leur politique. Ce n'étaient plus les Athéniens de Salamine et de Samos. C'en était fait de ce peuple brillant, et l'histoire avait tourné la page de leur grandeur.

On avait pris la fuite à Chéronée, et Démosthènes, qui attirait à lui seul les regards de toutes les nations, Démosthènes, qui avait prêché cette guerre comme une croisade, et qui s'était épuisé en efforts pour en réunir les ressources, Démosthènes, que les envieux suivaient pas à pas, devait naturellement porter à lui seul tout le poids de la défaite. De là la tradition de la fuite sur le champ de bataille. Notons en outre que c'est Eschine qui dit qu'il a jeté son bouclier.

George. Plutarque était du pays; natif de Chéronée même, il devait avoir les meilleures données.

Paul. Mais il est venu trop longtemps après l'événement.

Démosthènes avait entrepris une chose gigantesque : arrêter la décadence d'Athènes et du monde grec, et réformer en même temps l'idée illogique du gouvernement des foules turbulentes, aussi bien que celle, non moins funeste, du gouvernement des castes privilégiées. Il a lutté seul, avec un courage qui nous étonne, contre les passions et les intérêts naturellement coalisés contre sa pensée. Mais la Grèce était corrompue, et la Grèce devait disparaître.

Il faut rendre hommage à ses efforts, à sa bonne

conscience, à sa supériorité, à son habileté, à son génie. Le succès n'appartient qu'au sort. « Je n'étais pas
» maître du sort, dit-il un peu plus tard; le sort est
» maître de tout. L'issue du combat dépendait de
» Dieu, non point de moi. Mais, que je n'aie pas pris
» toutes les mesures de la prudence humaine; que je
» n'aie pas déployé dans l'exécution droiture, zèle,
» ardeur au-dessus de mes forces; que mes entreprises
» n'aient pas été à la fois nécessaires et dignes de la
» république, montre-le-moi et viens m'accuser! Si
» un coup de foudre plus fort que nous, que tous les
» Hellènes, a éclaté sur nos têtes, que pouvais-je y
» faire? Le chef d'un vaisseau a tout préparé pour sa
» sûreté; mais la tempête éclate et vient briser, broyer
» les agrès : accusera-t-on cet homme du naufrage? »

Après cette consciencieuse et touchante justification, que nous lisons dans le plaidoyer sur la *Couronne*, il serait d'assez mauvais goût de rien ajouter sur le désastre de Chéronée.

Philippe comptait si peu sur cette victoire qu'il se livra à une joie d'enfant après la bataille. Il s'enivra, mais sans figure, suivant sa coutume; et il alla, sans respect pour les morts, contrefaire Démosthènes sur le champ de bataille, battant du pied la mesure et scandant les paroles de l'orateur sur le décret de guerre.

Puis, ayant cuvé son vin, et réfléchissant de sang-froid au danger où l'avait mis cet homme, qui l'avait *contraint de mettre en une petite partie d'un jour son Estat et sa propre vie au hazard d'une bataille, les cheveux lui dresserent en la teste.*

Les contemporains ont si peu reproché à Démosthènes cette fuite honteuse, qui est restée une sorte de point de foi historique, que le roi de Perse, admirant les efforts qu'il venait de faire pour sauver la Grèce, enjoignit à ses lieutenants et satrapes de combler l'orateur de félicitations et d'ouvrir avec lui les rapports les plus affectueux, comme avec l'homme qui pouvait le plus sûrement renverser la puissance du Macédonien.

George. Ceci ne manque pas d'une certaine force, mais de là aussi sort l'accusation jetée sur lui d'avoir reçu de l'argent du même roi de Perse.

Paul. A mon avis, il n'est pas condamnable d'avoir traité en secret avec le Perse contre le Macédonien, qui menaçait à la fois la Grèce et l'Asie. Les conquêtes de son fils justifient suffisamment l'orateur. Quant à ce qui est de son avarice, ce que nous savons jusqu'ici de son caractère, de ses sentiments, de son orgueil, de son amour de la gloire, repousse assez la suspicion.

Cependant ses ennemis, heureux de la défaite de Chéronée, l'accusèrent juridiquement de ce malheur. L'accusation tomba devant l'estime du pays pour son grand homme. On en était venu à se fier à lui comme autrefois à Périclès. Le peuple le déclara innocent et l'honora plus qu'auparavant, l'appelant *tousjours comme devant aux affaires comme personnage bien affectionné à l'honneur et au profit de la chose publique.* Pesons bien ces mots : ils sont péremptoires dans la question.

On recueillit les os des victimes de Chéronée. Celui qui en pareille occasion était choisi pour prononcer l'éloge funèbre était le personnage le plus considéré de la république. Ce fut Démosthènes que l'on choisit. Est-il vraisemblable, après cela, qu'il se fût déshonoré dans la bataille?

Philippe mourut peu après son triomphe. Athènes se mit en fête à la nouvelle de sa mort.

GEORGE. On voit bien que ce peuple tombait.

PAUL. C'est l'avis de Plutarque, qui condamne ces réjouissances de mauvais goût à l'occasion de la mort d'un ennemi. Mais il se livre à ce propos à ces mêmes longues *trainnées de clauses* qu'il reprochait à Démosthènes en commençant.

L'orateur reprit une nouvelle ardeur; rien ne pouvait le décourager. C'est le propre du génie de poursuivre son but avec constance, en dépit de tous les obstacles. *Au demourant, les citez de la Grèce estans de rechef suscitées par Demosthènes, refeirent une autre ligue ensemble : et les Thebains ayans recouvré des armes par son entremise, se ruerent un jour sur la garnison des Macedoniens qui estoit devant leur ville, et en tuerent plusieurs.*

Démosthènes convoqua partout des assemblées populaires. C'étaient des *meetings* où il soulevait la Grèce contre la Macédoine, alors aux mains d'Alexandre, cent fois plus hardi que son père. Il écrivit aux rois de l'Asie pour les coaliser contre l'ambitieux, qui préméditait l'asservissement de l'Occident et de l'Orient. Jamais pareille activité ne s'était vue dans la politique des peuples grecs.

Et Démosthènes ne se trompait pas. Cet Alexandre portait en son sein le génie de la guerre et les confidences de la fortune. Le nom de cet homme devait rester dans le monde comme le synonyme de la gloire militaire et de l'audace.

Il ne tarda pas à se servir des ressources préparées de longue main par son père. Soudain il marcha sur Thèbes, s'en empara et la détruisit. Athènes infailliblement allait subir le même sort, et l'on députa vite vers Alexandre. Athènes n'avait plus d'orgueil. Dans ce malheur extrême, Démosthènes consentit à faire partie de l'ambassade.

GEORGE. Je ne le comprends pas.

PAUL. C'est surtout ici qu'il faut l'admirer. Il fit le sacrifice de sa fierté : il comptait sur sa parole pour sauver son pays, abandonné par le sort des armes.

Mais Alexandre demanda sa tête. C'était moins Athènes qu'il voulait saccager que Démosthènes qu'il voulait avoir. Prendre Démosthènes et le mettre à mort, c'était extirper dans sa racine même l'opposition qu'il fallait détruire. D'ailleurs le jeune potentat avait à se venger de l'orateur, qui l'avait appelé un enfant, comme après lui Auguste se vengea du même mot employé par Cicéron à son égard.

A la nouvelle de la demande de sa tête, Démosthènes, qui était en route avec ses collègues, rebroussa chemin.

GEORGE. Il n'était pas homme à continuer sa route.

PAUL. Personne ne l'eût fait à sa place.

GEORGE. Régulus retourna à Carthage.

PAUL. Régulus avait prêté serment. Cependant, Démade, qui avait avec le jeune roi des relations d'amitié, demanda à l'aller trouver. Il s'entretint avec le vainqueur, et il obtint grâce pour son pays.

GEORGE. Quel triste mot pour des Athéniens!

PAUL. Démade, comme on le pense bien, devint un personnage considérable. Il avait sauvé Démosthènes et les neuf victimes désignées par Alexandre. Démosthènes comprit qu'il fallait s'effacer. La Grèce ne pouvait plus vivre libre que sous le bon plaisir du Macédonien. Effet naturel des discordes civiles et de l'anarchie dans tout pays où la liberté, qui donne la force et la grandeur, est travestie en désordre et en faction!

C'est ce moment que choisit Eschine, dont le parti était en faveur, pour assouvir sa haine contre Démosthènes. Il l'attaqua dans la personne de Ctésiphon, qui avait obtenu du peuple un décret par lequel la république décernait une couronne d'or à Démosthènes en récompense *de ses vertus et de ses services.*

On était dans le temps des accusations et des vengeances. Le parti des traîtres avait le dessus, et l'on persécutait avec fureur les citoyens qui avaient défendu la cause de la Grèce.

Alexandre était en Asie, courant de conquête en conquête, à la tête de trente-cinq mille hommes. Cette petite armée renversait tous les trônes; on dirait une fable quand on y songe. Les Grecs dégénérés en étaient réduits à faire des vœux tout bas pour sa défaite. Ils offraient en secret leur assistance au roi de Perse, et ils applaudissaient officiellement aux succès qu'obtenait le maître.

Ses partisans espionnaient les patriotes et les poursuivaient avec audace. Hypéride fut accusé et jugé pour avoir demandé l'affranchissement et l'armement des esclaves dans les derniers dangers de la patrie.

D'autres citoyens aussi méritants essuyèrent les mêmes persécutions.

Mais le procès de la *Couronne* fut l'événement le plus important de l'époque. On oublia, pour s'en occuper, les victoires d'Alexandre au fond de l'Inde. Toute la Grèce y accourut comme on courait aux jeux Olympiques. C'était la lutte suprême des deux orateurs les plus célèbres de la ville d'Athènes, la patrie même des orateurs.

Eschine, en cette occasion, soigna son exorde plus qu'à l'ordinaire, ce qui ne l'empêcha pas d'y répéter, dans les mêmes termes, une froide définition des trois formes de gouvernement, déjà produite dans le procès de l'ambassade.

Il s'étend ensuite sur la nature des fonctions publiques pour arriver à prouver que Démosthènes était fonctionnaire quand il avait été couronné, sans avoir rendu ses comptes, conformément aux lois de la république.

Il insinue adroitement, à propos des charges publiques, dans l'intérêt de sa naissance et de son passé, que le théâtre était une administration d'importance, et que le caissier du théâtre avait réuni autrefois toutes les parties du service des finances.

Il glisse légèrement sur Ctésiphon, qui pourtant est seul juridiquement en cause. C'est Démosthènes qu'il veut abattre en le déconsidérant par l'injure. Quel grief, en effet, que la demande d'une couronne pour un procès de cet éclat!

L'invective, comme toujours, occupe la première place dans cette laborieuse composition. « Démosthènes est un *conspirateur stipendié*. » Mais, sentant le ridicule de son injure, il ajoute lui-même : « Un tel langage » rencontre peu de créance chez quelques auditeurs. »

Ce discours, en un mot, est une longue insulte, mais une insulte faite avec art. La rhétorique en est sans reproche ; mais la logique n'a guère le même lustre. Parmi les chefs d'accusation, nous remarquons la fuite à Chéronée et le projet de faire *décréter la prééminence de la tribune sur l'épée,* c'est-à-dire du mérite sur l'impéritie.

GEORGE. C'est l'histoire du coup d'État.

PAUL. De la tentative malheureusement échouée. Jusqu'ici rien de sérieux. Nous voyons plus loin une accusation de *male chance,* et il n'en faudrait pas plus pour prouver, sans réplique, l'absence de griefs sérieux et valables.

Assez souvent l'élégant diseur devient ennuyeux, et fait des longueurs qui n'ont de beau que l'apprêt du style.

Il flatte Alexandre sans aucune réserve ; il n'a plus besoin de se gêner : c'est le Macédonien qui est le maître. Alexandre, dit-il dans son hyperbole, *par delà le pôle arctique, avait presque franchi les limites de la terre habitable.*

Enfin, à travers toutes les invectives que peut orner un style étudié, Eschine arrive à cette emphatique péroraison où *la terre, le soleil, la vertu, l'intelligence et la science* sont à la fois convoquées pour lui prêter main-forte et porter la conviction dans l'esprit des juges.

On a dit de ce discours dans l'antiquité même :

« Malgré cet éclat, je ne suis pas ému. L'orateur ne
» m'entraîne pas, ne se fait pas oublier. C'est qu'une
» chose essentielle lui manque, la bonne foi. »

En effet, ce discours est beau, mais c'est de l'art froid et sans âme. Cela brille, mais cela ne touche pas.

La défense de Démosthènes est restée son plus beau titre de gloire comme orateur. C'est le chef-d'œuvre de l'éloquence. Eschine, dans son exil à Rhodes, faisait un cours de rhétorique. Il lut un jour à ses élèves son discours sur la couronne. « Quoi! s'écrièrent les auditeurs, avec un tel plaidoyer tu as succombé? — Attendez un peu, répondit-il; et il lut le discours de Démosthènes. L'assistance émerveillée applaudit avec enthousiasme. « Que serait-ce donc, s'écria-t-il, si
» vous eussiez entendu le lion lui-même? »

GEORGE. Il n'avait donc pas l'âme si mal faite; il reconnaissait la valeur de son ennemi.

PAUL. C'est que le génie ne peut être nié. On ne peut soutenir en plein midi que le soleil n'a pas de lumière. Et puis, la lutte étant finie, la conscience avait repris ses droits.

Cette fois Démosthènes fit un exorde, et je t'engage à le relire. Rien n'est mieux pensé ni plus adroit. Puis, il entre au fond de la cause, et jamais la dialectique jointe à l'éloquence n'a opéré de semblables merveilles.

GEORGE. On ne saurait cependant rendre un jugement certain sur cette cause confuse et embrouillée. Des deux côtés les accusations les plus graves sont appuyées de preuves également concluantes.

PAUL. Cette confusion étrange est l'effet de la distance; assez souvent l'histoire flotte dans des incertitudes et des nuages semblables. Puis, les rhéteurs, travaillant à élever leurs règles classiques et leurs doctrines, n'ont pas dû manquer d'altérer, chacun à son gré, la partie purement *judiciaire* de ces deux discours. Mais, au risque de te fatiguer ou de t'ennuyer, je vais te relire une assez grande partie de la défense de notre orateur. On gagne toujours quelque chose à revoir encore les anciens. Dans ces paroles, en outre, tu verras, mieux que je n'ai pu te le dire, la décadence des peuples de la Grèce, les causes véritables de cette décadence, l'histoire éternelle de la démagogie, aussi funeste que le despotisme, usurpant le gouvernement et parodiant la liberté. Excuse-moi donc et relisons.

Le premier chef d'accusation était le désastre de Chéronée. Voyons comment il s'en défend :

« Les républiques étaient malades. Ministres, ma-
» gistrats, citoyens, étaient subornés et vendus. Per-
» sonne ne prévoyait les dangers, et tous se laissaient
» aller, au jour le jour, à un repos indolent et funeste.
» Un mal étrange travaillait tout le monde : chacun
» se persuadait qu'il échapperait seul à la tempête, et
» qu'au milieu du péril des autres il trouverait sa
» propre sûreté..... Entre les diverses parties du gou-
» vernement, j'ai choisi les affaires générales et inter-
» nationales de la Grèce.... Mais chez tous les Hellènes
» indistinctement pullulaient des traîtres vendus à Phi-
» lippe... Ne devais-je pas prêcher la résistance ?
» Quelles paroles, quels décrets devais-je présenter,
» moi sachant avec fierté que de tout temps, jusqu'au
» jour où je montai à la tribune, ma patrie avait lutté
» pour la prééminence, l'honneur et la gloire, et que;

» par une généreuse ambition, elle avait dépensé dans
» l'intérêt du reste de la Grèce plus d'hommes et plus
» d'argent que toute la Grèce ensemble pour sa propre
» cause? Moi, qui voyais ce Philippe, votre ennemi,
» dans son ardeur de dominer, privé d'un œil, la cla-
» vicule rompue, la main et la jambe estropiées, jeter
» gaiement à la fortune tout ce qu'elle voulait de son
» corps, pourvu qu'avec le reste il vécût glorieux et
» nous commandât?... Voyant donc ce Macédonien
» asservir toutes les nations, je me fis son adversaire,
» je dévoilai ses projets, j'appris à la Grèce à le com-
» battre... Quand il envahit le Péloponnèse, je fis
» équiper des flottes qui sauvèrent et la Chersonèse, et
» Byzance, et nos autres alliés. De là ces actions de
» grâces et ces honneurs que vous décerna leur re-
» connaissance... A votre tour, vous me couronnâtes
» alors en témoignage de mes services, et votre décret
» fut rédigé dans les mêmes termes que celui qu'on
» incrimine aujourd'hui... Il est plus d'un gouvernant
» que la République a couronné avant moi, chacun le
» sait; mais, excepté moi, où est l'Athénien qui ait fait
» comme moi couronner la République?... Mais si le
» devoir accompli entraîne souvent de tristes consé-
» quences, il n'en faut pas moins y rester attaché.
» L'homme de cœur doit toujours mettre la main à de
» nobles entreprises, s'armer d'espérance, et supporter
» sans faiblir ce qu'envoie la Divinité. »

Après ces considérations générales, qui ont gagné l'assemblée par leur justesse et leur élévation, il dit un mot de son administration, de la politique qu'il a suivie. Expliquons l'homme d'État par ses propres

paroles : « Voyant votre marine dépérir, voyant les
» riches s'exempter des charges, voyant les pauvres
» ruinés ainsi que ceux d'une fortune médiocre, voyant
» la République sans direction manquer par là les
» occasions de se relever, je portai une loi qui rappela
» le riche au devoir, tira le pauvre de l'oppression, et
» permit à l'État de faire à temps ses préparatifs et
» d'en tirer les plus grands avantages. »

Tiens compte à la fois, dans ce peu de mots, des questions sociales qui y sont indiquées et des idées pratiques qui en découlent, et que notre philosophe a réalisées au pouvoir. Ce sont là des choses qui, de nos jours encore, embarrassent tes politiques les plus positifs.

« Je mérite donc des éloges, continue l'orateur dans
» sa franchise, pour avoir toujours adopté une poli-
» tique qui a procuré à l'État gloire, honneurs et puis-
» sance ; une politique qui ne respirait ni *jalousie*, ni
» *haine*, ni *perfidie*, *rien de bas*, *rien d'indigne*
» *d'Athènes*.

» Dans les affaires de la Grèce, vous me verrez
» animé du même esprit que dans celles de la Répu-
» blique. Ici, les droits du peuple ont eu plus de prix
» à mes yeux que la faveur des riches ; là, j'ai préféré
» à l'or et à l'amitié de Philippe les intérêts de tous
» les Hellènes. »

GEORGE. Cela est d'une souveraine grandeur dans une adorable simplicité.

PAUL. C'est la voix d'un maître, c'est une leçon de politique dans une admirable leçon d'éloquence.

Sa politique est comme son langage : *rien de bas*,

*rien d'indigne;* toujours et partout la clarté, la vérité, la vraie grandeur.

Il n'y a ni deux morales ni deux manières d'être honnête dans le gouvernement des sociétés. Il y a les fourbes et les gens de bonne foi : les hommes que je défends n'appartiennent pas à la première classe.

Démosthènes cite ensuite le décret qui lui confère la couronne au nom du peuple, pour *sa vertu,* y est-il dit, *son beau caractère et le zèle qui l'anime en toute occasion pour le peuple athénien.*

On ne peut souhaiter un témoignage plus complet et plus glorieux. Il est évident que c'est l'envie qui poussait Eschine. La gloire de Démosthènes le torturait comme le bonheur d'Otello, dans Shakespeare, poursuivait Iago et le tourmentait.

Un peu plus loin l'orateur s'égaye sur la risible invocation d'Eschine à la *terre,* au *soleil,* à la *vertu,* et à toutes les abstractions que nous avons vues défiler dans la péroraison que nous savons.

George. Il était facile de prévoir qu'il n'aurait pas manqué d'en tirer parti.

Paul. Son adversaire prêtant le flanc, il n'était pas homme à ne pas frapper. Continuons encore un peu.

Dans l'explication très-curieuse des causes diverses de la dernière guerre, Démosthènes raconte un fait qui montre d'une manière exemplaire le danger perpétuel des superstitions. Les Locriens cultivaient un terrain anciennement consacré à Apollon, espèce de bien de mainmorte de ce temps-là, et l'on prétendit que c'était un crime. Philippe cherchait un prétexte pour entrer en Grèce sans alarmer les républiques. Ses agents

intriguèrent, et lui firent déférer la mission de punir le sacrilége des Locriens. Le décret est conçu en ces termes : « Cottyphos l'Arcadien, élu stratége des am-
» phictyons, sera député vers Philippe de Macédoine
» pour le prier de *secourir Apollon* et le Conseil, de ne
» pas abandonner *le Dieu outragé* par les Amphissiens
» sacriléges, et pour lui notifier que les représentants
» des Hellènes le nomment général et lui confèrent un
» pouvoir absolu. »

C'est donc ainsi que Philippe entra chez les Grecs : pour venger Apollon, offensé dans un champ mis en culture; et c'est la répression d'un sacrilége qui commença la ruine d'une race.

C'est ce même soin de *venger* le ciel qui a fait couler depuis tant de sang sur la terre ; et c'est ainsi que pour *venger* le Christ et Dieu le Père, on a massacré des populations entières à ce cri impie : *Dieu le veut!* Les Albigeois en savent quelque chose.

GEORGE. Mais les Albigeois, c'étaient des hérétiques formant ouvertement faction dans l'État.

PAUL. Hérétiques, je n'en sais rien ; en fait d'orthodoxie, je ne puis admettre que la charité. Mais pour faction, je le conteste. Ces hommes avaient créé dans le midi de la France une civilisation riante et douce, qui promettait de se propager et de couper court dès lors à la barbarie du moyen âge. Ils cultivaient la poésie, les arts, la libre pensée. C'est en cela seul qu'ils étaient factieux et sacriléges, comme ces Locriens qui cultivaient le champ d'Apollon.

Ils étaient coupables du même genre de crime, ceux qu'on appela plus tard les huguenots, et que les dragonnades ont supprimés dans l'intérêt de Jésus-Christ. On *vengeait* ainsi celui qui avait aboli la vengeance elle-même.

Le roi *très-chrétien* décima la France au nom du ciel, et la condamna pour longtemps à l'infériorité industrielle vis-à-vis de l'Europe, en proscrivant ces *ennemis de la foi,* qui cultivaient, comme leurs devanciers, le libre arbitre et les arts de la paix. Encore l'histoire du champ d'Apollon.

Avant cela, Philippe II poursuivant les Maures et commençant par là la décadence de son pays : toujours l'histoire du champ d'Apollon.

Partout, les *Locriens* exterminés et le pays victime de la *foi.*

GEORGE. Mais enfin Voltaire vint, et avec lui la tolérance.

PAUL. Un grand nom et une grande chose !

Démosthènes était en quelque sorte le Voltaire de l'époque : il poursuivait l'intolérance tant en politique qu'en religion. Il combattait également les préjugés des grands, le despotisme des rois et la tyrannie des foules.

Lisons le reste de sa défense. Nous sommes obligés de nous arrêter sur un décret qu'il cite non sans une intention bien concertée : « Sous l'archonte Héropythos,
» à la vieille et nouvelle lune de Munychion, de l'avis
» du polémarque ;

» Attendu que Philippe entreprend de nous aliéner
» les Thébains, et se prépare à marcher avec toutes ses
» troupes sur les postes les plus voisins de l'Attique,
» violant les traités qui le lient envers nous ;

» Le conseil et le peuple arrêtent : On enverra vers
» Philippe un héraut et des ambassadeurs, *qui l'enga-*
» *geront instamment à suspendre les hostilités, pour que*
» *le peuple ait le temps de délibérer;* car jusqu'à présent
» il n'a pas cru devoir opposer la moindre résis-
» tance..., etc. »

GEORGE. C'est le chef-d'œuvre du ridicule.

PAUL. Si un pareil décret eût été rendu par le roi Théodoros, par la reine Pomaré, ou par quelque obscur petit peuple de l'Asie ou de l'Amérique, la gaieté publique et les journaux s'en seraient défrayés en Europe de longues années. On en eût fait le proverbe et le modèle de la naïveté. L'histoire semble en avoir fait grâce au peuple athénien, en considération de ses grandeurs. Jamais cependant on ne pourra trouver un plus curieux exemple de la dégradation morale et de la démence où peut conduire le gouvernement de l'anarchie.

Voter une loi pour prier le vainqueur de ralentir sa marche afin que le peuple ait le temps de disputer sur la place publique!

GEORGE. Ils demandaient peut-être un armistice?

PAUL. C'eût été cela s'ils avaient été en armes. Mais ils déclarent eux-mêmes qu'ils n'avaient pas cru nécessaire d'opposer la moindre résistance. La turbulence empêchait l'action, et les espions de l'ennemi endormaient le gouvernement en trompant constamment la multitude.

Philippe, comme de raison, répondit aux Athéniens avec la dernière arrogance. Il leur dit qu'ils portaient la peine de leurs inconséquences, et il leur promit néanmoins de leur accorder la *grâce* qu'ils demandaient, s'ils consentaient à *bannir leurs donneurs de conseils*.

Ces donneurs de conseils, c'étaient Démosthènes et ses amis politiques. Aussi ne manqua-t-il pas, dans sa défense, de rappeler son rôle dans ces tristes jours. L'histoire politique d'Athènes est tout entière et en détail dans ses harangues, comme je te l'ai dit.

« Au jour du danger, quand tomba sur nous la
» nouvelle que Philippe s'approchait, qui trouvâtes-
» vous pour conjurer l'orage? Vous savez qui.....
» C'était le soir; arrive un homme qui annonce aux
» prytanes qu'Élatée est prise. Ils soupaient, à l'in-
» stant ils se lèvent de table; les uns chassent les ven-
» deurs de leurs tentes dressées sur la place publique;
» les autres mandent les stratéges, appellent le trom-
» pette. La ville est remplie de trouble. »

GEORGE. Ce tableau est vivant.

PAUL. Poursuivons. Prenons une leçon de l'art d'exposer, d'émouvoir et de persuader : « Le lendemain, au
» point du jour, les prytanes convoquent le conseil
» dans son local. Vous allez, vous, à votre assemblée;
» et, avant même que le conseil ait discuté, préparé
» un décret, le peuple a pris place sur les gradins du
» théâtre. Bientôt entre le conseil; les prytanes redi-
» sent la nouvelle, introduisent le courrier; cet homme
» s'explique, et le héraut crie : Qui veut parler? »

GEORGE. Rien n'est plus rapide et plus pittoresque. On y voit d'un trait cette administration des affaires par tout le monde, comme tu le dis.

PAUL. L'orateur continue : « Qui veut parler? Per-

» sonne ne répond. » Dans les moments critiques, paraît-il, les disputeurs n'étaient pas en nombre. « Là
» pourtant se trouvaient tous les stratéges, tous les
» orateurs! Et la patrie réclamait une parole de
» salut!..... Ah! c'est qu'un tel jour et une telle crise
» appelaient un citoyen non-seulement riche, non-seu-
» lement *dévoué et sincère*, mais un citoyen qui eût de
» plus *suivi les affaires* dès le principe, et qui *pût rai-*
» *sonner avec justesse* sur la politique et les projets de
» l'ennemi. Quiconque ne les eût point connus par
» une *longue et attentive étude*, fût-il zélé, fût-il opu-
» lent, ne pouvait ni discerner le parti à prendre ni
» trouver un conseil à donner. Eh bien, l'homme de ce
» jour, ce fut moi! »

Lisons encore quelques lignes, nous n'y perdrons rien. Ce qui est beau n'est jamais vieux. Voyons quel conseil il donna et ce qu'il fit pour le salut de l'État en cette grave et pressante conjoncture : « Envoyez, vous
» dis-je, votre cavalerie à Éleusis, et tous les citoyens
» en âge de servir. Montrez-vous en armes à toute
» la Grèce. Par là, les partisans que vous avez dans
» Thèbes pourront en toute liberté se déclarer pour la
» bonne cause]; car ils verront que si les traîtres qui
» vendent la patrie à Philippe s'appuient sur ses troupes
» d'Élatée, vous aussi vous êtes prêts, et résolus à
» soutenir, à la première attaque, ceux qui veulent
» combattre pour l'indépendance. Après ces représen-
» tations et d'autres semblables, je descendis de la
» tribune; tous applaudirent, personne ne contredit.
» Le moment était grave. Mais aux paroles j'ajoutai
» un décret; le décret porté, je partis moi-même,

» j'allai en ambassade. Ambassadeur, je persuadai les
» Thébains. Je commençai, je continuai, je consom-
» mai l'ouvrage. »

George. On ne peut mieux dire.

Paul. Il ne dit pas seulement, mais il agit. Et si ce n'est pas là l'homme d'État qu'on appelle pratique, je ne comprends plus quel il peut être.

Quand tous désespèrent et tendent le cou, lui seul il redresse la tête, relève les esprits, trouve les moyens de salut, les indique et les emploie. C'est donc le philosophe qui sauve les hommes dits d'affaires et d'application. Ceux-ci, perdant la tête, *in extremis* diraient-ils sans doute, livraient le pays à la merci de l'étranger. Lui, qu'anime le sentiment de l'honneur national et qui a étudié les ressources de la république, les désigne, les combine, les applique, et sauve son pays.

Après ce décret, s'en présente un autre, que l'orateur avait fait rendre pour l'alliance de Thèbes avec Athènes. Je m'y arrête un instant, pour t'en faire remarquer l'érudition et la poésie. On ne s'attendrait pas, n'est-ce pas, à trouver pareille chose dans un décret? On le dirait rédigé par Lamartine, et l'on croit relire un de ces admirables manifestes qu'on applaudissait en 1848 et qui sauvaient la France en la séduisant.

Au milieu des articles de cet acte international, Démosthènes parle des temples et des tombeaux, objets sacrés et chers aux Grecs, profanés et foulés aux pieds par les Barbares. Il rappelle les Héraclides, jadis chassés de leur pays et y rentrant par les armes d'Athènes. Il invoque la mémoire d'Œdipe, recueilli par les Athéniens avec les compagnons de son exil.

Il cimentait un traité avec les traditions poétiques de la patrie, et l'on y voit que l'éclat des lettres n'a rien qui nuise en aucune manière à la précision de la politique.

« Ainsi, à l'heure des sages conseils, c'est moi que
» vous avez vu. Entre les mesures praticables, il y
» avait à choisir la meilleure : c'est ce que je fis. Et
» toi, Eschine, quand le héraut s'écria : *Qui veut par-*
» *ler?* et non alors : *Qui veut censurer le passé? Qui*
» *veut garantir l'avenir?* dans ce moment suprême, au
» sein de l'assemblée, tu demeuras muet ; moi, je me
» levai et je parlai. »

C'est ici qu'il accuse le sort, comme nous l'avons vu, d'avoir tourné contre la république ; mais à cette infidélité de la fortune il ajoute des considérations qui expliquent les événements, qui dépeignent à grands traits le triste gouvernement des Athéniens et la politique qu'il a vainement tenté de faire prévaloir. Les paroles que je vais relire ont un genre de beauté intime et sereine qui gagne, qui touche, qui fait plus qu'admirer, qui fait respecter celui qui les a dites, qui fait aimer le citoyen infatigable se consumant en efforts incessants pour relever la patrie expirante.

« Philippe était chef absolu de ses troupes, avan-
» tage immense à la guerre..... Tout ce qu'il avait
» décidé, il l'exécutait, sans être traîné devant les tri-
» bunaux par la calomnie..... La parole, seul moyen
» à ma disposition, vous la partagiez entre moi et les
» espions de Philippe ; et chaque fois que, grâce aux
» prétextes les plus frivoles, ceux-ci s'emportaient, c'était
» l'ennemi qui triomphait dans vos délibérations. Mal-

» gré de tels désavantages, j'ai rallié autour de vous
» l'Eubée, l'Achaïe, Corinthe, Thèbes, Mégare, Leu-
» cade, Corcyre, coalition qui vous donna quinze mille
» fantassins et deux mille cavaliers, sans compter les
» milices citoyennes. Quant aux subsides, je les ai
» portés aussi haut qu'il était possible..... Quels étaient
» mes devoirs? Étudier les affaires dès le principe, en
» prévoir les suites, les annoncer aux peuples : je l'ai
» fait. Corriger de mon mieux les lenteurs, les irréso-
» lutions, les ignorances qui travaillent nécessaire-
» ment les États populaires ; porter les citoyens à la
» concorde, à l'amitié, au zèle du bien public ; j'ai fait
» tout cela; nul ne peut m'accuser d'avoir rien né-
» gligé..... Bientôt se liguèrent contre moi ces hommes
» acharnés à ma perte : ils m'accusèrent d'*illégalité*, de
» *malversation,* de trahison..... Vous vous souvenez
» que dans les premiers temps j'étais accusé presque
» chaque jour..... Eschine vous dit que la gloire de
» Céphale est de n'avoir jamais été accusé. Ah ! dis
» plutôt son bonheur. *Celui qui, accusé souvent, n'a*
» *jamais été néanmoins trouvé coupable, en est-il pour*
» *cela plus criminel?* »

C'est une sorte de Calvaire du patriotisme. Nous assistons, pour ainsi dire, à la passion d'un grand citoyen.

Mais nous touchons à la fin du débat, et nous n'avons plus que deux ou trois beaux traits à relever dans ce discours, où rien n'est faible.

Nous disions en commençant que personne n'a eu comme notre orateur l'art de presser son adversaire, de l'essouffler, de l'acculer, de l'achever : nous allons revoir un des plus beaux exemples de cette tactique de notre lutteur, qui mariait si bien la grâce à la force. Comme l'athlète antique, au plus fort de la lutte, il ne faisait pas un seul mouvement disgracieux sur l'adversaire qu'il terrassait. Autant d'énergie que de finesse.

« Rapproche, Eschine, ta vie de la mienne, mais avec
» calme, sans aigreur; puis demande à ces citoyens
» laquelle chacun d'eux voudrait choisir. Tu ensei-
» gnais à lire; moi j'avais des maîtres. Tu servais
» dans les mystères, j'étais initié. Tu étais danseur,
» moi chorége; scribe, moi orateur; toi histrion,
» moi spectateur; tu tombais sur la scène, moi je sif-
» flais. Ministre, tu faisais tout pour l'ennemi; moi,
» tout pour la patrie. .....Dans les relations privées,
» si vous ne savez tous que j'ai été doux, humain,
» secourable à ceux qui avaient besoin, je me tais, je
» ne dis plus un mot. »

Il reconnaît plus loin le talent de son adversaire, et il dit un mot de l'éloquence. « Ce n'est ni la beauté
» du langage ni l'éclat des sons qu'on estime dans
» l'orateur : c'est de sympathiser avec le peuple, c'est
» de haïr et d'aimer comme la patrie. »

GEORGE. Voilà une définition originale.

PAUL. Originale et magnifique.

GEORGE. Lis-moi toujours les beaux endroits. J'entends ce langage avec plaisir.

PAUL. Et voilà que le talent te gagne, toi qui veux cependant te faire rebelle à l'enthousiasme. Mais nous sommes sur la fin, et moi-même je le regrette. Les belles choses ont un grand défaut, c'est qu'elles finissent.

« La république a entrepris et exécuté par moi

» beaucoup de grandes choses ; elle ne l'a pas oublié...
» Toi, Eschine, dans tes orgies en Macédoine, tu as
» chanté, couronné de fleurs, des hymnes où les
» meurtriers de nos compatriotes célébraient la déso-
» lation de la Grèce. »

GEORGE. Si le fait est vrai, Eschine était ignoble. On ne se réjouit pas des malheurs de son pays.

PAUL. On ne se réjouit même pas des fautes de l'ennemi politique qui vous aura frappé, persécuté, proscrit, si ces fautes peuvent conduire le pays dans les désastres. Eschine n'est pas seulement ignoble, il est infâme.

GEORGE. Si la chose est vraie.

PAUL. Il va sans dire.

L'orateur fait ensuite une énumération d'un grand effet, de tous les pays vendus à l'ennemi par ces traîtres qui, « mesurant la félicité à leurs immondes volup-
» tés, ont anéanti cette indépendance, cette douceur
» de ne relever d'aucun maître, suprême bonheur de
» nos pères... J'ai dirigé avec prudence, dit-il plus
» loin, avec bonne foi, *les plus grandes affaires* de mon
» siècle... Si chaque ville de la Grèce eût possédé un
» citoyen tel que j'étais ici à mon poste, pas un Hel-
» lène, ni en deçà ni au delà des Thermopyles, ne
» souffrirait ce que nous souffrons aujourd'hui. »

Et il finit par un trait de courage bien méritoire et bien rare à une telle époque. Cette fière parole repousse suffisamment la réputation qu'on lui a faite. C'est d'Alexandre qu'il va parler, Alexandre dont le nom faisait trembler la Grèce, l'Asie, l'Europe, toutes les nations alors connues.

« Si notre ville a quelque bonheur, je ne l'apprends
» pas, moi, en gémissant, le regard abattu, comme
» ces impies qui décrient la république, sans sentir
» qu'ils se décrient eux-mêmes ; qui, toujours l'œil au
» dehors, exaltent les succès de *celui* qui est heureux
» du malheur de la Grèce...

» Rejetez, dieux immortels, rejetez leurs coupables
» vœux ; corrigez leur esprit et leur cœur. Mais si leur
» méchanceté est incurable, puissent-ils, isolés dans le
» monde, périr tous avant le temps, sur la terre ou
» sur les flots ! Pour *nous, dernière espérance de la*
» *patrie,* hâtez, hâtez-vous de dissiper les craintes
» suspendues sur nos têtes, et d'assurer notre salut ! »

GEORGE. C'est vraiment là une des plus belles choses que l'antiquité ait jamais produites. Si l'on y ajoute par la pensée la prosodie et l'éclat du grec, cela devient incomparable.

PAUL. On ne sait lequel admirer le plus, de l'habileté ou du génie.

GEORGE. L'un et l'autre sont de premier ordre. Mais, si tu ne vas pas te mettre trop fort en colère, je ferai à mon tour sur cette habileté une remarque que tu as omise, peut-être à dessein : c'est qu'il l'a poussée si loin, cette souveraine adresse que nous vantons, qu'il n'a pas dit un mot de la petite affaire de Chéronée, dont Eschine pourtant a fait si grand bruit. On dirait même qu'il n'avait pas entendu.

PAUL. Quelle affaire ?

GEORGE. Mais ce bouclier jeté au loin et la course à toutes jambes à travers champs ! Le fait d'avoir détalé devant l'ennemi !

Paul. La chose n'en valait pas la peine ; il en était assez justifié. Il paraît même que c'est depuis les invectives d'Eschine qu'elle est restée pour ainsi dire consacrée dans les livres que nous lisons. Pourquoi troubler par ce mot malin l'impression que nous laisse la grande parole de Démosthènes ?

George. Passer du grave au doux, du plaisant au sévère, c'est une bonne maxime, et qu'il faut toujours mettre en pratique. C'est en quelque sorte la vie elle-même. J'ai toujours beaucoup aimé ce mot, et c'est pour cela que je préfère Shakespeare au divin Racine, le drame romantique à la tragédie grecque, Titien à Rembrandt, Victor Hugo au grand Corneille, l'opéra-comique à l'opéra : le rire et l'émotion réunis. En ce monde, il faut tout varier et toujours varier. C'est le secret de plaire, et c'est aussi le secret de vivre.

L'ennui naquit un jour de l'uniformité.

Paul. Tes maximes sont charmantes, et je ne veux pas les contester. Je suis heureux de te voir rire.

George. L'air des montagnes me fait du bien. Les grands sites et la belle nature impressionnent diversement les hommes ; je le vois par nous. Ça dépend sans doute des tempéraments. Toi, en présence de toutes ces grandeurs, tu prends des idées graves et presque sombres. Moi, mon cœur se dilate. Je crois ressaisir la vie, qui s'en allait trop vite et qui s'éteignait.

Paul. Ce que tu dis là est plus triste que ma gravité. Que parles-tu de vie prête à s'éteindre ? Ne reprends plus ces inquiétudes ; sois de ton âge, vis confiant et sois heureux.

George. Heureux ! quel mot sonore et vide de sens ! Si tu disais calme ou même gai, je te comprendrais. Mais heureux ! où en as-tu rencontré, d'heureux, parmi les hommes, surtout parmi ceux qui mériteraient de l'être ? Tais-toi, Paul. J'en sais plus long que toi là-dessus. Parle-moi plutôt de Démosthènes.

Je veux rêver et non pleurer.

Paul. Tes poëtes te reviennent en foule aujourd'hui. Cite-les toujours ; j'aime mieux cela que de t'entendre formuler des doctrines désespérées, qui cadrent si mal avec ta gaieté de tout à l'heure.

George. C'est que je suis fidèle à ma théorie. La vie n'est faite que de ces contrastes. Mais ne parlons pas de moi, je t'en conjure. A quoi bon rouvrir des plaies ? Démosthènes donc... ?

Paul. N'était pas au bout de ses travaux.

George. Ni de ses procès, ne l'oublie pas ; car il faudra que tu me dises un mot de la *coupe d'Harpalus*.

Paul. Je répondrai comme toi par un vers d'un grand sens :

Ainsi que la vertu, le crime a des degrés.

Rien, en effet, dans les précédents de cet homme déjà sur l'âge, ne rend vraisemblable une vénalité de cette espèce. Plutarque lui-même, qui raconte cette fable, nous apprend tout de suite après qu'Athènes non-seulement le rappela de l'exil, où la calomnie l'avait jeté, mais lui envoya une galère à Égine pour le ramener comme en triomphe.

A son débarquement au Pirée, Athènes tout entière était sur les quais. Il n'y eut, dit le même Plutarque, ni prêtre, ni magistrat, ni citoyen quelconque, qui ne se fît gloire d'aller au-devant de lui. Rend-on de pareils honneurs à un homme déshonoré ? Et n'est-il pas assez évident que la république voulait racheter par cette ovation son ingratitude envers le meilleur de ses enfants ?

Quand le vrai ne se peut trouver, c'est dans le vraisemblable qu'il faut le chercher.

Mais un grand événement était survenu depuis le discours de la *Couronne*. Alexandre était mort.

Ils étaient deux, à cette époque, sur lesquels le monde avait les yeux et qui le remplissaient du bruit de leur nom. Alexandre mort, il n'en restait qu'un.

Il a été donné à certaines époques de réunir dans le même moment de ces génies de premier ordre, qui forment dans l'histoire comme des pléiades resplendissantes ; mais je ne sache pas qu'on ait encore vu, à part César et Cicéron, deux hommes si extraordinaires et si opposés par leurs tendances, se rencontrer sur le terrain de la politique et de l'action, se faire face, pour ainsi dire, accomplir de si grands travaux chacun à sa manière, et laisser l'un et l'autre à la postérité une renommée si éclatante.

Le plus grand militaire et le plus grand orateur des temps anciens, préparés à la vie publique par les deux plus grands esprits de leur époque !

L'un, Alexandre, élevé par Aristote, l'homme positif, le savant, le matérialiste, mettant en œuvre la politique *pratique* de la force et du despotisme, et asservissant les nations en les dépeuplant comme un fléau.

L'autre, Démosthènes, disciple de Platon, le théoricien, le rêveur et le poëte, proclamant la liberté et passant sa vie à prêcher l'ordre, la règle et la raison, pour réaliser le bien et le progrès.

L'un, invincible sur les champs de bataille ; l'autre, irrésistible à la tribune.

L'un, grand par l'audace et la violence ; l'autre, plus grand encore par la persuasion et le raisonnement.

L'un, épouvantant le monde et le domptant ; l'autre, charmant les peuples, les moralisant et les enseignant.

George. Disons enfin, pour achever le parallèle : l'un, formant un empire colossal et mort respecté au sein de sa gloire ; l'autre, après une vie toute de déboires et de souffrances, périssant comme un malfaiteur, sans avoir pu sauver son pays de l'oppression:

Paul. Tu n'as pas achevé, je vais le faire. L'un, regardé comme un meurtrier et comme un brigand par la philosophie et la civilisation ; l'autre, léguant au monde à jamais les accents de la liberté et l'exemple du patriotisme !

George. Soit !..... Dis maintenant les derniers efforts et les derniers moments de ton héros.

Paul. Immédiatement après la mort d'Alexandre, la Grèce s'était soulevée. Léosthènes avait enfermé Antipater dans la ville de Lamia. Athènes avait envoyé des députés par toutes les villes pour prêcher la révolte et l'indépendance. Ces députés avaient rencontré ceux d'Antipater de Macédoine, auxquels s'étaient joints deux exilés athéniens, qui se dégradaient dans l'infortune et qui conjuraient les villes grecques de ne pas s'attirer de nouveaux malheurs en s'insurgeant contre les Macédoniens. Démosthènes, alors exilé lui-même, s'était réuni aux envoyés de sa république et avait mis toute l'énergie de sa parole au service de la liberté.

C'est après cet acte admirable qu'il était rentré dans son pays. Mais c'en était fait de lui comme de la Grèce. Leur dernière heure était arrivée.

Antipater, vainqueur, marchait sur Athènes. Les ennemis de Démosthènes saisirent l'occasion propice pour se débarrasser de cet homme gênant et pour faire en même temps leur cour au vainqueur. Ils l'accusèrent devant le peuple et le firent condamner à mort avec ses amis.

La politique du peuple est de tourner à tous les vents et de changer d'impressions comme les enfants. Celui qu'il acclame aujourd'hui, demain il le lapidera. La raison en est qu'il ne raisonne pas.

Démosthènes et les siens se virent forcés de partir en toute hâte. Mais Antipater envoya des soldats à leur poursuite.

Hypérides, que nous connaissons, l'émule et l'ami de Démosthènes, avec deux autres d'entre les proscrits, furent arrachés d'un temple où ils invoquaient naïvement le droit d'asile. On les envoya à Antipater, qui les mit à mort. Il coupa la langue à Hypérides avant de le faire tuer.

Démosthènes avait eu le temps de passer dans l'île de Calauria, où il s'était jeté, lui aussi, dans le temple de Neptune. De toute antiquité les temples des dieux étaient, chez les Grecs, des asiles sacrés, où la violence n'entrait pas et où le suppliant était sauvé.

Un assassin du nom d'Archias commandait la patrouille qui le poursuivait. Cet Archias mit le siége devant le temple, et posa des sentinelles dans l'intérieur. Le troupier faisait de l'esprit avec Neptune : il n'entrait pas dans son temple à main armée, mais il forçait le réfugié d'en sortir ou d'y mourir, ce qui revient au même.

Démosthènes était fatigué d'une existence si agitée, mais il ne voulait pas se livrer à la cruauté de ses bourreaux. Il suça le poison qu'il portait avec lui, s'enveloppa la tête et mourut.

Athènes, mourante aussi à son tour, lui éleva une statue, et décréta que la république nourrirait à perpétuité quelqu'un de sa race au Prytanée. L'inscription qu'on grava sur le monument dit en deux mots tout ce qu'il était : « Si Démosthènes eût eu autant de » puissance que de génie, jamais la Macédoine n'eût » pu triompher des Grecs. »

Mais, George, l'heure s'avance ; l'ombre se raccourcit et se rapproche des grands arbres. Rentrons, il en est temps. Descendons par la ravine au lieu de remonter la pente ardue. Nous trouverons au fond de la vallée de l'ombrage et de la brise. La chaleur du soleil est trop rude à cette heure là-haut sur le grand chemin.

A ce moment, en effet, le dieu des tropiques dardait d'aplomb ses traits brûlants. L'air, fortement chauffé, remuait au loin comme en ébullition ; la poussière du sol semblait s'agiter, et les cavales à la queue traînante s'étaient allongées avec leurs petits sous l'ombre arrondie des mangotiers.

Cependant, c'est à l'heure où le soleil atteint toute son ardeur qu'un souffle frais, sorti de l'est, vient tempérer l'air embrasé : c'est le vent alizé, l'ami des Antilles, si populaire et si aimé dans ces contrées. Quand il arrive, c'est tout un bonheur de se coucher sur la natte de paille à l'ombre du feuillage et des lianes vertes.

Il soufflait doucement le long de la source, et nos deux amis, la tête découverte, cheminaient en causant. Ils s'arrêtèrent un instant devant une cabane où la chaudière du paysan bouillait tranquillement, posée sur trois pierres non loin de la porte. George prit un tison à ce foyer, alluma un cigare, et en l'allumant dit en souriant : Tu m'as parlé assez victorieusement, je l'avoue, de Périclès et de Démosthènes; mais deux hirondelles ne font pas le printemps.

PAUL. Je t'en citerai d'autres, mon sceptique ami, et tu reconnaîtras bien à la fin la justesse de mon opinion.

# SOLON.

Quelques jours, après nos deux causeurs prenaient un matin leur café, vers les sept heures, devant la porte de la case. Trois voyageurs venant du Cap tournèrent au galop le coude du chemin et mirent pied à terre devant eux.

C'étaient des Européens, deux Français et un Allemand, qui allaient aux Gonaïves à leurs affaires. Ils connaissaient beaucoup nos deux lettrés, et ils furent très-heureux de les rencontrer.

Ceux-ci leur firent avec empressement les honneurs du logis. Ils prirent ensemble le café du matin; puis, la conversation s'animant par degrés, Paul et George firent seller leurs chevaux, et se décidèrent à accompagner leurs hôtes jusqu'au *haut des Roches*.

Les chevaux du pays vont l'amble d'ordinaire : sur ce train agréable et sans secousse, on fait du chemin sans s'en apercevoir, sans se fatiguer. Deux heures après, les cinq cavaliers traversaient Plaisance, où ils s'arrêtèrent un instant pour la formalité du *permis*.

Deux autres heures après cette station dans le bourg des brouillards, des rizières et des grands cafiers, ils descendaient devant l'ajoupa contigu au corps de garde du poste des *Roches*.

A peine descendus de cheval, deux jeunes garçons

suivis d'une femme qui devait être leur mère, accoururent auprès des voyageurs; et reconnaissant parmi eux des Européens, des blancs, comme on dit dans l'intérieur de l'île, leurs premières offres de service, leurs premières politesses, furent pour les trois étrangers.

On dessella leurs chevaux et on leur mit au cou de ces longues cordes de *pite* nommées *éperlins,* mot que le dictionnaire de Bescherelle attribue, soit dit en passant, à des pâturages. On mit les chevaux dans le champ d'herbe, on rangea les selles sous l'ajoupa, et l'on offrit aux étrangers les chaises de paille plus ou moins stables qui ornaient la maison.

Dans l'intervalle, Paul, qui connaissait bien les habitudes de son pays, avait attaché à une gaule de la haie son cheval et celui de George, et attendait patiemment qu'on s'occupât de lui. Les deux jeunes gens vinrent enfin prendre les deux autres chevaux, et la maîtresse du logis, la femme que nous avons vue en arrivant, apporta une autre chaise, c'était la dernière. Paul s'en servit. George roula un *pilon* (1) qui était couché à côté de la porte, et s'assit dessus.

A ce moment arrivèrent les *charges.* Les charges, ce sont les chevaux ou mulets qui portent la malle et tout le nécessaire des voyageurs. Sur un bât de paille, qu'on appelle *torque,* deux valises, également de paille, mais de latanier, réunies par une bande étroite, sont placées en travers du bât et sanglées sur les flancs de

---

(1) Pilon, c'est un mortier de bois, haut d'environ deux pieds, pour décortiquer le café; et ce qu'on entend par pilon en français s'appelle le manche.

la bête de charge; c'est la *macoute*. Le conducteur s'assied dessus, et prend les devants, quand le voyageur ne sait pas la route.

On défit les charges et l'on installa sur la table les provisions qu'on apporte d'ordinaire dans ces voyages. La maîtresse de l'habitation, de son côté, avait fait prendre une poule dans le jardin et avait en outre mis au feu le *pilau* national mêlé de haricots, si réputé et si répandu dans le pays.

Une petite demi-heure après, la bonne femme vint annoncer à messieurs les étrangers, avec son sourire le plus gracieux, que la table était servie. Puis, se penchant à l'oreille de ses deux pays : « Pour vous, messieurs, leur dit-elle, vous êtes chez vous; et les attentions, vous le savez bien, sont pour l'étranger qui nous visite. Faites pour moi de votre mieux. » Chacun entra avec sa chaise. Le pilon de George, au lieu d'être couché, fut relevé, la bouche en bas; et notre ami s'établit dessus.

— Je vous sers, messieurs, dit l'un des deux Français. C'est nous, on vous l'a dit, qui tenons le haut de la table, quoique vous ne soyez pas plus connus que nous céans. Tels sont nos priviléges dans votre pays. Les petits soins sont pour nous, et vous autres ne venez qu'après.

— Je me félicite, dit George, de vous voir reconnaître ce trait de mœurs particulier à notre pays. Cependant, en Europe on le taxe souvent de barbarie, quand on ne l'attaque pas par le ridicule.

— Ah! pour ça, vous avez raison, répondit le Français. On parle avec trop de *sans-gêne*, surtout à Paris, de ces pays lointains qu'on ne connaît pas assez. Il suffit qu'un pacotilleur n'y fasse pas toutes les bonnes affaires qu'il s'était promises, pour qu'à son retour il conte des histoires bleues à un journaliste, et que celui-ci, de bonne foi d'ailleurs et heureux d'accrocher une nouveauté, brode dans ses *faits divers* un de ces tableaux comiques ou lugubres qui font railler ou calomnier ces pays, qu'on ne connaît d'ordinaire que par ces sortes d'explorateurs.

Ainsi ce pays a souvent là-bas prêté à rire et souvent passé pour une terre sauvage. Nulle part cependant dans mes voyages, et j'ai déjà beaucoup voyagé, je n'ai rencontré des mœurs plus douces, plus favorables à l'étranger. L'esprit du peuple, dans les campagnes, est facile et d'une assez grande vivacité. Dans les villes, la société est formée sur le modèle même de la vie française.

— Vous nous faites des compliments, reprit George en souriant. Si vous pouviez, d'un coup de clairon, répandre ces renseignements par toute l'Europe, on cesserait, en nous y voyant, de demander des nouvelles d'Otaïti.

— Non, je ne fais point de compliments, et je ne m'interdis pas pour cela la fantaisie de m'égayer quelquefois, ne vous en déplaise, du duché de Limonade et du comté de la Marmelade ou de Trou-Bonbon.

GEORGE. Comme je peux rire à mon tour de la maison de *Bourbon*, des ducs de *Bouillon*, et des princes d'*Orange*.

LE FRANÇAIS. Oui, mais vous rirez seul.

George. Parce que ces noms appartiennent à de grandes nations et à une grande civilisation?

Le Français. C'est un peu cela ; parlons sans façon. L'histoire les a consacrés. On ne songe pas au sens littéral en les disant. Mais ne vous en désolez pas, monsieur le patriote ; ayez bon espoir : ce pays aussi peut parvenir un jour à la célébrité. Il ne fait que de naître, et ce peuple est intelligent.

— Et cette intelligence, continua George, suit le courant des idées de la France. Or l'esprit français, si vivace et si fécond partout, ne restera pas stérile dans le nouveau monde.

Le Français. Ce que vous dites là me flatte assez à mon tour, et c'est maintenant moi qui dois vous remercier du compliment.

— En effet, dit l'autre Français, qui n'avait pas encore pris part à la conversation, je n'ai pas manqué de remarquer combien la langue française, qui se parle en cette île, y a pour ainsi dire naturalisé les idées de la France, ses mœurs, ses lois, ses goûts, ses tendances sociales et politiques.

Ce pays a soutenu une longue guerre contre la France, et cependant la nation qu'on y aime le plus, c'est encore elle. On a presque fêté en Haïti la nouvelle de la prise de Sébastopol. A ces titres divers, j'ai toujours pensé que les gouvernements français devaient s'intéresser au sort de cette jeune nation qui, dans la paix et dans l'ordre, fondera un jour dans les Amériques une nouvelle civilisation française.

L'indépendance nationale que vous aimez à juste titre, et à laquelle vos concitoyens tiennent comme à leur vie même, mérite les sympathies de cette France que des conquêtes ne grandiraient pas, mais que l'influence de jour en jour plus répandue de son nom rendra de plus en plus forte parmi les nations.

C'est par les langues que les civilisations se répandent. Le commerce et les intérêts matériels tendent à propager, avec une étonnante célérité, l'influence pratique des langues de souche saxonne. L'Angleterre et les États-Unis envahissent le monde. Mais l'intérêt matériel n'est pas le seul que recherchent les hommes, et il appartient à la nation française de contre-balancer cette tendance matérialiste par la propagation de sa langue expansive et civilisatrice, dans l'intérêt même de son influence sociale et politique.

— Oui, répondit George; la France parle pour ainsi dire l'idiome du droit et des instincts généreux de l'âme. C'est par cette langue que l'humanité atteindra les plus belles conquêtes, comme elle a, par elle, au siècle dernier, acquis ces droits et ces vérités qui forment aujourd'hui son plus beau domaine et le fondement de la vie des peuples.

Ce pays parle français, et tout dans l'esprit de ce peuple diffère du génie des États-Unis, ses voisins. Donc, si la république fédérale, au nom de l'identité des lois, a voulu et soutenu la république au Mexique, la France à son tour, au nom de l'identité de la langue, doit vouloir et protéger l'autonomie de cette île, qui seule parle français dans le nouveau monde, et seule dirige sa vie publique sous l'inspiration de l'histoire de la grande nation.

Mille intérêts politiques, commerciaux et d'un ordre

plus élevé encore, appellent la protection française sur ce pays, qui aime la France et qui veut continuer à l'aimer, mais en restant libre et indépendant.

— Il y a longtemps, messieurs, dit à son tour l'Allemand, qui jusque-là écoutait en mangeant, il y a bien longtemps que ce pays aurait acquis en Europe cette sympathie dont vous parlez, s'il se fût appliqué à vivre tranquille, pour produire plus de coton et de café qu'on n'en embarque jusqu'ici dans ses ports.

— La réflexion est juste, répondit George, et elle est, on le voit bien, d'un homme positif. Mais les agitations de ce pays, si déplorables qu'elles soient, sont les convulsions ordinaires de l'enfance des peuples. La maturité de l'âge y apportera la réflexion et l'esprit d'ordre, qui seuls enfantent les vrais progrès. On ne peut pas changer les lois éternelles de la nature, qui procède toujours par gradation. Il faut seulement souhaiter que cet âge viril arrive sans retard, et préserve ce beau pays, que nous aimons tant, des malheurs que l'ignorance et les passions ont encore le pouvoir d'accumuler dans son sein.

Par ces propos et d'autres encore, on était arrivé au bout du repas, et les voyageurs, leurs chevaux sellés, s'apprêtaient à repartir.

Ils étaient assez munis de force et de gaieté pour entamer le rude défilé du pas des *Roches*. Ils complimentèrent l'aimable hôtesse, firent des cadeaux à ses deux gars, et serrèrent la main à leurs compagnons.

— Point de rancune, amis, dit le Français, et ne pensons plus à la *Marmelade*.

— Bon voyage, répondit George, et faites bon usage

de la gaieté! N'allez pas tomber dans les *bourbiers* du pas des Roches ; et, une fois en bas, n'oubliez pas de cueillir, dans le jardin à main droite, l'*orange* et le citron qu'il vous faudra à la Passe-à-Joly pour la *limonade* contre la soif.

— Bien dit, vraiment! cria l'autre Français. Moi, je suis républicain, et je félicite fort votre pays de protester, par ses mœurs elles-mêmes, contre les duchés et les comtés, qui n'ont été, en fin de compte, que des accidents dans sa carrière. Adieu et au revoir!

— Il n'est pas tard, dit George à son ami en revenant s'asseoir, quand les voyageurs eurent tourné le premier coude du défilé. Voici un de tes volumes que j'ai pris en venant à ton insu, dans l'intention de te faire la guerre, et de te fournir en même temps de nouvelles armes contre moi-même.

PAUL. Ce procédé est d'un preux chevalier. Quel est ce livre?

GEORGE. C'est un de ces volumes que tu as remplis de notes en marge. On y parle, je crois, de Solon, un de tes héros, que tu as pourtant négligé de mettre en ligne de compte.

PAUL. Rappelle-toi bien que nous avons dit, en commençant, que nous ne traiterions que de ceux de ces hommes qui ont pris part aux affaires publiques dans des temps de pleine civilisation.

GEORGE. Mais Solon n'appartient pas aux âges barbares.

PAUL. Pas tout à fait, mais à ces temps primitifs où la politique n'était pas encore une science et une carrière ouverte au génie.

George. Il est cependant du temps de Pisistrate, et ses lois sont antérieures à la tyrannie.

Paul. C'est vrai ; mais mon intention était, ce qui est même contre mes intérêts, de ne point remonter à ces temps originaires où des hommes de génie ont pu, par la confiance qu'ils inspiraient et par l'ascendant qu'ils exerçaient sur l'esprit inculte de leurs compatriotes, donner des lois aux peuples confiants, sans discussion législative, sans contrôle et sans examen.

Mais puisque toi-même tu le demandes, nous pouvons causer un instant de Solon, et je m'en félicite.

Or, si Périclès était un lettré et Démosthènes un littérateur, celui-ci était un poëte, ce qui, dans les idées du jour, l'éloigne davantage encore des affaires publiques.

Il a cependant si bien compris la politique et le gouvernement, qu'il a donné à son pays une constitution qui lui a survécu, et que, jusqu'à la chute du peuple athénien, on révérait encore comme l'oracle de la sagesse et de la raison.

Ses lois sont écrites en vers, et c'est par la poésie qu'il a inauguré sa politique. N'est-ce pas que cela te scandalise ?

George. Mais ces lois, les crois-tu bonnes, et penses-tu qu'une législation sorte ainsi *a priori* et toute viable de la cervelle d'un seul, et surtout de celle d'un poëte ?

Paul. Tu n'as pas droit de dire *a priori* à l'égard d'un homme qui passait sa vie à étudier et qui a dit ce mot :

> Je deviens vieil en apprenant toujours.

Ses lois ont rétabli l'ordre dans un pays fortement

troublé par les graves questions du socialisme, qui agitent encore les temps où nous sommes.

GEORGE. Mais sa solution n'est guère ingénieuse; elle est violente, mais non habile. Il abolit les dettes, et restreignit la propriété, à l'avantage du grand nombre. C'est trancher le nœud, comme le Macédonien; ce n'est pas le dénouer.

PAUL. Tu le calomnies. A l'endroit des dettes, qui faisaient le danger de la république, il abolit ce qu'on appelle de nos jours la contrainte par corps. Ainsi, deux mille quatre cents ans avant nos temps, il réalisait un progrès qu'on a eu tant de mal à accomplir dans ces dernières années en Belgique et en France. *Nul ne pourroit plus prester argent à usure soubz obligation du corps.*

Pour la propriété, il ne l'ébranla pas, comme tu le crois, mais il en rectifia le principe, qui s'était étendu outre mesure, et qui avait même porté ses prétentions sur la personne du citoyen libre.

En effet, la propriété, garantie à un seul par la foi de tous, ne peut être absolue dans son indépendance. Il suffit qu'elle soit libre et individuelle. Instituée pour servir de siége et de base à la famille, et par la famille, à la société et à l'État, elle est naturellement limitée par trois ordres de raisons : les droits de l'héritier, les droits du travailleur, les droits de la collectivité ou de l'État.

GEORGE. Fais attention à ce que tu dis; tu frises de près le communisme dans ces maximes.

PAUL. Dieu m'en garde! Je ne dis rien là que de fort simple. Les lois civiles sous lesquelles nous vivons ont déjà reconnu le premier de ces droits en interdisant au père la liberté d'enlever à ses enfants la totalité de sa succession. Les lois administratives soumettent en outre la propriété à l'impôt et à la restriction de l'utilité publique : on peut même exproprier.

George. Mais le troisième de tes trois droits, celui du travailleur, qui porte la plus forte atteinte au principe de la propriété, c'est Proudhon qui l'a formulé, et tu n'as pas de loi à citer à son appui.

Paul. Les lois sont venues au fur et à mesure du progrès des temps, et il viendra également un jour où la raison publique aura reconnu la nécessité de proportionner équitablement le salaire ou la part du travailleur au rendement de la propriété, qu'il contribue à faire valoir. Cela s'obtiendra pacifiquement, graduellement, scientifiquement, sans qu'il soit besoin de faire intervenir les théories trop radicales de Proudhon, que tu as cité, ni les erreurs des collectivistes.

Ainsi nous trouvons, à notre grand étonnement, que le vieux Solon, dès ce temps-là, avait réglé la plupart de ces grosses questions, qui exercent si fort la science économique de notre époque.

On l'avait prié d'accepter le pouvoir dans un moment désespéré. Le pays allait se perdre, la misère était à son comble, et le *communisme* menaçait de tout détruire. Ceux qui souffraient voulaient l'abolition de la propriété et le partage des biens, comme si cette violence absurde eût pu remédier à la situation, comme s'il n'eût pas fallu, quinze jours après, faire une nouvelle abolition et un nouveau partage, pour déposséder ceux qui auraient su conserver leur lot au profit de ceux qui auraient perdu le leur ou qui l'auraient dissipé. Ils ne réfléchissaient pas qu'on ne peut égaliser les fortunes et les conditions sans égaliser au préalable les aptitudes, les caractères, les intelligences et les goûts. Ils ne voyaient pas qu'on ne pourra rendre tous les hommes égaux et pareils dans le monde que lorsqu'on pourra changer la nature elle-même, qui a voulu fonder l'unité dans la variété et l'égalité dans la dissemblance.

GEORGE. Suivant le mot de Montesquieu : Chaque diversité est uniformité, chaque changement est constance.

PAUL. Exactement. Solon résolut la difficulté par une organisation du travail bien entendue : on ne pourra jamais la résoudre autrement.

Il établit ensuite une bonne justice, fondée sur l'égalité civile. Il cassa le code de Dracon, qui montait une potence à chaque coin de rue. Il proportionna les peines aux délits. Il réforma l'administration. Il fonda le *suffrage universel* et lui donna pour but l'élection des magistrats, choisis parmi les plus capables. Il institua ce sénat connu sous le nom d'Aréopage, avec un corps législatif chargé de préparer les lois pour les présenter à l'examen du premier, et en dernier lieu, au vote populaire; sorte de régime plébiscitaire, comme on dirait de nos jours. Il fit une foule d'autres choses de grande importance. Il s'occupa même de tous les détails, jusqu'à l'alignement des arbres et à l'espacement des plantations. Esprit vaste et comprenant tout !

Le poëte, enfin, pacifia son pays, le réforma, le

régénéra, et refusa la couronne, qu'on lui offrait.

On lui assura qu'Apollon lui-même voulait qu'il fût roi, et avait décrété cela dans ses oracles. Il ne manque pas de gens, tu le sais bien, dans ces occasions, pour enhardir un homme politique. Mais Solon n'avait voulu que sauver son pays, et le poëte répondit sans enthousiasme que *principaulté et tyrannie estoit bien un beau lieu, mais qu'il n'y avoit point d'issue par où l'on en peust sortir quand on y estoit une fois entré.* Parole bonne à méditer et propre à servir de leçon !

Malgré tout cela, il ne put échapper à la calomnie. On l'accusa d'avoir volé : on dit qu'il avait fait un coup de bourse en prévenant ses amis d'une décision qu'il allait prendre sur les finances, les mettant ainsi à même de faire à coup sûr des spéculations qui les ont enrichis, et lui aussi.

George. Nous n'en savons rien.

Paul. Tu te trompes : nous savons qu'il remit le premier leurs dettes aux citoyens qui lui devaient ; et par tout cela, nous savons une autre chose, c'est que Dieu lui-même serait calomnié si Dieu se mêlait de gouverner.

Voilà donc un poëte qui a sauvé son pays et qui lui a donné une administration ; un poëte qui faisait de beaux vers et qui mêlait à cela le sens pratique de l'homme d'État ; un poëte qui gouvernait avec fermeté, et qui *mesloit*, lisons-nous, *la force avec la justice.*

George. Il a fait des lois, mais il n'a pu les exécuter ; et c'est dans la tâche d'administrer que réside la difficulté. C'est là qu'il faut un homme pratique.

Paul. Tu oublies qu'il a gouverné en faisant ces

lois, et dans les moments les plus critiques. S'il s'est éloigné après les avoir faites, ç'a été, tu le sais, pour faire une épreuve.

D'ailleurs, quand les *partageux*, et avec eux les égoïstes, qui avaient les richesses, étaient sur le point de détruire Athènes, pourquoi n'avait-on pas appelé un de ces hommes pratiques dont tu me parles, ou un homme de sabre? Il y en avait pourtant dans le pays : il y avait les Pisistrate, les Mégaclès, et tant d'autres encore, tous généralement connus et très-influents. C'est pourtant le philosophe qu'on a choisi. C'est qu'on avait confiance en ses lumières. C'est que, naturellement et par instinct, on se fie à l'intelligence pour conduire les choses difficiles.

GEORGE. Amen! Si je dis un mot, tu me prouveras que c'est même une loi de la nature. Vite nos chevaux, et repartons.

PAUL. Tu l'as bien dit, c'est même une loi de la nature : la lumière éclairant le monde. A cheval donc, et arrivons avant la nuit.

# ÉPOQUE ROMAINE.

# CICÉRON.

La semaine d'après, il survint des pluies, qui empêchèrent les deux touristes de continuer leurs courses.

Dans ces climats singuliers, qui n'ont pas d'hiver et où la verdure ne change jamais, la pluie a des retours périodiques presque à jour fixe, qui seuls varient quelque peu l'uniformité de la température. Cette saison des pluies n'est pas la même pour tous les lieux; dans le nord de l'île, c'est la fin de l'année qui les ramène, et le peuple dit d'ordinaire qu'elles arrivent avec la Toussaint. Du côté du sud, c'est vers le printemps qu'on attend ces grandes averses, qui jouent à peu près le rôle du Nil dans ces pays.

La plus grande partie de l'année, le soleil règne sans partage dans ce ciel brûlant. Il remplit tout d'une ardeur extrême, la végétation comme les esprits. Quand cette ardeur est à son comble, pour la matière s'entend et pour le sol, quand l'herbe jaunit dans les champs, quand le feu prend dans les forêts, quand les montagnes fument le jour et flambent pendant la nuit, alors arrivent les pluies.

Mais pas de ces pluies légères telles qu'on les voit en Europe, et qui n'empêchent personne de courir comme d'ordinaire à ses affaires et à ses plaisirs. Ce sont des torrents tombant du ciel, des sortes de petits déluges, qui remplissent les rues comme des rivières, qui ébranlent les toits comme si les maisons allaient s'écrouler, qui inondent les grands chemins, emportent des hommes et des chevaux, enlèvent les ponts, déracinent les arbres.

Le terrible roi d'Abyssinie, dont l'histoire vient d'émouvoir le monde et dont le pays est sujet au même phénomène, comptait sur ses pluies pour détruire les Anglais jusqu'au dernier. Un autre roi du même tempérament, ce dernier régnant jadis dans notre île, avait aussi appris, dans de longues guerres, à se servir comme d'un auxiliaire du climat de son pays; mais il ne voulait pas néanmoins que ce climat, qu'il savait employer à l'occasion, lui fît obstacle, à lui, et lui résistât, comme il eût dit. C'était un homme qui n'aimait pas la résistance : il luttait avec elle, de quelque nature qu'elle fût, et son bonheur était de l'abattre.

La légende raconte que le roi Henri, on le connaît plus généralement en France sous le nom de roi Christophe, fit entrer un jour dans un de ces fleuves subits causés par les pluies, un régiment de cavalerie appuyé d'un bataillon de sa garde, pour couper en amont la force de l'eau, qui empêchait sa voiture de traverser la ravine de la *Fossette* soudainement grossie. Le roi revenait d'une première représentation au nouveau théâtre qu'il venait de faire construire. Arrêté par le torrent, qui n'existait pas quelques heures auparavant, il imagina de faire déverser l'eau à droite et à gauche par la masse compacte de ses bataillons, campés au beau milieu de la rivière improvisée.

Si les Grecs eussent vécu sous les tropiques, ils auraient fait de ces pluies des divinités, comme force productrice de la nature. Il y aurait eu des naïades des pluies et des rites établis en leur honneur.

Après ces orages de deux à trois mois, quand les torrents sont écoulés et les rivières rentrées dans leurs lits, ce qui s'offre de magnificence dans la verdure des campagnes et dans la végétation sur les hauteurs, est chose admirable et difficile à dire. C'est une renaissance, c'est une fête immense.

Les plantes, pressées et touffues, se répandent en tous sens avec une abondance désordonnée et sans égale. Les cultures poussent en hâte sous le feu renaissant du soleil, absent depuis quelque temps et comme pressé lui-même de rattraper le temps perdu. Le long des chemins et partout dans les bois, tous ces fruits succulents que personne ne cultive et qui viennent d'eux-mêmes de tous les côtés, s'offrent en foule au milieu de leurs feuilles et des fleurs nouvelles, tous réunis en même temps sur la même branche.

Les larges feuilles du manioc et du sagoutier s'étendent avec complaisance, et semblent appeler l'admiration sur leur largeur, étrangère à des feuilles. Tous ces arbres à rameaux radiés et retombants, lataniers, dattiers, palmiers, cocotiers, balancent avec grâce la chevelure flottante qui couronne leurs tiges, reverdies et reluisantes comme un vernis.

L'avalanche des montagnes s'est changée en fontaines, et ces sources paisibles bruissent comme un murmure au milieu de l'herbe dans le fond des bois.

Tout cela paraît une fable, et l'on a l'air, en en parlant, de recopier les jardins du Tasse ou les pays décrits par Swift. Tout cela est pourtant exact. Ces pays sont vraiment très-beaux. On les aime beaucoup quand on les connaît, on les adore quand on y est né.

Nous étions en plein mois de décembre. Nos deux causeurs, empêchés par la pluie, regardaient passer les voyageurs, montés sur leurs chevaux peints en rouge jusqu'à la croupe. La terre de Plaisance, l'une des meilleures de tout le pays, est grasse et rouge comme un ciment. Dans le temps des pluies, quand les chevaux ont piétiné plusieurs jours dans les routes de la montagne, ils y laissent une pâte collante de couleur d'ocre, et ils en gardent cette teinture bizarre qui recouvre leurs jambes jusqu'au poitrail et qui réunit les crins de leur queue comme un pinceau.

Il paraît, dit George, que ça s'aggrave dans la montagne; ces chevaux badigeonnés nous le disent assez. Nous serons longtemps sans pouvoir courir.

PAUL. Il y aura du répit dans quelques jours.

GEORGE. En attendant, reprenons nos livres et tes grands hommes. As-tu encore quelque Grec à faire valoir?

PAUL. Nous en avons vu les principaux sous le rapport, du moins, qui nous occupe. Passons à Rome.

GEORGE. Nous voilà donc chez le *peuple-roi*. Qui vas-tu trouver à l'appui de ta thèse chez les Romains? Ces gens-là sont des soldats et des juristes, race pratique et positive s'il en fut jamais. Les philosophes et les penseurs ne pouvaient guère se mêler de leurs affaires; encore moins les littérateurs et les poëtes. Tu n'y trouveras pas ample matière.

PAUL. J'y trouve Cicéron.

GEORGE. Je m'y attendais. Mais tu vas joliment t'enferrer, avec ce parleur mobile et changeant comme l'onde. D'ailleurs c'est lui tout seul que tu y trouveras.

Paul. On pourrait encore en nommer d'autres, surtout de son temps et après lui. Mais celui-ci a été si grand, il a exercé une si forte influence par la pensée et par la parole, il a tellement pénétré le monde romain de son génie, qu'il suffira de le citer.

Tout se gâtait à Rome. Tout chancelait et menaçait ruine. L'antique constitution consulaire, qui avait donné au peuple romain cinq cents ans de triomphes et de domination, s'effondrait de tous côtés. Les dieux eux-mêmes s'en allaient, et déjà deux augures ne se rencontraient plus sans sourire, suivant l'expression de celui même dont nous parlons. Foi politique, foi religieuse, tout s'écroulait en même temps sous l'effort des ambitions, au sein de la corruption des mœurs publiques.

C'est à ce moment-là que Cicéron fut nommé consul. Moment périlleux s'il en fut jamais! A aucune autre époque de l'histoire il n'a été plus difficile de tenir les rênes du gouvernement.

Deux courants violents d'idées et de passions ennemies avaient rempli d'orages la longue administration des consuls, combattus par les tribuns. Marius, soldat de fortune, avait été sur le point de régler le débat dans le sens de la multitude. Au nom du parti des grands, Sylla avait semé la république de ruines et de sang, pour donner à la question une solution tout à fait opposée. L'un et l'autre avaient foulé aux pieds lois, usages, traditions, pitié, tous les sentiments d'humanité.

Depuis ces luttes, chacun osait tout violer : on avait

appris à mépriser cette religion des formes, qui faisait la principale partie de l'existence même de l'État.

Le Capitole n'avait plus de prestige. Les lois n'avaient plus de force que ce que le vainqueur voulait bien leur en laisser.

De là des espérances inouïes, des hardiesses effrénées. Plusieurs méditaient de ramasser sur la place publique ou dans les camps l'héritage et les faisceaux de Marius. D'autres, plus hardis encore et plus impatients, voulaient relever au sein du sénat le drapeau du parti contraire. Ils donnaient déjà le signal des massacres sur lesquels devait se fonder leur puissance nouvelle.

Les légions faisaient l'apprentissage de l'élection des chefs de l'État; elles ne reconnaissaient plus que la voix de leurs généraux. Et le forum ne votait plus que pour celui qui promettait le plus de congiaire, de gladiateurs et de lois agraires.

Une révolution était imminente, et de grands malheurs étaient visibles à l'horizon. La république craquait de toutes parts.

Dans un pareil moment, Scipion eût redouté le consulat. Cicéron l'accepta.

GEORGE. Il en était si ambitieux!

PAUL. Nous verrons si cette ambition nuisit à la chose publique.

GEORGE. On s'explique assez difficilement cet avénement d'un homme comme Cicéron au pouvoir chez les Romains. Ce Marcus Tullius, en effet, était non-seulement un homme nouveau, comme on appelait alors les parvenus; mais c'était en outre un homme de lettres :

deux préjugés, deux obstacles énormes à surmonter pour arriver aux affaires, dans ce pays presque exclusivement militaire.

Comment ce petit chevalier, ce provincial obscur de l'obscur municipe d'Arpinum, a-t-il pu prétendre à faire porter devant lui les antiques faisceaux du consulat, qu'ambitionnaient les familles les plus distinguées ?

Comment surtout un homme *infecté* des doctrines des Grecs, élevé à l'école de ces philosophes qu'il était de bon goût de mépriser à Rome ; un homme qui venait de passer des années à Athènes, à Rhodes, dans les écoles de l'Asie, pour contracter cette élégance de diction et cette subtilité d'esprit jugées indignes de la gravité du peuple romain ; comment cet homme qui vivait au milieu des livres, cet adorateur de Platon et de Démosthènes, pouvait-il aspirer à gouverner la république romaine, où l'on n'admettait que la tradition des ancêtres, la puissance des armes et le culte des choses *pratiques?*

Paul. Le phénomène est vraiment curieux. Et il révèle d'une façon singulière l'irrésistible influence de l'intelligence parmi les hommes.

Cicéron était venu au monde avec ce qu'on appelle le feu sacré, et il était doué de la plus étonnante variété d'aptitudes qui se puisse trouver dans un homme.

Parti de l'humble instruction primaire que son père put lui donner dans le bourg d'Arpinum, il était arrivé à être l'esprit le plus éclairé de l'empire romain et du monde civilisé de cette époque. Il étonnait les Grecs et les confondait.

Sa vie n'était qu'une longue étude, et il n'est rien au monde qu'il n'eût étudié. C'est l'organisation la plus littéraire qu'on ait encore vue parmi les hommes. Tout ce qu'il écrivait, tout ce qu'il disait, tout ce qu'il faisait, était naturellement littéraire et solennel.

La littérature n'est pas seulement l'art de dire ce qu'on pense et de l'embellir. C'est une intuition intime de tout ce qu'il y a de plus vrai, de plus grand, de plus saint dans le monde; c'est la manifestation de cette seconde vue; c'est le don d'idéaliser la création, d'en dégager les fins cachées, et d'inviter les hommes, par l'attrait du beau, à s'élever au bien.

Sous le monde apparent, visible, qu'on touche du doigt, se cache un monde non moins réel, qu'on ne voit pas avec les yeux; monde semblable à celui que révèlent les religions, moins compliqué, moins exclusif, ouvert à tous, et ne contenant dans son immensité que les deux idées du droit et du devoir.

C'est ce monde-là que la littérature dévoile, explique et enseigne.

Au moyen de cette tâche, elle guide les hommes. Elle fait les sociétés et les transforme, sans qu'on s'en aperçoive. Elle gouverne ainsi à sa manière, et elle agit sur les peuples plus effectivement que les gouvernements eux-mêmes.

Ce sont ses hommes de lettres qui ont rendu la Grèce, dans le temps, la capitale et l'école de toutes les nations. Ce n'est pas sa politique, c'est sa littérature qui a mis la France à la tête du monde. Sa grandeur et son influence sont le fait de la succession non interrompue de ses penseurs, depuis Abailard jusqu'à ce jour.

La littérature est une sorte d'initiation : elle possède ses élus comme l'oracle antique, et en fait des hommes d'une autre espèce, toujours préoccupés de l'énigme du monde et de l'amélioration de ce qui existe, cherchant sans cesse, cherchant partout, et publiant sous toutes les formes les solutions découvertes ou entrevues.

Mais il s'est rarement trouvé un homme entré plus avant que Cicéron dans cette généreuse initiation. Il en a sondé tous les mystères, il s'en est approprié tous les instincts, il s'en est fait la personnification.

Cicéron est un homme étonnant. On se prend à le révérer comme un miracle quand on considère la masse d'idées qu'il a remuées, la diversité des choses qui l'ont occupé, la variété des formes qu'il a revêtues. Il a fourni à lui seul environ le quart de ce qui nous reste de cette littérature latine, depuis lui si brillamment cultivée. Il se trouve placé, par l'immensité de son œuvre comme par l'ordre des temps, entre Aristote et Voltaire. Cicéron donc, comme on l'a si bien dit depuis de M. Thiers, n'était pas *parvenu,* mais *arrivé.*

On s'étonne plus encore quand on songe qu'il était d'un pays où de tels travaux étaient peu en honneur et peu goûtés jusqu'à lui. Il semble sortir de terre parmi les Romains.

Mais il ne voulut pas rester exclusivement homme de lettres. Il élargit son horizon, et il résolut d'appliquer son génie à la vie active. Une force mystérieuse l'y poussait comme malgré lui ; et dès le temps même de ses premières études, il avait pris l'engagement avec lui-même de renverser à force de mérite les obstacles qui lui barraient le chemin.

Le premier pas qu'il fit, fut un coup d'audace. Sylla était le maître, il plaida pour Roscius contre Sylla.

GEORGE. Puis il prit peur et se sauva.

PAUL. La témérité de ce début et le bruit qu'il souleva le portèrent sans doute à s'éloigner. Mais aussi, la Grèce l'appelait et l'attirait. Une voix secrète l'invitait en Orient. C'est de l'Orient que sort la lumière. C'est là que sont nées les religions, et à leur suite les philosophies, qui sont la critique des religions. Tout homme éminent devait y aller, pour y recevoir une sorte de baptême.

Aujourd'hui, c'est à Paris qu'il faut se rendre. Dans la géographie de l'esprit humain, Paris est l'Orient pour le monde moderne. De nos jours, c'est là que le génie va de toutes parts chercher pour ainsi dire sa consécration.

Cicéron partit pour l'Orient. Il y resta longtemps, fréquentant les gymnases, les portiques, visitant les rhéteurs, les philosophes, les chefs d'école; se faisant initier à tous les rites, à tous les mystères, qui cachaient les sciences; dissertant en public comme les grands maîtres et enlevant l'admiration de toute la Grèce. Un jour, après un de ses grands succès de déclamation en langue grecque, tout le monde applaudissait, et Apollonius Molon, son maître et son ami, restait muet et soucieux. « Pourquoi ce silence? lui dit Cicéron. — C'est que je songe, répondit Molon, que le savoir et l'éloquence, la seule gloire qui fût restée à la Grèce, sont devenus par toi la conquête des Romains.

Il revint à Rome rempli de science, couvert de

gloire, mais d'autant plus suspect à ceux qui professaient des préjugés contre les arts des Grecs.

Néanmoins, avant l'âge légal, il demanda la questure. L'éclat de ses talents avait séduit les masses. Le peuple a un secret penchant pour les grandes intelligences : une confiance instinctive le pousse d'abord irrésistiblement vers elles. Cicéron fut nommé à l'unanimité. C'est toujours ainsi qu'on le nommera dans la suite.

L'entrée du sénat de Romulus est donc ouverte au jeune lauréat. Dès lors l'envie s'arma contre lui. On se mit à railler le petit discoureur ; on l'appela *Græculus*, comme plus tard l'empereur Julien.

GEORGE. Qu'a-t-il fait comme questeur pour justifier toute cette ambition ?

PAUL. Questeur, la Sicile lui fut adjugée. Il l'administra avec ordre, avec soin, avec équité, sans fouler les peuples et sans priver Rome un instant des approvisionnements qu'elle en recevait. Il y laissa un nom estimé, comme on put le voir dans l'affaire de Verrès.

GEORGE. Il paraît néanmoins que cette belle administration ne fit pas grand bruit, puisqu'à son retour des personnages haut placés lui demandèrent, à Pouzzoles, s'il arrivait de Rome ou s'il revenait de quelque long voyage.

PAUL. Les grosses affaires du moment absorbaient seules l'attention publique. Cicéron fut sensible à cette indifférence sur les services qu'il venait de rendre ; mais il s'était résolu d'être homme politique ; il oublia donc et poursuivit sa route.

A Rome, pour arriver aux magistratures, il fallait

suivre l'une ou l'autre de ces deux voies : ou l'armée ou la tribune, ou le forum ou le camp. Il fallait être ou un grand général ou un grand orateur.

Cicéron n'avait pas à choisir. Il avait pourtant déjà fait une campagne, et il devait un jour être salué *imperator* par le plus grand homme de guerre de son époque. Mais ce n'était pas de cela qu'il s'embarrassait.

On sait ce que c'était que la parole de Cicéron. Le monde a hérité de deux noms, passés en proverbe, à propos d'éloquence. Depuis ces deux noms, dix-neuf cents ans se sont écoulés, et l'histoire de la tribune n'en a trouvé qu'un troisième, celui de Mirabeau, à mettre après eux.

Quand Cicéron parlait, et il n'en était alors qu'à ses débuts, quand il déroulait sa période sonore, harmonieuse, pleine de grâce et d'énergie, pleine d'esprit et d'émotion à la fois, ses adversaires et ses envieux, se levant pour répliquer, retombaient sans voix sur leurs bancs, et l'accusaient d'avoir jeté sur eux un sort qui leur coupait la parole.

En des temps plus difficiles, sous les empereurs ou au moyen âge, un mot pareil lui eût fait courir danger de mort. On l'eût brûlé comme sorcier.

George. C'est au barreau qu'il pérorait ainsi, comme avocat. Mais voyons les exploits de l'homme politique. Et d'abord, que devint-il et que fit-il de grand entre sa questure et son consulat?

Paul. On le fit édile. Ici se place le procès de Verrès.

George. Qui commence le bruit, le feu d'artifice, la mise en scène ?

Paul. Tu es injuste. Verrès avait dépouillé la Sicile.

La province se plaignit à Rome, et les anciens administrés de Cicéron, qui chérissaient son souvenir, le chargèrent de défendre leur cause. Verrès avait du crédit, et ses amis étaient puissants. Cicéron accepta la cause des victimes. Il assuma les inimitiés. Il plaida contre Verrès, il l'anéantit. Te rappelles-tu ces fameux plaidoyers?

George. Qui n'ont jamais été prononcés, soit dit en passant.

Paul. Ce qui parle en faveur de mon orateur. Il sacrifia l'intérêt de sa gloire à celui de ses clients. Pour assurer le châtiment du vice et de la violence, il renonça sans peine à l'éclat que de telles harangues eussent jeté sur lui; mais Verrès condamné et exilé, son accusateur lui vint en aide et l'aida lui-même à rentrer dans ses foyers. Voilà quel fut l'homme dont tu te moques.

George. C'était du calcul. Personne n'a jamais aimé la popularité autant que ton discoureur; il la cherchait de toutes les manières.

Paul. Étudions-le bien dans sa vie publique, et voyons s'il a sacrifié à cette popularité comme tu le crois.

Dans tout le cours de sa longue carrière, Cicéron semble, au contraire, s'être appliqué à n'épouser aucun des partis qui se disputaient la république.

Né dans les rangs du peuple, compatriote et allié de Marius, qu'il nommait avec admiration; en butte aux dédains des grands, qui le traitaient de rhéteur et de parvenu, il n'a pas embrassé le parti populaire.

Devenu consul et chef de l'État, après avoir sauvé la république par son énergie et par ses talents; caressé, adulé par les patriciens, qui avaient besoin du crédit de son nom, l'objet du respect et de l'admiration du monde romain; parvenu au sommet de tous les genres de célébrité, il n'adopta pas la cause des grands. Il les défendit pourtant dans les mauvais jours, parce qu'alors ils étaient les plus faibles.

GEORGE. Quel parti politique a-t-il donc suivi? Il faut qu'un homme d'État ait une opinion.

PAUL. Il était du parti des bons citoyens.

GEORGE. Mais encore, ces bons citoyens, à quelle classe appartenaient-ils? A quelle opinion? A quelle idée politique? Où étaient-ils? Vivaient-ils dans l'air? Je crains fort que tes bons citoyens ne soient une abstraction, généreuse il est vrai, mais enfin une pure abstraction.

PAUL. Ils répondaient à peu près à ce qu'on appellerait aujourd'hui le tiers parti. Ils formaient le parti de ceux qui répugnent aux excès et aux violences, de quelque part qu'ils puissent venir; le parti des gens éclairés, des gens de bonne foi, des honnêtes gens, de ceux que Cicéron appelait lui-même *optimates*. C'est son mot favori. On trouve ce parti dans tous les pays et dans tous les temps, plus ou moins nombreux, plus ou moins actif : il n'a d'autre mot d'ordre et d'autre drapeau que le bien public et la raison; et il décide souvent de la victoire quand il porte ce drapeau et ce mot d'ordre dans l'un ou l'autre des deux camps qui se disputent d'ordinaire la prééminence. C'est ce parti qui a fait la révolution de 89 sous le nom modeste de tiers état. C'est encore lui qui a fait la révolution de 1830 sous le titre de bourgeoisie, et celle de 1848 au nom du principe des capacités. Toujours peu en regard et moins dessiné, parce que ses opinions ne sont ni excessives ni radicales.

Ce n'était pas en vain que Cicéron avait étudié et voyagé. Il savait que les grands, quand ils sont au pouvoir, ne s'en servent qu'au profit de leur caste. Il savait, d'autre part, que la multitude, quand elle commande, ne raisonne rien et détruit tout. Il en avait conclu, comme nous concluons, que le pouvoir légitime est celui des plus dignes et des plus aptes, qu'il appelait les meilleurs.

GEORGE. Mais ce système est une utopie. Je ne puis me décider à le comprendre. Comment reconnaître à coup sûr ces plus capables et ces plus dignes?

PAUL. Tu reviens toujours à cette objection. L'histoire même de la république romaine appuyait et justifiait ce principe. Le peuple, libre d'élire, n'avait jamais élu que les citoyens les plus distingués, les plus éclairés.

Cette théorie, sans être écrite, était entrée dans les mœurs du peuple. Les constitutions sur le papier sont moins puissantes que celles des mœurs, témoin celles du peuple anglais, qui ont longtemps vécu sans rédaction. Dans toute la longue durée du gouvernement consulaire établi par le vieux Brutus, le peuple, jaloux pourtant de ses droits, n'avait appelé que des patriciens à la direction des affaires publiques.

GEORGE. Le peuple était servile et les nobles étaient habiles.

PAUL. Le mont Aventin et le mont Sacré prouvent que ce peuple n'était pas si servile. Camille et Cincinnatus prouvent que les patriciens ne recouraient pas toujours à tant d'intrigues.

Par suite de l'éducation des grandes familles, le mérite se trouvait plus naturellement chez les patriciens, et le peuple l'y choisissait toujours, de préférence aux siens, qui n'avaient pas les mêmes aptitudes.

Cicéron voulut faire revivre ce régime politique des plus méritants. Depuis les conquêtes et les guerres civiles, le gouvernement n'appartenait qu'aux plus hardis. Les capacités étaient écartées et n'avaient plus de droit.

GEORGE. Il voulait restaurer l'aristocratie.

PAUL. Il sortait du peuple et s'en faisait gloire. Je veux garder mon nom, dit-il un jour à ceux qui lui conseillaient de le changer, et je ferai en sorte de le rendre encore plus illustre que celui des Scaurus et des Catulus.

Il commençait lui-même, dit-il une autre fois, l'anoblissement de sa maison. Il n'avait donc en vue que l'administration des plus éclairés, à quelque classe qu'ils appartinssent.

C'est à cet idéal qu'il a voué sa vie. Nous le voyons, en effet, dans toute l'étendue de sa carrière, cherchant les hommes d'élite, de quelque côté qu'ils pussent se trouver, faisant des efforts inouïs pour les détacher des partis extrêmes, courant tour à tour de Pompée à César, de César à Pompée, de Brutus à Octave, entassant ennemis sur ennemis dans cette tâche ingrate et périlleuse, et succombant enfin sous la collusion des ambitieux.

GEORGE. C'est sans doute dans ces vues qu'il fit la guerre au sénat, qui refusait de remettre à Pompée un pouvoir absolu sur les mers, sous prétexte de détruire les pirates ?

PAUL. Il avait deviné les visées de Pompée, et il voulait le gagner à la cause qu'il prenait en main. Il ne pouvait pas combattre par la force ces hommes dont le mérite était dans la force. Il entreprit de les convaincre, de les persuader, de les ramener.

Ce Pompée que tu viens de nommer était, je le sais bien, aussi *Césarien* que César lui-même. C'est le succès seul qui lui a manqué.

A cette occasion de la guerre des pirates, il dévoila pour la première fois toute son ambition. Le sang coula en son nom dans les rues de Rome, et il obtint enfin ce qu'il désirait.

Peu de temps après ce conflit, l'unanimité des suffrages, comme toujours, appela par trois fois Cicéron à la préture. C'est ainsi qu'il avait été fait questeur ; c'est de la même manière qu'on l'avait nommé édile : toujours à l'unanimité des voix. Tenons compte de ces circonstances. Jamais la confiance publique ne s'était prononcée avec cette constance et cette netteté.

GEORGE. Suspends un instant ton apologie. Je n'ai pas trop bien compris ce que tu as voulu dire à l'endroit de Pompée. Je crois que tu viens de commettre une sorte d'hérésie. Pompée voulait gouverner, je le reconnais, mais gouverner la république, et non la détruire.

PAUL. Une hérésie ! C'est bien le mot. L'histoire, en effet, a établi pour Pompée une sorte d'orthodoxie de la gloire et du civisme. Pour être fidèle à l'église classique, il faut proclamer Pompée le défenseur malheureux de la république et des libertés.

Je suis pour la république, tu n'en peux douter ; je pense néanmoins autrement que toi de la vieille querelle de César et de Pompée.

Les guerres civiles ont été écrites, à part Hirtius Aulus, par les ennemis de Jules César, fort honnêtes gens assurément, mais qui vengeaient sur le vainqueur et sur les empereurs, ses héritiers, la république dépouillée et anéantie à Pharsale.

Mais il n'en est pas moins évident que si Pompée l'eût emporté, le malheur eût été plus grand. Comme César, il eût aboli la république, et, ce que César n'a pas voulu faire, il en eût effacé jusqu'au nom dans le sang des proscriptions.

L'un et l'autre conspiraient contre les libertés du peuple romain. Lui, Pompée, tramait dans l'ombre et sous le masque. César allait face découverte et au grand jour. Il n'y a que cela de différence entre les deux. Pompée était un tartufe. Nous le verrons bien clairement dans la suite.

Secouons bravement tous les préjugés, et faisons de l'histoire comme on fait de la science : avec l'observation et l'analyse.

GEORGE. Je suis curieux de voir comment tu vas t'y prendre pour dresser l'acte d'accusation de Cnéius Pompée *le Grand*. En attendant, reprenons les faits et gestes de Marcus Tullius Cicéron *le Grand,* passé préteur du peuple romain.

PAUL. A ton tour, tu fais hérésie en raillant le grand orateur de la république.

GEORGE. Mais ici le péché est moins gros : plusieurs des siens mêmes soutiennent que ton Cicéron, par sa versatilité et ses défaillances, a souvent compromis la cause qu'il défendait.

Paul. Il était presque tout seul à la défendre. Nous le verrons bientôt seul à la brèche, et nous chercherons en vain autour de lui, aux jours difficiles et décisifs, ceux-là qui lui ont reproché ces défaillances et ces changements.

Cette partie de l'histoire du peuple romain offre des études politiques du plus grand intérêt. On y trouve des enseignements variés sur toutes les questions qui préoccupent l'époque actuelle : sur les opinions, sur les partis, sur leur tactique, sur leurs meneurs, sur leurs modes d'action, sur les gouvernements passant subitement d'une forme à une autre, sur les coups d'État, sur les sénats votant à l'avance, sur les grands personnages flairant l'événement, sur les multitudes acclamant le succès.

Ces réflexions t'intéresseront. On a mis à la mode, je ne sais pourquoi, d'oublier entièrement les anciens. On semble se cacher aujourd'hui pour nommer Thémistocle ou Scipion, comme si l'on pouvait cesser de sonder la pensée de ces temps, pour en recueillir toutes les leçons qu'elle peut contenir.

George. C'est probablement le romantisme, que tu aimes assez, qui aura roulé et mis dans un coin ces vieux récits classiques et rebattus.

Paul. Serait-ce alors uniquement dans les donjons du moyen âge que les philosophes et les hommes d'État chercheraient ces conseils et cette sagesse qu'ils demandent aux annales des temps passés ?

Le romantisme est une doctrine pour les lettres et

pour les arts ; il ne saurait en être une pour l'histoire elle-même. Dans les sciences il n'y a qu'une école : celle de l'observation. Or, l'expérience, en fait d'histoire, ne fait acception ni de temps, ni de lieux, ni de races, ni de croyances.

L'époque où nous vivons a fait toute une science de l'étude des fossiles et des débris informes des âges primitifs. Au moyen de cette science nouvelle, elle explique le monde et la vie dans le passé et dans le présent ; elle l'explique même dans l'avenir. Comment une pareille époque pourrait-elle mettre de côté les monuments vivants des civilisations disparues, quand, à l'aide de ces grands débris, elle peut sans cesse, dans cette géologie de l'ordre moral, recomposer le passé, diriger l'actualité et préparer le lendemain ? C'eût été une déraison.

GEORGE. Le présent, engendré du passé, est gros de l'avenir, dit un de ces savants allemands, si savants et si profonds.

PAUL. Et il a bien dit.

Pompée donc, disais-je, trompait son public ; mais remettons à un moment plus opportun l'aventure du grand démocrate, dont on a voulu faire le Lafayette de la république romaine. Revenons à notre préteur.

Il ne s'était pas encore essayé au forum, l'épreuve suprême et décisive de l'éloquence chez les Romains.

GEORGE. Et il y parut pour défendre une seconde fois Pompée, ton liberticide.

PAUL. Ne perds pas de vue qu'il voulait le gagner, et que la vanité de cet homme, le plus vain qu'il y eût à Rome, devait un jour donner dans le piége. Cicéron débuta donc dans cette cause devant le peuple, et son succès fut éclatant. Il fit continuer à Pompée le gouvernement de la moitié de l'empire.

A cette époque, le succès enivrait Pompée, la popularité l'étourdissait; il était puissant, il était sur la pente d'une ambition criminelle, et Cicéron voulait l'arrêter en le caressant.

Peu après, il se mit sur les rangs pour le consulat. C'était chose hardie aux yeux des nobles. Catilina brigua le consulat en même temps que lui.

Ce Catilina est un homme étrange. Personne n'a laissé dans l'histoire des traces plus singulières, plus originales. Connu par tous les genres de témérité, coutumier de tous les désordres, familier avec tous les crimes, pouvant tout oser et méprisant tout, ainsi que Salluste nous le dépeint, cet homme a passé devant le monde comme une sorte de type grandiose en son genre, qu'on a suivi de temps à autre mais à distance, et que jamais on n'a pu égaler.

C'était le chef du *high life*, comme le Lovelace de Richardson. Il s'était fait le *leader* d'une jeune noblesse corrompue par la débauche, ruinée par le luxe, comme il y en a eu dans tous les temps. César, son ami intime, s'honorait même de son amitié. Ils avaient déjà trois fois conspiré ensemble.

Il appartenait à l'aristocratie la plus élevée, il était d'un orgueil et d'une audace dont rien n'approche, il était brave autant qu'on peut l'être, il savait supporter les plus rudes fatigues et toutes les privations, il avait le tempérament des bêtes féroces, toutes ses passions étaient violentes, il aimait l'extraordinaire, il dédaignait les aventures de peu de péril, il recherchait les choses singulières et démesurées; il avait l'esprit délié, étendu, cultivé; il parlait avec éloquence, il était séduisant de sa personne, il menait à grandes guides une bruyante existence de grand seigneur, il donnait le ton dans le monde élégant, il avait déjà mangé des millions, et il voulait se refaire une fortune, royale cette fois, en s'emparant de la tyrannie. Il fallait qu'il y arrivât ou qu'il pérît.

Il revenait d'une préture d'Afrique au moment où nous le rencontrons, déclarant la guerre à Cicéron, et il était sous le coup d'une accusation de péculat. Il en haussait les épaules, comme on le pense bien, et il poursuivait son plan sans s'émouvoir.

Las enfin de dissimuler, il allait tenter ce dernier coup, qui devait ébranler l'empire romain et donner à Cicéron cette célébrité politique dont l'écho, affaibli par les siècles, est néanmoins parvenu jusqu'à nous avec presque tout son intérêt d'actualité.

Il sentait que son plus grand obstacle, ce serait ce Marcus Cicéron, ce parvenu présomptueux, qui prétendait sauver la république. Il l'attaqua donc directement : il demanda le consulat pour l'en écarter. Déjà deux fois il avait échoué dans la même tentative.

Et c'est ainsi que la lutte s'engagea, lutte terrible et grosse d'orages, entre le factieux et le citoyen, entre le bandit et l'honnête homme.

A cette époque, comme aujourd'hui, on était dans l'usage de recourir à toutes sortes de moyens pour obtenir les votes populaires. Rien n'est nouveau sous le soleil. On caressait, on flattait le peuple; on promettait monts et merveilles, on *semait* des sommes d'argent pour *récolter* une élection. Caton lui-même approuvait ces manœuvres. C'était immoral, mais c'étaient les mœurs.

Quintus, frère de Cicéron, composa un écrit, que de nos jours on appellerait une brochure, à l'occasion de la candidature de son frère aîné, comme on en fait maintenant pour préparer l'opinion publique à quelque question de grande importance. Dans cet opuscule, sorte de casuistique électorale, Quintus s'applique à colliger les pratiques électorales usitées de son temps, et les aligne en ordre comme des théories, pour les recommander à l'attention de son frère. Le cynisme en ce genre ne va pas plus loin. C'était pourtant la pratique usuelle du gouvernement et de ses opposants.

Entre autres maximes qui y sont enseignées, il est prescrit de tout promettre sans se soucier de rien tenir, de saluer par leurs noms les individus qu'on méprise le plus, de donner autant d'argent que possible à ceux qui ne se payent pas de mots et de caresses, de supporter toutes les injures et tous les outrages, de s'engager à servir n'importe quelle opinion, sauf à la combattre après l'élection.

Cicéron n'eut pas besoin de ce manuel, formulé par les soins de son frère. Il comptait assez sur l'opinion.

GEORGE. Ce qui ne l'empêcha pas cependant de se donner beaucoup de mouvement.

PAUL. Il se montra, il parla au peuple, il s'expliqua, comme on fait aujourd'hui dans les meetings. C'était loyal et de bonne guerre. Il faut d'ailleurs lui faire un mérite d'avoir recherché le consulat dans un moment où le gouvernement offrait plus de dangers que d'avantages. On était loin des jours où les consuls n'avaient qu'à recevoir dans leur majesté les ambassadeurs des rois vaincus. Il ne s'agissait alors que de lutter et de périr dans la tourmente.

Cependant le sénat ne l'entendit pas de cette oreille. Il se mit en train de miner le candidat : c'était un intrigant, un ambitieux, qui voulait être consul pour arrondir par de beaux domaines son lopin de terre du bourg d'Arpinum, un prétentieux qui se croyait un personnage pour avoir mis en langue latine certaines rêveries d'un Grec du nom de Xénophon. On ne pouvait raisonnablement laisser ce petit plébéien, ce Grec manqué, ce rhéteur bavard, usurper les faisceaux de la république.

On déchaîna après lui les plus audacieux ; on monta Antoine et Catilina, que les mêmes tendances et les mêmes mœurs unissaient déjà depuis longtemps. Mais on n'avait pas besoin d'exciter Catilina : il travaillait pour son propre compte. La cabale fut immense et menaçante.

Cicéron combattit par le talent, et il vainquit. Encore une fois, il fut élu par acclamation.

Ainsi, tu le vois bien, chaque fois qu'il s'agissait de lui donner une marque de confiance et d'estime, on ne prenait pas les voies ordinaires : on ne votait pas, on applaudissait. Un tel enthousiasme ne s'était pas encore vu chez les Romains, gens formalistes, attachés, comme les Juifs, à la lettre étroite du règlement.

Après ce triomphe, dû presque tout entier au parti du peuple, un autre à sa place se fût appliqué à consolider cette faveur populaire. Lui, ne s'inquiétant que du bien public, fit rejeter, quelques jours après, la proposition d'un tribun, demandant le partage des terres entre les citoyens non propriétaires. Il n'était donc pas aussi servilement attaché à la popularité que tu l'as dit.

George. C'était, par contre, de l'ingratitude.

Paul. Y songes-tu bien? Pour récompenser le peuple de ses suffrages, il devait donc s'en montrer indigne en décrétant le bouleversement de la société?

George. Il semble cependant qu'il y avait quelque chose à faire dans cette question sociale qui revenait à chaque instant, patronnée par les hommes les plus éminents.

Paul. Pas patronnée, mais soulevée, mais évoquée, mais arborée, pour produire les troubles dans l'intérêt de ceux qui la réveillaient.

Toutes les grandes popularités, en effet, depuis celle des Gracques, s'étaient faites par les lois agraires. Par elles, Marius avait exercé le souverain pouvoir; par elles, plus tard, César devait renverser la république. Cicéron les repoussa.

George. Je crois que tu généralises un peu trop la question; il faut distinguer : c'est là la clef même du raisonnement. Il s'agissait, à Rome, non de déposséder les propriétaires ni de mettre en commun le sol et les biens, mais de distribuer entre les prolétaires les terres appartenant au domaine public.

Paul. Et ne vois-tu donc pas que ce premier partage établirait un précédent légal ayant force de loi, qui amènerait nécessairement un peu plus tard le partage des propriétés privées? En effet, dès que les nouveaux propriétaires auraient dissipé ou perdu leur lot, dès qu'il se trouverait enfin des citoyens sans fortune, crois-tu que c'est au travail qu'ils demanderaient l'amélioration de leurs affaires? Ne reviendrait-on pas tout naturellement au premier procédé, plus simple et plus radical? Dès lors l'État n'ayant plus de terres, ne s'aviserait-on pas de diminuer et de limiter la propriété individuelle? Et de diminution en diminution, de dépossession en dépossession, ne faudrait-il pas forcément en venir à la communauté des biens par l'impuissance de jamais fixer les situations individuelles?

Et crois-tu le communisme chose praticable et légitime?

GEORGE. Mais pourquoi arriver si vite au communisme?

PAUL. J'y suis arrivé par une déduction graduelle, naturelle, inévitable. Distribuer le domaine public, ce n'est, en effet, que le premier pas dans la voie qui mène tout droit au communisme.

L'État ne doit pas la propriété aux citoyens; il leur doit les moyens de l'acquérir, c'est-à-dire le travail, la protection, la sécurité, l'assistance par les institutions qui facilitent, qui encouragent, qui élèvent, au milieu du libre exercice de l'activité publique.

Dans l'état de nature, la propriété est le droit du premier occupant et du plus fort; dans l'état social, la force et le hasard ne régnant plus, la propriété ne peut être que le droit du travail ou de l'hérédité, qui le représente : il faut l'acquérir ou en hériter. Si on en fait le droit de la violence démagogique, on détruit le principe qui la protége et on ébranle la société, fondée sur elle. Quand l'État possède, il est propriétaire tout aussi bien que les particuliers; et si on peut le dépouiller, pourquoi ne dépouillerait-on pas aussi un peu plus tard les particuliers?

George. Cependant presque tous les vainqueurs, dans ces guerres civiles, ont partagé les terres entre leurs soldats sans détruire pour cela la propriété particulière.

Paul. Si tu te rappelles la première églogue de Virgile, tu reconnaîtras que les propriétaires ont été dépouillés, comme je le dis, à la suite du partage des biens de l'État. Les proscripteurs seuls et les favoris ont conservé ce qu'ils possédaient et l'ont augmenté. *Barbarus has segetes?*

George. Si tu défends la propriété, tu plaides ma cause, car ce n'est pas toi qui la défendais à propos de Solon.

Paul. Je reste fidèle au système que je suis : jamais rien de trop, toujours la raison dans la proportion et dans l'équilibre. Il ne faut pas que la propriété soit indépendante de la société, mais il faut qu'elle soit libre et inviolable.

George. Tu proscris donc ouvertement la science sociale, la science de ce même Proudhon que tu trouves si fort?

Paul. On ne peut en proscrire ce qui est raisonnable et légitime; mais cette science sociale, je ne la comprends que sous un autre nom, celui de science économique. Le socialisme, en un mot, ne peut consister que dans l'amélioration des conditions du travail. Cette amélioration à son tour ne peut consister que dans la protection légale des classes ouvrières, dans l'abaissement de celles des lois fiscales dont elles portent le poids indirectement, dans l'élévation *proportionnelle* du salaire, dans l'association des travailleurs, dans l'institution de plus en plus développée de caisses de crédit, de secours, de retraite, à leur profit. Quand le socialisme n'est pas nettement défini de cette manière, quand il semble menacer la propriété et la liberté, il échappe tôt ou tard aux esprits généreux qui l'étudient et le propagent dans l'intérêt de l'humanité, et il devient, comme à Rome, une arme funeste aux mains des pervers.

George. Ainsi tu ne crois pas qu'il soit possible de mettre un terme au paupérisme en nivelant les inégalités, qui sont la cause des misères sociales dont on se plaint?

Paul. Jamais je ne pourrai y croire. Dans ce sens-là, à mon avis, socialisme dans les temps modernes, lois agraires dans l'antiquité, c'est toujours la même histoire. Toujours les mêmes rêves de réformateurs abusés par de faux principes, ou les mêmes machines de guerre d'ambitieux sans scrupule sur le choix des moyens.

Il est juste, disait-on à Rome comme on le dit encore dans les temps troublés, de recommencer la société au nom de l'égalité, d'annuler tout ce qui existe, de créer un autre ordre de choses, de détruire à la fois la misère et le superflu, de rendre égaux tous les citoyens dans la vie privée comme dans la loi? Soit! faites votre nivellement. Expropriez tous ceux qui possèdent, bouleversez toutes les conditions du travail et de la famille. Quand vous aurez fini, que ferez-vous? Car votre œuvre ne sera pas complète, puisque vous n'aurez rien fait pour la rendre durable; puisque, en effet, quelques jours après, les inégalités se reproduiront; puisqu'il y a des hommes qui savent conserver et qu'il y en a d'autres qui veulent dissiper, puisqu'il y a des hommes qui savent réussir et qu'il y en a d'autres qui s'y prennent mal, puisqu'il y a des hommes qui sont heureux et qu'il y en a d'autres qui échouent toujours.

Alors vous recommencerez votre nivellement; alors vous mettrez en loi le soin permanent de dépouiller ceux qui travaillent et ceux qui conservent au profit de ceux qui s'amusent et qui gaspillent; alors vous condamnerez en principe et en fait l'esprit de famille et d'avenir en faveur de la vie nomade et de désordre? Répondez donc, messieurs les niveleurs! La question est claire et sans ambages.

GEORGE. Ceci est pour les *partageux;* mais les communistes ne l'entendent pas ainsi. Ils ne veulent pas abandonner la société, une fois réformée, à l'empire de la concurrence et des efforts individuels. Il s'agit, pour eux, d'uniformiser la vie des hommes, de les forcer à vivre en commun ou du moins en groupes, comme les phalanstères. Dans ce système radical tout est commun : travail, produits, jouissances, l'existence entière; point de propriété, rien de personnel. C'est là le fond de tous les systèmes connus sous les noms génériques de communisme, de socialisme, de collectivisme. C'est là l'idée fondamentale et générale, sous la variété des théories qui se sont succédé dans ce projet de réformer le monde et l'humanité. Elle est dans Morus, dans Campanella, dans Morelly, dans Babeuf, dans Fourier, dans Saint-Simon, comme dans les rêves du *divin* Platon.

Paul. Le *divin* Platon oubliait dans ses rêves le droit primordial, le droit souverain, qu'il sacrifie à son insu aux droits secondaires qu'il réclamait : la liberté de l'être humain.

Ses successeurs l'ont oubliée comme lui, eux comme lui, demandent l'amélioration de l'espèce humaine au nom même de cette liberté et de tous les droits qui en dérivent.

Qui ne voit, en effet, qu'en emprisonnant l'homme dans cette uniforme communauté contraire à ses instincts et à sa nature, on lui enlève toute personnalité, ce qui signifie toute liberté ; qu'on lui retire le libre élan de l'intelligence et des facultés diverses qu'il a reçues de la nature ; qu'on l'assimile ainsi à la bête des champs, astreinte au même labeur, à la même auge, à la même avoine ; qu'en lui enlevant la propriété on lui arrache du même coup la famille, qui vit de l'épargne du chef ; et que la famille ainsi détruite, on nous renvoie simplement à la sauvagerie, ou, pour être plus exact, à la bestialité, à l'anéantissement du *moi* humain.

« De peur que je ne tombe, a dit M. Thiers, vous
» m'avez rabaissé ; de peur que je ne m'égare, vous
» m'avez fait esclave ; de peur que je ne souffre, vous
» m'avez ôté la vie, car en supprimant les accidents
» de ma vie, vous avez supprimé ma vie elle-même. »

Votre point de départ, dans tous les temps, a été la liberté politique, et vous aboutissez inconséquemment à l'anéantissement de la liberté individuelle. Au nom de la liberté, vous détruisez la liberté. Quel système et quelle logique !

Mais surtout quelle existence et quelle société ! Ni arts ni sciences, disait Babeuf; il était conséquent avec lui-même. Et tous ceux qui professent comme lui l'utopie de la vie en commun sont forcément réduits à en dire autant. Comment voulez-vous qu'avec la culture de l'intelligence, dans une société de cette nature, les hommes supérieurs consentent jamais à cette abrutissante égalisation, que rien ne justifie ni dans la nature, ni dans la raison, ni dans la justice ?

Comment, en outre, l'ignorance générale étant même admise, les esprits entreprenants et doués d'activité pratique voudraient-ils accepter cette uniformité de la ration et de la misère ? Comment enfin les âmes généreuses, qu'aucun socialisme ne peut comprimer, pourraient-elles admettre cette promiscuité révoltante dans l'adultère et dans l'inceste ?

C'est la religion de la misère, a dit Proudhon à propos du communisme; il pouvait ajouter : C'est aussi la religion de l'ignorance et de l'immoralité.

GEORGE. Comment Proudhon distingue-t-il donc entre le communisme et son système de la *possession* remplaçant la *propriété ?* Que de subtilités dans cette matière, et comme on s'entend peu chez ces réformateurs et ces radicaux !

PAUL. Le communisme n'a pas de plus grand ennemi que ce Proudhon, qu'on en croit le chef. Il le condamne bien plus énergiquement encore que ce qu'il appelle la propriété absolue et excessive.

GEORGE. On ne peut guère comprendre ce qu'il entend dire. Il veut substituer une sorte de possession à la propriété; mais possession affermie, c'est propriété; et possession précaire, c'est communisme ou à peu près.

Paul. Après d'immenses études et de grands travaux, Proudhon en est graduellement arrivé à modifier toutes ses opinions, d'abord trop radicales, et à se placer dans ce moyen terme où les lumières et la bonne foi conduisent tous les esprits vraiment supérieurs. Selon lui, en dernière analyse, la propriété, constituée comme elle l'est de nos jours, est trop absolue, trop indépendante des nécessités de la société; il faut, dit-il, la discipliner, la rattacher aux droits du travail; mais il faut cependant la laisser libre et personnelle. Dans son dernier livre, celui qui couronne tout son système (1), il fait même de la propriété ainsi réformée l'arme la plus sûre et la plus puissante pour combattre l'influence de l'État, dont il ne veut point.

Proudhon est certainement l'un des esprits les plus vastes et les plus puissants des temps modernes; il est difficile de rencontrer ailleurs tant de savoir réuni à tant de talent; cependant tout n'est pas sûr et clair comme des axiomes mathématiques dans les livres que nous citons. Il n'a pas raison d'un bout à l'autre.

Mais la solution qu'il a esquissée au dernier moment est la seule qui soit praticable, et rien n'est plus opposé au communisme. En effet, à moins de pouvoir égaliser les aptitudes et les caractères, à moins de changer la nature elle-même, il n'y aura jamais rien

---

(1) *De la justice dans la Révolution et dans l'Église.*

de sage et de juste à faire dans cette éternelle question du socialisme que d'équilibrer équitablement le travail, qui est un droit, avec le capital, qui en est un autre.

George. Mais ce programme lui-même, crois-tu qu'il offre moins de difficultés?

Paul. Évidemment moins que le communisme. Ce sera le dernier terme de la science économique. C'est la seule solution qu'on puisse espérer. Elle demande beaucoup de sagesse, beaucoup de science et d'habileté. Elle résultera du progrès de la civilisation et de ses lumières. Mais jamais la violence ne pourra l'obtenir.

George. Et qu'avons-nous fait de Cicéron?

Paul. Nous l'avons laissé s'opposant au partage des terres. Il comprenait les vérités que nous venons de voir, et il exposait, pour les défendre, sa popularité, son unique soutien.

George. Voilà donc l'orateur chef de l'État?

Paul. Voyons comment il va gouverner au milieu des tempêtes qui vont l'assaillir. Sous le consulat d'Antoine et de Cicéron, Catilina, préparé à l'action, demanda une nouvelle fois le pouvoir. Il comptait sur l'appui de Crassus, de César, des personnages les plus élevés, tous ses amis ou ses complices. Le sénat était encore plus corrompu que les autres classes de la société. Cicéron gagna à force d'adresse les protecteurs de l'audacieux; il gagna même César, alors homme du monde, menant une vie d'élégance et de plaisir, alignant des vers galants et comptant paisiblement sur la fortune.

Catilina échoua, et il se décida à prendre les armes. Quel était son plan, quelles étaient ses vues? Il s'agissait de renverser la république, de renouveler le règne de Sylla, et d'égorger, pour y parvenir, tous ceux qui pourraient s'opposer à ce dessein. Il était question de brûler Rome et de massacrer la moitié de ses habitants. Après Catilina, Néron et Héliogabale n'eussent été que de pâles plagiaires. Il avait tué son fils pour contracter un nouveau mariage, il va sans dire qu'il n'eût négligé aucun expédient pour s'adjuger le gouvernement.

Mais avant de mettre la main à l'œuvre, il était prudent de se débarrasser de ce Cicéron, qui menaçait le plus le succès de l'opération. Il fut résolu qu'on l'assassinerait dans sa maison. Cicéron, averti à temps, s'entoura de gardes et convoqua le sénat à l'extraordinaire. Il dénonça Catilina, il dévoila le plan du complot, il déroula la liste des violences et des crimes qui devaient en assurer la réussite. Il était depuis longtemps exactement informé de ce qui se tramait et de tous les détails de cette grosse affaire. Il avait sa police; sa police était vigilante, et il était instruit de tout.

Catilina était du sénat, et il osa se présenter à la séance. Sa vue porta à son comble l'indignation de Cicéron. Sa haute taille se dressa plus fière et grandit encore; sa tête, belle et sévère, attachée au corps par un cou très-long, semblait s'élever au-dessus de ce monde et de ses intérêts; ses traits ouverts et calmes s'animèrent soudain, et revêtirent une imposante expression d'inspiration et d'autorité. Il apostropha le conspirateur dans un langage ardent comme la flamme, il accabla son audace sous le véhément *quousque tandem?* qui a retenti jusqu'à nous avec toute l'originale énergie du premier jour.

Catilina se sauva de Rome. *Abiit, excessit, evasit, erupit,* dit Cicéron parlant au peuple le lendemain. On dirait que le brigand, terrifié par l'orateur, s'était sauvé quatre fois de Rome, et chaque fois d'une manière différente. Quelle puissance de parole et quelle originalité dans l'énergie!

Il sera toujours difficile de trouver quelque chose d'aussi vigoureux, d'aussi saisissant que ces terribles réquisitoires connus sous le nom de Catilinaires. Jamais on ne parlera de la patrie et de la liberté avec plus de conviction, de solennité, d'éclat et de majesté. Jamais non plus l'éloquence et le génie n'auront remporté un plus beau triomphe : celui de sauver une civilisation et une société d'un péril plus grand et plus imminent.

Jamais, en effet, depuis Annibal, péril aussi grave n'avait menacé la république. Les complices de Catilina étaient nombreux. Ils appartenaient aux familles les plus puissantes, et ils avaient derrière eux leurs clients, qui tramaient dans la masse du peuple et promettaient les lois agraires. La république allait s'écrouler, Rome elle-même allait disparaître.

Catilina se sauva donc, il courut au camp qu'il avait préparé. Cicéron eût pu ce jour-là même le faire arrêter, mais il n'avait pas encore les preuves légales. Il voulait, tout en faisant son devoir, se mettre à l'abri des récriminations des hommes puissants qui trempaient en foule dans le complot. Il voulait surtout, en le forçant de partir, contraindre le factieux à se déclarer avant son heure, à se mettre en armes avant qu'il fût prêt. C'était rendre sa défaite plus certaine et plus prompte à la fois. La suite fit bien voir qu'il avait raison et qu'il agissait en homme politique.

Le sénat, réveillé de sa torpeur, revêtit les consuls de la dictature. Mais cependant Catilina parti, on accusa Cicéron de l'avoir lui-même laissé partir. Qui l'en accusait? Les complices mêmes de Catilina, ceux-là mêmes qui, dans le sénat, partageaient ses espérances et ses fureurs. Ils voulaient évidemment déconsidérer le consul pour favoriser par là leur chef démasqué.

Mais les complices restés à Rome, il fallait frapper sur eux avec vigueur, avec promptitude, pour les empêcher de remplir le mot d'ordre qu'ils avaient reçu. Comment faire cependant? Il n'y avait pas de preuves; Cicéron se trouvait par là dans la situation la plus critique. On l'avait enfermé dans un dilemme, dans une impasse, où l'on espérait le prendre à la gorge et l'étrangler. Il allait forcément se trouver coupable ou d'avoir laissé bouleverser la république par sa faiblesse, ou d'avoir fait périr des citoyens romains sur de simples soupçons. Il sut éluder l'alternative.

Il déploya toutes les adresses de la politique la plus habile. Il passa ses jours et ses nuits à surveiller, à travailler, à lire les rapports, à entendre les révélations, à donner les ordres, à combiner les mesures, à tout préparer. Il fut d'une énergie et d'une activité qui rappelèrent les anciens jours. Il enveloppa les factieux restés à Rome dans les fils de sa vigilance, il les prit enfin en flagrant délit, et alors seulement il agit ferme et sans hésiter.

Catilina était en Étrurie, à la tête de son armée. Cette armée était composée de tous les scélérats qu'il y avait à Rome et dans les provinces. Tous ceux à qui la débauche avait enlevé l'héritage de leurs familles, tous ceux que le jeu avait ruinés, tous ceux qui ne savaient comment s'y prendre pour payer leurs dettes, tous ceux qui avaient assassiné et n'attendaient point grâce de la justice, tous les parricides, tous les sacriléges, tous les condamnés, tous les désespérés, tous ceux qu'on appellerait aujourd'hui échappés de bagne, formaient les rangs de cette armée.

C'étaient tous gens qui faisaient métier de mépriser le danger et qui voulaient mourir ou triompher. Plusieurs d'entre eux avaient tué leurs pères pour s'emparer de leurs biens. D'autres avaient été de la suite de Sylla et avaient partagé les dépouilles des proscrits, qu'ils avaient dissipées aussitôt qu'usurpées. Tous avaient bu à la ronde du sang d'un jeune enfant, pour s'engager par un serment terrible et irrévocable.

Ils moururent tous comme des lions sur le champ de bataille.

Un homme comme Catilina, à la tête d'une troupe de cette espèce, ne pouvait un instant douter du succès. Il attendait donc tout de son audace, sous le gouvernement d'un avocat, d'un philosophe. Sylla, moins hardi que lui, avait-il trouvé des orateurs pour s'opposer à ses volontés?

Cicéron répondit par une vigueur qu'on croyait perdue dans les mœurs romaines. Depuis l'arrivée d'Annibal sous les murs de Rome, jamais la république ne s'était trouvée en pareil danger. La destinée semblait avoir réservé au gouvernement d'un de ces hommes appelés rêveurs le moment le plus difficile de toute l'histoire d'une grande nation, comme pour affirmer, par un fait éclatant, ces aptitudes politiques que leur conteste le préjugé, au détriment des peuples, qu'ils savent sauver.

Si l'on perdait une heure, une minute, la république allait sombrer, et avec elle la civilisation romaine dans son entier. Le consul n'avait pas seulement à combattre les conjurés en armes en Étrurie; il fallait aussi contenir les conspirateurs qui l'environnaient au dedans de Rome et dans le sénat.

Il combina un plan profond dont les plus grands politiques se fussent applaudis, et au moyen des Allobroges, alors à Rome, il fit arrêter l'un après l'autre tous les coupable; et quand ils furent en lieu de sûreté, il porta la cause devant le sénat.

Les preuves étaient là, vivantes et complètes, rien n'y manquait. Il les produisit et demanda justice.

Les émotions les plus diverses agitaient le sénat et le partageaient. Les uns craignaient de s'entendre nommer, les autres cherchaient à prévoir l'issue des événements, ou tremblaient à l'idée des malheurs qui menaçaient leur fortune et leurs familles. Tous, par des motifs divers, se réunissaient pour condamner les coupables au dernier supplice.

Cependant César prend la parole. C'est la patrie qu'il va défendre, ce sont les lois qu'il veut venger. Son indignation est à son comble.

César était un homme qu'on commençait déjà à redouter. Sa dissimulation et ses talents commençaient à faire peur. Il était du complot, et on le savait.

Il ne voit pas de supplice assez grand pour des brigands de cette espèce. La peine de mort est une peine trop douce, ce n'est pas une peine! César fait de la philosophie, il porte la question sur les hauteurs de la métaphysique, il la traite avec tous les artifices de langage que demande la circonstance.

GEORGE. Il était dans l'esprit de la philosophie sociale de notre époque.

PAUL. Il était dans l'esprit de ses intérêts.

Tuer, dit-il, n'est pas punir. Un instant de terreur n'expie pas une existence entière consacrée au crime. Après la mort il ne reste rien de l'homme : *Ultra neque curæ neque gaudio locum esse.* La peine de mort n'est donc pas un châtiment : elle n'a pas d'effet moral sur le coupable.

Ainsi les philosophes qui, de nos jours, dans la sincérité de leurs convictions, demandent l'abolition du droit de tuer, ont été précédés dans cette idée, qui les honore, par un homme qui avait besoin de cette théorie comme d'un expédient pour réaliser ses desseins personnels.

Voilà donc Jules César un devancier de Beccaria, d'Eugène Süe, de Victor Hugo. Et la solution qu'il propose, chose plus curieuse encore, se trouve la même qu'on propose aujourd'hui, la prison cellulaire.

César était grand orateur : il orna sa philosophie de toutes les séductions de l'éloquence.

GEORGE. As-tu remarqué que du même coup, et pour corroborer sa doctrine pénale, il combat l'idée de l'âme et d'une autre vie? Décidément, c'était un libre penseur que ce Jules César.

PAUL. C'était surtout un homme conséquent avec sa pensée : il n'avait, tu le penses bien, aucun intérêt à admettre un autre ordre de choses en dehors de ce monde.

Les doctrines spiritualistes, qui impliquent naturellement un triomphe ultérieur de la logique sur les inconséquences de la vie actuelle, où l'innocent recueille la souffrance, où le pervers entasse les succès; les doctrines spiritualistes, qui démontrent dans leur généreuse et sévère théodicée le redressement futur du mal accompli sur la terre et la glorification du devoir, César, combinant les soins de son avenir, ne pouvait que les proscrire pour en débarrasser sa politique.

Ainsi, l'orateur philosophe, soutenant doctoralement que tout finit en ce monde, demanda pour les coupables un châtiment sévère, le plus sévère qu'on pût inventer. Il proposa de les enterrer vivants dans des cachots, chargés de chaînes, de leur interdire la lumière du jour.

George. Peut-être avait-il raison. Est-il sûr qu'on punisse en ôtant la vie? L'idée de châtiment n'implique-t-elle pas celle de souffrance et de repentir? Faire cesser de vivre, n'est-ce pas simplement faire cesser de souffrir? Et comment se repentir quand on n'est plus? Le plus grand malfaiteur ne pourrait-il pas s'amender dans l'isolement et la réflexion? Ne serait-ce pas le plus beau succès de la société de faire d'un grand coupable un homme raisonnable, honnête et même utile? As-tu oublié le mot de Sénèque : *Vincit malos pertinax bonitas?* Crois-tu que Jean Valjean soit un être impossible?

Paul. Si un homme comme Montaigne avait à répondre à tes questions, il me semble qu'il le ferait d'abord par une autre question : Ne penses-tu pas qu'il y ait des natures qu'on n'améliore pas et que la résistance irrite au contraire et rend plus furieuses, comme la bête féroce quand on l'a blessée?

GEORGE. Mais il me semble que je pourrais à mon tour répondre à Montaigne : Qu'y a-t-il à craindre de bêtes féroces même blessées que l'on tient en cage?

PAUL. Ou je me trompe fort, ou cet homme prudent, qui hésitait tant avant d'affirmer, et qui, en fin de compte, n'affirmait jamais, essayerait d'une seconde question : Et si elles rompent les barreaux de la cage?

C'est par une question du même genre que Caton répondit à César. En effet, crois-tu improbable que des hommes de la trempe que nous venons de dire ne puissent un jour, après de longues souffrances dans les souterrains ou les cachots, trouver l'occasion de s'en affranchir, à la faveur de commotions politiques, par exemple, comme cela s'est déjà vu souvent? Penses-tu que dans un tel cas, des hommes pareils ne se croient pas en droit de se venger de la société ? Et est-il bien *philosophique* d'entasser des tigres au milieu des hommes, derrière des barreaux qui peuvent se rompre?

Il me semble encore que le même Montaigne, toujours hésitant, pourrait ajouter : Est-il bien sûr que l'idée du supplice n'arrête pas beaucoup de malfaiteurs sur la pente du crime?

Il me semble enfin que le vieux douteur, délibérant dans sa défiance et dans sa sagesse, conclurait à peu près ainsi : Rien n'est absolu en ce bas monde. Il faut toujours rester dans le moyen terme, chercher le vrai, chercher le mieux possible, avec attention, et ne se décider que suivant les *circonstances diverses* où l'on peut avoir à se prononcer.

GEORGE. Ce qui signifierait peut-être qu'en politique, où il n'y a pas de crime, il ne faut pas tuer; mais que dans d'autres cas, il faut réfléchir.

PAUL. Ce qui signifierait aussi que même dans les cas étrangers à la politique, il faut encore peser les circonstances et se décider suivant la nature des faits et des personnes, pour respecter la vie humaine le plus que possible. Rien d'absolu en ce monde : c'est là la doctrine de celui que je fais parler, et celui-là était, à coup sûr, un grand penseur.

Mais reprenons le débat célèbre qui se déroula jadis à cet égard au sénat romain. Caton prit la parole après César, qui n'avait voté contre la peine de mort que pour sauver ses amis et les conserver pour des jours meilleurs. Le rude stoïcien réfuta de point en point, avec une énergie peu commune, l'habile et brillant orateur de l'école d'Épicure et de Lucrèce. Le discours de Caton fut un chef-d'œuvre; il raffermit ceux qu'avait ébranlés la savante argumentation de César.

Mais tous les yeux se tournèrent vers le consul. Personne, excepté Caton, ne voulait se compromettre : il s'agissait de la vie de citoyens romains, et ces citoyens comptaient parmi les premiers de la république.

Cicéron ne consulta que l'intérêt du pays et le salut de la société. Il affronta les haines et les représailles, il assuma la responsabilité que tous redoutaient, et par un discours ferme, viril et sans réticence, il vota la mort et réunit le sénat à son opinion.

Sans cette décision, les conjurés Céthégus, Lentulus, et leurs complices arrêtés avec eux, eussent été délivrés par leurs amis, et Rome, mise à feu et à sang, eût ouvert ses portes à Catilina.

Ce ne fut pas tout : le consul alla lui-même ordonner l'exécution des condamnés.

GEORGE. Office de bourreau.

PAUL. S'il eût faibli, s'il eût invoqué comme César des théories philosophiques, tu l'eusses taxé d'incapacité. Il sauve son pays par son énergie, et tu l'accuses de cruauté. C'est le parti pris dans toute son évidence ; c'est le préjugé tenace et passionné, et qui refuse de s'avouer vaincu.

Sans cette énergie tout était perdu. Des bandes armées entouraient la prison et allaient délivrer les conjurés. *Ils ont vécu*, leur dit Cicéron, traversant courageusement leur foule ameutée. Frappés de terreur, ils se dispersèrent. La capitale était sauvée, la république allait l'être aussi. L'enthousiasme pour le consul s'éleva cette nuit-là jusqu'au délire. On illumina sur son passage, on portait des flambeaux pour le reconduire. Le sénat en corps, les chevaliers, tous les gens de bien, tout le peuple honnête, lui firent cortége jusqu'à sa maison.

Mais il ne s'endormit pas dans ce triomphe. Il expédia des forces contre Catilina. Il fit partir en hâte Antoine, son collègue, à la tête de l'armée. Cependant Antoine aussi était du complot, comme la plupart des magistrats qui entouraient Cicéron et agissaient officiellement sous ses ordres. Ils étaient tous en correspondance avec le camp de Mallius. L'attitude seule du consul les contenait dans le devoir. Ils ne pouvaient comprendre tant de clairvoyance et de fermeté dans un discoureur, dans un philosophe.

Cicéron, en expédiant Antoine, car c'était son tour de commander, lui donna des lieutenants pour le surveiller. Antoine comprit la précaution, et, désespérant de donner le change à un collègue si prévoyant et si prêt à tout, il se donna une attaque de goutte en présence de l'ennemi.

Pétréius livra le combat. Catilina et les siens tombèrent tous sur le champ de bataille. Ils combattirent comme des lions, je l'ai déjà dit, et ils moururent comme des héros, si un pareil mot se peut appliquer à de pareils hommes.

La conjuration était détruite et la république était sauvée. Sauvée par qui? — Par l'*homme nouveau*, par le *rhéteur*.

Son nom vola d'écho en écho, de rivage en rivage, jusqu'aux extrémités de l'empire et des pays les plus éloignés. Les provinces et les royaumes du peuple romain jetèrent un long cri d'admiration et d'actions de grâces. L'Italie retentit d'acclamations. Rome s'illumina et se mit en fête. La foule encombrait les rues sur les pas du consul. On grimpait sur le toit des maisons pour le voir passer. Les mères le montraient à leurs enfants. On le décréta père de la patrie, et l'on vota des supplications aux dieux, ce qui jusque-là ne s'était encore fait pour aucun magistrat de l'ordre civil.

GEORGE. On croirait, à t'entendre, qu'il venait de délivrer Rome comme Camille, du temps des Gaulois.

PAUL. Camille a chassé l'étranger, qui n'aurait pas

pu rester à Rome et qui demandait de l'or pour s'en aller; lui, a détruit un fléau né dans le sein du pays et qui n'aurait cessé qu'avec Rome elle-même.

L'un, avec son courage, à la tête des troupes, a défendu son pays contre l'invasion, et mérite à ce titre tout notre respect.

L'autre, avec son génie et au moyen du don de persuader et de conduire les hommes par le raisonnement, a conservé à son pays sa liberté, ses lois, sa civilisation, qui allaient périr, et mérite à ce titre notre respect, notre admiration et notre sympathie.

Il n'a pas seulement gouverné avec habileté, il a donné au monde un grand exemple et une grande leçon.

Personne ne lui contesta ce titre de sauveur et de père de la patrie, solennellement décerné par le sénat. Caton lui-même partageait l'enthousiasme général. Caton cependant regardait parfois Cicéron du coin de l'œil. Il l'appela une fois un plaisant consul; c'était, tu t'en souviens, à propos de ce charmant plaidoyer *pro Murena*, où notre spirituel orateur, précédant Molière dans la satire savante et de bon goût, avait raillé avec tant de grâce aimable la raideur guindée de la secte des stoïciens.

GEORGE. Caton ne pouvait pas goûter les beaux diseurs. C'était un grave et imposant personnage, qui n'aimait ni le bruit ni la pose.

PAUL. Peut-être trouverons-nous plus loin qu'il aimait quelque chose d'un peu moins grand que la pose et d'un peu plus *solide* que le bruit.

En attendant, remarquons en passant que les Catons,

de père en fils, n'aimaient pas beaucoup les gens en renom. Le premier, celui que nous connaissons par son idée fixe, et qui ne pouvait supporter l'idée de Carthage restée debout, ne pouvait pas non plus souffrir l'éclat et la gloire de Scipion l'Africain. Il le persécuta avec acharnement, avec ce fiel de l'homme *positif*, comme on dit aujourd'hui, contre l'homme d'élan et d'inspiration.

Le dernier, celui qui devait se tuer en Afrique pour enlever à César la gloire de le protéger, suivant l'expression de saint Augustin, ne semblait pas trop s'accommoder de Cicéron, qui l'aimait pourtant et qui l'honorait au-dessus de tous.

Mais en cette occasion suprême, où le *facétieux* consul venait de faire ce que l'austère censeur n'eût peut-être pas fait avec la même habileté et la même connaissance approfondie des hommes et des choses, Caton applaudit avec la république. Il déclara de sa bouche au sénat que Marcus Tullius, le consul, avait mérité le nom de père de la patrie.

La grandeur de la reconnaissance publique donne la mesure exacte de la grandeur du péril où s'était trouvée la république et du talent politique qu'il avait fallu pour l'en retirer.

Salluste lui-même, l'ennemi juré de Cicéron, le *camarade* intime de ce Clodius qui fit plus tard exiler notre orateur et n'oublia rien pour le faire tuer; Salluste, dans un livre écrit pour plaire à César, son maître, ajoute sa voix d'historien à la voix du peuple romain et appelle Cicéron le grand homme, l'illustre consul.

Mais au milieu de ces manifestations de l'enthousiasme populaire, un sombre personnage au regard oblique guettait le consul dans la foule et le suivait à distance. Il ne parlait pas. Quand on applaudissait, il tâchait d'approuver du sourire et il ne parvenait qu'à faire une grimace. Il marchait à pas lents, il cherchait son heure. C'était l'envie.

L'envie s'acharne d'instinct après la gloire. Elle en veut à tout ce qui est honnête, à tout ce qui est grand, à tout ce qui est bon, à tout ce qui est beau. Elle ne peut souffrir les supériorités, et elle voudrait, sur la foi du muet précepte de Tarquin, niveler tout à la même hauteur. L'envie est comme le communisme ; on dirait même parfois que le communisme n'est autre que l'envie travestie.

Elle épiait Cicéron dans son triomphe, comme nous venons de le voir, et elle se dressa devant lui dès qu'il sortit du consulat.

Il était d'usage que le consul sortant résignât son pouvoir devant le peuple et rendît compte de son exercice. Ce devait être pour Cicéron l'occasion d'un de ces chefs-d'œuvre qui l'élevaient de plus en plus dans l'amour des peuples, et lui acquéraient une puissante influence dans le gouvernement. On intrigua mesquinement pour l'empêcher de parler. On est étonné de rencontrer César, qui n'est pas connu pour de telles petitesses, s'abaissant à faire encombrer de vieux escabeaux la tribune où le consul devait monter.

Enfin, César et Métellus, l'un préteur, l'autre tribun, lui permirent d'y venir à la condition qu'il n'y dirait pas un mot de plus que le serment prescrit en pareille circonstance, celui d'avoir scrupuleusement observé les lois.

George. Très-ingénieux ! Il avait affaire à forte partie, et César le mettait dans ses petits souliers.

Paul. On ne l'embarrassa guère. Il vint, il monta et s'écria : Je jure que j'ai sauvé la république. Et l'assemblée du peuple de s'écrier tout entière à son tour qu'il avait juré ce qui était vrai. Nouveau triomphe pour Cicéron, au lieu de la confusion qu'attendaient ses ennemis pour commencer la persécution ! Le peuple le reconduisit dans sa maison au milieu des acclamations.

George. Tu as bien raison de dire si souvent que ce peuple ne raisonne rien et ne peut agir que comme les enfants. Se laisser payer d'une pareille monnaie ! Permettre d'éluder si ouvertement la chose du monde la plus claire, la plus simple et la plus importante ! Applaudir un sophisme dédaigneux, impudemment doublé de *machiavélisme !* As-tu respecté la loi ? — Réponse : J'ai sauvé la république !

Sais-tu bien, mon cher Paul, qu'avec de pareilles adresses, il n'est ni constitution ni loi qui vaille seulement le papier sur lequel elle est écrite.

Paul. Ceux-là que tu vantes si fort comme esprits pratiques, et qui seuls, selon toi, sont propres à comprendre la politique et à conduire le gouvernement, ceux-là mêmes que tu invoques contre moi, te répondraient pour moi et te fermeraient la bouche avec un seul mot : *sortir de la légalité pour rentrer dans le droit.* Moi, à mon tour, m'appuyant sur leur autorité, que tu ne peux récuser sans te contredire, je pourrais te montrer dans Cicéron un *rêveur* aussi *pratique* et aussi *habile* que tes modèles les plus réputés, pour avoir pu si dextrement paralyser la loi positive, la loi écrite, devant la loi idéale, la loi absolue, qu'on appelle le droit.

Mais je n'adopte pas, moi, cette manière de voir, et je n'entamerai pas aujourd'hui ce sujet scabreux; il me suffira de dire qu'il y avait à Rome des lois anciennes qui établissaient la peine de mort, et partant, qu'en faisant exécuter la sentence des conjurés condamnés, le consul était à la fois dans la légalité et dans le droit.

Il sauvait l'État, dont le *salut est la loi suprême :* le mot est vieux, tu le connais. Et il agissait en même temps d'après un texte longtemps oublié, je le crois assez, mais nullement abrogé ni par la loi Porcia ni par les autres lois qu'on a invoquées pour sauver les coupables et faire réussir le plus abominable des attentats.

Tous les ordres de l'État reconnurent d'ailleurs son patriotisme et la légalité de son gouvernement. Sa reddition de comptes souleva un enthousiasme qui dépassa tout ce qu'on avait vu en ce genre jusque-là.

GEORGE. Il recherchait outre mesure ces manifestations et ce bruit. Cela n'est guère d'un philosophe, d'un homme sérieux.

PAUL. C'était là son faible. C'est celui de tous ceux qui aiment la gloire et partant qui aiment le bien. Le bien seul et les belles choses peuvent produire cet assentiment général, qu'on appelle la gloire. On lui a mille fois reproché cet amour ardent de la popularité. On l'a appelé son *excessive vanité,* comme on l'a dit de tant d'autres après lui. Mais où est le crime, à ces âmes délicates qui ne vivent que pour le bien, pour le beau, de chercher dans la sympathie des hommes la consolation des amertumes dont ce monde les abreuve?

Il aimait à rappeler ce qu'il avait fait. Nous trouvons partout dans ses écrits le souvenir caressé de son consulat et de ses services. Sénèque, qui lui-même aimait tant la gloire, quoi qu'il en dise, lui reproche adroitement de s'être loué non sans cause mais sans fin. Il l'avoue lui-même du reste dans son plaidoyer pour Archias; peux-tu faire un crime de sa franchise à cet honnête homme?

Les honnêtes gens, les vrais honnêtes gens, ceux-là qui, hélas! sont toujours et partout en minorité, lui restèrent fidèles et reconnaissants jusqu'à la fin tragique de son admirable existence. Ils lui firent décerner la couronne civique et lui maintinrent ce titre de père de la patrie, le plus beau qu'il y eût alors. Dans la suite, quand ce triste sénat dont Tacite nous fait le tableau, voulait exagérer son adulation, il ne trouvait rien de plus grand ni de plus flatteur à offrir à ses empereurs.

Ces distinctions et ces lauriers accumulés sur sa tête n'étaient que des aliments nouveaux pour la fureur de l'envie et de la haine, née de l'envie. Des murmures, d'abord sourds et timides, commencèrent à l'accuser tout bas d'avoir fait mourir des citoyens romains contrairement aux lois. Ces murmures grossirent peu à peu, comme la calomnie de Beaumarchais, et devinrent bientôt une clameur immense et retentissante qui, accrue chaque jour davantage, le poursuivit le reste de ses jours sous les traits divers des Clodius, des Antoine, des Fulvie, des César, des Octave, et finit par l'immoler sur les rivages de Caïete.

Ainsi nous venons de voir l'homme le plus littéraire de tous les temps, le modèle et le chef des *théoriciens,* faire son entrée dans la politique de la manière la plus remarquable. Questeur, il a administré la Sicile avec autant de tact que d'honnêteté ; il a fait aussi bien, si ce n'est mieux, que les meilleurs gouverneurs que la république ait jamais envoyés dans les provinces. Chef de l'État, il a gouverné l'empire romain avec tant d'habileté et de fermeté, que son consulat est resté le plus glorieux et le plus célèbre de tous ceux dont s'honore la république. Comme édile et comme préteur, il avait montré les mêmes aptitudes et mérité les mêmes éloges. Toutes les magistratures lui convenaient, il les remplissait toutes avec aisance. Ses longues études et sa puissante intelligence le mettaient à même de tout comprendre et de se distinguer dans tous les postes où il était appelé. Il a pu rendre ainsi les plus grands services à son pays dans toutes les parties de l'administration.

Il nous reste à voir comment il usa de la haute influence que lui avait value sa supériorité, et avec quelle constance il poursuivit sa grande idée de réformer le gouvernement dégénéré de son pays.

C'est dans ces vues qu'il poursuivit Clodius, malgré les inimitiés qu'il y prévoyait.

Ce Clodius était un de ces hommes que nous avons vus dans le complot et dans l'armée de Catilina. Il appartenait aussi à une grande famille, et comptait comme eux de puissants alliés. Son audace et ses mœurs ne menaçaient pas moins la république.

La réunion à Rome dans le même moment de tant d'hommes dépravés et voués au crime, est la plus claire explication de la chute de la république et des deux coups d'État de Jules César et de son neveu.

Clodius fut surpris une nuit dans la chambre de Pompéia, femme de César, son amante, durant les cérémonies du culte de Cybèle. Ce fait, sans compter l'adultère, constituait un sacrilége en raison du temps où il eut lieu. Cicéron se chargea de poursuivre le crime en ce qui touchait à la chose publique.

George. De quoi se mêlait-il? Quel homme turbulent que ton orateur! Et puis il se plaindra des malheurs qu'il va s'attirer!

Paul. La chose ne se comprend pas bien dans les mœurs des temps actuels; mais à Rome il y avait en quelque sorte une religion officielle qui faisait partie de la politique, sans pourtant s'en mêler comme influence gouvernementale. Celui qui y portait atteinte attaquait du même coup les lois de l'État. Cicéron vit dans l'audace de Clodius profanant un rite officiel le prélude des entreprises dont cette audace menaçait la république. Il se souvint que Catilina n'avait pas commencé d'une autre manière. Comment réformer l'État si les mœurs sont entièrement corrompues et s'il n'y a rien de respectable pour les audacieux?

César fut vivement blessé du scandale; il le fut moins de l'affront qu'il avait reçu. Il renvoya sa femme, parce qu'elle n'avait pas su cacher sa faute, et parce que, dit-il emphatiquement, la femme de César ne devait pas même être soupçonnée. Mais il aida Clodius dans le procès, et Clodius fut acquitté.

George. C'était habile et bien conçu. L'acquittement de l'accusé détruisait le soupçon.

Paul. Ce n'était pas un soupçon, c'était un flagrant délit. Ce n'est pas l'habileté de César qu'il faut admirer, c'est sa délicatesse de mari trompé. C'est l'esprit des mœurs de ces temps que tu dois vanter, et surtout l'esprit de cet homme en qui l'idée de régner avait effacé tout autre sentiment, et qui était prêt à sacrifier toute espèce d'honneur, d'affection, de légitime orgueil, à la pensée fixe qui le remplissait dès ce moment. Il ne vit pas dans Clodius un rival qui l'avait outragé, déshonoré; mais un ami politique, mais un complice dont il avait besoin. Il protégeait Clodius comme il avait défendu Catilina. Qu'importe une femme, et l'honneur d'une famille, et l'opinion publique, et la considération, et les mœurs, et la religion, et la société elle-même, quand il s'agit de faire sa fortune et de s'emparer du suprême pouvoir!

Clodius dès lors, on le comprend de reste, n'eut plus qu'une idée : se venger de Cicéron, de ce plébéien insolent qui osait s'attaquer aux plus grandes familles. Cicéron devait assumer à lui seul la haine de tous les factieux qui perdaient le pays. Il en a épuisé la liste entière, et rien ne peut mieux prouver en sa faveur. Celui que poursuivent tous les malfaiteurs est incontestablement le bon citoyen.

En présence d'ennemis si nombreux et si hardis, notre ex-consul, qui n'était pourtant pas un homme à transactions, crut devoir s'assurer un appui parmi ces hommes de sabre qui se partageaient le pouvoir militaire dans le pays.

George. Il avait peur?

Paul. Il craignait moins pour sa personne, car il sut mourir comme un martyr, que pour l'espoir secret qu'il nourrissait de relever enfin la république.

Il se mit à attirer Pompée, dont il entrevoyait bien les prétentions, mais qu'il espérait cependant gagner à ses vues. Pompée ne brillait pas beaucoup du côté de l'esprit, il avait un crédit immense, et Cicéron entreprit de faire servir ce crédit aux intérêts de la république.

Mais Pompée revenait alors de ses courses dans la Méditerranée et de ses campagnes équivoques contre Mithridate, et il était en train de monter avec Crassus et César ce tripotage politique connu dans l'histoire sous le nom de premier triumvirat, et dont l'issue devait être, comme on le sait, l'anéantissement de l'ordre légal.

Les trois confrères ou les trois complices, espèces de *mousquetaires* au pouvoir, sentaient aussi de leur côté le besoin de mettre Cicéron dans leurs intérêts et dans le secret. Ce Cicéron, pensaient-ils, pouvait facilement, d'une harangue bien accentuée, déjouer tous leurs plans comme il venait de détruire ceux de Catilina. Ils lui promirent de le mettre à l'abri de Clodius, qui remuait ciel et terre pour se venger, s'il voulait servir la triple alliance.

Cicéron repoussa tout pacte suspect. Il ne s'engageait qu'avec le devoir, et il attendait tout sans s'inquiéter. Je crois qu'Horace a pensé à lui quand il a fait son portrait du juste et quand il a dit : *Impavidum ferient ruinæ.*

George. Nous serons tout à l'heure bien loin de l'idéal du poëte, quand nous aurons à suivre ton orateur dans son exil.

Paul. Il n'y fera rien qui le discrédite.

En attendant son heure et en la cherchant, il se remit à ses études et s'y livra presque tout entier. Il ne les avait jamais quittées. Elles étaient sa passion, son bonheur, le refuge de ses tristesses, la consolation de ses chagrins.

Il écrivit en grec l'histoire de son consulat.

George. Battre la grosse caisse! Du bruit, du bruit, toujours du bruit. Il fallait sans cesse qu'on parlât de lui. Composer un livre à sa propre louange!

Paul. Et qu'y a-t-il là de si condamnable? Que ne blâmes-tu aussi Xénophon et César d'avoir raconté leur gloire militaire? Qui justifierait son administration, s'il ne prenait soin de le faire lui-même? Qui surtout montrerait les faits sous leur vrai jour, quand tant d'autres avaient intérêt à les défigurer pour les incriminer?

Salluste a-t-il dit les choses exactement comme elles se sont passées? Ne semble-t-il pas attribuer au discours de Caton le vote énergique du sénat contre les coupables, comme si on avait perdu les Catilinaires?

Il écrivit donc ce qu'il avait fait, et dans les intervalles, il continua de défendre les opprimés, les seuls amis qu'il tînt toujours à cœur de ne pas s'aliéner.

C'est vers ce temps-là qu'il défendit la cause d'Archias, le poëte, dont il avait jadis suivi les leçons. Il trouva dans sa reconnaissance et dans son zèle pour les belles-lettres ces soudains éclairs de sentiment qui révèlent en lui un poëte aussi ému que Virgile lui-même.

C'est surtout dans ce plaidoyer qu'on reconnaît en lui, comme nous l'avons dit, l'homme le plus profondément, le plus intimement littéraire qui ait vécu dans l'antiquité. C'est bien là l'esprit né pour les spéculations les plus abstraites de la pensée, pour les conceptions les plus splendides du génie.

Il nous montre la culture des lettres comme ce qu'il y a de plus élevé dans la carrière de l'activité humaine, comme ce qu'il y a, parmi les travaux de l'homme, de plus innocent, de plus honnête, de plus honorable. Elles nourrissent les premières années et charment encore les derniers jours. Ce sont elles qui ornent la prospérité et qui consolent dans les malheurs : *Secundas res ornant, adversis perfugium ac solatium præbant.* Ce sont elles qui nous charment dans notre intérieur, et qui nous suivent encore au milieu des affaires; elles qui voyagent avec nous, nous accompagnent partout où nous allons, nous conseillant, nous éclairant, nous élevant, nous fortifiant quand nous faiblissons.

Aussi le poëte, ajoute-t-il plus loin, est un don du ciel fait aux mortels. Il accumule en son âme tous les soupirs, tous les sentiments, tous les élans, toutes les émotions qui forment le fond de la vie humaine, pour les répandre ensuite sur le monde dans sa langue inspirée et aimée de tous, contribuant ainsi bien plus que les lois à pacifier les hommes et les sociétés. Son langage, ce sont les mêmes termes dont chacun se sert pour les objets les plus usuels, les plus vulgaires ; mais dans leur agencement, dans leur éclosion ou leur explosion, ils sont animés d'un souffle divin, d'un je ne sais quoi qui les transfigure et les rend plus puissants que les démonstrations et les arguments.

Qu'il soit sacré pour tous, s'écrie Cicéron, le poëte, qui nous rend meilleurs ! Le barbare farouche obéit à sa voix, les bêtes des forêts dépouillent leur fureur, et les rochers et les solitudes, *saxa et solitudines*, répondent à ses accents.

Ne dirait-on pas le chantre des Géorgiques disant les malheurs et les plaintes d'Orphée :

*Mulcentem tigris, et agentem carmine quercus.*

GEORGE. Poëte et rêveur, l'un et l'autre.

PAUL. Rêveur cependant qui savait voir clair, et que le rêve n'empêchait pas d'agir quand il le fallait, comme tu viens de le voir.

Mais cette admirable variété d'aptitudes avait soulevé contre lui une armée d'ennemis. Le personnage sombre et louche que nous avons aperçu le suivant et l'épiant dans son triomphe, ne se cachait plus.

Clodius se fit nommer tribun. Il y avait réussi sans difficulté : Pompée et César étaient ses amis.

A peine arrivé au pouvoir, il accusa Cicéron devant le peuple d'avoir fait mourir des citoyens romains sans que le peuple eût prononcé.

Le sauveur de la république fut réduit à se couvrir de deuil et à se traîner dans les rues de la ville réclamant la justice de ses concitoyens.

GEORGE. Je te disais bien qu'il manquerait de courage dans le malheur.

Paul. Tu veux toujours juger les choses de ces temps par les idées et les coutumes d'une autre époque. C'était la règle à Rome que l'accusé qui avait à se défendre prévînt en quelque sorte le peuple de l'accusation par la formalité de revêtir des habits de deuil et de laisser croître sa barbe et ses cheveux. Usage bizarre, mais qui faisait loi. Il ne s'abaissait donc pas en suivant la règle; il reprochait plutôt leur ingratitude à ceux qu'il venait de sauver de l'incendie et du massacre.

Rien ne confond plus les notions de justice que nous portons en nous que les misères de l'homme de bien, que les souffrances de l'innocent. Mais rien en même temps n'affirme plus logiquement un autre ordre de choses au delà de ce monde.

Cicéron était presque seul dans sa détresse. Les courtisans du consul avaient disparu. Seuls, quelques jeunes gens de cœur, admirateurs de son talent et poussés au dévouement par l'enthousiasme propre à leur âge, accompagnaient l'infortuné.

Clodius, suivi de sa bande, car chacun de ces hommes avait une bande, rencontra l'humble cortége de l'accusé. Il le chargea et le dispersa à force ouverte.

Quand on songe qu'il y avait à Rome tant de brigands de l'espèce de Clodius, appartenant tous aux premières familles; quand on voit dans quel honteux état étaient tombées les mœurs publiques de ce pays, on se rend compte sans peine de la ruine de la république. C'est le contraire qui eût étonné.

Nous venons de voir périr Athènes par les excès de

la démagogie, nous allons voir tomber Rome par les violences des aristocrates.

GEORGE. Tu semblais dire pourtant que c'est parmi eux qu'il faut chercher les bons gouvernants.

PAUL. Je ne l'ai jamais dit. J'ai toujours reconnu, au contraire, dans cet intérêt de caste qui constitue les aristocraties politiques, l'ennemi le plus actif et le plus violent du progrès des peuples et de leurs libertés. La tyrannie des rois est moins funeste, parce qu'elle est plus aisée à renverser. Elle n'a pas les cent têtes toujours renaissantes de l'hydre insatiable qui opprima si longtemps Venise au moyen âge et les autres républiques de l'Italie.

J'ai dit et je dis toujours qu'il faut remettre le pouvoir aux plus capables et aux plus dignes, à quelque classe qu'ils appartiennent. Nous assistons en ce moment au triomphe progressif et sans bruit de ce système chez le peuple le plus pratique qu'il y ait en Europe. Nous voyons cette idée gagner chaque jour du terrain parmi les Anglais, et rétrécir chaque jour de plus en plus l'influence exclusive de l'aristocratie du sang et du coffre-fort.

Sans secousse et sans bruit, elle réalisera chez cette race calme et flegmatique la véritable *république,* sans même changer la forme actuelle du gouvernement. Elle y rendra graduellement l'égalité aussi grande que la liberté, en ce qu'elle a de raisonnable et de praticable. Elle y effacera le paupérisme affligeant qui désole cette terre, et qui est la conséquence de l'antique régime nobiliaire qui a gouverné le royaume depuis le temps de ses grands barons.

S'il y a de l'aristocratie dans cette opinion, c'est celle du mérite et de la valeur; et celle-là est légitime, naturelle, nécessaire.

A l'époque des Clodius, disions-nous, des bandes armées se formaient dans Rome, composées des clients des grands seigneurs qui les recrutaient; ces bandes armées couraient les rues, attaquaient les ennemis de leurs chefs, maltraitaient les passants, forçaient les temples, envahissaient les tribunaux, violaient le sénat, troublaient les délibérations, épouvantaient les sénateurs, obtenaient tout par ces violences. On se refuse à croire à un tel désordre, à une anarchie de cette espèce.

C'est pour arrêter cette décomposition que Cicéron s'était fait tant d'ennemis et devait périr un peu plus tard.

Il restait encore quelques hommes de bien dans ce sénat dégénéré. Ils se sentirent les premiers menacés par ces désordres qui s'attaquaient à l'ordre social et faisaient aux familles la perspective la plus lugubre. Ils demandèrent et firent décréter que le sénat prît aussi le deuil pour sauver l'illustre accusé. Clodius investit le sénat, et les Pères conscrits se sauvèrent par les fenêtres. Ce n'étaient plus ceux du temps de Brennus.

Cicéron recourut à Pompée. Il lui avait rendu, comme nous l'avons vu, des services signalés et dignes de reconnaissance. Mais le *grand* Pompée lui ferma sa porte. Dès lors tout le monde l'abandonna, il resta seul. Le malheur est comme la peste : il fait le vide autour de vous. Pison crut faire de l'esprit en lui conseillant de *sauver* Rome encore une fois en la quittant.

Lucullus voulait qu'il restât. Mais ses amis les plus proches, Atticus surtout, le modèle de l'habileté, l'homme tranquille et bien vu sous tous les régimes, le décidèrent à s'en aller.

GEORGE. Pourquoi ce trait contre Atticus? C'était un honnête homme, étranger aux partis, et qui comprenait la vie peut-être mieux que les autres.

PAUL. Je n'en dis pas de mal. Je constate au contraire qu'il resta fidèle à Cicéron jusqu'à sa mort. Il se faisait gloire de son amitié, et nous avons une volumineuse correspondance qui en fait foi. Je remarque seulement, comme observation, que cette figure d'Atticus, dans l'histoire de ces temps, est un type curieux en son genre et digne d'une étude toute particulière. Nous nous en occuperons peut-être un jour. Riche, lettré, élégant, philosophe, toujours voyageant, ayant maison à Athènes, hôte habituel et familier des cercles les plus savants des villes grecques où il passait, il menait l'existence la plus splendide, la plus heureuse, la plus enviable, et il a traversé ces temps orageux, où l'on trouvait moyen de proscrire tous les riches pour les dépouiller, sans courir un danger, sans essuyer une difficulté. Ami de tous les plus grands personnages de son pays et de son siècle, ami surtout des républicains les plus exaltés et les plus opiniâtres, leur donnant conseil dans les grandes occasions, considéré par eux comme leur confident et leur confrère le plus dévoué, il a conservé l'amitié des vainqueurs et des vaincus. Il a louvoyé entre Pompée et César, entre Antoine et Octave, conduisant sa barque entre la république et l'empire sans approcher jamais d'aucun écueil, ni de droite ni de gauche, avec une habileté propre à étonner même les plus habiles. Il a survécu, sans un dommage, aux guerres civiles et aux mauvais jours, assistant à la ruine de tous ses amis. Loin de là, il devint plus tard l'ami d'Auguste et l'un des ornements de la cour impériale. Il était dans le palais sur le même pied que Mécène, et il se trouva même, plus tard, par Agrippa, de la famille souveraine des Césars.

Nous en causerons peut-être une autre fois, et nous trouverons à faire, c'est très-probable, de curieux rapprochements entre Atticus et maints personnages des temps modernes. C'est, à coup sûr, un homme qui a dû être souvent et profondément médité.

Cicéron partit donc pour l'exil pour éviter les dangers d'une condamnation. Quelques amis l'accompagnèrent jusqu'au voisinage de la mer; mais ils sont bien rares, ces amis fidèles des mauvais jours. On a bientôt fait de les compter, et c'est pour cela qu'il faut les aimer et les respecter.

Cependant Clodius ne se tint pas pour satisfait. Il fit rendre une loi pour reléguer son ennemi à cent trente lieues de la ville de Rome; puis une autre loi, qui punissait de mort quiconque lui donnerait l'hospitalité dans ce rayon; puis une autre encore, qui portait la même peine contre quiconque proposerait de le rappeler.

Ses maisons furent livrées au pillage, puis on les démolit, et puis enfin on y mit le feu. Le reste de ses biens fut vendu à l'encan. Ses ennemis se partagèrent ses meubles, ses livres, ses marbres, ses bronzes, les objets d'art qu'il avait rassemblés dans sa vie d'artiste et de littérateur.

On arrêta sa femme, pour lui faire rendre certains objets de son mari, qu'on l'accusait d'avoir cachés. Elle s'était réfugiée parmi les vestales, la sainteté du lieu ne la protégea pas. On fut sur le point de tuer son fils : c'était un enfant de six ans à peine.

Mais les villes étrangères que traversait le proscrit, émues de cette grande infortune et indignées de cette iniquité plus grande encore, lui rendirent de touchants honneurs.

George. C'est alors qu'il se mit à se plaindre comme un enfant, accusant tout le monde d'ingratitude, écrivant des lettres si désolées, qu'on répandit à Rome le bruit qu'il avait perdu la tête, et méritant ainsi le jugement de Plutarque, qui dit qu'il fut sans courage et sans fermeté.

Paul. Il se plaignait de ceux qu'il avait protégés, qu'il avait patronnés, et qui l'abandonnaient dans le malheur. Il se plaignait de l'ingratitude de concitoyens qu'il aimait, qu'il voulait rendre heureux, qu'il voulait rendre libres, et qui le traitaient comme un criminel, comme ils n'avaient pas traité Catilina lui-même.

Il avait, certes, droit de se plaindre, et ce n'est pas lui, je crois, qui est à blâmer. L'indignation et la plainte sont dans la nature et décèlent même le cœur de l'homme sincère. Qu'on mette un de ces stoïciens qui condamnent si sévèrement la sensibilité, à la place de celui qui souffre et qu'on poursuit, à la place de l'homme de bien que tous accablent, qu'assiége la calomnie, que nargue l'ingratitude, qui ne peut trouver dans sa pensée un seul point lumineux où se reposer; qu'on lui fasse sentir, à cet homme robuste qui blâme les plaintes de la victime, ce que c'est que le témoignage intime de l'innocence marié à toutes les horreurs de la persécution; qu'il passe le jour à mesurer l'étendue de ses malheurs, et que, la nuit venue, et le sommeil fuyant loin de lui, il sente redoubler encore toutes ses tortures; qu'il porte ainsi en lui, partout où il va, ce vautour jamais assouvi, et qu'il nous dise, après ces épreuves, s'il n'est pas plus aisé de faire une phrase sublime que d'endurer en silence tout ce qu'il y a dans le monde de plus navrant et de plus cruel.

La fermeté est, certainement, une très-belle chose, une très-grande chose; mais en résulte-t-il rigoureusement que l'insensibilité est une vertu?

Une odyssée des plus touchantes s'ouvrit pour Cicéron dans cet exil. On lui interdit les rivages de la Sicile, où il s'était appliqué à faire du bien, et qu'il avait défendue contre Verrès. Il reprit la mer; elle ne lui fut guère plus hospitalière. Les tempêtes l'assaillirent dans tous les parages où il parut, et s'il débarquait dans quelque anse isolée, des tremblements de terre venaient l'en chasser. Les éléments semblaient conspirer avec les hommes.

Il voulut aller à Athènes, où le souvenir de ses études et des années de sa jeunesse pourrait opérer quelque diversion à ses angoisses, mais les partisans de Catilina l'y attendaient depuis longtemps pour lui fêter la bienvenue.

En Macédoine, un homme de cœur, questeur dans ce pays, l'accueillit avec empressement et le conduisit à Thessalonique. Mais à la nouvelle de son arrivée, ses ennemis s'agitèrent et parlèrent de le mettre à mort.

C'est là ce qu'on appelle habituellement les lendemains dans la politique. Et voilà, dans la vie de ce seul homme, le tableau complet et éternellement exact du sort du vrai citoyen et de l'homme de bien au milieu des partis!

---

Cependant les pluies avaient cessé, ou du moins sévissaient avec moins de constance. Nos causeurs étaient restés plusieurs jours sans pouvoir sortir.

Par une de ces belles matinées des tropiques, où le ciel, d'un bleu foncé, semble avoir été lavé par l'ondée de la veille, et se brode de nuages blancs traçant mille dessins à l'horizon, les deux amis étaient sortis, et après une marche de plusieurs heures, étaient arrivés, vers le milieu de *Bidorette*, à un sentier étroit qui s'élève en tournant sur la hauteur.

George gravit le mamelon couvert d'herbes fines qui fait face aux bambous touffus qu'on voit de là au pied des montagnes voisines, de l'autre côté de la vallée. Paul le suivait à distance. Ils allèrent se perdre dans les collines boisées qui forment les premiers anneaux de la longue chaîne des *mornes* de Plaisance.

Sous ces ombrages épais et silencieux règne une sorte de mystérieuse obscurité qui inspire la défiance ou l'effroi. Ils allèrent longtemps sans se dire un mot, interrompant la paix de ces lieux par le craquement des épines et des feuilles sèches qu'ils foulaient sous leurs pieds. Ils semblaient écouter le bruit de leurs pas et le frôlement des branches dans la forêt. Ils rêvaient en silence.

Des oiseaux sauvages, troublés dans leurs foyers par le passage de nos promeneurs, s'envolaient brusquement en battant des ailes, et semaient après eux les feuilles arrachées par leur vol. Ils poussaient en passant un cri rauque et sombre, qui ajoutait encore à l'espèce d'horreur que cachaient ces bois.

— Ces lieux sont mauvais, dit tout à coup George en s'arrêtant. On y sent une sorte de frayeur dans le genre de celle que mettent les contes dans les lieux hantés ou dans les cavernes. Il semble que mes cheveux tendent à se raidir, à se dresser.

— N'en as-tu pas honte? répondit Paul en se rapprochant de son ami. Veux-tu bien secouer ces terreurs d'enfant! Cette vague émotion que tu ressens, c'est la poésie sauvage des forêts d'Ossian. Les harpes de Morven vont tout à l'heure se faire entendre. Écoutons en silence.

Tout à coup, au tournant du sentier, les deux jeunes gens s'arrêtèrent comme pétrifiés par la terreur.

Un homme presque tout nu, accroupi devant un buisson, la tête baissée entre les genoux, pressant entre ses doigts le canon d'un fusil, était là, à moins de dix pas.

On était au milieu des forêts. Ils n'avaient pas d'armes; ils voyageaient comme les poëtes.

L'homme se redressa au bruit de leurs pas. Il était grand et large comme un athlète. Ses yeux roulaient d'une manière étrange et étincelaient comme ceux du chat au milieu de la nuit. Ses membres, fortement accusés, frémissaient comme dans la rage.

Il mit une jambe devant l'autre, appuya la crosse du fusil contre l'épaule droite, et visa Paul, qui s'avançait.

Paul fit encore quelques pas vers le spectre, et sur sa menace, il s'arrêta et lui cria : Qui es-tu donc et que nous veux-tu?

L'homme pressa la détente en rugissant, le coup partit. La balle siffla à l'oreille de Paul et troua le bord de son chapeau.

Irrité par le danger, le jeune homme fit un bond sur son agresseur. Le fantôme tira un couteau que cachait le haillon qui pendait à sa hanche; puis, comme frappé d'une idée subite, il jeta le couteau loin de lui et s'élança en arrière dans le fourré en criant : « Au feu! au secours! au feu! »

Il disparut comme un enchantement. Les branches se refermèrent après lui en tremblotant. Le bruissement de sa course se prolongea au loin dans le bois, et le silence recommença.

Nos deux jeunes gens, seuls avec la terreur et la solitude, se regardaient l'un l'autre sans se dire un mot. Ils se regardaient ainsi depuis trois minutes quand parut un nouveau fantôme. Celui-ci était plus humain. Il était vêtu, n'avait pas de fusil, et ses yeux tranquilles ne lançaient pas le fauve éclair de la fureur.

— Messieurs, dit-il en se dégageant de la touffe de goyaviers d'où il sortait, est-ce vous qui avez tiré, ou est-ce lui?

— Qui lui? répliqua Paul.

— Ah! c'est vrai, vous ne savez pas. Je parle de Maurice, le malheureux qui court les forêts et que nous cherchons depuis cinq semaines.

— Qu'est-ce donc que ce Maurice? dit George encore tout ému en s'approchant du nouveau venu, qui inspirait plus de confiance.

— C'est une histoire triste et qui fait frémir, répondit l'inconnu. Si vous n'êtes pas pressés, je vous la dirai.

— Nous vous écoutons, dirent les jeunes gens. Et ils s'approchèrent encore de leur nouvel hôte.

— Maurice habitait la case dont vous allez voir les restes dans l'enfoncement de terrain qui est devant vous, derrière ces halliers. C'était la maison de son père, qui la tenait de son grand-père.

Les cafiers que vous verrez à l'entour et les bananiers qui sont sur la gauche, composaient toute sa fortune. Elle lui suffisait. Il était tranquille et vivait content.

Il prit pour femme, il y a près d'un an, la fille du vieux Matthieu, qui demeure là-bas, après la colline, et qui a ces belles vaches qu'on voit en grand nombre dans la savane.

Madeleine était belle, elle était jeune, elle était gaie; on parlait d'elle dans tout le canton.

Le petit Julien, fils de Thomas, le potier, aimait Madeleine. Elle, à son tour, l'aimait plus encore. Quand ils se rencontraient, ils restaient longtemps à causer tout bas, la main dans la main.

Mais Maurice croyait qu'ils pourraient s'oublier. Il la demanda au père Matthieu, et le vieux la lui donna.

Cependant, quand Madeleine avait su que son père allait la marier, elle avait dit à Julien d'aller lui parler. Julien avait demandé, le vieux Thomas lui-même était venu parler pour son fils. Mais Matthieu préféra Maurice. Julien aimait les coqs (1) et courait les danses (2). Maurice était plus rangé; on le voyait toujours dans ses plantations. Matthieu l'aima mieux pour gendre, et Madeleine devint sa femme.

Neuf à dix mois après, Maurice, revenant un soir d'un voyage du côté de Limbé, reconnut Julien sortant de chez lui et gagnant les halliers comme voulant se cacher. Il s'arrêta court, et les jambes lui tremblèrent. Il avait compris.

Durant cinq minutes il resta fixe, debout à la même place, la main à son front. Tout à coup, il s'élança dans la direction où Julien venait de passer; mais il s'arrêta et revint sur ses pas. Puis, il fit un bond du côté de sa maison, mais il s'arrêta de nouveau et revint encore en arrière.

Alors il s'assit par terre et posa sa tête sur ses genoux. Il resta longtemps dans cette posture. Quand il se releva la nuit était très-avancée. Il était calme, il essuya la sueur qui mouillait son front, et il rentra chez lui en souriant.

Sa femme se leva et vint l'embrasser. Il se plaignit de la fatigue du voyage, et, tranquille, il alla se coucher.

Le lendemain, dès le matin, il se mit à rassembler autour de la case les tas de paille et les pièces de bois qu'il avait depuis longtemps réunis dans les champs pour bâtir une plus grande maison. Il les appuya, étroitement serrés, contre les panneaux bousillés, sur

---

(1) Combats de coqs, jeux très-répandus dans le pays.
(2) Bals champêtres, au tambour, dans les campagnes.

les quatre côtés de l'habitation, excepté devant les deux portes.

Quand Madeleine lui demanda ce qu'il voulait faire, il répondit qu'il réunissait ses matériaux pour commencer bientôt le nouveau logis. Il y ajouta des branches sèches et des souches très-grosses, et cela formait une sorte de bastion. Quelquefois aussi ça avait l'air d'un énorme bûcher. Mais tous ces bois réunis, et d'autres encore qu'il tint à l'écart, devaient servir à la construction. Il voulait se faire un petit palais. Sa Madeleine bien-aimée n'était pas logée convenablement et à son goût.

Puis un matin, il prit sa manchette (1) et partit pour le *bas de Limbé*. Il avait de ce côté-là des cousins qu'il allait voir assez souvent pour le règlement d'une affaire de famille.

— Adieu, Madeleine, dit-il à sa femme. Je pars pour cinq jours. Ne sois pas inquiète.

Madeleine fut tout attristée. Mais quand Maurice eut tourné le coude du chemin, il n'y eut plus de tristesse sur sa figure. Elle ferma sa porte et elle descendit vers la ravine.

Le troisième jour, il était minuit, une forme d'homme remuait lentement dans les bananiers, à gauche de la case. C'était Maurice.

Il alla à pas comptés vers la petite porte qui donne sur le jardin. Il tira une clef de sa poche, ouvrit la porte sans faire de bruit et entra chez lui.

Madeleine et Julien étaient dans le lit et dormaient

---

(1) Sorte de sabre très-long, légèrement recourbé, d'origine espagnole.

d'un sommeil tranquille. Maurice alla se coller à un angle de la pièce, retenant son souffle et regardant le lit. Une lampe de fer-blanc éclairait la chambre. La lueur sombre de la mèche tremblait d'une manière étrange sur les traits livides de Maurice, et formait sur cette pâleur un effet effrayant. Ce n'était plus la figure d'un homme.

Il avait comme des soubresauts, des sortes d'élans convulsifs, qui semblaient le pousser du côté où il regardait. Ses yeux lançaient des flammes, et il avait l'air de vouloir bondir; mais il se contint.

Il se baissa et alla à quatre pattes du côté du lit. Il entra dessous, passa une allumette sur le fourreau de sa manchette, et mit le feu aux paquets de paille qu'il avait aussi entassés en cet endroit.

Le lit, comme il est généralement dans nos montagnes, était formé de quatre pieux fichés en terre et portant une claie de bois de chêne, sur laquelle on pose la paillasse et le matelas. Dans l'espace vide qu'il y a en dessous, Maurice avait réuni un grand nombre de fagots de paille et de bois sec.

Quand le feu eut pris, il se redressa à demi, jeta un dernier regard sur le couple endormi, et sortit tranquillement par la même porte, en prenant son fusil, qui était appuyé contre le panneau.

A peine dehors, il passa quatre autres allumettes, qu'il mit au bûcher, aux quatre côtés de la cabane. Puis, à l'aide d'une échelle, il grimpa sur le toit et mit également le feu au chaume qui le couvrait.

Une minute après, toute la case brûlait. Deux cris effrayants éclatèrent à l'intérieur. Les deux amants venaient d'être réveillés par la fumée, qui les étouffait, et surtout par la flamme, qui dévorait la paillasse. Le feu les environnait; de tous côtés c'était le feu.

Ils coururent vers la porte; mais Maurice, avant de monter sur le toit, avait roulé contre les deux portes les grosses souches qu'il avait laissées à l'écart, et les avait surmontées de fagots également tenus en réserve.

Deux nouveaux cris se firent entendre; les bêtes féroces en seraient émues. Maurice s'approcha de la porte : — N'ayez pas peur, ma petite Madeleine, dit-il d'une voix sinistre. Personne ne vous dérangera, personne ne vient. Vous êtes en sûreté avec vos amours. C'est votre mari qui veille à la porte.

Un troisième cri perça le craquement des poteaux pénétrés par la flamme. A leur tour les malheureux avaient compris.

— Lâche et bourreau! cria Julien, Dieu est là, qui regarde, au milieu de la nuit, la flamme impie que tu allumes. Tu n'échapperas pas à sa justice!

— Je plaiderai ma cause devant la justice de Dieu, s'écria Maurice avec un ricanement qui ressemblait assez à un hurlement. En attendant, j'exécute la mienne, et je n'ai rien à faire avec celle des hommes. Je suis en voyage, ma maison prend feu, ma femme est brûlée, je reviens désolé, et c'est moi qu'on plaint!

A ce moment il s'éloigna de la maison; la flamme se répandait et s'étendait sur lui. Il alla s'asseoir sur la roche couverte de mousse où commence son champ de café.

Les flammes s'agitaient en l'air et dansaient au vent. Des nuages épais et bas les reflétaient dans le ciel et les renvoyaient dans le bois, rouges, mouvantes et sinistres. Personne ne pouvait les voir. La case était dans le bas-fond, cachée d'un côté par le morne que vous voyez d'ici, et des autres côtés par les grands bois qui l'environnent. Il faut aller loin de là pour rencontrer une habitation.

Maurice assistait à son œuvre, il regardait sa justice. Des plaintes vagues et affaiblies sortaient de temps à autre du milieu des flammes. Puis le toit s'abîma, puis les panneaux tombèrent sur le toit, et puis enfin, il n'y eut plus rien.

Les flammèches éparses couraient sur la cendre comme les vers luisants dans la bruyère.

— Tout est fini, dit Maurice en se levant. Retirons-nous, pour revenir dans deux jours.

Il voulut marcher, il retomba sur la roche. Sa tête se pencha. Il se releva de nouveau, et, étendant la main, il s'écria d'une voix terrible : — Au feu! au secours! au feu! Et il se précipita dans le bois.

Il était fou!

Depuis ce moment, il court dans la montagne avec son fusil, comme vous l'avez vu, tirant sur ceux qu'il rencontre, et criant au feu de tous les côtés.

A ce moment du récit, les branches s'agitèrent avec un grand bruit, et un homme nu, suivi d'une guenille, traversa le taillis, tenant en l'air un fusil, et jeta ces cris : — Au feu! au secours! au feu!

Paul et George restèrent terrifiés. Ils étaient froids des pieds à la tête. L'inconnu leur dit en s'éloignant : — Sortez de ce bois. J'appelle les autres pour courir après lui et le mettre en lieu sûr. C'est une chose mauvaise de marier les jeunes filles avec ceux qu'elles n'aiment pas !

— Voulez-vous nous guider ? cria Paul à l'inconnu, qui s'en allait en courant. Nous ignorons la route de l'intérieur, et nous voudrions tourner la montagne pour voir en passant la case de Maurice.

— La place de la case, répondit l'inconnu. Je le veux bien.

Paul lui tendit cinq papiers de deux gourdes.
— Merci, dit-il en reculant. Je ne prends pas d'argent. J'ai, Dieu merci, les choses qu'il me faut, et il m'en faut peu. Suivez-moi, je vous ferai sortir sur le grand chemin en passant derrière les mornes.

George paraissait d'abord médiocrement disposé à entrer plus avant dans cette forêt. Mais, voyant Paul suivre hardiment l'inconnu, il partit d'un pas résolu. Il y a des hommes à qui vient le courage à la suite de la réflexion, et ceux-là ne sont pas d'ordinaire les plus timides.

Au bout de quelques minutes de marche dans les halliers de campêche et de goyaviers, la perspective s'élargit, et un vallon charmant, traversé d'un mince filet d'eau, s'offrit aux regards des voyageurs. Non loin de l'eau, gisaient des débris noirs comme les décombres d'un incendie. C'était la case de Maurice.

Une forte impression saisit nos jeunes gens. Et voilà, dit Georges tout ému, l'effet des passions violentes, la conséquence de mœurs brutales !

— De passions violentes, cela est vrai. Mais de mœurs brutales, je ne crois pas. Dans les civilisations les plus polies, on trouve également ces accès furieux, qui font frémir l'humanité. Dans tous les pays, chez toutes les races, quand la passion est exaltée, elle produit les mêmes horreurs. Les Germains étouffaient dans la boue la femme convaincue d'adultère.

George. Les Germains étaient des barbares.

Paul. Calderon a fait un drame où un mari jaloux comme Maurice noie sa femme et son rival. Ce mari appartenait à la grandesse de la vieille Espagne. Venise, du temps d'Otello, était le foyer de la civilisation.

George. Otello, c'est une fiction.

Paul. Une fiction n'est que le reflet, la peinture des mœurs d'une époque. Le *Satyricon* de Pétrone, l'*Ane d'or* d'Apulée, le *Paladin* de Cervantès, les *Brigands* de Schiller, l'*Ivanhoé* de Walter Scott, le *Juif errant* d'Eugène Sue, les *Mousquetaires* de Dumas, comme l'*Otello* de Shakespeare, ne sont que la reproduction des sociétés et des temps qu'ils font connaître. Le triomphe de la civilisation sera d'amortir la fougue des passions et de les soumettre enfin, autant que possible, à l'empire de la raison. Espérons ce triomphe !

On sortit bientôt de ces lieux tragiques, et après un détour vers la droite, on déboucha sur la grande route.

— Adieu, messieurs, dit le montagnard. Je vous laisse ici. Votre route est tracée et claire à suivre. Si vous aviez encore un de ces bons cigares que vous venez de fumer, je l'accepterais avec plaisir.

Paul lui donna des cigares. Les deux jeunes gens lui serrèrent la main, et regagnèrent le hameau de *Camp-Coq*. La nuit arrivait quand ils rentrèrent.

— Je ne dormirai pas, dit George après dîner, encore

sous le coup de l'émotion du drame de Maurice. Cette histoire m'accable. Pour l'effacer de nos esprits, reprenons nos entretiens, si ça te va.

PAUL. Je le veux bien. Nous en étions, je crois, à l'exil de Cicéron.

Pendant que le proscrit traînait ses malheurs de rivage en rivage, Pompée, qui mûrissait ses plans, pensa qu'il serait bon d'attacher son nom à ses intérêts personnels et crut expédient de travailler à le faire rappeler.

De son côté, César, qui était dans les Gaules, et qui croyait de même devoir s'assurer le crédit de ce nom pour venir à bout de ses desseins, souscrivit à l'idée de Pompée, qui le consulta à cet égard.

Clodius, devenu plus arrogant à mesure qu'il réussissait, entreprenait d'attaquer César lui-même, et ajoutait par là, à son insu, des chances nouvelles à la cause de sa victime.

Les élections de l'année d'après amenèrent au pouvoir quelques hommes de bon sens, qui penchaient naturellement pour l'exilé. Tout semblait donc à la fois concourir à son rappel.

Lentulus inaugura son consulat par une motion ouverte et sans détour tendant à demander cette justification et ce rappel. Cotta, enhardi par la proposition du consul, prononça un discours à la louange de Cicéron, dénonça ses ennemis comme ayant violé les lois et l'équité à l'égard du meilleur des citoyens.

Pompée, se croyant habile, proposa une délibération populaire, sous prétexte de donner plus d'éclat à la décision, mais dans l'intention cachée de la retarder et de s'en attribuer plus tard l'initiative.

Mais un tribun gagné par Clodius annula toute la tentative. Les tribuns, c'était leur prérogative comme mandataires du peuple, pouvaient suspendre toute disposition arrêtée par le gouvernement.

Cependant le sénat reprit le projet, et le jour où la proposition devait être faite devant le peuple, les amis de Cicéron allèrent dès le matin occuper les abords de la tribune aux harangues, pour imposer respect aux séditieux.

Mais Clodius, plus vigilant dans sa haine que les autres dans leur amitié, avait déjà pris possession de tout le terrain. Il chargea les arrivants à la tête de ses gladiateurs, et il en fit un grand carnage. Le frère de Cicéron ne put s'en sauver qu'en se cachant parmi les morts.

Comment comprendre de nos jours que des scènes de ce genre aient pu se passer en pleine paix, au sein d'une ville qui était alors à la tête des nations, et qui donnait des lois à l'univers? Et n'est-il pas de la dernière évidence que c'est cet état de choses qui explique le renversement de la république et l'assentiment donné à cet acte par les hommes les plus distingués, les plus éclairés, les plus respectables de cette triste époque?

C'est contre ce courant de dissolution sociale que Cicéron voulait réagir. Et si les hommes qui tenaient la force eussent été de son parti, c'est-à-dire du parti du droit et du devoir; si César et Pompée, au lieu de vouloir dominer seuls dans le pays, eussent réuni autour de Cicéron l'influence et les armées qu'ils employèrent à se combattre, non-seulement la république eût été sauvée, mais, de plus, conjurant les calamités qui ont suivi le passage du Rubicon, la fortune romaine eût grandi encore, à l'ombre des lois et de la justice.

Clodius, poursuivant le cours de ses exploits, mit le feu au temple des Nymphes, et se rua dans le même dessein sur la maison de Cécilius, préteur, et sur celle de Milon. Mais ce Milon, nature vaillante et chevaleresque, repoussa avec ses clients les assauts de l'incendiaire. Il acheta aussi des gladiateurs, monta une armée de son côté, et déclara la guerre à Clodius. Cette guerre étrange de deux citoyens, suivis chacun de sa troupe armée, devait plus tard attirer dans de nouveaux orages le proscrit non encore rentré.

GEORGE. Il ne pouvait jamais se tenir tranquille.

PAUL. Il ne pouvait jamais rester indifférent au sort de son pays. Si ceux qui pensent et qui raisonnent n'eussent jamais recherché que le repos et le loisir, où en seraient ces progrès de tout genre dont l'humanité est aujourd'hui si fière?

Cependant, l'opinion publique, qu'aucune violence ne peut étouffer, murmurait tout bas contre l'état de brigandage qui menaçait les familles, et tout bas nommait Cicéron, comme le seul citoyen qui pût une seconde fois sauver la république par l'influence de sa parole.

GEORGE. Pison eût dit : une troisième fois.

Paul. Je crois qu'à ce moment-là personne ne songeait à faire un bon mot. Le sénat, se sentant ainsi appuyé par cette puissance latente de l'opinion, rendit enfin un décret de rappel. Par ce décret, les Pères conscrits, qui avaient pris alors leur cœur à deux mains, félicitaient les villes qui avaient accueilli l'exilé, décidaient que ses maisons incendiées seraient rebâties aux frais de l'État, et chargeaient les consuls d'appeler les citoyens de toute l'Italie à venir concourir, à Rome, à l'acte de réparation nationale en faveur du grand citoyen.

Alors Pompée, qui toujours voulait être habile et qui ne parvenait qu'à être intrigant, crut se conduire en grand politique en se mettant à crier plus fort que personne en faveur du proscrit maintenant justifié. Il voulut diriger lui-même les délibérations de l'assemblée convoquée en cette occasion.

George. Ce que tu persistes à dire contre Pompée est cependant bien contraire, réfléchis-y bien, à tout ce que l'histoire nous en apprend.

Paul. L'observation attentive des faits confirme exactement tout ce que j'en pense, et de sérieuses autorités, tu le verras, justifient complétement ma manière de penser.

George. Ainsi, à t'entendre, il n'y avait qu'un homme de valeur dans tout l'empire romain. A part l'orateur Cicéron, tout le reste ne valait rien.

Paul. On ne saurait ni dire ni penser cela. Mais ce qu'on peut penser et ce qu'on peut dire sans nullement craindre d'être démenti, c'est que de tous ceux qui étaient sur la scène en même temps que lui, aucun ne pouvait servir aussi bien que lui les intérêts de la *république*.

Parmi les plus dignes et les plus notables, aucun n'était plus honnête, plus libéral, plus patriote. Parmi les plus clairvoyants et les plus habiles, aucun ne le surpassait en capacité. Et dans toute la société romaine de cette époque, personne ne l'égalait en fait de lumières.

Pour en revenir à Cnéius Pompée, suivons-le pas à pas au milieu de ces crises où nous voyons s'agiter l'empire romain, et nous finirons, j'espère, par le bien connaître.

L'Italie entière, d'une acclamation unanime, vota la réhabilitation de Cicéron. Il revint à Rome.

L'exilé revit la patrie. Bonheur indicible et qu'on ne peut comprendre que lorsqu'on l'a soi-même éprouvé en sa vie ! Avoir été longtemps violemment éloigné de son pays, et puis revenir un jour sur cette terre aimée, où l'on a ouvert les yeux à la lumière, revoir ce ciel sous lequel se sont écoulées les premières années et les meilleures, reconnaître ces lieux témoins de son enfance, qui rappellent mille vagues souvenirs des premiers jours et des temps heureux ; retrouver ceux qu'on aime et qu'on regrettait, c'est là quelque chose de si touchant, de si doux, de si complet, qu'il faut renoncer à le dépeindre.

Les populations accoururent à sa rencontre, battant des mains, louant les dieux, chantant pour ainsi dire leur confiance en l'avenir.

Cicéron ne fut jamais en sa vie aussi heureux qu'en cette occasion. Ses concitoyens, revenus à la raison, reconnaissaient son innocence, flétrissaient ses ennemis, et rendaient justice à sa bonne conscience par des manifestations qu'aucun Romain, pas même Romulus ni l'Africain, n'avait obtenues avant lui. Son émotion vous gagne quand il raconte, dans la touchante naïveté de son bonheur, que toute la route, de Brindes à Rome, était comme une rue non interrompue.

La ville entière, le sénat en tête, se précipita au-devant de lui. La foule, pressée et compacte, l'attendait partout, au Capitole, au forum, dans les temples. Ce n'était plus de l'enthousiasme, c'était du délire. Jamais roi de l'Asie adoré des peuples n'avait vu au pied de son trône les honneurs que rendait une république au mérite d'un citoyen, qui n'avait de puissance que ses lumières et son amour du bien public. La manifestation alla si loin que Cicéron, y songeant dans la suite, dit en souriant qu'on pouvait le soupçonner de s'être lui-même fait exiler pour enlever plus tard un pareil triomphe.

GEORGE. Tu as souvent parlé en termes attristés de l'ingratitude et de l'inconstance des peuples ; moi, ce qui me révolte le plus en eux, c'est leur naïveté et leur adoration d'un homme, pris pour idole.

PAUL. C'est peu généreux, à toi, d'envier au proscrit les sympathies dues au malheur ; mais c'est encore bien moins philosophique de contester à l'honnête homme les témoignages qu'il a mérités. Si les foules n'acclamaient ainsi que ceux-là seuls qui leur veulent du bien, elles seraient moins malheureuses, moins souvent opprimées. Mais, hélas ! ces idoles que tu repousses ne sont le plus souvent que les favoris du succès aveugle; et la fortune, on le sait de reste, ne choisit pas toujours la bonne conscience.

C'est un spectacle rare dans l'histoire que celui qu'offre Cicéron revenant à Rome. Pour la rareté du fait, admirons-le. Assez de triomphateurs, qui ne le valaient pas, sont montés au Capitole, suivis de la foule. Assez de Césars ont été placés au nombre des dieux, sans avoir mérité comme lui la reconnaissance de leur pays.

L'affluence que cette fête nationale avait appelée à Rome était si grande qu'elle fit monter considérablement le prix des vivres. Clodius en prit occasion pour accuser Cicéron une nouvelle fois et pour commencer de nouveaux troubles. Ainsi, l'agitation était perpétuelle.

La situation n'était plus tenable. Vivre à Rome était devenu presque impossible. On y était sous le bon plaisir du premier assassin venu qui pouvait solder cent gladiateurs, et former son camp dans les rues de la ville.

Cicéron se fût tué de désespoir en présence de cette anarchie et de cette ruine imminente du grand nom du peuple romain, sans la pensée robuste, qui vivait en lui, de sauver encore une fois la chose publique, en attachant à la bonne cause tous ceux qui, par leur influence militaire ou politique, pouvaient l'aider à rétablir l'ordre. Rien n'était changé dans cette activité et cette énergie que nous lui avons vues dans le consulat.

C'est dans la poursuite de cette espérance qu'il fit passer au sénat un décret conférant à Pompée un pouvoir sans limite pour dix années sur l'administration des subsistances.

GEORGE. Il veut combattre le despotisme et il fait créer une magistrature illimitée. Il voit en Pompée un ambitieux, et il l'investit pourtant d'une autorité absolue. Quelles contradictions et quelles inconséquences!

PAUL. Il te prouve par là qu'il n'est pas le rêveur que tu croyais, et qu'il entend la politique aussi profondément que tes plus grands maîtres. Il ne s'agit pas tant de changer les hommes, c'est toi qui l'as dit, que de les employer tels qu'ils sont, et de les faire servir, même à leur insu, au succès de la justice. Il ne pouvait convertir Pompée en lui prêchant la philosophie, il le gagnait par la vanité, pour l'amener sans secousse aux vues libérales qu'il poursuivait.

GEORGE. La belle habileté! A-t-il réussi?

PAUL. De même que le succès ne justifie rien, l'insuccès ne saurait passer pour preuve d'erreur et d'impéritie. Cicéron n'a pas pu arrêter les malheurs que nous savons; cependant il a pu si habilement intéresser Pompée à la cause de la légalité, que de nos jours encore ce même Pompée, malgré les sentiments que nous lui voyons, passe pour avoir été le chef du parti libéral de la république.

En ce temps-là, comme nous l'avons dit, nombre d'importants personnages trahissaient presque ouvertement la république, les uns par ambition personnelle, les autres par hostilité contre Cicéron. C'est ainsi que les passions les plus honteuses et les plus vulgaires amènent souvent la ruine des meilleures causes.

Mais, cependant, un parti formé de tout ce qu'il y

avait à Rome d'hommes de bon sens et de pères de famille n'ayant rien à gagner dans les bouleversements, se déclara pour notre orateur et se mit à l'appuyer de sa sympathie.

Ce parti, naturellement timide et peu bruyant, eut à faire face à la ligue puissante des rivaux de notre philosophe, à la plupart de ceux qu'on appelait les hommes d'audace et d'action, et qui, eux, contrairement aux premiers, n'avaient rien à gagner dans les temps d'ordre et de progrès. Ceux-ci aimaient mieux les assauts des Clodius, les tentatives des Catilina, les exécutions sommaires des Sylla, que la république pacifiée et rendue heureuse par les soins d'un bon citoyen.

Caton lui-même, cela est triste à dire, semblait partager ou du moins appuyer ces mauvaises passions.

GEORGE. Ceci est une hérésie plus forte encore que celle que tu as établie à l'égard de Pompée.

PAUL. Le nom de Caton a obtenu dans tous les temps le respect de l'histoire et de la philosophie. Il faut certainement rendre hommage à sa constance et à sa fermeté ; mais il est peut-être nécessaire de rechercher, et avec soin, si c'était uniquement pour le maintien des lois de la république que Caton suivit Pompée en Macédoine et se donna la mort dans la ville d'Utique. Ainsi nous voyons, à notre grand étonnement, qu'il se déclara pour Clodius quand Cicéron voulut faire détruire, au Capitole, les tables où le tribun incendiaire avait gravé ses lois sanglantes. Et l'on a dit, sans démenti jusqu'à ce jour, que Caton commit cette opposition parce que Clodius lui avait fait obtenir une mission avantageuse dans l'île de Chypre.

Georges. On peut calomnier les plus honorables, et avec ce procédé de fouiller dans les derniers recoins de la vie d'un homme, il ne resterait plus dans l'opinion du monde un seul homme vraiment digne du nom de sage et de philosophe. Un homme est toujours un homme ; comment vouloir y trouver un dieu ?

Paul. Tu as raison, il ne faut jamais chercher l'impossible ; il ne faut pas vouloir plus grand que nature. Mais remarquons cependant qu'il n'a jamais été rien dit de suspect à l'égard de certains hommes moins en renom que l'illustre Caton. Nous n'avons rien entendu de semblable sur Thraséas, par exemple, dont la vie et la mort sont des modèles irréprochables. Il n'y a aucun nuage de cette espèce sur la grande figure de Michel de l'Hôpital, qui, après une vie sans reproche passée à combattre le fanatisme, mourut du chagrin de n'avoir pas réussi à faire triompher dans son pays la justice et la raison.

Rien non plus de ce genre sur la mémoire de Bailly, qui consacra sa vie au progrès de l'humanité dans la science et dans la politique, qui se fit le chef du parti de la liberté dans un temps où la liberté osait à peine avouer son nom, qui sacrifia sa popularité, sans hésiter, pour condamner les excès qui compromettaient la cause de la justice, et qui porta sa tête sur l'échafaud pour rester jusqu'au bout fidèle à la conscience et au devoir. On n'a eu non plus aucune faiblesse, aucune défaillance à reprocher à ce Savonarole, qui, au quinzième siècle, s'est fait l'apôtre de la raison et de la vérité, et qui a conservé jusque sur le bûcher la constance du juste, sa simplicité et sa pureté.

Voilà les sages comme on les rêve, sans équivoque, sans arrière-pensée, sans hyperbole. Qu'importe que la vraie vertu s'appelle du nom d'un homme ou du nom d'un autre? Il suffit qu'il y ait eu des sages, pour que l'humanité s'estime elle-même et espère s'élever à leur hauteur.

George. Mais la liste en est-elle si longue qu'il faille en retrancher des noms que les siècles ont déjà consacrés?

Paul. On n'invente pas l'observation comme un poëme, on la subit, pour ainsi dire. L'histoire, nous l'avons déjà dit, est une science comme toutes les autres, fondée comme elles sur l'observation. Or j'observe pour chercher le vrai, sans parti pris, sans préjugé. Je ne puis donc croire que ce que je vois.

Ainsi appuyé sur la connivence même des plus austères, Clodius continua son œuvre. Il démolit les maisons de Cicéron qu'on relevait, il mit le feu à la maison de Quintus, et fut sur le point de tuer les deux frères. Il courait la ville ouvertement, cherchant Cicéron, suivi de sa troupe. Il l'attaqua une fois dans la rue Sacrée, et le poursuivit l'épée aux reins. Le sénat fit mine d'informer sur ces violences, mais Clodius fut plus puissant que le sénat : il l'investit à la tête de sa bande, et comme d'ordinaire les sénateurs s'enfuirent en hâte par les fenêtres.

On dirait un roman quand on lit ces choses; on dirait des scènes de brigands inventées à plaisir pour intéresser l'imagination. C'est pourtant là ce qui se passait à Rome. Le terrain n'aurait pu être mieux préparé pour un homme de la trempe de César.

Clodius était donc le maître. Milon n'osant poursuivre en justice l'action civile qu'il avait à lui intenter, avait monté sa troupe de son côté, comme nous l'avons dit, et s'était décidé à régler la querelle par la voie des armes.

Aucun tribunal n'eût osé condamner ce Clodius, ce chef de faction armée, qui d'ailleurs se fit nommer édile pour se mettre à l'abri de toutes poursuites. Il venait de donner un échantillon de sa puissance en faisant échouer, par son influence ou plutôt par sa cabale, le projet de rétablir le roi d'Égypte sur le trône d'où il était chassé.

Il ne comptait pas seulement sur ses soldats, il comptait surtout sur la facilité des magistrats, la plupart corrompus ou sans courage, et ce fut lui qui accusa Milon. Pompée défendit Milon ; il commençait à redouter l'influence trop grande de Clodius. Un peu plus tard, quand les circonstances auront changé, nous verrons le même Pompée défendre la cause du même Clodius.

Celui-ci recourut aux armes, comme d'ordinaire. Le sang coula, et les Pompéiens purent avoir le dessus.

Mais le sénat pencha pour les Clodiens, c'est-à-dire pour les plus hardis : admirons la politique du sénat romain de cette époque. Les Pères conscrits commençaient à voir clair, disaient-ils, dans les visées de Pompée, ainsi que dans celles du chef des Gaules, et s'appuyant sur la faction de Clodius, ils entreprenaient l'idée de leur barrer le chemin, de les arrêter.

Mais un homme comme Cicéron n'avait pas à choisir entre Clodius et des personnages qui avaient un nom.

César, affermi dans les Gaules, demandait la continuation de son commandement et le droit de nommer lui-même ses officiers et ses lieutenants. La chose était inouïe, une pareille demande était une menace. Cicéron pourtant plaida pour lui auprès du sénat, et lui fit accorder ce qu'il demandait.

GEORGE. Et il se plaindra de l'audace de César!

PAUL. Il composait par là, dans sa pensée, le parti de l'ordre et de la réforme.

GEORGE. Espérer tromper un homme comme César!

PAUL. César n'avait encore rien fait qui annonçât définitivement un homme violent. Sa circonspection dans l'affaire de Catilina et la supériorité d'esprit qu'on lui savait, montraient en lui tout au plus un homme d'État cherchant la gloire et l'influence. Cicéron pouvait bien penser que cet homme voudrait trouver cette influence et cette gloire au service même de la république. Il comptait donc à la fois sur César et sur Pompée pour relever la situation et réformer le gouvernement.

Mais ses ennemis avaient pressenti sa politique, et ils travaillaient activement à le perdre avant qu'il pût contracter alliance avec ceux qui tenaient la force.

Alors il n'hésita plus. Dans cette imminence des périls publics, et s'estimant plus utile que ses ennemis, qui ne savaient que proscrire et égorger, il avoua son projet de s'entendre avec César pour consolider l'ordre et la chose publique.

GEORGE. Il recourait à la force pour exterminer ses ennemis.

PAUL. Pour les empêcher de l'exterminer, et avec lui

toute idée d'ordre. Et qui pourrait lui en faire un crime? Peux-tu soutenir, toi, homme sensé, qu'il vaut mieux assister à la ruine de l'État que de recourir aux seuls moyens qui restent encore pour le sauver? « C'est trop souffrir des envieux et des méchants, dit-il lui-même. Puisqu'ils ne veulent que notre perte et le règne des violences, cherchons des alliances fondées sur la force pour sauver à la fois la société et le pays. »

On se ligua dans le sénat. Un parti s'y forma pour humilier César en lui retirant son commandement. C'était, du même coup, frapper Cicéron, considéré comme son allié. Ce parti, c'était celui de Clodius, c'était le parti des incendiaires.

GEORGE. Sur la pente où tu glisses, tu vas justifier le coup d'État.

PAUL. Je ne veux justifier aucune sorte de violence. J'explique simplement les événements par leurs origines et leurs circonstances.

Cicéron donc appuya César. Il combattit l'opposition avec toute l'autorité de sa parole, et le sénat vota en sa faveur.

GEORGE. Je suis on ne peut plus ravi de te voir ainsi t'engager et t'enferrer. Quel usage légal et libéral César fit-il de cette extension d'autorité que lui ménagea ton orateur?

PAUL. Ici, je l'avoue, tu auras beau jeu. César n'était pas homme à servir d'auxiliaire, mais à se faire plutôt des auxiliaires. Loin d'accepter l'idée que Cicéron voulait l'attacher à sa politique, il pensa plus naturellement que Cicéron voulait s'attacher lui-même à sa fortune, à lui César.

Ainsi débarrassé de cette première opposition du sénat, il s'entendit avec Crassus et Pompée, ses anciens confrères et associés. Ils s'emparèrent tacitement du pouvoir en se partageant les provinces de l'empire.

Cicéron s'était trompé. Les plus habiles peuvent se tromper. Mais ce ne sont pas les hommes qui l'avaient abusé : il les avait tous compris et devinés, et il n'avait voulu que les prévenir; ce sont les circonstances qui l'ont devancé. Les événements marchaient trop vite, et le plan des triumvirs était plus à l'aise que son plan à lui.

De ce moment la république n'existait plus. Ce partage de l'empire entre ces trois hommes est un événement bien plus important, bien plus décisif que ce passage du Rubicon dont l'histoire a fait toute une ère.

En traversant le Rubicon, César franchissait une étape et continuait simplement sa route. Traverser cette rivière frontière n'était pas un acte plus accentué, plus illégal, que de partir des quartiers des Gaules. Et il n'était pas moins défendu par les lois de la république de disposer des provinces du peuple romain sans la décision des pouvoirs publics.

La république était donc renversée de fait du jour où Crassus et Pompée, usurpant le consulat par la violence, s'attribuèrent les colonies, provinces et royaumes de l'empire romain, de complicité avec César, alors éloigné, mais qui, plus habile qu'eux, les surveillait de loin, et se préparait à les annuler, l'un et l'autre et l'un par l'autre.

Crassus et Pompée avaient donc traversé le Rubicon,

à leur manière, avant César, et ils sont tous trois coupables, et au même degré.

Après cet événement caractéristique, qu'on ne remarque pas assez dans l'histoire de ces temps, Cicéron sembla perdre courage, et il se retira à la campagne.

Là, les ennuis du foyer domestique se joignirent à ceux de la politique. Sa femme et sa sœur se querellaient. Il paraît que Térentia n'était rien moins qu'une autre Xanthippe, qui exerçait de toutes façons la patience du philosophe, en attendant qu'elle allât s'unir à Salluste, l'ennemi juré de son mari.

Il se remit à ses études pour y chercher des consolations. Il se mit à composer des vers, comme plus tard l'Hôpital dans sa retraite.

Mais il ne pouvait ni oublier ni être oublié. Sa notoriété était trop grande, le crédit de son nom trop étendu, et l'espérance secrète des gens de bien trop fixée sur sa personne.

Pompée alla le rejoindre dans sa solitude. Il songeait alors, dans son astuce, à effacer ses deux collègues, et il désirait l'appui de Cicéron. Mais Cicéron considérait comme une simple éclipse des lois les temps orageux qu'il voyait venir, et pour les traverser en sécurité, il comptait plutôt sur César que sur celui qui allait être son rival et son adversaire. Pompée ne lui inspirait aucune confiance. Il croyait n'avoir rien à attendre de cet homme, dont la médiocrité d'esprit et les prétentions illimitées formaient un contraste étrange à ses yeux.

Des relations intimes s'établirent dès lors entre César et Cicéron. Le maître des Gaules, le futur maître de la république, l'informait jour par jour de tout ce qu'il faisait au loin et de tout ce qu'il voulait faire dans sa province. Il lui expédiait des bulletins militaires datés des champs de bataille où il triomphait de l'ennemi. Pour mieux faire sa cour à notre orateur, il avait pris pour lieutenant son frère Quintus. Il lui reprochait de ne pas lui donner les occasions de lui être agréable. « Recommandez-moi vos amis, » lui écrivait-il. Et Cicéron lui ayant envoyé un de ses protégés : « Je » le ferai roi de la Gaule, » répondit-il à l'orateur.

C'est ainsi que nous constatons d'une manière authentique l'influence morale qu'exerçait cet homme sur l'opinion publique et sur le gouvernement de son pays. Les flatteries dont le comblait César, au moment où il allait réaliser ses desseins cachés, en sont la preuve la plus frappante.

Cicéron répondit à César par l'envoi d'un poëme sur la guerre des Gaules et d'un autre poëme, celui-ci en grec, sur les actes de son consulat.

GEORGE. Une flatterie et une vanité !

PAUL. Je ne dirai pas un mot de la vanité : c'est chez toi parti pris de contester à l'homme de mérite le droit de se juger et de s'estimer. Et pour ce qui est de la flatterie, il me suffira de te dire que ce que tu condamnes sous ce triste nom s'appellerait simplement adresse, parmi les hommes d'État qui sont de ton goût.

Je comprends cependant que de nos jours on trouve assez bizarre ou même déplacé qu'un homme politique, au milieu des conjonctures les plus difficiles, trouve le loisir de correspondre avec un général d'armée dans la langue d'Homère et de Virgile. Mais nous y reconnaissons, à notre grand étonnement, que Cicéron, à force de mérite et d'aptitudes diverses, avait accoutumé les esprits à cette idée, repoussée de nos jours, que les soins du gouvernement n'ont rien d'incompatible avec la culture de la pensée, et qu'au contraire les intérêts d'une société ne sauraient être mieux dirigés que par les citoyens les plus éclairés, les mieux préparés par de longues études.

Dans ce même temps, il écrivit ses trois dialogues *De oratore*, et un livre de droit, perdu depuis.

Pendant qu'il produisait ces nouveaux chefs-d'œuvre dans sa retraite, le désordre et la corruption atteignaient dans l'État leurs dernières limites.

Il n'y eut pas moyen d'élire les consuls qui devaient remplacer Crassus et Pompée. L'anarchie régnait à la place des consuls. Pompée s'était mis à l'œuvre, et croyait son heure enfin arrivée. Il faisait parler partout de la nécessité d'un dictateur et de lui conférer, à lui, cette magistrature des temps d'exception. Mais le sénat fit opposition, parce qu'il savait Pompée contenu par César. A ce moment-là, les deux associés étaient désunis, Julie et Crassus, qui les unissaient, n'existant plus.

Notons une fois pour toutes, à cette occasion, que le sénat se défiait de Pompée pour le moins tout autant que de Jules César. Pompée n'a donc jamais été, dans l'opinion même des sénateurs, ce républicain radical, ce protecteur du sénat et des lois dont l'histoire fait si grand état.

Toute cette partie de l'histoire romaine, gravement enseignée dans les écoles depuis dix-neuf siècles, n'est qu'une erreur et qu'un préjugé. Il n'y avait dès ce temps-là pour la république qu'une faible minorité de bons citoyens, à la tête desquels nous voyons Cicéron et les hommes des ides de mars. Mais il est évident que tout le gouvernement, tous les fonctionnaires, tout le sénat, et tous ceux en général qui pouvaient avoir quelque ambition, conspiraient d'une manière ou d'une autre contre la vieille constitution consulaire et contre le régime républicain.

Il était dès lors évident pour tout observateur attentif que le rôle vraiment difficile de la grande pièce qui allait se jouer était dévolu à Cicéron. Il était pour ainsi dire le nœud de la situation. Chacun des deux chefs militaires qui allaient se disputer l'empire comptait sur l'influence de son nom respecté. Le sénat, de son côté, comptait sur lui ; les pères de famille, les honnêtes gens, comptaient sur lui ; la capitale et les provinces semblaient persuadées que la victoire et la fortune se mettraient du côté où il se placerait.

George. Nous verrons comment il justifiera cette confiance et cet engouement.

Paul. Par manière d'intermède, Milon tua Clodius sur la grande route. Cet événement, en apparence insignifiant, était au fond une très-grosse affaire ; il ouvrait en quelque sorte la nouvelle guerre civile, la plus importante de toutes par ses conséquences. C'était le prélude des nouveaux massacres qui allaient décimer le pays et tout soumettre à la force brutale.

Il fut moins possible qu'auparavant de procéder à l'élection des consuls. Rome, sans magistrats, resta, pour ainsi dire, sous le gouvernement de l'anarchie. Pompée se fit de nouveau proposer la dictature. Il était parvenu à réunir dans ses intérêts la majorité des sénateurs. Il avait, cela est évident, formé dans le monde officiel une vaste organisation oligarchique contre César, qui de son côté montait sa faction dans les masses du peuple et dans les camps. Il pensait régler par là toute la question. Son plan était, une fois dictateur, de pousser César à la résistance, de le faire déclarer ennemi public s'il faisait mine de marcher sur les Alpes, et de lui faire courir sus au moyen des troupes d'Espagne et de Syrie, qu'il allait réunir en Italie dans ce dessein. C'est donc Pompée qui prenait l'offensive.

Le sénat ne lui donna pas la dictature, mais il le nomma consul unique, ce qui revenait tout à fait au même, ou plutôt ce qui était pire. Cette innovation d'un seul consul n'était pas moins inconstitutionnelle, moins menaçante que le passage ultérieur du Rubicon. Voilà donc le sénat lui-même donnant, le premier, l'exemple de ce mépris des lois et des principes, qu'on nous a appris, dans notre enfance, à condamner dans Jules César tout seul, et qui était la politique commune et générale de tous ces patriciens, de tous ces aristocrates, qui combattaient César ou qui le servaient. Ils conspiraient et agissaient tous contre les lois établies, dans l'intérêt de leur caste et de leurs chefs divers. A eux tous donc, comme à César, le crime d'avoir détruit, par leur ambition, l'ordre libéral et régulier dans la république romaine.

Pompée, devenu par ce fait le chef illégal mais souverain de la république, jeta le masque et afficha les allures du despotisme militaire le plus brutal. Le procès de Milon fit ressortir toute sa politique. Sous prétexte de maintenir l'ordre, mais en vue de s'attacher les sicaires de Clodius, qui formaient un parti nombreux et pouvant tout oser, il entoura le forum de troupes armées pour épouvanter Cicéron, qui avait à défendre la cause de Milon. Il prit une telle attitude de violence et de tyrannie que Cicéron y reconnut un complot monté contre ses jours, et renonça à prononcer, comme il l'avait préparé, le plaidoyer qui faisait l'espérance de l'accusé.

George. Il avait peur. C'est comme Démosthènes : hardi hors du danger.

Paul. Je voudrais t'y voir. On dit : mourir pour la patrie; le mot est beau et il est vrai, mais il n'est pas inflexible et absolu. Quand il s'agit d'un grand principe, quand il s'agit des droits du pays, le citoyen qui se sacrifie donne un grand exemple et sert l'État. En toute autre occasion, il ne faut pas mourir, mais il faut vivre pour la patrie.

Au milieu de l'appareil militaire que nous venons de voir, les accusateurs de Milon développèrent tout à leur aise leur accusation et pérorèrent avec grand fracas; mais dès que Cicéron voulut prendre la parole, des clameurs sauvages, conformes au programme, remplirent le forum et contraignirent l'orateur, menacé et dégoûté de tant d'audace, à se borner à dire en deux mots que Milon, attaqué par Clodius, avait été obligé de se défendre. Il va sans dire que Milon fut condamné. Et voilà comment Pompée, le chef du parti libéral que nous savons, rendait la justice et observait les règles de la procédure.

Peu après ce procès, qui mit ainsi Pompée à la tête des bandes de Clodius, le sort désigna Cicéron pour le gouvernement de la Cilicie.

La Cilicie était le théâtre d'une guerre chronique, où des armées romaines avaient déjà péri. Les Parthes, à chaque instant, y faisaient des invasions terribles. Ces Parthes étaient à cette époque les plus rudes ennemis du nom romain. A peine Carthage et Mithridate avaient-ils pu causer plus de désastres à la grande république. Campés sur les frontières de l'ancienne Perse, ils y entretenaient, à perpétuité, une véritable guerre de *guerrillas*, profitant de tous les avantages du climat et du terrain, mettant la nature dans leur alliance, comme les Russes et les Mexicains, et ne laissant jamais une heure de répit à la puissance des proconsuls. Ces hommes farouches et presque sauvages s'étaient faits les héritiers de la politique d'Annibal et du roi de Pont. Ils ne devaient jamais poser les armes jusqu'à la ruine du monde romain. Après avoir massacré Crassus et son armée, après avoir élevé mille trophées avec les drapeaux et les armes des légions vaincues, ils devaient, trois cents ans plus tard, enfanter Sapor, fléau de l'empire, faire prisonnier un empereur romain, le réduire à l'état d'esclave et le supplicier au milieu des outrages.

Ce sont de pareils ennemis que Cicéron, général d'armée, allait avoir à combattre et à repousser.

Cependant ces commandements éloignés étaient l'objet de l'ambition des plus grands personnages. Dans ces pays de l'Asie, où les proconsuls de la république menaient l'existence fastueuse des anciens rois de Perse et de Médie, ils amassaient, en une seule année, des fortunes immenses, au moyen des plus criantes exactions.

Les peuples de l'Orient et de l'Occident, que la violence des armes avait soumis à l'empire romain, étaient traités par ces proconsuls de la manière la plus tyrannique. Ils traînaient à leur suite une armée de lieutenants, de préteurs, de questeurs, de tribuns, d'affranchis de tous étages, qui pillaient tous à l'instar du chef, et répandaient dans ces contrées lointaines l'outrage, la désolation, la misère et la haine du nom romain.

Cette agglomération contre nature d'éléments hétérogènes et hostiles, entretenue par la force des armes, n'attendait que les circonstances pour se dissoudre par la force des armes. Déjà sonnaient le signal, dans ces forêts de la Germanie que César avait en face et qu'il n'osait pas affronter, quoi qu'il en dise, les bandes farouches qui allaient appeler l'univers à venger les violences que Rome exerçait impunément par toute la terre.

C'est cette domination exagérée qui commençait à ce moment-là la décadence du peuple romain. Ses malheurs et sa ruine prochaine étaient la conséquence de la corruption qu'il avait contractée au sein des richesses spoliées des nations vaincues. C'est cette domination qui causait les guerres civiles à l'intérieur, et qui en même temps convoquait contre Rome toutes les nations et toutes les races revendiquant leur autonomie.

Il en arrivera de même à toutes les puissances qui

abuseront de leur prospérité pour dépouiller les peuples de leur indépendance. La force des choses le veut ainsi, et il n'en sera jamais autrement dans le monde.

Ainsi, l'homme des fonctions civiles, le philosophe, le littérateur, allait revêtir le *paludamentum*, et marcher contre l'ennemi à la tête de son armée, sur les frontières de sa province.

Il ne redoutait pas les dangers de sa nouvelle charge, il en méprisait les avantages, et il se résigna à s'éloigner du théâtre de la politique, dans un moment qui semblait suprême, pour aller servir la république sur ses dernières limites de l'Orient, au milieu des plus graves périls.

Nous l'avons vu, questeur, édile, préteur, chef de l'État, administrer et gouverner avec sagesse, avec vigilance, avec fermeté ; nous allons le voir, gouverneur de province et général d'armée, combiner des campagnes, livrer des batailles, remporter des victoires, pacifier sa province, et répandre sur les populations les bienfaits de la justice et de la sécurité.

Il partit donc de Rome. Il s'arrêta en passant dans sa maison de Cumes, où les visiteurs accoururent si nombreux qu'il lui sembla, dit-il, y avoir retrouvé une autre Rome. On ambitionnait l'honneur de le voir. On faisait queue pour être admis chez lui, comme on se pressait, au siècle dernier, pour voir Voltaire à Paris, quand il y vint sur la fin de ses jours.

Que me recommandes-tu ? lui dit Hortensius, son rival et son ami, en le quittant. — Une seule chose, répondit Cicéron : ne laisse pas prolonger mon commandement après le terme fixé par la loi.

Il sentait venir les événements, et il ne voulait pas y être étranger.

A Tarente, il rencontra Pompée, qui le combla de caresses et lui donna des conseils sur la conduite des opérations militaires. Chemin faisant, il entra à Athènes, où il vivait toujours par la pensée, et où il était sans cesse attiré par le charme des souvenirs et par l'atmosphère d'inspiration qui animait cette capitale des arts, des lettres, de toutes les délicatesses de l'esprit humain.

La société des philosophes et des orateurs, la visite des hommes en renom, accourus de toute la Grèce pour le saluer, la réception des députations expédiées de toutes les grandes villes de l'Asie Mineure, cette autre Grèce, le retinrent longtemps en route, ou à Athènes ou à Éphèse.

Chacun voulait voir de près le consul illustre qui avait gouverné la république avec tant d'éclat, et le philosophe brillant qui s'était élevé, dans le culte des lettres, à la hauteur des plus grands et des plus beaux génies de la Grèce elle-même.

A peine arrivé dans sa province, il prit ses dispositions militaires pour prévenir les Parthes, qui se préparaient à une invasion.

George. Je parie que tu vas vouloir nous faire de ton écrivain un militaire de premier ordre.

Paul. Je ne fais de lui que ce qu'il est.

George. Quand on veut trop prouver, on ne prouve rien.

Paul. Aussi ne dis-je pas un seul mot qui ne soit exact et qui ne puisse être sévèrement vérifié, l'histoire en main. Il me suffit de prouver que mes *rêveurs* ne sont pas, comme tu le crois, des malhabiles. Tout ce que je dis au delà n'est qu'accessoire, et ne fait que suivre le sujet, pour le compléter en quelque sorte par les détails.

Les Parthes marchaient en deux corps d'armée. L'un assiégeait la ville d'Antioche, où Cassius était bloqué; l'autre courait sur la Cilicie.

Cicéron n'avait que quinze mille hommes de troupes régulières, avec un faible contingent du roi Déjotarus, son ami personnel, et de quelques autres alliés des environs. Il prit ses dispositions sans perdre une heure.

Par un de ces coups d'audace et de promptitude qui forment souvent toute l'habileté des grands capitaines, il surprit la colonne de Cilicie et la mit en fuite après une série de combats hardiment concertés. Il attaqua ensuite à l'improviste la division qui tenait le siége d'Antioche, la défit, et délivra Cassius, qui, ainsi dégagé contre toute espérance, poursuivit à son tour ses assaillants, en fit un grand carnage, et tua même leur général.

Tels furent les débuts de l'homme de lettres à la tête de la guerre contre les Parthes.

George. Comme te voilà radieux et triomphant !

Paul. Je dis les faits tout simplement, mais on ne peut s'empêcher de les admirer.

A la nouvelle de la reprise de cette guerre sanglante et interminable, où Crassus venait d'essuyer ce désastre immense qui avait consterné la république, comme plus tard celui de Varus faillit faire perdre la raison à l'empereur Auguste, il n'avait d'abord été question d'envoyer que Pompée ou César en Cilicie, comme les seuls généraux qui pussent protéger les frontières envahies par ces peuples terribles, et rétablir dans l'extrême Orient les affaires de la république. Au lieu de Pompée et de César, c'est Cicéron qui y alla, qui vengea Crassus et rétablit l'ordre.

George. *Ergo*, c'était un général plus capable encore que César et Pompée eux-mêmes !

Paul. Ce n'était pas cela, mais c'était un homme qu'une intelligence étendue rendait propre à tout diriger.

On avait été généralement très-inquiet de voir remettre une pareille mission à un homme de plume. Les amis de Cicéron s'en étaient émus, et l'un d'eux, Papirius Pætus, s'était hâté, dans son anxiété, de lui envoyer des conseils écrits, des préceptes militaires, pour la guerre qu'il allait soutenir. Mais Papirius, ne sachant pas bien, comme c'est l'ordinaire, la situation géographique du pays dont il parlait, avait insisté, paraît-il, assez vivement sur les manœuvres maritimes à opérer dans cette campagne dans l'intérieur des terres et sur les montagnes. Cicéron, qui ne perdait pas l'occasion de placer un mot heureux, même dans les occasions les plus difficiles et au prix des plus grandes inimitiés, répondit gaiement à son professeur : « On » voit que vous avez immensément lu. Ainsi, j'aurai » des navires, puisqu'il n'y a pas de meilleurs esca-» drons contre la cavalerie des Parthes. »

Après le succès brillant que nous venons de voir, notre général attaqua les montagnes, retraite inaccessible d'une nation indomptable qui n'avait jamais subi la loi des Romains. Il y dispersa les bandes armées, fit un très-grand nombre de prisonniers, enleva six forteresses, et dressa son camp à l'endroit même où Alexandre avait campé avant la bataille d'Issus.

GEORGE. Toujours poser!

PAUL. Je n'y vois rien que de tout naturel. Ce grand souvenir historique devait impressionner son âme de poëte.

De là il marcha contre un peuple sauvage et féroce, qu'on n'avait jamais encore osé attaquer dans ses forêts, et qui avait fait alliance avec les Parthes. Il les fit cerner et les réduisit à se soumettre. Puis, il se retira de ce pays ; et bientôt le respect qu'inspiraient les succès qu'il venait d'obtenir porta d'autres peuplades hostiles des environs, entre autres les Tiburaniens, à reconnaître le pouvoir de la république.

L'armée l'acclama triomphateur, et César, lui écrivant, mit en tête de ses lettres : *A Cicéron, imperator.*

GEORGE. Quel railleur que ce César!

PAUL. On peut railler des prétentions, mais des faits, ce n'est guère possible. César eût été aussi mal venu à se moquer des victoires de Cicéron que Cicéron l'eût été lui-même à vouloir rire des *Commentaires* de César.

Il n'est pas difficile de faire comprendre que cette gloire nouvelle de notre philosophe augmenta le nombre de ses ennemis. Caton lui-même refusa d'abord de voter le triomphe en son honneur ; puis, voyant le sénat et le peuple se réunir pour rendre hommage au grand citoyen, qui réunissait ainsi dans sa personne tous les genres de gloire et de mérite, il revint sur son premier vote, et il voulut même, l'austère puritain, que son nom figurât dans le décret qui décernait des *supplications*, des prières publiques, pour les services militaires que Cicéron venait de rendre à la patrie.

Bibulus, commandant en Syrie, au bruit des victoires de notre orateur, ne voulant pas rester au-dessous de lui à cet égard, courut sur l'ennemi, et se fit battre et mettre en déroute.

Cicéron remit ensuite sur le trône Ariobarzane, roi de Cappadoce, ami de Pompée et de Caton, et qui devait, soit dit en passant, de fortes sommes d'argent à Pompée et à Brutus, on ne sait pourquoi. Le roi, comme c'était l'usage, offrit des présents à Cicéron, qui les refusa et lui conseilla d'en employer la valeur à payer ses dettes.

La guerre terminée, il s'appliqua à réformer l'administration despotique de ses prédécesseurs. Il remit les impôts illégalement établis. Il réduisit les frais de procédure. Il refusa les allocations de traitement et de réception qui lui étaient dues d'après l'usage. Il défendit à ceux de sa suite de rien demander ni même accepter dans l'étendue de son commandement, pour quelque genre d'office que ce pût être. Il remit aux propriétaires les biens spoliés par les proconsuls. Il abolit les taxes qui ruinaient les familles, ainsi que l'obligation de loger les troupes.

Les peuples de l'Asie portèrent jusqu'au ciel le nom béni du nouveau gouverneur. Lui, n'en tirant aucune vanité, refusa sévèrement les statues qu'on voulait élever en son honneur. Il avait droit à une somme d'un million de sesterces pour ses frais légaux d'administration. Il refusa de la percevoir et il la fit entrer au trésor public. Si la république n'avait jamais eu que de tels gouverneurs dans les provinces, l'empire romain n'eût pas subi les destinées et les désastres que nous savons.

Son année expirée, Cicéron, pour éviter d'être continué dans cette lointaine magistrature, remit la province à son questeur, et retourna en Italie.

Arrivé à Brindes avec ses faisceaux couronnés de lauriers, suivant l'usage des généraux vainqueurs, il chercha les journaux, pour se rendre compte de l'état des affaires. Il y avait, en effet, à Rome, dès cette époque, des sortes de bulletins politiques, qui sont, incontestablement, la première origine des journaux que nous avons aujourd'hui. Cicéron y vit que Pompée et le sénat ourdissaient des manœuvres contre César, qu'on poussait ainsi à la révolte, et à qui on donnait par là les prétextes qu'il cherchait avec soin et depuis longtemps.

Il se décida à prendre le rôle de médiateur dans le conflit qui allait éclater. Il poursuivait invariablement l'idée de pacifier, de relever, de réformer le gouvernement de la république, comme il venait de pacifier la Cilicie. Malgré les déceptions qu'il avait eues et malgré les justes alarmes qu'il concevait, il ne perdait pas l'espoir de faire servir à ses desseins les grandes influences militaires qui tenaient en main le pouvoir matériel. Ce rôle était d'autant plus le sien que les deux hommes qui semblaient pouvoir disposer à ce moment-là des destinées du pays, se disputaient à la fois l'honneur de posséder sa confiance et son amitié, et se flattaient, chacun de son côté, de l'avoir attaché à leur personne.

Pompée se hâta de courir à sa rencontre. Il eut avec lui de longs entretiens. Il le caressa plus que jamais, le combla de louanges sur ses succès militaires, lui offrit de demander pour lui les honneurs du triomphe, et sollicita enfin presque ouvertement son appui dans la guerre qui allait s'ouvrir contre César. Il méprisait, disait-il, la réputation et les forces de son rival, et au nom de la république, il allait s'opposer à ses desseins. S'il fait un pas, disait Pompée dans sa jactance accoutumée, je l'arrêterai immédiatement.

Mais Cicéron ne prit pas le change. Il n'ignorait pas que Pompée savait plus se vanter que combiner des plans sérieux, et il s'attacha plus qu'auparavant à ses projets de conciliation, à la politique qu'il s'était tracée, de réunir tous les partis dans l'intérêt de la chose publique.

Tout ce qu'il entendit sur sa route, tous ceux qu'il rencontra, tous les amis qui l'allèrent rejoindre, le confirmèrent dans cette idée, qu'il exprima lui-même avec cette netteté qui lui était propre, à savoir, que c'était la tyrannie qui menaçait Rome, quel que fût le vainqueur dans la lutte qui allait s'engager.

Il regardait Pompée comme un incapable, plein de prétentions au-dessus de ses forces; il considérait César comme un fléau près d'éclater sur la société; mais il espérait encore pouvoir rapprocher ce prodige de vanité et ce prodige plus grand d'audace, pour sauver, par leur réunion, la république et le peuple romain.

Quand il arriva à Rome, les deux tribuns Antoine et Cassius, menacés par les Pompéiens, venaient de se réfugier au camp de César. La guerre était déclarée.

GEORGE. Ici, dis-moi quelle est l'origine, la cause intime et effective que tu donnes à cette guerre civile, qui bouleversa le monde entier, et qui eut pour issue dernière l'établissement du gouvernement personnel sur les ruines du régime républicain dans l'antiquité.

PAUL. Pompée, à l'exemple de Sylla, voulait dominer seul dans la république. Après une longue et sourde rivalité avec son ancien ami, son ancien beau-père, son ancien associé au triumvirat, il ouvrit au sénat l'avis d'ordonner à César de licencier son armée des Gaules, s'il voulait venir, conformément aux lois, briguer le consulat, qu'il ambitionnait.

César, de son côté, voulait régner. C'était là la pensée constante de toute sa vie. Il mettait au service de son projet toutes les ressources d'un grand génie. Il arborait adroitement le nom de Marius pour intéresser les masses à son parti. Il avait employé le temps de son commandement au delà des Alpes à mûrir le plan qu'il avait lentement préparé durant toute sa vie. Quand Pompée demanda au sénat le licenciement de son armée, il comprit sans peine le dessein qu'on avait de le désarmer, pour le faire arrêter à Rome comme ennemi public.

Le moment décisif lui sembla venu. Il n'hésita plus, il leva la marche avec son armée.

Pour arrêter son ennemi, qui marchait sur lui, que fit Pompée ? — Il prit la fuite. Sans essayer la moindre résistance, il se sauva en Macédoine ; et pour donner à sa cause les apparences de la légalité, il entraîna avec lui les consuls et ceux des sénateurs qui suivaient son parti.

Quelques-uns d'entre eux se chargèrent de lever des troupes en Italie, et l'on commit à Cicéron la garde de la Campanie, avec le commandement des côtes menacées. Il n'accepta pas cette mission militaire, pour ne pas se déclarer pour un parti contre un autre, avant d'avoir épuisé tous les moyens de raccommodement.

A ce moment Labiénus, lieutenant de César, passa au camp de Pompée, et lui représenta son rival comme un homme perdu, comme un fou, qui tentait un coup de désespoir. C'était *un général sans armée,* dont on allait bien vite avoir raison. Pompée reprit confiance et hâta ses préparatifs, mal combinés et mal dirigés.

César marchait cependant avec cette promptitude et cette vigueur qu'on a revues depuis dans Napoléon, et qui devaient étonner bien plus encore dans la suite, par les soudaines expéditions d'Espagne, d'Égypte, de Syrie et d'Afrique.

Il marchait à grandes journées, et à chaque pas il offrait la paix. Il entrait dans sa politique de mettre ainsi de son côté toutes les apparences du plus profond désir d'éviter la guerre; et son soin le plus constant, dans toute cette marche sur l'Italie, fut d'attirer Cicéron dans son parti, de le persuader, de le convaincre. Il lui expédiait courriers sur courriers. Il le conjurait, il le suppliait de ne pas suivre hors de l'Italie ces fugitifs insensés, qui soutenaient un mauvais citoyen, auquel il avait vainement mille fois offert l'occasion de préserver la paix publique.

Cicéron n'en crut pas un mot; mais il fut d'avis néanmoins qu'il fallait écouter ses propositions.

GEORGE. Rôle bien bizarre et bien équivoque que celui de ton philosophe, ne se décidant ni pour l'un ni pour l'autre, et semblant attendre que la fortune indique son choix, pour l'adopter!

PAUL. Ta réflexion se trouve démentie par toute la suite des événements.

Jamais homme politique ne s'est trouvé dans une situation plus délicate, plus difficile. Il s'agissait du sort de l'empire romain, c'est-à-dire de la civilisation de cette époque. C'était le monde lui-même qui était l'enjeu de la partie qui allait se jouer. Jamais, à aucune autre époque, les destinées d'un plus grand nombre de peuples ne s'étaient vues ni ne se sont vues depuis mises en question comme en ce temps-là, sur un seul point de la terre, et n'ont dépendu, comme alors, d'un conflit politique chez une seule nation et de la querelle privée de deux individus. On ne voit de comparable à cette époque, pour l'importance politique et sociale des événements, que la révolution française de 1789; mais à l'inverse de la dernière, c'était la liberté qui allait périr dans la transformation sociale qui s'opérait à Rome. Ce n'était pas une réforme qui allait se faire, c'était un recul : et le régime de l'autorité absolue allait s'inaugurer dans le monde à l'état de système et de théorie.

A part César et Pompée, qui allaient bouleverser les nations pour leurs intérêts personnels, Cicéron était le premier personnage de cette époque exceptionnelle. Ses lumières, ses travaux, son génie, ses principes, ses vertus civiques, ses opinions libérales, sa vie d'homme d'État, ses aptitudes politiques, ses services immenses dans le gouvernement, imposaient respect à tous les partis et faisaient de lui l'unique espérance de la société.

Chacun des deux adversaires briguait l'avantage d'avoir dans son parti ce nom respectable et respecté Il leur semblait qu'il portait en sa personne la légitimité et le bon droit, et que la fortune devait pencher du côté où il mettrait le poids de ces grandes choses, qu'on ambitionne même dans la violence.

Cicéron sentait toute l'importance qu'avait sa décision en de si graves circonstances, et toute l'influence qu'il allait exercer sur l'avenir de l'humanité.

Ses perplexités furent grandes et cruelles. Que devait-il faire, lui, l'homme de l'ordre, l'homme du droit et du progrès? Devait-il suivre Pompée et les sénateurs, ou bien rester en Italie? La question l'embarrassait. Il ne pouvait se décider, il tremblait de se tromper.

Se rendre au camp de Pompée, c'était se déclarer contre César, et détruire tout espoir de pouvoir conjurer la guerre civile. Retourner à Rome ou rester même en Italie, c'était légitimer par sa présence la criminelle audace de César. Aller en Macédoine, c'était servir les intérêts de Pompée, qui voulait comme César renverser la constitution de la république, et qui, en outre, proclamait tout haut le massacre de tous ses ennemis. N'y pas aller, c'était aider César et se déclarer contre le sénat, contre les consuls, contre le gouvernement régulier, établi d'après les lois. « Je sais bien qui fuir,

» mais je ne sais qui suivre », disait-il en ces moments de cruelle angoisse.

George. Dans cette décomposition complète de la société, si ton Cicéron eût été véritablement un homme politique, n'eût-il pas compris qu'il fallait recourir à un autre système, à un autre régime, à un gouvernement autoritaire et énergique ; et n'eût-il pas dès lors choisi, sans hésiter, celui des deux chefs de parti qui semblait offrir le plus d'habileté et de fermeté pour instituer un nouvel ordre de choses?

Paul. Le régime nouveau qu'il voulait ramener, lui, ce n'était pas celui du despotisme, c'était celui de la liberté légale, aboli de fait depuis Marius. Il ne croyait pas son pays devenu indigne du règne régulier et fécond de la justice et du droit. Il comptait sur le réveil et sur le secours de l'opinion pour restaurer le régime rationnel de la vraie république.

Il avait étudié avec profondeur les diverses formes de gouvernement, les divers expédients politiques qui composent la science de l'homme d'État, et il était résulté pour lui de cette étude une conviction inébranlable, c'est qu'aucun moyen extrême ne peut produire un ordre durable.

Il cherchait le vrai, c'est-à-dire le mieux qui se puisse trouver; et il ne pouvait l'avoir rencontré que dans une forme intermédiaire, la vérité ne se montrant à l'homme que dans ce moyen terme dont je t'ai déjà souvent parlé, et où il est toujours obligé de s'arrêter, puisqu'il s'égare et qu'il se perd dès qu'il tombe dans un extrême ou qu'il se jette dans l'extrême contraire.

Si le pouvoir d'un seul est une iniquité, la domination de la foule est un danger. Si les rois ont opprimé, les multitudes ont massacré. Les premiers ont dégradé les hommes par la misère et par l'ignorance; les autres ne se sont pas contentées de venger leurs souffrances dans le sang des rois, mais elles ont, dans l'aveuglement de leur colère, dépassé même les crimes des rois et détruit dans leur fureur jusqu'aux bases de la société. Un homme tout seul est incapable de faire le bien; une foule livrée à elle-même est incapable d'éviter le mal.

Entre ces deux extrêmes, également dangereux, également détestables, entre Denys de Syracuse et le comité de salut public, il ne peut y avoir qu'un intermédiaire, ressource unique et dernière de l'esprit humain en toutes matières. Or, ce moyen terme dans la politique, c'est ce gouvernement des plus méritants, que tu t'obstines à croire introuvable.

GEORGE. Malgré tout ce que tu as pu en dire, je ne puis m'empêcher d'y voir encore une utopie ou du moins une idée généreuse, je le reconnais, mais qui échappe à la pratique.

PAUL. Cependant la vérité et la raison ne sauraient être impraticables. Cette forme intermédiaire dont je te parle, c'est évidemment celle qu'enseigne la nature, puisqu'elle tient le milieu entre deux erreurs, entre deux non-sens, entre deux dangers. C'est la forme qu'indique l'expérience, puisque c'est le règne de la raison et des lumières qui a produit jusqu'ici les meilleures époques. C'est la forme que démontre la science, puisqu'elle est la combinaison des avantages du régime démocratique, qui a pour objet le bien de tous, et de l'administration monarchique, dont l'unité de vues et l'unité d'action forment l'essence et le principe.

C'est l'honneur, dit Montesquieu, qui est le levier de la monarchie; et quel honneur plus impérieux que le zèle du bien public, pour des hommes éclairés par l'étude et convaincus par le raisonnement! La vertu, dit le même publiciste, est le ressort des démocraties; et où peut-on espérer trouver plus sûrement les sentiments élevés qui font la vertu, qu'en ceux que désigne la confiance publique? L'esprit de corps, dit-il enfin pour se compléter, est le nerf du régime aristocratique; et qui se réunit par des liens plus étroits que ceux qui se rassemblent dans la religion du juste et de l'honnête?

GEORGE. Mais cet esprit de corps, tu l'as reconnu, n'en a pas moins ses inconvénients et ses dangers.

PAUL. Aussi n'est-il point question de cette aristocratie qu'élève la naissance, qui n'est qu'un hasard; ni de celle que crée la fortune, qui n'est point un titre; mais de celle que produit *naturellement* le mérite moral et personnel.

GEORGE. Mais le moyen de l'instituer? te dirai-je toujours. Nous causons dans l'intimité : nos redites ne sauraient avoir rien d'ennuyeux ni de disgracieux.

PAUL. C'est la chose du monde la plus naturelle et la plus facile. Je te l'ai déjà dit de mille manières.

GEORGE. Ou j'ai l'esprit trop lourd pour te comprendre du premier coup, ou ta théorie n'est pas encore suffisamment élucidée, suffisamment justifiée par l'expérience.

PAUL. J'y reviens donc. Si le suffrage universel, qui

est la doctrine politique la plus avancée de notre époque, ne signifie pas l'avénement des capacités au gouvernement, il n'a aucune signification sérieuse, aucune valeur. Le suffrage universel, dans son acception la plus profonde, ne peut être, en effet, que l'application du système rationnel que je soutiens. C'est le *Credo* d'une foi nouvelle, c'est là en effet le mot d'ordre, implicite mais général, des écoles politiques les plus libérales, les plus éclairées : le gouvernement de l'État par les plus capables et les plus dignes, à la place du vieux gouvernement du hasard et de la violence. Ce suffrage universel, que les esprits les plus élevés réclament de nos jours comme le dernier terme du progrès politique des sociétés, ne signifie pas, comme on le croit vulgairement, le triomphe du plus grand nombre, sous le nom de parti libéral, ou démocratique, ou radical, ou socialiste, sur les autres opinions politiques qui se disputent la suprématie; mais le triomphe de l'éternel parti de la raison, seul impartial et seul légitime.

Et ce système, je te l'ai déjà dit, la pratique même l'a déjà consacré; mais sa marche graduelle et insensible dans les pays où il opère, n'a pas eu de ces grandes secousses qui attirent fortement l'attention du monde, et qui eussent montré à tous les yeux l'avénement triomphant d'une idée nouvelle.

La monarchie et la démagogie ont fait leur temps. L'égoïsme aristocratique, plus odieux encore, a fait le sien. Nous assistons à l'aurore d'une idée nouvelle. L'humanité est en train d'avoir un autre Évangile, une autre *bonne nouvelle* dans l'ordre social et politique.

Et c'est la philosophie, le libre exercice de la raison, qui se fait le Messie de ce nouveau dogme.

Je suis obligé, c'est toi qui m'y forces, de te reparler de l'Angleterre, ce pays pratique entre les plus pratiques. Depuis la révolution de 1688, ce régime rationnel des capacités poursuit sans bruit, dans ce pays de la logique et de la réflexion, le cours paisible et bienfaisant de ses succès; et il y réunit, comme je viens de le dire, les avantages divers de tous les autres régimes jusqu'ici essayés dans le monde. En effet, nous y voyons la couronne, dépouillée de tout privilége arbitraire, représenter cette uniformité de vues et d'action qui seule justifie la concentration du pouvoir dans les mains d'un homme. Le parlement, issu en partie de l'élection, en attendant l'établissement d'un mode de suffrage plus étendu, y représente l'élément populaire et ce contrôle public qui est la raison et le but final du gouvernement démocratique. Enfin le ministère, composé des citoyens les plus éminents par l'intelligence et appartenant à toutes les classes de la société, gouverne le pays dans le sens de ses intérêts. Plus de priviléges, plus de préférences; le pouvoir est aux plus capables. Ni rois, ni grands, ni démagogues, ne peuvent exploiter la chose publique à leur profit.

Si de là nous passons aux États-Unis, cette autre Angleterre, plus *positive* encore que la première, nous y trouvons le gouvernement des capacités dans toute sa plénitude, sans restriction et sans mélange. Aucune tradition féodale ou nobiliaire n'y coudoie la démocratie. Jamais, dans aucun pays ni dans aucun temps, le régime républicain n'a été pratiqué sur une telle échelle. Et cependant ce ne sont pas les foules qui y font la loi. L'élection populaire n'envoie au pouvoir que les citoyens les plus capables de diriger les affaires de la république.

GEORGE. Je ne sais si l'exemple est bon, ce pays n'ayant pas encore produit ces hommes de génie et ces grands talents que tu patronnes.

PAUL. Il suffit qu'il ait toujours choisi ses citoyens les plus éclairés, pour que son gouvernement vienne à l'appui des réflexions que nous faisons. Depuis Washington jusqu'à nos jours, non-seulement les ministres, mais les présidents mêmes de la république fédérale ont toujours été pris parmi les plus intelligents et les plus capables de ses citoyens, sans distinction de classe, de profession ni de fortune. Lincoln avait été bûcheron, Johnson avait été tailleur; le président actuel, le général Grant, était tanneur. Ils honoraient leur condition sociale par leurs qualités civiles et intellectuelles, et leurs lumières ont réuni sur eux les suffrages de leurs concitoyens.

Je ne m'égare donc pas dans les brouillards d'une utopie, ou c'en serait une d'une espèce nouvelle, ayant à son appui les expériences les plus concluantes, et ayant déjà produit dans le monde les prospérités les plus splendides, les puissances nationales les plus respectées.

Tu vois donc qu'il n'est pas besoin d'une constitution écrite, comme tu l'as dit quelque part pour me railler, pour mettre en pratique ce que j'appelle le gouvernement des capacités. Il découle naturellement des institutions de la liberté, et il se fait loi dans l'esprit, dans le bon sens, dans les mœurs des peuples.

Le monde est commis à l'intelligence. C'est là une maxime que personne ne peut mettre en doute. C'est la parole, le *verbe*, qui transforme le monde et qui le fait marcher. Et qu'est-ce que cette parole, ce Verbe créateur du livre des Hébreux, sinon l'intelligence manifestée ?

Rappelons enfin la pensée d'un homme qui combattait, lui, toutes les formes possibles de gouvernement, et qui, pour mettre quelque précision à des théories insaisissables, concluait à ce qu'il appelle le gouvernement de la justice. Qu'est-ce que ce vague et nuageux gouvernement de la justice absolue, si ce n'est le règne de l'intelligence et de la raison ?

Ainsi Proudhon, qui demandait l'*an-archie*, qui mettait les questions sociales à la place de toute politique, et qui confondait pour ainsi dire dans une même proscription toutes les formes de gouvernement, a rencontré au bout de sa théorie de l'absence de tout pouvoir, le pouvoir inévitable de la raison, représentée par l'intelligence ; comme aux dernières limites de sa théorie de l'absence de toute religion, il a rencontré ce qu'il appelle l'*absolu*, et qui n'est autre que ce monde spirituel qu'on ne démontre pas au moyen des mathématiques, mais qu'on heurte du front à l'extrême frontière de toutes les sciences.

Dans un pareil ordre d'idées, pour en revenir à Cicéron...

GEORGE. Ce n'est pas trop tôt.

PAUL. C'est à toi la faute. Dans un pareil ordre d'idées et avec de tels principes, il ne pouvait embrasser ni le parti de Pompée ni celui de César. Mais comme sa situation ne lui permettait pas de rester simple spectateur de ce bouleversement de tout son pays, il allait être forcé de se mettre, provisoirement du moins, du côté où se trouvait l'apparence de la légalité. La présence des consuls et des sénateurs semblait faire du camp de Pompée une sorte de refuge de la liberté. Il s'y rendit.

Pompée, répétons-le bien, n'était pas un républicain, tant s'en faut. C'était, au contraire, un de ces patriciens orgueilleux de la lignée politique d'Appius Claudius et de Coriolan; un de ces représentants des noblesses hautaines, comme on en voyait encore au siècle dernier avant 89, et qui appelaient le peuple, dans leur dédain et leur égoïsme, la *gent taillable et corvéable à merci.*

Grâce à sa naissance et au crédit de Sylla, son protecteur, il avait eu, dès sa première jeunesse, d'importants commandements militaires, et il avait remporté de grandes victoires à un âge où les citoyens romains n'obtenaient pas encore les fonctions publiques.

Il avait triomphé de l'Afrique, de l'Espagne, des pirates, de Mithridate, de Tigrane, du roi des Juifs. Une gloire militaire si éclatante et dans un moment où la république, accablée d'ennemis, devait tant apprécier ses grands généraux, lui avait fait, comme on le pense bien, une immense popularité.

Dès la mort de Sylla, son modèle et son ami, il s'était mis à exploiter cette popularité pour arriver au pouvoir sur les traces de ce même Sylla, dont il avait été le confident et le lieutenant.

Inutile d'ajouter qu'il n'avait nul souci des lois, et qu'il n'aspirait au contraire qu'à étouffer ces clameurs des comices et du forum, qu'il ne pouvait considérer que comme de séditieuses turbulences.

Des écrivains appartenant aux divers partis ont porté sur lui le même jugement. Salluste, dont on blâme les mœurs et le caractère, mais dont la sincérité comme historien n'a jamais été mise en suspicion, Salluste nous dit de lui : « Un homme qui, sous une » physionomie fort honnête, cachait l'âme qui l'était » le moins. » Le mot est rude. Mais Salluste, courtisan de César, peut être récusé comme juge passionné quand il s'agit de la cause de Pompée.

Dans ce cas, nous citerons Tacite. Celui-ci, à coup sûr, ne sera pas suspect. Or, voici ce que dit Tacite de Cnéius Pompée, au livre troisième de ses *Annales* : « Pompée, revêtu d'un troisième consulat, fut chargé » de la réformation des mœurs; plus dangereux par » ses remèdes mêmes que n'étaient les maux, le pre- » mier infracteur de ses propres lois, et à qui *les armes* » *ont arraché un pouvoir fondé sur les armes.* »

Nous lisons ailleurs dans le même Tacite, cette fois au livre II de ses *Histoires* : « Tantôt des tribuns fac- » tieux, tantôt des consuls tyranniques, usurpèrent » l'autorité; dans la ville et dans le forum, on attisait » les guerres civiles. Bientôt Marius, le plus obscur des » plébéiens, et Sylla, le plus cruel des nobles, inaugu- » rèrent le pouvoir d'un seul. Après eux, Pompée fut » *plus dissimulé, mais non meilleur;* et depuis, on ne » combattit que pour se donner un maître. »

La grave autorité de Tacite est sans réplique dans

la question. L'austère et généreux historien qui flétrit les tyrans avec tant de vigueur et qui déplore partout la ruine de la liberté, n'a pas un seul mot en faveur du prétendu chef du parti de la liberté. Loin de là, il le désigne lui-même comme la cause première de tout le désastre.

Cicéron jugeait comme Tacite, et il connaissait Pompée encore mieux que Tacite. Il n'était donc pas la dupe de ce gouvernement légitime, improvisé dans un camp par une faction.

César, tout le monde le connaît. Jamais homme dans aucun temps, n'a aussi profondément occupé l'histoire. C'est la renommée la plus éclatante que nous ait laissée l'antiquité. Dans les pays les plus obscurs, on sait ce que c'est que Jules César. Il suffit de le nommer pour réveiller, n'importe en quel lieu, les deux idées réunies de gloire militaire et d'audace politique. Et il a laissé ce nom, étrangement célèbre, à une nouvelle sorte de gouvernement : le pouvoir personnel sans contrôle s'autorisant du vote populaire, la monarchie absolue et démocratique : alliance de mots et d'idées étrange et hardie comme cet homme lui-même!

A la tradition du droit divin il a substitué celle du vote des masses. A côté de la vieille religion des rois désignés par le ciel, il a consacré le principe des rois acclamés par les multitudes. Au droit mystique des Saül, des Romulus, des Stuarts, des Bourbons, il a opposé le droit militaire et populaire des Césars, des Cromwell, des Napoléon. Il a fait à lui seul une révolution dans la foi politique de l'humanité. Mais l'humanité, à son tour, poursuivant la réforme commencée par lui à sa manière, institue de nos jours son principe à elle, sa souveraineté, sa légitimité : le droit exclusif de la raison, représenté alors par Cicéron.

Toutes les littératures et toutes les langues ont des monuments qui portent ce nom de César. On trouve sa vie dans les travaux des grands penseurs de tous les pays et de tous les temps. Grand penseur et grand écrivain lui-même, il a laissé sur ses guerres un livre composé avec le talent le plus complet. Henri IV et Louis XIV ont traduit ses *Commentaires,* pour y chercher les règles de l'art de vaincre et de commander. Un autre souverain a écrit sa vie et a fait de cet homme un prédestiné ayant eu une doctrine à consacrer dans le monde.

On n'a pas besoin de chercher ce qu'il était, ce qu'il méditait, ce qu'il voulait. Il ne prenait pas la peine de s'en cacher. Il voulait tout simplement abolir les lois et se faire le maître. Il se dessinait du reste assez nettement pour qu'il ne fût possible à personne de se méprendre sur ses intentions : dès son entrée à Rome il fit défoncer le trésor public; un peu plus tard, de sa propre autorité, il se fit consul et choisit un ami pour son collègue. Il n'y avait pas moyen d'être plus franc et plus *carré,* comme on dirait dans la langue d'aujourd'hui.

Pompée, doucereux et dissimulé, marchait à ses fins par la corruption des électeurs, par la connivence des sénateurs, par l'alliance des Clodiens, par les grands mots de droit, de liberté, de légalité, invoqués à chaque pas et avec l'astuce la plus pitoyable. Lui, César, commettait le crime à face ouverte.

Seulement, pour chercher à justifier l'attentat devant l'opinion, il prenait le prétexte du bien public; comme s'il n'y avait pas moyen de réformer l'État sans se faire tyran; comme s'il n'était pas plus honorable et plus grand d'employer son génie à pacifier son pays, en maintenant ces droits et ces libertés qui font seuls la véritable grandeur des nations et qui sont indispensables à leur prospérité.

Mais une funeste ambition aveuglait César et l'entraînait. Et il prenait effrontément devant l'histoire toute la responsabilité de son attentat.

Ici comme à l'égard de l'autre, Cicéron savait parfaitement à qui il avait affaire. Et de là, on le comprend sans peine, cette cruelle perplexité entre deux partis également mauvais.

Cependant un secret penchant semblait l'attirer vers ce César, qui, comme Alcibiade, se prêtait à tout et en tout était remarquable. Il se sentait, sans pouvoir l'avouer, une sorte de préférence cachée pour cet homme si heureusement doué, qui ne se contentait pas d'être un grand capitaine et un grand écrivain, mais qui était de plus un orateur de première force et l'un des hommes les plus savants de son époque.

Quintilien dit de César, au dixième livre de son Traité: « S'il se fût entièrement adonné au barreau, on n'op-
» poserait pas d'autre nom à Cicéron. Il a tant d'éner-
» gie, tant de pénétration, tant de feu, qu'il semble
» avoir parlé comme il faisait la guerre : et tout cela
» est encore relevé en lui par une merveilleuse élé-
» gance de langage, qualité dont il était particulière-
» ment soigneux. »

Cette admirable souplesse d'intelligence et cette culture d'esprit si étendue inspiraient à Cicéron une assez vive sympathie pour Jules César, et semblaient lui faire toujours espérer de le ramener à des sentiments dignes d'un bon citoyen.

Il n'avait, d'autre part, qu'une médiocre opinion du caractère et de la valeur personnelle de Pompée, quoiqu'il tînt à cœur de respecter d'anciennes relations, dont le souvenir lui était cher. Il prévoyait que Pompée allait être vaincu ; néanmoins il se rendit à son camp, moins en effet pour suivre son parti que pour partager le sort des dernières apparences de la république, pour protester contre la force.

Mais il hésita longtemps avant de se décider. Pompée, successeur de Sylla, décrétait la proscription en masse de tous ceux qui, même sans être pour César, ne se déclareraient pas ouvertement contre lui. C'étaient l'intolérance et la violence poussées jusqu'à leurs dernières limites. Les patriciens avides qui remplissaient son camp s'adjugeaient déjà les fonctions et les dignités occupées par leurs adversaires. Dans la confiance présomptueuse du succès, ils se livraient aux plus folles dissipations, tandis que leur adversaire marchait sur eux avec vigueur. Pompée se croyait déjà le maître de l'empire : ses allures étaient celles d'un roi, et ses menaces rappelaient Sylla.

George. Je ne puis encore comprendre que tu défasses ainsi à ta façon tout ce que l'histoire nous apprend de ces temps.

Paul. Pour moi, je ne puis m'expliquer pourquoi l'histoire, en présence des faits, s'est obstinée à faire de Pompée et de ses partisans les représentants de la république et des libertés. Les préjugés et l'esprit de parti n'ont cependant rien à voir dans la philosophie ni dans la science.

Pompée fit les démarches les plus pressantes pour attirer Cicéron à Dyrrachium. César, de son côté, lui écrivit lettres sur lettres pour le conjurer de n'y pas aller. Il le supplia de rentrer à Rome et lui donna sa parole qu'il se conduirait d'après ses avis. C'est un des spectacles les plus curieux qu'il y ait dans l'histoire de l'antiquité que cette influence respectée d'un homme de lettres, que se disputent avec ardeur les deux maîtres de l'empire romain. Aucun des deux ne se croyait assez fort si Cicéron n'était avec lui.

César, désespérant enfin de porter Cicéron à se déclarer pour son parti, imagina d'obtenir du moins qu'il ne sortît pas de l'Italie et ne jetât pas du discrédit sur sa cause en se rendant à Dyrrachium. Cicéron lui répondit que sans pouvoir lui rien promettre, il n'hésitait pas néanmoins à reconnaître qu'on avait été injuste envers lui, César, en voulant lui retirer le commandement des Gaules. Il lui fit des louanges sur sa modération, lui conseilla d'y persévérer, et tenta de changer ses idées.

César se hâta de publier cette lettre, et il s'en prévalut comme d'une sorte de reconnaissance de son bon droit.

George. C'était bien cela, à mon avis. Ton Cicéron agissait comme un étourdi. Ses paroles et ses actes ne s'accordaient point.

Paul. Lui seul cependant se conduisait comme un

citoyen, comme un honnête homme. Lui seul voulait éviter la guerre, et il n'abandonna qu'au dernier moment ce rôle de médiateur qu'il avait entrepris.

Mais César ne perdit pas courage. Il alla de sa personne auprès de Cicéron, dans sa terre de Formies. Il épuisa, dans cette entrevue, toutes les ressources de son esprit pour le décider à le suivre à Rome.

Cicéron remercia et refusa. Il ne voulait *rentrer qu'avec la liberté*. Il espérait, par ce refus, amener César à adopter ses vues. César le quitta fâché et même menaçant. Cicéron nous apprend à cet égard qu'il s'est senti content de lui-même. Il avait fait son devoir.

Après ce nouvel échec, César ne désespéra pas. Il écrivit de nouveau à notre orateur. Sa lettre, cette fois, était pleine des instances les plus touchantes, des protestations d'amitié les plus séduisantes. Antoine, stylé par César, écrivit également à Cicéron, et l'alla voir à plusieurs reprises. Célius, autre lieutenant de César, fit aussi des démarches dans le même sens. Ce dernier insinua même adroitement certaines vagues menaces; il laissa entendre, comme en passant, que l'indulgence et la clémence de César pourraient bien se lasser à la fin, s'il ne rencontrait toujours qu'une hostilité si tenace et si mal fondée. « Attendez au » moins, lui disait-il enfin, l'issue de la guerre d'Es- » pagne. N'allez pas inutilement vous perdre dans une » cause déjà perdue. » Un autre négociateur, Curion, alla voir Cicéron de la part de César.

Malgré toutes ces caresses, toutes ces promesses et toutes ces menaces, Cicéron se rendit au camp de Pompée.

George. Il était conduit par une sorte de vanité qui l'attirait du côté où étaient les grands. Car, sans cela, je ne vois pas pourquoi il n'eût pas bravement embrassé la cause de César, qui lui offrait de se conduire à sa satisfaction.

Paul. Mais il savait de reste que César ne tiendrait point parole. En allant en Macédoine, il espérait le contenir et arriver plus tard à une transaction. Il ne pouvait prévoir que toute la question allait se régler à Pharsale d'un seul coup de dés. La situation eût été belle pour un homme d'État comme Cicéron, si cette bataille de Macédoine n'eût pas été si décisive. En contenant l'un par l'autre les deux adversaires au moyen d'habiles négociations, on eût pu relever la république. L'ordre légal eût pu être sauvé par la rivalité même des deux prétendants.

Cicéron avait pourtant auprès de César, Dolabella, son gendre, mari d'une fille qu'il adorait. Il était en outre retenu par une obligation toute personnelle : il devait à César une forte somme d'argent, qu'il n'était pas en mesure de lui payer.

George D'où venait cette dette ?

Paul. De quelque achat probablement. Il est certain d'ailleurs qu'il n'y avait là rien de suspect. Atticus lui prêta la somme, il paya sa dette, et partit enfin pour Dyrrachium.

Son arrivée dans le camp fut une fête bruyante et sembla relever tous les courages. Tout le monde l'entourait, le complimentait, le remerciait. Cependant Caton, n'oublions pas ce trait, voyant les affaires tourner mal à son gré, lui reprocha d'être venu. Il eût été plus sage, lui dit-il, de rester auprès de César pour protéger ses amis, engagés dans le conflit. Il venait mal à propos, lui dit le stoïcien, s'embarquer dans une cause déjà presque perdue par l'incapacité de ses défenseurs.

Cette opinion de Caton fit impression sur Cicéron. La ridicule suffisance de Pompée acheva de l'indisposer. On ne faisait rien de sérieux dans ce camp, où la jactance tenait lieu de tout. Point de conseil, point de combinaison, point d'activité ni de plan d'action. On dirait que l'énergie du héros des Gaules avait paralysé tous les esprits par la terreur, au lieu de leur donner au contraire le ressort qu'il fallait pour y faire face. Chacun cependant se vantait et se pavanait, à l'instar de Pompée, qui, comme le chevalier de Cervantès, était toujours prêt à tout pourfendre.

Indigné de tant d'incurie, Cicéron se mit à les railler, pour les rappeler à la vigilance. Il voulait aussi leur faire sentir qu'il ne s'était décidé à venir parmi eux que pour accomplir un devoir et rester fidèle à une idée. Pompée lui ayant dit une fois : Vous êtes venu bien tard. — C'est encore trop tôt, répliqua-t-il, car jusqu'ici je ne vois rien de prêt.

Mais Pompée aussi voulait faire de l'esprit. Où est donc votre gendre? demanda-t-il une autre fois à Cicéron. — Avec votre beau-père, répondit-il. Un citoyen, arrivant du camp de César, disait avoir laissé son cheval dans la précipitation de sa fuite. Vous avez mieux pourvu à la sûreté de votre cheval qu'à la vôtre propre, lui dit Cicéron. Un Gaulois obtint de Pompée le droit de cité : Il est amusant, ce Pompée, dit Cicéron ; il donne une patrie aux Gaulois, et il ne peut nous rendre la nôtre.

Georges. C'est de la légèreté et de l'inconséquence que tous ces bons mots. Il décréditait la cause qu'il venait d'adopter de son plein gré.

Paul. Il est clair que son but était d'avertir Pompée, qui perdait le temps. Avec l'arme du rire on obtient souvent plus de succès qu'avec les sermons les plus solennels. Mais Pompée était effrayé. L'image de Jules César à la tête des légions des Gaules troublait ses veilles autant que ses nuits.

César faisait comme Achille. Il remportait des victoires incidentes avant la dernière. Il venait de soumettre l'Espagne, en attendant qu'il vînt à Pharsale. Rome épouvantée le nomma consul et dictateur, et il se mit en marche pour la Macédoine. Cicéron parla de paix et d'accommodement, Pompée lui imposa silence : il allait vaincre.

César vint et mit le siège devant Dyrrachium. Dolabella, cela est curieux, écrivit tout de suite à son beau-père de se retirer à Athènes dès que Pompée aurait pris la fuite : la chose, il paraît, ne faisait pas seulement l'ombre d'un doute dans l'entourage de César. C'était César lui-même qui avait indiqué cette retraite de Cicéron à Athènes ; il comptait s'appuyer sur lui après la victoire, malgré sa conduite à son égard.

Un léger échec qu'essuya César exalta au dernier degré la présomption des Pompéiens. Tous ces grands seigneurs, tous ces consulaires, ces triomphateurs, qui avaient suivi Pompée dans l'espérance d'une prompte victoire, commençaient à regretter leurs palais, leurs villas, leurs plaisirs et leur luxe. Ils raillaient leur chef sur sa lenteur, ils l'appelaient un Agamemnon qui perdait le temps, et ils le poussèrent enfin à livrer bataille. Rien n'était encore prêt pour un combat de cette importance, qui devait décider de toute la querelle et qui avait pour enjeu le sceptre du monde.

La question se vida enfin, comme nous le savons. Nous n'avons pas besoin de raconter des batailles; d'emboucher, comme on dit, la trompette épique.

Pompée, battu à Pharsale, se sauva en Égypte, où Ptolémée, son protégé, lui fit couper la tête à son débarquement.

Cicéron, malade à Dyrrachium, n'avait pas assisté à la bataille.

GEORGE. Toujours l'histoire de Chéronée.

PAUL. Tu as déjà suffisamment vu qu'il savait payer de sa personne.

Toutes ses espérances étaient échouées. Pompée n'étant pas seulement vaincu, mais détruit avec son parti, le vainqueur allait imposer sa loi, et désormais il n'y avait plus de place pour la politique d'un homme libéral. C'en était fait.

Découragé, désespéré, il revint en Italie. Antoine lui défendit d'y rester. Un édit de César excluait de toute l'Italie les partisans de Pompée, sans exception. Cicéron fit valoir une lettre de son gendre, qui l'autorisait à venir de la part de César lui-même. Antoine obéit; mais en publiant l'édit d'exclusion, il eut soin d'en excepter solennellement Cicéron, pour le désigner ainsi comme transfuge à ses amis. Ici commence la dernière et la plus funeste de ces haines violentes qu'a rencontrées Cicéron dans le cours de sa vie publique.

A ce moment-là, les vaincus s'étaient divisés en deux parties : les uns avaient gagné l'Afrique, et là, aidés du roi Juba, ils protestaient vaillamment les armes à la main contre la fortune de la journée de Pharsale. Les autres, et c'était le plus petit nombre, il faut le dire à la gloire de ce parti, s'avilissaient aux pieds du vainqueur. Nous trouvons Quintus parmi ces derniers : cet homme oubliait le nom qu'il portait, et poussait la bassesse jusqu'à rejeter sur son frère la cause de la faute dont il demandait grâce. Son fils à lui, Quintus, neveu qu'aimait Cicéron et qu'il élevait lui-même avec grand soin, fit contre son oncle le premier essai des leçons qu'il en avait reçues. Il composa un discours pour l'accuser devant César.

Cicéron dévora ces chagrins. Il écrivit même au vainqueur pour assumer la responsabilité de ce qu'avait fait toute sa famille. Tout l'accablait dans le même moment. Le sort a de ces lâchetés qu'on ne comprendrait que dans un brigand. Il vous frappe à la fois de tous les côtés et déploie l'acharnement d'un assassin. Sa fille Tullie, l'enfant qu'il idolâtrait, vint à ce moment-là se réfugier auprès de son père : son mari, naguère ruiné, maintenant au pouvoir avec les vainqueurs, commettait dans sa charge de tribun les exactions les plus odieuses ; elle ne voulait en partager ni le fruit ni la honte.

Ses affaires privées se trouvaient dans le même moment dans l'état le plus déplorable. Il avait épuisé ses dernières ressources pour apporter à Dyrrachium un subside pour les frais de la guerre. Les profusions de sa femme avaient fait le reste en son absence. Il n'avait pas de quoi suffire aux plus pressantes nécessités de la vie. Voilà où en était réduit l'illustre consul qui avait sauvé la république du massacre, du pillage, de l'incendie, de la destruction. Cela fait penser à Lamartine. Mais Atticus lui vint en aide.

A Rome, au premier bruit de la mort de Pompée, César fut de nouveau acclamé dictateur. Chacun trouvait dès lors qu'il était dans son droit, qu'il avait raison. Quelle savante logique que le succès !

Antoine fut fait maître de la cavalerie, cela signifiait vice-dictateur. Il se mit tout de suite en campagne contre Cicéron. Il avait épousé la veuve de Clodius, et avec la femme, la haine du mari pour notre orateur. Il réunissait ainsi en sa personne toutes les inimitiés contre lesquelles Cicéron avait eu à lutter, à remonter même jusqu'à Catilina.

Accablé jusqu'au fond de l'âme, Cicéron méditait, à Brindes, sur la brutalité des événements. Tous ses plans étaient brisés, tous ses projets étaient détruits. La liberté semblait à jamais perdue, et avec elle, ce règne libéral de la raison qui seul peut donner à une société l'ordre véritable et les vrais progrès.

Les Pompéiens en armes en Afrique parlaient de passer en Italie, et de traiter avec la dernière rigueur ceux des leurs qui les avaient quittés après Pharsale. Cette menace impolitique s'adressait plus particulièrement à Cicéron, qui n'avait pourtant trahi personne.

En Italie même, ses ennemis, exploitant la situation, répandaient contre lui toute sorte d'injures et de calomnies, et le désignaient au vainqueur comme un agitateur incorrigible, dont il fallait au plus tôt se débarrasser.

Cette unanimité d'outrages, il ne pouvait la devoir qu'à l'éternelle envie qu'inspirait seule sa supériorité.

Mais César lui-même, qui loin de songer à le persécuter, se proposait plus vivement que jamais de s'en faire un ami, un conseiller, un auxiliaire, lui écrivit d'Égypte une lettre amicale et affectueuse, et lui envoya en communication toutes les dénonciations de ses persécuteurs. Ce procédé du maître fit impression sur ses ennemis, et modéra l'ardeur qu'ils déployaient.

César revint enfin de ses rapides expéditions d'Orient. Cicéron alla à sa rencontre : il avait à le remercier des attentions personnelles dont il le comblait.

César descendit de cheval à son approche, l'embrassa avec effusion, et marcha longtemps seul avec lui, renouvelant ses protestations et ses offres d'alliance.

Mais Cicéron ne pouvait que subir les faits accomplis; les accepter n'était pas son rôle. Il rentra dans Rome, s'enferma chez lui, s'entoura de ses livres et se mit à attendre des jours meilleurs. Il ne pouvait jamais perdre absolument toute espérance.

A mesure que César s'affermissait par ses victoires, le parti soi-disant républicain se dégarnissait et grossissait les rangs de ceux que la fortune semblait avoir pris sous sa protection. A la nouvelle de la défaite des Pompéiens en Afrique, le sénat se précipita dans des bassesses qu'on n'avait pas encore vues jusqu'à cette époque. César n'était plus seulement un grand citoyen, c'était l'homme envoyé par la Providence pour régénérer le monde romain.

Cicéron, lui, se cachait de son mieux, pour ne rien approuver par sa présence. César cependant se servait de son nom pour donner du prestige à sa politique, et il ajoutait ce nom, sans se gêner, aux édits qu'il envoyait dans les provinces. Des rois, qu'il ne connaissait point, écrivaient à notre orateur pour le remercier d'avoir fait prendre en leur faveur des décisions, dont il n'avait jamais entendu parler.

Alors l'acharnement de ses ennemis, se réglant sur les sentiments du maître, se convertit en respect et en bienveillance. Ceux mêmes du parti vaincu, qui s'étaient déchaînés contre lui avec le plus d'animosité, revinrent à lui et se remirent à l'entourer.

Étudions ici la tactique des partis, et apprécions la valeur de leurs opinions.

César poursuivait Cicéron, pour ainsi dire, de son amitié. Touché à la fin de tant de déférence, il sembla agréer les caresses dont on l'obsédait.

GEORGE. Le succès opérait sur lui comme sur tous les autres.

PAUL. Mais il ne se servit de cette sorte de faveur que pour venir en aide à ceux qui souffraient. Ainsi il obtint de César le rappel de Marcellus, citoyen du plus grand mérite, qui depuis la journée de Pharsale s'était retiré à Mitylène et y portait son malheur avec dignité.

GEORGE. Tu ne diras pas ici qu'il n'a pas flatté.

PAUL. On voudrait, il est vrai, voir disparaître des œuvres de Cicéron ce beau discours *pro Marcello*, qu'il composa pour remercier César. Mais il faut se rappeler qu'il n'agissait pas en cela pour sa propre personne.

C'était en quelque sorte un sacrifice qu'il faisait, en vue d'être utile aux bons citoyens et aux proscrits.

Il plaida ensuite pour Ligarius, autre Pompéien, que César semblait détester et dont il ne voulait jamais qu'on parlât devant lui. Le maître résista, mais l'orateur fut si éloquent que César se rendit et pardonna.

Cependant ces relations avec le pouvoir inquiétaient sa conscience de philosophe et de citoyen. Il cherchait parfois à s'en excuser : « Quand le sage, » dit-il, a fait tout ce qu'il devait faire et qu'il n'a » pas pu réussir, il n'a pas à lutter sans espoir con- » tre la force des choses. » Il s'en justifiait surtout en obsédant César du conseil incessant de rétablir la république, d'employer son pouvoir, maintenant que la paix était obtenue, à faire refleurir la grandeur romaine à l'ombre des lois et des libertés. Il insistait sans cesse pour lui faire entendre que s'il importait d'arrêter à la fois les intrigues des grands dans le sénat et la turbulence du peuple dans le forum, il n'était pas moins important et moins urgent de remettre aux bons citoyens l'administration de la république, d'inaugurer enfin un gouvernement intelligent et libéral, pour sa propre gloire, à lui César, et pour le bonheur du peuple romain.

GEORGE. Tu y vois le rôle d'un de ces opposants qui se rallient enfin au pouvoir devenu solide, pour opérer, sous sa protection, l'alliance de l'autorité et de la liberté ?

PAUL. J'y vois, en tout cas, un rôle honorable, et le seul qui convienne au bon citoyen en de pareils temps.

D'ailleurs, à la même époque, et comme pour interrompre la prescription, Cicéron écrivit son *Éloge de Caton.*

George. Il ne pensait donc pas comme toi à l'endroit du citoyen inflexible qui venait de mourir pour protester par son sang contre la violence et le succès.

Paul. La perspective, dit quelque part Lamartine, est la principale condition du jugement de l'histoire. Cicéron était trop près des événements pour en bien discerner tous les détails. Mais le nom de Caton était pour tous le symbole même de la liberté. Admirons donc le courage de celui qui osa prendre sa défense en un tel moment. Cicéron fit une apothéose à son ami. Ce coup d'audace inattendu produisit la plus vive impression. L'attention publique se détourna des affaires pour ne s'occuper que de cette hardiesse extrême et périlleuse.

César, nous ne l'ignorons pas, avait aussi une plume exercée, et il aimait assez à s'en servir. Il annonça qu'il allait répondre. En attendant qu'il en eût le loisir, et comme l'écrit de Cicéron faisait trop de bruit, un de ses secrétaires et amis intimes, Hirtius, composa une réfutation sous forme épistolaire, mais où l'on remarqua, avec surprise, que Cicéron était traité avec grand respect. C'est le même Hirtius qui a écrit, depuis, ces relations des campagnes de César en Égypte, en Afrique, en Espagne, qui font suite aux *Commentaires,* et qu'on attribue d'ordinaire à César lui-même, malgré la différence de la composition et du style.

César enfin répondit lui-même. Il publia son *Anti-Caton.* Il réfuta l'un après l'autre les divers points du panégyrique de Cicéron; en donnant toutefois à ce dernier les louanges les plus flatteuses. « Cicéron, dit César dans son livre, est supérieur aux plus grands des Romains, même aux plus illustres des triomphateurs, parce qu'il y a plus de gloire à reculer les limites du génie que celles de la république. »

Ainsi César se défendait dans la presse, permets-moi le mot, comme si de nos jours un souverain réfutait lui-même ses adversaires politiques dans les journaux. C'est un spectacle bien digne d'intérêt que cette lutte littéraire et politique entre le maître de l'empire romain et un libre penseur faisant opposition à son gouvernement, dans un temps où les questions ne se décidaient que par le sabre.

Il est vraiment curieux d'entendre un homme qui dominait par la force déclarer le génie supérieur à la force, reconnaître officiellement pour ainsi dire la souveraineté de l'intelligence, et publier lui-même qu'il est plus honorable et plus utile d'élargir l'horizon de l'esprit humain que de conquérir des royaumes et d'asservir les hommes à la tête des armées.

Ainsi nous voyons Cicéron tout seul, dans toute l'étendue de l'empire romain, et quand tout le monde courbait la tête, protester encore contre l'usurpation. Lui seul osait réclamer.

Pendant longtemps il ne fut question à Rome que de ces deux écrits de César et de Cicéron. Tout s'effaça, tout se tut devant ce débat. Chacun discutait pour ou contre, suivant la nature de ses opinions, dans cette question où il s'agissait d'un philosophe et d'un homme politique jugé, d'un côté, par le chef de la littérature latine, et de l'autre, par le chef lettré de l'empire romain.

Après cette protestation courageuse et éclatante, Cicéron reprit le cours de ses travaux littéraires et produisit, dans sa retraite, les plus belles compositions qu'il nous ait laissées. Il fit ce traité *De oratore,* que nous lisons avec tant d'admiration, et qu'il considérait lui-même comme ce qu'il avait fait de meilleur et de plus beau.

Il fit ensuite son traité de la *Consolation,* à l'occasion de la mort de sa fille Tullie, moins encore pour se consoler que pour consacrer la mémoire de l'enfant bien-aimée qu'il venait de perdre. Cette perte cruelle le désespérait : il semblait à jamais dégoûté de la vie.

GEORGE. Cœur de femme, exagérant la douleur comme la jouissance! Comment faire face aux rudes difficultés de la vie publique quand on a une âme si propre à pleurer, quand on ne sait pas accepter les arrêts du sort et les braver même au lieu de se plaindre?

PAUL. Je ne croirai jamais qu'il soit nécessaire d'être insensible, de cesser d'être un homme, pour devenir un homme politique. Le cœur ne peut nuire à rien. Il n'y a pas de théorie ni de stoïcisme qui puisse faire mieux que la nature. C'est parce qu'il avait du cœur qu'il aimait la gloire et qu'il consacrait sa vie au bien public.

Cependant, dans l'excès même de ses chagrins, il s'enfonça plus avant dans ses études. Il se mit à vulgariser les doctrines métaphysiques et les sciences abstraites, nées dans la Grèce et assez étrangères à Rome jusqu'à ce temps-là. C'était, dans sa pensée, servir encore son pays, ne pouvant plus le servir, comme auparavant, dans la vie active.

Il écrivit beaucoup à cette époque. Les *Tusculanes*

et le traité *De finibus* sont de cette date. Mais ce nouvel éclat littéraire et philosophique ralluma de plus belle l'envie de ses ennemis. On le dénonça à César comme un conspirateur habile qui cachait des projets contre le gouvernement.

Son neveu Quintus, ce dégoûtant jeune homme que nous avons déjà vu après Pharsale, le désigna à César comme un *irréconciliable*.

César semblait y prêter l'oreille, et la chose prit de telles dimensions que les amis de Cicéron, voire même Brutus, lui conseillèrent vivement d'écrire au chef. Il se décida à faire une lettre, mais comme il remarqua, en la relisant, qu'il y renouvelait trop vivement les exhortations pour le rétablissement de la liberté, il crut plus sage de la déchirer.

Ces bruits publics sur les plans secrets de Cicéron purent d'autant plus s'accréditer qu'à ce moment-là même on semblait remarquer un certain réveil de l'opinion. L'étoile de César semblait pâlir.

A son retour d'Espagne, où il venait de porter le dernier coup à ses ennemis dans la sanglante bataille de Munda, les acclamations ne l'accueillirent pas comme de coutume. On rencontrait dans les rues des fronts rêveurs et sombres. On ne parlait pas, on était triste, on semblait inquiet. On ne voyait plus le même entrain, la même gaieté, le même enthousiasme dans les cirques et dans les théâtres; toutes choses de mauvais présage en de certains temps.

Cicéron ne s'intimida pas. Il prit la défense de Déjotarus, roi de Galatie, accusé par son propre fils d'avoir voulu faire assassiner César. Il plaida la cause et la gagna. Encore mauvais signe : le tribunal qui avait jugé n'avait pas eu peur de déplaire au maître.

César voulut tout épuiser pour parvenir à s'attacher cet homme, si puissant par sa parole, si influent et si dangereux par cette attitude de protestation qu'il gardait aux yeux de la république. Il alla familièrement chez Cicéron à la campagne. Il y passa toute une journée. Il voulait paraître son intime ami.

Nous avons une lettre charmante de Cicéron, où il raconte à Atticus cette royale visite : comment on n'y causa que littérature, comment César, sans émotion, écouta la lecture de certains vers de Catulle, peu flatteurs pour le souverain; comment il prit, comme d'ordinaire, son vomitif avant le dîner; comment le repas fut corsé, comment César et sa suite y firent honneur. Enfin, dit Cicéron avec l'enjouement habituel de son esprit, César n'est pas un hôte qu'on puisse prier de revenir; c'est assez d'une fois.

GEORGE. Il paraît quelque peu fier de cette visite.

PAUL. Cicéron sentait trop bien ce qu'il valait pour croire que personne pût l'honorer. Il n'y a sur la terre que deux véritables supériorités : le génie et la vertu. Il l'a dit lui-même assez souvent.

On était à la veille de l'événement. César était arrivé au plus haut degré de sa grandeur, et par cela même il devait tomber. Après l'action, la réaction; c'est une loi générale et infaillible. L'opinion s'éloignait de lui, après l'avoir porté jusqu'au rang des dieux.

Son pouvoir était à son comble. Il avait le titre de dictateur à vie. On l'avait proclamé père de la patrie. On l'avait reconnu maître absolu de l'empire romain.

On avait même fait une loi, cela fait frémir, pour lui accorder un droit absolu sur toutes les femmes de la ville de Rome. On avait institué toute une religion en son honneur. Ce n'était plus un homme, c'était un dieu ; ce n'était plus Caius César, c'était Jules, le propre fils de Vénus, comme autrefois Alexandre était devenu le fils d'Ammon. On lui avait élevé un temple ; et un collége de prêtres, comme les flamines du Quirinal, avait été formé pour desservir les nouveaux rites du culte des Jules, héritiers d'Énée.

On avait mis sa statue parmi celles des rois, et Antoine, on ne se gênait plus, avait officiellement proposé de lui offrir le sceptre et la couronne. Mais César, contrarié du silence qui avait accueilli la motion, moins énorme pourtant que tant d'autres déjà agréées, s'était fait un mérite de refuser un titre dont il avait en fait toute la puissance.

Il se croyait affermi au pouvoir et inébranlable. Il croyait avoir répandu sur l'empire tant de bienfaits, qu'il en était devenu inviolable et comme sacré. Il avait réformé le calendrier, il avait simplifié et complété la législation, il avait fait dresser des cartes et des statistiques de toutes les provinces, il avait réuni à Rome avec un soin d'artiste toutes les statues, tous les tableaux, toutes les pierres précieuses, tous les vases ciselés, tous les chefs-d'œuvre des arts épars dans le monde ; il avait formé, avec l'aide de Varron, une bibliothèque immense, où rien ne manquait ; il avait fait lui-même de nombreux ouvrages sur l'astronomie, sur les religions, sur les lettres, sur l'histoire, sur la grammaire ; il avait renouvelé les lois somptuaires ;

il en avait fait d'autres pour favoriser le mariage, en vue d'accroître la population; il avait réglé les affaires du commerce et réformé l'assiette de l'impôt.

A ces titres divers, il se croyait un homme providentiel et placé à tout jamais à l'abri de l'ingratitude et de la haine. Tranquille donc sur l'avenir, il se préparait à partir pour l'Orient, où les Parthes ne cessaient d'insulter la république par les invasions les plus audacieuses.

Il pourvut aux soins de l'administration pour tout le temps de son absence, et il en chargea des amis sûrs, qu'il nomma consuls à cet effet.

Il était loin de se douter que le sort avait pris d'autres décisions. C'est ainsi que les prospérités s'écroulent juste au moment de leur sécurité la plus complète.

Tout était réglé, tout était prêt pour cette campagne, qui devait mettre le comble à la gloire du maître. César allait partir, confiant et satisfait, quand il fut tué dans le sénat.

Il y avait déjà longtemps que le coup se montait en silence.

George. On disait donc vrai quand on dénonçait Cicéron comme conspirateur.

Paul. Cicéron n'ignorait pas qu'une révolution se préparait, mais il ne savait rien de l'assassinat. On connaissait la droiture de ses sentiments, et on ne l'eût jamais cru capable de consentir à un coup de ce genre. Le régicide, quoi qu'on en dise, ne sera jamais que l'assassinat.

On doit avoir le courage de s'opposer à la tyrannie

en réveillant l'opinion par la parole, ou en lui déclarant la guerre à force ouverte; mais assassiner ne sera jamais un acte honnête et légitime. En quelque état de cause que ce puisse être, surprendre un homme par derrière ou l'envelopper dans un guet-apens, sera toujours une lâcheté et une action de mauvais exemple. Ce n'est pas seulement frapper un homme, c'est attenter à la morale.

Admettre le meurtre en politique et sous le nom de régicide, c'est distinguer dans l'homicide, c'est faire de la subtilité dans le sang humain, c'est livrer la société elle-même à tous les hasards des coups de main.

Ceux qui ont tué Jules César le despote, à Rome, ne sont pas moins des meurtriers que ceux qui ont poignardé Henri IV, l'ami du peuple, à Paris. Ils avaient droit de vouloir renverser la tyrannie; mais ils étaient magistrats, sénateurs, ils auraient dû protester ouvertement, au nom de la loi; ou bien tenter le sort des armes: révolutionner la capitale, ou se rendre dans une province, soit en Espagne, soit en Asie, et de là, marcher sur le tyran. Les populations eussent pu grossir leurs rangs sur leur passage, et la question eût été vidée à ciel ouvert, en toute loyauté.

Il n'y a pas deux morales parmi les hommes: l'une pour la vie privée, l'autre pour la politique. Et tel qui invoquerait aujourd'hui la farouche doctrine du meurtre politique, pourrait bien demain en tomber victime. Il suffirait, en effet, qu'un ennemi jugeât expédient de vous mettre à mort pour qu'il espérât justifier son fait par l'excuse de la politique.

Si vous vous croyez en droit de tuer aujourd'hui par

surprise un usurpateur, demain les partisans de cet usurpateur se croiront également en droit de tuer, de la même manière, le chef légitime de la république. Où en serait dès lors la société?

GEORGE. Mais il y a des tyrans qui s'installent si bien qu'il n'y a guère moyen de les attaquer, comme tu le dis, à ciel ouvert.

PAUL. Il faut savoir, dès le principe, défendre le droit, et ne rien accepter en dehors du droit. Il ne faut pas commencer par adorer la force pour en venir enfin à la ressource du meurtre.

Mais les conjurés ne pensaient pas ainsi. Ces temps-là non plus n'étaient pas les nôtres. La civilisation de l'antiquité n'avait pas l'esprit qui anime notre siècle. La ruine de toutes les garanties, le mépris de toutes les traditions, l'anéantissement de toutes les lois politiques, l'exagération d'un pouvoir menaçant, l'humiliation d'obéir sans réplique à un maître impérieux et absolu, le projet déjà deux fois manifesté de revêtir le manteau des rois, avaient réuni quelques citoyens dans l'idée commune de détruire la tyrannie en détruisant le tyran.

Le principal chef de la conjuration, Brutus, rappelait, par son nom, un événement analogue de l'histoire romaine, et semblait présager ainsi le succès du complot.

Ils surent, contre l'ordinaire, tenir secret ce périlleux projet; et le jour des ides de mars, date célèbre et devenue proverbe, ils entourèrent César au sénat sous prétexte de demander une grâce, et le frappèrent de vingt-trois coups de poignard.

Cicéron était à la séance. Il vit tomber l'autocrate, à son grand étonnement. Les conjurés, comptant fermement sur lui, se hâtèrent d'acclamer son nom immédiatement après le coup. On ne pouvait rien faire dans l'empire romain sans recourir à l'influence de ce nom.

Du sénat ils coururent au forum, mêlant toujours le nom de l'orateur aux cris d'enthousiasme qu'ils poussaient, pour rallier le peuple. De là, l'accusation portée contre Cicéron d'avoir pris part à ce complot et à ce meurtre.

Cependant, Cicéron accepta le fait accompli, et il se mit en train d'en tirer parti dans l'intérêt de la république.

George. L'accepter, c'était l'approuver.

Paul. Parce que César était tué, fallait-il abandonner la chose publique? Cicéron n'avait-il pas fait tout son possible pour ramener César aux principes du droit et à la raison? L'unique opinion politique de notre orateur n'était-elle pas le bien public? Devait-il négliger cette nouvelle occasion de réaliser les plans qu'il avait mûris durant toute sa vie?

César mort, les conjurés, au lieu de constituer immédiatement et avec vigueur le gouvernement qu'ils avaient en vue, s'effrayèrent de leur propre audace. Ils perdirent contenance devant le peuple, et ils semblèrent s'intimider au milieu des soldats de César, réunis à Rome pour la guerre d'Orient.

Ils se sauvèrent pour ainsi dire du forum, et ils coururent au Capitole, comme pour se mettre sous la protection des dieux. Ils avaient l'air de coupables demandant grâce, et ils enhardissaient ainsi leurs ennemis dès le premier moment.

Cicéron, lui, le *rêveur*, voyant cette hésitation et cette faiblesse, qui allaient tout perdre, réunit en hâte les sénateurs et les conduisit au Capitole auprès des conjurés.

Il dessina nettement la situation; il fit voir à ces hommes politiques, à ces hommes pratiques, la faute qu'ils avaient commise en frappant César sans...

GEORGE. Sans avoir aussi frappé ses amis?

PAUL. Sans les avoir du moins fait arrêter et mettre en lieu sûr.

GEORGE. Il prêchait donc de nouvelles violences?

PAUL. N'est-ce pas toi qui dis que ces sortes d'hommes n'entendent rien à la politique?

Si en ce moment-là il se fût mis à prêcher philosophiquement la confiance, la fusion et l'oubli, tu l'eusses traité d'endormeur et d'incapable, et infailliblement tu l'eusses accusé, lui seul, d'avoir fait manquer la révolution.

Mais il recommande l'énergie et la vigueur, mais il agit en homme *pratique*, en homme *positif*, comme tu le veux, et c'est toi-même qui oses le blâmer!

Ici donc et encore une fois, le théoricien, le philosophe, le rêveur, te ferme la bouche.

Il représenta vivement à l'assemblée que si l'on ne prenait immédiatement des mesures révolutionnaires, les principaux lieutenants de César ne tarderaient pas à crier à l'assassinat et à rallier le peuple à leurs intérêts.

Antoine surtout, comme il voyait clair! occupait sa pensée, et il le désigna nommément comme le futur auteur de la réaction qu'il prévoyait. Sur ses avis, on délibéra, et il fut résolu que le peuple serait convoqué. Il fallait, dit-il, un plébiscite pour légitimer ce qui venait de se passer.

Ce fut Brutus qui parla au peuple. Brutus était orateur, et possédait même assez de talent. Il réveilla les vieux souvenirs de la liberté, il agita devant la foule l'image de la patrie longtemps asservie et humiliée, il exhorta le peuple à conserver désormais ses droits reconquis et à les défendre contre les partisans de la tyrannie.

Le peuple applaudit, comme il fait toujours. Il approuva tout, selon son habitude, prêt à applaudir, à approuver également Antoine le moment d'après.

Mais Cicéron n'en fut pas la dupe. Il y voyait clair, ce faiseur de livres, cet utopiste. Il ne prévoyait pas seulement la réaction, il la voyait devant lui, prête à profiter de la première occasion pour se montrer. Il se donna toute l'activité que commandait la situation. Il ne se permit pas une heure de repos; il épuisa tous les arguments, toutes les remontrances, pour décider Brutus et Cassius à convoquer le sénat à l'extraordinaire. Il voulait faire rendre, dans la chaleur des premiers moments, un sénatus-consulte énergique qui fixât Rome et les provinces sur la portée politique de l'événement qui venait de s'accomplir. Il voulait associer ainsi tout l'ordre des sénateurs à la révolution, et engager tout le monde dans une étroite et commune solidarité.

Mais les conjurés, au milieu des périls d'une révolution non encore acceptée, invoquèrent les formalités. C'était, dirent-ils, le droit exclusif des consuls de porter des décrets devant le sénat. Le consul, c'était Antoine. Ainsi ces hommes d'État ne croyaient pas devoir s'abstenir d'observer les formes, après avoir mis à mort le chef de l'État, sans les observer.

Cicéron n'en revint pas. Ce n'est pas lui, à coup sûr, qui était le platonicien en cette circonstance. Il fit tout ce qui était en son pouvoir pour ouvrir les yeux à ces *hommes d'action,* qui perdaient la tête au milieu de l'action. En vain il s'efforça de leur faire entendre qu'il fallait des mesures extraordinaires pour assurer le rétablissement de l'ordre légal....

GEORGE. Qu'il fallait *sortir de la légalité pour rentrer dans le droit.*

PAUL. Qu'il fallait se plier aux circonstances où l'on se trouvait, et sauver la liberté par l'énergie.

Eux, lui parlèrent toujours des formalités et des usages; c'était ridicule. Ils lui dirent même, avec la naïveté la plus touchante, que Marc-Antoine pouvait bien n'être pas l'homme qu'il redoutait, et qu'en caressant son amour-propre, on pourrait le ramener à de bons sentiments. Cicéron sourit de pitié.

Il savait par expérience qu'on ne convertit pas les partis politiques, et que plus on fait de concessions à ses adversaires, plus ils espèrent et prennent d'audace. Quand il s'agissait du gouvernement, il laissait les rêves et les abstractions à ceux-là mêmes qui se vantaient de n'être pas des hommes de phrases, et qui s'intitulaient hommes *positifs*, suivant ton mot. C'étaient eux qui argumentaient dans le vide, c'était lui qui voulait agir suivant la nature des circonstances et suivant les hommes qu'on avait en face.

L'avis de Brutus l'emporta. Le sénat prit confiance en Antoine. Plusieurs des sénateurs, on le comprend bien, avaient intérêt à laisser des chances aux Césariens. On se décida donc pour les civilités et les transactions ; et bientôt Antoine se révéla.

D'abord effrayé, il s'était caché ; mais quand il eut vu les conjurés trembler eux-mêmes dans leur succès, il se rassura et reparut. Plus habile que ses ennemis, il parlementa avec le sénat, revendiqua ses droits de consul, et jura par ses grands dieux qu'il ne désirait que s'entendre avec les Pères conscrits pour restaurer le gouvernement républicain.

On se félicita, on s'embrassa, on fit, durant deux jours, assaut d'effusion et de courtoisie.

Antoine, tout à fait remis, convoqua le sénat officiellement, et prononça un discours fort adroit sur la nécessité de la concorde. Cicéron le regardait du coin de l'œil : il prit la parole après le consul pour proposer un décret d'amnistie en faveur des conjurés et de leurs amis. Il fallait déjà parler d'amnistie. Le sénat rendit le décret : c'était implicitement la ratification de la mort de César. Cicéron, en ces moments-là, était l'incarnation de la défiance.

Vois-tu le rêveur dans la politique?

GEORGE. Nous ne savons pas encore si ce n'est pas cette exagération de la défiance qui a amené les événements que nous allons voir surgir.

PAUL. Je le vois avec peine pour toi, tu commences à t'embrouiller, à te contredire, et tu défends ma cause à ton insu.

Brutus, Cassius et leurs amis avaient eu peur de se

rendre au sénat. Déjà leurs hésitations produisaient leurs fruits. De menacé qu'il était, Marc-Antoine était déjà devenu menaçant, et pardonnait. Ils n'en avaient pas cru notre philosophe, et ces hommes *pratiques* s'étaient figuré qu'ils auraient pu accomplir une révolution de cette nature en laissant au gouvernement les partisans, les créatures du régime impérial. Tout le monde eût crié au poëte si c'eût été Cicéron qui eût commis cette naïveté d'enfant, cette absurdité.

Enfin nos révolutionnaires, toujours réfugiés au Capitole, se décidèrent à en sortir sur les assurances de leur ennemi. Antoine fit plus, il leur offrit son fils en otage, pour les convaincre de ses sentiments et les envelopper à l'aise dans le piége qu'il leur tendait.

Antoine devint un homme adorable. Il n'était bruit que de sa grandeur; son patriotisme n'avait pas d'égal. Cassius alla voir Lépide. Brutus soupa chez Antoine. La ville battit des mains. La paix et les lois étaient rétablies.

Si bien rétablies, que Lépide, sans bruit, réunissait à Rome dans le même moment les troupes avec lesquelles César allait l'expédier en Espagne; si bien rétablies et raffermies, que Marc-Antoine maria en hâte sa fille à Lépide, l'associa ainsi à ses desseins, et le fit partir pour l'Espagne sous prétexte d'aller y mettre l'ordre, mais pour s'y tenir prêt à seconder, à la tête des légions, le grand coup que lui, Antoine, allait frapper à Rome, dès que le moment en serait venu.

Loin de là, si Cicéron eût été écouté, déjà un gouvernement régulier eût pu être fondé sur les ruines du trône de César. Mais il était seul à faire entendre la voix du bon sens ainsi que celle de l'énergie. Si Caton, au lieu de se tuer en Afrique, eût réfléchi comme doit faire un sage en toute occasion, il se serait conservé pour l'avenir. Sans subir la loi du vainqueur, il eût pu, à la mort de César, aider Cicéron du crédit de son nom. Et n'est-il pas permis de croire que les efforts réunis de deux citoyens de cette influence et de cette valeur eussent empêché le jeune Octave de recueillir jamais l'héritage de son oncle?

George. Ainsi Caton valait quelque chose?

Paul. Je ne t'ai jamais contesté son indomptable fermeté d'âme et l'énergie de son caractère.

Mais Cicéron était tout seul. Antoine recrutait en silence les anciens meneurs du parti de César. Ceux-ci, sans faire de bruit, chuchotaient tout bas dans les masses, et reprochaient l'oubli du nom de César. César, disaient-ils partout, n'avait jamais régné que pour le peuple.

Ces propos secrets faisaient leur chemin. Le pouvoir d'Antoine s'affermissait, et les conjurés réfléchissaient.

Alors Antoine fit le premier pas : il demanda et obtint un décret donnant force de loi aux actes de César. C'est ce décret qui va faire le reste. Chaque fois qu'on voudra disposer de la chose publique, il suffira d'apposer à un bout de papier le sceau de César, et voilà une loi. Antoine en usera comme Mahomet publiant les versets du Coran sous l'inspiration de l'ange Gabriel, au fur et à mesure qu'il en a besoin.

Puis il fit passer un second décret, accordant des récompenses aux vétérans de l'armée des Gaules. Cet homme marchait avec habileté.

Enfin il obtint un troisième décret, celui-ci bien caractéristique, décernant des funérailles somptueuses en l'honneur de César. Il avait enfin atteint son but : c'est au milieu de ces funérailles qu'il devait jeter le masque, et demander au peuple, excité de longue main, la vengeance de son protecteur assassiné.

Il avait clandestinement rassemblé à Rome une multitude de gens suspects, de repris de justice, d'hommes de main de toutes conditions, d'étrangers de toutes nations, parmi lesquels beaucoup d'Israélites, qui devaient donner le signal de la réaction. Les Juifs avaient adopté le parti de César, en haine de Pompée, qui avait saccagé Jérusalem et le temple.

Aussitôt qu'Antoine eut agité devant la foule émue la robe de César couverte de son sang, ses acolytes, à ce coup de théâtre habilement monté, se ruèrent sur les conjurés, pris dans le piége comme des enfants. Mais Antoine faisait les choses avec méthode, et il ne pensait pas le moment venu de les faire tuer. Il se donna le mérite de les protéger, et ils purent se sauver, grâce au consul.

GEORGE. Mais est-il bien exact que des hommes de cette trempe aient joué le triste rôle de dupes que tu leur prêtes?

PAUL. Relis chacun des récits qui nous en restent, mais relis avec soin, et tu y trouveras les choses comme je les dis.

Ainsi éclairés sur leur situation, nos révolutionnaires regrettèrent, mais un peu tard, d'avoir négligé la politique de Cicéron. Ils demandèrent au sénat une garde pour leur sûreté. Ce fut Antoine qui leur répondit. Il leur fit dire qu'une garde quelconque ne pourrait rien contre la colère du peuple et de l'armée. Ils étaient pris pieds et poings liés. Ils eurent à peine le temps de prendre la fuite comme des malfaiteurs. Ils se dispersèrent de tous les côtés, qui à Lanuvium, qui en Asie, qui dans la Gaule.

Mais Antoine n'avait pas encore toutes ses batteries prêtes, et il ne voulait pas, lui, faire de faux pas. Il fit un chef-d'œuvre de machiavélisme, si cet anachronisme peut être permis. Il proposa un décret portant abolition de la dictature. Il voulait par là rassurer les provinces et détourner en même temps les conjurés de l'idée de s'en emparer. Il ne parlait que de la liberté, des lois, de l'excellence de la république. Il parlait même avec affection de Cassius et de Brutus.

L'enthousiasme des citoyens n'eut point de bornes. Le peuple acclama Antoine comme un sauveur, et on lui donna, sur sa demande, une garde personnelle de six mille hommes.

Mesurons d'ici en deux mots le chemin parcouru par cet homme habile, par cet élève de Jules César, depuis la mort de son maître : il craignait d'abord pour sa vie, et le voilà chef absolu du gouvernement.

Voyons, d'autre part, la route suivie par ses ennemis, dont l'histoire vante l'énergie, et qui perdaient à tout jamais par leur faiblesse la cause de la république et de la liberté : ils avaient eu en main le sort de l'empire, ils l'avaient laissé retomber aux mains d'un autre despote, celui-ci pire encore que le premier, et les voilà fuyant sans but comme des désespérés et des étourdis.

Ce n'était pas la peine de faire tant de bruit. Il eût

mieux valu laisser mourir César de sa belle mort ou chez les Parthes, et réserver à des hommes plus capables le soin de relever la république, comme on avait pu le faire après Sylla.

Cicéron, indigné, s'éloigna de Rome.

GEORGE. Il commençait à s'alarmer.

PAUL. Tu verras plus loin s'il avait peur. Il se plaignait avec dégoût de l'impéritie de ces hommes sans tête, qui, après avoir tué le tyran, avaient conservé la tyrannie, qu'on eût pu déraciner dès le même jour.

Antoine se mit à lui écrire. Il ne pouvait jamais cesser d'être l'homme qu'il fallait ou gagner par les caresses ou anéantir par la proscription. Comme César et Pompée l'avaient obsédé de leurs protestations, Marc-Antoine et Octave Auguste devaient s'appliquer à capter sa confiance. Il était à lui seul une légitimité. Il était le secours que chacun voulait obtenir, ou l'obstacle qu'il fallait supprimer. C'était la plus haute et pour ainsi dire la seule influence morale de la république. Lui seul savait dépister les malfaiteurs et diriger l'opinion publique.

Antoine ne redoutait que lui. Il faisait peu d'état de Cassius et de Brutus, hommes d'action et hommes de guerre; il ne craignait que Cicéron, homme de parole et de pensée. Il était parvenu à tromper tous les autres; jamais il n'avait échappé à la pénétration de celui-là.

Aussi ouvrit-il la campagne par le siége de Cicéron. Il lui écrivit la lettre la plus respectueuse et la plus aimable. Il lui fit les plus chaleureuses protestations de dévouement, il le pria de croire qu'il n'avait rien de plus cher au cœur que de suivre en toutes choses les avis d'un citoyen de son mérite. Il le pria de consentir au rappel de Clodius, frère ou parent du Clodius que nous savons. Ainsi Antoine, presque aussi puissant déjà que l'était César, ne pouvait pas rappeler de l'exil un ami protégé par sa femme sans l'assentiment de Cicéron. Celui-ci y consentit. Il était plus habile que son adversaire.

Antoine prorogea royalement les séances du sénat et se mit à courir l'Italie, recrutant les vétérans épars de l'armée des Gaules, de la *grande armée*. Dolabella, son collègue, avait l'intérim du gouvernement. Dolabella était ce gendre de Cicéron que celui-ci n'aimait que médiocrement, comme nous le savons. L'occasion pourtant était trop belle : Cicéron lui écrivit, le monta, le poussa, et le détermina à *réagir* contre la *réaction*. Dolabella démolit les autels du dieu Jules, et fit mettre à mort les plus audacieux de ses partisans. On y vit la main de Cicéron, et les bons citoyens eurent une lueur d'espoir.

La joie que lui causa ce succès détourna Cicéron de son projet d'aller à Athènes. Il s'appliqua à poursuivre son œuvre : il se mit à travailler les principaux amis de César, les hommes les plus influents de ce parti, tels que Balbus, Hirtius, Pansa, qui professaient pour lui un profond respect.

Brutus et Cassius avaient complétement perdu la tête. Ils étaient préteurs en charge, ils n'osaient pas revenir à Rome, et de leur exil ils envoyaient des édits en forme de lois. Ils écrivirent à Cicéron pour lui conseiller de s'entendre avec les autres lieutenants de César; mais Cicéron n'avait pas eu besoin de leurs conseils pour agir comme il le fallait. On demeure étonné de la singulière faiblesse de ces hommes, qui venaient d'oser un si grand coup, et qui tremblaient maintenant devant leurs ennemis. Ils parlaient eux-mêmes de quitter l'Italie si leur présence pouvait être considérée comme un obstacle au rétablissement de l'ordre et de la paix.

Pendant que les uns abdiquaient leur rôle, que d'autres soignaient leurs intérêts, et que Cicéron tout seul s'occupait de la chose publique, un nouvel acteur entrait en scène.

Voici maintenant l'homme de la situation, l'homme inattendu, l'homme inconnu, qui sort de terre et qui vient, sorte de Messie d'une autre espèce, pour effacer ennemis et amis, et régler enfin le sort du monde. C'est le jeune Octave, l'empereur Auguste.

Cet Octave réclamait l'héritage de Jules César. Il était né d'Atia, fille de Julie, laquelle était sœur du dictateur. Son père, homme d'une très-grande fortune, qu'il devait, dit-on, à l'agiotage et à l'usure, avait été élevé à la préture à l'époque du complot de Catilina. Ce père descendait, au dire d'Antoine, d'une famille de courtiers ou de cordiers. Si Antoine a dit vrai dans sa haine, le petit Caius Octavius eût ri de tout son cœur si quelque diseur de bonne aventure, comme il y en avait tant alors en Étrurie, lui eût annoncé, à l'inspection de sa main, la future grandeur de sa maison.

Enfin sa mère était nièce de César, et comme si l'hérédité de droit divin eût été dès lors consacrée dans la lignée des Jules, ce jeune homme allait réclamer le sceptre du monde, aux droits de sa mère. Nous allons voir comment il s'y prit.

Si Marc-Antoine était un habile, nous allons trouver plus habile que lui. Le succès tout seul ne sera pas la marque de cette supériorité de l'intrigue et de la ruse, mais la profondeur de leurs calculs donnera la mesure des deux jouteurs. Ils vont d'abord briller d'adresse dans leur collusion intéressée, et ils n'en viendront aux mains et ne croiseront le fer que lorsqu'ils auront, au préalable et comme de raison, supprimé l'obstacle dont la présence les arrêtait et les réunissait. Cicéron mort, ils grimaceront la concorde pendant douze années, et enfin, ne pouvant tenir à deux sur le trône du monde, ils joueront le grand coup de dés, le grand *croix ou pile,* qui fixera le sort de l'univers pour un espace de quatre cents ans.

Par le dernier testament qu'on trouva de lui, César avait désigné pour héritiers de sa fortune, en même temps qu'Octave, Pinarius et Pédius, petits-fils de ses sœurs comme le premier. Mais à Octave, il laissait les trois quarts de ses biens et de plus son nom, en l'adoptant comme son propre fils.

Octave avait perdu son père à l'âge de quatre ans, et César, ayant remarqué en lui certains éclairs d'intelligence, s'était occupé de son éducation. Il l'avait amené avec lui en Espagne dans la guerre contre les fils de Pompée, et dans cette campagne pénible et pleine de périls, il avait découvert en cet enfant, qui le suivait quoique malade, une grande présence d'esprit et une non moins grande fermeté de caractère dans le danger.

Plus tard, devant marcher contre les Parthes, il avait voulu l'avoir encore avec lui, et l'avait envoyé à l'avance en Macédoine. Octave attendait son oncle à Apollonie, où il étudiait pour passer le temps, quand il apprit que cet oncle était tué et qu'il l'avait désigné pour son héritier.

Dans le premier mouvement de la jeunesse, il avait voulu courir aux armes pour venger César et revendiquer son pouvoir ; mais la prudence l'avait emporté dans cette tête d'enfant. Il avait refoulé au fond de son âme ses sentiments et ses desseins. Si à cet âge il était capable de ce tour de force, on peut s'expliquer ce qu'il fit dans la suite.

Il revint à Rome comme un simple particulier, ayant à recueillir la succession privée d'un oncle qui avait songé à lui dans son testament. Il était frêle, maladif et pâle. Sa voix, grêle et chétive, pouvait à peine se faire entendre. Toute sa personne exprimait souffrance et timidité. Loin d'éveiller aucune défiance, c'était plutôt l'intérêt qu'inspirait ce triste jeune homme à la parole embarrassée.

Cependant, sans faire de bruit, insensiblement, il se fit des amis, des appuis, des partisans; et il fit, pour ainsi dire, son apprentissage en trompant les plus pénétrants des hommes politiques de cette époque.

Du premier coup, il vit clair dans la situation, et comprit où était, dans Rome, le véritable crédit, la véritable et réelle influence. Il se fit présenter à Cicéron, et il se réclama de sa protection comme ayant reçu le jour sous son consulat si utile à la république et si illustre.

GEORGE. Le mot dut plaire à Cicéron, et, dès lors l'Argus a dû voir trouble dans le nouveau venu.

PAUL. Le mot lui plut, il faut l'avouer, c'était là son faible; mais il ne l'aveugla pas au point de le dispenser d'étudier cet adolescent, qui réclamait le nom de César.

Octave, patronné par les anciens ministres de son oncle, Balbus, Hirtius, Pansa, amis de Cicéron, se mit à témoigner à celui-ci la déférence et le respect d'un fils. Il le pria de le diriger par ses conseils. Voilà les coups d'essai de ce jeune homme.

Il se fit enfin présenter au peuple, et il célébra des jeux en l'honneur de César. Ce jour-là, pour tâter le terrain, il fit porter au spectacle le fauteuil d'or que le sénat avait décerné au dictateur. Mais les tribuns firent enlever ce trône, et la foule d'applaudir, comme elle fait en toute occasion. A ce trait, Cicéron, à peu près fixé sur son homme, s'appliqua à le suivre de près.

Antoine aussi le surveillait et s'en défiait. Antoine n'était pas du sang du maître, mais il prétendait avoir seul recueilli sa parole, et se donnait pour seul en droit de continuer sa tradition. On dirait l'aventure qui s'est renouvelée sept cents ans après, avec un dénoûment différent, entre Ali, héritier du prophète, et Abou-Bekr, son successeur.

Antoine avait en ses mains les papiers de César, et il en faisait des lois, comme nous l'avons vu. Il lui fallait de l'argent, ce nerf de la guerre, comme on dit si bien. Il invoqua César: il vendit des franchises aux villes alliées et aux provinces. Il vendit aux rois des traités, comme choses réglées par le maître et qu'il ne faisait qu'exécuter. *Le maître l'a dit.* Avec ce mot, il disposait de tout. Le monde était en sa possession, il en usait.

L'indignation de Cicéron atteignit son comble. Il en vint, comme nous, à regretter la révolution, qui n'avait eu pour effet que de remplacer Jules César par Marc-Antoine, un homme de génie par un flibustier, un despote illustre par un tyran vulgaire et sans scrupule. Il éclata contre Brutus, qui avait peur de son propre ouvrage et qui se tenait caché à Lanuvium. Il lança contre les conjurés les foudres de sa parole, il les humilia à leurs propres yeux.

Ces objurgations de Cicéron émurent Brutus. Il se réveilla de sa torpeur, il se concerta avec Cassius, et en leur qualité de préteurs, ils sommèrent Antoine de s'expliquer.

Antoine les méprisa. Il ne répondit pas à leur sommation. Il avait massé des troupes sous les murs de Rome, et il se disposait à dire son dernier mot pour tout régler.

Ainsi, ce n'est que quand la capitale était assiégée que les conjurés avaient songé à demander compte de ce qui se faisait. Cicéron seul avait veillé, et tout en veillant, cet homme étonnant par l'activité de son esprit avait pu composer nombre de nouveaux ouvrages littéraires, entre autres des mémoires, dont la perte est à déplorer. Nous y aurions trouvé l'explication de bien des choses, de nos jours mal connues et encore incomprises.

Las enfin de vivre dans cette anxiété, Cicéron partit pour Rome. Ceux qui le rencontrèrent sur son chemin lui conseillèrent de s'en retourner. Varron surtout lui fit savoir que les vétérans remplissaient Rome, que la soldatesque y gouvernait, que lui Cicéron était le principal objet de leur fureur, et qu'il était même question de lancer des détachements sur sa maison de Tusculum.

Au point où en étaient les choses, Cicéron se décida à aller en Grèce, où il pourrait plus utilement servir sa cause.

George. Il allait se cacher. Son poste était à Rome, où il fallait s'opposer à la soldatesque.

Paul. Et où étaient Brutus, Cassius, Cimber, et tous les hommes dits d'action? En quoi eût-il servi la république en se faisant massacrer dans une bagarre? Tu n'as donc pas encore reconnu que Cicéron n'était pas un fou?

George. Oh! oui, je reconnais bien qu'il était prudent.

Paul. Prudent, non point comme tu sembles l'entendre, mais comme il convient à un homme sérieux et qui sait se conduire. Il ne t'est plus permis, d'ailleurs, de railler son courage : il a fait ses preuves.

Il partit donc pour la Grèce, avec une de ces missions libres qui étaient une sorte de dignité conférée aux consulaires voyageant sans fonctions dans les provinces. Il vit sur sa route Brutus et Cassius, qui allaient en Asie, avec la mission, ridicule en un tel moment, d'acheter du blé pour la capitale. Ils ne pouvaient reconnaître au juste s'ils devaient s'occuper de cette commission; ils hésitaient, ils discutaient, comme toujours, sans pouvoir s'entendre. Au lieu de se décider à profiter de cette occasion pour aller soulever les provinces ils perdaient le temps en vaines disputes, tandis qu'Antoine en faisait, lui, si bon usage.

Cicéron déplora de nouveau ces éternelles irrésolutions. « Il n'y a, dit-il, ni prudence ni raison dans ce » qu'ils entreprennent. Je m'éloigne d'eux à la fin, pour » ne plus assister à toutes les fautes qu'ils commettent. »

En présence de tant de fautes accumulées par ces hommes, on ne peut s'expliquer comment Brutus a eu le courage d'écrire à Atticus la lettre acerbe qu'on trouve dans la correspondance de Cicéron, où il se plaint si violemment de celui-ci comme ayant favorisé l'audace d'Octave par ses complaisances. Il n'y a pas moyen d'être plus injuste, ou plutôt plus comique.

GEORGE. Il faut croire qu'il y a de petits détails que nous ignorons.

PAUL. L'ensemble et la marche des événements nous disent sans restriction et sans mystère tout ce qu'il y avait. Brutus et ses amis étaient en fuite, cela est incontestable; ils laissaient Cicéron seul sur la brèche, cela est non moins clair; en abandonnant ainsi la cause dans le moment critique, ils faisaient, d'eux-mêmes, toute l'audace d'Antoine et d'Octave, cela est encore clair et évident. Et ils auraient le droit d'accuser celui qui leur avait indiqué les moyens d'accomplir définitivement la révolution, celui dont ils regrettaient eux-mêmes de n'avoir pas suivi les sages conseils, celui qui seul, en leur absence, osait défendre la cause commune, contre des hommes auxquels les légions obéissaient! La chose est par trop plaisante!

Octave ne tarda pas longtemps à se trouver aux prises avec Antoine. Celui-ci avait assez mal accueilli à Rome l'héritier de son maître. Il l'avait traité moins encore comme un rival que comme un jeune homme sans importance, qu'il ne fallait pas encourager dans des prétentions au-dessus de ses forces.

Octave avait brigué le tribunat, Antoine s'était mis en travers, et le candidat avait échoué. Alors le jeune imberbe se mit à exploiter l'impopularité que s'était attirée son rival par ses violences et ses exactions. Il y réussit : un parti se forma peu à peu autour de lui. Les vieux officiers de son oncle, une grande partie du peuple et même le sénat, se déclarèrent à la fin pour le neveu, le fils, l'héritier légitime du dictateur.

Cicéron voulut profiter de cette tendance nouvelle de l'opinion. Il crut voir en Octave l'homme qu'il fallait opposer à Antoine, pour l'arrêter tout court dans son audace. Le nom de César, que portait le jeune homme, était plus propre à réunir les masses que les prétendus droits de Marc-Antoine.

GEORGE. Et là-dessus, il va mettre Octave en mesure de détruire complétement jusqu'à l'espérance même de la république. Il va remplacer Antoine par Octave. Brutus pouvait bien avoir raison dans la lettre qui te fâche si fort.

PAUL. Jamais politique ne fut plus habile que celle de Cicéron en cette circonstance. En mettant Octave en guerre ouverte avec Antoine, il divisait les forces des partisans de la réaction ; il divisait le parti lui-même. Si les conjurés eussent pu s'entendre et agir avec énergie, le parti libéral eût pu se relever à ce moment-là, et asseoir définitivement son triomphe sur la décomposition de l'idée *césarienne*.

En outre, Octave était si timide et si respectueux envers Cicéron, que celui-ci put croire quelquefois, tout en le surveillant, que ce jeune homme pourrait être conduit dans la bonne voie.

GEORGE. Cette fois, tu ne diras pas qu'on ne l'a pas trompé.

PAUL. Ce sont encore les événements qui l'ont trompé, car il se méfiait du jeune Octave comme le lui commandait son expérience ; et si ses amis l'eussent secondé, le second triumvirat n'eût pas pu se faire.

En même temps que cet homme étonnant combinait des affaires si difficiles et si importantes, il composait ce traité *De officiis*, qui rappelle à la fois la grâce et l'élévation du génie de Platon, et que tu ne peux relire, me dis-tu souvent, qu'avec une sorte d'adoration. Les soins ardus de la politique ne l'éloignaient pas du culte des lettres. Il savait marier ces deux ordres d'idées, et il puisait, dans ses études mêmes, la force de conviction qui le soutenait dans les luttes de la vie publique.

La nouvelle tournure des affaires avait relevé l'esprit du sénat. Octave était devenu ce qu'on appelle un soleil levant, et les Pères conscrits ne furent pas les derniers à s'en apercevoir et à l'exprimer par leur attitude. Antoine savait la valeur de ce thermomètre, et il se conduisit en conséquence.

Dans une séance solennelle, où Pison tint un langage passé de mode, Antoine prêta serment à la liberté, promit d'abjurer ses ressentiments, d'obéir aux décrets du sénat et de s'entendre même avec Brutus et Cassius. On trouvera difficilement dans d'autres temps un homme plus madré que cet Antoine.

Cicéron était à Rhegium quand il reçut la nouvelle de cette séance. On lui avait écrit un grand nombre de lettres, on lui assurait qu'il ne manquait à Rome que sa présence pour tout arranger. On le priait instamment de revenir. Il n'hésita pas, il reprit la mer, il revint à Rome.

Son arrivée fut un événement. Chacun voulait lui serrer la main ou toucher sa robe. C'était l'espérance qui revenait.

Antoine dès lors n'eut plus qu'une idée : en finir avec Cicéron, le faire tuer. Cet homme-là seul faisait tout le mal : lui seul maintenait ces vieilles idées de liberté qui empêchaient les gens de faire leurs affaires; tant qu'il vivrait, il faudrait lutter ; mais une fois mort, tout serait dit. Il avait raison.

Il se mit en train de perdre l'orateur dans l'esprit des masses : il convoqua le sénat et demanda de nouveaux honneurs pour la mémoire de César, des choses inouïes et extravagantes. S'il y consentait, Cicéron tombait dans le mépris des libéraux et se perdait dans l'opinion ; si au contraire il s'y opposait, il encourait la haine de l'armée et des multitudes. Le dilemme n'était pas mauvais.

Mais Cicéron trompa le piége. Il n'alla pas à la séance, et il s'en excusa sur le peu d'importance de la motion. Antoine, déjoué, le somma de venir, mais il n'en tint compte. Alors, furieux d'avoir manqué son coup, il commanda à un peloton de forcer la maison du sénateur et de le traîner de vive force au sénat

Notons ce trait caractéristique des mœurs parlementaires de cette belle époque.

Cet ordre indigna tout le monde, et Antoine, trop habile pour insister, le révoqua. Il fut réduit à faire son décret sans Cicéron, ce qui lui retirait toute sa portée.

Le jour suivant, Cicéron alla au sénat. Antoine à son tour ne s'y montra pas. Ce jour-là, notre orateur, s'inspirant des plus beaux souvenirs de son pays, ouvrit la série de ces invectives nommées Philippiques, qu'on dirait écrites avec de la flamme. Démosthènes lui-même, que rappelaient ces harangues, n'avait pas poursuivi Philippe avec plus d'énergie.

De ce moment, il reprenait la lutte, il rentrait dans le rôle actif, comme aux grands jours de Catilina ; lutte acharnée et corps à corps, dans laquelle il devait mourir pour le salut de son pays.

Antoine accepta le défi. Il prépara longtemps son discours, et son jour venu, il fit entourer des siens le palais du sénat. On devait se jeter sur Cicéron après la harangue qu'il allait prononcer.

George. Mais celui-ci, comme dans les graves conjonctures de cette espèce, ne se pressa pas d'aller au sénat?

Paul. Et il fit bien. Il te donne toujours de nouvelles preuves de cette habileté que tu lui contestes. Il alla dans sa terre des environs de Naples, et y prépara la seconde philippique.

Octave ne fut pas fâché de cet éclat. On comprend sans trop de peine qu'il en fut heureux. Il écrivit à Cicéron et redoubla ses protestations. Il le pria de revenir à Rome pour l'aider de ses conseils; il ne voulait agir que d'après *ses ordres*. Leur cause, à eux deux, disait le pâle ingénu, était commune, puisqu'il s'agissait de combattre Antoine. Il l'appela son *mentor*, il l'appela son *père*.

Je ne t'aurais pas parlé de tous ces petits détails s'ils ne révélaient mieux encore que les actes publics la puissante autorité morale de ce *littérateur* au milieu de ces événements, les plus considérables de l'antiquité.

Cicéron répondit à son jeune ami par les paroles les plus flatteuses ; et pour accélérer la marche des affaires, il lui déclara qu'il reviendrait à Rome dès qu'Antoine en serait chassé.

Antoine, ainsi traqué, se sauva de Rome, courut l'Italie, recrutant du monde, les troupes qui étaient dans la ville n'obéissant plus qu'aux ordres d'Octave. Il tenta d'embaucher des légions revenant de la Grèce : quelques-unes rejetèrent ses offres, il en fit assassiner les centurions. Ils étaient trois cents. Ce n'était pas un homme à petits moyens, que ce Marc-Antoine. Sa femme, Fulvie, avait pris part à l'exécution, et l'on raconte qu'on vit même du sang sur ses doigts après le massacre. Nous la reverrons bientôt dans un autre carnage. C'était la veuve de Clodius, sorte de Théroigne d'une autre condition.

Antoine revint à Rome la rage au cœur. Il sévit en furieux sur ses ennemis et sur les suspects. Il vociférait partout contre Cicéron, qu'il accusait de pousser Octave à trahir la cause de son oncle et à rallumer la guerre civile. Il réunit le sénat pour y exhaler sa colère. Ce n'était plus l'habile politique que nous avons vu préparant ses voies sans se troubler ; l'habileté plus grande de ses adversaires avait dérouté la sienne, et il se jetait dans la violence, ce qui signifie qu'il se perdait.

L'une après l'autre, toutes les légions de l'armée se déclaraient pour Octave, qui travaillait dans l'ombre, sous l'inspiration de Cicéron. Deux d'entre elles prirent possession de la ville d'Albe, au nom de l'héritier et du fils de César.

Antoine, pris au piége, se sauva en hâte. Il courut dans la Gaule cisalpine, où il parvint à former un camp. Cette fuite était de mauvais augure. Ainsi Pompée avait quitté Rome pour aller se fortifier dans la Macédoine. La capitale est le point important; c'est là qu'il faut se tenir pour conserver le prestige du pouvoir, et de là rayonner sur le reste de l'État.

Cicéron avait réussi : Antoine était hors de Rome. Au premier bruit de son départ, le philosophe ferma ses livres et se rendit au siége des affaires, pour monter le plan à suivre contre le factieux.

Décimus Brutus ayant refusé de recevoir Antoine dans la Gaule cisalpine, où il commandait, Cicéron fit voter au sénat des félicitations pour le préteur. Ce jour-là, il prononça cette troisième philippique, que nous aimons tant.

Sur sa proposition (les événements couraient avec rapidité), le sénat chargea Hirtius et Pansa, consuls en charge (ce devaient être les derniers de la république), de veiller au salut de Rome et des corps constitués.

Cicéron courut ensuite au forum. Il y parla, et sa parole fut si puissante que la foule émue s'écria tout

d'une voix : « Encore une fois Marcus Tullius a sauvé
» la république ! »

La guerre était déclarée. Antoine assiégea Modène,
où Brutus s'était enfermé. Octave, poussé par Cicéron,
se mit en campagne à la tête de ses troupes.

Puis Cicéron styla les nouveaux consuls, amis de
César, et les porta à demander au sénat la mise hors
la loi de Marc-Antoine.

Les amis du factieux insinuèrent l'avis de lui envoyer une députation. Les vieux partis de Sylla, de
Catilina, de Clodius, de César, ne manquaient pas
d'amis dans le sénat, et c'est même ce sénat, nous
l'avons déjà vu. qui perdait le pays par ses intrigues.

Cicéron, redoublant d'énergie, demanda qu'on fermât
les tribunaux et les assemblées, qu'on déclarât la patrie
en danger, et qu'on revêtit les consuls de la dictature,
pour sauver la république, attaquée par les brigands.

Il se défiait de Lépide tout autant que d'Antoine;
cependant le premier ne s'étant pas encore déclaré, il
demanda pour lui des félicitations.

Il demanda ensuite qu'on conférât officiellement à
Octave le commandement des troupes qui le suivaient,
qu'on le nommât propréteur, et qu'on rendît un vote
de confiance en sa faveur.

GEORGE. C'était de l'excès, et cet excès va porter
ses fruits.

PAUL. C'était de l'adresse, et le succès seul lui a fait
défaut. Le succès est aveugle et ne raisonne pas.

Cicéron demanda ensuite des récompenses pour les
légions. Il obtint sans peine tout ce qu'il proposa. Il
était l'oracle.

Mais la motion relative à la députation, trois jours et trois nuits, occupa le sénat et l'agita. Il délibérait sans désemparer, et le mauvais parti l'emporta enfin. Il fut décidé qu'on députerait vers le rebelle.

Cicéron, cependant, atténua le mal. Il fixa les limites de la négociation et en changea par là toute la nature. Les trois envoyés n'eurent point la latitude de traiter avec Antoine, ce qui eût été légitimer en quelque sorte sa rébellion; mais ils reçurent l'ordre de le sommer de mettre bas les armes, au nom de la loi. On ne pouvait plus adroitement éluder la motion; c'était même la détruire et la faire servir à aggraver le cas de l'insurgé, puisqu'il était certain qu'il n'obéirait pas.

Il faut que tu reconnaisses dans tous ces détails, trop peu appréciés, trop peu remarqués, les talents politiques que développait mon homme d'État en ces graves conjonctures. Il est difficile d'être plus habile, d'être plus *pratique*. Pourrais-tu le nier?

GEORGE. Jugeons-en par la fin.

PAUL. Doctrine immorale et illogique! La fin n'est pas une raison, la fin n'est que le hasard. Les meilleures des causes et les mieux menées ont échoué dans le monde, contre toute attente. N'envisageons donc que les moyens et les sentiments. Un honnête homme, un esprit sérieux, ne saurait avoir un autre critérium.

Le peuple de Rome applaudit Cicéron, comme aux plus beaux jours de sa gloire de consul. Il alla au forum, et prononça la sixième philippique, que je t'engage à relire et à bien méditer, pour te remettre en mémoire le talent oratoire de cet homme prodigieux et les efforts immenses qu'il a faits pour sauver son pays de la décadence.

Le lendemain, le sénat délibérant sur des affaires de service courant, Cicéron interrompit l'ordre du jour, et, comme l'ancien Caton lançant chaque jour son *delenda Carthago*, il remit Antoine sur le tapis et apostropha ceux du sénat qui, par leurs menées cachées et par leurs votes, favorisaient le mauvais parti. Il combattait ainsi cette aristocratie corrompue, qu'une sordide cupidité poussait à renverser tout ordre légal, comme il avait, à chaque occasion, combattu le peuple, quand ses prétentions étaient injustes. Il n'appartenait à aucun parti, comme je te l'ai souvent fait remarquer; il était du parti du bien public, et il n'avait pour tout programme que la formation d'un gouvernement intelligent, capable de relever la grandeur romaine.

Puis, n'oubliant jamais les précautions nécessaires, il s'adressa à Pansa, seul consul à Rome en l'absence d'Hirtius, alors en campagne. Il lui rappela le souvenir de leur vieille amitié, de leurs premières années, écoulées côte à côte dans les mêmes études et les mêmes affections. Il invoqua la patrie en danger, et témoigna au consul la confiance qu'il inspirait aux bons citoyens, étant placé à la tête du gouvernement.

Il faut sauver la république, dit-il énergiquement en finissant, et si nous épuisons en vain tous nos efforts, sachons mourir à notre poste : *Moriamur!* s'écria-t-il. C'est là sans doute que Corneille a pris le grand *Qu'il mourût!* dont se glorifie la scène française. Voilà bien Cicéron dans tout son jour. Voilà bien là ce citoyen convaincu, en qui l'étude et la méditation avaient incarné l'obligation d'aimer le devoir, et de le poursuivre au péril de la vie!

Le mot sublime qu'il vient de prononcer, il ne s'en servait pas pour remplir les oreilles, pour faire de l'effet, comme on dit d'ordinaire; il l'avait trouvé au fond de son âme, et il devait le sceller de son sang quelques jours plus tard.

Qu'en dis-tu, George, peux-tu rire encore?

GEORGE. On ne peut pas rire en présence du sang.

PAUL. Je t'en félicite.

Il n'est plus nécessaire de suivre pas à pas l'orateur, prononçant les sept autres philippiques, à chacune des graves circonstances de la guerre d'Antoine. Nous l'avons maintenant suffisamment compris, et il n'est pas besoin de chercher d'autres témoignages de ces aptitudes politiques dont il est question, et dont il a fait preuve durant toute sa vie.

Passons au dénoûment. Antoine méprisa les ordres du sénat. La guerre lui fut déclarée dans les formes. Cicéron déploya une activité qu'on n'aurait pas attendue même d'un homme de guerre. Il mit en armes toutes les colonies de l'Italie, expédia des armées, contint Plancus et Lépide, et réduisit Antoine à la dernière extrémité.

Il n'était pourtant ni consul ni préteur. Il exerçait la suprême magistrature de l'honnête homme et du génie dans les grands malheurs. Il accomplit ces travaux au milieu des obstacles les plus puissants. De nombreux partisans d'Antoine au sein de la ville, des sénateurs mêmes et des magistrats, entravaient sous main ses dispositions. Les soldats qu'il faisait marcher étaient tous les soldats de César, les vétérans de l'armée de Pharsale, qui avaient intérêt à soutenir Antoine. Les proconsuls et préteurs qui commandaient dans les provinces étaient les anciens préfets de César, enrichis par ses faveurs et intéressés à favoriser le gouvernement militaire et l'anarchie pour agrandir leur situation. Tous les auxiliaires qu'il était obligé d'employer étaient les ennemis du régime des lois, habitués sous le règne de César à mépriser le pouvoir civil, et attendant leur fortune de l'anéantissement même de ces principes et de ces lois, que Cicéron seul voulait faire revivre. On reste confondu devant l'énormité d'une pareille tâche et devant le courage qu'il a fallu pour l'entreprendre et pour l'accomplir.

Le succès de la république semblait assuré, Cicéron allait réussir. Alors ses ennemis se réveillèrent, et on l'accusa tout haut de vouloir usurper lui-même le suprême pouvoir. Il ne se donnait tout ce mouvement que pour se faire le maître à la place de César.

Voilà donc Cicéron accusé d'aspirer à la dictature, à la tyrannie ! La tactique n'est donc pas nouvelle de répandre sur les meilleurs et les plus honnêtes, quand on n'a pas de crimes à leur reprocher, l'injure, l'outrage et la calomnie.

La haine des partis peut tout pardonner : les trahisons les plus infâmes, les bassesses les plus dégoûtantes, les crimes même les plus affreux ; mais le mérite, mais l'élévation de la pensée, mais l'innocence d'un cœur honnête, jamais on ne les pardonne. Ce sont là crimes irrémissibles.

Enfin des batailles se livrèrent. Après des péripéties

dramatiques et sanglantes, Antoine fut battu et mis en fuite.

Les deux consuls étaient morts dans la lutte, Octave seul commandait l'armée. Cicéron s'effraya du danger de tant de puissance aux mains d'un jeune homme qui s'appelait César. Vite, il fit rendre un décret pour appeler en toute hâte Cassius et Brutus à venir partager, avec Octave, le commandement militaire de l'Italie.

Ils ne se rendirent pas aux ordres du sénat. Inutile de répéter ici que ces hommes ont perdu la république. Encore à ce moment, ils eussent pu aider Cicéron à la sauver, s'il y avait eu en eux cette valeur politique qu'on leur attribue.

Abandonné par les conjurés, Cicéron ne perdit pas courage. Il recourut à un autre moyen : il proposa au sénat de décerner le triomphe à Octave. La cérémonie du triomphe retirait au général le commandement de son armée.

Mais le sénat se crut plus sage, ou plutôt il fut conséquent avec ses tendances : on se décida à gagner l'armée par des récompenses pour la détacher de son général. C'était puéril. Les légions étaient désormais dévouées à Octave comme elles l'avaient été à César lui-même.

Octave se sentait donc fort. Aussi, sans observer les formes, demanda-t-il le consulat. C'est ainsi que son oncle avait commencé. Il avait, d'abord et comme d'ordinaire, écrit à Cicéron pour lui demander sa protection, et pour lui renouveler la même vieille promesse de gouverner l'État sous sa direction. Cicéron, dit-il en enchérissant, gouvernerait seul la république ; quant à lui, Octave, il se contenterait d'être son lieutenant.

Ainsi, même à la tête d'armées victorieuses, même au faîte de la puissance, on ne se croyait pas encore assez fort, assez puissant, si l'on ne pouvait compter sur l'appui moral de cet homme de parole.

GEORGE. Et lui, trop sensible à ces feintes déférences, a souvent faibli dans les moments décisifs, comme en cette occasion, et a souvent ainsi, sans le vouloir, aidé les despotes à s'élever.

PAUL. Encore une injustice. Un historien grec, d'ailleurs digne de foi, a avancé, il est vrai, que Cicéron, trompé par Octave, appuya ses exigences auprès du sénat. Mais il ressort de sa correspondance que Cicéron, plus défiant alors qu'auparavant, ne dit pas un mot dans cette affaire.

Un centurion de l'armée d'Octave, un officier cherchant fortune comme il y en a toujours dans les temps de troubles, brandit son épée dans la salle du sénat et s'écria en la montrant : « Voici qui lui donnera le consulat ! » Il était dès lors évident qu'Octave reprenait sa tradition de famille, et qu'on allait assister à une seconde représentation de la pièce de Jules César.

GEORGE. Mais cette fois, le héros du drame ne devait pas tomber sur la scène aux applaudissements des spectateurs.

PAUL. Ce qui confirme bien ce que je t'ai dit en commençant : que dans la politique, avec les mêmes moyens, on arrive souvent à des résultats tout opposés.

GEORGE. Le nouvel acteur était plus habile.

Paul. Pourquoi ne pas dire plutôt qu'il était plus heureux?

Il n'y a pas de règle générale en pareille matière. Il n'en est pas de cela comme dans les sciences exactes. Ici le terrain, la matière, l'objectif, pour ainsi dire, n'est jamais le même; jamais rien de fixe et de bien connu : circonstances et hommes, tout change à chaque instant et du tout au tout.

George. Tu dis pourtant qu'il y a là une science; or, s'il n'y a pas de règle, il n'y a pas de science, je te le répète.

Paul. Je dis qu'il n'y en a pas de sûres et de générales. J'en vois une cependant, comme je te l'ai déjà dit: la seule qui soit invariable parmi toutes les autres; celle-là, immense, infinie, absolue, sans exception, embrassant dans sa vaste enceinte toutes les situations et tous les temps. Il faut l'observer, celle-là, quoi qu'il advienne; elle fait un succès de l'échec lui-même, et elle élève encore celui qui tombe : c'est le *devoir*, c'est-à-dire l'accomplissement du *bien*, conformément à la conscience et en dépit de tous les obstacles. C'est là la première, la plus grande et la plus sûre des lois de la vie humaine.

Enfin Octave, blessé des retards du sénat et ne s'inquiétant plus de Cicéron, marcha sur Rome à la tête de ses troupes. Il traversa à son tour son Rubicon. Il vint, il se fit consul comme autrefois son oncle, et comme lui, s'empara d'abord du trésor public. Il distribua de l'argent au peuple et à l'armée. Il condamna à mort les meurtriers de César. Il réunit les comices populaires, qui sont toujours pour le plus fort, et il fit ratifier son adoption par un plébiscite. On dirait de nos jours qu'il fit légitimer son avénement et son droit héréditaire par le suffrage universel.

A partir de ce moment, ce n'est plus Octave que nous avons en scène, c'est désormais Auguste, c'est César II, c'est le fils des Jules.

Ce favori de la fortune va instituer bientôt tout un corps de doctrine, qu'il imposera au monde, au nom de son oncle. Il va, poursuivant et réalisant l'idée de César, fonder ce gouvernement nouveau, qui n'est ni la royauté, ni la démocratie, ni l'aristocratie, mais un mélange bizarre de toutes ces formes, modifiées et contenues par la main d'un maître. Le monde aura désormais le gouvernement dit *césarien,* ou l'autocratie démocratique, s'autorisant du vote des masses.

Déjà Octave s'était révélé en refusant de poursuivre Antoine après la seconde bataille devant Modène. Il n'avait qu'à courir sur les traces du vaincu pour dissiper les restes de son armée et le réduire lui-même à se donner la mort. Mais il avait besoin de conserver Antoine.

Quand Brutus, toujours indécis, s'était enfin décidé, sur les instances de Cicéron, à poursuivre Antoine, il était trop tard. Antoine, dans sa fuite, avait recueilli de nouvelles forces, et le complot, comptant sur Octave, s'était rallumé plus intense que jamais. On avait permis à Antée, non de toucher du pied, mais d'embrasser la terre.

Le moment suprême était arrivé. Tous les complices accoururent en hâte au rendez-vous. Ventidius amena trois légions. Lépide arriva avec son armée; il crut faire l'adroit en disant au sénat que c'étaient ses troupes qui l'avaient contraint de se joindre à Antoine, son ami et son beau-père. Deux autres légions, revenues d'Afrique sur l'ordre du sénat, et reçues à Rome avec enthousiasme, se déclarèrent pour le parti de César. Asinius Pollion, que Cicéron avait mille fois prié de revenir d'Espagne au fort des événements, qui avait envoyé à notre orateur les plus chaleureuses protestations de libéralisme, qui avait toujours promis d'arriver à grandes journées, et qui s'étonnait lui-même de son propre retard, arriva enfin, mais quand son heure était venue. Il passa du côté d'Antoine avec les légions qu'il conduisait. Plancus, qui était dans les Gaules, se mit également aux ordres d'Antoine. Et voilà en quoi consiste toute l'habileté de ceux que tu appelles tes hommes pratiques !

L'armée de Brutus se souleva contre lui. C'était le frère du conjuré. Il se sauva, mais il fut tué sur la grande route, et sa tête fut apportée à Antoine.

Celui-ci, se voyant sauvé contre toute espérance, songea à consolider sa nouvelle puissance. Il députa vers Octave, lui offrit amitié et solidarité dans le triomphe de la cause commune.

Octave ne se gênait plus. Il accepta l'alliance offerte. Il régla les choses à Rome à sa fantaisie, et il partit pour aller conférer avec les siens. Antoine et Lépide l'attendaient avec impatience. On ne reconnaît plus l'intéressant et charmant jeune homme qui mettait toute son ambition à devenir uniquement le lieutenant de Cicéron.

De la conférence dont nous allons parler est sorti,

comme tu sais, ce qu'on appelle le deuxième triumvirat, et qu'on pourrait tout aussi bien appeler une association d'affaires, une *raison sociale*.

Le marché fut débattu, conclu et signé dans une petite île près de Bologne. Il semble que depuis ce temps on aime les petites îles de ce genre pour traiter du sort des nations. Personne n'entend ce qui s'y dit.

Chacun des contractants s'y était rendu bien escorté et bien armé. Aucun des trois confrères n'avait confiance dans les deux autres. Ce trait dépeint l'association.

Lépide, le moins important, aborda le premier dans l'île du Réno. Il fouilla tous les fourrés, tous les taillis, tous les rochers, pour se bien assurer qu'il n'y avait ni trappe ni piége d'aucune espèce. Ce soin minutieusement rempli, Lépide appela ses deux collègues.

Les deux maîtres arrivèrent alors, accompagnés chacun de trois cents hommes. Avant de se donner la main, ils s'assurèrent bien, sans s'offenser, qu'il n'y avait pas d'armes sous les manteaux. Puis on s'embrassa, et l'on se disposa à passer le plus commodément et surtout le plus sûrement possible le temps nécessaire à la transaction. Ces mœurs sont dignes d'être étudiées. Elles ont une nuance un peu plus tranchée que celles qu'observa Gil Blas dans la caverne que nous savons.

Les associés mirent trois longs jours à débattre le contrat et à libeller l'acte en bonne et due forme.

Le dernier article de ce marché célèbre fut la spoliation et la mise à mort de trois mille trois cents citoyens romains : trois cents sénateurs, trois mille chevaliers ou bourgeois opposants.

Par un article supplémentaire, il était stipulé que, pour des raisons de saine politique, ces trois mille trois cents condamnés ne seraient massacrés qu'après l'arrivée des triumvirs dans la ville de Rome.

Un autre article additionnel exceptait de cet ajournement les dix-sept plus remarquables parmi les intrigants qui s'étaient opposés aux projets d'Antoine. A leur tête était Cicéron, le principal auteur de tout le mal. Tant que ce dernier serait en vie, il n'y aurait pas de sûreté pour le contrat.

En conséquence, des hommes de confiance furent dépêchés, en toute hâte, pour exécuter ces misérables, avant qu'ils eussent eu vent du traité et de la clause qui les concernait.

Cicéron était à Tusculum avec son frère et son neveu. A la nouvelle de l'association, il comprit, et il se mit en route pour sa terre d'Asture, située dans le voisinage de la mer. Mais il n'avait pas assez d'argent avec lui pour s'embarquer dans le moment même. Quintus revint à Rome avec son fils pour y prendre de quoi vivre dans le coin du monde où ils pourraient trouver quelque asile avec le grand homme.

Cicéron, dans l'intervalle, fut obligé de s'embarquer sur un navire qui d'aventure passa par là. Le mauvais temps força le navire de relâcher à Circeii, petit port voisin. Cicéron passa la nuit dans les environs de cette ville. Les plus tristes anxiétés torturaient son âme. Il ne savait ni ce qu'il avait à faire, ni où il devait aller, ni à qui il pouvait se fier.

Irait-il chercher refuge auprès de Brutus, ou de Cassius, ou du jeune Pompée? Mais dans les moments les plus favorables, ces hommes n'avaient su que perdre le temps en vaines délibérations, et avaient tout ruiné par leur faiblesse. Pourraient-ils le protéger alors que la cause était perdue? Sauraient-ils seulement se défendre eux-mêmes?

Las enfin de souffrir et de s'alarmer, dégoûté d'une existence qui avait trompé ses plus chères espérances, ses intentions les plus honnêtes, ses combinaisons les plus prudentes; renonçant à traîner une vie qui ne pouvait être désormais que déceptions et dangers de toutes sortes, il se détermina à retourner à Rome et à se faire tuer dans cette ville même qu'il avait pu tant de fois sauver par son énergie, par sa constance, par son habileté.

On assure même qu'il eut l'idée d'aller se tuer dans la maison d'Octave, pour faire peser la responsabilité de son sang sur l'ingrat qu'il avait protégé, et qu'il voulait couvrir de gloire en l'associant au rétablissement de la liberté dans son pays.

Mais ceux qui l'entouraient le détournèrent de ces résolutions désespérées et le décidèrent à continuer sa route jusqu'à Caïète. Il y débarqua pour une seconde fois, et gagna sa terre de Formies, peu distante de ces rivages.

Là, accablé d'angoisses et de fatigue, il se jeta sur un lit et dormit quelques instants. Ses esclaves, accourus à l'approche des assassins, qui suivaient sa trace, le réveillèrent, le mirent dans une litière, et prirent le chemin de la mer, pour l'embarquer en hâte sur le navire.

Mais la patrouille le rejoignit. Elle était commandée

par un certain Lénas, menacé jadis de la peine capitale, et que Cicéron avait pu sauver.

Cicéron était dans la litière, un volume è la main, étudiant encore au moment de mourir. Il lisait une tragédie d'Euripide.

A l'approche des soldats, ses esclaves se disposèrent à le défendre et se rangèrent en ordre autour de lui. Mais lui, calme et digne comme le juste, tendit la tête hors de la litière et dit aux soldats qu'il était prêt.

Ils lui coupèrent la tête et les deux mains, et les apportèrent à Fulvie, qui les attendait.

Fulvie les reçut avec transport. Son bonheur était au comble. Elle marcha et piétina sur ces mains, dont le geste avait fait un trône de la tribune. Elle souffleta la tête et cracha dessus. Elle tira la langue et la pétrit sous ses doigts. C'est à elle surtout qu'elle en voulait. Elle ôta de ses cheveux l'épingle d'or qui les attachait, et en perça mille fois cette langue maudite. Elle vengea à son aise ses deux maris.

Puis on cloua cette tête et ces deux mains, comme au pilori, à la tribune aux harangues, qu'elles avaient illustrée, et qui désormais n'était plus rien. Rien ne fut oublié pour venger, sur cet ennemi mort, le mal qu'il avait fait aux adversaires de la liberté.

La mort de Cicéron mettait fin à la guerre. L'obstacle n'existait plus. Les héritiers de César n'avaient plus rien à craindre. Et Antoine, contemplant cette tête avec le sourire de l'homme heureux, s'écria avec une sorte d'attendrissement : « Les proscriptions sont main-
» tenant finies. »

En effet, la république n'était pas seulement vaincue, elle était morte. Elle ne vivait plus depuis longtemps qu'en Cicéron. Lui seul la représentait, la soutenait, la maintenait. Cicéron mort, elle était morte.

Ainsi finit cet homme, l'un des plus grands de toute l'antiquité. Il avait consacré sa vie entière à une idée fixe : celle de remplacer le règne de la force par le pouvoir de la raison. Pour y parvenir, il avait lutté contre les ennemis du droit avec une énergie et une habileté qui démentent à jamais le préjugé de ce qu'on appelle les gens *positifs* contre les penseurs et les hommes d'imagination. Il voulait, dès ces temps reculés, réaliser la théorie du gouvernement des capacités, et il a légué au monde, dans cette maxime célèbre : *Cedant arma togæ,* l'héritage politique et social que l'humanité poursuit de nos jours.

Jamais vie n'a été plus remplie. Au milieu des orages d'une carrière politique toujours agitée, il a pu composer, dans une langue qu'on n'imite qu'à distance, des œuvres littéraires et philosophiques dont le nombre et la perfection semblent le produit d'une existence exclusivement consacrée à l'étude solitaire et à la retraite : trente plaidoyers, modèles du genre judiciaire ; dix-huit discours politiques, qui serviront de leçons dans tous les temps ; neuf traités de rhétorique et d'éloquence, treize autres traités sur la philosophie et sur les questions les plus abstraites, d'innombrables ouvrages en prose et en vers, dont nous n'avons malheureusement que des fragments ; d'autres encore dont rien ne nous reste, et une correspondance volumineuse, formée de lettres dont la plupart sont encore des traités, écrits avec la grâce familière et l'aimable négligé de la causerie.

Aucun homme n'est venu sur la terre avec des dons plus complets et plus variés. On le dirait, d'un côté, particulièrement destiné au gouvernement, par la rectitude et l'étonnante précision de son esprit; et cependant, d'un autre côté, il ne semblait né que pour les hautes investigations de la science, pour les spéculations les plus abstraites. Il n'allait pas seulement sur les traces des Grecs, ses devanciers et ses modèles; il les quittait une fois en route, et il s'élevait de son propre élan. Il savait frayer des voies nouvelles, et il ouvrait à l'esprit humain des horizons plus larges et plus lumineux.

Ainsi nous lisons, dans le premier livre du Traité des lois, ces traits étonnants de hardiesse et d'originalité :
« ..... Il y a donc, puisque rien n'est meilleur que la
» raison, et que la raison est dans Dieu comme dans
» l'homme, une première société de raison de l'homme
» avec Dieu. Or, là où la raison est commune, la droite
» raison l'est aussi; et comme celle-ci est la loi, nous
» devons, par la loi, nous regarder, nous autres hom-
» mes, *comme en société avec les dieux*. Certainement,
» là où il y a communauté de loi, il y a communauté
» de droit, et ceux que lie une telle communauté doi-
» vent être regardés comme de la même cité; bien plus
» encore s'ils obéissent aux mêmes volontés et aux
» mêmes puissances. Or, ils obéissent à cette céleste
» ordonnance, au divin esprit, au Dieu tout-puissant;
» de sorte que tout cet univers doit être considéré
» comme une *société commune aux dieux et aux hommes;*
» et tandis que dans nos cités, pour une raison dont il
» sera parlé en son lieu, il y a des distinctions d'état

» entre les familles d'une même race, dans la nature
» un ordre plus relevé et plus beau *lie les hommes aux*
» *dieux et par la race et par la famille.* »

Ce n'est ni Platon, ni Aristote bien moins encore, qui lui avaient donné cette splendide théorie de la concitoyenneté de l'homme avec Dieu dans la nature. Cette page sublime est la marque la plus irrécusable et la plus brillante de l'originalité de son génie. Pour lui, les dieux-emblèmes qu'on invoquait de son temps, réunis dans la grande personnalité du Dieu central, du Dieu vivant, du grand Absolu, qu'il avait découvert au-dessus des choses, ne sont pas seulement la source cachée d'où la raison a coulé dans l'homme; mais cet Être suprême, centre et loi des êtres et des choses, existe en communion même avec l'esprit qui vit en nous, participe de la même nature, poursuit la même destinée, et partage pour ainsi dire avec l'homme le gouvernement de la création par l'intelligence et la sagesse : sagesse et intelligence, entières et parfaites en celui-là, qui est le foyer; débiles et progressant chaque jour en celui-ci, l'homme, qui est le rayon.

Ici, Dieu n'est pas, comme on le fait d'ordinaire dans les religions, ce maître sombre et tyrannique qui s'est donné le plaisir de former des esclaves pour les faire trembler; c'est une source ou un foyer; c'est le centre éternel de cette grandeur et de cette lumière vers lesquelles nous marchons avec plus ou moins de courage au milieu des épreuves de ce bas monde. Ici, Dieu n'est pas hors de l'homme, hostile à l'homme et le menaçant; il est dans l'homme, c'est à la fois son père, son frère, son ami, on dirait même son collaborateur; ne voulant de lui, ne lui enseignant, ne lui demandant qu'une chose pour le rapprocher de sa propre essence : la pratique du bien. Personne n'a jamais dit cela ni depuis Cicéron ni avant lui, pas même Spinosa, le grand panthéiste du dix-septième siècle, dont la doctrine est plutôt un athéisme insidieux et séduisant.

Toute l'argumentation que nous venons de voir est d'un philosophe doublé du juriste, de l'homme de loi. C'est le génie rêveur de la Grèce uni à l'esprit juridique de la race romaine. C'est Platon, ramené des hauteurs nébuleuses où l'on peut se perdre, aux sphères plus transparentes et plus précises du monde sensible, où l'on voit les choses de plus près et sous des contours plus arrêtés. Cette sublime spéculation, en effet, il ne se contente pas de l'appuyer sur les simples vraisemblances poétiques qui étayent d'ordinaire les psychologies et les croyances spiritualistes; il la fonde mathématiquement, pour ainsi dire, sur l'infaillibilité de la logique et des lois du monde. « Là où il y a commu-
» nauté de loi, il y a communauté de droit. *Inter quos
» porro est communio legis, inter eos communio juris est.* »
On le dirait au prétoire, au tribunal. Comme je viens de le dire, toute cette philosophie est du juriste allié au poëte. C'est la logique et la poésie réunies dans une féconde alliance, et enfantant les plus splendides clartés qui puissent consoler, guider et élever en même temps le genre humain.

Comme il arrive toujours, ses contemporains n'ont compris cet homme et ne l'ont apprécié qu'après sa mort. Ses ennemis eux-mêmes lui ont rendu justice dès qu'ils furent débarrassés du seul obstacle qui gênât leur marche.

Octave, devenu César, Auguste, empereur, maître absolu de l'univers, surprit un jour un de ses petits-fils lisant un volume de Cicéron. Cet enfant, sachant les sentiments de son grand-père pour l'orateur et l'ancien consul, cacha le livre en le voyant, comme un ouvrage impie ou comme un de ces romans taxés d'immoralité qu'on condamne de nos jours dans les familles et dans les écoles. Mais Auguste, qui s'était repenti, prit le livre des mains de l'enfant, en lut une grande partie avec attention, et le lui remit en lui disant : « C'était un savant homme, mon fils, que ce » Cicéron, et un citoyen qui aimait bien son pays! »

Il ne reste plus rien à dire après ce mot d'Auguste.

Un historien que tout le monde respecte, un philosophe de la bonne école, Caius Cornélius Tacite, que nous révérons tous avec raison, a amnistié en quelque sorte le coup d'État d'Octave Auguste. La république, laisse-t-il entendre, était corrompue. Les vices et l'habitude du crime avaient rendu impossible le maintien de l'ancienne constitution. Les honnêtes gens étaient fatigués. Les familles demandaient la paix et la sécurité. Tous ceux qui avaient quelque influence et quelque audace aspiraient à s'emparer du pouvoir pour s'approprier la fortune publique et les biens des particuliers.

La situation, à ce qu'il paraît, était critique et désespérée. La république des Gracques était usée, celle des Coriolan l'était de même. Il ne pourrait y avoir de place que pour celle de Cicéron ; mais Cicéron, on l'avait tué. Les lois étaient déchirées. Les dieux eux-mêmes s'étaient retirés.

Il fallait, dit-on, un monde nouveau, et pour le former, un nouveau régime. Il n'y a rien d'absolu dans la vie des hommes, semble-t-on ajouter, excepté la justice, excepté le droit et la droite raison. Écoutons plutôt Tacite lui-même. Suivant sa coutume, en deux mots il nous dira tout : « *Lepidi atque Antonii arma in Augustum cessere, qui cuncta, discordiis civilibus fessa, nomine principis, sub imperium accepit.* »

Il paraît qu'on en était venu à préférer la sécurité sous le gouvernement personnel et absolu, aux proscriptions et aux massacres du régime militaire des chefs de faction ; témoin ces mots : « ...*Ac novis ex rebus aucti, tuta et præsentia, quam vetera et periculosa mallent.*

Si des raisons de cette nature, admises par l'homme le plus attaché au parti des lois et des libertés, peuvent être avancées pour excuser l'usurpation d'Octave Auguste et pour expliquer cette triste époque, elles ne serviront néanmoins jamais à atténuer l'horreur de l'assassinat de Cicéron. Auguste eût pu, avec son secours, rétablir l'ordre dans la république, sans les violences du triumvirat. Il y eût eu moyen d'instituer, avec un tel homme, un gouvernement libéral, aussi énergique, aussi solide et plus prospère que celui qu'Auguste a inauguré, et qui n'a pas préservé Rome de la dissolution, qu'ont au contraire accélérée le despotisme des empereurs et les vices qu'engendre naturellement un pouvoir sans limite et sans contrôle.

George. Mais Cicéron lui-même, dans cette longue

lettre à Lentulus qui contient des renseignements si précieux sur l'histoire de ces temps, a dit tout au long, comme tu l'as vu dans d'autres auteurs, que la république n'était pas seulement devenue difficile et dangereuse, mais qu'elle était impopulaire, et que le peuple n'en voulait plus. « Les masses, dit-il, en citant » Platon, sont toujours ce que sont les chefs. » Et ce n'étaient pas, paraît-il, les masses seulement qui pensaient ainsi, puisque nous lisons quelques lignes plus haut dans la même lettre : « Évidemment toute opposi- » tion à ces hommes, surtout depuis les succès de César, » était antipathique au sentiment général et unanime- » ment repoussée. »

PAUL. C'est justement parce que la république était ainsi méconnue et trahie, qu'il y eût eu du mérite à la relever.

GEORGE. Je voudrais bien t'y voir. Peut-on faire de l'ordre avec du désordre?

PAUL. Non, mais on peut, quand on a fait de l'ordre, relever le droit.

GEORGE. Mais un tel phénomène ne s'est jamais vu.

PAUL. Est-ce à dire pour cela qu'il ne peut pas se voir? C'est la tâche la plus belle, la plus grande, la plus honorable que puisse accomplir un homme d'État, un honnête homme, un homme de génie, au moyen du pouvoir créé dans les troubles.

# ÉPOQUE FRANÇAISE.

# AVANT 89.

---

« Faisons une longue excursion, ou plutôt un » voyage dans un voyage, » dit un jour George à son ami, après ces longs entretiens sur l'orateur romain. « Sortons des vallées et des hauteurs de Plaisance, » passons sur l'autre versant de ces montagnes ; nous » les verrons ainsi sous tous leurs aspects. »

Paul acceptait toujours. Ils partirent à cheval, accompagnés du jeune gars de la vachère, monté sur un âne. Ils traversèrent Plaisance, passèrent par Marmelade, et après de longs détours, allongés à dessein, ils atteignirent le bourg de Dondon, assis au pied du sommet qui porte le géant de pierre armé de canons, la citadelle *Laferrière*, la tête dans les nuages.

De là, on découvre au loin les savanes de Saint-Raphaël, formant l'entrée et comme l'avant-scène des hattes immenses des Dominicains, et où commencent la langue espagnole et la vie pastorale, qui distinguent la partie orientale de l'île. A droite, la vue remonte le cours sinueux de la rivière de Vasé, qui baigne un peu plus haut l'entrée légendaire de la *voûte à Minguette* (1).

---

(1) Nom créole du muguet.

A ce nom, George ouvrit l'avis d'un pèlerinage à ce temple antique des druides caraïbes, et l'on partit pour la grotte.

A une lieue environ de Dondon, il faut entrer dans la rivière pour arriver, en la remontant, à la voûte célèbre qui s'ouvre sur ses bords. On met quelques minutes à voyager dans l'eau, dans le lit même de la rivière, et l'on arrive en face d'une épaisse touffe de lianes, formant une sorte de draperie aux arbres élevés qui semblent se serrer à la lisière du bois pour en fermer l'entrée.

Cette touffe de lianes, c'est le rideau de la *voûte à Minguette*. On ne la voit pas en arrivant. Il faut sortir de l'eau, s'avancer sur la rive, descendre de cheval, s'approcher du feuillage, écarter les branches qui s'entre-croisent, pour découvrir l'étroite issue de la caverne.

On dirait un trou, une sorte de trou de tanière, pratiqué par les bêtes sauvages. La grotte est creusée dans un renflement de terrain capricieusement formé en cet endroit, et tout à fait détaché de la chaîne multiple des mornes d'alentour. Des arbres énormes étendent leurs racines tout autour, et sur le dos même du mamelon. Le silence habite en ces lieux, et le mystère semble assis à la porte.

Nos deux voyageurs remirent leurs chevaux au petit garçon. Celui-ci développa les licous enroulés dans la crinière, sous les rênes de la bride, et les attacha aux branches des arbres. On entra.

Chacun des trois visiteurs portait une bougie de cire, qu'on alluma en entrant. Sans cette précaution, on ne pourrait pas faire un pas dans l'épaisse obscurité de la caverne. Ils marchèrent assez longtemps sur un terrain mouvant, où à chaque pas on semble s'enlizer et s'engloutir. C'est le guano accumulé, depuis trois siècles, par les oiseaux de toutes races qui ont remplacé dans ces lieux les prêtres caraïbes et les fidèles de l'antique religion des peuplades indiennes détruites par les Espagnols.

Au bout de trois ou quatre minutes d'une marche incertaine sur ce sol étrange, où l'on enfonce jusqu'aux genoux, on aperçoit au loin une vague lueur du jour, qui filtre à travers les rochers, grise et pâle comme un rayon de lune. Cette clarté descend du haut de la grotte, et passe par une fissure treillagée de lianes feuillues. Ces lianes brisent la lumière en mille filets amincis, et ces filets mobiles tremblent dans les ténèbres de la voûte, suivant le mouvement du feuillage agité par l'air extérieur.

En cet endroit on s'arrête, et l'on reconnaît, avec autant d'étonnement que d'admiration, un temple fait par les mains de la nature et divisé, comme les églises catholiques, en trois parties presque bien distinctes : une nef large et longue occupant le milieu de l'espace, et deux parties latérales, séparées du centre par deux rangées de colonnes irrégulières et sans style uniforme, mais placées presque en ligne droite.

Ces colonnes, ce sont les stalactites lentement distillées des gerçures du roc, et amoncelées en ce lieu depuis l'origine des temps. L'art fantaisiste de la nature en a formé ces cippes tantôt cannelés, tantôt unis, tantôt striés, qui caractérisent la bizarre architecture de ces temples primitifs ou plutôt naturels, cachés dans les forêts et sous la terre.

Quelques-unes de ces colonnes s'élèvent sur des fûts correctement travaillés, comme par la main de l'ouvrier. Il y en a qui vont jusqu'au dôme sans solution de continuité. D'autres suspendent leur élan vers le milieu de la tige et semblent arrêtées par des pierres d'attente, où la goutte éternelle s'ajoute sans cesse. On dirait des bras levés et tendant à atteindre les parties supérieures, suspendues à la voûte. De cette voûte humide suinte à perpétuité la pierre liquide, qui se solidifie en haut et en bas, et qui rapproche ainsi chaque jour les deux tronçons du pilier calcaire.

La nef principale mène à des entassements de pierres de forme carrée, recouverts d'autres pierres plates et unies, dans le genre de ces *dolmens* druidiques qu'on rencontre encore dans la Bretagne. Ici la main de l'homme a travaillé. Ce n'est pas la nature qui a élevé ces espèces de tables. Ce sont les monuments et les derniers vestiges d'une religion détruite par la conquête avec les peuples qui la professaient, mais dont la tradition nous est restée.

Ces tas de pierres, la forme l'indique, c'étaient les autels des Caraïbes. Là s'agenouillaient les prêtres, suivis des *caciques*, les rois légendaires de ces forêts. Derrière eux se pressait la foule des fidèles, pieuse et docile, remplissant de ses cantiques ces voûtes solitaires, qui n'entendent plus, depuis trois cents ans, que le cri de l'oiseau qui les traverse.

Là s'accomplissaient ces rites primitifs dont l'innocence et la naïveté formaient une adorable poésie. Là, durant une longue suite de siècles, se sont célébrées les cérémonies de la religion agreste de ces hommes confiants, qui espéraient se rapprocher après la mort du Dieu que la nature leur enseignait. Ce Dieu ne leur disait pas de haïr et de tuer ceux qui croyaient autrement qu'eux; et ils n'ont jamais pu comprendre comment des hommes venus de loin et à qui ils n'avaient fait aucun mal, pouvaient répandre le sang avec si peu de scrupule, pour leur faire accepter une religion meilleure que la leur.

L'antiquité des souvenirs et leur caractère remplissent ces lieux d'une sorte de mystique solennité. On se sent saisi de respect et de recueillement. On croit voir défiler devant soi, l'œil étincelant, la chevelure flottante, la stature droite et fière, les épaules et les jambes nues, ces Indiens bronzés de l'archipel du Mexique dont l'histoire même, presque entièrement effacée dans le sang, n'existe plus qu'à l'état de traces confuses, à chaque pas interrompues.

Aux deux extrémités de ces autels sans art, que les fleurs de la forêt ornaient seules dans les grands jours, on mesure de l'œil dans toute leur longueur les deux ailes latérales, dont la paroi, crayeuse et blanche, fait l'effet d'un mur blanchi à la chaux. Elle conserve encore, parfaitement lisibles, des inscriptions, des dates et des noms, charbonnés depuis la fin du seizième siècle, par les Européens qui cherchaient des données sur cette race des Caraïbes entièrement disparue, et dont il ne reste pas un seul descendant dans toute cette grande île.

Des noms espagnols surtout y sont inscrits avec les

dates les plus anciennes, et désignent ainsi les premiers étrangers qui y sont entrés après la conquête et l'extermination.

Nos deux explorateurs longèrent à pas lents les deux galeries, cherchant avec soin dans le guano et dans les anfractuosités du rocher quelque pierre taillée, quelque sculpture, une relique quelconque de cette religion et de ces peuples. Ils cherchèrent en vain. Tout a donc disparu, pensèrent-ils, découragés. Puis ils s'arrêtèrent devant les inscriptions, prirent les morceaux de charbon que portait l'enfant, et ajoutèrent leurs noms avec la date aux noms et dates jadis crayonnés sur la paroi.

Et George, écartant de la main les racines pendantes suspendues à la voûte comme des tiges de lustres, s'appuya contre un pilier, et dit à Paul en souriant :

— Et pourtant ce seizième siècle, que Michelet appelle le grand siècle, était l'époque des grandes idées, des grandes entreprises, des grandes espérances. Ce temps-là était une splendide aurore des clartés qui nous inondent aujourd'hui. L'humanité se transformait, la civilisation voyait s'ouvrir des voies nouvelles. Comment, au milieu même de cette époque, l'un des peuples les plus éclairés de la terre, une nation alors assez grande pour commander à toute une moitié de l'Europe, a-t-elle pu, dans ce monde nouveau que le génie venait de trouver, commettre de sang-froid les abominations que nous savons ?

Paul. Tu l'as bien dit, George, ce siècle-là était une aurore. Le grand jour, le jour complet n'était pas encore venu.

George. Mais j'ai mal dit en disant aurore ; car c'est le quinzième siècle qui a vu naître les idées qui contenaient le monde moderne. La terre nouvelle qui vint agrandir le globe en réunissant des mondes inconnus l'un à l'autre ; l'imprimerie qui vint agrandir la pensée en la propageant comme l'air et la lumière ; l'immigration en Occident des vieux dépositaires des sciences de l'antiquité, qui vint agrandir la puissance humaine ; toutes ces choses grandes et merveilleuses qui ont amené les grandes choses et les merveilles que nous voyons aujourd'hui, c'est le quinzième siècle qui les a produites.

Le seizième en a hérité, et il n'en est donc que plus coupable. Ce n'était pas l'aurore et l'éclosion, comme on le dit communément ; c'était le matin, et déjà l'on voyait clair ; témoin Érasme, Luther, Cervantès, Francis Bacon, William Shakespeare, Rabelais, Montaigne, et d'autres encore.

Paul. C'est exact ; mais dans cette époque de transition, de préparation, il ne faut accuser que ceux-là seuls qui l'ont compromise. Une civilisation n'est pas responsable des faits et gestes d'une seule nation. Il semble en effet qu'en ce temps-là un peuple tout seul s'appliquait à résister à l'esprit nouveau. Les mêmes hommes qui soutenaient en Europe avec le plus de violence le système de l'intolérance, en matière de religion comme en politique, venaient implanter ici en Amérique, les iniquités et les vieilleries que tendait à combattre l'esprit du siècle. Ceux-là mêmes qui donnaient à l'Europe le spectacle des auto-da-fé, venaient donner dans les Antilles le spectacle des mitraillades.

GEORGE. Ceux-là cependant qui faisaient ces choses étaient pour ainsi dire à la tête de cette époque. Ils en étaient comme les représentants. Ils semblaient diriger la civilisation, ou du moins ils prétendaient à la diriger. *Le soleil ne se couchait pas sur leurs États.* L'Inde, l'Amérique et les mers leur obéissaient. Ils donnaient des lois au Nord et au Midi : à l'Italie, à l'Allemagne, aux Hollandais et aux Flamands. Ils ont même marché sur l'Angleterre, qu'ils espéraient asservir à leur influence.

Les connaissances de l'esprit humain florissaient sous leur drapeau : André Vésale était leur sujet, Colomb était leur géographe. De grands penseurs, de grands écrivains, de grands poëtes, justifiaient chez eux ce beau nom de renaissance que l'histoire assigne à cette grande époque.

Ils étaient pour ainsi dire la première nation, la plus puissante; ils étaient donc loin d'être des barbares; et alors comment expliquer ce qu'ils ont fait en ce temps-là? Ils se disaient à la tête de la civilisation, et ils massacraient des races entières de ce côté-ci, comme là-bas ils proscrivaient les Maures, sans réflexion et sans pitié.

Te rappelles-tu bien comment les choses se sont passées? On chargeait les canons de boulets et de mitraille, on disposait ces batteries en ligne dans les savanes; puis ces messieurs conviaient les Indiens, leurs hôtes, à des fêtes publiques, à des spectacles; et quand ces hommes confiants, qui ne connaissaient ni la poudre à canon ni le canon, s'assemblaient en foule devant les batteries, on faisait feu de toutes les pièces, et l'on détruisait ainsi des tribus entières.

Puis, on pourchassait les restes à coups de fusil ; on les traquait comme des bêtes fauves ; et quand on les avait acculés dans leurs retraites les plus reculées, comme la grotte où nous sommes en ce moment, on mitraillait encore et on murait.

Toute une race d'hommes a disparu de la terre de cette façon.

PAUL. Cette indignation, je la partage. Les lieux que nous visitons, théâtre authentique de ces horreurs, devaient l'exciter, je le comprends. Le peuple qui a fait ces choses a perdu l'avenir par la violence. Avec une égale fureur, dans le même moment, tu viens de le dire, ils exterminaient chez eux ces fils de l'Afrique qui faisaient leur prospérité, qui avaient en leurs mains les industries, les arts, l'activité, les progrès. En proscrivant les Maures, ils ont proscrit l'avenir. Ce que l'Espagne faisait en Amérique répond ainsi à ce qu'elle faisait en Europe même. C'est la mise en œuvre d'un même ordre d'idées, d'un même système. C'est la politique de Philippe II. C'est le sombre génie de l'Escurial défendant l'arrière-garde de l'ancien régime et immolant ses dernières victimes.

Jamais la France n'eût commis ces crimes. Si c'était Louis XII, ou François I*er*, au lieu d'Isabelle et de Ferdinand, qui eût expédié Colomb sur l'Océan, les Caraïbes existeraient encore. La France, dit-on, ne sait pas coloniser ; il serait plus exact de dire qu'elle ne sait pas massacrer. C'est peut-être là la raison de ses insuccès dans les Indes et les Amériques. C'est en France qu'on a dit : « Périssent les colonies plutôt qu'un

» principe. » Parole grande comme le monde, et qui peint, d'un seul trait, la généreuse nation dont la grandeur est en elle-même, indépendamment de la conquête et de la violence; qui tient sa puissance de ses sentiments et son influence de son génie !

Quelques individus dans les Antilles, corrompus par l'intérêt, ont pu renier leur origine en exerçant sur les esclaves des cruautés indignes de leur patrie; mais la France elle-même les a réprouvés et a pris la défense des opprimés. La France est la terre de l'enthousiasme, le pays de la vraie chevalerie : elle n'a pas produit le *hidalgo* de la Manche, mais elle a fait du Guesclin, Bayard, Lafayette.

Ce n'étaient pas Charles-Quint et Philippe II qui conduisaient la civilisation, comme tu le dis; depuis Charlemagne, la France n'a jamais cessé de la diriger et de faire la guerre à la barbarie. Elle renouvelle l'idée de l'Hercule antique, domptant les monstres et les brigands partout où ils sévissaient, affranchissant les opprimés, délivrant la terre et l'éclairant. En 1789, elle ne s'est pas bornée à régler ses affaires, elle a stipulé pour l'humanité.

Dieu a donné à cette race brillante, avec l'esprit qui explique toutes choses, l'élan qui les réalise. A l'époque dont nous parlons, elle luttait de toute la force qui lui est propre, de toute la puissance de son génie, contre les préjugés et les ténèbres, qui soutenaient rudement leur dernier combat. Les deux représentants les plus caractéristiques du génie français, les deux types les plus remarquables et les plus populaires de cet esprit gaulois, si connu dans le monde par ce gracieux mariage de la gaieté la plus railleuse à la réflexion la plus profonde, Molière et Voltaire, ont trouvé dans ce seizième siècle les modèles et les maîtres qu'ils ont suivis et continués : j'ai toujours pensé, en effet, qu'ils ont dû longuement et patiemment méditer, étudier, épeler *Pantagruel* et les *Essais* : Rabelais, l'ingénieux railleur, et Montaigne, le spirituel et séduisant analyste.

Quelle grande date que ce siècle-là ! Quand il n'eût produit que Luther, il suffirait de cela pour en faire une ère au développement de l'esprit humain. Quand on se met à raisonner sur une matière quelconque, on raisonne bientôt sur tout le reste; tout se tient, tout se lie et s'enchaîne dans l'esprit de l'homme. En effet, du jour que la *réforme* a paru en Europe, il était facile à tout esprit sérieux et réfléchi de prédire à coup sûr la *révolution*. L'ordre ancien, dans son entier, reposait sur le principe de l'infaillibilité des *Écritures*, des canons de l'Église et des conciles. L'autorité des rois découlait de là, ainsi que les priviléges du monde féodal. Luther, en attaquant la base, ébranlait tout l'édifice. Ce Luther est un Robespierre de l'ordre dogmatique et religieux. C'est le premier précurseur de 89.

Ce seizième siècle, tu l'avais bien dit, George, c'était l'aurore, l'avant-coureur. L'autre a été pour ainsi dire inconscient de lui-même : le quinzième avait exploré, le seizième a exploité ; le premier a trouvé les moyens, l'autre en a commencé l'application ; après que l'un eut formulé, l'autre a expliqué et propagé. Elle est imposante, cette lumineuse époque ; étudie-la avec attention, et tu l'admireras avec moi comme l'un des plus beaux âges dont l'humanité puisse s'honorer.

La politique de l'Espagne dans le nouveau monde ne l'a pas ternie. Rien de grand ne se fait sans peine; on ne change pas le monde en un seul siècle.

Le jour même le plus beau de la vie ne laisse pas d'avoir ses contrariétés, et les temps les plus heureux de l'histoire ont encore eu leurs calamités et leurs désastres. Le progrès ne court pas la poste : il va à pas lents, mais assurés. Notre siècle même, si puissant et si grand, compte de nombreux *desiderata*.

George fit un mouvement pour changer de place, et il heurta du pied un objet enfoui dans le guano. Il le ramassa et le regarda à la lueur de sa bougie. C'était une pierre sculptée, portant une forme humaine, étendue raide et sans grâce, à la manière de ces figures sévères qu'on voit sur les tombeaux de l'Égypte. C'était une sorte de bas-relief. « Voilà quel-
» que chose qui révèle à lui seul tout un ordre d'idées, » dit le jeune homme tout heureux de sa trouvaille. « Ces peuples sauvages qu'on a détruits avaient donc
» des arts, et partant, une civilisation.

Paul. Cela est certain. Ils partageaient avec ceux du Mexique et du reste du continent une civilisation originale, dont on ne nous a pas permis d'observer la véritable physionomie.

Les arts du dessin ne leur étaient pas inconnus. Ils avaient une architecture. Le caractère des œuvres dont les débris ont été recueillis rappelle, comme cette pierre que tu viens de trouver, les arts de l'antique Égypte, et diffère considérablement de tout ce qu'on a pu trouver chez les Mexicains.

Des rapports cachés par la nuit des temps ont relié

ces races et ces mondes, dès avant l'époque des Pharaons; pour moi, la chose est presque certaine. L'idée vague et constante des anciens, d'une *Atlantide* lointaine et resplendissante, appuie cette conjecture historique. Si Solon eût eu le temps de publier le poëme qu'il a suspendu pour faire ses lois, si Platon nous en eût laissé la continuation, qu'il avait entreprise, nous aurions pu probablement reconnaître les rivages de la terre de Colomb dans les contours de ces *îles Fortunées*, qu'on a prises si singulièrement pour la Suède et la Norvége. Et qui sait si Colomb lui-même ne s'est pas orienté, dans ces mers, sur les données de quelque vieux palimpseste apporté en Europe par les Grecs fuyant les armes de Mahomet II? L'Amérique a été trouvée une quarantaine d'années après la prise de Constantinople.

Les Caraïbes occupaient l'entrée du golfe et le point le plus avancé de ce monde ignoré, du côté de l'Orient. Ils se trouvaient ainsi plus immédiatement en rapport avec ces terres de l'Océan, dont les relations avec l'Europe ont été violemment interrompues par les commotions géologiques dont parlent les anciens.

Les Espagnols n'ont pas permis à la science d'étudier ces antiquités et les idées qu'elles pouvaient contenir. Tout a été détruit par la conquête. Il n'y avait pas à détruire cette civilisation des forêts des Antilles; il y avait à la marier au contraire à celle qui se formait dans le même moment en Europe. De cette union, de ce mélange, il serait peut-être sorti quelque chose d'admirable dans ce nouveau monde.

Mais la lumière du jour pâlissait déjà dans la fissure

de la voûte, et les bougies touchaient à leur fin. Il fallait sortir.

Nos deux jeunes gens revinrent à Dondon, et là, après un gai repas chez l'hôte qu'ils avaient choisi, ils sortirent de la *charge* les bons vieux livres qui ne les quittaient pas.

« Ce versant des montagnes me plaît tout autant
» que l'autre, » dit George, très-impressionnable, mais cachant toujours l'émotion dans le sourire. « Nous
» passerons plusieurs jours ici. Nous irons voir Saint-
» Michel et ses grands rosiers, Saint-Raphaël et ses
» hattes, Ranquitte aux cafiers touffus, et cette belle
» petite ville de Sainte-Rose, luttant sans cesse contre
» sa rivière à double lit. En attendant, parle-moi un
» peu de tes grands hommes. J'aime à t'entendre sou-
» tenir ta thèse. Elle me fait penser, et elle ajoute par
» là un charme de plus à toutes les beautés de ce beau
» pays. »

Jusqu'ici, je l'avoue, tu as plaidé ta cause avec pas mal d'esprit de suite. Voyons si dans les temps modernes, où les personnalités ont eu moins d'influence, tu la soutiendras avec le même bonheur.

PAUL. Dans ces temps modernes, c'est bien convenu, nous n'aurons que la France à envisager, du moins pour le moment. Or dans cette France, l'héritière des anciens, à partir de l'époque de la vie politique, qui date de la fin du siècle dernier, le premier nom qui se présente parmi les hommes de génie qui ont exercé une grande influence dans les affaires publiques, c'est Mirabeau.

GEORGE. Je croyais cependant que tu n'oublierais pas

ce Michel de l'Hôpital, que tu trouves si grand. Je croyais surtout que tu ne passerais pas sous silence Armand de Richelieu, l'un des plus grands politiques de tous les temps, et qui ne manquait pas, comme tes grands lauréats, de cette culture d'esprit qui détourne l'homme en quelque sorte de la vie pratique. Il a créé l'Académie française.

PAUL. Je ne les ai pas oubliés, mais il m'a semblé qu'ils n'entraient pas suffisamment dans le cadre que nous avons fait. L'un, avec un grand courage, semble n'avoir pas eu assez d'initiative et de hardiesse; l'autre, aussi hardi qu'on peut l'être, n'appartient pas à l'école que je défends : c'était un autoritaire, sans un seul sentiment de libéralisme.

Mais il y en a un autre que je voudrais nommer, celui-là d'une grande influence sur les temps modernes ; mais comme il ne lui a pas été donné de prendre part aux affaires, à la politique militante, je ne comptais en parler que pour indiquer en deux mots la révolution générale qu'il a faite dans le monde, par l'enseignement du régime représentatif, qui tend à devenir, depuis lui, une doctrine politique universelle ; c'est Montesquieu.

L'Hôpital est un de ces hommes qui font à eux seuls la grandeur de toute une époque. Il portait en lui un esprit élevé et une âme plus élevée encore. Dans un temps où la raison semblait ignorée et où le crime avait des apôtres avoués, pour ainsi dire, il osa entreprendre, lui tout seul, la défense de la vérité.

Cette liberté de conscience, qui fait la plus grande partie de la gloire de Voltaire et l'une des plus belles conquêtes dont notre siècle se glorifie, il eut le courage de la proclamer, de la défendre, au milieu des potences où balançaient au vent ceux qui avaient seulement l'audace de la nommer. Il repoussa de France la hache de l'inquisition et le bûcher des auto-da-fé. Il consacra sa vie au bien public; mais quand il vit ses efforts rencontrer des obstacles toujours renaissants, il résigna les sceaux, il protesta par son abstention, au lieu de lutter jusqu'à la dernière heure.

George. *Justum et tenacem.....*

Paul. Le juste d'Horace se fût incliné devant son courage et sa fermeté, mais il a douté de son temps, et il a faibli. Les circonstances, il est vrai, étaient difficiles. Il avait à lutter contre un roi égaré par le fanatisme, contre une mère qui rappelait Agrippine par son audace et par la violence de ses passions, contre Rome, contre l'Espagne, contre le génie du mal armé au nom du ciel, contre une société entière qui renouvelait les plus mauvais jours des époques les plus malheureuses. On combattait d'estoc et de taille, des pieds et des mains, contre l'esprit nouveau qui entrait dans le monde.

L'amour du bien était dans son cœur, vivace et ferme; mais il faudrait qu'il en eût la passion, et que cette passion fût aussi dans sa tête, comme elle possédait ces hommes que nous venons de voir dans le monde ancien.

George. Un autre a paru dans la suite, qui l'avait bien *dans la tête,* s'il ne l'avait au cœur, cette puissante passion que tu désignes. Mais tu ne veux pas l'admettre dans ton cénacle, parce qu'il faisait les choses à sa façon, et parce que, politiquement parlant, il les faisait de la bonne façon. Richelieu ne s'embarrassait pas de types absolus proposés par les philosophes. Il avait son système à lui, comme tout homme de génie, et il y pliait toutes les doctrines, toutes les théories.

Paul. Celui-là aussi avait, certes, un grand génie, et qu'il appuyait, lui, d'une grande force d'âme, d'une invincible énergie. Mais, entre Platon et Machiavel, il n'a pas voulu de milieu, il a, sans scrupule, adopté le dernier. Le *Prince* et l'*Histoire de Florence* ne laissent place à aucune conception philosophique, à aucun idéal généreux, vraiment élevé.

Une sorte de nouvel Évangile avait été publiée par le Florentin. Dans cet Évangile impitoyable, on lisait tantôt cette maxime : *L'offense faite à un homme doit être telle que le prince n'ait pas à en redouter la vengeance;* tantôt d'autres comme celle-ci : *Rien n'est si ordinaire que le désir d'acquérir, et quand les hommes peuvent le satisfaire, ils en sont plutôt loués que blâmés. Mais quand ils n'ont que la volonté sans avoir la faculté d'acquérir, là pour eux le blâme suit l'erreur;* ou cette autre : *Quiconque devient maître d'une ville accoutumée à jouir de sa liberté et ne la détruit pas, doit s'attendre à être détruit par elle.*

Ces versets étaient appuyés non plus sur l'autorité du ciel, qu'on pourrait récuser, mais sur l'histoire, qui prouve brutalement et à coups de faits; témoin ce passage : *Les Lacédémoniens régirent Athènes et Thèbes en y créant un gouvernement composé de peu de personnes; néanmoins ils perdirent ces deux villes. Les Romains, pour s'assurer de Capoue, de Carthage et de Numance, les détruisirent et ne les perdirent pas.*

D'où il résulte, est-il dit dans la suite, que ceux qui veulent faire des innovations dans un État, c'est-à-dire y fonder un pouvoir absolu, *s'ils emploient la persuasion, n'obtiennent jamais de succès ; mais qu'ils manquent rarement de réussir quand ils sont indépendants et qu'ils peuvent contraindre. De là vient que tous les prophètes armés triomphent et que tous ceux qui sont sans armes succombent.*

C'est cette doctrine nouvelle, étudiée non plus dans l'abstraction, mais dans le vif, qui guidait la politique du cardinal.

GEORGE. Il avait son but, et il le poursuivait sans hésiter. Ce but pour lui était légitime ; il y avait foi. Dans cette *Histoire de Florence* que tu viens de citer, il avait trouvé à chaque page que les grands et les peuples, quand ils sont les maîtres, ne mettent pas de bornes à leurs violences. Il avait entrepris, lui, de dompter les grands ; c'était un monarchiste radical et convaincu, tout comme les démocrates qui prennent de nos jours cette première épithète.

PAUL. Convaincu, je veux bien le croire ; mais pour radical, il n'y a pas de doute. Nicolao Machiavelli, le rencontrant quelque part dans l'autre monde, a pu l'aborder en lui disant : « Vous ai-je trompé ? Ne vous » êtes-vous pas bien trouvé de mes avis ? Êtes-vous » tombé comme les autres victimes de vos ennemis ? »

Et cet entretien édifiant de ces deux hommes *pratiques* par excellence, si quelqu'un revenait de là-bas comme on en revenait dans les épopées des anciens, et qu'il nous en fît tout au long le récit, aurait de quoi désespérer les esprits généreux qui ne comprennent le bien que par le bien, et qui, malgré la brutale logique de ces morts célèbres, répugnent à considérer la violence comme moyen d'améliorer les sociétés.

GEORGE. Je ne porte pas de jugement; c'est ton affaire. Mais il est évident et sans conteste que le cardinal est, plus qu'aucun autre, cet homme du commandement éclairé dont tu cherches les types. Personne n'a réalisé au même degré que lui cet idéal de l'homme de génie propre à l'action, de l'homme des théories étudiées dans les livres et en même temps des choses positives expérimentées dans la vie active. C'est bien là l'homme d'État complet, pensant et agissant à la fois, comme tu le cherches.

PAUL. Il en avait toute l'intelligence et les aptitudes, il n'en avait pas les sentiments.

GEORGE. Le sentiment n'a rien à faire dans la politique.

PAUL. Le sentiment, non; mais les sentiments, il n'y a pas moyen de les en proscrire sans faire le mal à la place du bien. Il ne faut pas qu'une sensiblerie déplacée vienne troubler, par le voile des larmes, la clairvoyance qui a besoin de tout voir pour tout prévoir. Mais il serait affreux de soutenir qu'il est inutile que la droiture d'une âme honnête corrige les rigueurs de la nécessité, concilie la raison d'État avec la raison de la conscience, et moralise en gouvernant.

GEORGE. Je vois s'agiter dans ta pensée l'image poétique du jeune de Thou, l'intéressant fils de l'historien que tu applaudis sans doute d'avoir écrit dans la belle langue de Tite-Live.

PAUL. Ce n'est pas seulement son image qui m'apparaît, c'est aussi celle d'Urbain Grandier. C'est encore le Père Joseph, sombre et lugubre figure derrière le fauteuil du cardinal; c'est aussi la reine mère, sa protectrice et sa victime; c'est toute cette inexorable inflexibilité du cardinal-ministre qui me retient, qui m'empêche d'estimer sans réserve le grand penseur qui a mis tant de talent au service de son pays.

GEORGE. Mais pouvait-il laisser son pays, dont tu parles toi-même, à la merci des agitateurs ligués sans scrupule avec l'étranger? Pouvait-il laisser sa vie perpétuellement exposée aux tentatives de ses ennemis? Pouvait-il gouverner l'État sans auxiliaires fidèles et sûrs? Aurait-il accompli tant de grandes choses sans écarter les obstacles et les piéges tendus sous ses pas? Rappelle-toi qu'il a achevé l'œuvre de Louis XI.

PAUL. Ici je suis entièrement de ton avis.

GEORGE. Je vois le coup et je le pare : je dis qu'il a porté le dernier coup à la féodalité, et qu'il a affermi cette chose étonnante, qu'on admire si fort dans les temps modernes : l'unité de la France comme une seule famille.

PAUL. Il pouvait tout cela sans étouffer en lui la conscience, qui n'est pas étrangère à la politique, comme tu le crois. Même dans l'exécution stoïque des lois, on peut mêler une justice plus haute à la justice bornée de la sagesse humaine. On peut être homme d'État sans cesser pour cela d'être homme de cœur.

GEORGE. Platonicien! platonicien! Paix à l'âme du grand cardinal! Et dis-nous comment tu vois dans

Montesquieu l'initiateur et le père, suivant toi, du régime représentatif et parlementaire.

Paul. Parmi la foule d'idées justes et fécondes que ce grand esprit a mises en lumière, c'est celle-là surtout qu'il faudrait choisir pour montrer, d'une manière plus précise, l'influence qu'il a exercée sur le monde moderne.

S'il entrait dans nos vues d'étudier également l'œuvre des publicistes qui n'ont pas pris part au gouvernement, nous aurions à causer pendant longtemps de cet homme éminent, qui a rendu tant et de si grands services à la cause des droits et des libertés. Mais nous n'en parlons que pour rappeler en passant, par un nouvel exemple, ce que l'humanité doit au génie de quelques hommes, et pour marquer en quelque sorte la date où commencent en Europe la vie politique et le droit public.

Avant lui, en effet, il n'y avait guère en Europe que le vieux droit civil des Romains, bizarrement mêlé des coutumes diverses de chaque État, de chaque province, de chaque canton. Le droit politique n'existait pas ; le type général du gouvernement était ce régime césarien que nous avons vu naître à la chute de la république romaine, régime absolu et quasi militaire, compliqué du droit divin, des lois féodales et de la discipline théocratique du clergé. Montesquieu a ressuscité le droit et la liberté.

George. Je suis curieux de voir comment tu vas soutenir que celui-là est un *libéral*, qui mesure la liberté au climat, au site, à l'étendue des frontières, à la population, au mode d'existence des citoyens ; qui distribue la justice à proportion des latitudes, qui institue les garanties au *prorata* des rayons du soleil.

Paul. Ce n'est pas la liberté, ce n'est pas le droit, ce n'est pas la justice, qu'il subordonne ainsi à ces conditions du climat et du caractère des peuples; c'est la loi civile, la loi administrative, la loi religieuse même, qu'il fait dépendre des circonstances particulières à chaque milieu social, à chaque espèce de société politique.

Mais la liberté pour lui est chose absolue et de tous les lieux. Le droit est chose inflexible, infaillible de sa nature, et découle en ligne directe de la nature. La justice, elle, n'a pas deux règles; et aucun homme vivant sur la terre ne doit être privé de ses bienfaits.

Il va plus loin : il veut la république, et si nous le lisons avec attention, nous trouverons ce vœu dans tout son livre. C'était hardi, un tel sentiment à une telle époque! Quand il méditait ces maximes nouvelles, ces sortes d'hérésies, le roi qui régnait disait dans sa confiance et dans son orgueil : *L'État, c'est moi.* Une autre fois, marquant son principe d'une manière plus originale et peut-être plus forte, il avait dit : *J'ai failli attendre.* Le *soleil* tout seul pouvait être comparé à Sa Majesté.

Montesquieu avait vingt-six ans à la mort de Louis XIV. L'idée, déjà mûre dans sa tête, était sur le point de se produire. La grâce et l'enjouement des *Lettres persanes* avaient annoncé un grand écrivain; le livre sur l'histoire des Romains, qui explique l'histoire de tous les autres peuples, annonça un profond penseur.

Après avoir vu l'homme dans les livres, il voulut voir les hommes dans la vie active; il voyagea, il observa partout, il étudia tout, et il publia l'*Esprit des lois*, qui serait, a-t-on dit quelque part, plus justement nommé l'*Esprit du monde*.

Tout ce que ce livre a fait dans l'époque actuelle, il serait trop long de l'analyser. C'est pour ainsi dire le résumé politique et pratique de ce dix-huitième siècle, auquel la raison humaine doit une éternelle reconnaissance.

Il rompt sans hésiter et du premier coup avec la tradition et le préjugé. *Les lois*, dit-il, *sont les rapports nécessaires qui dérivent de la nature des choses.*

George. Voilà une définition qui, à mon avis, contredit assez le système qu'il va fonder, puisqu'il fait découler les lois des conditions particulières de chaque État et non de cette *nature des choses* qu'il invoque ici.

Paul. Tu confonds toujours, mon George, le particulier avec le général. Les lois civiles et d'administration dépendent seules, dans son système, de ces conditions que tu repousses. Mais les lois générales, qu'on appelle aujourd'hui constitutionnelles, ne dépendent que de cette nature des choses, qui est la raison de toutes les raisons.

La définition est admirable. Elle fait immédiatement de la politique une science, comme nous disons toujours, une science qu'il faut cultiver comme les autres sciences, par l'analyse et l'observation. La routine, l'arbitraire, le bon plaisir, sont désormais choses jugées, choses condamnées. C'est la loi seule qui doit commander. Cette idée renverse tout le moyen âge. A partir de l'*Esprit des lois,* nous entrons dans le monde moderne.

Tout a ses lois dans le monde, et il n'y a de vrai que ce que disent ces lois. Écoutons un instant Montesquieu lui-même : « *La Divinité a ses lois ; le monde matériel a ses lois ; les intelligences supérieures à l'homme ont leurs lois ; les bêtes ont leurs lois ; l'homme a ses lois..... Si l'on pouvait,* ajoute-t-il plus loin, *imaginer un autre monde que celui-ci, il aurait des règles constantes, ou il serait détruit.* »

La justice est préexistante à la justice des hommes : celle-ci ne fait que l'imiter. « *Dire qu'il n'y a rien de juste ni d'injuste que ce qu'ordonnent ou défendent les lois positives, c'est dire qu'avant qu'on eût tracé de cercle, tous les rayons n'étaient pas égaux.* »

Le gouvernement, à son tour, s'explique ainsi : *L'homme pouvait à tous les instants s'oublier lui-même : les philosophes l'ont averti par les lois de la morale. Fait pour vivre dans la société, il y pouvait oublier les autres : les législateurs l'ont rendu à ses devoirs par les lois politiques et civiles.*

Telles sont les bases nouvelles, telles que la vérité elle-même les établit, et qu'aucune objection ne peut ébranler. Sur ces bases, il élève son système, dont le couronnement, le but, est le bien public, résultant de la marche des gouvernements.

Ces gouvernements se ramènent à trois types principaux, d'où tous les autres dérivent plus ou moins.

GEORGE. Il se sépare ici d'Aristote, de toute l'école des temps anciens, et même des données de l'histoire, qui appuie la classification plus juste et plus complète de l'antiquité. Comment défend-il cette nouveauté?

Paul. Les anciens disaient : monarchie, aristocratie, démocratie. Lui, il dit : despotisme, monarchie, démocratie. Il ne répète pas, il dit ce qu'il voit, ce qu'il a observé.

George. Mais en matière de science, il n'est pas question d'être original. Et n'est-il pas clair qu'il n'y a réellement, comme le disent les anciens, que le pouvoir d'un seul, celui d'un petit nombre et celui du peuple?

Paul. L'aristocratie, dont les anciens ont fait un genre, Montesquieu la trouve confondue ou dans la monarchie ou dans la république, suivant que, dans la première, les grands, réunis en corps politique, dirigent les affaires; ou que, dans l'état populaire, les principaux gouvernent exclusivement la république. Cette classification est peut-être plus exacte en ce sens qu'il n'y a pas, à proprement parler, de gouvernement de quelques-uns, mais que, dans l'une ou l'autre des deux formes tempérées qu'il reconnaît, les plus haut placés ou les plus capables sont en possession de diriger le gouvernement.

George. Mais je peux dire aussi que le despotisme n'est qu'une forme corrompue de la monarchie.

Paul. Il y a une différence immense entre un homme qui règne sans contrôle et un autre homme qui gouverne d'après des lois, consenties par tous. Ce sont bien là deux genres à part. En fait de science, diviser est chose essentielle. L'espèce doit contenir le genre, avec la différence caractéristique.

Ces trois formes établies, Montesquieu condamne la

première comme un outrage à l'humanité, comme la source de tous les malheurs, de tous les fléaux. La seconde, il la tolère, comme pouvant allier la liberté politique à ses maximes. Il fallait cette précaution pour son époque. Mais la démocratie, la république, il la désigne partout comme la forme indiquée par la logique, comme l'unique régime où les sociétés puissent trouver à la fois liberté et sécurité.

George. Il suffit du principe abstrait qu'il assigne à ses trois formes pour condamner sa classification. La crainte, dit-il, est l'âme du régime despotique; l'honneur est le nerf du gouvernement monarchique, et la vertu, le ressort de la constitution démocratique.

Qu'est-ce, en effet, que cet honneur des monarchies, qu'on ne trouve point dans les républiques? Que signifie cette vertu relative qui ne se voit pas dans la monarchie? Et qu'est-ce enfin que cette crainte absolue que le pouvoir d'un seul peut seul inspirer aux citoyens, comme si la loi elle-même ne se faisait pas craindre pour être respectée?

Paul. Il faut éviter de *judaïser* dans l'interprétation des philosophes. Les mots ne peuvent avoir que le sens relatif que leur donne la place où ils sont rangés.

Ainsi, l'honneur monarchique dont parle Montesquieu ne saurait être autre chose que le dévouement chevaleresque au roi, à qui la foi est engagée. La vertu démocratique ne peut être autre que le dévouement au pays, plus accentué dans la république que dans le gouvernement monarchique. Et s'il dit la crainte pour le despotisme, c'est qu'il entend flétrir cette forme impie, où l'ordre public ne peut exister que par la terreur et les supplices.

Ces trois genres une fois établis et dessinés, il va les juger et fixer son choix. Nous allons voir Montesquieu républicain. La chose est intéressante, et vaut bien la peine qu'on s'y arrête quelques instants.

D'abord, dit-il, « je ne vois de différence entre la » monarchie et le despotisme que le plus ou moins de » lumières et de bonne volonté dans celui qui gou- » verne. » Voilà, par ce seul mot, le régime personnel mis hors de cause, et le monarchisme *légal* lui-même gravement compromis. Ce *plus ou moins* de lumières et surtout de bonne volonté, c'est le hasard et le bon plaisir, auxquels il ne saurait être prudent de se fier, sans des garanties plus positives.

C'était déjà hardi pour le temps où cela s'écrivait; mais ce qui va nous porter au dernier degré de l'étonnement, ce sont certaines considérations sur l'essence même de la monarchie : « Je sais très-bien qu'il n'est » pas rare qu'il y ait des princes vertueux; mais je » dis que dans une monarchie il est très-difficile que » le peuple le soit. » Il suffirait de ce mot, mais ce n'est pas tout : « Qu'on lise ce que les historiens de » tous les temps ont dit sur la cour des monarques; » qu'on se rappelle les conversations des hommes de » tous les pays sur le *misérable* caractère des courti- » sans. Ce ne sont point des choses de spéculation, » mais d'une triste expérience. L'ambition dans l'oisi- » veté, la bassesse dans l'orgueil, le désir de s'enrichir » sans travail, l'aversion pour la vérité, la flatterie, la » trahison, la perfidie, l'abandon de tous ses engage-

» ments, le mépris des devoirs du citoyen, la crainte
» de la vertu du prince, l'espérance de ses faiblesses,
» et, plus que tout cela, le ridicule perpétuel jeté sur
» la vertu, forment, je crois, le caractère du plus
» grand nombre des courtisans, marqué dans tous les
» lieux et dans tous les temps. Or il est très-malaisé
» que la plupart des principaux d'un État soient mal-
» honnêtes gens, et que les inférieurs soient gens de
» bien; que ceux-là soient trompeurs, et que ceux-ci
» consentent à n'être que dupes. »

Il n'y a pas moyen de faire un tableau plus complet, plus expressif, plus vivant. Rien n'y manque. Et, comme il n'y a pas de roi sans cour, et qu'il n'y a pas de cour sans courtisans, il s'ensuit naturellement qu'il n'y a pas de roi sans corruption sociale, et partant sans les plus grands dangers pour la société. Cela est clair et sans réplique. Le régime des rois est donc chose jugée.

« Le cardinal de Richelieu, » ajoute notre philosophe pour appuyer encore son assertion, « insinue dans son
» testament politique que si dans le peuple il se trouve
» quelque malheureux honnête homme, un monarque
» doit se garder de s'en servir. »

Je ne sache pas qu'il soit possible de condamner d'une manière plus ouverte le pouvoir monarchique que de le déclarer ainsi incompatible avec les honnêtes gens.

Seulement, Montesquieu est obligé de jeter tout le mal sur les courtisans et de mettre à part les vertus du prince. C'est le procédé des dramaturges espagnols : Lope et Calderon, ayant quelquefois à condamner les persécutions qu'essuyaient les Maures, introduisent sur la scène un courtisan odieux, sorte de bouc émissaire politique, qui assume le tort par ses conseils.

« Je me hâte et je marche à grands pas, » continue Montesquieu pour se mettre à couvert, « afin qu'on ne » croie pas que je fasse une satire du gouvernement » monarchique. » Comme l'intention est évidente ! et comme il est clair qu'il la dissimule sous toutes les adresses oratoires, sous tous les dehors scientifiques qu'il peut revêtir ! Ces précautions lui servent de cuirasse ou de rempart; à leur abri, il poursuit l'attaque, et lance des traits mortels : « Ainsi, dans les mo- » narchies bien réglées, tout le monde sera *à peu près* » *bon citoyen*, et on trouvera rarement quelqu'un qui » soit homme de bien. » Au moyen de ces sortes de petites phrases, avancées avec toute la politesse et toute l'étiquette qu'on peut désirer, il démolit de fond en comble la place qu'il assiége.

Ce principe même qu'il assigne à la monarchie, l'honneur, il l'habille de telle façon qu'il en fait une chose méprisable et qu'un homme de cœur ne peut avouer : « La nature de cet honneur est de demander » des préférences et des distinctions... Philosophique- » ment, c'est un honneur faux qui conduit toutes les » parties de l'État; mais cet honneur faux est aussi » utile au bien public que le vrai le serait aux particu- » liers qui pourraient l'avoir. »

Ainsi, le principe même de ce gouvernement n'est pas un principe, puisqu'il est faux. Les incohérences que l'on trouve dans ces pages sont la conséquence forcée des tempéraments que prend l'écrivain pour rendre sa pensée d'une manière oblique et détournée.

Il ne voit qu'un avantage dans les monarchies, c'est la promptitude dans l'exécution des affaires. Et à propos même de ce seul avantage, il trouve l'occasion d'en attaquer l'excès. C'est ainsi qu'il dénonce l'antipathie des rois et de leur gouvernement pour les délibérations des corps politiques : « Le cardinal de Ri» chelieu veut que l'on évite, dans les monarchies, les » épines des compagnies, qui forment des difficultés » sur tout. Quand cet homme n'aurait pas eu le despo» tisme dans le cœur, il l'aurait eu dans la tête. »

Ce n'est pas Richelieu seul qu'il veut atteindre par ce coup, c'est le système en général.

Pour l'autocratie, le czarisme, comme ce régime n'éveille aucune idée scientifique et ne repose que sur la violence, il n'en dit que deux mots : « On ne peut » parler sans frémir de ces gouvernements monstrueux. » Un homme à qui les cinq sens disent sans cesse qu'il » est tout et que les autres ne sont rien, est naturelle» ment paresseux, ignorant, voluptueux. »

Quand il arrive à la démocratie, le premier mot qu'il en dit suffirait à lui seul pour révéler toutes ses sympathies et ses convictions. Son principe, dit-il, est la *vertu*.

George. Entendons-nous. Sa démocratie à lui, est-ce la république ?

Paul. Il la nomme même assez souvent. Mais il semble résulter de ses appréciations des formes diverses que peut revêtir la république, que la démocratie ellemême, dans sa pensée, n'est pas absolument attachée à telle ou telle forme particulière, mais qu'elle existe en fait partout où le peuple prend part au gouvernement par ses suffrages.

GEORGE. Ce qui revient à dire qu'un gouvernement monarchique peut être en même temps démocratique?

PAUL. Comme la Belgique et même l'Angleterre.

GEORGE. Mais ce qui constitue la monarchie, c'est l'*hérédité*, et l'essence de la république, c'est l'*élection*. La démocratie ne peut donc être complète que dans la république, où il n'y a de *droit* que le *mérite*.

PAUL. Aussi n'hésite-t-il pas à préférer ouvertement la république. En effet, du moment que, des trois formes qu'il reconnaît dans le monde, il n'admet ni le despotisme ni la monarchie, il va sans dire qu'il est pour la troisième, pour la république. Mais cette république, il ne veut pas la laisser détruire par les violences de la multitude; et, comme tous les esprits justes, mûris par l'étude, il conclut au système des capacités.

Il va nous expliquer cela dans un langage simple et précis : « Comme la plupart des citoyens qui ont assez
» de suffisance pour élire n'en ont pas assez pour être
» élus, de même le peuple, qui a assez de capacité
» pour se faire rendre compte de la gestion des autres,
» n'est pas propre à gérer par lui-même. »

Plus loin, il épuise la question. C'est une admirable progression de logique. Il s'attache à ce point spécial comme s'il soutenait une polémique : « Il faut que les
» affaires aillent, et qu'elles aient un certain mouve-
» ment qui ne soit ni trop lent ni trop vite. Mais le
» peuple a toujours trop d'action ou trop peu. Quel-
» quefois avec cent mille bras *il renverse tout;* quel-

» quefois avec cent mille pieds *il ne va que comme les*
» *insectes.* »

Il ne reste plus rien à dire après ce grand maître. Ainsi, d'après Montesquieu, et comme je te l'ai mille fois dit dans nos entretiens, la part légitime et la seule raisonnable du peuple dans le gouvernement démocratique, c'est le choix de ses gouvernants, c'est-à-dire l'élection des plus capables.

George. Mais ce n'est pas là le dernier mot de l'école qui se nomme radicale. Car, sans compter Proudhon, dont tu reconnais toi-même la supériorité et qui demande ce qu'il appelle dans sa langue *an-archie,* c'est-à-dire la suppression de tout gouvernement, il y a d'autres nuances foncées du parti démocratique, qui veulent la participation de tous à tous les actes du gouvernement : législation, administration, juridiction, exécution, etc., etc.

Paul. Répondons d'abord à l'homme de génie : tu vois bien que ce terrible Proudhon que tu m'opposes, cédant à l'entraînement de ses systèmes, ce qui trompe d'ordinaire les meilleurs esprits, et formulant son idée de la suppression de tout pouvoir, n'a pas osé dire ouvertement le mot *anarchie,* le vrai nom de ce qu'il demande; mais il a senti le besoin de le décomposer dans ses racines grecques et de masquer sous cette forme savante, *an-archie,* l'impraticable théorie qu'il a avancée. Il a pu se flatter que le premier signifiant désordre et confusion, le sien, ainsi disséqué et métamorphosé, signifierait simplement affranchissement de tout pouvoir. Rêve sublime assurément, mais condamné à rester rêve, et qui ne pourrait entrer dans le monde des faits sans détruire de fond en comble tout ce que l'activité humaine a pu réunir jusqu'ici de sagesse et de civilisation !

D'autres partis avancés, dis-tu, ne poussent pas si loin leurs aspirations, et se contentent du gouvernement de tous, sans exception ni restriction. Ceux-là mêmes, à la pratique, renonceraient à leurs théories, abjureraient leurs abstractions.

Il faut, pour gouverner, une somme de lumières et de réflexion qu'il n'est pas possible de trouver dans la multitude, jamais une et jamais calme. Gouvernement *pour* le peuple et *en vue* du peuple, voilà le vrai. Gouvernement *par* le peuple lui-même, c'est chimère et ruine sociale. Le peuple ne peut gouverner que par ses élus, par les plus capables, sortis de son sein, et qu'il choisit lui-même pour cette tâche, *la plus difficile* qu'il y ait sur la terre.

George. Cependant, pour élire ces plus capables, faut-il encore que le peuple puisse les reconnaître; et ce même manque de lumières dont tu viens de parler l'empêchant également de les discerner, le régime démocratique devient impossible dans ta théorie.

Paul. De ce qu'on est incapable de faire une chose par soi-même, il ne s'ensuit pas qu'on soit également incapable de reconnaître ceux qui sont aptes à la bien faire. Montesquieu va te le prouver : « Le peuple est » admirable pour choisir ceux à qui il doit confier quel- » que partie de son autorité. Il n'a à se déterminer que » par des choses qu'il ne peut ignorer et des faits qui » tombent sous les sens. Il sait très-bien qu'un homme » a été souvent à la guerre, qu'il y a eu tels ou tels

» succès ; il est donc très-capable d'élire un général. Il
» sait qu'un juge est assidu, que beaucoup de gens se
» retirent de son tribunal contents de lui, qu'on ne l'a
» pas convaincu de corruption ; en voilà assez pour qu'il
» élise un préteur. Il a été frappé de la magnificence
» ou des richesses d'un citoyen ; cela suffit pour qu'il
» puisse choisir un édile. Toutes ces choses sont des
» faits dont il s'instruit mieux dans la place publique
» qu'un monarque dans son palais. *Mais saura-t-il con-*
» *duire une affaire,* connaître les lieux, les occasions,
» les moments, en profiter ? *Non, il ne le saura pas.* »

Ces paroles sont concluantes ; cependant il les renforce encore, et les étaie par de grands exemples : « Si
» l'on pouvait douter de la capacité naturelle qu'a le
» peuple pour discerner le mérite, il n'y aurait qu'à
» jeter les yeux sur cette suite de choix étonnants que
» firent les Athéniens et les Romains ; ce qu'on n'attri-
» buera pas sans doute au hasard. On sait qu'à Rome,
» quoique le peuple se fût donné le droit d'élever aux
» charges les plébéiens, il ne pouvait se résoudre à les
» élire ; et quoiqu'à Athènes on pût, par la loi d'Aris-
» tide, tirer les magistrats de toutes les classes, il
» n'arriva jamais, dit Xénophon, que le bas peuple
» demandât celles des magistratures qui pouvaient
» intéresser son salut et sa gloire. »

L'étendue qu'il donne à cette idée et l'insistance qu'il met à y revenir semblent révéler la prévoyance où il était que cette question des *capacités* deviendrait un jour le nœud, la solution, la clef du problème politique, au milieu du dédale des théories. Il y ajoute des arguments dont l'originalité étonne le lecteur et le séduit : il nous montre le système des capacités corrigeant même ce régime despotique, qu'il a jugé indigne d'analyse et d'attention. Le despote de l'Orient, dit-il, ignorant et dissolu, choisit l'homme le plus capable de l'empire, lui remet les rênes du gouvernement, et atténue ainsi à son insu, par l'intermédiaire de ce vizir, les malheurs de ses sujets. Un pape, ajoute-t-il, pénétré de son incapacité au moment de son élection, fit d'abord des difficultés pour accepter; puis, ayant livré les affaires à un sien neveu, sans doute homme de valeur et d'habileté, et les voyant marcher sans embarras, s'écria dans l'admiration : « Je n'aurais » jamais cru que cela eût été si aisé. »

GEORGE. Je veux bien convenir qu'il a trouvé une base, le *suffrage universel*, et un moyen d'action, l'*élection des capacités;* mais quel est le rouage politique qu'il propose pour faire marcher toute cette machine?

PAUL. *Toute cette machine* implique l'idée d'une complication ; rien n'est plus simple, au contraire, que les choses établies jusqu'ici par notre publiciste.

Son *rouage*, comme tu l'appelles, c'est ce système représentatif dont je t'ai parlé, et dont il va nous dire l'origine et la portée.

GEORGE. Et il n'a pas pris la peine de formuler, au préalable et comme d'usage, une constitution?

PAUL. Les constitutions dérivent du principe qu'elles doivent consacrer. Elles ne sont pas la grosse affaire qu'on croit d'ordinaire. Elles n'ont qu'à préciser les cinq ou six idées qui composent l'ensemble d'un régime politique. Une vingtaine d'articles suffisent tout au plus pour formuler ces règles, ces droits, ces devoirs, qui font ce qu'on appelle une constitution. Il ne faut que deux pages pour une charte sensée, comme, par exemple, celle de William Penn. Bien des révolutions eussent réussi sans le temps qu'on a perdu à discuter longuement des constitutions, des déclarations de droits; à se passionner sur des abstractions et à négliger le but, la réalité.

Il suffit de poser les règles générales, d'instituer les deux corps qui doivent faire la loi, d'établir une magistrature pour l'appliquer, et enfin une autre pour l'exécuter. Tout cela se dit en peu de mots. Le reste en découle naturellement. Clarté et simplicité sont, partout et en toute matière, de puissants éléments d'action et de succès.

Les constitutions trop longuement élaborées n'ont le plus souvent que le mérite du style et de la longueur, avec le danger de la confusion et de l'embarras. C'est l'affaire des lois dites organiques de venir dans la suite, suivant le progrès des temps et des idées, étendre encore le programme primitif, développer les garanties et les franchises, créer de nouvelles conditions de liberté, de sécurité, de prospérité, d'élévation morale, sociale et nationale.

George. Tu es assez difficile à bien comprendre. Tu te donnes pour démocrate, et tu mets pourtant deux chambres dans ta constitution *simple et concise?*

Paul. Et pourquoi pas? L'idée des deux chambres est rationnelle, scientifique même; et elle se raisonne avec précision : L'une est l'action; et l'autre.....

George. La réaction?

Paul. Non point, mais la modération. L'une représente la liberté, l'autre la sécurité. L'une est la voix du progrès, l'autre est l'organe de la réflexion.

Dans les machines qu'on fabrique aujourd'hui, ne voyons-nous pas le moteur, qui fait marcher, et le régulateur, qui dirige la marche? Et cette dualité même, si nous allons plus loin, ne la voyons-nous pas enseignée par toute la nature, dans l'ordre moral comme dans la matière? N'y a-t-il pas, en effet, la force centrifuge et la force opposée, qui attire au centre?....

GEORGE. Dans ce cas, il faut une noblesse, pour incarner ton second élément législatif, que j'appelle à bon droit réfrigérant.

PAUL. Non, l'âge tout seul est cet élément. Sénat, tu le sais, vient de *senex*. Il ne s'agit pas de faire représenter un ordre d'intérêts différents de ceux du peuple, mais simplement un autre ordre d'idées.

La république ainsi disposée, Montesquieu veut la prémunir contre les dangers inhérents à sa propre nature. Et le plus grand de ces dangers, c'est l'altération du principe lui-même, c'est-à-dire de cette *vertu*, dont il fait le ressort des démocraties. Quand ce ressort s'use au milieu des succès et des corruptions qui les accompagnent d'ordinaire, tout est sur le point d'être perdu. « Quand Sylla, dit-il, voulut rendre à Rome la liberté, » elle ne put plus la recevoir; elle n'avait plus qu'un » faible reste de vertu; et comme elle en eut toujours » moins, au lieu de se réveiller après César, Tibère, » Caius, Claude, Néron, Domitien, elle fut toujours » plus esclave; tous les coups portèrent sur les tyrans, » aucun sur la tyrannie. » Quelle grande parole et quelle grande leçon!

A ce propos, il ajoute un mot qui vient appuyer ce que nous disions dernièrement d'Athènes, de Démosthènes et de ses travaux : « On peut voir dans Démo-
» sthènes quelle peine il fallut pour réveiller Athènes :
» on y craignait Philippe non pas comme l'ennemi de
» la liberté, mais des plaisirs. »

Puis il semble avoir une prévision, une sorte d'intuition de ce que nous appelons aujourd'hui le socialisme, autre danger qui le préoccupe, dans un temps où personne n'y songeait encore en Europe. Il juge et condamne d'abord les lois agraires, comme n'étant praticables qu'à la naissance des républiques; et il en vient enfin à ce rêve de l'égalité absolue, qui a déjà deux fois mis en péril la société française, dans la tourmente des révolutions. « Quoique dans la démo-
» cratie, dit-il, l'égalité réelle soit l'âme de l'État, ce-
» pendant elle est si difficile à établir, qu'une exacti-
» tude extrême à cet égard ne conviendrait pas tou-
» jours. » Il pourrait ajouter : est impossible.

L'égalité ne saurait exister que dans les droits politiques. Dans la vie privée, les inégalités sont *naturelles*. Ce sont plutôt des différences, résultant de la différence des individus. Les lois ne les peuvent corriger que par la protection de ceux qui souffrent.

Les priviléges seuls constituent l'oppression ; mais les inégalités individuelles ne sont le plus souvent que des accidents d'organisation, et elles échappent par là à l'action des lois. Il n'y a pas de loi contre la nature. En outre, un homme est-il supérieur à un autre parce qu'il a dix arpents de plus que lui? Est-ce que les rentes du millionnaire lèsent les droits et la dignité du prolétaire, qui vit honorablement de son travail? Il n'y a de supériorité que l'intelligence et la vertu.

GEORGE. Oui, mais celui que la misère empêche de nourrir sa famille te répliquera : Que m'importe mon égalité politique ou philosophique avec cet homme heureux, qui passe là-bas en riche équipage? Il a toutes les jouissances de la vie ; moi, je n'en ai que les souffrances.

PAUL. Mais à celui qui me ferait cette objection, ne sens-tu pas que je lui reprocherais de ravaler la dignité humaine en la mesurant à des chevaux, à des livrées, à des oripeaux, à du bruit, le plus souvent grotesque et ridicule?

Cependant, si cet homme souffre au milieu de ses travaux et malgré ses efforts, il appartient à l'État de lui venir en aide, de le protéger. Il est du devoir de l'État d'amoindrir la misère, de la combattre, de vulgariser l'aisance pour ainsi dire, par les lois fiscales, par des institutions sociales de toute nature, et en proportionnant *équitablement* et progressivement le salaire au capital, le travail à la propriété. L'un et l'autre sont des droits civils, et réclament également des garanties fondées sur la loi et la société.

Mais aller au delà, mais changer l'assiette même de la société, retourner aux temps primitifs en répartissant le sol et les biens à égales portions, ou en imposant la vie en commun, c'est le contre-pied de cette même liberté, au nom de laquelle on réclame ces réformes barbares et impossibles ; c'est la violence et, par suite, la dissolution de tout ordre social.

Procéder de la sorte, ce ne serait pas régler la question, ce serait la violenter et la compliquer, parce qu'elle se renouvellerait tout de suite après. Les mêmes inégalités se reproduiraient bientôt par suite de l'inégalité des aptitudes et de la différence des organisations.

La seule égalité qui soit légitime et réalisable, c'est l'égalité civile et politique; et encore cette dernière a-t-elle des limites. Écoutons plutôt Montesquieu lui-même : « Le principe de la démocratie se corrompt » non-seulement lorsqu'on perd l'esprit d'égalité, mais » encore quand on prend l'esprit d'égalité extrême, et » que chacun veut être égal à ceux qu'il choisit pour » lui commander. Pour lors, le peuple, ne pouvant » souffrir le pouvoir même qu'il confie, veut tout faire » par lui-même, délibérer pour le sénat, exécuter pour » les magistrats, et dépouiller tous les juges. »

Leçon profonde et éternellement vraie! Jamais l'excès ne produit le bien. Quand on est sur cette pente funeste de l'égalité extrême et sans limite, on ne peut aboutir qu'à ce dénoûment forcé que personnifient César, Cromwell et l'homme du 18 brumaire. Éclairé par l'enseignement du passé, Montesquieu prédisait ainsi l'issue dernière de la révolution de 89 : « Plus » le peuple abusera de sa liberté, plus il approchera » du moment où il doit la perdre. Il se forme de » petits tyrans qui ont tous les vices d'un seul. Bientôt » ce qui reste de liberté devient insupportable; un » seul tyran s'élève, et le peuple perd tout, jusqu'aux » avantages de sa corruption. La démocratie a donc » deux excès à éviter: l'esprit d'inégalité, qui la mène » à l'aristocratie ou au gouvernement d'un seul; et

» l'esprit d'*égalité extrême*, qui la conduit au des-
» potisme d'un seul, comme le despotisme d'un seul
» *finit par la conquête*. Autant le ciel est éloigné de
» la terre, autant le véritable esprit d'égalité l'est de
» l'esprit d'égalité extrême. Le premier ne consiste
» point à faire en sorte que tout le monde commande
» ou que personne ne soit commandé, mais à obéir et
» à commander à ses égaux..... Dans l'état de nature,
» les hommes naissent bien dans l'égalité; mais ils n'y
» sauraient rester. La société la leur fait perdre, et ils
» ne redeviennent égaux que par les lois..... La place
» naturelle de la vertu est auprès de la liberté; mais
» elle ne se trouve pas plus auprès de la liberté ex-
» trême qu'auprès de la servitude. »

Ces paroles savantes épuisent toute la question. Elles sont importantes à méditer, dans l'époque troublée où nous vivons, et au milieu des exagérations qui menacent l'avenir du monde civilisé. On ne dira jamais rien de plus clair, rien de plus sensé, rien de plus profond à cet égard. C'est la raison elle-même qui vient de parler.

Le point relatif au despotisme et à l'invasion succédant immédiatement à la démagogie, est d'une exactitude dont rien n'approche en pareille matière. Sous certains rapports, en effet, l'histoire est semblable aux mathématiques. Avec tels et tels facteurs donnés, on arrive à une conséquence infaillible et forcée, et jamais à telle ou telle autre. Le même problème politique résolu à Rome et à Londres dans le même sens et pour ainsi dire avec les mêmes chiffres, doit donner, à Pékin comme à Paris, le même résultat, la même solution.

Notre philosophe poursuit ainsi pas à pas l'établissement régulier et scientifique du régime représentatif et parlementaire. Il ne néglige aucun détail. Et quoiqu'il n'appartienne pas à notre cadre, n'ayant pas figuré comme les autres sur la scène des affaires, je m'oublie et m'arrête sur lui, tant j'y trouve en germe les institutions adoptées depuis lui par les nations de notre époque. Le principe de la séparation des pouvoirs, les règles relatives à l'administration de la justice, la nature des fonctions du ministère public, la question des pénalités, tout est enseigné dans ce livre immense. Le système de l'esclavage lui arrache un cri du fond de l'âme. Les plus beaux génies des temps anciens avaient tranquillement accepté cette iniquité; lui s'indigne, proteste et s'écrie : « J'entends la voix de la
» nature. »

Mais il n'est pas au terme de sa sollicitude; et pour rendre durables les libertés qu'il vient de fonder, il leur donne pour remparts les garanties les mieux concertées. C'est alors que nous assistons à ce spectacle à jamais imposant d'un penseur jetant, au milieu de ses livres, les bases d'une constitution qui devait, quelques années plus tard, créer la fortune et la grandeur d'une nation alors colonie.

Montesquieu a été, en effet, quoique à distance, pour la république *fédérale* des États-Unis d'Amérique, ce qu'a été Solon pour les Athéniens, ou Moïse pour le peuple hébreu. Il a fait la loi, on l'a adoptée, et le succès, en la couronnant, l'a justifié.

Nous savons ce que c'est que cette association d'États qu'on appelle la grande république américaine; mais

si nous voulons chercher l'origine de cette merveilleuse combinaison politique, lisons ces quelques lignes du neuvième livre de l'*Esprit des lois* : « Si une république
» est petite, elle est détruite par une force étrangère ; si
» elle est grande, elle se détruit par un vice intérieur.

» Ce double inconvénient infecte également les dé-
» mocraties et les aristocraties, soit qu'elles soient
» bonnes, soit qu'elles soient mauvaises. Le mal est
» dans la chose même ; il n'y a aucune forme qui puisse
» y remédier.

» Ainsi il y a grande apparence que les hommes au-
» raient été à la fin obligés de vivre toujours sous le
» gouvernement d'un seul, s'ils n'avaient imaginé une
» manière de constitution qui a *tous les avantages inté-*
» *rieurs du gouvernement républicain* et *la force exté-*
» *rieure du monarchique*. Je parle de la *république fé-*
» *dérative*..... C'est une société de sociétés qui en font
» une nouvelle, laquelle peut s'agrandir par de nou-
» veaux associés qui se sont unis. »

Il y a là plus que la constitution ; c'est l'histoire même des États-Unis, écrite à l'avance et comme prédite. Et ce n'est pas dans les livres qu'il a trouvé cette forme, que nous ne voyons, en effet, ni dans l'antiquité ni dans le moyen âge ; c'est dans son génie. S'il dit lui-même que *les hommes* l'ont *imaginée*, nous devons admirer sa modestie.

George. Cependant les Hollandais, les villes libres d'Allemagne, les cantons suisses, avaient pratiqué la forme fédérale avant Montesquieu.

Paul. Les républiques que tu me cites n'ont jamais réalisé cette puissante unité nationale, cette vigoureuse action centrale au milieu même de la décentralisation, dont nous trouvons le modèle dans l'*Esprit des lois* et dans le nord du nouveau monde. C'étaient des compagnies commerciales ou des ligues défensives plutôt que des nationalités rendues prospères, puissantes et surtout *stables* par le fait du principe fédératif. Ce n'était qu'une sorte de reproduction de l'alliance amphictyonique des peuples grecs.

Certainement ces faits anciens et modernes ont servi de point de départ à Montesquieu. On ne crée rien d'une seule pièce en ce monde; mais c'est au génie seul qu'il appartient de coordonner les idées éparses dans le domaine de l'histoire et des sciences, pour en tirer de nouvelles clartés, pour en former de nouveaux systèmes.

C'est ainsi que Montesquieu, à l'aide de matériaux fournis par les Lyciens, par les Hollandais, par les Allemands, par les Suisses, a construit sa fédération, différente de celles de toutes ces nations. La sienne a pour type et pour caractère particulier l'unité nationale de parties diverses, administrées par leurs règles locales, et gouvernées sous la loi commune, par un pouvoir unique, établi dans un centre commun. C'est la république des États-Unis.

« Cette sorte de république, capable de résister à la
» force extérieure, peut se maintenir dans sa grandeur
» sans que l'intérieur se corrompe : la forme de cette
» société prévient tous les inconvénients..... Cet État
» peut périr d'un côté sans périr de l'autre; la confédé-
» ration peut être dissoute et les confédérés rester sou-
» verains..... Composé de petites républiques, il jouit

» de la bonté du gouvernement intérieur de chacune;
» et à l'égard du dehors, il a, par la force de l'asso-
» ciation, tous les avantages des grandes monarchies. »

La terrible guerre civile des États-Unis vient de justifier cette théorie, qui était à la fois, dans la bouche du publiciste, un principe et une prédiction.

Ce livre se publiait en 1748, et le 17 septembre 1787, trente-neuf ans après, George Washington, en sa qualité de président du congrès constituant, proclamait et installait en Amérique la *république fédérale* des États-Unis, si puissante aujourd'hui, si respectée, et si vraiment grande par ses libertés et ses prospérités de toute espèce.

Toujours l'esprit français à l'avant-garde des progrès de l'humanité!

George. Tu viens de dire que la ligue anséatique était une association commerciale plutôt qu'un corps politique et une nation; mais cette république des États-Unis elle-même, qu'est-ce autre chose qu'une société dont l'idée mercantile forme seule la base?

Cette idée même de démocratie que d'ordinaire on lui attribue, n'est-ce pas un *trompe-l'œil* et une dérision, dans un pays où la couleur et la race d'un homme sont, d'un côté, des titres, et, de l'autre, des motifs d'exclusion?

Paul. Cette contradiction du préjugé de couleur et des institutions démocratiques aux États-Unis était à la fois un non-sens, une tache, une honte et un danger. Elle a failli perdre la république, dans la guerre civile qu'elle vient de causer. Mais cette guerre sanglante a eu pour issue de relever la grande nation américaine aux yeux de la raison et de la philosophie, par l'abolition des priviléges et des exclusions.

Pour l'idée mercantile dont tu as parlé, il est vrai qu'on peut en quelque sorte la considérer comme la base de la société politique des États-Unis. C'est même cette idée presque exclusivement matérialiste du profit commercial et de l'intérêt, poussée jusqu'à l'exagération, qui a fait naître ces préjugés et ces contradictions que nous avons eu à déplorer. C'est encore cette même idée qui semble introduire dans l'esprit public de ce pays la funeste tendance d'annexion qui menace l'autonomie des peuples voisins : c'est en effet l'extension illimitée de l'ambition du gain dans le commerce qui est l'unique mobile des *annexionistes*.

Et cette tendance impolitique, connue sous le nom de système Monroë, créerait à la république un danger beaucoup plus grand encore que celui qu'elle vient de traverser en luttant contre la sécession, si l'on ne devait justement espérer que le bon sens de cette race pratique retiendra le pays dans les principes de la saine raison, et lui fera chercher son agrandissement dans l'accumulation de ses progrès intérieurs et dans l'influence morale du drapeau étoilé.

Aussi n'est-ce pas assez pour notre législateur de fortifier sa république au moyen de la fédération, il veut la prémunir contre un danger bien plus puissant que l'association ne peut être forte; contre le danger qui perdit Rome, contre le danger qui perdra infailliblement tous ceux qui se mettront en contradiction avec leurs propres principes, avec la justice, avec le bon sens, avec la nature; le danger de l'ambition et

des conquêtes. « L'esprit de la monarchie est la guerre
» et l'agrandissement ; l'esprit de la république est *la
» paix et la modération.* »

Les premiers citoyens des États-Unis étaient fortement pénétrés de cette maxime, ils en avaient fait une des garanties de leur pacte social ; et l'avenir de leurs héritiers dépend, plus qu'ils ne le croient, de son observance. La république fédérale des États-Unis n'a pas, en effet, de plus grand ennemi à combattre que cette absurde et inique idée d'annexion, qui possède depuis une vingtaine d'années quelques-uns de ses citoyens, aveuglés par le succès, ignorants de l'histoire du monde, et plaçant *mercantilement* la grandeur d'une nation dans des adjonctions de territoires, au lieu de la chercher dans l'influence morale à exercer en Amérique, dans le développement de plus en plus épuré du progrès intérieur et de la civilisation nationale.

Point d'excès, ajoute Montesquieu : « La démocra-
» tie et l'aristocratie ne sont point des États libres par
» leur nature. La liberté politique ne se trouve que
» dans les gouvernements modérés..... Qui le dirait !
» *La vertu même a besoin de limites.* » A plus forte raison, la prospérité matérielle et la puissance.

La *modération*, la transaction, la conciliation, la pondération, telle est la clef de tout le système, dont l'Angleterre lui semble le modèle, pour ce qui est de la politique intérieure et du gouvernement du pays par ses élus.

Il proclame la séparation des pouvoirs comme condition essentielle du maintien des lois. Il élève ainsi, à l'état de principe, cette idée inconnue des anciens et vaguement employée par les Anglais comme expédient politique depuis Jean Sans-terre, au treizième siècle.

C'est le onzième livre de l'*Esprit des lois* qui nous en donne pour la première fois les règles complètes et détaillées, y compris les garanties particulières du jury, de l'*habeas corpus,* du vote de l'impôt, telles qu'on les pratique de nos jours dans les pays libres. « Il faut que » dans les lois qui concernent la levée de l'argent, les » sénats n'aient de part à la législation que par leur » faculté d'empêcher, et non par la faculté de statuer. »

On dirait un homme de notre temps. Ce vote de l'impôt, il le veut annuel, comme il est institué de nos jours : « Si la puissance législative statue non pas » d'année en année, mais pour toujours, sur la levée » des deniers publics, elle court risque de perdre sa » liberté. »

Il prescrit la même précaution à l'égard de la force armée; et les idées que nous trouvons dans ce livre sur l'institution des armées permanentes sont celles qui régleront toujours le mieux la matière, jusqu'au jour où la raison, primant enfin la force brutale, décidera seule des différends entre les nations, comme les tribunaux entre les citoyens.

George. Rêve creux et digne de pitié! Comment, homme de réflexion, peux-tu dire semblable chose sans sourire?

Paul. Si l'on eût dit à Philippe II ou à Louis XIV que les rois leurs pareils auraient un jour à rendre compte au peuple de leurs actions, vois-tu d'ici comme ils auraient ri de cette prédiction plaisante de l'avenir des *vilains* et des *manants?* Si, même après ces temps, un homme à l'esprit généreux eût émis le vœu qu'on cessât de tuer pour crimes politiques, aurait-on cru sa raison bien saine? Si quelque inspiré eût prédit à Grégoire VII ou à Innocent III qu'il viendrait un temps où les foudres de l'excommunication lancées par le Saint-Père du haut du Vatican n'exciteraient que la risée des excommuniés, penses-tu bien qu'ils eussent cru cela?

Cependant tous ces miracles se sont réalisés. D'autres encore se préparent de nos jours. Et les générations qui viendront après nous, si quelque cataclysme géologique ne vient interrompre la civilisation, posséderont bientôt, à l'état de droit public et de droit des gens, les impossibilités que tu appelles aujourd'hui rêves creux et dignes de pitié.

GEORGE. Ayons foi !

PAUL. Et nous ferons bien.

Ainsi Montesquieu, comme je te l'ai dit, a formé tout un corps de doctrine, et a préparé, il y a plus d'un siècle, le monde politique au sein duquel nous vivons aujourd'hui. Il a fait le système représentatif, dernier terme de la civilisation politique de notre époque.

C'est dans son livre qu'on a vu, pour la première fois, la théorie raisonnée du suffrage populaire, du gouvernement des élus du peuple, de la séparation des pouvoirs, de toutes ces libertés politiques qui font aujourd'hui l'orgueil et la prospérité des grandes nations.

GEORGE. Il était allé les étudier en Angleterre ; il ne peut donc pas les avoir inventées.

PAUL. Je te l'ai déjà dit, personne n'invente d'une

manière absolue parmi les hommes. Chacun s'aide des lumières déjà écloses pour s'élever à des clartés nouvelles et plus complètes. Le plus grand génie sur la terre ne fait que poursuivre des recherches déjà commencées, pour arriver à des connaissances plus étendues. Philolaüs, avant Copernic, avait soupçonné le mouvement de la terre; mais Galilée l'a expliqué, et en l'expliquant, il l'a prouvé. Newton est sans doute parti de l'idée antique d'une harmonie céleste disciplinant les corps semés dans l'espace, pour découvrir les lois physiques qui réalisent cette harmonie. D'une poésie il a fait une science.

Le système représentatif existait en quelque sorte, en Angleterre, à l'état d'expédient aristocratique contre la tyrannie de la couronne. C'étaient des sortes de franchises nobiliaires, imaginées après les grands troubles politiques nés des croisades, pour garantir les droits des barons. La grande charte avait été imposée, au treizième siècle, par les grands feudataires du royaume, à un roi sans considération, environné d'embarras et de périls de toute nature. Elle ne portait pas ce caractère général et national que revêt ce qu'on appelle une constitution. C'était une arme à l'usage des nobles, ou plutôt une sorte de bonne aubaine, comme il leur en échéait en ce temps-là, et qu'ils avaient enlevée à la couronne dans sa détresse.

Mais ce n'était pas un système complet, encore moins un système embrassant le peuple dans ses principes et ses garanties. La plupart des lois qui la définissent et l'interprètent n'étaient pas encore écrites au commencement de notre siècle. En 1688, à la chute des Stuarts, il fallut la renouveler en quelque sorte.

L'idée politique, en Angleterre, avait suivi une route opposée à celle qu'elle avait prise en France depuis Louis XI. Ici le pouvoir royal se développait de plus en plus au détriment de l'aristocratie, qu'une politique constamment suivie forçait à courber la tête devant le trône. Chez les Anglais, les grands, au contraire, empiétaient chaque jour sur le domaine de la couronne et tendaient à réduire le rôle du roi à la simple représentation d'une idée. C'est ce qui explique la différence des situations politiques des deux nations voisines sur la fin du siècle dernier, à l'époque de la révolution.

Les deux systèmes avaient réussi, et la grande charte n'était que l'expression de l'idée dominante en Angleterre.

Les lois et usages qui réglaient l'exercice du régime parlementaire chez les Anglais, ne découlaient pas théoriquement de la nature même de l'institution. Montesquieu les a coordonnés et y a introduit l'élément démocratique, qui seul en fait la valeur et l'excellence.

Il ne s'est pas arrêté à ce qu'il voyait. Il a cherché l'idée dans sa source elle-même, et il a étudié cette origine avec Tacite chez les Germains. Il y a bien peu de choses entièrement nouvelles dans ce bas monde ; nous l'avons déjà vu assez souvent.

C'est dans les forêts de ces hommes farouches qu'ont été trouvées les premières idées, les premières notions, les premières expériences de la nouvelle constitution, de la nouvelle forme de gouvernement, et c'est Montesquieu qui l'a analysée, raisonnée, développée, complétée ; qui en a formé une doctrine et une science, et qui a offert au monde, suivant sa propre expression, *ce beau système trouvé dans les bois*, qu'il appelle le *gouvernement gothique*, et qu'il considère comme la *meilleure espèce de gouvernement* que les hommes puissent imaginer.

Il est difficile, tu le vois bien, d'exercer sur les destinées du monde une influence plus grande que celle de cet homme sur les temps modernes.

George. Soit ! Mais avant d'en finir, je veux te reprocher d'avoir soutenu que, de ce que les lois de la libre Angleterre n'étaient pas toutes écrites, classées, codifiées, il s'ensuivait qu'elles n'avaient pas la précision de lois effectives. Tu as déjà pourtant reconnu toi-même qu'il se trouve souvent des usages plus respectés et plus efficaces que des lois positives.

Paul. Je suis bien loin d'en disconvenir. Les lois qui sont dans les mœurs sont bien plus des lois que celles qui ne sont que sur le papier. Celles-ci ne deviennent véritablement lois que lorsqu'elles ont pu se mêler aux instincts du peuple et en faire partie. C'est pour cette raison que je soutiens qu'il n'y a de bonne constitution que celle qui répond aux mœurs d'un pays, à son caractère, à son esprit.

Je n'ai pas dit que les lois dont tu parles n'étaient pas effectives et exécutées, mais qu'elles ne formaient pas un ensemble, une législation, et qu'elles ne découlaient pas toutes du grand principe de la démocratie.

C'est cette coordination méthodique, qui éclaire, qui complète, et qui seule forme les sciences comme les doctrines ; c'est cette liaison, cette synthèse féconde, qu'a formée Montesquieu, mais en y ajoutant, pour la compléter, l'esprit nouveau d'un droit plus large et plus généreux. Et c'est ce travail immense, lumineux et puissant qui le rend pour ainsi dire l'auteur du régime politique dont nous parlons.

Ainsi, pour nous résumer, il a donné à l'Amérique la république fédérative et il a enseigné à l'Europe le gouvernement représentatif, deux régimes similaires par leurs tendances sociales, et qui se confondent implicitement dans l'idée démocratique de la direction des capacités.

Peu d'hommes ont rendu d'aussi grands services à leurs semblables, surtout en faisant aussi peu de bruit. Il a répandu des lumières nouvelles sur toutes les parties de la vie civile, sur le commerce, l'économie politique, sur tous les préjugés qui opprimaient le monde, sur toutes les erreurs qui l'entravent encore.

Il faisait tout cela dans une langue splendide d'éloquence et de grandeur. Si nous voulions admirer la perfection de ses belles pages, telles que celles sur Alexandre, ses considérations sur Charlemagne, le vingt-cinquième livre de son traité, nous resterions trop longtemps encore hors du sujet que nous suivons.

Mais nous pouvons cependant ajouter un mot. Ce mot confirme, d'ailleurs, ce que nous avons dit en commençant : que la nature aime à compléter son ouvrage, et que lorsqu'elle forme une grande intelligence, elle a l'habitude de la placer dans une grande âme. Montesquieu n'était pas seulement un beau génie; c'était de plus un cœur généreux et élevé, un homme sensible et bienfaisant.

Nous les trouverons souvent de la même espèce.

A cet égard, rappelons-nous Turgot et Malesherbes, deux de ces théoriciens qui ont exercé au pouvoir l'influence la plus heureuse, la plus bienfaisante. Nous en causerons amplement une autre fois.

---

Comme Paul achevait ces mots, on entendit dans la pièce à côté une sorte de murmure, comme le chuchotement de plusieurs voix dialoguant tout bas. Il s'avança vers la porte et vit le maître du logis, sa femme et deux autres personnes, debout et collés contre la cloison. Ils étaient là depuis le commencement de l'entretien, et avaient tout écouté sans faire un mouvement.

— Pardon, monsieur, dit le mari; nous sommes indiscrets ; mais comme nous avons compris que vous ne parliez pas de choses personnelles, nous nous sommes permis d'écouter ce que vous disiez.

— Il n'y a pas de mal, répondit Paul. Et ce que nous disions a donc pu vous intéresser, que vous soyez restés là si longtemps sans vous fatiguer?

— Nous avons compris autant que nous avons pu, et de temps à autre nous avons entendu des choses qui nous ont fait très-grand plaisir.

— Diable! fit George en s'approchant, ça m'intéresse beaucoup, ce que vous dites là, mon cher hôte. Vous avez suivi ce que nous disions, et vous y avez trouvé de l'intérêt ! Ce n'est donc pas la première fois que vous avez assisté à pareil *sermon* dans ces montagnes?

— C'est que, monsieur, fit la femme, mon mari aime

beaucoup à lire. Il a là trois ou quatre livres qu'il chérit, je crois, autant que moi-même, et dans lesquels il puise des choses très-belles qu'il nous enseigne et nous explique. Dans l'un de ces livres, se trouve un nom que vous avez souvent prononcé en causant tout à l'heure ; il a entendu ce mot par hasard comme il passait, il s'est arrêté à écouter, et il nous a fait signe de venir. Et voilà comment vous nous avez surpris en train de vous *épier*, ce qui n'est guère convenable, je le reconnais, et dont je vous prie de nous excuser.

— Mais vous avez très-bien fait d'écouter, chère hôtesse, nous en sommes contents. Votre mari sait donc lire, dites-vous, et il vous fait souvent la lecture? C'est charmant, cela! Et où sont les livres dont vous nous parlez?

La bonne femme entra dans sa chambre et revint avec une petite cassette soigneusement fermée, d'où elle tira quatre vieux volumes reliés en cuir : une Bible, remplie de petits morceaux d'étoffe et de papier, mis en forme de signets entre les pages ; le *Télémaque* de Fénelon, un *Simon de Nantua*, ouvrage attribué au roi Louis XVIII, très-répandu depuis longtemps dans le pays, et un petit volume dépareillé des *Lettres persanes*.

— Et vous lisez ces livres avec plaisir? dit Paul au maître de la maison, qui semblait tout embarrassé devant ces messieurs, dont il venait d'écouter les dissertations.

— Avec plaisir et avec profit, répondit une des deux personnes qui étaient en visite dans la maison.

C'était un jeune homme qui paraissait de vingt-cinq à vingt-six ans, à la mine ouverte et intelligente, et qui portait avec une sorte de distinction native la vareuse de *drill bleu* (1), qui flottait sur la ceinture à plis de son large pantalon de *colette* (2).

Il s'approcha quelque peu de Paul et se mit à lui raconter comment Laurent, c'est-à-dire le maître de la maison, avait appris à lire et à écrire, étant au Cap dans sa jeunesse, et comment, revenu à Dondon avec les volumes que nous venons de voir, il s'était appliqué à les lire tous les soirs, l'un après l'autre à tour de rôle, à sa femme et à ses amis, qu'il réunissait chez lui à cet effet.

—Il y a dans ces livres, continua le jeune homme, des paroles très-belles et très-raisonnables. Laurent nous les explique, et depuis qu'il fait ainsi la lecture dans le bourg, beaucoup de personnes qui vivaient dans le vice et dans le mal se sont corrigées. J'en connais plusieurs qui fuyaient le travail, qui menaient mauvaise vie, et qui se sont mis depuis à travailler honnêtement et à vivre tranquilles dans leurs familles. D'autres avaient pour métier de dire la bonne aventure et de consulter les fétiches des *tables* (3) du *veaudoux;* ils ont entendu Laurent, ils ont compris les choses qu'il conseille, et ils se sont décidés à chercher leur existence dans la culture de leurs terres, et à n'implorer que ce seul Dieu qui est là-haut, dans le ciel.

Laurent a fait ainsi beaucoup de bien dans le pays. Vous pourrez en juger vous-mêmes, messieurs, si vous

---

(1) Étoffe de coton de fabrique américaine.
(2) Étoffe de fil carré, très-épaisse et très-forte.
(3) Autels d'un culte mystérieux dont il sera parlé dans la suite.

nous faites l'honneur de rester quelques jours de plus dans la commune. Vous y verrez les champs bien cultivés, et vous entendrez rarement parler de vols ou d'autres désordres assez communs dans les cantons qui nous avoisinent.

Dans deux ou trois jours d'ici, vous verrez beaucoup de monde passer de ce côté et descendre dans la vallée, pour aller assister à de grands mystères du rite du veaudoux, à l'occasion de la mort d'une jeune femme que nous avons perdue il y a six jours. Aucun des nôtres n'ira par là. Notre religion, à nous, nous commande simplement de prier pour nos morts et de nous confier, dans notre innocence, à la bonté du Dieu vivant.

Le langage enthousiaste et convaincu de ce jeune homme fit une profonde impression sur l'esprit de nos deux amis. Ils comblèrent Laurent de compliments, de louanges, d'encouragements. Ils lui promirent des livres, et ils se mirent à réfléchir, avec émotion, sur cette providence de l'instruction, qui améliore le cœur à mesure qu'elle éclaire l'esprit.

Ainsi, le seul Laurent, pour avoir reçu dans la ville voisine l'humble enseignement primaire qui lui permettait de lire et d'expliquer aux siens ce qu'il y a de juste et de sage dans ses livres, avait transformé toute une population rurale, livrée au hasard et aux mauvais instincts de l'ignorance.

Il avait pu trouver, malgré l'humilité de son esprit, dans la philosophique épopée de Fénelon, si pleine de sagesse et de lumière; dans les voyages du vieux père *Simon*, toujours sermonnant, toujours raisonnant, combattant les erreurs, les préjugés, les superstitions, et enseignant partout les devoirs de l'homme et du citoyen; dans les versets adorables de l'Évangile, si fortement empreints de résignation, d'espérance et de charité; il avait pu trouver, disons-nous, des leçons simples, claires et frappantes, qu'il avait fait passer dans l'âme de ses amis et de tous ceux qui l'écoutaient. Ces leçons avaient, de proche en proche, gagné presque toute une commune dans les montagnes, et avaient changé une population entière, adonnée à la superstition et aux maux qu'elle entraîne d'ordinaire, en une confrérie d'hommes sensés, d'hommes laborieux et d'honnêtes gens.

Que de bien réservé à l'humanité par cette idée de la propagation de l'enseignement primaire dans les dernières classes de la société! Combien un homme comme ce Laurent que nous venons de voir, placé dans chaque canton, dans chaque commune, dans chaque hameau d'un pays, pourrait y semer d'ordre, de bon sens, d'honnêteté, et aider les gouvernements dans la tâche qui leur incombe de moraliser en commandant!

L'instruction, on ne peut le nier, a ce privilége admirable de toucher l'âme en même temps qu'elle redresse l'esprit. La lumière intellectuelle éclaire toutes les parties de l'être humain; elle ne laisse pas un seul coin dans l'obscurité.

A ce moment, deux nouveaux venus entrèrent dans la maison en se découvrant. C'étaient des paysans qui voyageaient. Un petit sac de voyage fait en latanier pendait à leur *manchette* de travail, appuyée sur l'épaule, comme d'ordinaire.

— Eh bien, dit Laurent à l'un des arrivants, en veux-tu toujours au capitaine?

— Je le méprise plutôt, répondit celui à qui s'adressait la question. Ce que vous m'avez dit avant-hier vaut mieux, je le reconnais, que ce que je méditais et voulais faire.

Les deux hommes causèrent quelques instants avec Laurent, puis lui serrèrent la main et reprirent leur route. Ils se dirigeaient du côté de la rivière, qu'on disait en crue. Ils attendaient ce jour-là leurs femmes revenant de Vallière, et ils voulaient aller eux-mêmes leur faire passer l'eau, qui descendait (1).

Quand ils furent partis, Laurent conta à nos jeunes gens que l'un de ces hommes, du nom de Louis, avait à se plaindre d'un sien voisin, capitaine de garde rurale, qui avait abusé de son autorité sur le premier en faisant saisir et vendre, soi-disant au profit de l'État, pour on ne sait quelle affaire de police, deux vaches qui faisaient le principal moyen d'existence du pauvre paysan.

Celui-ci parlait de se venger : il ne pensait à rien de moins qu'à tuer le capitaine. Laurent l'entendit une fois se plaindre, le devina et lui parla. « Ne tue jamais, » lui dit-il ; Dieu ne le veut pas, et notre simple raison » nous le défend. Que gagnerais-tu en tuant celui » qui t'a fait du mal ? Tu le débarrasserais peut-être » d'une vie où il y a plus de souffrances que de bon- » heur, et tu n'aurais en rien réparé le mal dont tu te » plains. Applique-toi, au contraire, à l'humilier par

---

(1) On dit dans le pays : *la rivière descend,* pour exprimer une grande crue, un débordement.

» ton pardon, et cherche l'occasion de lui rendre ser-
» vice. Ce jour-là, tu seras si grand vis-à-vis de lui
» qu'il baissera la tête devant toi comme un criminel,
» et tu sentiras en toi le sentiment de la vraie vengeance,
» de la seule qui soit digne d'un homme de cœur.
» D'ici là, reprends courage, le ciel t'aidera, et tu rat-
» trapperas dans le travail plus que tu n'as perdu par
» le fait de cet homme. »

Louis avait écouté en silence et avait compris.

Paul et Georges montèrent à cheval, comme ils fai-saient habituellement chaque fois qu'il faisait beau temps dans ces montagnes. Ils suivirent la direction de la rivière, dont chacun parlait ce jour-là, à cause du débordement. Au bout de quelques minutes, ils virent devant eux les deux paysans, dont l'un était ce Louis que Laurent vient de nous faire connaître.

Un peu plus loin, on voyait la rivière, écumante et jaune, roulant avec fureur les troncs d'arbres et les blocs de roche arrachés dans sa course sur ses deux rives. De l'autre côté, plusieurs voyageurs étaient grou-pés, inquiets et sombres, ne sachant comment ni quand ils pourraient traverser la rivière ainsi débordée.

Un homme à cheval, portant l'uniforme de garde champêtre, et qui depuis quelque temps regardait cette eau avec impatience, croyant enfin que son cheval pourrait la traverser en descendant le courant, piqua des deux résolument et se jeta au milieu des vagues. Dès le premier moment, le cheval se pencha de côté et sembla s'affaisser sous la force du courant, qui eût em-porté des rochers entiers. Le cavalier perdit selle, et, tenant la crinière d'une main mal assurée, il flottait loin du cheval, au gré de l'eau, qui semblait vouloir l'en détacher par des saccades brusques et incessantes. Cet homme allait se noyer ; encore trois minutes, il était perdu.

Les deux paysans arrivaient sur la berge à ce moment-là. Ils échangèrent entre eux un regard d'intelligence et un sourire. Louis quitta sa blouse et sa chemise, se jeta à l'eau et courut à grandes *brassées* sur le cavalier. Celui-ci pâlit plus fort en le voyant venir, et poussa un cri rauque, poignant, lamentable.

Mais Louis l'atteignit, dégagea sa main de la crinière du cheval, et, nageur habitué à toutes les colères des torrents débordés, il suivit quelque temps le courant pour le tromper, tenant son homme de la main gauche et obliquant vers le rivage, insensiblement et à chaque mouvement. Un instant il sembla prendre pied sur un ilot. Il s'y arrêta, reprit son protégé avec plus d'assurance et plus près de l'épaule, recommença sa lutte contre l'onde écumante, et après des efforts extrêmes, atteignit le bord, exténué et à bout de forces.

— Eh bien, capitaine, dit-il à l'homme, vous voilà sauvé !

Celui-ci était défiguré. A la pâleur causée par le péril s'était mêlée sur sa figure une émotion étrange, qui l'étourdissait.

— Je croyais, dit-il en balbutiant et les yeux baissés, que vous veniez pour m'enfoncer plus vite sous l'eau.

— C'est ce que j'aurais fait il y a trois jours, répondit Louis ; mais j'ai vu Laurent, et j'ai préféré vous sauver !

Le capitaine se jeta au cou de son sauveur. L'émotion gagna tous les assistants rangés en ligne sur l'une et l'autre rive. Dieu donnait ainsi un de ses plus grands spectacles sur les bords de cette rivière grossie par les pluies des montagnes, le spectacle d'une âme convertie au bien.

L'homme que Louis venait de sauver, c'était son ennemi; c'était ce capitaine qui l'avait dépouillé et désespéré. Une bonne parole, un mot du cœur et de la raison, avait changé la haine en charité, et fait de la vengeance une vertu.

Une humble intelligence opérait ces miracles dans ces forêts. Ce Verbe créateur au moyen duquel Dieu lui-même a fait les mondes, ce Verbe, sorti vivant de la pensée humaine et fixé par l'imprimerie sur des pages muettes et froides, inutiles à qui ne sait pas les épeler pour les comprendre; ce Verbe, qui transforme chaque jour le monde après l'avoir fait, changeait ainsi le mal en bien et pacifiait toute une contrée.

Un seul homme sachant lire et enseignant autour de lui produisait ces résultats, que les gouvernements les plus puissants de la terre sont incapables d'obtenir par eux-mêmes.

Qu'on juge un peu par là de ce que pourrait cette chose sans éclat qu'on appelle l'instruction primaire, si elle était habilement répandue dans les populations, et si les budgets qui entretiennent les bataillons et les canons pouvaient lui céder un peu de leur trop-plein.

— On peut objecter, dit Paul à son ami en revenant au bourg, que des hommes ayant fait des études très-élevées se sont rendus coupables de crimes affreux. Mais quelle valeur ont de telles exceptions, qui ne font qu'accuser de monstrueuses anomalies, semblables à ces exceptions et à ces monstres qui se voient dans la nature organisée, et qui déroutent les lois de la science?

L'homme naît bon, comme l'a dit Rousseau. Ne tenons pas compte des exceptions. Les anomalies n'infirment pas la règle. Mais il faut éclairer l'esprit qui vit en lui, pour l'affermir dans les bons instincts.

La causerie reprit le soir, après le dîner. De larges étoiles rayonnaient dans l'espace d'un éclat coloré et étincelant, comme on les voit dans ces climats par les nuits claires et sans lune, et elles donnaient au ciel l'aspect d'une fête. Les deux jeunes gens fumaient leurs cigares, assis devant la maison.

— Je sens, dit George, comme tu serais heureux de pouvoir citer à l'appui de ta théorie ce Rousseau que tu as nommé tantôt quand nous revenions, si tu pouvais trouver dans ce poëte le moindre indice d'un homme d'État.

Paul. Au moyen de cette maligne qualification de poëte, on a presque toujours attaqué les hommes qui ont le plus influé sur la vie des peuples, les hommes les plus dignes de les diriger, parce qu'ils ont la conscience profonde et forte. C'est cette étrange accusation qui a fait les malheurs de Lamartine.

Rousseau, tu le sais, n'appartient pas à notre cadre; il n'a pas vécu dans les affaires. Mais si nous avions à nous occuper de son influence effective sur les destinées de la France et du monde, il nous faudrait des mois entiers d'entretien spécial et de réflexions.

Le *Contrat social,* qui a donné naissance à ces causeries intimes, est devenu l'Évangile politique du monde moderne. La révolution de 1789 s'est faite en son nom ; c'est au nom de Jean-Jacques que Robespierre et Saint-Just parlaient à la France et au monde étonnés.

Il n'a pas vu clair, as-tu dit, dans son histoire du contrat social et de la formation des sociétés; mais il n'en a pas moins consacré et développé les données éternelles sur lesquelles reposent logiquement le gouvernement et la société.

Son livre, dis-tu, est une fiction, parce qu'il n'a pas dit comment les choses se sont réellement passées dans l'ordre des temps ; mais c'est par la fiction qu'on répand d'ordinaire la vérité parmi les hommes. Son but était de prouver que les gouvernements sont pour les peuples, et non point les peuples pour les gouvernements, comme on était habitué à le considérer; et, pour exprimer ce principe avec plus de force, il a imaginé de dire comment, en saine logique, une société doit se former.

N'est-ce pas aussi par une fiction, que nous avons tous bégayée dans notre enfance, que le livre de la Genèse nous enseigne à commander à nos passions? L'auteur du poëme hébreu, en nous faisant assister à l'agreste aventure du père Adam, qui faiblit dans la tentation, qui cède aux désirs de sa jeune femme, qui se laisse séduire par les ambitions éveillées dans son cœur à l'instigation du génie du mal, et qui perd ainsi sa félicité, n'a-t-il pas voulu nous donner cette grande leçon, que c'est dans la lutte intérieure de l'intérêt et du devoir que se trouve le premier des périls de l'homme et la source de tous ses malheurs, quand il ne sait pas résister à ses appétits, à ses passions, quand il ne sait pas se tenir ferme dans la raison?

En dramatisant ainsi cette histoire du péché originel, devenue par là si populaire, ne l'a-t-il pas rendue plus frappante que ne l'eût été un simple précepte, et partant plus accessible à toutes les classes d'intelligences?

De même le philosophe ou le *prophète* que possède l'amour ardent de l'humanité et qui brûle de vulgariser les vérités qui s'agitent en lui, n'ayant pas à sa disposition le *fiat lux* du Créateur, que nous admirons dans ce même livre de la Genèse, a recours aux moyens les plus habiles, les plus efficaces, les plus propres à imposer, pour ainsi dire, la lumière qu'il veut créer à son tour et à sa manière.

Rousseau, ne pouvant pas commander comme l'Auteur des choses, au lieu de dire : *Que la justice soit*, a établi la filiation d'idées d'où cette justice doit sortir pour rayonner sur le genre humain.

Quant à ce qui est de la poésie, elle ajoute à la puissance du philosophe au lieu d'y porter atteinte, comme tu le penses. Il voyait les choses par la conscience, et cette espèce de lumière est plus sûre encore que celle de l'esprit. La conscience et l'âme toutes seules ont souvent trouvé des solutions. Le raisonnement et l'esprit d'analyse sont souvent arrêtés par le doute et par la défiance.

Jean-Jacques est le type même du législateur et du prophète. Jamais tant d'éloquence et tant d'émotion ne s'étaient alliées à tant de justesse et de dialectique.

On lui a mis à la main, dans les cryptes du Panthéon, le flambeau qui éclaire le monde. Il ne reste plus rien à dire après cet emblème.

# MIRABEAU.

Passons maintenant à un homme qui, nourri de sa pensée, a exercé, sur l'époque politique la plus mémorable des annales humaines, l'influence la plus active et la plus puissante. Passons à l'homme que j'ai dans ma pensée depuis que nous sommes sortis de l'époque romaine. Passons à Mirabeau.

George. Il va te falloir tout d'abord un grand tour de force. Dans tes derniers mots sur Montesquieu, tu as dit, s'il m'en souvient bien, que toujours de grandes vertus étaient réunies à ces grands génies. Je suis curieux de voir comment tu vas trouver dans le comte Riquetti de Mirabeau, d'orageuse mémoire, cette élévation morale qui doit compléter tous les grands hommes de ton système.

Paul. J'ai dit que presque toujours l'homme qui a reçu du ciel le privilége d'une intelligence transcendante, porte en même temps en son cœur des sentiments élevés et généreux. Mirabeau n'y fait pas exception, et il ne sera pas aussi difficile que tu le crois de le prouver, tant par des faits que par le témoignage même de ses ennemis.

Toutefois, n'attends pas de moi la justification des désordres de sa jeunesse et des passions de toute sa vie. Il en a été lui-même la victime, car sans ces dérèglements et ces faiblesses, son rôle eût été plus grand, plus décisif. Il eût à lui seul accompli la révolution. Mais son passé gênait ses pas. C'est même là l'unique obstacle qu'il ait rencontré.

Cependant, au milieu même de ces désordres, on trouve constamment en lui cette élévation de cœur, cette grandeur d'âme que tu lui contestes. Il était d'une sensibilité qui rappelle celle de ce Rousseau dont nous venons de parler ; ses affections étaient chevaleresques ; il avait comme un besoin d'aimer, de s'épancher, d'attirer les cœurs par la confiance ; il oubliait les offenses le moment d'après, malgré toute l'ardeur du tempérament le plus fougueux ; il pardonnait tout de suite à ses ennemis, quand il n'avait pas à les mépriser il affectionnait avec passion les doctrines humanitaires les plus élevées, et il a passé sa vie à les soutenir.

Ses erreurs et ses fautes, qu'il a du reste horriblement expiées dans les cachots, il les devait à des circonstances qui l'avaient étreint pour ainsi dire dès le berceau. Il avait un père d'une espèce étrange, qui semblait détester toute sa famille. Cet homme était jaloux de son propre fils. Ce fils révélait des dispositions qui menaçaient de faire pâlir la réputation d'économiste et d'écrivain dont monsieur le marquis était si fier. L'*ami des hommes,* en un mot, était l'ennemi de sa femme et de ses enfants.

GEORGE. C'est donc au compte de son père que tu mets l'enlèvement de madame de Monnier, la honte et le désespoir jetés dans la maison et dans l'âme d'un vieillard inoffensif, le déshonneur et peut-être le suicide infligés à une femme égarée, pour prix de son cœur et de sa tendresse? C'est encore son père, probablement, qui sera comptable de tout le tripotage avec la cantinière du château d'If, ainsi que de la somme d'argent enlevée au mari de cette femme dans la prison?

PAUL. Pour ce qui est du château d'If, de la cantinière, de son mari et de son argent, je ne comprends même pas que tu en parles. La persécution et la haine ont inventé seules ces fables absurdes; elles ne sauraient jamais imaginer de bassesses plus viles, plus dégoûtantes. Mirabeau n'avait pas besoin de s'en défendre. Il y a de ces injures auxquelles on n'a point à répondre. Un honnête homme, d'ailleurs, le gouverneur même de cette prison, s'est chargé de l'en justifier, et il ne reste pas l'ombre d'un doute à cet égard.

Pour Sophie Monnier, c'est autre chose. Il a perdu cette femme, c'est une mauvaise action. Mais toute la faute en est-elle à lui? Sophie l'aimait avec passion. Elle y mettait une sorte de délire, comme toutes les femmes en général qui ont aimé cet homme singulier, assez laid, dit-on, de sa figure, mais que le rayonnement de l'âme et du génie transfigurait, et rendait plus séduisant encore que l'Antinoüs dont nous parlent les anciens. Elle ne voulait pas de la vie sans l'homme qu'elle adorait. Elle l'a comme prié de l'enlever. Lui, n'a fait que céder, et c'est là son tort.

Dans les orages d'une âme ardente, la cause ou l'auteur du premier écart porte la responsabilité de tout le reste. Ce père dont je viens de parler, dur et cruel comme un ennemi, comme un geôlier, lui refusait, de parti pris, toute assistance, et le poussait ainsi, comme à dessein, dans le gouffre des dettes et des désordres. L'impossibilité de payer ces dettes, jointe aux sévices d'un père incompréhensible, déchaînèrent dans l'âme du jeune homme toutes les passions et tous les délires.

Mais ce même père qui avait causé, par sa dureté, les égarements d'un fils abandonné et repoussé, les prétexta pour le faire interdire, c'est-à-dire pour l'humilier, le désespérer, le pousser à bout. La rigueur de cette décision acheva de l'irriter et d'exalter l'ardeur de sa tête. Alors monsieur le marquis demanda et obtint des lettres de cachet. On enleva au jeune homme sa liberté, et les prisons d'État devinrent son domicile. Il habita successivement l'île de Ré, le château d'If, le fort de Joux, le donjon de Vincennes. Sa jeunesse se passa dans les cachots. Il faut l'entendre lui-même raconter les cruautés qu'il endurait. Tu trouverais dans ses accents l'explication du reste de sa vie. « Je sus donc, écrivait-il une fois à propos du fort de Joux, que j'allais être relégué parmi les frimas et les ours du mont Jura. »

George. Ce mot de Mirabeau réveille en moi un souvenir qui nous concerne : il exprime, plus fortement qu'on ne l'a jamais fait, toute l'horreur de la décision souveraine qui a fait mourir dans ce même donjon le malheureux Louverture, enlevé au climat des tropiques, et jeté brusquement dans ces frimas et ces neiges qui inspiraient tant d'effroi à Mirabeau lui-même, accoutumé pourtant aux rigueurs de l'hiver.

Paul. Le fait que tu rappelles est affreux et sans excuse. Son auteur, dit-on, s'en est repenti; mais ce n'a été qu'à Sainte-Hélène, dans un fort de Joux d'une autre espèce. Cette chose mystérieuse qu'on appelle le sort semblait appliquer la loi du talion à l'homme tout-puissant qui s'était oublié au milieu des succès. Jamais sans doute l'image du vieux noir qu'il avait fait mourir de froid dans les montagnes du Jura, en punition de son héroïsme, n'avait un instant occupé la pensée de l'Empereur triomphant, dont les rois formaient la cour. Il y a songé sur le rocher brûlant de l'île des tropiques, où ses ennemis le faisaient mourir de fièvre, en punition de sa gloire et de son génie.

Mirabeau donc vivait dans les prisons, et il y faisait une éducation dont les effets eussent été désastreux, dans la position presque souveraine où plus tard il s'est trouvé placé, sans les instincts de grandeur et d'enthousiasme qui faisaient le fond de sa nature. Il apprenait dans les souffrances la haine et la vengeance, et jamais, devenu puissant, il n'a songé à haïr ni à se venger.

Cet homme était né avec un esprit capable de tout comprendre, et dès les premiers pas il avait tout compris. Mais il n'avait pas seulement cette merveilleuse faculté de tout embrasser par la pensée, il savait s'élever de l'intelligence de ce qui existe à la conception de ce qui manque ; et son génie, l'un des plus hardis qui aient paru dans le monde, ambitionnait les réalisations les plus splendides et les plus lointaines.

Il croyait à la transformation du genre humain, et il croyait cette transformation possible au moyen de l'idée du droit gouvernant seule les sociétés. Il développait de plus en plus en lui chaque jour cette espérance et cet idéal par les études les plus élevées. Il se promettait une sorte de levier de cet idéal et de ces études. Avec ce levier, il espérait un jour soulever le monde, le déplacer, et l'établir sur des bases plus fermes et beaucoup plus larges.

Cet homme devait un jour avoir l'audace de reprendre à son compte la vieille tradition des géants donnant l'assaut aux dieux du ciel ; et, plus puissant que ses devanciers, il devait détruire la sérénité des maîtres du monde et mettre un terme à leur bon plaisir.

A toute cette intelligence et à tout ce génie, la nature avait joint une âme ardente comme la flamme elle-même, qui voulait et qui agissait avec une énergie qu'on ne voit d'ordinaire que dans les poëmes épiques et dans les romans. Rien en cet homme n'était médiocre : sentiments, conceptions et passions, tout était immense et impétueux. Il y avait comme de la foudre dans son sang et dans son cerveau, et il est tout naturel qu'il ait renversé, comme nous allons le voir, tout un monde assis et fondé sur treize cents ans de superstition et de droit divin.

Un tel homme avait besoin d'amis pour l'apaiser, le conseiller, le diriger ; il n'a trouvé tout d'abord que des ennemis pour l'irriter, le provoquer et le perdre. On a jeté de l'huile sur la flamme, et l'on espérait par là l'éteindre.

On l'a même menacé de le reléguer dans l'Océanie, à Sumatra. Et il paraît que l'horreur de cette idée a mis le comble à la colère qui fermentait en lui, et l'a décidé à entrer en campagne contre une société où tant de violence pouvait se commettre. Écoutons-le un instant ; il va nous dire lui-même la situation déso-

lante que l'on semble avoir pris plaisir à faire à sa jeunesse, sous prétexte de la réprimer : « Je vis que j'étais
» chassé du cœur de mon père ; je vis qu'on lançait
» des dards envenimés contre moi, que j'aurais toujours
» tort, parce que *je n'étais pas aimé*. Mon père repous-
» sait tout ce qui venait de moi ; le passé me revenait à
» l'esprit, et ces souvenirs assombrissaient le tableau
» du présent. Mon imagination était toujours agitée,
» et l'idée de Sumatra oppressait mon cœur inondé
» de chagrin ; je n'eus plus ni force, ni zèle, ni con-
» fiance ; je m'étourdis, et cet étourdissement fut l'a-
» vant-coureur de beaucoup de fautes. »

Et voilà comment Mirabeau est devenu l'homme à la vie orageuse que ses ennemis ont constamment opposé à l'homme de talent et de génie.

Il eût été pourtant si facile de le maintenir dans la bonne voie ! Son cœur était si généreux et si sensible ! Il y avait tant de délicatesse dans cette âme ardente !

Les *Lettres à Sophie*, qu'il n'avait pas écrites pour le public, révèlent des émotions et des tendresses qui dépassent même celles du Saint-Preux de Jean-Jacques, qui sont des fictions, et qui sont restées pour nous les modèles du genre.

Mais on avait formé le plan de l'opprimer pour l'humilier, et on lui a fait contracter, dans la persécution, la haine qu'il a vouée aux tyrans et qui a porté le dernier coup au moyen âge.

Dès la campagne qu'il fit en Corse, on put voir percer le germe des sentiments qu'il nourrissait contre l'arbitraire et la violence, dont il était une des victimes les plus maltraitées. Il combattait contre les Corses et il sympathisait à leurs efforts. Il condamnait intérieurement l'asservissement de ce peuple, qui défendait sa liberté avec tant de courage. Il trouvait cette guerre injuste; il y voyait ce triomphe permanent de la force sur le droit, qui révoltait son âme contre la société où il vivait, et il pensait que la France eût mieux fait de s'attacher cette île à titre d'alliée que d'aider les Génois à la soumettre.

Plus il y réfléchit, plus il s'en indigna. Il renonça dès lors au métier des armes, pour n'avoir plus à contribuer à l'oppression des faibles, dont le sort ressemblait au sien. Il quitta le service en 1769, année de la naissance de Napoléon.

Ainsi, l'homme de l'idée et de la parole, qui allait ouvrir, dans vingt ans, la plus grande révolution de l'histoire du monde, sortait de la carrière des armes au moment même où arrivait au monde le plus grand homme d'armes des temps modernes, le rival d'Alexandre et de Jules César, qui devait fermer cette même révolution au moyen des armes.

Dès cette époque, Mirabeau entrait en campagne, mais dans une guerre d'une autre espèce. Il entamait la mission pour laquelle il se sentait fait; il levait le drapeau de la révolte, il prenait les armes contre l'absolutisme; et nous trouvons en quelque sorte cette ouverture d'hostilités dans ces paroles caractéristiques, qu'il écrivit à son retour de l'île de Corse : « Les troupes réglées, » les armées permanentes, n'ont été, ne sont et ne se» ront bonnes qu'à établir l'autorité absolue et à la » maintenir : or, je ne suis pas de ces mercenaires qui, » ne connaissant que celui dont ils reçoivent la solde,

» ne se rappellent jamais que cette solde est payée par
» le peuple ; qui volent aux ordres de celui qu'ils appel-
» lent leur maître, sans penser qu'ils se réduisent sou-
» vent à porter une livrée plutôt qu'un uniforme : le
» service ne me convient donc pas. «

Voilà le prélude, la préface lointaine de la grande séance du *Jeu de paume*. Dans ces accents alors inconnus, et qui ont dû motiver une nouvelle lettre de cachet, on perçoit quelque chose de sombre et de menaçant, comme les premiers grondements d'un orage qui se forme au loin.

Il se tient aujourd'hui, dans la vaillante patrie de Guillaume Tell, des congrès qui poursuivent l'espérance humanitaire de l'abolition de la guerre et du licenciement des armées permanentes. Ces congrès réunissent annuellement les plus hautes intelligences de notre époque, parlant au nom de près d'un siècle d'expériences libérales et de conquêtes philosophiques ; et pourtant il ne s'y dit rien de plus neuf, de plus complet que ces paroles d'un jeune homme, proférées dans un temps où personne n'eût osé réclamer même la plus élémentaire des garanties.

Nous ne suivrons pas le jeune Mirabeau dans les péripéties multiples de son existence si pleine d'orages, avant la grande tourmente de la révolution. Nous n'en verrons que les principales étapes, sans nous y arrêter.

Fatigué des persécutions d'un père qui détestait sa supériorité, il se sauva de sa prison de Pontarlier, et passa en Suisse, où il fut rejoint par madame de Monnier, qui, comme nous l'avons vu, eût refusé un trône pour être avec lui.

De là, il alla en Hollande, errant et sans ressources. Il y vivait de sa plume, heureux et libre dans sa misère, quand son père, implacable dans son envie et dans sa haine, le fit arrêter et ramener en France. On l'enterra au fort de Vincennes.

Les rigueurs de cette nouvelle captivité et sa séparation d'avec Sophie abattirent si fort son courage et son esprit qu'il eût infailliblement perdu la tête sans le secours de ses études.

Ces études elles-mêmes, qui faisaient à elles seules dans ses malheurs sa consolation et son espérance, on conçut l'idée de les interrompre. On eut la cruauté de refuser au prisonnier désespéré les livres qu'il demandait. On ne le fait pas même pour les assassins. Mais ses supplications vainquirent ses ennemis. Il put se remettre à travailler.

Étudier, pour lui, c'était espérer. Il était de ceux qui ont la foi. Et sa foi, à lui, était tout entière dans la force qu'il acquérait chaque jour dans l'exercice de la pensée. Au fond des ténèbres de ses infortunes, il voyait trembler une vague lueur, qu'aucun souffle humide ne pouvait éteindre. Cet homme pressentait une grandeur étrange. Il avait des visions d'avenir, qui venaient remplir de lumière le cachot sombre où il languissait. Quand sa large tête s'affaissait, pâle et découragée, sur sa poitrine, une voix mystérieuse mais claire, que lui seul entendait, venait la relever, la redresser, lui redonner toute sa fierté ; et ses geôliers demeuraient étonnés.

Les lutteurs antiques se frottaient d'huile avant le combat : Mirabeau lisait, étudiait, comparait, méditait, se préparait de même pour la grande lutte qu'il sentait venir. Il se frottait d'huile à sa manière.

L'étude a des mystères dont on voit l'effet, mais dont on ne saurait suivre la marche latente et insensible. On voit une tête se pencher, blême et soucieuse, sur des caractères tracés à la file dans de vieux volumes. On la voit rester ainsi longtemps, des années durant, soutenue par les deux mains accoudées contre la table. Que fait-elle là, sur ce grimoire, sans se dérider, sans se détourner aux bruits du dehors, qui sonnent le plaisir et les jouissances qu'offre la vie? Que fait-elle là? et quelle démence! Mais peu à peu elle se relève, et l'on ne peut plus la reconnaître. La voilà toute changée et transfigurée. Il y a une auréole autour de son front. D'où vient ce rayonnement, cette clarté soudaine, cette espèce de nimbe qu'on ne lui voyait pas avant qu'elle se fût penchée sur ces pages poudreuses? C'est le mystère qui s'est accompli. C'est le fluide moral qui s'est communiqué, de la pensée écrite à la pensée vivante.

C'est la communion mystique qui s'est opérée entre le génie manifesté et le génie qui veut éclore. C'est l'affinité secrète du monde des âmes qui vient de réunir des éléments épars, qui se cherchaient. C'est la lumière qui vient de se faire. Chaque fois qu'un homme de génie se révèle parmi les hommes, c'est ce mystère qui s'est accompli, c'est le *fiat lux* qui s'est renouvelé, mais par des procédés d'une autre nature.

Le jeune prisonnier se remit donc à ses études. Il travailla nuit et jour dans ce fort de Vincennes. C'est là qu'il fit ces lettres à Sophie, écrites uniquement pour l'intimité, et qui suffiraient à elles seules pour faire la réputation d'un grand poëte. L'imagination et la sensibilité ne sauraient avoir plus d'élan, plus de délicatesse, plus d'expansion.

George. Tu surfais peut-être ce mérite d'écrivain que tu veux lui faire. Je ne pense pas qu'il fût bien propre à un travail de grande étendue. Le pamphlet, la polémique, des articles inspirés par la nécessité ou par le soin de sa défense personnelle, formaient à peu près, à mon avis, toute son aptitude comme littérateur. Et en effet, à part ces lettres poétiques dont tu parles à chaque instant, il n'a rien laissé d'un mérite sérieux.

Il va sans dire que je ne parle pas de son éloquence politique, de ses discours, dont le souffle puissant est loin au delà de toute comparaison. C'était un orateur comme on n'en peut voir que de loin en loin et à des intervalles de plusieurs siècles; mais ce n'était pas un écrivain.

Je ne puis oublier la réplique spirituelle qu'a faite Beaumarchais à l'un de ses écrits, et où l'auteur de *Figaro* lui rappelle adroitement certaines critiques sur je ne sais plus quelle compagnie industrielle, et qu'on appelait dans le temps des *philippiques*. « Peut-être un
» jour, lui dit Beaumarchais, quelque mauvais plaisant
» coiffera-t-il les vôtres du joli nom de *mirabelles*, ve-
» nant du comte de *Mirabeau, qui mirabilia fecit.* »

Paul. Beaumarchais, bien certainement, marque d'une manière originale dans les lettres françaises. Il a fait *Basile* et *Figaro,* deux types que Molière lui-même n'eût pas désavoués. Il a dit beaucoup de vérités utiles, ornées de beaucoup d'esprit et de vrai talent; mais il n'a pas atteint Mirabeau par le ridicule, quoiqu'il maniât cette arme avec tant de finesse. Il y a des hommes sur qui l'ironie glisse sans pénétrer; le génie leur sert de cuirasse. Mirabeau est un de ces hommes. On ne rit pas de celui qu'on respecte.

Il n'a pas laissé ce qu'on appelle une œuvre de longue haleine. Les agitations de sa vie ne lui en auraient pas donné le temps. Peut-être même un travail de ce genre ne cadrerait-il pas bien avec la vivacité de son caractère. Mais il avait en lui toutes les aptitudes diverses du grand écrivain et du publiciste, tout ce qui rend un homme propre à vulgariser de grandes idées, à entraîner l'opinion, séduite et convaincue. En effet, tout ce qui nous reste de lui porte ce cachet de hardiesse d'esprit, de clarté, d'universalité, qui signale les grands propagateurs d'idées et de doctrines.

L'*Essai sur le despotisme*, les *Lettres de cachet*, l'*Adresse aux Bataves*, l'écrit contre l'*Ordre de Cincinnatus*, la *Monarchie prussienne*, ouvrage cette fois d'assez d'étendue, tout en restant au-dessous de la toute-puissante parole que Mirabeau a fait retentir à l'Assemblée nationale, ne laissent pas néanmoins d'attester un talent de plume d'une grande puissance.

La nature même de son génie le rendait plus propre aux conceptions militantes de la tribune qu'à la composition purement littéraire. Il dédaignait le soin et l'ornement. C'était Démosthènes revenu au monde et ressuscité sous le ciel de la France. L'élévation de l'idée, sa profondeur et sa justesse, en faisaient seules à la fois la force, l'éclat et la beauté. Elle éclairait en même temps qu'elle frappait, tout à fait comme cette foudre que nous avons découverte dans les éléments qui formaient cet homme.

On sent encore aujourd'hui, en lisant ces discours, qui ont renouvelé la face du monde, l'effet électrique qu'ils ont produit sur l'assemblée, sur la France, sur l'Europe, sur toute la terre. Démosthènes et Cicéron n'avaient exercé leur puissance que sur leur pays ; Mirabeau remuait le monde.

Le miracle de cette grande parole, pour comble de surprise et d'admiration, éclatait dans un temps où l'éloquence politique était inconnue, où la tribune était ignorée. Pour la première fois dans l'Europe moderne, on entendait résonner les mâles accents de la république romaine, qu'on n'avait connus jusque-là que dans les livres et sur le théâtre.

Tous ces mots magiques de droit et de liberté, de citoyen et de patrie, inconnus pour ainsi dire jusqu'à ce moment-là, et lancés de la voix hardie de cet homme étrange, semblaient sonner la naissance d'un esprit nouveau, d'une histoire nouvelle, d'un nouveau monde. Les hôtes royaux de Saint-Denis ont dû frissonner dans leurs linceuls ; l'ombre altière de Louis XIV a dû bondir à la fois d'étonnement et d'indignation.

Non, je n'ai pas trop dit : c'est un monde nouveau que faisait cet homme, un monde nouveau comme l'Amérique. Mirabeau était un Colomb et un prophète. Il avait la conviction du premier, et de l'autre, l'inspiration qui démêle l'avenir avec l'éloquence qui entraîne les peuples.

Les nations nouvelles, que les Barbares avaient formées, au cinquième siècle, du mélange du sang du nord avec les races issues du sang latin, n'avaient rien gardé des traditions de liberté qui avaient créé les civilisations méditerranéennes de la Grèce et du peuple romain. L'instinct même de la liberté politique semblait manquer à ces nouveaux peuples. La filiation historique en avait été rompue par les invasions, qui avaient raffermi l'idée de la force, à leur insu peut-être, et contrairement à leurs propres tendances.

Il paraît que les notions les plus élémentaires de l'ordre social, que des sentiments mêmes de l'âme humaine, peuvent s'oblitérer sous l'empire de certaines circonstances. On dirait qu'il y a une sorte de prescription de la vérité dans le triomphe de la force matérielle. Le monde avait oublié la liberté. Alaric, Attila et leurs confrères, qui vengeaient pourtant le monde asservi, avaient de fait réuni leurs efforts à ceux des Césars pour abolir cette liberté, pour l'ensevelir.

Cependant la flamme n'était pas éteinte; elle vivait encore, mais pâle et cachée, dans ces vieux parchemins qui gardaient le dépôt des lettres antiques. Elle était morte dans les esprits, mais elle rayonnait encore dans la littérature, qui l'a rallumée toute seule au quinzième siècle.

Ainsi donc, ce culte des lettres, qu'on met quelquefois au second plan, n'est pas un simple agrément dans la vie humaine. Il est donc aussi essentiel que le gouvernement, que la religion, que la philosophie, que la science, qui donnent aux sociétés leur direction et les font marcher. Il fait donc revivre les vérités et les progrès quand tout les oublie et les abandonne.

En effet, c'est à partir de la conquête de l'empire d'Orient par les Ottomans que l'esprit humain s'est remis à vivre et que la civilisation a recommencé. Les lettrés grecs, sortis de Constantinople à l'approche de l'invasion, se répandirent en Europe, avec les monuments écrits des lettres de l'antiquité. Ils propagèrent dans l'Occident l'étude de ces littératures, qui contenaient les connaissances perdues et l'histoire entière des civilisations renversées par la guerre. Déjà les écrivains arabes, s'inspirant des philosophes de la Grèce, avaient commencé en Espagne une tâche semblable de reproduction et de vulgarisation.

Ce fut véritablement une *renaissance*. On n'aurait pas pu trouver un mot plus exact pour caractériser cette splendide époque.

De ce moment, la notion du droit, que conservaient seules ces littératures, comme l'arche avait conservé la vie durant le déluge, reprit sa place dans les esprits. La philosophie reprit son cours. L'esprit d'analyse reprit ses travaux, et peu à peu refit la lumière. La liberté politique se réveilla et reparut, astre oublié dans une longue éclipse.

Timidement d'abord, et s'enhardissant par degrés et avec réserve, les philosophes, les publicistes, les écrivains, osèrent en parler. Puis un homme vint, qui s'en fit ouvertement l'avocat et le promoteur, qui réclama en son nom en face des rois, et qui la rétablit dans la vie sociale. C'est Mirabeau.

Cet homme renoua hardiment la chaîne des temps,

interrompue depuis Pharsale. Il succédait ainsi en ligne directe à Cicéron, dont il recueillait l'héritage et la tradition, après dix-neuf cents ans de prescription. Jamais homme n'a plus osé.

Il fit, comme Démosthènes, dans des débats purement personnels, le premier essai de l'arme puissante que la nature lui avait confiée. Au sortir de Vincennes, après de cruelles années d'angoisses de toute espèce, il plaida d'abord à Pontarlier, pour faire casser l'arrêt de mort lancé contre lui lors de sa fuite avec la marquise; puis à Aix, pour revendiquer ses droits de mari et faire rentrer sa femme sous le toit légal.

Il confondit ses juges et ses persécuteurs, qui ne connaissaient pas la langue qu'il parlait. Les faits se liaient aux arguments dans une sorte d'étreinte intime, indissoluble, et ces faisceaux d'argumentation frappaient des coups si vigoureux, que toutes les parties de l'accusation, tombant l'une après l'autre en quelques instants, devenaient poussière en s'écroulant.

Il ne disait rien avec emphase; pas un mot n'était de trop. Mais il ne disait rien non plus avec négligence, et pas un mot ne manquait à l'idée. Chaque coup portait et renversait. Quand il montait de la cause en question aux principes du droit, quand il s'élevait du fait aux généralités, la magnificence de sa parole ôtait la voix à ses accusateurs et le rendait maître de l'âme des juges, tous prévenus cependant contre ce qu'on appelait généralement sa mauvaise tête.

GEORGE. Quoi que tu puisses dire de son talent, certainement extraordinaire, je me demande néanmoins de quel front il osait réclamer à Aix la femme qu'il avait offensée, en vivant publiquement avec une maîtresse.

Paul. D'abord, c'est la comtesse de Mirabeau, sa femme, qui la première l'avait quitté en refusant de le suivre dans ses malheurs. Et ensuite, cette épouse, avait-elle le droit d'être aussi sévère qu'elle l'a été, quand elle avait tant besoin elle-même de l'indulgence de son mari?

C'est ainsi que tous ses ennemis, après l'avoir offensé les premiers, après avoir accumulé leurs torts et leurs persécutions, voulaient néanmoins qu'il fût un saint et le poursuivaient comme un brigand.

George. Dans ce cas, il était indélicat à lui de réclamer juridiquement une femme qui avait porté atteinte à son honneur.

Paul. C'était moins la femme qu'il voulait ravoir que ses droits civils qu'il voulait reprendre, en rentrant dans la vie normale et en faisant lever l'interdiction prononcée contre lui. Mirabeau, tout homme d'imagination qu'il était, était homme d'État jusque dans la vie de famille. Les efforts qu'il a faits en cette occasion ont enlevé l'admiration de tout le monde, de ses ennemis comme de ses amis. Il arracha les applaudissements, mais il irrita l'envie et la haine.

George. Laissons là l'homme privé; tu veux le défendre quand même, tu veux le rendre innocent comme un chérubin. Passons tout de suite à la grande époque.

Paul. Je le veux bien. Mais il va sans dire que nous n'avons pas à retracer l'histoire des premiers jours de la révolution, après les grands maîtres qui l'ont déjà fait. Nous allons uniquement rechercher la véritable pensée de Mirabeau, la véritable physionomie politique de cet homme, si diversement jugé. Il nous suffira de reconnaître, dans la carrière orageuse de ce tribun à l'imagination ardente, qu'il était, d'abord, un homme éminemment capable de diriger un gouvernement, et en outre, qu'il n'était ni un démagogue ni un transfuge, comme on l'a dit contradictoirement dans l'un et l'autre camp, mais un sectateur de cette politique libérale et rationnelle, sans excès comme sans réticence, que je soutiens depuis le commencement.

L'état déplorable des finances embarrassait le gouvernement et préoccupait tous les penseurs. La plupart des révolutions ont commencé par les finances. La république fédérale des États-Unis a pour origine des questions d'argent, réglées d'autorité par la métropole.

Le roi réunit l'assemblée des notables, mais les notables n'y purent rien faire. Alors il convoqua les États généraux.

Il y avait déjà cent soixante-quinze ans que les États généraux étaient oubliés. On avait tout à fait perdu en France l'idée du contrôle des affaires publiques. Ni remontrances austères des parlements, ni cahiers de doléances des anciens bailliages, rien n'était resté vivant, depuis Louis XIV, de l'idée germanique d'un conseil public du pouvoir des rois.

Les doctrines du docteur Quesnay travaillaient les esprits. Celles de Montesquieu et de Jean-Jacques Rousseau fermentaient plus fortement encore, et tendaient à passer de la spéculation dans le monde des faits.

Instinctivement, on se mit à penser que les théories des philosophes du siècle entreraient forcément et trouveraient leur place dans cette assemblée solennelle des États du royaume, que le roi Louis XVI venait de convoquer.

Tout ce qu'il y avait en France d'hommes d'intelligence et de supériorité aspirait à siéger dans ces grandes assises nationales, qu'on prévoyait déjà devoir devenir le tribunal de la vieille monarchie.

Mirabeau, naturellement, se mit sur les rangs. Il se rendit à Aix, dans le foyer de sa famille, où il comptait se faire élire par la noblesse de la Provence. Mais il trouva parmi les nobles une ligue ourdie par ses ennemis. On lui reprocha les orages de sa vie, l'immoralité de sa conduite.

Il réclama énergiquement ses droits, et en même temps les droits de ce qu'on appelait alors le *tiers;* il y mit une habileté et une audace qui accrurent les haines, et firent de lui un scélérat dans les rangs de l'aristocratie. On n'hésita pas à l'exclure de la chambre des nobles, sous prétexte que l'interdiction lui avait ôté sa qualité de *possédant fief* dans la Provence, et partant la capacité d'y exercer ses droits politiques.

Cet affront sanglant le frappa au cœur. Il sortit de la salle en jetant à ses ennemis ces paroles célèbres, qui dépeignent l'âme du tribun et qui expliquent toute la suite des événements. C'est la véritable ouverture des hostilités : « Dans tous les pays, dans tous les âges, les
» grands ont implacablement poursuivi les amis du
» peuple; et si, par je ne sais quelle combinaison de la
» fortune, il s'en est élevé quelqu'un dans leur sein,
» c'est celui-là surtout qu'ils ont frappé, avides qu'ils
» étaient d'inspirer la terreur par le choix de la vic-

» time. Ainsi périt le dernier des Gracques de la main
» des patriciens; mais, atteint du coup mortel, il lança
» de la poussière vers le ciel, et de cette poussière na-
» quit Marius; Marius, moins grand pour avoir vaincu
» les Cimbres que pour avoir abattu dans Rome le
» pouvoir dominateur des nobles. »

Il passa donc dès lors au parti du peuple. Il proclama ainsi la révolution dans la ville d'Aix avant de venir officiellement l'inaugurer et l'installer dans la ville de Versailles. Il prit donc ce jour-là, ouvertement et sans réticence, le titre de révolutionnaire et de tribun; et il se mit, pour ainsi dire, sous l'invocation des souvenirs et des noms les plus catégoriques de la république et de la démocratie de la vieille Rome. *Alea jacta est :* il venait de passer son Rubicon.

Ce fut dès lors une haine implacable que vouait à cet homme la hautaine aristocratie dont il venait de se séparer d'une manière si éclatante, et qu'il menaçait ainsi dans ses priviléges et dans son orgueil.

Mirabeau était trop élevé et trop fier d'esprit pour faire aucun cas de l'aristocratie de la naissance. Il ne pouvait tenir pour nobles que ceux que le cœur ou le génie a rendus tels.

On crut l'humilier et le mépriser en l'appelant dédaigneusement le comte plébéien; il se félicita de l'épithète, on peut dire même qu'il s'en glorifia. Il annonça explicitement qu'il prenait en main la cause du tiers ou celle du peuple, et il posa sa candidature dans le troisième ordre.

Il partit d'Aix et courut à Paris pour combattre des intrigues qu'on y élevait contre sa personne. On cherchait le moyen de le faire arrêter à propos de sa *Correspondance de Berlin,* que le parlement venait de condamner, comme injurieuse aux têtes couronnées. Il conjura ce nouvel orage, et en hâte il revint à Aix.

En son absence, sa popularité avait pris des proportions colossales jusque dans les derniers coins de la Provence. C'est du génie surtout qu'on peut dire que tout ce qu'on fait pour ou contre lui sert également à le grandir. Son nom était devenu un drapeau, un mot d'ordre, un cri de ralliement dans tout le Midi. Les populations l'attendaient pour lui manifester leur enthousiasme.

A deux lieues des portes de la ville d'Aix, les habitants, prévenus de son retour, s'étaient réunis, criant *Vive la patrie! vive Mirabeau!* On voulut dételer les chevaux de sa voiture pour le porter en triomphe jusqu'à la ville. « Mes amis, leur dit-il, les hommes ne » sont pas faits pour porter un homme, et vous n'en » portez déjà que trop. » Quelque temps après, au souvenir de cette ovation, « Je vois, dit-il, comment les » peuples sont devenus esclaves : la tyrannie est entée » sur la reconnaissance. »

GEORGE. Cependant il ne détestait pas trop les ovations. Il a passé le reste de sa vie à sacrifier à la popularité.

PAUL. Beaucoup moins, certainement, que tu ne le penses. A certaines motions qu'il soutint dans la suite à la tribune, on peut se convaincre de l'indépendance de ses opinions et de son intention intime de faire plutôt du bien que de faire du bruit. Nous verrons cela.

Ce sont ses ennemis qui, pour lui contester la confiance et l'estime des populations, ont dit et fait dire qu'il avait lui-même préparé les démonstrations que nous venons de voir et toutes celles qui eurent lieu dans la suite.

A Aix, l'enthousiasme du peuple devint frénétique et inquiétant même pour l'autorité. On tira des boîtes, des coups de fusil, des feux d'artifice devant sa maison. Les corporations d'ouvriers, les bourgeois de la ville, les paysans réunis par troupes, lui envoyèrent des députations. On eût dit que c'était Louis XVI qui venait d'arriver. Au théâtre, on jeta sur la scène, aux applaudissements de toute la salle, une couronne portant son nom, avec les titres de libérateur et de sauveur.

D'Aix il alla à Marseille. C'est dans cette dernière ville qu'il put bien juger de toute l'influence qu'avait déjà son nom, la veille obscur et ignoré. Tous les postes militaires, tous les corps de garde, prirent les armes à son arrivée; les officiers commandèrent le salut, et les tambours battirent aux champs. Le roi de France lui seul eût pu être reçu avec ces honneurs, et l'on ne comprend pas que de telles choses aient pu se passer avant la révolution.

La ville tout entière se mit en fête. On pavoisa les maisons des pavillons de tous les navires qui remplissaient le port. Les députations se succédèrent chez lui sans interruption, et il ne put suffire à répondre aux harangues qu'on lui adressa.

GEORGE. Et son cœur bondissait dans sa poitrine; et il se disait au fond de lui-même : Que diront mes geôliers de Vincennes et du fort de Joux?

Paul. Il était heureux comme on doit l'être, à juste titre, de l'estime d'un peuple et de sa confiance ; mais ce succès ne l'aveuglait pas. Il blâmait même ces excès de joie. Il dit publiquement qu'il aimerait mieux voir le peuple moins enthousiaste et plus réfléchi, pour arriver à coup sûr et sans orage à la conquête de tous ses droits. Mot de la veille et non du lendemain, mot profond et honorable, qui justifie à l'avance les précautions que nous lui verrons prendre à l'Assemblée nationale pour éloigner la révolution de tous les genres d'excès ! Ceux qui l'ont accusé d'avoir trahi ignoraient ce mot, prononcé à Marseille avant l'élection, alors qu'il recherchait la confiance du peuple. Cette parole seule, dite à ce moment-là, fait son portrait, et met à néant les calomnies dont il a été l'objet.

De Marseille il revint à Aix. La disette sévissait dans le pays, comme il arrivait si souvent dans l'ancien régime.

George. Je ne défends pas cet ancien régime, mais je ne puis m'empêcher de te faire remarquer que si tu mets les disettes à son compte, tu ne seras pas éloigné d'y mettre aussi les épidémies, le choléra, les tremblements de terre et tous les fléaux.

Paul. Tu me feras grâce des tremblements de terre, de la grêle, des inondations ; mais il ne me serait pas trop difficile de te faire voir que de même que ces grandes famines qui désolaient jadis les populations ne se voient plus dans notre siècle, par suite d'une administration plus prévoyante, plus démocratique, de même les épidémies et les pestes de toute nature sont combattues aujourd'hui avec plus de succès et sont moins fréquentes, par suite des progrès de la science et des soins que prend l'administration pour donner à tous l'air, la lumière, la salubrité. L'homme peut même corriger la nature et conjurer les fléaux du ciel, au moyen de la science, de la liberté, du régime du droit, au moyen de gouvernements fondés sur l'unique idée du bien public.

L'expérience l'a péremptoirement démontré : les calamités publiques sont devenues plus rares depuis que les sociétés ne sont plus régies par l'arbitraire et le bon plaisir. Nous trouvons ainsi dans ces réflexions que le despotisme est de complicité naturelle avec les fléaux qui désolent les peuples, et que la justice, au contraire, ne se contente pas d'assurer les droits, mais que de plus elle assainit l'air et désarme les rigueurs de la nature.

Nous avons là peut-être la preuve la plus belle, la plus frappante de l'excellence de l'idée du droit. C'est peut-être là le triomphe le plus éclatant de la cause de la justice et de la vérité.

La disette donc, disions-nous, sévissait rudement dans la Provence. Toutes les circonstances semblaient se donner la main pour exciter les peuples contre la monarchie du moyen âge. A Aix, on se souleva, on se battit, le sang coula. Le peuple affamé demandait du pain. Le massacre des nobles était imminent. L'autorité n'y pouvait rien faire, elle n'osait même pas s'adresser au peuple; et pour éviter les dangers qui l'environnaient, elle fut obligée de remettre le pouvoir à Mirabeau, d'implorer ainsi la protection du seul homme qui fût capable d'apaiser le peuple.

Mirabeau dit un mot à la multitude, et la multitude rentra dans l'ordre. Lamartine seul, depuis ces temps, nous a donné, en 1848, un exemple pareil de la toute-puissance de ces *quos ego* que Dieu lui-même confère au génie.

Mirabeau monta à cheval, organisa une garde civique et rétablit la sécurité. Tout le monde lui obéit.

Ayant en main une pareille puissance, dans un moment où l'agitation avait gagné les principales provinces du royaume, un autre homme eût pu perdre la tête dans cette sorte d'ivresse, et tenter le rôle de Catilina. Mais Mirabeau préférait instinctivement celui de Cicéron, son ancêtre direct dans l'ordre moral; et, en politique habile, profond et sage, au lieu d'exploiter l'effervescence des esprits, il conforma son langage aux projets d'ordre qu'il rêvait déjà, comme correctifs des désordres qu'il voyait venir.

Il parla du roi avec respect. Il dépeignit le despotisme comme un être abstrait et impersonnel; et quand il voulait être un peu plus précis, il le désigna comme l'effet de l'arbitraire et de la corruption des ministres. Il se mit ainsi à couvert du côté de Versailles; et tout en conservant l'enthousiasme des masses, il s'acquit du même coup le respect du gouvernement et la confiance des classes moyennes.

Il fut élu député aux acclamations du tiers état, comme toutes les élections de Cicéron.

Le 5 mai 1789, les États généraux ouvrirent leur session dans la ville royale de Versailles, chez Louis XIV, pour ainsi dire.

Quand Mirabeau parut dans la salle des états, des

murmures de réprobation accueillirent en lui l'élu des masses. Lui, dédaigneux et fier, la démarche assurée, la tête haute et un peu de côté, une chevelure immense ombrageant cette tête énorme, passa comme une majesté au milieu de l'injure de ses ennemis, dont la plupart étaient des envieux. Son attitude était solennelle et comme menaçante. Il était magnifique à voir ainsi.

Madame de Staël dit de lui à propos de cette solennité : « Il était difficile de ne pas le regarder longtemps » quand on l'avait une fois aperçu..... Toute sa per- » sonne donnait l'idée d'une puissance irrégulière, mais » enfin d'une puissance telle qu'on se la représenterait » dans un tribun du peuple. »

Pour le caractériser tel que nous le comprenons, précisons dès maintenant et en deux mots la pensée intime qui l'animait. Il voyait s'ouvrir devant lui, dans les affaires publiques, un avenir immense et splendide. Il était ambitieux, pourrais-tu me dire, mais d'une ambition légitime et qui honore.

Ce qu'il ambitionnait ainsi, il pourrait l'avouer : c'était la gloire de donner la liberté à son pays, avec des lois pour la garantir à tout jamais. Il joignait à cette ambition celle d'arriver lui-même au pouvoir et d'appliquer dans le gouvernement les théories qu'il allait faire triompher à la tribune.

Qui pourrait lui en faire un crime? Quel sujet de blâme peut-on y trouver? N'est-ce pas là ce que veulent, de nos jours, les hommes supérieurs les plus honnêtes, les plus respectés? N'est-ce pas là l'usage constant, logique, légal et légitime des hommes d'État de l'Angleterre et du régime représentatif en général?

Le rôle de Milton, formulant des doctrines, hors de l'action, dans le cabinet du conseil d'État, lui parut humiliant et stérile. Celui même de Montesquieu, enseignant les principes et les règles dans le silence du recueillement, ne pouvait cadrer ni à son esprit ni aux temps d'application où l'on était arrivé.

Il voulait l'action, l'action énergique et effective, comme Démosthènes et Cicéron, ses devanciers, pour affirmer dans le domaine des faits la pensée qui faisait sa force.

George. Et un peu aussi, ne t'en déplaise, pour payer ses dettes, satisfaire ses goûts, se faire une fortune en rapport avec les passions ardentes qui l'agitaient.

Paul. Mirabeau, ne t'en déplaise à ton tour, méprisait l'argent, et ne le désirait que comme moyen d'action et d'indépendance.

Mais les égarements de sa jeunesse lui avaient laissé des habitudes et des goûts dispendieux, qui demandaient toujours de nouvelles ressources. Cette circonstance est à déplorer. C'est d'elle que sont sortis à la fois et l'espèce de tache qui ternit une gloire si resplendissante, et les obstacles qu'a rencontrés cet homme pour exercer le pouvoir dans son pays. Sans elle, il eût pu réaliser toute la révolution, sans les malheurs qui sont venus dans la suite et qui l'ont souillée.

Impartialement, on ne saurait soutenir que Mirabeau fût un homme vénal. Un homme vénal est un homme sordide, qui calcule et qui thésaurise. Personne n'était plus éloigné que notre orateur de ces sortes de calculs, de ces mœurs d'avare. Quand on aime la gloire, on n'aime pas la bassesse : on ne peut servir à la fois deux cultes si différents, si opposés.

Mais revenons sans retard à la marche des choses. Les états généraux réunis et installés à Versailles, on perdit un temps immense à combattre les préjugés des deux premiers ordres, noblesse et clergé, qui voulaient vérifier leurs pouvoirs séparément du tiers état. On perdit encore un temps non moins long à chercher un nom qui convînt exactement à cette assemblée, qu'instinctivement on sentait différente des états généraux de l'ancien régime.

Après de longs débats, on convint de s'appeler *Assemblée nationale*. Ce mot-là seul, confessé par tous, malgré les préjugés de l'extrême droite, annonçait l'avénement forcé de l'idée démocratique et du droit social. On allait donc cette fois s'occuper des affaires de la nation et non plus seulement de celles de la couronne et de ses auxiliaires. On allait donc délibérer au nom du peuple et non plus comme autrefois au nom du maître et d'après ses ordres. Ce nom nouveau d'Assemblée nationale inaugure à lui seul une société d'une autre espèce.

Mais on allait encore perdre un temps infiniment plus long dans des querelles indignes d'un corps délibérant de cette importance. La cour, les grands, les femmes, les ministres, avaient formé le plan de discréditer l'Assemblée par son inaction, en entretenant dans son sein des luttes interminables. Mais le roi crut pouvoir recourir à un parti plus prompt, plus radical. Les allures de l'assemblée des états inquiétaient déjà trop vivement son entourage. On n'était pas habitué à de telles audaces, et l'on ne voulut pas les autoriser en les supportant plus longtemps encore. On crut pouvoir s'en débarrasser par un simple acte d'autorité royale. Mais il en est de ces sortes de choses absolument comme d'un boulet de canon : une fois qu'on l'a lancé du tube, il n'y a plus moyen de l'arrêter.

Le plus jeune frère du roi, le comte d'Artois, et M. de Condé, aidés par le haut clergé et par la partie la plus intolérante de la noblesse, montèrent le roi. Le pauvre Louis XVI, qui ne savait faire que ce qu'on lui disait, méconnut les temps où il vivait, et se décida à dissoudre les états par la simple lecture d'une *déclaration*.

Il suspendit d'abord les séances de l'Assemblée, et l'on envoya des maçons dans la salle, sous prétexte de réparations à faire, mais pour en chasser les députés. Ils se réunirent au *Jeu de paume*, et l'on prêta le fameux serment. Le lendemain de ce jour, ils trouvèrent encore la salle fermée, et ils tinrent la séance dans une église. La situation commençait à se tendre.

Enfin, le 23 juin, le roi se présenta dans la salle des états généraux avec tout l'ancien appareil de la toute-puissance. Une garde nombreuse entourait l'édifice, ou plutôt l'investissait. Une mise en scène à grand effet avait été préparée pour frapper les esprits. On voulait imposer silence en intimidant.

Le garde des sceaux lut la *déclaration* de Sa Majesté, et Louis XVI, prenant ensuite la parole, ordonna aux députés de se réunir le lendemain dans leurs chambres respectives, aux fins de donner connaissance de leurs cahiers, dont il voulait lui seul s'occuper. Il pourvoirait lui-même, en son conseil, à donner satisfaction aux doléances de ses sujets, dont il était, dit-il, le *véritable représentant.*

Un silence profond et menaçant accueillit ce discours, qui, à son tour, était une menace. De pareilles injonctions royales étaient déjà devenues un anachronisme. Un tel langage n'était plus de mode.

Le roi sortit de la salle au milieu de ce silence, qui semblait l'annonce d'une résistance. L'Assemblée ne bougea pas. Mais elle ne savait encore que décider. Elle hésitait.

Cependant le fait de rester dans la salle après les ordres formels que le roi venait de donner, parut à la cour le dernier terme de l'insolence. On envoya M. de Brézé réitérer l'injonction du roi. M. de Brézé demanda si l'on avait bien entendu et bien compris. Bailly présidait l'Assemblée. L'Assemblée, alors novice, mal affermie, inaccoutumée à la liberté, vacillait, chancelait, était ébranlée. Elle semblait avoir peur d'un rôle si grand et si nouveau. Elle n'avait pas confiance en elle-même. Elle semblait s'effrayer de sa propre audace. Un moment de plus, on eût obéi, et la révolution était arrêtée.

Mais Mirabeau était là. Il se leva, et d'une voix fière et assurée, il dit à M. de Brézé, en le congédiant d'un geste royal : « Allez dire à votre maître que nous » sommes ici par la volonté du peuple, et qu'on ne » nous en arrachera que par la puissance des baïon- » nettes. »

L'assemblée se leva alors comme animée d'un élan soudain, comme si l'inspiration, descendue du ciel, eût parlé à tous les esprits dans le même moment. Un mouvement électrique parcourut la salle et transforma ces hommes en tribuns du monde. Toutes les voix s'écrièrent en même temps : « Tel est le vœu de » l'Assemblée ! »

Voilà comment s'est faite la révolution de 1789. C'est vingt jours après cette audace que le peuple de Paris assaillit la Bastille et la démolit.

La parole terrible de Mirabeau sortit de la salle et retentit au dehors comme un coup de tonnerre. Les échos du pays la redirent de proche en proche et la propagèrent. La France, à son tour, se leva debout comme l'Assemblée, et, comme elle, s'écria : « Tel est le vœu » de la nation ! » Et le monde entier répondit à la France.

Voilà donc, mon cher George, ce que peut un seul homme, quand une grande conviction s'allie en lui à un grand génie, quand l'étincelle de feu sacré, attisée, nourrie par le travail, s'est développée en flamme et en foyer.

Mirabeau venait de renverser ce que l'histoire appelle le moyen âge ou l'ancien régime.

GEORGE. Ce n'est pas tout que de renverser. L'important est de reconstruire. Les brigands eux-mêmes n'ont pour métier que de démolir ; c'est la tâche du monde la plus aisée. Mais pour être vraiment grand, il faut être capable de réédifier.

PAUL. Tu as raison. Mais nous allons voir l'orateur à l'œuvre, et nous pourrons amplement juger s'il ne fut qu'un vulgaire démolisseur.

De ce moment donc, nous pouvons le dire, le pouvoir absolu était détruit, et il ne pouvait plus y avoir place en France que pour ce régime rationnel, réglé par les lois, que Montesquieu appelait la république ou le système représentatif.

Louis XVI, à la fois plus sage, plus honnête, et meilleur que ses conseillers, comprit la situation et sembla se résigner à l'accepter : « Eh bien, dit-il à M. de Brézé, » si messieurs du tiers état ne veulent pas quitter la » salle, il n'y a qu'à les y laisser. »

Cette parole est digne d'un sage. Louis XVI eût pu être un sage : il en avait la douceur et la bonté ; il ne lui manquait que la profondeur d'esprit, le raisonnement et l'habitude des grandes pensées. Comparer cette parole du roi de Franc eà celle que, cent ans auparavant, le roi de France eût proférée en pareille occurrence, c'est évaluer la marche de l'esprit humain durant un siècle, c'est constater le passage de Montesquieu, de Jean-Jacques Rousseau, de Voltaire, dans la philosophie ; c'est mesurer pour ainsi dire l'influence de ces hommes sur le sort du monde.

Mais cette œuvre gigantesque ainsi entamée, il s'agissait de la consolider pour la développer. Mirabeau fit décréter l'inviolabilité des députés. Puis, il fit déterminer les mesures que l'Assemblée aurait à prendre pour faire *rechercher, poursuivre* et *punir* tous ceux qui seraient les *auteurs, instigateurs* ou *exécuteurs* de violences qui pourraient être exercées sur un député, à l'occasion ou par suite de l'exercice de son mandat.

Il fallait cette égide pour protéger la révolution, la rassurer et l'enhardir. C'était évidemment le second pas qu'il y avait à faire. Cet acte seul dénote une très-profonde habileté politique.

La cour et les grands en général furent saisis d'indignation devant ces décrets. Ils croyaient être le jouet d'un rêve, et leur fanatisme ouvrit dès lors la longue carrière de désastres que nous savons. Ces gens-là n'ont jamais pu comprendre leur époque. Au lieu de se plier aux circonstances et à la raison, comme les patriciens de Rome du temps des sécessions du peuple et de l'adjonction des tribuns au gouvernement, ils voulurent résister à la réforme, et ils firent couler des flots de sang par leur résistance, sans arrêter en rien la force des choses.

Sans cette résistance aveugle de la noblesse et sans les résolutions extrêmes qu'elle adopta dans son entêtement, la révolution eût pu aboutir à la liberté, sans passer par les excès qui contristent encore la pensée au souvenir de cette époque.

Ainsi engagé à la tête de la lutte et reconnu chef de la réforme, Mirabeau sentit les périls de la situation, et songea à donner à son œuvre la consistance et la force qu'elle ne pouvait trouver que dans l'appui des populations. Il sortit de la sphère des théories et descendit dans l'arène des choses. Il quitta la spéculation pour entrer dans le réel. Il rassembla toutes les forces de son âme et il devint un athlète, un géant. Il se mit en rapports constants avec le peuple. Il lui parla chaque jour par les journaux, et lui fit parler par les agents qu'il plaça à cet effet tant à Paris que dans les provinces. Il se fit le chef de la France pensante et libérale.

Bailly, dont la sincérité et l'honnêteté n'ont été surpassées par aucun homme dans aucun temps, a dit ces mots de notre orateur : « Mirabeau a été le principe de » la force dans l'Assemblée nationale..... Quand son » caractère était porté par les circonstances, il s'agran-» dissait, il s'épurait avec elles, et alors son génie s'éle-» vait à la hauteur du courage et de la vertu. »

GEORGE. Dans ces communications constantes qu'il entretenait avec le peuple au moyen de ces instigateurs, que tu appelles simplement ses agents, je vois, moi, la première origine de ces excitations populaires qui ont produit les saturnales que tu déplores.

PAUL. L'accusation est assez étrange. On ne fait de révolution qu'avec le peuple. Ce n'est qu'en son nom qu'on peut parler. C'est toujours son droit et son intérêt qu'on défend et qu'on réclame. C'est donc toujours sur lui qu'il faut s'appuyer. Mirabeau, en cherchant sa force dans l'esprit du peuple, était dans son rôle et dans sa voie.

Il éclairait le peuple en lui parlant. Et loin de le pousser à la colère et aux excès, comme les démagogues l'ont fait après lui, nous verrons au contraire qu'il lui enseignait la raison et la dignité, tout en lui inspirant un sentiment profond de tous ses droits.

La responsabilité des malheurs de la révolution ne pèse pas sur ceux qui l'ont commencée, mais sur ceux qui ont voulu la combattre et la détruire.

GEORGE. Ils ne l'en ont pas moins expiée presque tous, ceux-là mêmes qui l'ont entreprise. Saturne a dévoré ses enfants. Et, comme dit Montaigne, dans son langage toujours si plein d'images et de vérités: « Ceux

» qui donnent le bransle à un Estat sont voluntiers les
» premiers absorbez en sa ruyne : le fruict du trouble
» ne demeure gueres à celuy qui l'a esmeu ; il bat et
» brouille l'eau pour d'autres pescheurs. »

PAUL. On ne peut ni mieux dire ni dire plus vrai. C'est là l'histoire exacte, constante, générale, des révolutions politiques. C'est même également celle de la plupart des révolutions philosophiques et sociales. Socrate et le Christ en sont la preuve. Que d'autres encore on pourrait citer !

Les grands initiateurs d'idées ont presque toujours été des martyrs, dans la politique comme dans tout le reste. Mais cela confirme, au lieu de l'infirmer, la légitimité de leurs entreprises.

La flamme se dévore elle-même quand elle a fini de tout dévorer. Il y a peut-être une loi cachée dans ce mystère. Peut-être le sang du prophète est-il une condition de succès pour la doctrine. Peut-être la force de la raison a-t-elle besoin de l'aide de la force non moins grande des émotions nées dans le cœur, pour s'établir dans le monde des faits.

Il y en a même, parmi les promoteurs dont nous parlons, qui semblent comprendre et accepter cette loi mystérieuse. Nous en voyons en effet qui se sacrifient résolûment pour consacrer leur cause par leur martyre, pour en assurer le succès par ce culte du souvenir et de l'émotion. Dans les paroles que tu viens de citer, il y a un mot qui semble une erreur de la part de Montaigne ou de ses éditeurs, le mot *volontiers*. Cependant, si l'on y songe, on y trouve une profondeur de plus dans la profonde maxime du philosophe. Il voulait sans doute nous dire ce que nous croyons reconnaître en ce moment : que souvent ceux qui prêchent une grande idée consentent à mourir pour son triomphe.

Mais, c'est assez philosopher sur la destinée bizarre des choses et des hommes, revenons à Mirabeau. Lui n'a pas vu les jours néfastes où le vieux père mangeait ses petits ; et peut-être, s'il eût vécu, il eût conjuré ces jours sanglants et contenu le défiant Saturne.

Mais de son temps il s'agissait d'agir et non de contenir ; et pour agir, il fallait le peuple. Il n'hésita pas, il appela le peuple. C'est alors qu'il créa Camille Desmoulins.

George. Qui plus tard l'a persécuté.

Paul. L'ingratitude, c'est la règle générale ; le souvenir religieux du cœur, la reconnaissance, n'est que l'exception.

Camille Desmoulins, suscité et stylé par le grand tribun, devint tribun à son tour et à sa manière ; tribun de la multitude émue, des cafés, des carrefours, de la place publique, où il sema la révolution. D'autres encore, non moins hardis, mais moins connus, obéissant à la même impulsion, agissaient partout dans le même sens.

George. Que se proposait-on dès ce moment-là en exaltant ainsi les masses, quand l'autorité ne menaçait pas ?

Paul. On se proposait une chose toute naturelle, tout indiquée par les circonstances ; on se proposait d'appuyer solidement la révolution sur l'esprit public. L'autorité, dis-tu, ne menaçait pas, mais elle agissait dans l'ombre et hors de la France. Tous ceux dont les priviléges étaient en question, avaient leurs regards fixés de l'autre côté du Rhin. Une invasion, comme celles d'autrefois, allait se préparer contre la France. On ne comptait désormais que sur elle pour faire rentrer dans leur néant les factieux qui insultaient les rois.

Et pourtant cette révolution, dès lors même si détestée, ne visait encore qu'à donner des lois à l'État, des garanties aux citoyens. Il ne s'agissait point encore de renverser le trône. Mirabeau ne voulait et n'a jamais voulu qu'une chose : rendre la monarchie constitutionnelle et libérale, d'absolue et de despotique qu'elle était en France. Il lui suffisait que le droit régnât à la place de l'arbitraire.

Le système britannique du gouvernement de l'opinion était le terme de ses espérances. Ses théories ne sortaient pas de ces limites. Et s'il invoquait les grands souvenirs de l'antiquité républicaine, ce n'était que pour appuyer les principes du droit sur les exemples consacrés par l'histoire.

Mais le parti de la cour n'entendait même pas de cette oreille. Imposer des lois à la couronne, c'était la plus grande des témérités; c'était un attentat, un sacrilége. Il fallait, coûte que coûte, exterminer les brigands qui osaient vouloir une telle impiété.

Cette façon de penser était sue du peuple, et elle n'était pas propre, il faut le reconnaître, à apaiser la colère des masses, une fois agitées. Le peuple donc remuait à Paris et dans les grandes villes. Le roi, toujours conseillé par la réaction, réunit des troupes autour de Versailles et en menaça la révolution.

Mirabeau fit voter une adresse tendante à demander

l'éloignement de ces troupes du lieu des séances de l'Assemblée. On vota l'adresse. A cet acte de vigueur, le pauvre monarque, sans initiative personnelle et sans caractère, se présenta à l'Assemblée, non plus cette fois comme au 23 juin, mais dans l'attitude du suppliant.

L'Assemblée, touchée de compassion, voulait l'acclamer. « Qu'un morne respect, dit Mirabeau, soit le « premier accueil fait au roi. Dans un moment de dou- « leur, le silence des peuples est la leçon des rois. » Le roi reçut la leçon et la comprit. Il fut forcé d'éloigner les troupes.

Depuis cette séance et ce succès, Mirabeau marcha de triomphe en triomphe; sa puissance et son nom grandirent chaque jour.

Il demanda et obtint le renvoi des ministres, dont l'opinion publique ne voulait pas. Il fit rappeler aux affaires M. Necker, qui était son ennemi, mais qui était populaire en ce moment-là, habileté politique qui eût fait honneur à l'homme d'État le plus consommé.

GEORGE. C'est dans le débat relatif à cette affaire qu'il a combattu, on ne sait pourquoi, la doctrine tutélaire de la séparation des pouvoirs publics, contradiction que rien n'explique chez un homme qui réclamait pourtant toutes les garanties et toutes les libertés.

PAUL. Il n'a pas combattu ce principe d'une manière absolue, comme tu le dis.

GEORGE. Citons plutôt ses propres paroles : « Nous » aurons bientôt occasion d'examiner cette théorie des » trois pouvoirs, laquelle, exactement analysée, mon- » trera peut-être la facilité de l'esprit humain à prendre

» des mots pour des choses, des formules pour des ar-
» guments, et à se *routiner* vers un certain ordre
» d'idées, sans revenir jamais à examiner l'inintelli-
» gible définition qu'il a prise pour un axiome. Les
» valeureux champions des trois pouvoirs tâcheront
» alors de nous faire comprendre ce qu'ils entendent
» par cette distribution des trois pouvoirs; et, par
» exemple, comment ils conçoivent le pouvoir judi-
» ciaire distinct du pouvoir exécutif, ou même le pou-
» voir législatif sans aucune participation au pouvoir
» exécutif. »

Paul. Moi, j'y trouve plutôt une sorte de protestation contre les systèmes trop absolus. Mirabeau était de la grande école philosophique et politique dont je me permets humblement de soutenir les intérêts. Il disait comme nous : « Rien de trop, point d'excès, le
» sage milieu, ordre et progrès réunis, liberté et au-
» torité associés et marchant ensemble. »

Il n'aimait pas l'exagération, il y voyait une déraison et un danger. Il ne poursuivait que les choses possibles, afin d'obtenir des résultats sérieux, durables et positifs. Voilà l'homme d'État dans la plus haute et la plus complète acception de ce mot souvent mal compris. La transaction, dit lord Macaulay, est l'essence même de la politique.

Dans les paroles que tu viens de citer, Mirabeau avait en vue, cela est évident, d'exprimer les rapports nécessaires qui relient entre eux les trois pouvoirs dans la pratique, et l'action mutuelle qu'ils exercent l'un sur l'autre, naturellement. Cet homme avait trop d'études et trop de lumières pour s'attacher à des doctrines tout d'une pièce, inflexibles, et incompatibles avec la nature même de l'esprit humain. Il ne pouvait admettre que des systèmes qui, tout en étant basés sur la justice et sur le droit, pussent se plier avec souplesse aux circonstances diverses que créent la pratique et la marche imprévue des affaires publiques.

Lui, qui avait été si souvent victime de l'arbitraire du gouvernement, ne pouvait attaquer, par exemple, l'indépendance des tribunaux, qui lui eût peut-être épargné ses plus grandes souffrances. L'opinion qu'il soutenait ce jour-là portait sur la composition des ministères, c'est-à-dire du véritable pouvoir exécutif dans les pays libres. Il établissait en principe, relis son discours, que, sans participer à l'exécutif, les représentants du peuple, quoique n'ayant en main que le pouvoir législatif, avaient droit de demander un ministère conforme à l'opinion dominante dans le pays. C'est un principe devenu aujourd'hui incontestable et de droit public. Les paroles qui suivent celles que tu as citées justifient complétement mon appréciation : « Mais vous oubliez que ce peuple, à qui vous
» opposez les limites des trois pouvoirs, est la source
» de tous les pouvoirs, et que lui seul peut les déléguer ;
» vous oubliez que c'est au *souverain* que vous disputez
» le contrôle des administrateurs ! »

George. Ce n'en est pas moins combattre le principe. Tu auras beau dire que c'est dans l'intérêt même de la liberté, je n'en soutiendrai pas moins qu'il était imprudent et inopportun d'affaiblir un principe de cette importance, dans un moment surtout où l'on invoquait le règne des principes.

Le juge seul a droit de juger et de juger libre, sans préoccupation d'aucune espèce. Le législateur seul doit faire la loi, sans restriction et sans veto.

Paul. Diras-tu aussi que le chef seul doit gouverner sans qu'aucun contrôle vienne gêner sa marche, sans qu'aucun avis modifie ses actes en l'éclairant? Ce pouvoir exécutif, qui est le plus fort, et qui est en résumé le pouvoir réel, parce qu'il est l'action et l'application, diras-tu qu'il n'a pas besoin d'être averti par les deux autres? N'est-il pas d'une sage précaution de faire fléchir à son égard la rigidité de la doctrine, d'introduire dans l'exécutif, sinon la main, du moins la voix du législatif, à qui le contrôle est dévolu?

Rien d'absolu dans les choses des hommes. Ne sortons jamais de ce principe, qui est la condition de tous les principes. Recourons toujours au moyen terme, au tempérament, à la transaction, comme on dit en style parlementaire. Là est le vrai, je te le répète.

Je crois même qu'il est bon que le juge ait une certaine part à l'exécution de ses arrêts, comme il est reconnu en droit constitutionnel que l'exécutif doit participer aux délibérations des législateurs.

Action mutuelle de part et d'autre, mais dans une sage mesure de tous les côtés.

Écoutons encore Mirabeau lui-même à la fin de ce même discours : « Ne voyez-vous donc pas, dit-il à ses
» contradicteurs, combien je fais aux gouvernants un
» meilleur sort que vous, combien je suis plus modéré?
» Vous n'admettez aucun intervalle entre un morne
» silence et une dénonciation sanguinaire. Se taire ou
» punir; obéir ou frapper : voilà votre système; et

» moi, j'avertis avant de dénoncer, je récuse avant de
» flétrir; j'offre une retraite à l'inconsidération ou à
» l'incapacité, avant de les traiter de crimes. Qui de
» nous a plus de mesure et d'équité? »

C'est dans ce langage pour ainsi dire palpitant de vie que le grand orateur définissait les théories les plus abstraites, et les appropriait à la pratique. Il n'est pas possible d'expliquer avec plus de clarté les idées fondamentales du régime représentatif. Il n'est pas possible d'en mieux préciser les avantages et le mode d'action.

Ainsi donc, dès le début, et au moment même où il remuait le plus l'opinion publique pour l'enthousiasmer de la réforme, Mirabeau posait l'ordre et la mesure comme les conditions du succès de cette réforme. Peut-on l'appeler après cela un démolisseur forcené, un agitateur intéressé, voulant *brouiller l'eau pour y pêcher*, comme dit Montaigne?

Cependant le peuple, comme il arrive toujours, une fois lancé dans la carrière, n'obéissait plus à aucun frein. Quand le torrent déborde, rien ne l'arrête; il ne s'apaise que de lui-même, lorsqu'il a assouvi toute sa fureur et que la masse de l'eau s'est amoindrie. Déjà les mauvais jours semblaient prochains. Les esprits sages s'en inquiétaient, et l'on dénonça à l'Assemblée l'anarchie qui trônait à Paris. Mais on exagéra la situation, on chargea les couleurs, en vue de produire une plus forte impression :

Mirabeau réfuta les exagérations. Il prit même la défense du peuple, qu'il fallait modérer mais non comprimer. Néanmoins, tout en le défendant, le grand citoyen le rappela au devoir. Il voulait une révolution, mais non un cataclysme.

Relisons quelques mots de lui à cette occasion :
« Que l'on compare le nombre des innocents sacrifiés
» dans ces crises avec les sanguinaires maximes des
» tribunaux, les vengeances ministérielles exercées
» sourdement dans les donjons de Vincennes, dans les
» cachots de la Bastille; qu'on les compare avec les
» soudaines et impétueuses vengeances de la multi-
» tude, et qu'après on décide de quel côté est la bar-
» barie. »

« Cependant, ajoute-t-il plus loin, la société serait
» bientôt dissoute si la multitude, s'accoutumant au
» sang et au désordre, se mettait au-dessus des magis-
» trats et bravait l'autorité des lois. Au lieu de courir
» à la liberté, le peuple se jetterait bientôt dans l'abîme
» de la servitude; car trop souvent le *danger rallie à la*
» *domination absolue; et, dans le sein de l'anarchie, un*
» *despote même paraît un sauveur.* »

Quoi de plus imposant, de plus digne, de plus sage, de plus habile et de plus profond à la fois! Du même coup, il indique au peuple ses vrais intérêts et ses vrais droits, il donne au désordre l'éternelle leçon que lui doit l'apôtre sincère de la liberté, et il prophétise, à dix ans de distance, l'issue fatale de la révolution si elle allait tomber dans les excès.

Il entrait donc, dès cette époque même, dans son rôle de reconstructeur. C'est là, je crois, que tu l'attendais. Tu vas l'y voir. Il avait déjà démoli tout l'ancien régime, puisqu'il s'agissait de voter une constitution. Les priviléges n'existaient plus, et c'étaient eux qui soutenaient seuls le despotisme. Le pouvoir du roi ne sortait plus du ciel, mais du sein du peuple, qui le conférait, qui le limitait, qui le contenait et le surveillait par ses élus. Les princes du sang, les grands seigneurs, tous ceux qui n'acceptaient pas cette revendication et cette justice, avaient émigré. Ils étaient réduits à conspirer à l'étranger contre la patrie, ayant reconnu leur impuissance devant le sentiment de la nation et devant les idées qui triomphaient à la tribune. Le moyen âge était renversé; naturellement, le temps devait faire le reste.

Le principe ayant triomphé, Mirabeau jugeait l'œuvre achevée; et il songeait à élever régulièrement, sur les décombres de l'ancien monde, un nouvel ordre de choses, une civilisation nouvelle et régénératrice. Il ne voulait déjà plus de mesures violentes.

A ce moment, des esprits enivrés et comme aveuglés par le succès, ayant ouvert l'avis à la tribune de violer le secret des lettres, en raison des circonstances difficiles qu'on traversait, Mirabeau se leva indigné, et prononça contre cette violence l'un des plus beaux discours que nous ayons de lui : « Est-ce à un peuple,
» dit-il, qui veut devenir libre, à emprunter les maxi-
» mes et les procédés de la tyrannie? Peut-il convenir
» de blesser la morale après avoir été si longtemps vic-
» time de ceux qui la violentent? Que ces politiques
» vulgaires qui font passer avant la justice ce que, dans
» leurs étroites combinaisons, ils appellent la sûreté
» publique; que ces politiques nous disent du moins
» quel intérêt peut colorer cette violation de la probité
» nationale? »

Reconnais dès maintenant, dans ces accents magnanimes, l'homme supérieur que je t'ai promis, le politique élevé, par la pensée et par le sentiment, au-dessus des vulgaires doctrines qui forment l'habileté ordinaire de ceux qu'on appelle, pour cette raison, des hommes d'État positifs et sans illusion. Mirabeau, tu le vois bien à ce beau langage, n'appartenait pas à la petite école. C'était un homme d'État de la grande espèce. La morale, la conscience, le sentiment, ne sont pas sacrifiés dans ses théories à lui, l'homme multiple et complet, dont l'esprit était aussi pratique que l'imagination était ardente. Rien ne passe, dit-il, avant la justice. On n'a pas même le droit de l'immoler à la *sûreté publique*, à la raison d'État, qu'on prend d'ordinaire pour prétexte à ces étroites combinaisons, décorées du beau nom d'habileté.

Le soin de la justice, nous dit-il, les intérêts de la conscience humaine font partie intégrante de la probité de la nation! Trouves-tu, mon George, dans une telle parole, cet immoral agitateur que ses ennemis ont voulu faire de lui?

George. Ses ennemis répondraient, je pense, que ce langage était de convention, et qu'il était engagé envers la cour.

Paul. Rien de si facile que de calomnier. Au moment où nous sommes de sa vie publique, Mirabeau n'avait point de rapports avec le château. La cour, au contraire, l'exécrait, le maudissait. Ce n'est que longtemps après ce moment que ses ennemis ont commencé à l'accuser de trahison et de vénalité.

Relisons quelques autres lignes de ce même dis-

cours. On ne se lasse jamais de revenir sur de pareils chefs-d'œuvre. L'esprit humain n'a pas de jouissance plus élevée que cette méditation recueillie des productions du génie et des élans d'une grande âme. « Un
» procédé si coupable n'aurait pas même une excuse,
» et l'on dirait de nous dans l'Europe : « En France,
» sous le prétexte de la sûreté publique, on prive les
» citoyens de tout droit de propriété sur les lettres,
» qui sont les *productions du cœur et le trésor de la*
» *confiance.* Ce dernier asile de la liberté a été impu-
» nément violé par ceux mêmes que la nation avait dé-
» légués pour assurer tous ses droits. Ils ont décidé par
» le fait que les plus secrètes communications de l'âme,
» les conjectures les plus hasardées de l'esprit, les
» émotions d'une colère souvent mal fondée, les er-
» reurs souvent redressées le moment d'après, pou-
» vaient être transformées en dépositions contre les
» tiers; que le citoyen, l'ami, le fils, le père, devien-
» draient ainsi les juges les uns des autres, sans savoir
» qu'ils pourront un jour périr l'un par l'autre; car
» l'Assemblée nationale a déclaré qu'elle ferait ser-
» vir de base à ses jugements des communications
» surprises, qu'elle n'a pu se procurer que par un
» crime. »

Ce langage est plus qu'animé, il s'élève souvent jusqu'au lyrisme. On trouve ainsi presque toujours dans les discours de Mirabeau la voix émue d'un poëte. Ils le sont tous d'ailleurs, ces grands penseurs qui se font apôtres et qui enseignent les grandes vérités. La raison en est qu'ils les sentent fortement, et qu'ils les enseignent comme ils les sentent.

L'éloquence de Mirabeau est singulière, son caractère est original et déroute la classification. Tantôt c'est la vigoureuse concision de Démosthènes, sa simplicité sereine et majestueuse; bientôt après, la période savante et rhythmée de Cicéron déroule la pensée en longue chaîne d'images; mais tout à coup ce n'est plus cela : le discours devient un traité; les idées, les principes, les systèmes, sont discutés, scrutés, calculés, dans la langue même des mathématiques; et des clartés soudaines et pressées sortent, on dirait par jets successifs, d'une suite de phrases courtes et rivées l'une à l'autre, comme les propositions imbriquées d'un sorite. Puis, tous ces genres vont se mêler, à peu près comme ces mille nuances diverses que Chateaubriand a vues se confondre et s'harmonier dans les forêts de l'Amérique. Et de cette alliance surprenante et splendide naissent des beautés inattendues, dont la variété étonne l'esprit. La lumière qui sort de ce prodige éclaire si fort qu'elle éblouit. C'est l'éloquence du génie indomptable en son indépendance, qui choisit tour à tour, dans tous les genres, la langue particulière et spéciale qu'il faut à chacune de ses émotions, à chacune de ses convictions.

Nous relirons de temps à autre, dans le cours de cet entretien, quelques-uns des beaux endroits du grand maître, à l'appui de mon sentiment sur cette nature étrange de son talent.

Dans la question que nous venons de voir, l'Assemblée vota pour Mirabeau. Il fallait presque toujours voter avec lui. Il était l'oracle, le guide, et comme la tête. Jamais à aucune époque on n'avait constaté de la sorte l'influence d'un homme supérieur dans une assemblée. Un de ses collègues, envieux de cette influence et de cette puissance, s'écria un jour dans son dépit : « Quelle est donc l'espèce de tyrannie que » M. de Mirabeau exerce ici ? »

Cette tyrannie, pouvait-on lui dire, c'est la seule au monde qui soit légitime et inoffensive ; c'est celle du génie, commandant au nom de la vérité !

Nous disions, je crois, que Mirabeau reconstruisait. Voyons comment.

Des questions difficiles et spéciales préoccupaient souvent l'Assemblée et l'agitaient des journées entières. Ces questions, purement pratiques et d'application, embrassaient surtout l'administration, les finances, l'exécution du régime constitutionnel. Mirabeau, qui voulait remplacer sans intérim ce qui venait d'être aboli et renversé, s'appliqua à traiter, comme tout le reste, ces matières exclusivement pratiques, où l'imagination n'avait rien à faire. Il fit même plus que de les traiter, il sembla les affectionner. L'esprit de cet homme était propre à tout.

Ses ennemis, irrités de tant de facilité et d'universalité, s'en consolaient en disant qu'il ne composait pas seul tous ses discours. Sa gloire n'eût pas été complète si ce trait lui eût été épargné. Fier et dédaigneux comme il l'était, il ne s'occupa point de ces propos. Il poursuivit son chemin sans se détourner, rassemblant les éléments d'ordre et d'organisation éparpillés par la victoire. Il exposa même sa popularité pour arriver au but qu'il avait en vue.

M. de Noailles proposa un jour de former un comité

militaire. M. de Virieu, de son côté, proposa de changer la formule du serment, que les troupes devaient prêter, dit-il, *ès mains des officiers municipaux*. Mirabeau ne craignit pas de se compromettre devant le peuple, et il se mit à développer des idées d'une grande justesse sur l'institution de l'armée par rapport aux pouvoirs civils. Nous avons déjà vu la même opinion dans Montesquieu. « Jamais, dit Mirabeau, les forces » militaires ne doivent être subordonnées aux forces » civiles, ou bientôt il n'y aurait plus d'armée; sur- » tout si, dans le régime actuel, elles étaient soumises » à la volonté des municipalités, qui ne sont que des » établissements monstrueux de despotisme. »

George. C'est ainsi qu'il habille les municipalités de la révolution? Et c'est ainsi qu'il modifie l'énergique sentiment qu'il professait à l'égard des armées permanentes après la campagne de l'île de Corse?

Paul. Accumulation d'années, augmentation d'intelligence, a dit Lamartine avec une profondeur trop peu remarquée. La médiocrité seule ne sait pas changer. Il faut marcher pour s'éclairer. Rester en place, c'est s'abrutir, c'est se momifier dans une seule idée. La vérité est comme la lumière, elle embrasse l'espace, et pénètre partout; l'esprit qui progresse est celui qui change de place et de point de vue, pour embrasser l'un après l'autre tous les aspects éclairés par elle. C'est l'immobilité qui constitue la mort; c'est elle aussi qui maintient l'erreur et le préjugé. Dans la nature physique, la vie n'est autre chose que le mouvement.

Une seule chose est immuable et fixe dans le monde

moral, c'est la *justice*, comme l'*équilibre* dans le monde des corps. Il s'agit, pour la conscience honnête, de s'établir une fois pour toutes sur cette base unique et toujours la même. Les idées accessoires, les moyens d'action et d'application, varient naturellement et nécessairement, suivant le milieu où il faut agir.

Après la guerre de Corse, Mirabeau parlait en philosophe éloigné des faits. A la tribune de l'Assemblée nationale, le même Mirabeau parlait en homme d'État, occupé des faits et de l'application. Ses idées générales n'étaient pas changées, elles se pliaient seulement aux circonstances. Il ne cessait pas de croire au danger des armées permanentes; mais, arrivé à la direction des affaires, il pensait que, puisque ces armées sont encore nécessaires en présence des armées des nations voisines, et tout le temps que cet état de défiance mutuelle continuera d'exister dans le droit des gens, il importe que l'armée soit sous les ordres de l'exécutif, pour jouer efficacement le rôle d'action publique et nationale, pour lequel uniquement elle est instituée.

Voilà l'homme d'imagination au milieu des affaires publiques ! Où sont ces nuages et ces rêves qui, suivant toi, obscurcissent naturellement leur vue? Reconnais-tu seulement, dans ces idées si nettes et si positives, l'auteur enthousiaste de la poésie des lettres à Sophie?

Il ne voulait que du possible et du praticable, en le mariant toutefois aux sentiments généreux de la philosophie. Déjà il avait plus à lutter contre les exagérations des démagogues ou des esprits sans réflexion que contre l'ancien régime et ses préjugés.

Pour ce qui est des municipalités, il faut se reporter

au temps où il parlait pour comprendre son opinion à leur égard. Il en savait certes plus long que nous, et voici quelques paroles caractéristiques sur ces magistratures de terrible souvenir : « J'ai entendu parler de » l'association militaire, civile, religieuse; mais je n'ai » jamais connu une plus cruelle, une plus tyrannique » autorité que celle qui est usurpée par des officiers » municipaux; et ce serait la porter à son comble que » de mettre encore dans leurs mains le dernier moyen » de l'oppression. »

Il ne caressait ni ne ménageait personne, ni rois ni peuples. Il disait à chacun son fait, il protestait contre la violence, de quelque côté qu'elle se montrât. Pour lui, le droit et la liberté sont absolus, et priment tout esprit de secte et de parti. Il détestait tout autant les tyrans de la place publique que les tyrans des palais et châteaux. Il n'était pas de ces libéraux qui font de la liberté un guet-apens, un moyen de vengeance et de représailles. Il la réclamait, lui, comme moyen de régénérer le monde; il la recherchait pour la régulariser, la rendre applicable, et lui faire produire paisiblement tous les bienfaits qu'elle porte en elle. Il voulait la tolérance en politique comme on la veut en fait de religion, et il pensait qu'on ne devait pas plus proscrire pour une opinion que pour une croyance.

C'est ainsi que l'homme d'imagination et de théorie sait se transformer une fois dans l'action. Dans la grande question de la déclaration des droits, nous allons encore le voir sous son nouvel aspect d'homme de pratique et de gouvernement.

Il était l'un des principaux partisans de cette déclaration. Il sentait toute la grandeur qu'il y avait à résumer ainsi, en tête des lois positives, les vérités que la philosophie venait de proclamer dans les traités. C'était, à son avis, un imposant frontispice à donner à l'édifice de la nouvelle civilisation. Il sentait surtout la nécessité de formuler les principes qui dussent servir de base à la constitution qui s'élaborait. Mais il ne pensait pas, lui le philosophe, qu'il fût sage d'introduire dans cet acte des abstractions qui rendissent la constitution difficile à faire, et plus difficile encore à exécuter.

C'est là surtout qu'il montra du courage. En face de ce peuple en révolution, que le succès avait exalté ; en face de collègues hostiles, qui s'étudiaient à lui chercher des crimes, il osa combattre les idées extrêmes. « La déclaration des droits de l'homme en société,
» dit-il, n'est sans doute qu'une exposition de quel-
» ques principes généraux, applicables à toutes les
» associations politiques et à toutes les formes de gou-
» vernement ; sous ce point de vue, on croirait un
» travail de cette nature fort simple, et peu susceptible
» de contestation et de doute. Mais le comité que vous
» avez nommé pour s'en occuper s'est bientôt aperçu
» qu'un tel exposé, lorsqu'on le destine à un corps
» politique vieux et presque caduc, est nécessairement
» subordonné à beaucoup de circonstances locales, et
» ne peut jamais atteindre qu'à une perfection relative.
» Sous ce rapport, une déclaration des droits est un
» ouvrage difficile. Il l'est davantage lorsqu'il doit
» servir de préambule à une constitution qui n'est pas

» connue; il l'est enfin lorsqu'il s'agit de la composer
» en trois jours, d'après vingt projets de déclaration
» qui, dignes d'estime chacun en leur genre, n'en sont
» que plus difficiles à fondre, pour en tirer un résultat
» utile à la masse d'un peuple préparé à la liberté par
» l'impression des faits, et non par le raisonnement. »

Mais il va s'expliquer d'une manière encore plus précise; il va éclaircir toutes les obscurités, il va montrer, dans tout son jour, l'idée exacte qu'il faut se faire de ce qu'on appelle une déclaration de droits. Nous allons voir, dans deux ou trois lignes, comme cette langue française est capable d'analyse et de clarté :
« Nous avons cherché cette forme populaire qui rap-
» pelle au peuple, non ce qu'on a étudié dans les
» livres ou les méditations abstraites, mais ce qu'il a
» lui-même éprouvé, en sorte que la déclaration des
» droits dont une association politique ne doit jamais
» s'écarter soit plutôt le langage qu'il tiendrait s'il
» avait l'habitude d'exprimer ses idées, qu'une science
» qu'on se propose de lui enseigner. »

D'où il suit naturellement et sans réplique que les seules constitutions qui soient bonnes sont celles qui reproduisent, pour ainsi dire, le caractère et les idées du peuple pour lequel elles sont faites.

Il y a tant de talent dans tout ce discours que je cède à l'envie de le relire tout entier; mais quelques lignes seulement de plus, et je suis certain que tu cesseras de tenir Mirabeau pour un vulgaire ambitieux qui voulait tout détruire, pour régner sur des ruines. « La liberté ne fut jamais le fruit d'une doc-
» trine travaillée en déductions philosophiques, mais

» de l'expérience de tous les jours, et des raisonne-
» ments simples, que les faits excitent..... Une décla-
» ration des droits, si elle pouvait répondre à une
» perfection idéale, serait celle qui contiendrait des
» axiomes tellement simples, évidents et féconds en
» conséquences, qu'il serait impossible de s'en écarter
» sans être absurde, et *qu'on en verrait sortir toutes les*
» *constitutions. Mais les hommes et les circonstances n'y*
» *sont point assez préparés dans cet empire,* et nous ne
» vous offrons qu'un très-faible essai, que vous amé-
» liorerez sans doute, mais sans oublier que le *véritable*
» *courage de la sagesse consiste à garder dans le bien*
» *même un juste milieu.* »

Ces dernières paroles viennent appuyer explicitement et sans réserve la doctrine générale que j'essaye de soutenir depuis le commencement de ces entretiens. Si Mirabeau eût été vivant et que nous l'eussions pris pour juge dans la question, sa réponse n'eût pas été plus précise, plus spécialement adaptée à la consultation. Et de cette opinion si clairement émise, il résulte naturellement et rigoureusement qu'il pensait également comme moi à l'égard du but du gouvernement, et du moyen de le réaliser : le bien public à obtenir dans ce *juste milieu* par les plus capables de l'y trouver.

GEORGE. Comme la droite a dû applaudir!

PAUL. Il ne recherchait pas ces applaudissements. Il n'avait en vue de plaire ni à un parti ni à un autre, aux dépens de la vérité. Il avait véritablement le courage de ses opinions. Il bravait également tous les partis, et néanmoins, grâce à cet ascendant de la raison, dont il s'était fait l'interprète et l'oracle, il dominait les résolutions de l'Assemblée.

Les révolutionnaires de l'extrême gauche l'assaillirent d'injures et de calomnies. Il maintint fermement son opinion, comme l'expression sincère de sa conscience. Il reprocha à ses ennemis la légèreté de leurs attaques. « J'ose vous en assurer, dit-il, nul » écrivain, nul homme public n'a plus que moi le » droit de s'honorer de *sentiments courageux, de vues* » *désintéressées, d'une fière indépendance, d'une uni-* » *formité de principes inflexibles*. Ma prétendue supé- » riorité dans l'art de vous guider vers des buts con- » traires est donc une injure vide de sens, un trait » lancé de bas en haut, que trente volumes repoussent » assez pour que je dédaigne de m'en occuper. »

Comme Mirabeau lui-même, nous ne nous occuperons pas trop longtemps de ces attaques et de ces injures.

Il venait d'exposer sa popularité; on lui avait fait un crime énorme des opinions mesurées qu'il professait; des motions violentes s'étaient faites contre lui à la tribune des clubs populaires; mais il n'eut nul souci de s'en racheter. Aucune considération personnelle ne faisait fléchir ses convictions. Il continua de plaider courageusement la cause de la liberté en ne la séparant jamais de celle de l'ordre et des progrès. La question du veto se présenta quelque temps après, question brûlante et périlleuse pour un député dans sa situation. Il n'hésita pas, il opina pour le veto.

GEORGE. Je ne comprends pas un pareil avis de la part d'un révolutionnaire et d'un tribun.

Paul. Je ne partage pas non plus, moi-même, son opinion dans toute son étendue. Il pensait que le chef de l'État n'aurait pas d'intérêt à s'opposer à une loi juste et populaire, ce qui attirerait contre lui la révolte de l'opinion publique. « Il semble répugner au » bon sens, dit-il, d'admettre qu'un homme seul ait » le droit de s'opposer à la volonté générale, à la raison » publique..... Toutes ces obligations disparaissent » devant cette grande vérité, que, sans un droit de » résistance dans la main du dépositaire de la force » publique, cette force pourrait souvent être réclamée » et employée malgré lui à exécuter des volontés » contraires à la volonté générale. »

Puis viennent des considérations savantes et brillamment énoncées, mais qui cependant ne me satisfont pas beaucoup plus qu'elles n'ont convaincu l'Assemblée nationale. Il voyait le correctif du veto dans l'annualité de la législation, dans l'annualité du vote de l'impôt, dans l'annualité du vote de l'armée, et dans la responsabilité ministérielle. Mais l'Assemblée prit un moyen terme, et adopta le veto suspensif. C'était agir avec sagesse. On ne doit se fier à aucune idée qui s'éloigne trop de ce moyen terme, lequel fait le fond de toute vraie sagesse.

Même après cette question, l'opinion publique ne se sépara pas de lui. Loin de là, le bruit se répandit à Paris que Mirabeau devait être assassiné à l'instigation du parti royaliste. Sa loyauté et son talent semblaient le rendre invulnérable aux traits des révolutionnaires extrêmes, qui détestaient en lui l'homme qui voulait organiser sans commotions.

Le tribun retrempa, pour ainsi dire, sa popularité, en combattant, quelques jours après, le projet de deux chambres, qui se discuta à l'Assemblée.

George. Que trouvait-il de mauvais dans cette idée, lui qui cherchait des éléments d'ordre? Je le soupçonne fort d'avoir redouté, dans son orgueil, l'humiliation d'être à jamais exclu de la chambre des nobles.

Paul. Il n'avait pas cette inquiétude; mais il semblait plus redouter encore, pour la liberté, les préjugés de l'aristocratie que les résistances de la couronne. Un sénat, certainement, n'est pas inutile; nous avons vu même qu'il est nécessaire; mais, s'il est fondé sur l'hérédité, il vaut certainement mieux qu'il n'existe pas. C'est dans ce sens qu'il vota contre.

Une grosse question se présenta ensuite : celle de l'hérédité du pouvoir exécutif ou de la couronne. Mirabeau prouva ce jour-là qu'on ne l'avait pas gagné comme on le disait. Il parla avec une indépendance et une hardiesse qui firent trembler la cour et le trône. Il voulait modifier le principe absolu de l'hérédité. C'était là le fond même de l'idée philosophique de la révolution. La liberté politique a pour base véritable le principe du choix et de l'élection. La révolution tout entière pouvait se résumer dans cette seule et unique question, si on l'eût traitée à un autre point de vue.

Rappelé à l'ordre par les clameurs de la droite pour avoir appelé Louis XIV *le monarque le plus asiatique* qui eût régné sur la France, « Messieurs, répliqua l'o-
» rateur, je ne sais comment nous concilierons le tendre
» respect que nous portons au monarque honoré par
» nous du titre de restaurateur de la liberté, avec cette

» superstitieuse idolâtrie pour le gouvernement de
» Louis XIV, qui en fut le principal destructeur. Je
» suis donc dans l'ordre, et je continue. Je défie qu'on
» ose nier que toute nation a le droit d'instituer son
» gouvernement, de choisir ses chefs et de déterminer
» leur succession. »

GEORGE. J'espère néanmoins que tu n'ignores pas que dans ce débat l'intention de Mirabeau n'était pas tant de combattre le principe de l'hérédité, comme tu le dis, que de rendre le trône de France accessible au duc d'Orléans, son ami. Il était fortement question, tu le sais bien, d'opérer adroitement ce changement de dynastie. Le duc d'Orléans devenu roi, Mirabeau devait arriver au pouvoir, en qualité de chef du cabinet.

PAUL. On l'a beaucoup dit. Mounier, qui n'aimait pas Mirabeau, mais qui cependant est digne de foi, affirme avoir reçu de lui une ouverture indirecte à cet égard. Je t'avoue que je n'y trouve pas, moi, un si grand crime. S'il jugeait Louis XVI incapable de comprendre le régime constitutionnel, je ne vois pas pourquoi il ne lui serait pas permis de chercher un homme plus intelligent des idées du jour, qui pût le comprendre et s'y conformer.

Pour ce qui est de son sentiment à l'égard du principe de l'hérédité, retiens simplement dans ta mémoire les derniers mots que je viens de citer : « *Toute nation* » *a le droit d'instituer son gouvernement, de choisir ses* » *chefs et de déterminer leur succession.* » Et souviens-toi que l'homme qui disait cela était trop maître de sa parole pour énoncer un principe général en termes si clairs, sans y attacher toute la portée qui s'y manifeste.

George. Tu reconnais néanmoins qu'il tramait une sorte de complot personnel avec le duc d'Orléans; et tu es, par suite, forcé de reconnaître que c'est par ce complot qu'il faut expliquer la tentative populaire du 6 octobre, où la famille royale faillit être massacrée au château de Versailles.

Paul. Il avait ses plans politiques comme tous les hommes d'État; mais je ne le crois pas l'auteur de la tentative que tu lui reproches. Nous verrons plus loin d'où naquirent ces troubles, et si Mirabeau y prit la part qu'on lui attribue.

Mais continuons à chercher sa pensée intime dans le rôle qu'il a joué à l'Assemblée nationale.

Dans la séance où eut lieu ce débat sur le mode de succession du pouvoir royal, un député de la noblesse, M. de Mortemart, nia la renonciation de la branche espagnole de la maison de Bourbon au trône de France, et soutint que le traité d'Utrecht n'avait statué que sur l'impossibilité de réunir les deux couronnes sur la même tête. « Je rappelle à l'ordre l'opinant, » s'écria Mirabeau indigné, « son assertion est profondément fausse;
» elle insulte notre droit public; elle blesse la dignité
» nationale; elle tend à faire croire que des individus
» peuvent disposer des nations comme de vils trou-
» peaux. »

Nous n'avons pas besoin de relire de plus longs passages de ces discours, dont chacun est un chef-d'œuvre complet, aussi propre à instruire qu'à exciter l'admiration. Il suffit d'une ou deux lignes sur chaque question pour faire éclater l'âme et la puissante pensée du réformateur. Chacun de ces éclairs enveloppe de lumière toute la question, et la fait comprendre sous tous ses aspects.

Le débat s'échauffant toujours sans pouvoir rencontrer une solution, Mirabeau, qui entrevoyait une ligue montée contre son opinion, recourut à un singulier expédient. Il fit usage de la popularité de son nom et en fit une sorte de menace à l'Assemblée. Il ramassa un bout de papier, écrivit dessus, et le fit passer à M. de Clermont-Tonnerre, qui présidait. Ce morceau de papier contenait ces mots : « Monsieur le président, » nous sommes ici quatre cents honnêtes gens oppri» més par une majorité coalisée de huit cents députés; » il est temps que cette tyrannie finisse, autrement » nous serons forcés de prendre des moyens violents » de la faire cesser. »

George. Procédé d'intimidation assez peu parlementaire, il faut l'avouer.

Paul. Je le trouve comme toi; mais le billet produisit son effet. M. de Tonnerre leva la séance..... N'est-ce pas toi qui dis qu'il faut savoir profiter de tous ses avantages en politique?

Dans le cours du même mois, M. Necker apporta à l'Assemblée un projet de loi relatif à la contribution du quart du revenu. Ce n'était plus le roi qui faisait la loi. Mirabeau, nous l'avons déjà dit, aimait beaucoup ces sortes de questions, qu'on croirait étrangères à son talent et incompatibles avec son caractère. Il les traitait avec complaisance, avec soin, avec profondeur; et il semblait vouloir affirmer, dans ces débats, les aptitudes pratiques que sa brillante imagination et la nature de son éloquence pourraient quelquefois lui faire contester.

GEORGE. Il me semble que tu as passé sous silence un premier débat financier, celui de l'emprunt de trente millions, qu'il a combattu le premier jour et qu'ensuite il a appuyé. Tu n'es probablement pas sans savoir qu'on a pensé dans le temps que ce changement d'avis sur la même matière n'était pas tout à fait désintéressé?

PAUL. Que n'a-t-on pas pensé à son égard? Et que ne pense-t-on pas d'ordinaire à l'égard de ceux qui lui ressemblent et qui se trouvent placés comme il l'était?

Les discours que nous avons sur la question ne donnent pas prise à l'accusation; et s'il est présumable qu'il ait, comme tu le dis, tiré profit de son influence et de son talent, aucune espèce de preuve ne peut l'attester. Donc, du même droit qu'on a dit oui, je peux dire non.

Pourquoi ne pas continuer, ne pas supposer que, dans la seconde question, il ait été payé comme dans la première? Cette fois encore, cependant, il fut favorable à M. Necker.

La situation était difficile. Les ressources étaient épuisées. La gêne du trésor, dans ces moments d'effervescence populaire, pouvait amener de grands malheurs. Mirabeau jugea la mesure proposée par M. Necker non-seulement nécessaire, mais urgente. Il approuva le plan, et il ajouta à son approbation des paroles obligeantes pour son auteur. M. Necker était son ennemi, et lui témoignait une insurmontable antipathie.

Mais lui, il put surmonter toute sa fierté vis-à-vis de son contempteur; il sacrifia de la meilleure grâce du monde les sentiments de l'homme privé aux devoirs de l'homme politique.

Lally-Tollendal proposa de renvoyer le projet de loi au comité des finances. Des débats très-vifs s'élevèrent sur la motion. On perdait du temps, la question s'embrouillait en se prolongeant. Alors Mirabeau, reprenant la parole, prononça la harangue célèbre que chacun sait, et qu'on nous a fait apprendre par cœur dans notre enfance.

Je voudrais la redire dans son entier, mais contentons-nous de quelques mots : « Deux siècles de dépré-
» dations et de brigandage ont creusé le gouffre où le
» royaume est près de s'engloutir. »

Ces premières paroles font juger du reste : « J'entends
» parler de patriotisme, d'élans du patriotisme, d'in-
» vocations au patriotisme. Ah! ne prostituez pas ces
» mots de patrie et de patriotisme. Il est donc bien
» magnanime, l'effort de donner une portion de son
» revenu pour sauver tout ce qu'on possède! Eh! mes-
» sieurs, ce n'est là que de la simple arithmétique ; et
» celui qui hésitera ne peut désarmer l'indignation que
» par le mépris que doit inspirer sa stupidité. Oui,
» messieurs, c'est la prudence la plus ordinaire, la sa-
» gesse la plus triviale, c'est votre intérêt le plus gros-
» sier que j'invoque..... Votez donc ce subside extraor-
» dinaire, et puisse-t-il être suffisant! Votez-le, parce
» que si vous avez des doutes sur les moyens (doutes
» vagues et non éclaircis), vous n'en avez pas sur sa
» nécessité et sur notre impuissance à le remplacer,

» immédiatement du moins. Votez-le, parce que les
» circonstances publiques ne souffrent aucun retard,
» et que nous serions comptables de tout délai. Gardez-
» vous de demander du temps ; le malheur n'en accorde
» jamais... Eh! messieurs, à propos d'une ridicule mo-
» tion du Palais-Royal, d'une risible insurrection qui
» n'eut jamais d'importance que dans les imaginations
» faibles ou les desseins pervers de quelques hommes
» de mauvaise foi, vous avez entendu naguère ces mots
» forcenés : *Catilina est aux portes de Rome*, et l'on
» délibère! Et certes, il n'y avait autour de nous ni
» Catilina, ni faction, ni Rome... Mais aujourd'hui, la
» banqueroute, la hideuse banqueroute est là, elle me-
» nace de consumer, vous, vos propriétés, votre hon-
» neur,... et vous délibérez! »

George. Comme tu dis cela avec enthousiasme! comme tu t'animes!

Paul. C'est ce langage lui-même qui est animé. Le mouvement pour ainsi dire lyrique de cette éloquence ardente remuerait l'homme même le plus impassible.

George. *Ni Catilina, ni faction, ni Rome;* c'est là sans doute ce qui te remue et t'enflamme ainsi... Cela me rappelle, à moi, un mot sorti d'une tribune d'un autre genre : « *Il n'y a plus ni princesse ni palatine.* » T'en souvient-il?.... Ces messieurs-là disent des choses étranges. Ils parlent souvent une langue à part.

Paul. Le génie, tu as raison, n'obéit pas toujours à la grammaire; assez souvent il dédaigne la règle, et c'est quand il pousse de ces cris sublimes qu'il donne, au contraire, des règles à l'art.

Des acclamations enthousiastes accueillirent l'ardente improvisation de Mirabeau, et le projet fut décrété.

Il est rarement arrivé en ce monde qu'un homme ait exercé une pareille puissance sur une assemblée. Les orateurs connus avant lui dominaient la foule, ou un sénat composé d'hommes graves, il est vrai, mais peu lettrés. Lui, il maîtrisait et entraînait une assemblée formée d'esprits élevés, de talents de première ligne.

Tandis que les députés du peuple délibéraient ainsi à Versailles, la fermentation révolutionnaire bouillonnait de plus en plus chaque jour à Paris et dans les provinces. Pour compléter la situation, la disette sévissait de nouveau et de plus belle. Le peuple des faubourgs était en pleine insurrection. La foule demandait du pain, et elle voulait venir à Versailles en demander au roi lui-même.

Ces bruits sinistres jetèrent l'épouvante dans le château. Le malheureux Louis XVI sollicita et obtint un régiment pour le garder dans son palais. Mais le régiment de Flandre, à peine arrivé à Versailles, fut presque tout entier gagné au parti extrême de la révolution. Rien ne réussissait au triste héritier de Louis le Grand. La fortune s'était retirée, et, ce qui est plus pénible, elle semblait ricaner en s'en allant.

Le 5 octobre, dans la journée, le député Adrien Duport se plaignait à l'Assemblée de la mauvaise grâce que mettait le roi à l'acceptation des décrets constituants et du vice de forme de cette acceptation, qui n'était contre-signée d'aucun ministre. Adrien Duport ajouta qu'en présence de ce mauvais vouloir, l'acceptation des décrets n'eût pas eu lieu si l'on avait pu faire venir à Versailles l'armée qu'on voulait y appeler.

A ce mot des débats violents agitèrent la salle. Mirabeau, sachant l'orage qui grondait à Paris dans le même moment, craignit la continuation d'une pareille séance, à laquelle la foule des faubourgs pouvait venir prendre part d'un instant à l'autre. Il prit la parole pour essayer de mettre fin à la discussion; mais il ne put y parvenir. Alors il quitta sa place et alla se mettre derrière le fauteuil du président, en vue de lui faire une communication.

C'était Mounier qui présidait. Mounier n'aimait pas Mirabeau, nous le savons déjà. Il partageait avec Lafayette, avec Necker, avec Pétion, avec d'autres encore, les préventions qu'inspirait cette nature impétueuse aux hommes rangés et réfléchis.

George. Le scandale de sa vie éloignait de lui les honnêtes gens.

Paul. C'est plutôt, à mon avis, qu'on le prenait pour un homme à desseins sinistres, couvant des espérances abominables. Préventions pourtant bien injustes, et qui étaient devenues un préjugé! Sous les dehors de la légèreté et de l'exaltation, Mirabeau était l'une des têtes les plus réfléchies de son époque. Tout ce qu'il faisait, il l'avait préalablement examiné à fond et médité. Il ne poursuivait que des choses justes et raisonnables. Et s'il eût pu montrer le fond de son âme, on y eût trouvé bien des grandeurs à la place des infamies qu'on y supposait. Mais on lui faisait une sorte de péché originel des égarements de sa jeunesse, et on était convenu de tenir son passé pour irrémissible à tout jamais.

Il se tint donc, disions-nous, quelque temps debout derrière le fauteuil du président; puis, tout bas, il lui dit ces mots : « Monsieur le président, quarante mille » hommes armés arrivent de Paris ; pressez la délibé- » ration, levez la séance, trouvez-vous mal, allez chez » le roi. »

Mounier demeura persuadé que ces quarante mille hommes étaient ses complices ou ses agents. Il regarda Mirabeau un instant et lui répondit avec tranquillité : « Je ne presse jamais les délibérations, je trouve qu'on » ne les presse que trop souvent. — Mais, monsieur, » reprit Mirabeau, ces quarante mille hommes ? — Eh » bien, tant mieux, répliqua Mounier; ils n'ont qu'à » nous tuer tous, *mais tous*, entendez-vous ? Les af- » faires n'en iront que mieux. — Monsieur le prési- » dent, le mot est joli », fit Mirabeau en se retirant.

Mounier venait de lui déclarer toute sa pensée à son égard. C'était aussi la pensée de la plupart de ceux qui détestaient déjà leur propre ouvrage et qui croyaient que des révolutions de cette portée pouvaient s'accomplir uniquement dans le tranquille domaine de la théorie. Ils n'avaient pas le courage de lutter, de diriger la lutte, pour pouvoir triompher sans anarchie.

GEORGE. Ainsi donc Mirabeau savait seul dans l'Assemblée que la foule marchait sur Versailles ?

PAUL. Seul, ce n'est pas probable; mais il le savait comme tous ceux de ses collègues qui, voulant la fin, comprenaient que le peuple était le moyen. Comment voudrais-tu que cet homme, qui incarnait pour ainsi dire l'opinion et qui était en communication directe avec les populations, pût ignorer la situation de Paris et ce qui s'y passait?

GEORGE. Il le savait, et il n'avait rien fait pour prévenir cette invasion?

PAUL. Si jamais tu te trouves mêlé aux agitations politiques, tu comprendras ce que c'est que d'arrêter les masses une fois lancées dans l'exaltation.

Mirabeau d'ailleurs n'avait pas d'intérêt à éteindre l'enthousiasme révolutionnaire, quand la révolution rencontrait encore tant d'obstacles dans l'entourage du monarque et dans les classes privilégiées. Il ne pouvait que le modérer, en vue des reconstructions qu'il méditait.

La discussion continua donc, et s'envenima de plus en plus. Pétion parla des gardes du corps et d'un banquet qu'ils avaient offert aux officiers du régiment de Flandre. Dans ce banquet on avait, disait-on, insulté la cocarde nationale. Le roi, la reine, la famille royale s'étaient présentés durant le festin, et des propos hostiles à la liberté s'étaient proférés, disait-on toujours.

Un député se leva alors et somma son collègue de préciser l'accusation.

Oui, s'écria-t-on d'un grand nombre de bancs, Pétion n'hésitera pas, il fera sa dénonciation.

« Messieurs, dit Mirabeau, je commencerai par dé-
» clarer que je regarde comme souverainement impo-
» litique la dénonciation qui vient d'être provoquée.
» Cependant, si l'on persiste à la demander, je suis

» prêt, moi, à fournir tous les détails et à les signer.
» Mais avant, je demande que cette Assemblée déclare
» que la personne du roi est seule inviolable, et que
» tous les autres individus de l'État, quels qu'ils soient,
» sont également sujets et responsables devant la loi. »
Puis, se tournant vers ceux que le mot qu'il allait dire
devait le plus fortement impressionner : « Je dénonce-
» rai, dit-il, la reine et le duc de Guiche. »

Le mot de Mounier l'avait indigné ; la dureté de
ses ennemis l'avait irrité. Il les bravait alors, et il
voulait paraître plus démolisseur qu'il ne pouvait
l'être.

Quand on exaspère ces natures ardentes, on les
pousse aux dernières extrémités. Elles s'y jettent souvent à leur insu même, dans le premier mouvement de
la colère.

Mais la séance continuait toujours. A minuit, une
foule immense arriva comme une inondation, comme
une tempête. L'Assemblée fut envahie. Des cris furieux
et menaçants se croisèrent en tous sens dans la salle,
et firent de la séance un spectacle épouvantable. Des
femmes surtout se faisaient remarquer, criant à tue-
tête : *Du pain, du pain, il nous faut du pain!*

« Je prie monsieur le président, dit Mirabeau, de
» préserver la dignité de la délibération en donnant
» l'ordre de faire retirer dans les galeries les étrangers
» répandus dans la salle. Ce n'est pas au milieu d'un
» tumulte scandaleux que les représentants de la na-
» tion peuvent discuter avec sagesse, et j'espère que
» les amis de la liberté ne sont pas venus ici pour
» gêner celle de l'Assemblée. »

Il suffit de ces mots pour établir l'innocence de Mirabeau dans les scènes de terreur de cette invasion du peuple à Versailles. Il y a mille autres points historiques de ce genre qui eussent pu être éclaircis à l'aide d'une citation, toujours négligée, on ne sait pourquoi. L'ordre d'évacuer la salle fut de suite donné et exécuté.

Mounier, devenu moins Romain à l'arrivée des *quarante mille hommes,* était allé au château pour essayer de conjurer l'orage. Il obtint du roi l'acceptation formelle et sans réserve de la déclaration des droits et des décrets qui s'y rapportaient. Il revint en hâte à l'Assemblée, où il annonça cette acceptation comme un mot magique ayant la vertu de tout apaiser.

Mais la nouvelle n'apaisa rien. Le tumulte, au contraire, sembla reprendre une nouvelle fureur. « Cela nous donnera-t-il du pain? » cria la foule. Ainsi, déjà le peuple ne se contentait plus de la docile obéissance du monarque. La révolution ne marchait plus, elle courait.

On crut pouvoir reprendre la délibération. Un député se mit à parler sur l'ordre du jour. « Pas de longs » discours! s'écria la foule exaspérée; du pain, du » pain, il nous faut du pain et non des paroles. »

Mirabeau se leva alors dans toute la majesté de ses grands jours. « Je voudrais bien savoir, cria-t-il à son » tour, pourquoi l'on s'avise de venir troubler nos » séances? » Ces mots simples et énergiques, sortis de la puissante voix de l'orateur, déconcertèrent l'émeute et l'arrêtèrent. La foule elle-même cria bravo, battit des mains, et l'on se tut. Le peuple aime instinctivement ces deux grandes choses : le génie et le courage.

Je ne comprends pas qu'après cette scène on ait voulu faire de Mirabeau l'auteur de la journée du 6 octobre.

George. C'était sans doute un rôle convenu.

Paul. Tu ne connais pas le peuple. La foule ne s'entend pas en diplomatie ; elle ne se mêle pas de ces finesses ; elle ne se réunit jamais pour combiner des plans ; elle ne comprend d'un homme que la face qu'il lui montre.

A trois heures l'Assemblée se sépara. Lafayette avait pris ses mesures, et il avait assuré qu'il n'y aurait plus rien. Le roi avait formé lui-même les postes de l'intérieur du château, et le château se croyait en sûreté.

Mais au moment où, tranquille et rassuré, on dormait dans la confiance et dans l'espérance de jours meilleurs, l'orage recommença. La foule, un moment apaisée, avait repris toute sa colère et toute l'énergie du 14 juillet. Elle avait couru aux grilles du château, et elle l'assaillait.

Les grilles s'affaissèrent sous ses efforts, et le palais fut envahi. La reine, réveillée éperdue et demi-morte, ramassa le Dauphin comme machinalement, et serrant son enfant dans ses bras, courut, échevelée, dans la chambre du roi.

Le roi, épouvanté et perdant la tête, se croyait près de sa dernière heure. Il put songer dès lors à Charles I$^{er}$, son frère et son devancier. Le sang coulait dans les appartements de la demeure des rois. Des cris forcenés se joignaient à ce sang pour former la scène la plus horrible qui pût être donnée à la fille des

Césars et au successeur de trois races de rois. On pouvait se croire arrivé au dernier jour de la monarchie. Les gardes du corps luttèrent bravement et furent massacrés. Toute la garde du château allait y passer sans l'arrivée de Lafayette, qui vint sauver le roi et sa famille à la tête de ses gardes nationaux.

Louis XVI, hors de lui-même et redoutant de nouveaux assauts, envoya implorer le secours, la pitié de l'Assemblée nationale. Il la fit prier à mains jointes de venir tenir ses séances dans le château même.

Mais Mirabeau n'y consentit pas.

GEORGE. C'était de la dureté, de la cruauté.

PAUL. C'était de la prudence et de la politique. Le peuple, ombrageux et défiant de sa nature, eût suspecté à la fois l'Assemblée, la cour, la famille royale et le roi. Le château eût été assiégé une nouvelle fois et emporté d'assaut comme la Bastille. Et l'Assemblée nationale ainsi défaite et dispersée, que serait devenue la France en un tel moment?

Louis XVI eut recours à un autre expédient : il annonça au peuple qu'il irait à Paris avec sa famille. Cette déclaration apaisa la foule, qui y vit un hommage et une soumission. Le roi se hâta de tenir sa promesse, et l'Assemblée le suivit à Paris.

Nous venons d'assister rapidement au premier acte du drame personnel du roi Louis XVI. L'histoire de ce monarque émeut de pitié les cœurs même les plus inflexibles. Né pour vivre tranquille et ignoré dans les douceurs de la famille, il s'est trouvé placé par le hasard de la naissance à la tête d'une des premières monarchies du monde, juste au moment où l'esprit de liberté devait réveiller cette nation et lui conférer en quelque sorte la tâche de renouveler la civilisation du genre humain.

Cet homme au cœur confiant, honnête et bienveillant, humble d'esprit et sans artifice, eût été un modèle comme père de famille, comme citoyen ; mais il était loin d'être fait pour la politique, encore moins pour occuper un trône, au moment où les trônes craquaient et chancelaient.

C'est un homme comme Louis XI ou comme Louis XIV qu'on eût voulu voir aux prises avec la révolution. L'un eût peut-être compris son époque et se fût habilement plié, comme le roseau de la fable, sous la tempête. L'autre, comme nous le connaissons, se fût tenu droit et eût résisté ; mais en s'engloutissant dans la tourmente, il eût excité moins de pitié. Son supplice eût été juste.

Louis XVI est mort comme une victime, comme un martyr, comme un enfant. Quand on le menait à l'échafaud, il avait l'air de ne pas même comprendre pourquoi l'on voulait lui ôter la vie. Dans sa longue lutte avec la révolution, il n'avait pas conscience de ce qu'il faisait. Quand il résistait et quand il cédait, il ne suivait pas une ligne de conduite; il subissait des influences. Il n'avait pas même, comme ses confrères, la superstition de son droit divin : il acceptait l'impression du moment, sans la comparer aux choses du passé. Il était, en outre, entré dans la voie des réformes, et il semblait disposé, livré à lui-même, à les accepter toutes et sans réserve. Il n'eut aucune part aux iniquités accumulées depuis des siècles par cette couronne de Clovis qu'il portait naïvement sur sa tête; et c'est pourtant lui qui les a expiées. Louis XV est mort dans son lit, et Louis XVI sur l'échafaud. Étrange logique des choses de ce monde !

Si Louis XVI eût eu du génie comme il avait du cœur et de l'honnêteté, il se serait mis de lui-même à la tête de la révolution, et il l'eût accomplie avec le peuple. La nation, satisfaite et désarmée par l'obtention complète des droits, des libertés, des garanties qu'elle réclamait, eût estimé son chef et l'eût aimé, au lieu de l'envoyer à la guillotine.

Ce rôle de chef constitutionnel d'un peuple libre, il eût pu le jouer; et il eût pu s'illustrer par là d'une gloire plus grande encore que celle de ce Washington qu'il venait lui-même de secourir, s'il s'en fût rapporté à des amis comme Lafayette, au lieu de céder aux suggestions de ceux dont on a dit plus tard qu'ils étaient plus royalistes que le roi lui-même.

GEORGE. Mais c'est plutôt sa femme qui l'a perdu.

PAUL. Elle, à son tour, comment la blâmer et la condamner? Comment l'esprit de cette pauvre jeune femme, née sur le trône des empereurs d'Allemagne, pouvait-il comprendre le renouvellement social qui s'opérait devant elle? Quand son intelligence eût pu aller si loin, comment aurait-elle pu trouver en elle-même, pour lutter contre tous ses préjugés de patricienne, d'archiduchesse et de reine, la sagesse et la force que l'âge seul et la réflexion peuvent apporter?

Toutes les impressions de son âme ardente, toutes les idées qui formaient son esprit, tous les sentiments qui formaient son cœur, toutes les traditions qu'elle avait sucées dans le lait de sa mère, étaient en opposition directe et naturelle avec les nouveautés qui se dressaient tout à coup autour d'elle comme des furies.

Elle croyait de bonne foi qu'elle avait raison, que le bon droit était de son côté. Son tempérament de femme, de femme ardente et passionnée, la révoltait plus fortement encore et l'exaltait jusqu'au délire. Elle a expié dans son sang son aveuglement et son erreur. Il faut la plaindre et la respecter. Tout martyr est digne de respect; mais quand ce martyr est une faible femme, ce respect se change en attendrissement.

George. Celui qu'on ne plaindra pas, bien certainement, c'est ce duc d'Orléans, de la famille royale, prince du sang, qui a ouvert cette carrière d'émeutes d'où tant de malheurs allaient bientôt sortir, et qui s'est effrayé de son œuvre au moment où il fallait agir. Tu as déjà presque entièrement reconnu qu'il était d'intelligence avec Mirabeau pour opérer à son profit le changement de la dynastie. Cette émeute, formée à Paris et envahissant Versailles le 5 octobre, se rattachait intimement, on le sait de reste, à l'exécution de la révolution de palais qu'on voulait accomplir.

Paul. Il paraît, en effet, comme je l'ai pour ainsi dire reconnu avec toi, que Mirabeau comptait fermer la révolution par l'avénement d'un roi nouveau, plus en état de la comprendre, de l'accepter, de l'observer. Si le duc d'Orléans lui-même eût été à la hauteur d'une pareille mission, il eût pu, appuyé sur Mirabeau, faire ce qu'a fait son fils en 1830. Louis XVI eût pu, comme plus tard Charles X, se retirer devant la volonté nationale; et le régime parlementaire eût pu dès lors s'inaugurer, avec Mirabeau pour chef et pour garant.

Mais le duc d'Orléans prit peur au fort de l'action. La cour le comprit et l'accusa. Sa présence désormais était un danger, puisqu'il pouvait poursuivre ses desseins et renouveler la tentative. Lafayette, qui servait le roi en toute loyauté, menaça rudement Philippe d'Orléans, l'épouvanta, et le força de se sauver en Angleterre.

Cependant le prince était député, et il pouvait invoquer sa qualité d'inviolable, décrétée par l'Assemblée nationale. Mais il manqua de courage et d'initiative, et il prit la fuite comme un criminel. C'est là l'origine du schisme de famille qui s'effectua plus complétement encore en juillet 1830, entre les deux branches rivales de la maison royale des Bourbons de France.

Mirabeau fut indigné de sa faiblesse; il lui appliqua un mot trivial mais énergique, et il se sépara à jamais de lui. De ce moment, il changea de politique. Il renonça à l'idée avortée d'affermir la liberté au moyen d'un nouveau chef d'État, et il adopta le projet de modifier le roi qui régnait, en s'appliquant à l'associer de cœur au nouvel ordre de choses que voulait instituer la révolution.

GEORGE. S'il était si sincèrement attaché à la liberté, que n'a-t-il invoqué tout simplement la république?

PAUL. La république est évidemment le gouvernement le plus rationnel et le plus légitime; c'est la forme naturelle de la démocratie, c'est-à-dire, du droit et de la justice; mais qui pouvait y songer à ce moment-là? Les esprits les plus hardis, les plus téméraires, les plus exaltés, n'y pensaient pas à cette époque. Robespierre lui-même n'y rêvait pas encore. Tout se fait dans le monde par gradation, suivant la marche progressive de cette force occulte qu'on appelle si bien la force des choses. C'est le procédé de la nature.

George. Mais Cromwell n'eut pas besoin, lui, de tant de temps pour concevoir la république et pour l'affirmer.

Paul. Cromwell appartenait, rappelle-toi cela, à une race de raisonneurs froids et d'esprits pratiques, chez qui le raisonnement et le calcul effacent sans peine le sentiment et la tradition.

Cette race venait de faire, sans hésiter, la république dans la religion, en consacrant la réforme comme culte officiel. Wiclef, dès le quatorzième siècle, avait été sur le point d'établir en ce pays la liberté religieuse, d'où est sortie naturellement la liberté civile et politique. Ainsi donc, dès avant Cromwell, le protestantisme avait institué la république en Angleterre dans les idées du peuple et dans ses mœurs.

Néanmoins, même avec ce précédent et cette sorte de base, la révolution anglaise a passé par des débats, des transactions, des transformations, avant d'avoir abouti à cette république. Cette république, d'ailleurs, telle que le *puritain* la conçut et l'établit chez les Anglais, la révolution française n'en eût pas voulu : ce n'était au fond qu'un changement de nom dans l'exercice du pouvoir personnel. Olivier Cromwell, ce n'était pas Périclès, c'était Pisistrate. La preuve, c'est que son fils lui a succédé. Curieuse république que celle où le pouvoir est héréditaire !

Ainsi, en 1789, personne en France, pas même

Marat, ne pensait à la république comme terme probable de la révolution; personne même ne l'eût crue possible. Les événements allaient l'amener, mais elle était loin encore d'être arrivée. Elle eût eu peut-être une autre destinée si un homme comme Mirabeau se fût trouvé là pour la diriger.

Mirabeau tenait à *faire grand,* comme on dit aujourd'hui. La passion de la gloire l'aurait mis naturellement à la hauteur du rôle; il eût été digne de la situation. Il n'avait pas d'exagération dans la pensée, ce n'était pas un fanatique. Son esprit souple et facile n'avait pas l'inflexible rigidité de l'ascétisme politique de Saint-Just.

Le fanatisme est un triste guide; il est incapable de mener à bien, parce qu'il est aveugle et sourd, en politique comme en religion. C'est la raison seule qui sait voir clair, qui sait choisir le bon chemin.

La preuve que personne ne songeait alors à changer la forme du gouvernement, c'est que plusieurs députés, sincèrement attachés à la cause des réformes et de la liberté, entre autres Mounier et Lally-Tollendal, se dégoûtèrent de la révolution et se retirèrent de l'Assemblée à la vue des désordres du 6 octobre, qui n'étaient cependant que de faibles menaces, au prix des choses qu'on a vues depuis.

Du côté de la cour, on sentit tout de suite que le vrai pouvoir du moment appartenait à Mirabeau, surtout depuis le départ du duc d'Orléans, avec qui le tribun rompit immédiatement toute relation; et l'on se mit à chercher le moyen de s'assurer son concours pour sauver la monarchie.

La reine elle-même adopta cette idée, et elle mit dès lors à la réaliser toute la persistance qui était dans son caractère. M. de Montmorin fut chargé de pressentir Mirabeau et d'ouvrir en quelque sorte les pourparlers.

Mirabeau ne repoussa pas l'occasion qui s'offrait ainsi à lui de gouverner son pays, d'après ces principes de droit et de liberté qu'il avait lui-même fait prévaloir. On n'a jamais eu l'idée de faire un crime à William Pitt, à lord Palmerston, d'avoir voulu mettre leurs capacités au service de leur pays en dirigeant le gouvernement. Qui a jamais accusé M. de Cavour d'avoir voulu présider lui-même aux nouvelles destinées de l'Italie?

Si les principes et les théories ne se proposaient qu'eux-mêmes, abstractivement, pour fin et pour but, ils n'eussent été d'aucune valeur. C'est dans la pratique que les idées se réalisent; c'est là qu'elles produisent leurs effets, qu'elles ne font que promettre dans leurs formules.

Un homme d'État ne s'occupe pas de politique en platonicien, comme on cultive l'art pour l'art lui-même. Tout homme politique veut logiquement le succès et l'application de son système. Il est donc naturel qu'il ambitionne la tâche d'opérer lui-même cette application.

Mirabeau sentait profondément tout ce qu'il pouvait à cet égard, et il lui arriva un jour, durant sa maladie, de dire de William Pitt, à propos des vues secrètes de l'Angleterre : « Ce Pitt est le ministre des préparatifs; » il gouverne avec ce dont il menace plutôt qu'avec ce

» qu'il fait. *Si j'eusse vécu, je crois que je lui aurais*
» *donné du chagrin.* »

Mirabeau, chef de cabinet, eût accompli, incontestablement, des choses admirables et impérissables.

On lui offrit d'entrer dans le ministère; mais il fallait d'abord qu'il pût y entrer sans sortir en même temps de l'Assemblée ; car alors il n'aurait pas pu apporter au gouvernement l'influence populaire que le trône et la cour en attendaient. Il fallait, en un mot, qu'il pût être ministre sans rien perdre de cette popularité, à laquelle lui-même il tenait plus qu'à tout autre avantage, de quelque importance qu'il pût être. Il n'était pas homme, comme l'a dit madame de Staël, à sacrifier sa popularité et son nom pour une place qu'il eût pu perdre.

Il entreprit donc de faire décréter la compatibilité des fonctions de ministre avec celles de député du peuple. La tâche était délicate et difficile. Ses ennemis, dès son premier mot, reconnurent son intention, et ils réunirent leurs efforts contre ce qu'ils appelaient son ambition et sa trahison.

Il fit adroitement précéder la motion de considérations savantes sur l'utilité d'une banque nationale. Il généralisa ensuite les mesures que réclamait le moment, en vue du retour à l'ordre, pour organiser le régime issu de la révolution. « Nous marchons, dit-il, vers le
» retour de la paix et du bon ordre, vers le rétablisse-
» ment des forces de l'empire. » L'heure est donc venue, ajouta-t-il, de faire cesser les tristes malentendus qui existent entre l'Assemblée nationale et les ministres.

Cet exorde était d'une souveraine adresse. Les es-

prits ainsi préparés à la question, il entra en matière par ces réflexions, si sagement conçues et groupées avec tant d'habileté : « Tous les bons citoyens soupirent
» après le rétablissement de la force publique; et quelle
» force parviendrons-nous à établir, si le pouvoir
» exécutif et la puissance législative, se regardant
» comme ennemis, craignent de discuter en commun
» sur la chose publique? Permettez, messieurs, que je
» dirige un instant vos regards sur ce peuple, déposi-
» taire d'un long cours d'expériences sur la liberté ! Si
» nous faisons une constitution préférable à la sienne,
» nous n'en ferons pas une plus généralement aimée de
» toutes les classes d'individus dont la nation anglaise
» est composée; et cette rare circonstance vaut bien de
» notre part quelque attention aux usages et aux opi-
» nions de la Grande-Bretagne. Jamais, depuis que le
» parlement anglais existe, il ne s'est élevé une motion
» qui tendît à en exclure les ministres du roi ; au con-
» traire, la nation considère leur présence non-seule-
» ment comme absolument nécessaire, mais comme un
» de ses *grands priviléges :* elle exerce ainsi sur tous les
» actes du pouvoir exécutif un contrôle plus important
» que toute autre responsabilité. »

Quel homme habile et vraiment maître de sa parole ! Ainsi, ce n'est pas simplement sous le rapport de la compatibilité que la question mérite l'attention de l'Assemblée; c'est surtout en vue des droits mêmes du corps législatif, en vue de l'efficacité du contrôle direct qu'il doit exercer sur le gouvernement.

« Que pourrait-on opposer à ces avantages? Dira-
» t-on que l'Assemblée nationale n'a nul besoin d'être

» formée par les ministres? Mais où se réunissent d'a-
» bord les faits qui constituent l'expérience du gouver-
» nement? N'est-ce pas dans les mains des agents du
» pouvoir exécutif? Peut-on dire que ceux qui exécutent
» les lois n'ont rien à observer à ceux qui les projettent
» ou qui les déterminent? Les exécuteurs de toutes les
» transactions relatives à la chose publique, tant inté-
» rieures qu'extérieures, ne sont-ils pas comme un ré-
» pertoire qu'un représentant actif de la nation doit
» sans cesse consulter? Et où se fera cette consultation
» avec plus d'avantages pour la nation, si ce n'est en
» présence de l'Assemblée? Hors de l'Assemblée, ce
» consultant n'est plus qu'un individu auquel le mi-
» nistre peut répondre ce qu'il veut, et même ne faire
» aucune réponse. L'interrogera-t-on par décret de
» l'Assemblée? Mais alors on s'expose à des lenteurs,
» à des délais, à des tergiversations, à des réponses
» obscures, à la nécessité enfin de multiplier les décrets,
» les chocs, les mécontentements, pour arriver à des
» éclaircissements qui, n'étant pas donnés de bon gré,
» resteront toujours incertains. Tous ces inconvénients
» se dissipent par la présence du ministre dans l'Assem-
» blée. Quand il s'agit de rendre compte de la percep-
» tion et de l'emploi des revenus, peut-on mettre en
» comparaison un examen qui sera fait sous ses yeux!
» S'il est absent, chaque question qu'il paraîtra néces-
» saire de lui adresser deviendra l'objet d'un débat,
» tandis que, dans l'Assemblée, la question s'adresse à
» l'instant même au ministre par le membre qui la
» conçoit. Si le ministre s'embarrasse dans ses réponses,
» s'il est coupable, il ne peut échapper à tant de re-

» gards fixés sur lui: et la crainte de cette redoutable
» inquisition prévient bien mieux les malversations que
» toutes les précautions dont on peut entourer un mi-
» nistre qui n'a jamais à répondre dans l'Assemblée,
» Dira-t-on qu'on peut le mander dans l'Assemblée?
» Mais le débat précède, et le ministre peut n'être pas
» mandé par la pluralité, tandis que dans l'Assemblée il
» ne peut échapper à l'interrogation d'un seul membre.
» Où les ministres pourront-ils combattre avec moins
» de succès la liberté du peuple? Où proposeront-ils
» avec moins d'inconvénient leurs observations sur les
» actes de la législation? Où leurs préjugés, leurs er-
» reurs, leur ambition, seront-ils dévoilés avec plus
» d'énergie? Où contribueront-ils mieux à la stabilité
» des décrets? Où s'engageront-ils avec plus de solen-
» nité à leur exécution? N'est-ce pas dans l'Assemblée
» nationale? »

On dirait que cet homme avait passé sa vie au milieu des débats du gouvernement parlementaire. Il en connaissait à fond tous les rouages, tous les procédés, tous les secrets. Il s'en était assimilé la science au moyen de l'étude tout aussi complétement que les autres l'acquièrent à grand'peine par la pratique et une longue expérience.

Résumant enfin sa proposition, et la généralisant avec une adresse des plus admirables, « Je propose, dit-
» il, que l'Assemblée décrète : 1º Que Sa Majesté sera
» suppliée de dépêcher incessamment auprès des États-
» Unis, comme envoyés extraordinaires, des personnes
» de confiance et d'une suffisante capacité pour récla-
» mer, au nom de la nation, tous les secours en blés ou

» en farines qu'elles pourraient obtenir, tant en rem-
» boursement des intérêts arriérés dont les États-Unis
» lui sont redevables, qu'en acquittement d'une partie
» des capitaux;

» 2° Que le comité des finances proposera le plus tôt
» possible à l'Assemblée le plan d'une caisse nationale,
» qui sera chargée dorénavant du travail des finances
» relatif à la dette publique, d'en faire et d'en diriger
» les payements, de percevoir les revenus qui seront
» affectés à ces payements, et, en général, de tout ce
» qui peut assurer le sort des créanciers de l'État,
» affermir le crédit, diminuer graduellement la dette,
» et correspondre avec les assemblées provinciales sur
» toutes les entreprises favorables à l'industrie produc-
» tive;

» 3° Que les ministres de Sa Majesté seront invités à
» venir prendre, dans l'Assemblée, voix consultative,
» jusqu'à ce que la constitution ait fixé les règles qui
» seront suivies à leur égard. »

Des applaudissements bruyants accueillirent ce savant discours, et le projet fut renvoyé à la séance du lendemain. Si le même jour on l'eût mis aux voix, il eût passé sans difficulté. Il y a tout lieu de croire que c'eût été là un véritable bonheur pour la France. L'évidence des raisons accumulées par l'orateur avait réuni tous les partis. On ne savait ce qu'il fallait admirer le plus, du talent que cet homme venait de déployer, ou de la profondeur de l'homme d'État.

Mais, dans l'intervalle, on réfléchit.

GEORGE. Il manqua son coup. Il croyait avoir trompé l'Assemblée au moyen de ces plans de finances et d'administration, insidieusement mêlés à sa vraie pensée.

PAUL. Ces plans de finances et d'administration révèlent l'étendue des connaissances de notre éloquent théoricien. Ils révèlent également ses sollicitudes générales pour la chose publique. Dans ce projet de caisse nationale que nous venons de voir, se produit pour la première fois peut-être l'idée de la Banque de France, instituée depuis. L'attribution qu'il faisait à cette caisse de venir en aide à l'industrie est sans doute le premier jalon des diverses institutions de crédit formées de nos jours pour favoriser l'agriculture, le commerce, l'industrie.

C'était certainement très-adroit de sa part de réunir de pareilles motions à l'idée non moins importante et non moins féconde de donner l'entrée de l'Assemblée aux membres du gouvernement, de rendre compatibles, en un mot, les fonctions de ministre avec celles de député. C'est au moyen de l'acceptation de cette idée qu'il comptait mettre en pratique les grandes choses qui remplissaient sa tête.

Mais, se défiant de l'envie de ses ennemis, il fut obligé de s'entourer de précautions pour leur en parler. Ils pénétrèrent néanmoins ses vues, et le 7 novembre, une opposition acharnée éclata contre sa motion, si chaleureusement applaudie le premier jour.

Un homme de mérite, et qu'on regrette de voir ainsi céder à des considérations purement personnelles, le député Lanjuinais, qui plus tard lui-même a dû le regretter, proposa une rédaction qui ruinât le plan de Mirabeau. « Les représentants de la nation, dit Lan-

» juinais ne pourront, pendant la législature dont ils
» seront membres, ni pendant les trois années sui-
» vantes, obtenir du pouvoir exécutif aucune place,
» pension, avancement. » Un autre député, M. Blin,
demanda « qu'aucun membre de l'Assemblée ne pût
» dorénavant passer au ministère pendant la durée de
» la session. »

On est attristé de voir les personnalités se substituer ainsi à la chose publique, dans une assemblée composée d'hommes éminents par les lumières comme par le patriotisme. La passion est une triste chose dans les affaires de ce monde, et l'envie un bien grand fléau !

Mirabeau monta à la tribune. « La question qu'on
» vous propose, messieurs, est un problème; il ne
» s'agit que de faire disparaître l'inconnue, et le pro-
» blème est résolu. Je ne puis croire que l'auteur de la
» motion veuille sérieusement faire *décider que l'élite*
» *de la nation ne puisse renfermer un bon ministre;* que
» la confiance accordée par la nation à un citoyen
» doive être un titre d'exclusion à la confiance du mo-
» narque; que le roi, qui, dans des moments difficiles,
» est venu demander des conseils aux représentants de
» la grande famille, ne puisse prendre le conseil de tel
» ou tel de ces représentants qu'il voudra choisir; que
» l'Assemblée nationale et le ministère doivent être tel-
» lement divisés, tellement opposés l'un à l'autre, qu'il
» faille écarter tous les moyens qui pourraient établir
» plus d'intimité, plus de confiance, plus d'unité dans
» les desseins et dans les démarches..... Je ne puis
» croire non plus que l'on veuille faire cette injure au

» ministère, de penser que quiconque en fait partie
» doit être suspect, par cela seul, à l'Assemblée légis-
» lative. »

Puis l'orateur combat l'une après l'autre les diverses objections qu'on pourrait opposer à son projet. « Je me
» dis encore : Le choix des bons ministres est-il si fa-
» cile qu'on ne doive pas craindre de borner le nombre
» de ceux parmi lesquels un tel choix peut être fait?
» Quel que soit le nombre des hommes d'État que ren-
» ferme une nation, n'est-ce rien que de rendre inéli-
» gibles douze cents citoyens qui sont déjà l'élite de
» cette nation? Je me demande : sont-ce des courtisans
» ou ceux à qui la nation n'a point donné sa con-
» fiance, quoique peut-être ils se soient mis sur les
» rangs pour la solliciter, que le roi devra proposer
» aux députés de son peuple?

» Non, messieurs, je ne puis croire à aucune de ces
» conséquences, ni, par cela même, à l'objet apparent
» de la motion que l'on vient de vous proposer. Je suis
» donc forcé, pour rendre hommage aux intentions de
» celui qui l'a faite, de supposer que quelque motif se-
» cret le justifie, et je vais tâcher de le deviner. »

Ici Mirabeau va se surpasser. Jamais orateur politique n'aura mis ses adversaires à pareille épreuve. L'habileté va monter à son comble.

« Je crois, messieurs, qu'il peut être utile d'empê-
» cher que tel membre de l'Assemblée n'entre dans le
» ministère. Mais comme pour obtenir cet avantage
» particulier il ne convient pas de sacrifier un grand
» principe, je propose, pour amendement, l'exclusion
» du ministère aux membres de l'Assemblée que l'au-

» teur de la motion paraît redouter, et je me charge de
» vous les faire connaître.

» Il n'y a, messieurs, que deux personnes dans l'As-
» semblée qui puissent être l'objet secret de la motion.
» Les autres ont donné assez de preuves de liberté, de
» courage et d'esprit public pour rassurer l'honorable
» député; mais il y a deux membres sur lesquels lui
» et moi pouvons parler avec plus de liberté, qu'il
» dépend de lui et de moi d'exclure, et certainement
» sa motion ne peut porter que sur l'un des deux.

» Quels sont ces membres? Vous l'avez déjà deviné,
» messieurs; c'est, ou l'auteur de la motion, ou moi.

» Je dis d'abord l'auteur de la motion, parce qu'il
» est possible que sa modestie embarrassée (il parlait de M. Blin: quelle ironie mordante et de bon goût!)
» ou son courage mal affermi aient redouté quelque
» grande marque de confiance, et qu'il ait voulu se
» ménager le moyen de la refuser en faisant admettre
» une exclusion générale.

» Je dis ensuite moi-même, parce que des bruits po-
» pulaires répandus sur mon compte ont donné des
» craintes à certaines personnes, et peut-être des espé-
» rances à quelques autres; qu'il est très-possible encore
» qu'il ait de moi l'idée que j'en ai moi-même; et dès
» lors je ne suis pas étonné qu'il me croie incapable de
» remplir une mission que je regarde comme fort au-
» dessus, non de mon zèle ni de mon courage, mais
» de mes lumières et de mes talents, surtout si elle de-
» vait me priver des leçons et des conseils que je n'ai
» cessé de recevoir dans cette assemblée.

» Voici donc, messieurs, l'amendement que je vous

» propose : c'est de borner l'exclusion demandée à
» M. de Mirabeau, député des communes de la séné-
» chaussée d'Aix.

» Je me croirai fort heureux si, au prix de mon ex-
» clusion, je puis conserver à cette assemblée l'espé-
» rance de voir plusieurs de ses membres, dignes de
» toute ma confiance et de tout mon respect, devenir
» les conseillers intimes de la nation et du roi, que je
» ne cesserai de regarder comme indivisibles. »

L'adresse de l'esprit et du talent ne pourra jamais aller plus loin. Néanmoins, la cabale avait été si bien montée, on avait tellement excité contre Mirabeau les ennemis qu'il comptait dans les deux parties de l'Assemblée, qu'on vota pour l'exclusion.

On perdit ainsi par pure passion une heureuse occasion de sauver la France de l'anarchie et de fonder la liberté par les moyens pacifiques du régime représentatif.

GEORGE. On craignait, peut-être à bon droit, que ce Mirabeau, qui passait pour ne rien respecter en fait de morale, n'apportât aux affaires publiques ce mépris profond des scrupules qui avait signalé ses premières années.

PAUL. On n'avait pourtant à lui reprocher, en fin de compte, ni forfait ni attentat. Il n'y avait à sa charge que des erreurs de jeunesse, communes à la plupart des caractères semblables au sien. Le saint apôtre dont je porte le nom, si le rapprochement n'est pas trop hardi, trop inattendu, trop singulier, avait passé sa vie dans les plaisirs et les dissipations; il devint cependant le premier docteur de la foi chrétienne. Ne devrait-on pas d'ailleurs avoir pour garants du grand orateur le talent hors ligne qu'il venait de révéler et ce respect profond de l'opinion qui marquait chacun de ses actes publics ?

George. Tu défends là deux causes presque personnelles : la cause de ton patron et celle de l'un de tes héros.

Paul. Ris à ton aise, mais n'oublie pas que je soutiens là aussi la cause du bon sens et de la vérité. A côté de la faute, il y a l'amendement. Tel qui hier a mal fait, peut aujourd'hui se transformer, et demain devenir un modèle. Les natures ardentes surtout sont les plus susceptibles d'étonner le monde par de grandes vertus et de grandes actions.

Mais ce n'est pas, comme tu le crois, la seule réputation de Mirabeau qui lui valut l'échec que nous venons de voir. C'est plutôt l'envie, soulevée par sa supériorité. M. de Crillon et M. de Noailles avaient insinué à toute la Chambre que si un homme comme Mirabeau joignait le pouvoir à ses talents, il effacerait complétement dans le pays tout le reste de l'Assemblée. Barnave, Lameth et Duport le combattirent dans la discussion. Les partis s'effacèrent, les hommes les plus opposés d'opinion se réunirent pour l'accabler.

C'est là le sort des hommes supérieurs.

George. Sa popularité n'a pas dû faiblement se ressentir de cette circonstance, qui le désignait à la défiance du peuple.

Paul. Les amis de la liberté, encore mal affermie à cette époque, se gardèrent bien de s'aliéner un défenseur tel que Mirabeau.

Mais la cour fut vivement affectée de cet échec. Elle

comprit que, pour effacer l'impression de cette affaire, Mirabeau allait plus que jamais se montrer attaché aux intérêts de la révolution. Alors, pour faire contre-poids à cette nouvelle ardeur que lui imposait la politique, pour l'arrêter en quelque sorte dans son élan, la cour imagina de faire donner une nouvelle impulsion à la procédure ouverte au Châtelet sur les événements du 6 octobre, où Mirabeau personnellement était impliqué.

Lui, dédaigna toutes ces intrigues convergeant sur lui de tous les points à la fois et de tous les partis. Il rentra, avec la plus admirable liberté d'esprit, dans ses travaux de constitution.

A propos de l'aliénation des biens du clergé, il se livra, au sein de l'Assemblée, à l'analyse la plus profonde de la propriété et des idées sociales sur lesquelles elle est établie. « Qu'est-ce que la propriété en général?
» C'est le droit que tous ont donné à un seul de pos-
» séder exclusivement une chose à laquelle, dans l'état
» naturel, tous avaient un droit égal; et d'après cette
» définition générale, qu'est-ce qu'une propriété par-
» ticulière? C'est un bien acquis en vertu des lois. »

Sur cette base, il élève savamment le droit de l'État à reprendre des propriétés que les lois n'ont pas garanties, comme celles dont il vient d'être question. Or le clergé, ajoute-t-il, n'étant nullement un corps dans l'État, n'étant pas un ordre organisé par la loi elle-même, il résulte de là que sa possession n'est que *précaire et momentanée*.

Il s'arrêta cependant en chemin dans sa déduction. Il ne conclut pas à la dépossession du clergé, qui avait reçu les fondations à titre de dépôt pour le service des autels et pour la charité. Il voulait seulement consacrer ce principe, que la nation seule est propriétaire de ces biens de l'Église, *parce que, dit-il, ce sont les erreurs ou les vérités qui perdent ou qui sauvent les nations.*

GEORGE. Il avait peur d'aller jusqu'au bout. Il craignait de se mettre trop forte affaire sur les épaules. Ceci n'est pas du courage. Le clergé, influent sur les masses, lui paraissait sans doute plus à redouter que le trône et la noblesse.

PAUL. Il avait dit son avis assez clairement en analysant la question, en la disséquant, pour ainsi dire. Il laissait aux lumières de l'Assemblée le soin d'en tirer la conclusion. Aussi malgré la réplique de l'abbé Maury, qui parla en homme du moyen âge, comme saint Bernard lui-même aurait parlé, la révolution ne s'arrêta-t-elle pas en chemin, à l'exemple de son orateur. Les biens du clergé, dits de mainmorte, furent aliénés dans la suite, comme tu le sais.

Après la discussion de cette affaire, nous le trouvons dans un débat aride et difficile, dont on ne croirait pas qu'il voulût se mêler. Il s'agissait de la division du territoire en départements, arrondissements et communes. Il s'était lentement occupé de tous les détails qui se rapportent de près ou de loin à la matière. On est tout étonné de voir un homme de ce tempérament et de ce génie d'ensemble, si capable de cette science de détail qui semble le fait exclusif d'un homme de pratique et d'administration. C'est ainsi que Démosthènes nous a étonnés par la connaissance complète qu'il avait de la chose publique, des ressources de l'État, de tous les détails du gouvernement, dans un temps où l'administration n'était pas une science comme aujourd'hui.

Quelque temps auparavant, Mirabeau avait donné une preuve remarquable de la souplesse de conduite qu'il eût pu apporter aux affaires publiques. Lafayette et Bailly étaient venus, l'un au nom de la garde nationale, l'autre au nom de la commune, présenter leurs hommages à l'Assemblée et prendre l'engagement de maintenir l'ordre. Lafayette était l'ennemi de Mirabeau ; celui-ci cependant prit la parole et complimenta Lafayette ainsi que Bailly. Il fit leur éloge dans les termes même les plus flatteurs. « Je propose, » dit-il, de voter des remercîments à ces deux ci- » toyens pour l'étendue de leurs travaux et leur infa- » tigable vigilance. » Il sacrifiait aisément ses ressentiments personnels à la politique. Ce n'était donc pas un exalté sans mesure et sans frein, comme le pensait Lafayette lui-même.

GEORGE. On ne connaît pas Lafayette comme un homme de passion et de haine. C'était donc la réputation de Mirabeau qui l'éloignait si fort de sa personne.

PAUL. Nous ne reviendrons plus sur cette question de réputation, que nous avons, je pense, épuisée. Lafayette était honnête. Il faisait de son mieux pour déjouer l'espérance du parti royaliste, qui, dans son machiavélisme, avait imaginé d'exciter les hommes de désordre, persuadé que ce désordre même amènerait la réaction par le dégoût qu'il eût inspiré. Lafayette voulait la liberté, mais bien et sagement organisée. Mirabeau la voulait comme lui, dans le même sens que lui, et plus que lui pouvait la fonder. Ils eussent fait beaucoup de bien étant réunis. Mais Lafayette partageait malheureusement les préventions à la mode contre son rival en popularité.

Malgré les efforts et les combinaisons des diverses nuances du parti de l'ordre ou de la résistance, la révolution allait son train, accélérait au contraire sa course. Mirabeau, quoi qu'on eût dit et qu'on eût fait contre lui, était à ce moment-là le véritable chef de l'idée nouvelle et en quelque sorte le maître des passions populaires. Et comme il ne partageait point le délire de la foule exaltée, il songeait sérieusement à y mettre un terme.

Il avait une police assez bien faite pour ne pas ignorer que la plupart des violences du peuple étaient suscitées par les ennemis mêmes de ce peuple, qui espéraient le perdre par ses propres excès.

Il reprit le plan négligé de se concerter avec le roi pour sauver à la fois la révolution et le gouvernement. Il fit un mémoire clair et complet à cet égard. Il y dépeignit en couleurs vives le caractère inconstant et ardent du peuple français, qui ne pourrait se modifier, disait-il, que par *l'influence de l'instruction et un bon système d'éducation publique.*

Il demanda que le roi *adhérât de bonne foi* à la révolution, et qu'il plaçât à la tête de son conseil officiel un membre de sa famille, le comte de Provence, par exemple, le seul qui n'eût pas émigré. Il fit ressortir que les avis libéraux que *Monsieur* avait manifestés à la naissance de la révolution pourraient ramener le peuple au respect de la monarchie, et préserver la France du danger de se *décomposer* et de devenir *pour un demi-siècle l'arène des jeux sanglants de quelques ambitieux subalternes ou de quelques démagogues insensés.*

Quelle prescience claire et complète de l'avenir!

D'après ce plan, *Monsieur* devenait lieutenant général, et gouvernait le royaume jusqu'à l'achèvement de la constitution. Mais ce plan échoua comme tous les autres.

George. Les ennemis de Mirabeau ne voulaient pas lui permettre de réussir à leurs dépens. Ils savaient, comme nous le savons, qu'il s'agissait pour lui, au bout de ces combinaisons, d'un ministère non officiel, d'un gros traitement non avoué et d'une ambassade dans le lointain.

Paul. Chaque fois que je vois intervenir ces questions d'argent dans les combinaisons de ce grand homme, je m'arrête, je m'attriste et je déplore. Je sens bien qu'au fond il n'avait et ne pouvait avoir en vue que la gloire d'accomplir par lui-même de grandes choses dans le gouvernement; mais c'est comme un supplice pour moi de voir reparaître ces idées d'intérêt que ses ennemis ont exploitées avec tant de soin.

L'intérêt personnel dépare, abaisse, rapetisse les choses même les plus belles, les plus élevées.

Mirabeau était sans fortune; il vivait dans les difficultés matérielles d'un état voisin du dénûment; mais il eût pu se suffire en mettant de l'ordre dans son existence, jusque-là saccadée par les habitudes déréglées de sa jeunesse; et l'intérêt de sa dignité eût dû primer en lui toute considération.

GEORGE. Ce n'est pas son existence qu'il songeait à régler, mais ses goûts de débauche qu'il tenait à satisfaire.

PAUL. Débauche est un mot trop dur, désordre eût mieux convenu. Cet homme rappelait Alcibiade : il était également capable des excès de la vie la plus licencieuse et des efforts les plus héroïques de l'âme la plus forte et la plus austère. Il pouvait se plier à tout et se transformer à sa volonté. Mais il semble n'avoir jamais senti tout le mal que lui faisait la réputation de sa vie privée. Ses ennemis n'ayant que cela d'arme contre lui, s'en servaient avec acharnement et en faisaient un obstacle à tous ses projets.

Il semble n'avoir pas assez compris, assez senti que la misère même peut être heureuse dans la modération et dans la dignité, surtout au sein de la gloire. Que valent, en effet, les jouissances creuses que donnent le faste et les plaisirs, au prix de l'indépendance d'une âme tranquille et de la libre jouissance de soi-même?

Quoi qu'il en soit, il n'a jamais fait marché de ses convictions et de son influence : cela est incontestable et hors de question. On l'accuse seulement d'avoir écouté des propositions, mais qui concordaient toutes d'ailleurs avec ses plans de liberté, de réforme et de régénération. En un mot, il ne s'est jamais vendu; mais il a consenti à donner son assistance au gouvernement, et c'était surtout dans la pensée de pouvoir diriger lui-même et de l'accomplir dans sa plénitude, la révolution dont il était le chef.

Ce rôle de chef de la révolution, il en avait fait son orgueil, son honneur, son titre de gloire. Il le poursuivait avec une constance que rien n'a démentie jusqu'à sa mort. Peu après les grands débats que nous venons de voir, il eut à défendre les autorités révolutionnaires à l'occasion de désordres commis à Béziers et non réprimés, disait-on, par les officiers municipaux. Il s'en acquitta avec énergie.

Le comité de constitution avait proposé de punir ces officiers ; mais les chefs de l'extrême droite avaient demandé qu'il fût conféré au roi un pouvoir absolu pour réprimer les émeutes. Mirabeau se révolta contre cette idée, et il se mit à faire le portrait du despotisme, qu'on voulait opposer aux désordres du peuple. « Li-
» sez, dit-il au milieu de son discours, ces lignes de
» sang dans les lettres de Joseph II au général d'Alton :
» J'aime mieux des villes incendiées que des villes ré-
» voltées. Voilà le code du despotisme. » L'énergique improvisation de l'orateur rangea la majorité de son côté.

Le lendemain la question se renouvela. On insistait fortement pour faire déférer au roi un pouvoir sans borne à cet égard. Mirabeau soutint son projet d'imposer plutôt une sévère responsabilité aux conseils municipaux ; il fit remarquer qu'un ordre stable et régulier ne pourrait être rétabli avant l'achèvement de la constitution, qui déterminait les attributions des fonctions publiques ; et il combattit de nouveau le pouvoir personnel, cette fois de la manière la plus victorieuse et la plus brillante. Remarquons ces mots dans le plaidoyer : « Je demande si les municipalités

» sont inutiles dans l'organisation sociale. Ceux qui
» ont hasardé tant d'assertions pour le faire penser,
» croient-ils donc que nous sommes au temps des Thé-
» sée et des Hercule, où un seul homme domptait les
» nations et les monstres. . . . . . . . . . Vous avez
» tous entendu parler de ces sauvages qui, confondant
» dans leurs têtes les idées théologiques avec ce qui
» résulte des lois naturelles, disent, lorsqu'une montre
» ne va pas, qu'elle est morte; quand elle va, qu'elle a
» une âme; et cependant elle n'est pas morte, et ce-
» pendant elle n'a pas d'âme. Le résultat de l'organi-
» sation sociale, l'action du pouvoir exécutif ne peut
» être complète que quand la constitution sera achevée :
» tous les rouages doivent être disposés, toutes les
» pièces doivent s'engrener pour que la machine puisse
» être mise en mouvement. . . . . . . Vouloir que
» la constitution s'exécute avant que d'être achevée,
» c'est vouloir que la montre aille avant d'être mon-
» tée; cette idée ne fait pas beaucoup d'honneur à la
» justesse d'esprit de ceux qui l'ont conçue, si toute-
» fois elle en fait à leurs intentions. »

L'Assemblée vota dans son sens. Ce n'était pas là,
à coup sûr, le langage d'un homme qui trahissait la
liberté, comme l'ont dit après sa mort ceux qui ont
insulté sa mémoire et profané ses ossements.

Si tu entends avec quelque plaisir les échos affaiblis
de cette grande voix, je te relirai les paroles magnifi-
ques dont elle accabla le côté droit de l'Assemblée, à
propos du projet de décret relatif au mandat des
députés, qui n'avaient été élus que pour une année. Le
parti de l'ancien régime, toujours aveugle dans ses

calculs, se figurait que des députés nouveau-venus apporteraient dans l'Assemblée des idées plus modérées que leurs devanciers. Ils ne sentaient pas que tous ceux, au contraire, qui devaient être élus dans la suite formaient l'arrière-ban de la démocratie, et professaient naturellement des opinions plus radicales, n'ayant pas, comme les premiers, modifié en quelque sorte leurs idées dans la pratique et dans l'épreuve des affaires. Ces messieurs croyaient naïvement que la nation, que le vrai peuple, disaient-ils, ne partageait pas les exagérations, les innovations de ses représentants.

« Je ne puis, dit Mirabeau, me défendre d'une indi-
» gnation profonde lorsque j'entends de malveillants
» électeurs opposer sans cesse la nation à l'Assemblée
» nationale, et s'efforcer de susciter entre elles une
» sorte de rivalité, comme si ce n'était pas par l'As-
» semblée nationale que le peuple français a *connu,*
» *recouvré, reconquis* ses droits! Comme si ce n'était
» pas par l'Assemblée nationale que la nation française,
» jusqu'alors *agrégation inconstituée* de peuples dés-
» unis, est devenue une nation libre jouissant de ses
» droits! Comme si, entourés des monuments de nos
» travaux, de nos dangers, de nos services, nous pou-
» vions devenir suspects au peuple, redoutables aux
» libertés du peuple! Comme si les regards des deux
» mondes attachés sur vous, le fanatisme heureux
» d'une grande révolution, le spectacle de votre gloire,
» la reconnaissance de millions d'hommes, l'orgueil
» même d'une conscience généreuse qui aurait trop à
» rougir à se démentir, n'étaient pas une caution suf-

» fisante de votre fidélité, de votre patriotisme et de
» vos vertus! »

Des applaudissements plus prolongés que d'ordinaire accueillirent ces élans d'éloquence et d'enthousiasme. Il était dans la nature de Mirabeau d'élever ainsi toutes les questions qu'il avait à traiter. Il ne disait rien à la tribune sans y mettre l'éclat et le mouvement naturels de son esprit. Les matières même les plus arides, les moins susceptibles d'élévation, les questions de finance et d'administration, il les rendait si intéressantes et si belles pour ainsi dire, qu'on les votait avec une sorte d'émotion, et que cette émotion, allant au delà même de l'Assemblée, gagnait les clubs, les faubourgs, les provinces, la nation entière, qui l'écoutait.

Il finit ce discours en affirmant le droit de l'Assemblée au titre de Convention nationale, qu'on lui contestait sur les bancs de la droite. « Les attentats du
» despotisme, les périls que nous avons conjurés, la
» violence que nous avons réprimée, voilà nos titres;
» nos succès les ont consacrés, l'adhésion tant de fois
» répétée de toutes les parties de l'empire les a légi-
» timés, les a sanctifiés. . . . . Messieurs, vous con-
» naissez tous le trait de ce Romain qui, pour sauver
» sa patrie d'une grande conspiration, avait été con-
» traint d'outre-passer les pouvoirs que lui donnaient
» les lois; un tribun captieux exigea de lui le serment
» de les avoir respectées; il croyait par cet interroga-
» toire insidieux placer le consul dans l'alternative
» d'un parjure ou d'un aveu embarrassant : *Je jure,*
» dit le grand homme, *que j'ai sauvé la république...*

» Messieurs, je jure que vous avez sauvé la chose
» publique ! »

Si ce n'est pas là de la haute éloquence, et de la plus haute qu'on puisse entendre, jamais sur la terre il n'y en a eu. L'élan de cet homme, l'éclair qui jaillit de ce qu'il dit, l'accent du cœur qu'on y reconnaît, mêlé aux cris puissants du génie, tout cela vous émeut, vous attire, vous subjugue, vous associe sans réserve à l'orateur par l'admiration et la sympathie. On se prend, non pas seulement à l'applaudir, mais à l'aimer, quand on redit cette grande parole, écrite dans les livres, et dont le geste et la voix du maître doublaient la puissance à la tribune.

George. Va toujours, va donc toujours ! Élève-le plus haut encore, porte-le au ciel. C'est là le propre de l'enthousiasme. C'est ainsi que lui-même, citant Cicéron, son devancier, le prend à son moment le plus équivoque, n'hésite pas à l'innocenter de l'abus de pouvoir qu'on lui reprochait, et l'en loue au contraire comme de son titre de gloire le plus éclatant.

Paul. Je ne renouvellerai pas cette vieille querelle, déjà plaidée d'ailleurs et jugée entre nous. Cicéron avait réellement sauvé son pays, et Mirabeau, à la tribune de l'Assemblée nationale, sauvait le sien du despotisme.

George. Cependant c'est vers ce temps même qu'on l'a accusé d'avoir consenti à la retraite du roi au milieu d'une armée, afin qu'on pût, le monarque étant hors d'atteinte, déclarer l'Assemblée incompétente à changer la forme du gouvernement, et convoquer de nouveaux États, chargés de demander humblement, comme autrefois, la prise en considération de leurs cahiers.

Paul. Tout dans Mirabeau repousse une trahison de cette nature. Ce qu'il y avait de vrai dans ces attaques, c'était simplement que le tribun, sérieusement effrayé des malheurs que promettait l'exaltation toujours croissante des esprits à cette époque et de la *haute main* que les démagogues voulaient saisir, songea à mettre définitivement un terme à l'anarchie.

Il pensait que la république, telle que l'Amérique du Nord venait de la faire, ne pouvait pas si subitement convenir aux habitudes et aux traditions politiques de la France. Il consentit à s'entendre avec le roi pour former le gouvernement constitutionnel que réclamaient à bon droit les idées du temps, et pour, en même temps, rétablir l'ordre et la sécurité, sans lesquels il n'y a point de progrès.

Il était plus capable que personne d'accomplir cette œuvre. *On ne voyait que lui dans l'Assemblée,* disent des mémoires publiés sous la Restauration ; *son appui ou sa protection semblait une autorité dont rien n'arrêtait l'effet.* Heureux s'il eût pu mettre la main à la réorganisation qu'il avait en vue !

Vers ce temps-là, la veuve de Jean-Jacques Rousseau s'adressa à lui pour obtenir la pension que l'Assemblée lui avait votée en même temps qu'il avait été décrété qu'une statue serait érigée au philosophe. On tardait à exécuter le décret. Mirabeau se chargea de la cause, et la veuve de Jean-Jacques fut satisfaite.

Relisons la lettre qu'il lui adressa en réponse à celle où la pauvre femme lui demandait sa protection :

« C'est avec un saint respect, madame, que j'ai vu au
» bas de votre lettre le nom du grand homme *qui a le*
» *plus éclairé la France sur les saines notions de la*
» *liberté*. Je vois avec peine, madame, que votre posi-
» tion n'est pas heureuse. Je vénère trop la mémoire
» de l'homme dont vous portez le nom, pour me char-
» ger de *l'hommage que vous doit la nation*. Veuillez
» présenter un mémoire à l'Assemblée nationale : les
» représentants du peuple français ont seuls le droit
» de traiter d'une manière convenable la veuve de
» *l'homme immortel* qu'ils regrettent sans cesse de ne
» pas voir parmi eux. J'ai l'honneur d'être, avec des
» sentiments respectueux, madame, etc. »

GEORGE. Il y a, à mon avis, deux choses à dire à cet égard : l'Assemblée avait fait une erreur de chiffre ou avait commis une lésinerie en ne décrétant qu'une pension de quinze cents francs à la veuve de Jean-Jacques Rousseau. Mais Mirabeau, de son côté, semble prendre un ton un peu trop élevé pour parler à madame Thérèse, que nous connaissons.

PAUL. Pour ce qui est de la pension, tu n'as pas tort; car il s'agissait moins de la veuve que du nom qui la couvrait. Pour ce qui est de Mirabeau, tu n'as pas raison, parce que, de même, il n'écrivait pas à la Thérèse que nous connaissons, comme tu dis, mais à la veuve de Jean-Jacques Rousseau.

Mirabeau, tu le vois bien, ne pensait pas tout à fait comme toi sur l'influence du philosophe comme publiciste et comme politique. Rousseau a plus que personne, disait-il, éclairé la France sur les vraies notions de la liberté.

George. On pourrait lui dire : « Vous êtes orfévre, » monsieur Josse. »

Paul. Qu'est-ce à dire? Mirabeau aussi, malgré tout ce que nous avons vu, un rêveur dans les nuages et un utopiste! Il n'y aura plus, après cela, d'hommes positifs et capables d'agir. Il faudra que Dieu en crée une espèce exprès pour toi.

Cependant tu ne dis pas trop mal : tous ceux, en effet, que distinguent de grandes aptitudes intellectuelles ne tardent pas à éveiller une hostilité qui les fait vite décréter *rêveurs, idéologues, utopistes.* C'est un moyen sommaire de s'en débarrasser, je dirai même : de s'en venger. Tu as raison. Rêveurs, soit! Je me rappelle, à cet égard, un mot profond de Bernard de Palissy : « Laissez les rêveurs chercher les chimères, ils » trouveront les lois éternelles. »

Mirabeau, instinctivement poussé par cet esprit d'audace qui l'armait contre tous ceux qui voulaient dominer, s'alla jeter dans un grand danger, et s'entendit appeler traître et parjure au sein de l'Assemblée.

Il s'agissait du droit de paix et de guerre. A qui fallait-il attribuer ce droit, au pouvoir législatif ou au chef de l'État? Les deux partis opinaient chacun selon son système. Mirabeau, l'homme de l'étude et non des partis, rejeta l'une et l'autre des deux conclusions, et se plaça dans ce sage milieu, où la vérité se trouve le plus souvent. Il demanda que ce droit appartînt à la fois aux deux pouvoirs, et parce qu'il ne voulut pas être toujours et quand même de l'opinion ultra-révolutionnaire, on cria contre lui, dès ses premiers mots, *à la trahison, à la corruption.*

Mais lui, fier et dédaigneux comme nous l'avons vu le jour qu'il parut pour la première fois dans la salle des États généraux, et comme toujours il s'est montré dans la suite, bravant l'injure et la méprisant, il continua son discours sans s'émouvoir. Il donna à sa manière de penser tous les développements qui étaient nécessaires; et encore cette fois il étonna tout le monde par sa connaissance approfondie, par son expérience anticipée du gouvernement représentatif.

Il y avait déjà cinq jours qu'on discutait sur la question. « Ne peut-on pas, dit-il après un préambule adroit
» sur la manière de poser la question, ne peut-on pas,
» pour une des fonctions du gouvernement qui tient
» tout à la fois de l'action et de la volonté, de l'exécu-
» tion et de la délibération, faire concourir au même
» but, *sans les exclure l'un par l'autre*, les deux pou-
» voirs qui constituent la force de la nation et qui re-
» présentent sa sagesse? Ne peut-on pas restreindre les
» droits, ou plutôt les abus de l'ancienne royauté,
» sans paralyser la force publique? Ne peut-on pas,
» d'un autre côté, connaître le vœu national sur la
» guerre et sur la paix par l'organe suprême d'une
» Assemblée représentative, sans transporter parmi
» nous les *inconvénients* que nous découvrons dans
» cette partie du droit public des *républiques anciennes*
» et de quelques États de l'Europe? En un mot, car
» c'est ainsi que je me suis proposé à moi-même la
» question générale à laquelle j'avais à répondre, ne
» doit-on pas attribuer concurremment le droit de faire
» la paix et la guerre aux deux pouvoirs que notre
» constitution a consacrés? »

Après ces considérations si pleines de logique et de sagesse, il entre dans le détail de la question. Il accumule contre lui-même, par la prolepse la plus habile, toutes les objections qu'on pourrait opposer à son idée. C'était là l'un des caractères de son talent, de grouper en faisceau les ressources de ses adversaires, et de les renverser avant qu'ils pussent s'en servir contre lui. « Avez-vous prévu, » dit-il à la gauche, après avoir énuméré les dangers qu'il y avait à laisser au roi seul le droit de décider en pareille matière; « avez-vous prévu
» jusqu'où les mouvements passionnés, jusqu'où l'exal-
» tation du courage et d'une fausse dignité pourraient
» porter et justifier l'imprudence? Nous avons entendu
» un de nos orateurs vous proposer, si l'Angleterre fai-
» sait à l'Espagne une guerre injuste, de franchir sur-
» le-champ les mers, de renverser une nation sur
» l'autre, de jouer dans Londres même, avec ces fiers
» Anglais, au dernier écu, au dernier homme : et nous
» avons tous applaudi; et je me suis surpris moi-même
» applaudissant; et un mouvement oratoire a suffi pour
» tromper un instant votre sagesse. Croyez-vous que de
» pareils mouvements, si jamais le Corps législatif dé-
» libère directement et exclusivement, ne vous porte-
» ront pas à des guerres désastreuses, et que vous ne
» confondrez pas le conseil du courage avec celui de
» l'expérience!..... N'aurons-nous jamais à armer une
» grande force publique parce que ce sera au Corps lé-
» gislatif à exercer exclusivement le droit de faire la
» guerre? Je vous demande si, par une telle obligation,
» vous ne transportez pas précisément aux monarchies
» l'inconvénient des républiques? Car c'est surtout

» dans les États populaires que de tels excès sont à
» craindre; c'est parmi les nations qui n'avaient point
» de rois *que ces excès ont fait des rois;* c'est pour Car-
» thage, c'est pour Rome, que des citoyens tels qu'An-
» nibal et César étaient dangereux. Tarissez l'ambition,
» faites qu'un roi n'ait à regretter que ce que la loi ne
» peut accorder; faites de la magistrature du monar-
» que ce qu'elle doit être, et ne craignez plus qu'un
» roi rebelle, abdiquant lui-même sa couronne, s'ex-
» pose à courir de la victoire à l'échafaud. »

A ce mot d'échafaud, la droite s'éleva contre lui en apostrophes violentes et injurieuses. Il était ainsi entre deux feux. C'est la place naturelle des hommes comme lui, libres d'esprit de parti et ne représentant que la raison. Il sourit aux injures du côté droit, comme il venait de sourire à celles de la gauche au commencement de son discours. Ce sourire et ce calme du grand athlète soulevèrent des applaudissements des deux côtés.

Il résuma tranquillement son opinion, et finit son discours par ces mots : « Il est une question insoluble
» qui se trouve dans tous les systèmes comme dans le
» mien, et qui embrassera toujours les diverses ques-
» tions voisines de la confusion des pouvoirs, c'est celle
» de déterminer le moyen de remédier au dernier de-
» gré de l'abus. Je n'en connais qu'un, on n'en trou-
» vera qu'un; je l'indiquerai par cette locution triviale,
» et peut-être de mauvais goût, que je me suis permise
» dans cette tribune, mais qui prouve nettement ma
» pensée : c'est le *tocsin de la nécessité*, qui seul peut
» donner le signal quand le moment est venu de rem-

» plir l'imprescriptible devoir de la résistance; devoir
» toujours impérieux, lorsque la constitution est violée,
» toujours triomphant lorsque la résistance est juste et
» nationale. »

Barnave riposta à ce discours, et il parla lui-même avec tant d'éloquence, que Mirabeau l'admira tout haut et sans réserve. Barnave avait du talent, un grand talent, et c'était lui que l'extrême gauche opposait systématiquement à Mirabeau, depuis que ce dernier s'était montré à la fois homme de liberté et d'organisation.

On se mit, de ce moment, à combiner ouvertement, dans le parti révolutionnaire, la guerre jusque-là sourde qu'on lui faisait. On osa le désigner publiquement comme *le plus dangereux ennemi* du peuple. On fit un pamphlet portant pour titre : *La grande conspiration de Mirabeau découverte.*

La cour et les nobles, d'autre part, trouvaient qu'il avait trop amoindri dans le débat les prérogatives de la couronne.

Il se trouvait donc, à ce moment-là, dans la situation la plus difficile; mais il eut le courage de la dominer.

En entrant à l'Assemblée le 22 mai 1790, on lui montra le libelle, qu'on avait déjà partout répandu contre lui. Il jeta rapidement les yeux sur le titre : « J'en
» sais assez, dit-il, et l'on m'emportera de l'Assemblée
» ou triomphant ou en lambeaux. »

Ce jour-là il fut plus qu'éloquent, il fut rayonnant. Le danger et la haine de ses ennemis exaltèrent toutes ses facultés.

« Il y a peu de jours, s'écria-t-il, on voulait me
» porter en triomphe, et maintenant on crie dans les
» rues : *La grande trahison du comte de Mirabeau!* Je
» n'avais pas besoin de cette leçon pour savoir qu'il
» est peu de distance du Capitole à la roche Tar-
» péienne. Mais l'homme qui combat pour la *raison*,
» pour la *patrie*, ne se tient pas si aisément pour
» vaincu......... Que mes ennemis livrent aux fureurs
» du peuple trompé celui qui depuis vingt ans combat
» toutes les oppressions, *qui parlait aux Français de*
» *constitution, de liberté, de résistance*, lorsque ses vils
» calomniateurs suçaient le lait des cours, et vivaient
» de tous les préjugés dominants; que ces hommes me
» calomnient et me poursuivent, peu m'importe : ces
» coups de bas en haut ne m'arrêteront pas dans ma
» carrière. »

On dit que le ton, l'air et le geste de l'orateur, à ces paroles, étaient si pleins de grandeur et de majesté, que les acclamations, parties, chose incroyable, de tous les points de la salle et de toutes les tribunes, le forcèrent de s'arrêter.

Un silence solennel suivit cet élan d'indignation, et l'orateur reprit la parole. « Messieurs, je rentre dans
» la lice, armé de mes seuls principes et de la fermeté
» de ma conscience; je vais poser à mon tour le véri-
» table point de la difficulté, avec toute la netteté dont
» je suis capable; et je prie tous ceux de mes adver-
» saires qui ne m'entendront pas de m'arrêter, afin
» que je m'exprime plus clairement; car je suis décidé
» à déjouer les reproches tant répétés d'évasion, de
» subtilité, d'entortillage; et, s'il ne tient qu'à moi,

» cette journée dévoilera le secret de nos *loyautés res-*
» *pectives*. M. Barnave m'a fait l'honneur de ne ré-
» pondre qu'à moi, j'aurai pour son talent le même
» égard, et je vais à mon tour essayer de le réfuter. »

Alors il entra hardiment dans le fond du débat. Il appela à son aide la science, l'expérience, l'histoire, toutes les autorités qui président à une question de droit public. Il prit corps à corps l'adversaire qu'on lui opposait. Il le souleva, il le tint en l'air, il le secoua dans ses bras d'athlète, et le rejeta par terre, aux acclamations de l'Assemblée, comme aux jeux de la Grèce on applaudissait le lutteur du stade.

L'Assemblée adopta son décret.

Ainsi, cette même Assemblée, soulevée tout entière contre lui, il la vainquit tout entière par la puissance du raisonnement et par la magie du talent. Il la força pour ainsi dire de lui demander pardon, de lui dire : Vous avez raison !

Et ce public mobile, excité contre lui par les tribuns de la rue et par les libelles, il le força de changer en applaudissements les vociférations qu'on lui avait enseignées !

Jamais peut-être triomphe de l'éloquence et du génie n'avait été à la fois si violemment disputé et si complet.

GEORGE. Tu n'ignores pas sans doute qu'on a parlé, je crois, de deux cent mille francs à cette occasion.

PAUL. Je ne veux plus m'occuper de ce rabâchage. Personne ne peut rien nier ni rien affirmer. Aucune espèce de preuve ne s'est jamais produite à l'appui de ces *on dit* vagues et sans base.

On a été heureux de pouvoir trouver contre Démosthènes la bataille de Chéronée, et contre Cicéron, l'exécution des incendiaires. Contre Mirabeau, à son tour, on n'aura jamais fini de ressasser ce qu'on appelait *stratégiquement* dans le temps la grande trahison et la vénalité du comte de Mirabeau.

Le roi, comme on le pense bien, fut heureux de ce brillant succès de l'orateur, dont l'avis, impartial et sage, avait en quelque sorte consacré l'autorité légale de l'exécutif à côté des droits de la nation. Il suffisait de ce sentiment du monarque pour faire inventer de toutes pièces l'histoire des deux cent mille francs comptés à M. de Mirabeau pour son grand discours, qui venait de rallumer tant d'envie et, par suite, tant de haine.

Louis XVI se fia plus que jamais à la loyauté de Mirabeau, et les journaux qui flattaient la foule se mirent de plus belle, de leur côté, à le signaler comme un traître vendu à la cour.

Mais il n'attachait, lui, aucune importance aux attaques de ses ennemis ; il les combattait avec son mépris. Il souriait d'ordinaire et hochait la tête. Cette fois, il écrivit une défense, qu'il répandit dans les départements. Il se borna toutefois à faire remarquer qu'un bon citoyen n'a pas *d'autels à élever à la popularité, comme les anciens à la terreur;* que ceux-là seuls sont les vrais amis du peuple, qui se préoccupent du soin de réorganiser le pays, et *qu'on ne conserve pas la liberté par les seuls moyens qui l'ont conquise.*

Il eut l'occasion, vers la même époque, de professer à la tribune, dans la langue magnifique que nous lui connaissons, des principes de socialisme et de philosophie politique qui nous révèlent toute la hauteur et toute l'étendue de sa pensée. On ne dit rien de plus neuf aujourd'hui sur ces belles espérances de la paix générale et de la fraternité de toutes les nations. Il inaugura ce jour-là le congrès de la paix.

Il s'agissait de secours à donner à l'Espagne, d'après les traités, à l'égard de l'île de Vancouver, ambitionnée par les Anglais. « Si nous devions nous conduire au-
» jourd'hui d'après ce que nous serons un jour, si,
» franchissant l'espace qui sépare l'Europe de la des-
» tinée qui l'attend, nous pouvions donner dès ce mo-
» ment le signal de cette bienveillance universelle que
» prépare la reconnaissance des droits des nations,
» nous n'aurions pas même à délibérer sur les alliances
» et sur la guerre. L'Europe aura-t-elle besoin d'alliés
» lorsqu'elle n'aura plus d'ennemis? Il n'est pas loin de
» nous, peut-être, ce moment où la liberté, régnant
» sans rivale sur les deux mondes, réalisera le vœu de
» la philosophie, et absoudra l'espèce humaine *du crime*
» *de la guerre, et proclamera la paix universelle.* »

Ce fut, bientôt après, la question du crédit, des assignats, qui vint lui fournir l'occasion de déployer, une nouvelle fois, ces connaissances pratiques qu'on n'aurait pu soupçonner en un homme de cette imagination. Nous savons déjà qu'il aimait fort ces sortes de matières. Il semblait tout heureux de pouvoir y montrer la variété de ses aptitudes. Il les traitait avec une aisance et une ampleur qui faisaient le désespoir de ses envieux.

Il épuisa pour ainsi dire la théorie du système fiduciaire du papier-monnaie. Il démontra l'utilité que la

révolution devait en tirer pour sa propagation et sa consolidation dans le pays. « Partout, dit-il, où se
» trouvera un porteur d'assignats, vous compterez un
» défenseur nécessaire de vos mesures, un créancier
» intéressé à vos succès. . . . . . C'est d'une hauteur
» d'esprit qui embrasse les idées générales que doivent
» partir les lois des empires. . . . . . Oser être grand,
» savoir être juste, on n'est législateur qu'à ce prix. »

Son succès fut complet dans cette question. . . . . .
Et l'on osait mettre en doute l'attachement de cet homme à la révolution, qu'il patronnait pour ainsi dire ; lui qui cherchait les moyens de la populariser, de la vulgariser, de rendre la population entière du pays intéressée à ses destinées !

A ce moment-là même, la cour, pour faire de la politique à son égard et dans l'intention de paralyser sa hardiesse en l'intimidant, le faisait poursuivre comme complice des attentats du 6 octobre. Il avait à faire face à la fois aux révolutionnaires, qui le jalousaient, et aux royalistes, qui le détestaient. La simultanéité de cette double et violente persécution ne justifie-t-elle pas suffisamment cette illustre victime de la vérité ?

Le 7 août 1790, M. Boucher d'Argis, lieutenant particulier au Châtelet, lut à l'Assemblée nationale le rapport de la cour sur l'enquête ouverte à propos des journées d'octobre. « Ils vont être connus, dit-il, ces
» secrets pleins d'horreur ; ils vont être révélés ces
» forfaits qui ont souillé le palais de nos rois. » Après ces paroles solennelles et menaçantes, il demanda, par un euphémisme légèrement gazé, la mise en accusation du duc d'Orléans et de Mirabeau.

36.

Et c'est pourtant ce même Mirabeau que les pamphlets révolutionnaires désignaient comme un transfuge vendu à la cour !

Le côté droit était dans une sorte de jubilation à l'audition de ce rapport. Il voyait sa vengeance assurée, il tenait sa proie entre ses griffes. Les modérés s'indignèrent de cette persécution, de cette résurrection d'une affaire oubliée, enterrée depuis près d'une année. La gauche, par esprit de corps, s'irrita du projet de porter atteinte à l'inviolabilité des députés.

Mirabeau profita de ces dispositions et monta à la tribune. Il rappela simplement le droit exclusif de l'Assemblée à décréter la mise en jugement de l'un de ses membres, et il demanda que le comité des recherches fût chargé de s'enquérir s'il y avait lieu de mettre en accusation. Voilà, dit-il sans s'émouvoir, le seul décret qui soit vraiment dans vos principes.

Mais ses ennemis ne gardant aucun scrupule, manifestèrent leur acharnement. Le marquis de Cazalès prononça un discours éloquent et soigné pour demander la mise en jugement. L'abbé Maury vint à son aide. Cependant l'Assemblée décréta qu'elle se ferait présenter un rapport à cet égard avant de prendre une résolution.

Mais le bruit ayant couru que le Châtelet avait pour tâche de faire le procès à la révolution, et que d'ailleurs les désordres d'octobre avaient été provoqués par des royalistes déguisés en révolutionnaires, spéculant sur la disette d'alors pour arriver à disperser l'Assemblée, la cour se hâta de faire cesser toute poursuite. Et la puissance de Mirabeau se raffermit. Elle s'augmenta même de tout l'intérêt qu'inspirent naturellement les victimes et les martyrs.

Le comité des recherches déclara qu'il n'y avait pas lieu de permettre des poursuites contre des députés, et Mirabeau, à cette occasion, fit un discours dans lequel il prononça ce mot sublime : « Quelle âme assez » abjecte pour que l'occasion de pardonner ne lui » semble pas une jouissance ! »

GEORGE. Et cependant, malgré cette hostilité de la cour, qui a tout l'air d'une mise en scène, d'un décor savant, Mirabeau, quelques jours auparavant, avait vu la reine, qui lui fit même, s'il m'en souvient bien, ce beau compliment : « Auprès d'un ennemi ordinaire, » d'un homme qui aurait juré la perte de la monarchie » sans apprécier l'utilité dont elle est pour un grand » peuple, je ferais en ce moment la démarche la plus » déplacée; mais quand on parle à un Mirabeau, etc. » . . . . . . » ce qui, dit-on, ne flatta pas mal le fougueux tribun.

PAUL. Ce que tu dis là ne prouve qu'une chose : c'est qu'à la cour on tenait fortement à l'idée de s'appuyer sur le crédit de Mirabeau pour conjurer les malheurs qui s'annonçaient.

La reine, en effet, lui avait fait proposer une entrevue. Il l'avait acceptée et s'y était rendu. C'était à Saint-Cloud. Quand il vit Marie-Antoinette affaissée sous l'effort du malheur; quand il l'entendit lui demander en suppliante sa protection et son appui, il s'émut des angoisses de la fille altière des Césars d'Allemagne. Et madame Campan, qui n'a pas compris cette généreuse émotion, la traduit, dans ses Mémoires infidèles, en satisfaction d'amour-propre et de vanité.

Mirabeau, on le sait, avait du cœur. Marie-Antoinette avait des larmes dans la voix, et en portait les traces sur sa figure. Les plus grands de la terre, quelque temps auparavant, eussent ambitionné comme un bonheur d'être admis en tête-à-tête avec cette reine jeune, puissante et adorée. Elle implorait alors, et elle pleurait. Mirabeau fut vivement ému. Il s'inclina et toucha des lèvres la main de la femme malheureuse brisée par la douleur, plutôt que celle de la reine de France.

Il promit loyalement de sauver cette femme et cette famille, si cette famille elle-même s'engageait à respecter la liberté et à l'accepter sans arrière-pensée.

George. Je ne sais trop cependant si les patriotes n'avaient pas quelque raison de suspecter cette entrevue et cette émotion, vu le faste de Mirabeau depuis ce moment.

Paul. Ne dis pas un mot contre cette émotion. Tu as l'âme trop bien faite et trop élevée pour accuser de faiblesse celui qu'a ému le malheur parlant par la voix d'une femme sensible et sympathique comme on nous dépeint Marie-Antoinette. Je me rappelle t'avoir vu toi-même, à la tour de Londres, t'attendrir, à trois cents ans de distance, sur les infortunes de Marie Stuart, sa devancière.

Je te sais, en outre, assez judicieux pour reconnaître en toi-même qu'un homme d'élan et d'orgueil comme Mirabeau n'aurait pas livré son honneur contre une somme d'argent. S'il en a reçu, comme on l'affirme, ce n'a jamais été, j'en ai la certitude au fond de mon âme, à titre de paiement de sa conscience et de sa foi. Il n'eût pas troqué, je le sens, pour les trésors de tout un empire, l'espérance qui grandissait en lui chaque jour d'établir fermement dans son pays et pour le reste du monde le règne inébranlable des principes du droit.

C'est d'ailleurs après l'entrevue incriminée qu'on vit ses ennemis du parti royaliste le poursuivre à la tribune avec le plus d'acharnement et demander sa mise en accusation.

Vers le temps où nous sommes arrivés, la maladie qui devait l'emporter lui faisait sentir ses premières atteintes. Le travail et l'agitation incessante le minaient insensiblement. Cette âme ardente qui brûlait en lui consumait le corps, incapable à la fin de suffire à tant d'efforts et d'activité. Il ne s'occupait pourtant point de sa santé. Il semblait dédaigner la vie et n'avoir de soin que pour son œuvre.

Le citoyen qu'on accusait de trahir la cause de la liberté retrouva cependant, quoique malade, toute l'énergie de ses plus beaux jours pour soutenir le projet d'arborer le drapeau tricolore sur les vaisseaux de la marine française. Le marquis de Foucault avait dit dans la discussion que changer le drapeau blanc, ce serait profaner l'honneur militaire de la France.

« Aux premiers mots prononcés dans cet étrange » débat, dit Mirabeau, j'ai ressenti, je l'avoue, comme » la plus grande partie de l'Assemblée, les bouillons » de la fièvre du patriotisme jusqu'aux plus violents » emportements. » Il continua longtemps sur ce ton si véhément, souvent interrompu par des applaudissements mêlés d'invectives. Les mots de *scélérat* et d'*assassin*, partis de la droite, arrivèrent distinctement à ses oreilles.

M. de Menou demanda, pour l'honneur de l'Assemblée, l'arrestation du député qui avait proféré ces propos atroces. Mais Mirabeau, fidèle à son dédain, déclara que l'injure était si vile qu'elle n'avait pas pu monter jusqu'à lui. Le mot de M. Guizot n'était pas nouveau.

Cependant la discussion s'étant renouvelée, l'Assemblée crut devoir condamner M. Guilhermy, l'auteur du propos, à garder les arrêts pendant trois jours. Et le drapeau tricolore fut adopté.

Est-ce bien là le Mirabeau vendu au roi, traître à sa cause? Écoutons-le défendant le peuple quelques jours après, à propos de l'assaut donné par la multitude à l'hôtel de M. de Castries, qui avait provoqué Lameth en duel. « Savez-vous que ce peuple irrité a
» montré à madame de Castries, respectable par son
» âge, intéressante par son malheur, la plus tendre
» sollicitude, les égards les plus affectueux? Savez-
» vous, dit Mirabeau, que ce peuple en quittant cette
» maison qu'il venait de détruire avec une sorte d'or-
» dre et de calme, a voulu que chaque individu vidât
» ses poches et constatât ainsi que nulle bassesse n'a-
» vait souillé une vengeance qu'il croyait juste?

» Voilà, voilà de l'honneur, du véritable honneur,
» que les préjugés des gladiateurs et leurs rites atroces
» ne produiront jamais; voilà quel est le peuple, vio-
» lent mais exorable, excessif mais généreux; voilà le
» peuple même en insurrection lorsqu'une constitution

» libre l'a rendu à sa dignité naturelle, et qu'il croit
» sa liberté blessée. »

Vois-tu assez comme éclate, dans ce langage, la vénalité du comte de Mirabeau et ce qu'on appelait sa trahison ?

George. Si l'on n'y voit ni vénalité ni trahison, on n'y trouve pas non plus ce projet d'apaiser la foule et d'organiser la révolution au sein de l'ordre.

Paul. Tu ne cesses de l'accuser sur un chef que pour l'attaquer immédiatement sur un autre. C'est le signe ordinaire, dans un adversaire, de la disette de bonnes raisons.

C'est sur lui-même qu'il comptait, et à bon droit, pour cet apaisement dont je t'ai parlé et que tu m'opposes. C'est sur sa popularité, sur son crédit, sur ses travaux qu'il se fondait pour espérer d'établir en France l'ordre légal et la liberté sur les ruines dispersées de l'ancien régime. Et pour arriver à ce résultat, le plus grand, le plus beau, le meilleur que pût rêver un bon citoyen, il avait besoin de défendre plus énergiquement que jamais la cause de ce peuple, qu'il avait en main.

Ce peuple venait de traverser de longs siècles d'oppression, de misère, de servage ; et après tant de souffrances et tant d'injustices, on voulait le trouver sage et éclairé au milieu des difficultés d'une révolution ! Mirabeau voulait faire entendre à ce peuple le vrai langage de la liberté, pour l'empêcher d'en écouter le faux, que lui parlaient les agitateurs, qui voulaient des crimes et des excès.

Ce fut bientôt avec le clergé qu'il entra en lice.

Sans cesse il passait d'une arène à une autre : lutte multiple et gigantesque !

Les évêques qui siégeaient à l'Assemblée avaient publié une *exposition de leurs principes* en réplique à la *constitution civile du clergé,* décrétée par l'Assemblée. L'exposition fut qualifiée de manifeste séditieux, et comme telle dénoncée au corps constituant, qui eut à statuer sur les mesures à prendre contre les prélats en révolte.

Mirabeau combattit l'écrit des évêques. Il eut l'habileté de défendre à la fois l'idée religieuse et les droits de la raison. Ce discours est l'un des mieux faits qu'il ait prononcés. On y remarque ce trait caractéristique :

« Tandis que de toutes parts les ennemis de la liberté
» vous accusent d'avoir juré la perte de la religion,
» je me lève en ce moment pour vous conjurer, au
» nom de la patrie, de soutenir de toute la force dont
» la nation vous a revêtus cette religion menacée *par*
» *ses propres ministres,* et qui ne chancelle jamais que
» sous les coups dont l'orgueil et le fanatisme des
» prêtres l'ont trop souvent outragée. »

Ce sont là des paroles qui semblent faites pour les temps que nous traversons aujourd'hui. Il n'eût pas été hors de propos de les faire entendre une seconde fois, à Rome, au sein du concile qui s'y réunit pour délibérer, dit-on, contre l'esprit de progrès et de liberté de la civilisation issue de cette révolution que dirigeait notre orateur.

Ceux des évêques français, dit-il plus loin, qui ont l'honneur de figurer dans l'Assemblée nationale et qui ont signé cette protestation, auraient dû sentir qu'il ne

leur appartenait pas d'assumer une tâche pareille, et qu'ils devaient au moins la laisser à ceux qui ne sont pas engagés par le mandat législatif. Ce procédé de leur part est un « phénomène ténébreux qui ne s'ex-
» plique que par la détermination prise depuis long-
» temps de faire voir des persécuteurs du christianisme
» dans les fondateurs de la liberté, et de réveiller contre
» l'Assemblée l'ancien et infernal génie des fureurs
» sacrées. »

Et c'était précisément cela. Mirabeau mettait le doigt sur la chose et lui donnait son véritable nom. Il n'y avait pas, en effet, de meilleur moyen de combattre la révolution que de la dénoncer à la foi catholique, à la conscience religieuse des nations.

GEORGE. Mais Voltaire avait passé sur ces masses, et l'expédient ne pouvait pas prendre.

PAUL. La classe moyenne toute seule avait entendu Voltaire et l'avait compris. Le peuple n'en savait rien ; et s'il n'a pas répondu tout entier au tocsin sonné par le clergé, c'est qu'il était assiégé par la misère, et que la révolution lui promettait d'améliorer son sort.

Malgré cela, la Vendée a pris la croix ; et, comme au temps des saintes croisades, elle a marché contre la révolution à l'antique mot d'ordre : *Dieu le veut!*

C'est donc encore Mirabeau qui a combattu ce nouveau danger, le plus grand peut-être de tous ceux qui aient menacé la révolution. « Il résulte de là, dit-il,
» un signal solennel de scission qui ranime toutes les
» espérances et qui, sans les vertus personnelles du
» prince que nous avons appelé le restaurateur de la
» liberté française, promettait au despotisme abattu

» des forces pour briser son tombeau et pour redresser
» son trône sur les cadavres des hommes échappés à
» ses fers. »

Un langage si expressif et des images si saisissantes étaient bien de nature à porter la lumière, à la fixer définitivement dans les esprits même les plus incultes.

Il ne faut pas relire à la légère les discours de cet homme extraordinaire, il faut les méditer avec attention, il faut les épeler, les étudier, pour y découvrir toute l'habileté politique qui en fait la trame. Ainsi, dans les quelques mots que nous venons de citer, quelle adresse profonde et quelle politique! Il oppose le *roi* au *despotisme!*

Il fit ensuite à grands traits l'histoire du catholicisme et du sacerdoce. Il les prit dans les catacombes, se glissant furtivement dans les ténèbres, où les épiait la persécution. Il les fit voir, protégés plus tard par les empereurs, humbles encore et *modestes organes* de l'Évangile. Il les suivit ensuite dans leur triomphe, jusqu'au trône fondé par saint Pierre, dictant la loi au monde, de persécutés devenus dès lors persécuteurs, et inaugurant sur la terre un dogme inconnu de l'antiquité, un dogme étranger à Jésus-Christ, un dogme farouche et sanguinaire : l'intolérance et le fanatisme. Il sépara le catholicisme ainsi fait de la foi de Bethléhem et du Golgotha, de la foi primitive du Maître et de ses disciples, simple, claire, appelant les pauvres et les petits enfants, bienveillante, ouverte à tous, éclairant par la seule parole et proscrivant la force comme le mal lui-même.

Il reprocha aux évêques, en termes presque touchants, de ne pas aider la révolution, de ne pas répandre par toute la France des *mandements civiques qui portassent*, dit-il, *jusqu'à ses extrémités les plus reculées des maximes et des leçons conformes à l'esprit d'une révolution qui trouve sa sanction dans les plus familiers éléments du christianisme.*

Encore cette fois il disait vrai : c'est, en effet, le Fils de Marie qui, le premier dans l'antiquité, a réclamé le principe méconnu de *l'égalité fraternelle des hommes*, c'est-à-dire de la justice, d'où résulte nécessairement la liberté.

Après l'espèce d'apostrophe que nous venons de voir, vient une grave et imposante prophétie, réalisée peu de temps après, sur le sort du clergé persistant à repousser l'esprit des temps nouveaux. Ce discours, digne d'une longue étude, a exercé, comme on le pense bien, une influence décisive sur les résolutions de l'Assemblée à l'égard du culte officiel et de l'action politique qu'il avait héritée du moyen âge.

Des accents pareils, si pleins de conviction, de raison et d'honnêteté, devaient naturellement, on le comprend de reste, porter au delà de toute mesure la popularité et l'autorité morale de l'orateur.

Il usait habilement de cette situation pour arriver aux fins qu'il méditait. Il se fit nommer président du club des jacobins.

GEORGE. Et dans le même moment il s'incorpora dans le bataillon de garde nationale de la Grange-Batelière, pour avoir l'occasion de monter la garde chez le roi et de lui parler tout à son aise. Diplomatie vraiment parfaite et digne de louange !

Paul. Tu finis par oublier, mon cher George, que c'est justement cette habileté dans la politique que tu contestes à mes hommes d'imagination et d'enthousiasme.

George. Mais tu m'as dit aussi qu'ils étaient tous honnêtes. Je ne puis m'empêcher de te faire remarquer que c'est une honnêteté assez équivoque que celle qui se peut trouver dans certain discours prononcé vers ce temps-là par ton orateur, pour faire remettre au roi la libre disposition de la force publique.

Paul. Il faut le comprendre. Il développa dans le discours dont tu parles les intérêts et les sentiments probables des gouvernements de l'Europe à l'égard de la France en révolution. Il plaidait la cause du pays et de la liberté. C'est là qu'il dit ces paroles, qu'on n'a pas peut-être suffisamment remarquées : « La nation » anglaise s'est réjouie quand nous avons proclamé la » grande charte de l'humanité, retrouvée dans les dé- » combres de la Bastille. Je ne tairai pas que, si quel- » ques-uns de nos décrets ont heurté les préjugés épi- » scopaux ou politiques des Anglais, ils ont applaudi à » notre liberté même, parce qu'ils sentent bien que »tous les peuples libres forment entre eux *une société* » *d'assurance contre les tyrans.*

Mirabeau dit les choses avec tant de grandeur qu'il vous enlève, vous emporte, vous empêche même de réfléchir. *Os magna sonaturum*, c'est à lui surtout que convient ce mot. On ne dit rien de plus large aujourd'hui, quand on demande la substitution de l'idée de l'humanité à celle des nationalités, rivales et hostiles, par l'effacement moral de toutes les frontières.

Cependant, dans la prévision d'agressions violentes qui pouvaient d'un moment à l'autre mettre en danger la sûreté des frontières de la France, il demanda des dispositions militaires propres à donner sécurité à la nation.

George. Puis il voulut présider l'Assemblée natiotionale, pour mettre enfin à exécution les projets qu'il ruminait depuis longtemps.

Paul. Ces projets, d'abord, avaient pour but unique le triomphe complet de la révolution. Il recherchait surtout la présidence en vue de démontrer son aptitude au maniement du pouvoir, après avoir si abondamment prouvé ses capacités parlementaires et de discussion.

Ses ennemis l'avaient toujours systématiquement repoussé de la présidence de l'Assemblée; mais enfin il y fut appelé le 29 janvier 1791.

On commençait alors à le prendre au sérieux. On voyait enfin en lui un homme éminent, un homme d'État capable de sauver la société, la France et l'Europe, agitées par l'esprit de vengeance et de représailles.

« Personne, dit Bertrand de Molleville, ne présida
» avec plus de dignité et ne prouva mieux que lui que
» le président n'était pas seulement l'organe de l'As-
» semblée, mais qu'il pouvait et devait en être le mo-
» dérateur respecté. Ses réponses aux différentes dépu-
» tations qui se présentèrent furent toutes marquées
» au coin du génie, de l'éloquence et de la sagesse.
» C'était toujours un révolutionnaire qui parlait, mais
» son langage, habilement assaisonné de patriotisme,

» n'en avait exactement que la dose qu'exigeait sa
» popularité. Les harangues des députations les plus
» indifférentes lui suggéraient toujours quelques pen-
» sées brillantes, quelques traits piquants qui *forçaient*
» *ses ennemis* comme ses amis à l'applaudir et à l'ad-
» mirer. »

Nous citerons une seule de ces réponses, qui montre avec éclat la nature même des conceptions spontanées de l'esprit de cet homme ; c'est celle qu'il fit à la députation des auteurs lyriques et des musiciens. « Tous
» les beaux-arts sont une propriété publique, tous ont
» des rapports avec les mœurs des citoyens, avec cette
» éducation générale qui change les peuplades en
» corps de nation. La musique a longtemps conduit
» les armées à la victoire ; des camps elle est passée
» dans les temples, des temples dans les palais des rois,
» de ces palais sur nos théâtres, de nos théâtres dans
» nos fêtes civiques, et peut-être elle donna tout leur
» empire aux premières lois des sociétés naissantes.
» Cet art, fondé sur la régularité des mouvements, si
» sensibles dans toutes les parties de l'univers, mais
» principalement dans les êtres animés, chez lesquels
» tout s'exerce avec rhythme, et dont le penchant à la
» mélodie se manifeste dans tous leurs goûts, cet art
» n'est qu'une imitation de l'harmonie de la nature.
» Lorsqu'il peint les passions, il a pour modèle le
» cœur humain, que le législateur doit étudier encore
» sous ce rapport, car là sans doute se trouve le motif
» de toutes les institutions sociales. »

Ainsi, l'homme d'État, au milieu même de la tempête d'une révolution, président d'un corps politique sur lequel le monde entier avait les yeux fixés, n'hésitait pas à rattacher la direction générale des sociétés aux traditions de la lyre de Tyrtée et au système cosmologique de Pythagore. Il découvrait ainsi, devant l'Assemblée nationale, occupée d'intérêts matériels graves et pressants, les rapports cachés et intimes de toutes les facultés de l'esprit humain. Il protestait ainsi d'avance et instinctivement contre les tristes tendances qui allaient se faire jour, de proscrire l'art et ses magnificences, sous prétexte d'égalité et d'austérité démocratique.

L'urbanité exquise que montra Mirabeau à la présidence, contrairement, dit-on, à ses prédécesseurs, la facilité et la grâce qu'il mit à remplir cette tâche difficile, l'impartialité qu'il adopta pour règle de conduite, lui concilièrent l'estime de tous les partis. Ceux de l'Assemblée, et ils étaient en assez grand nombre, qui fondaient de grandes espérances sur l'alliance de Mirabeau avec le gouvernement, se félicitèrent du succès que l'orateur venait d'obtenir à la présidence.

Le roi, la reine et leurs vrais amis s'en réjouirent vivement de leur côté. C'était une éclaircie, un rayon de confiance au milieu des ténèbres qui les enveloppaient depuis si longtemps. Le ministère complimenta l'orateur. Il était évident pour tout le monde, et presque sans mystère, que Mirabeau était la clef de la situation, l'unique espérance des bons citoyens dans tout le pays.

GEORGE. Tu ne seras pas étonné, j'espère, si je t'objecte que le plan savant et ingénieux, que le hardi coup d'État que rêvait alors ton orateur, c'était de dissoudre violemment l'Assemblée nationale et d'en convoquer une autre qui n'eût, celle-là, qu'à présenter, comme devant, les humbles doléances de leurs cahiers.

Paul. Mirabeau, on l'assure du moins, avait en vue le renouvellement de l'Assemblée, ce qui devait y apporter, on n'en peut douter, l'élément démocratique en majorité. Et à cette majorité même, plus libérale et plus radicale, il se proposait de poser clairement et simplement la question première du salut de la France, et de la faire résoudre dans le sens de la révolution, sans l'entrave des inimitiés qui l'arrêtaient parmi ses collègues. Voilà le mystère.

Les royalistes même les plus extrêmes, les plus entêtés des vieux préjugés, comme M. de Bouillé, M. de La Marck, et d'autres encore, qui avaient, ceux-là, un grand éloignement pour le novateur, n'ont jamais attribué à Mirabeau le projet de trahir la révolution. Ils s'accordent tous, au contraire, à reconnaître, dans leurs papiers les plus intimes, que Mirabeau voulait sauver la monarchie en affermissant en même temps la révolution et la liberté. Il pensait au régime représentatif de l'Angleterre.

Il dit lui-même dans le débat sur la loi relative aux émigrés : « La popularité que j'ai ambitionnée et dont
» j'ai eu l'honneur de jouir comme un autre, *n'est pas*
» *un faible roseau; c'est un chêne* dont je veux enfoncer la
» racine en terre, c'est-à-dire dans l'inébranlable base des
» principes de la raison, de la justice et de la liberté. »

Nommé membre du directoire du département de Paris, il se présenta en cette qualité à l'Assemblée à la tête d'une députation, pour lui notifier la formation

légale de cette magistrature. Entre autres choses qu'il dit à cette occasion, remarquons ces mots, qui concordent de tout point avec ce plan d'ordre dont je t'ai constamment parlé dans tout le cours de cet entretien : « De tous les débris des anciennes institutions
» et des anciens abus s'est formée une lie infecte,
» un levain corrupteur que des hommes pervers re-
» muent sans cesse pour en développer tous les poi-
» sons. Ce sont des factieux qui, pour renverser la
» constitution, persuadent au peuple qu'il doit agir
» par lui-même, comme s'il était sans lois, sans magis-
» trats. Nous démasquerons ces coupables ennemis de
» son repos, et nous apprendrons au peuple que si la
» plus importante de nos fonctions est de veiller à sa
» sûreté, *son poste est celui du travail*, secondé par la
» paix de l'industrie active et des vertus domestiques
» et sociales. »

Mais sa santé s'altérait de plus en plus et s'affaissait chaque jour sous l'excès du travail et de la lutte. Il souffrait même déjà assez vivement du mal auquel il devait succomber. Néanmoins il travaillait toujours, et toujours avec la même ardeur. Il composa une laborieuse étude sur la question spéciale des mines, travail qui décèle, par son exactitude et son étendue, des capacités vraiment étonnantes chez un homme de ce genre d'esprit. Il s'occupa aussi de la question des tabacs, toujours avec la même aisance et la même variété de connaissances spéciales et techniques. Enfin il prit part au débat sur l'importante question de la régence, et ce fut la dernière fois qu'il se fit entendre à l'Assemblée. Il allait mourir.

Barnave, on ne sait pourquoi, demandait que la régence fût héréditaire comme la royauté. L'abbé Maury étonna tout le monde en proposant qu'elle fût élective. On n'a pas toujours assez bien saisi les aspects divers de la physionomie de cette Assemblée. Mirabeau fut, naturellement, de l'avis de l'abbé Maury, et il prit la parole pour expliquer la question. *Beaucoup d'hommes,* dit-il dans le cours du débat, *prenaient leur horizon pour les bornes du monde.* On murmura fortement contre ces mots. Mais il n'en continua pas moins son analyse sur le même ton ; il défendit avec éclat le principe de l'élection. « Eh! puisque quelques règnes de
» bons princes, clair-semés dans l'espace des siècles,
» ont préservé la terre des derniers ravages du despo-
» tisme, que ne feraient pas pour l'amélioration de
» l'espèce humaine quelques bonnes administrations
» rapprochées les unes des autres à la faveur de l'élec-
» tion de la régence ? » C'est encore et toujours notre système des capacités, adopté par tous les grands esprits comme la meilleure garantie du gouvernement. Impressionnée par le discours de Mirabeau, l'Assemblée adopta un moyen terme en attendant mieux.

Mirabeau tenait Louis XVI au courant de tout ce qu'il faisait pour amener progressivement cette réorganisation à laquelle aspiraient les bons citoyens de tous les partis. Il est malheureux que sa correspondance à cet égard ait disparu. On y aurait trouvé ses vraies idées, sa pensée intime, et la malveillance n'eût pas pu si facilement les dénaturer. Elle eût peut-être empêché la profanation qu'on fit de ses restes au Panthéon.

A ce moment il dépérissait à vue d'œil, il se mourait. Chacun le voyait autour de lui; lui seul semblait ne pas s'en douter. Il travaillait, travaillait toujours, et luttait pour ainsi dire contre la mort. L'un des ministres du roi, à même de le bien connaître pour avoir souvent et profondément conféré avec lui, a dit de lui à cette époque : « Je ne sais s'il a jamais existé une tête » de la force de Mirabeau. Non-seulement aucune dif- » ficulté ne l'arrête, mais il en est bien peu dont il ne » trouve moyen de tirer parti. Avec un pareil instru- » ment, on peut faire et défaire une révolution. »

Cet homme extraordinaire allait très-probablement sauver la France de l'anarchie et sauver la révolution de ses excès, quand il succomba à ses travaux. Il mourut le 2 avril 1791. Il n'était âgé que de quarante-deux ans.

Il mourut au moment où le sort, longtemps cruel, lui ouvrait enfin des jours heureux, au sein de la gloire.

Louis XVI, dès lors, perdit courage, et ne pensa plus qu'à se sauver.

On ferma spontanément tous les spectacles. L'Assemblée nationale suspendit sa séance, consigna sa mort au procès-verbal et décida à l'unanimité qu'elle assisterait en corps à ses funérailles. Le département de la Seine envoya une députation à l'Assemblée, et M. de la Rochefoucauld, son président, demanda, au nom du département, de placer celui qu'on venait de perdre au rang des *grands hommes qui ont bien mérité de la patrie*. M. Pastoret, encore au nom du département, demanda qu'il fût inhumé dans un édifice public désormais consacré à recevoir les restes des illustrations de la France.

L'Assemblée désigna l'église Sainte-Geneviève, qu'un décret, immédiatement voté, convertit en Panthéon national. Elle décréta en même temps que Gabriel Riquetti Mirabeau y serait enterré à côté de Descartes, de Voltaire, de Jean-Jacques Rousseau et de Montesquieu. La société des Jacobins se réunit au grand complet. Toutes les sociétés politiques, corporations et clubs, se convoquèrent. L'armée prit les armes, et avec elle la garde nationale, Lafayette en tête. La garde du roi prit place au cortége. L'Assemblée nationale, les corps constitués, les ministres, tout Paris forma le convoi.

Ce convoi occupait une étendue de plus d'une lieue. La marche s'ouvrit vers les cinq heures, et ce ne fut qu'à minuit qu'on put arriver à Sainte-Geneviève. Cérutti prononça une oraison funèbre, où l'on croyait revoir la fin d'un des héros de l'antiquité. Marie-Joseph Chénier publia une ode, dont l'enthousiasme alla jusqu'au dernier degré du genre lyrique. Dorat-Cubières fit un poëme national finissant par un dialogue où le peuple, l'Assemblée et le roi déplorent à la fois la perte du grand citoyen. Des écrits sans nombre, en prose et en vers, parurent simultanément sur le deuil national de la révolution et de la France. La commune de Paris plaça son buste à côté de ceux des grands hommes qui avaient inauguré la liberté, et elle décréta que la Chaussée-d'Antin, où le grand citoyen venait de mourir, s'appellerait dorénavant rue Mirabeau.

Les artistes rivalisèrent de zèle avec les hommes

politiques et les lettrés : des statuaires exécutèrent des groupes, dont l'un représentait Mirabeau entraînant avec lui dans la tombe le despotisme et le fanatisme. Les écrivains des provinces se joignirent à ceux de Paris. Le théâtre aussi apporta son offrande : M. Pujoulx fit jouer une pièce intitulée : *Mirabeau à son lit de mort*. Une autre pièce fut représentée dans le même moment : c'était un rendez-vous de morts illustres sur la tombe de Mirabeau. Cicéron, Démosthènes, Voltaire, Rousseau, Mably, Frédéric II, s'y trouvaient réunis pour célébrer la gloire de l'orateur.

Et voilà quel événement ce fut pour la France que la mort de cet homme à la brûlante imagination, qui avait commencé sa carrière au château d'If et au fort de Joux !

GEORGE. Et puis Marat arriva à son tour : « Peuple, » dit celui-là, rends grâces aux dieux, ton plus redou- » table ennemi vient de tomber sous la faux de la Par- » que : Riquetti n'est plus..... »

PAUL. Comment peux-tu rappeler ici les invectives de l'*Ami du peuple?* Marat, tu le sais, ne raisonnait rien. La fureur et la haine coulaient dans ses veines avec son sang. Le langage de Marat donne la couleur de l'époque, mais il n'établit point des règles d'histoire. C'est la raison, calme et réfléchie, qui fait l'histoire, comme elle fait seule toutes les autres sciences.

GEORGE. Mais ce n'est pas Marat qui découvrit l'*armoire de fer*.

PAUL. Cette armoire de fer ne contenait rien qu'on ne sût déjà. Longtemps avant la mort de Mirabeau, tous les partis, dans l'Assemblée et au dehors, savaient qu'il voyait le roi et qu'il s'occupait activement du projet de diriger Louis XVI dans la voie libérale de la constitution et des lois nouvelles. On le savait et on l'approuvait. On y voyait même l'unique moyen de faire aboutir la révolution, sans catastrophe, aux progrès que réclamait la France.

George. Mais ces sommes qui ont été comptées?

Paul. Ses ennemis, en pleine séance de l'Assemblée, lui avaient sans cesse jeté à la face les mots de trahison et de vénalité. Cette accusation était donc déjà vieille quand, après le 10 août, on fit tant de bruit de la cassette trouvée dans les murs du palais des Tuileries. Je t'ai déjà suffisamment dit combien je regrette que Mirabeau ait quelquefois négligé, par légèreté et par une sorte d'insouciance, le soin de sa dignité dans ses relations avec ceux qui imploraient sa protection et sa pitié. Mais il résulte de l'histoire impartiale de sa vie qu'il n'a jamais vendu sa conscience et ses convictions. La preuve de cette vérité, les honneurs et les regrets accumulés par tous les partis le jour de sa mort, la donnent, je pense, suffisamment.

L'exaltation révolutionnaire, accrue dans le cours du drame par les obstacles et par les succès, réveilla l'envie, ralluma la haine, même après la mort. Et la louange se changea en injure, et à l'apothéose succéda la profanation.

Mirabeau fut insulté à la Convention. Camille Desmoulins accusa lui-même son protecteur. Sa mémoire fut mise *en état d'arrestation,* suivant l'expression du citoyen courageux qui, ce jour-là, osa prendre sa défense. Chénier convertit en invectives l'enthousiasme lyrique de sa muse passionnée : il avait composé une ode pour le tribun, il libella un réquisitoire.

Et l'on troubla la paix des sépultures ; et l'on fit, comme dit Manuel, *descendre le bourreau dans les tombeaux, pour y flétrir la cendre des morts.*

Cet acte était caractéristique. C'était le prélude des scènes sanglantes que la révolution allait offrir au monde consterné, et que Mirabeau eût pu éviter.

S'il eût vécu, Louis XVI, bien conseillé, bien dirigé, n'eût pas eu besoin de chercher son salut dans la fuite. L'arrestation de Varennes n'eût pas exaspéré la révolution. Le 10 août n'eût pas eu de motif, 93 n'eût pas eu de prétexte. Le régime libéral de 1830 eût pu dès lors être institué ; et la république, non compromise par les souvenirs, eût été aujourd'hui dans les mœurs de la grande nation, sinon encore écrite dans ses lois.

Voilà ce qu'un seul homme aurait pu faire, et voilà tout le mal qu'il voulait conjurer ! Mais la postérité l'a mieux compris. Le conseil des Cinq-Cents ne tarda pas à réparer l'outrage fait au grand homme. Il justifia solennellement la mémoire de l'orateur qui avait *créé* en France la tribune politique, et qui avait accru, suivant l'expression de Cabanis, *le legs immortel d'idées saines, fortes et libératrices* que le dix-huitième siècle a fait à la postérité.

# LAMARTINE.

Il était environ une heure du matin quand la conversation arriva à ce point. Nos deux causeurs avaient oublié d'aller se coucher. Le petit garçon, étendu sur une natte à côté d'eux, se réveillait de temps en temps, et semblait s'efforcer de comprendre quelque chose à tous ces grands discours qu'il entendait avec étonnement depuis plus de cinq heures. Le son lointain d'un tambour de *danse* troublait seul d'une sorte de cadence mystique le silence profond du village et des environs à cette heure de la nuit.

— Ce tambour, dit George en se levant, est-ce une *cérémonie* (1) qui s'accomplit?

— Je crois que oui, répondit le petit. J'ai entendu dire hier soir au maître de la maison qu'il y aurait cette nuit un *service* (2) dans une *habitation* (3) du voisinage pour les dernières prières d'une jeune fille morte il y a neuf jours.

— Un service! reprit George; mais ça dure, je crois, toute une semaine. Pourquoi n'irions-nous pas demain à la cérémonie?

---

(1) Mystères observés dans les rites champêtres, sortis de l'Afrique.
(2) Cérémonies funèbres.
(3) Hameau situé d'ordinaire au centre d'une terre exploitée.

Paul accepta la proposition, et le lendemain, à la chute du jour, ils descendaient la colline couverte de hautes herbes, au milieu desquelles ils marchaient, presque entièrement cachés jusqu'aux épaules. La femme de l'hôte les précédait, et le petit garçon suivait, en répétant le refrain vaguement perçu du chant mystérieux qu'on entendait au loin, et dont on suivait la direction bien plus que le chemin, qu'on voyait à peine sous l'herbe touffue.

Il était nuit noire quand ils arrivèrent. C'était une habitation cachée entre deux plis de mornes. Cinq maisons assez grandes, couvertes en paille et bâties à distance inégale les unes des autres, formaient le hameau. Une tonnelle, faite de branches de cocotier et dressée au milieu de ce petit groupe de toits agrestes, était la salle préparée à l'improviste pour la célébration extérieure des rites funéraires qui réunissaient la population d'alentour.

Ces rites s'accomplissent le neuvième jour après l'enterrement. La famille convoque les amis, les voisins, pour rendre les derniers devoirs au défunt.

Ces derniers devoirs, pour certaines parties de ces populations isolées dans les montagnes, et qui mêlent naïvement dans leurs dévotions les croyances du christianisme aux vieilles traditions de l'Afrique et à la religion des Caraïbes, qu'elles ont remplacés dans cet archipel de l'Amérique, consistent en danses, en chants, en festins, qui durent plusieurs jours et plusieurs nuits.

Ces fêtes bruyantes à l'occasion de la mort expriment la confiance religieuse du salut de l'âme envolée.

Elles rappellent, sous ce rapport, les jeux et les cérémonies funèbres de l'ancienne Grèce, où la mort dépouillait sa tristesse pour revêtir les plus éclatantes manifestations de l'espérance et de la foi.

Au milieu de ces danses et de ces banquets, les pontifes de ces cultes de l'Afrique centrale, que l'Europe ignore encore, conduisent des cérémonies et des mystères, qui s'accomplissent à huis clos et auxquels la foule des invités n'assiste pas. Les adeptes seuls y sont admis.

Cependant, quand un profane est présenté par une personne connue et inspirant confiance, et quand cet étranger ne semble poussé ni par une hostile curiosité ni par l'intention de dénigrer et de railler, il peut assister même à la grande cérémonie dite du sacrifice.

Paul et George, amenés et présentés par l'hôtesse, qui était du voisinage et qui connaissait intimement la famille, furent admis sans difficulté et avec politesse. Une foule épaisse remplissait la tonnelle et débordait tout autour, montée sur des pierres, sur des bancs, sur des chaises, pour regarder la danse, qui s'exécutait au milieu.

Trois tambours longs et étroits, recouverts de peaux de chèvre fixées sur la caisse par des chevilles mobiles, et placés, comme les contre-basses, entre les jambes des exécutants, formaient l'orchestre. L'un des *artistes* suivait le chant avec des baguettes; les deux autres, frappant de la main sur le cuir moins tendu de leurs instruments, marquaient la mesure et accompagnaient.

Le chant qu'exécutaient ainsi nos musiciens, deux

*sambas*, placés devant eux, le conduisaient de la voix et du geste. Les sambas, ce sont les poëtes de ces montagnes : le plus souvent ils ne savent que lire ; leur littérature est toute d'instinct ; la nature toute seule les inspire, les instruit, alimente leur imagination. Comme les bardes de la Calédonie, comme les ménestrels et les trouvères de l'ancienne France, on les voit courir de canton en canton, de hameau en hameau, complétant les fêtes des populations, auxquelles ils donnent leur véritable expression et leur enthousiasme.

Sur un rhythme lent et langoureux, qui est le caractère particulier de cette poésie et de cette musique des montagnes dans les Antilles, ils composent, sans réflexion, des stances verbales sur le sujet qui réunit la foule. L'assistance y répond en répétant la première strophe, qui sert invariablement de refrain ; et les danseurs se balancent au son de ces harmonies primitives, dont le *samba*, à la fois poëte et musicien, donne en même temps les paroles et la musique.

Qu'un étranger arrive inopinément dans la fête, l'inépuisable improvisateur lui souhaite la bienvenue par deux ou trois couplets immédiatement composés dans ce naïf dialecte créole formé sur la langue française, et plus français par les termes et par la syntaxe que les patois parlés dans la Bretagne, dans la Provence ou dans le Dauphiné.

Cette fois, nos deux poëtes chantaient en langue sénégalaise les hymnes antiques des aïeux, et célébraient, dans ces chants presque incompris, la majesté des dieux adorés sur les bords du Niger et de la Gambie. Les trois tambours accompagnaient le chant, précisaient la cadence. Et huit danseurs, sur le sol poudreux de la tonnelle, quatre couples formant quadrille, suivaient du pied, du bras, de la taille, de la tête, les mouvements mesurés de l'orchestre.

Tout à coup, de la foule des assistants s'élance une femme au milieu du quadrille. Ses yeux sont en feu. Un mouchoir blanc, légèrement noué, est enroulé autour de son front. Une cotte d'indienne bleue rayée de blanc serre sa taille, et fait bouffer à la ceinture les larges plis de sa chemise, qui recouvre seule son sein jusqu'aux épaules. Ses bras s'agitent en gestes convulsifs et saccadés. Ses lèvres s'entr'ouvrent en frémissant, et il en sort une haleine brûlante au milieu de cris entrecoupés, inarticulés, comme les rugissements de la fureur. Tout son corps s'agite, comme sous l'impulsion d'une pile électrique. Elle ne danse pas, elle bondit; et ses élans impétueux écartent tous les danseurs, qui se rangent respectueusement de côté et lui laissent la place, insuffisante à son ardeur. On dirait une crise d'épilepsie.

C'est son dieu qui la possède. C'est la divinité qui vient d'arriver. C'est le dieu *Léba* qui, comme l'antique Apollon de Delphes, vient de passer, frémissant et terrible, dans le sein de la pythonisse. Elle parle, et sa parole s'empreint d'une autorité, d'une sorte de majesté dont la pauvre femme, tout à l'heure confondue dans la foule, était bien loin d'avoir l'apparence. Son langage n'est que sentences et allégories. Elle prophétise, elle commande, elle rend des oracles. C'est la sibylle sur le trépied.

Après avoir discouru quelques instants en phrases

coupées et inintelligibles, comme tous les oracles, elle entonna le chant spécialement consacré à la divinité qui la possédait. L'assistance y répondit en chœur; et toutes ces voix s'élevant ainsi à l'unisson, jetèrent une sorte de clameur tremblée comme un trille sur un point d'orgue infini.

Ce chœur immense au milieu de la nuit se répercuta de proche en proche dans la montagne, et y répandit une indéfinissable impression de mystère sombre et fatidique.

Tout autour il faisait noir, comme on dépeint le fond des enfers. C'était une de ces nuits sans lune et sans étoiles, où des nuages épais et bas interceptent à la terre toutes les clartés du ciel et couvrent les hommes de ténèbres et, en de certains lieux, d'une sorte d'effroi. Un vent de pluie courait dans les branches et faisait trembler la lueur déjà pâle des bougies de cire jaune qui éclairaient la tonnelle, fichées sur des clous ou collées sur des gaules. Cette lumière vacillait d'une manière indécise, comme le chœur qu'entonnait la ronde. Les physionomies, éclairées par ces clartés blafardes, et altérées par l'émotion du mystère, avaient pris un aspect étrange et fantastique. On se croirait en plein sabbat. Nos deux causeurs, qui voyaient cela pour la première fois, se serrèrent instinctivement l'un contre l'autre.

L'inspirée chantait toujours; puis, comme surexcitée par l'immense clameur qui l'accompagnait, elle reprit ses soubresauts et se mit à tourner sur elle-même, les bras étendus; une toupie ne va pas plus vite. De temps en temps elle interrompait la rapidité de sa rotation pour lancer à droite et à gauche un pas brusque et allongé, qui imprimait à tout son torse un mouvement de recul. Par suite de ce mouvement, elle rejetait involontairement la tête en arrière, et laissait voir, derrière ses lèvres toujours entr'ouvertes, l'éclatante blancheur de ses dents, qui s'entre-choquaient. Et ce frémissement fébrile des dents complétait sur sa figure l'étrange expression qu'y répandaient l'agitation de ses yeux et les éclairs qui en sortaient.

A ce moment, le chef de la cérémonie, enfermé avec quelques rares initiés dans la maison où la jeune fille était morte, préparait le sacrifice devant un autel. Ce sacrifice n'a rien de sauvage et de barbare, comme on le dit souvent, sans en rien savoir. C'est une superstition qu'il faut déraciner, parce que toute superstition corrompt l'esprit; mais ce n'est pas ce rite affreux qu'on dénonce d'ordinaire en Europe comme semblable à la religion des Carthaginois.

L'autel était chargé de petites pierres de toutes couleurs et sculptées les unes dans le style égyptien, les autres comme ces pierres gravées de l'époque assyrienne, qu'on voit en grand nombre au musée du Louvre. Ces pierres semblent appartenir, les dernières aux Caraïbes, premiers habitants de la verdoyante Hispaniola; les autres, à l'Afrique elle-même, qui les aura façonnées sur le modèle des arts de l'Égypte. Quatre chandeliers de cuivre, surmontés de bougies de cire, éclairaient l'autel, placés aux quatre angles. Une lampe qui ne s'éteint jamais, image de la Providence qui veille sans cesse, était adossée contre le panneau, entre deux rameaux de laurier-rose chargés de leurs fleurs. Cette lampe éternelle, on la retrouve dans la plupart des cultes connus dans le monde; elle rappelle surtout le feu sacré des vestales romaines et le foyer perpétuel de la religion des guèbres de la Perse.

Au milieu des pierres, la couleuvre symbolique, figurant l'éternité, comme le serpent chez les anciens, dormait dans son cercle replié en spirale, et agitait d'un léger mouvement de respiration les anneaux diaprés de sa peau verte, zébrée de jaune comme une dorure. Des vases de toutes formes, de toutes matières, de toutes dimensions, complétaient l'ornement de l'autel.

La victime était un agneau. On le nourrissait depuis trois jours dans le sanctuaire. Un cordon rouge ceignait son cou, et par les deux bouts de ce cordon l'*officiant* le conduisait à l'autel. A un signe qu'il fit, deux de ceux qui l'entouraient, à titre sans doute, de desservants, sortirent, et revinrent avec l'inspirée, accompagnée de plusieurs autres personnes désignées à cet effet.

Elle se plaça à gauche de l'autel. Cette femme était comme transfigurée : le blanc de ses yeux s'était élargi, et du point noir de la prunelle jaillissait un éclair au lieu d'un regard. Ses lèvres, plus calmes, s'étaient refermées, et avaient pris une sévère expression de commandement et d'autorité. Elle était grande, élancée, svelte, et l'énergie de ses mouvements, jointe à l'espèce de gravité répandue sur ses traits par l'exaltation et le délire, lui donnait une beauté étrange et comme virile.

Deux des desservants avancèrent une large terrine;

deux autres soulevèrent l'agneau et le tinrent étendu sur le vase. Le prêtre prit une lame posée au bord de l'autel et le frappa au cou. Le sang coula dans la terrine. L'inspirée immédiatement prit le fer des mains du prêtre, le plongea trois fois dans le vase qui s'emplissait, et en perça ensuite une image de cire.

Elle venait d'*envoûter* les ennemis du dieu et de ses mystères. Et l'on retrouve ainsi, dans de vieilles traditions de l'Afrique, les mêmes superstitions qui avaient cours en France jusqu'au dix-septième siècle, il n'y a pas trop longtemps, et pour lesquelles la maréchale d'Ancre a été jugée, condamnée et décapitée. Percer une image de cire au milieu de mystérieuses cérémonies, cela s'appelait en France *envoûter;* dans les superstitions issues de l'Afrique, cela s'appelle *piquer* son ennemi. C'est la même idée, la même erreur, la même cabale, sous d'autres noms et dans d'autres climats. Relis la huitième satire d'Horace : tu y retrouveras les mêmes incantations, et avec des nuances encore plus fortes.

A ce moment, on apporta devant l'autel une grande urne en terre cuite, un canari, qui avait de l'eau jusqu'à moitié.

L'âme du défunt, sortie de son corps, avant de s'engager dans les péripéties de sa destinée nouvelle, s'attarde sous le toit où la mort l'a dépouillée, soit regret de quitter le foyer de la famille, soit terreur de l'inconnu qui s'offre à l'entrée de cet infini, lequel a tant exercé l'imagination des philosophes et des poëtes. Dans ce séjour posthume qu'elle fait ainsi dans la maison, c'est dans ces grands vases qu'elle se réfugie, au sein d'une eau lustrale consacrée aux dieux au moment de la mort. L'âme s'y lave et s'y purifie. C'est un purgatoire d'une autre espèce. Et c'est par une naïveté psychologique de cette valeur et de cette force que ces cultes primitifs du désert expliquent la cérémonie du *canari, cassé* le neuvième jour après la mort, pour en faire sortir l'âme attardée et la remettre à l'indulgence des dieux, sur l'aile expiatoire des nénies, qui implorent pour elle les bontés d'en haut.

Le chef et l'inspirée se mirent à frapper sur l'urne, en entonnant un nouveau chant. Tout le monde répondit en chœur.

Au milieu de cet hymne bruyant, accompagné au dehors par les tambours, l'officiant et l'inspirée frappent de plus en plus fort sur les flancs du vase, le fêlent, et le brisent enfin en mille morceaux. L'âme est partie. Les dieux vont l'avoir en leurs mains. Des hourras prolongés saluent son départ et suivent son vol au milieu des airs.

Alors la cérémonie change de caractère. La danse recommence sous la tonnelle, et les tables se dressent de toutes parts pour le grand banquet, institué en hommage, en actions de grâces aux dieux bienveillants.

— Retirons-nous maintenant, dit George à son ami; nous avons vu, je crois, tout ce qu'il y avait à voir.

Et ils s'éloignèrent de l'habitation, toujours accompagnés de la femme et de l'enfant. A un quart de lieue de là, ils entendaient encore le son des tambours et des voix, assourdi par la distance et se répétant vaguement de tous côtés dans les échos de la montagne.

— Comment expliques-tu ces convulsions et ce délire de la jeune femme ? dit George, interrompant ainsi le silence pensif qu'ils gardaient depuis leur départ.

— Cette femme, répondit Paul, a été préparée à cette exaltation. On l'a fait jeûner, on a surexcité son imagination par les récits merveilleux de cette mythologie du Sénégal, et on lui a fait prendre quelque breuvage composé de certaines plantes des forêts, ayant la propriété d'exciter le système cérébral, comme les vapeurs de l'alcool et comme l'opium des Orientaux.

Ces hommes conservent des traditions botaniques dont la science eût pu profiter. Ils ont même tout un système médical fondé sur cette connaissance des propriétés diverses de ces plantes innombrables qui végètent sous les ardeurs des tropiques, où la vie est plus intense, plus accentuée, plus énergique. Tu n'es pas, je pense, sans avoir entendu parler des cures étonnantes qui s'opèrent dans ces montagnes, surtout sur les aliénés. Si donc ces hommes, qui cultivent les secrets de la science irrégulière et tout expérimentale des anciens Africains, peuvent ramener à la raison les fous furieux qu'on leur amène, il est tout naturel de penser qu'ils peuvent de même, par l'action de substances végétales que nous ignorons, déterminer dans le cerveau de leurs adeptes cette exaltation que nous venons de voir dans la jeune femme qui te préoccupe.

Ils ont, en outre, sur le magnétisme animal des données vagues mais étonnantes par les expériences inconscientes qu'on leur en voit faire.

Remarquons en passant que c'est toujours la femme que choisissent les mystères et les oracles pour exprimer l'enthousiasme et le délire du surnaturel. La souplesse de leurs organes, l'irritabilité de leurs nerfs, la faiblesse et l'exaltation naturelle de leur imagination, les rendent plus propres à ce rôle mystique, d'où la réflexion et le raisonnement sont sévèrement bannis. Il faut la femme pour compléter les religions, quand ces religions ont besoin de mystères.

Les continuateurs du culte païen dont nous parlons, tout en employant, pour produire le délire dans l'esprit de leurs pythies, les moyens pour ainsi dire chimiques que nous venons de reconnaître, en sont venus néanmoins, par l'aveuglement de la superstition, à voir eux-mêmes dans ce délire l'effet d'une influence surnaturelle et divine. Ils en sont venus à se figurer que l'homme, dans cet état produit par lui-même, est en communication directe avec le ciel, où il acquiert une seconde vue, qui lui permet de prophétiser et d'enseigner. Bien certainement, les oracles des Grecs, dont nous avons vu les fureurs sacrées dans les poëmes antiques, ont une origine semblable, cachée à dessein par les poëtes contemporains de ces mystères. Nous savons même qu'avant que la sibylle de Delphes pût prophétiser, il fallait qu'elle observât un jeûne de trois jours, qu'elle se baignât dans la fontaine de Castalie, et qu'elle mâchât des feuilles de laurier. Remplaçons ici les feuilles de laurier par d'autres feuilles ou par d'autres substances, si les premières n'ont pas la vertu d'exalter la tête, et nous aurons le secret de tout le mystère.

GEORGE. Quoi qu'il en soit, je m'attriste de voir ces rites se conserver dans le pays. Cet agneau immolé, ce sang pris pour offrande, ces mystères au milieu de la nuit, ont quelque chose de sombre qui doit pousser au mal par une pente toute naturelle.

Paul. Certainement, ces pratiques sont mauvaises, puisqu'elles n'ont rien de raisonnable et ne décèlent rien de moral. Aussi suis-je heureux de voir que l'esprit public, éclairé de plus en plus chaque jour par les lumières du siècle, même au milieu des campagnes les plus retirées, repousse ces mystères, qui ne sont propres qu'à fausser l'esprit. Aujourd'hui, en effet, on n'en entend parler que dans le fond de quelques montagnes, et, même là, ceux qui les observent appartiennent tous à la foi chrétienne, qu'ils croient pouvoir associer à ce paganisme d'une autre époque. Un gouvernement intelligent et de bonne volonté achèvera sans peine de dissiper ces restes d'erreurs, au moyen de l'enseignement primaire et d'un bon système de moralisation dans ces montagnes. L'œuvre entreprise par Laurent dans son canton pourra facilement se généraliser. Ces hommes sont tous bons et intelligents, ils embrasseront la vérité avec enthousiasme. Les principes simples et clairs de la doctrine chrétienne, tels que le Christ *lui-même* les a enseignés, dégagés de tout mystère inutile, effaceront bien vite les derniers vestiges des vieilles traditions.

Cette religion du *veaudoux*, mot altéré sans doute du *veau d'or* des Hébreux, est évidemment un culte semblable à toutes les espèces de polythéisme qui formaient la foi générale des peuples les plus éclairés de l'antiquité. Elle reconnaît, au-dessous d'un dieu suprême, Jupiter, Allah ou Jéhovah des nations africaines, des divinités de second ordre, officiers et ministres du souverain maître, comme les dieux inférieurs du paganisme gréco-romain, comme les anges obéissants du paradis de John Milton. Ce sont ces dieux intermédiaires, ces *anges*, comme on les appelle précisément dans ces montagnes, qui sont adorés dans ces religions nées dans les forêts et dans les déserts de l'immense Afrique.

Il paraît, en outre, que la puissance néfaste des esprits rebelles, redoutée de ces peuples craintifs, leur a fait ériger des cultes aux mauvais génies tout comme aux bons, aux Ahrimane comme aux Oromaze, aux Titans comme aux dieux, aux Lucifer, aux Satan, aux Méphistophélès, comme aux Gabriel, aux Michel, aux chérubins et séraphins du ciel de l'Afrique.

Et ces dieux des ténèbres, qu'on craint et qu'on révère comme partout ailleurs, on les invoque contre ses ennemis, on leur demande le succès malfaisant des incantations et des philtres qui les complètent. De là ce paganisme que nous retrouvons dans nos montagnes, où les fleuves ont leur génie, comme ce *Clameille,* que l'on redoute sur les bords de la rivière de Limbé; comme toutes ces divinités des champs et des forêts qu'on invoque dans toutes les circonstances de la vie, pour le bien comme pour le mal, pour la protection comme pour la vengeance, pour la charité comme pour la haine.

Ainsi, le veaudoux, à l'examiner avec attention, n'est que ce polythéisme universel que l'histoire rencontre à la naissance de toutes les sociétés, de toutes les civilisations, de toutes les races. L'homme, d'abord borné d'idées et de raisonnement, attribue la puissance efficiente aux forces actives de la nature, et les divinise sous des noms spéciaux. Cette tendance cosmologique se retrouve partout sur la terre, dans les âges primitifs. C'est la raison qui, éclairée plus tard dans la culture des sciences, vient la contredire et l'effacer. Et néanmoins, même aux plus belles époques de lumière et de civilisation, on la voit reparaître sous une autre forme, celle du panthéisme, qui n'est au fond que ce même système de la pluralité des dieux, mais, ici, impersonnels et inconscients, comme dans la doctrine de Spinosa.

Il n'y a donc ici, en fin de compte, qu'une erreur à déplorer, qu'une idée pervertie à redresser. Il s'agit simplement de faire comprendre à ces hommes crédules que les forces qu'ils voient agir dans la nature sont des lois établies par l'intelligence unique qui dirige les mondes, pour y maintenir l'ordre et l'harmonie, et pour enseigner, en outre, par leur exemple, ces règles fondamentales à l'esprit humain, qui se débat sans cesse entre la passion et l'erreur dans l'ordre moral et intellectuel. C'est cette vérité qu'il suffit de mettre debout pour renverser les superstitions et les paganismes.

On a eu plus fort à faire dans d'autres temps pour ramener à la raison les peuples égarés par de cruelles superstitions. Les Romains ont dû stipuler, comme clause principale du traité conclu en Sicile avec les Carthaginois vaincus, que ceux-ci renonceraient désormais à ces égorgements d'hommes, de femmes et d'enfants, qui faisaient partie de leur culte officiel. Les Carthaginois pourtant étaient des Phéniciens, c'est-à-dire des enfants de la brillante Asie Mineure, foyer des sciences, des arts, des délicatesses et des élégances de l'antiquité.

Les Gaulois, sur cette terre de France devenue depuis la patrie même du bon sens, de l'humanité, de la générosité et de tous les progrès, les Gaulois, nous le savons, immolaient aussi des hommes, des femmes et des enfants, enfermés dans des statues d'osier, aux dieux affreux que servaient leurs druides.

Inutile de rappeler le vieil Abraham sur le point de frapper lui-même le fils bien-aimé qui faisait sa joie, ou l'orgueilleux Agamemnon, sacrifiant aux dieux sa fille soumise et résignée, pour obtenir des vents propices. Des superstitions déplorables ont entaché toutes les races humaines. C'est à l'action progressive des lumières qu'il appartient de les dissiper, de les détruire.

George. Il est bien temps, je trouve, que tout cela finisse par toute la terre. Les choses qui blessent la raison m'indignent et me révoltent comme une offense personnelle. Ainsi, cette couleuvre adorée sur un autel me fait l'effet d'un attentat.

Paul. Tu as bien raison, et j'eusse tout renversé si je l'avais pu. Mais examinons encore, pour notre propre satisfaction. La couleuvre que nous avons vue est un symbole; ce n'est pas un dieu, comme l'ibis des Égyptiens, adoré sous prétexte de reconnaissance; comme l'ichneumon et le bœuf sacré de ce peuple, à la fois savant et idolâtre, qui a donné à la Grèce sa civilisation. L'Égypte se dégradait dans un culte effectif pour des animaux, tandis qu'ici c'est une simple image, un emblème vivant, adopté par des temps reculés, pour rendre sensible l'idée fondamentale d'une religion. En effet, les orbes repliés de la couleuvre en repos ne sont là que pour figurer la puissance des dieux, n'ayant point de fin. C'est l'expédient ordinaire des langues indigentes, d'avoir recours à l'hiéroglyphe, à l'espèce de figure qui frappe le plus l'imagination. J'avoue toutefois que de l'image à l'adoration il n'y a qu'un pas, surtout pour des esprits ardents et sans direction. Et je condamne avec toi, sans restriction, tout ce qui peut pervertir la raison humaine.

Je suis fermement persuadé, d'ailleurs, je te l'ai déjà dit, qu'avec la tendance en quelque sorte éclectique de l'esprit des populations dont nous parlons, il est plus facile ici qu'en beaucoup d'autres milieux d'effacer toute trace de superstition. Les mêmes hommes qui, dans ces montagnes, gardent encore les souvenirs mythologiques d'une autre terre, vivent cependant dans l'observance scrupuleuse des rites de la religion catholique. Ils apportent leurs enfants sur les fonts des églises pour y recevoir ce baptême chrétien, institué par Jean dans le désert. Le mariage, pour eux, consiste bien plus dans la bénédiction donnée par le curé du village voisin que dans l'acte légal de l'état civil. Ils appellent le confesseur à leur lit de mort pour lui demander la consolation des derniers sacrements. Ils communient une ou deux fois l'an au pied des autels; et ils mêlent ainsi dans leurs âmes naïves deux religions différentes, persuadés de servir, dans les deux, le même Dieu qui a fait le monde.

Cet état de choses singulier dénote la facilité qu'on aurait à détruire, en ces lieux, non-seulement les superstitions africaines, mais même toutes autres espèces de superstitions et de mystères, en faisant prévaloir graduellement, par le raisonnement, l'idée unique d'une Providence qui ne demande aux hommes que de bonnes actions.

On pourrait, à l'aide même de ce mélange d'idées et de croyances, y réaliser cette religion sans mystère de la morale et du bien, indépendante de l'esprit dogmatique et d'intolérance, source perpétuelle de haine et de guerre civile dans la famille humaine. On pourrait y installer cette religion universelle de bon sens, d'amour et de charité, que recherche la philosophie et que le Christ voulait établir.

Mais le Christ lui-même n'imposait rien par la violence. C'est avec le raisonnement et la persuasion qu'on détruit l'erreur. Employer la force contre les croyances, c'est les exciter, c'est les convertir en fanatisme.

De bons maîtres d'école dans ces montagnes, de bons juges de paix, de bons missionnaires, animés du véritable esprit du christianisme des premiers jours, tous à la fois enseignant, expliquant, conseillant, moralisant, accompliront la tâche, sous un gouvernement de raison et de justice, comme celui dont nous poursuivons l'idéal dans nos causeries. »

L'hôtesse écoutait ces propos en cheminant sur la colline, devant les deux jeunes gens qu'elle conduisait.

Le lendemain, Paul entendit, dans la pièce contiguë à celle qu'ils occupaient, la brave femme transmettant à son mari les observations qu'elle avait recueillies. Elle les redisait dans la simplicité de son langage, et elles acquéraient une force nouvelle dans la bouche de l'humble femme des montagnes, au cœur honnête et à l'esprit juste. Elle disait lentement et avec cette grâce adorable qu'on aime tant dans l'enfant qui cause, comme quoi ces deux messieurs, au milieu de termes qu'elle n'avait pas compris, avaient prouvé cependant d'une manière bien claire pour elle, que Dieu ne demande aux hommes que la bonté, la charité, les bonnes actions, et que toute religion qui enseigne à haïr n'est pas celle du ciel, mais celle des hommes, et des hommes méchants.

Il appela George auprès de lui, et ils écoutèrent longtemps derrière la cloison qui les séparait du couple rustique. L'honnête et judicieux Laurent trouva dans ce que sa femme lui répétait la confirmation des idées qu'il enseignait à ses voisins. Et nos deux amis admirèrent une nouvelle fois comment une modeste instruction primaire avait converti l'humble toit de cet homme de bien en une école de sagesse et de morale.

Ils firent ensuite leurs préparatifs de départ; mais, avant de quitter leurs hôtes, ils renforcèrent le sermon indirect de la veille par quelques paroles claires, simples, précises, concluantes, propres à faire impression et à durer dans la conscience et dans l'esprit.

Ils partirent, et le petit de Camp-Coq, monté sur son âne, allait derrière eux, dans les longs défilés boisés qui mènent à Plaisance par la montagne. Chaque fois que la conversation reprenait entre les deux touristes, le petit guide pressait sa monture du talon, et se rapprochait.

Tout un monde nouveau s'ouvrait à son esprit. Il ne s'était pas encore douté que ses montagnes fussent si belles, et qu'on pût les aimer avec la passion et l'enthousiasme qu'y mettaient ces messieurs. Il ne s'était pas encore aperçu que ses vallées étaient si gracieuses, et qu'elles éveillaient tant de bonnes impressions par leurs murmures, par leurs silences, par leurs chutes d'eau, par leurs fumées lentes et bleuâtres s'élevant mélancoliquement le soir, à l'heure où la cloche éloignée sonne l'*Angelus*, au lever de la lune. Il avait appris à admirer, à sentir, à aimer.

L'enfant comprenait à sa manière, et il s'enthousiasmait graduellement de toutes ces choses si neuves pour lui et si pleines de sens, qu'il entendait pour la première fois, dans cette compagnie. La raison, dite avec l'accent du cœur, est une poésie d'un autre genre. Elle passionne et fait des prosélytes comme les religions.

Aussi le lendemain, les voyageurs rentrés dans leur domicile au pied des montagnes, quand Paul ouvrit ses livres, et que le dialogue, depuis trois jours interrompu, allait se renouer, le petit vacher, qu'on attendait dans la savane, oublia-t-il ses vaches, ses veaux et ses chiens. Il se coucha en travers de la porte, un licou sur l'épaule, les yeux fixés sur nos causeurs. Il écoutait.

L'air était lourd, le ciel bas et sombre comme à l'approche d'un de ces orages si fréquents dans les mornes de Plaisance. Les deux amis, fatigués d'ailleurs du dernier voyage, s'étaient décidés à garder le logis, sans pourtant vouloir s'ennuyer dans le gîte, suivant le mot de la Fontaine.

Paul feuilletait des volumes. George, qui toujours

ouvrait le débat, et qui semblait se complaire à provoquer son compagnon, s'accouda en face de lui sur la table, et lui dit :

— Je suis impatient d'entendre quel nom tu comptes choisir, après Mirabeau, dans la France moderne, pour continuer la tradition politique et littéraire de Périclès et de Cicéron. Serait-ce Vergniaud, ou Chateaubriand, ou Benjamin Constant, ou Royer-Collard, M. Guizot ou M. Thiers?

PAUL. Tous ceux que tu nommes là pourraient venir à l'appui de l'idée que je soutiens. Ils justifient tous mon opinion. Mais je prendrai celui qui a eu cette destinée singulière de marquer à la fois plus que tous les autres dans la littérature et dans la politique : dans la littérature, par toute une existence homérique, qui rappelle les âges poétiques les plus splendides de l'antiquité; dans la politique, par des vertus et des actes qui rappellent les Romains des premiers temps, et qui se sont montrés au monde au milieu d'une des plus grosses tempêtes qui aient jamais ébranlé les fondements mêmes des sociétés.

Je prendrai Lamartine.

C'est lui, le poëte des poëtes, qui achèvera de prouver entre nous que la culture des lettres et du sentiment n'a rien d'incompatible avec la direction des sociétés, et que la poésie même la plus éthérée ne fait pas contraste avec la politique et le gouvernement. Lui, qui a dit une fois, dans un livre que je ne me rappelle pas, que les temps modernes s'appliquent, on ne sait pourquoi, à rapetisser les hommes par l'idée outrée des spécialités.

L'antiquité, en effet, formait ses grands hommes entiers et complets, propres à l'action comme au conseil, à la spéculation comme aux affaires. Pline, Tacite, Cicéron, César, de même que Solon, Périclès, Démosthènes, Xénophon, Thucydide, ont écrit et ont commandé.

GEORGE. Tu auras beau dire et beau disserter, tu ne parviendras pas, je t'en préviens, à me faire avaler cette pilule dorée, à me faire admettre qu'un homme avec une lyre ou avec la flûte des bergers de Virgile, puisse commander à une nation; que Lamartine, avec ses rêves et ses soupirs, soit un homme d'État, un homme capable de gouverner, d'administrer les intérêts d'un pays.

Qu'il accorde sa harpe, qu'il chante les forêts, les prairies, les collines, les sources cachées sous l'herbe, les colonnes du temple, la lampe qui veille au pied des autels, la vague qui plisse au loin la surface bleue du lac, la chevelure déroulée de Graziella dans la barque qui glisse sans bruit sur la mer de Sorrente, l'oiseau qui bâtit son nid au bord du toit de chaume dans le village, le nuage pourpré qui brode un coin du ciel le soir à l'occident; c'est là son affaire. Mais la politique n'admet pas de plaintes, pas de cantiques, pas d'enthousiasme, pas de ferveur. Elle ne veut point de brume ni de nuages, pas même les plus gracieux, les plus dorés, les plus transparents. Elle veut voir clair, pour marcher ferme.

PAUL. Comme si la conscience troublait la vue ! La poésie, mon cher George, ce n'est rien autre chose que la conscience écrite et manifestée. C'est la raison elle-même, mais puisant une force nouvelle dans les sources de l'âme, dans le sentiment.

Nous avons dit en commençant que le gouvernement est la chose la plus difficile de la vie humaine, parce qu'elle exige une connaissance approfondie de l'homme, de ses tendances, de ses passions. Nous allons voir si celui dont nous parlons aujourd'hui connaissait assez l'homme avec ses instincts les plus secrets; s'il a assez fait preuve de cette connaissance, la plus difficile à acquérir; et s'il était apte à saisir, d'après ces notions, les solutions les plus propres à établir la règle et le droit parmi les hommes.

Il ne suffit pas de répéter les axiomes bizarres inventés par l'envie ou le préjugé contre les esprits spéculatifs, pour les écarter de la vie publique, où ils barreraient la route au calcul et à la mauvaise foi. Il faut raisonner sans prévention, il faut étudier les faits produits par l'histoire; et nulle part cette étude n'offre autant d'enseignement que dans la vie politique de celui que tout le monde s'accorde à saluer comme le vrai poëte des temps modernes.

Pline le Jeune disait que la seule ambition convenable à un honnête homme, c'est *ou de faire des choses dignes d'être écrites, ou d'écrire des choses dignes d'être lues*. Ce mot, c'est le portrait même de Lamartine. Personne, depuis bien longtemps, n'a réuni à un aussi haut degré ces deux genres de mérite et d'illustration.

Des choses dignes d'être écrites : nous les verrons bientôt, éclatantes et en grand nombre, et nous admirerons avec respect. Des choses dignes d'être lues : on ne sait que nommer de préférence parmi toutes les merveilles inventées par ce génie multiple de poëte, d'historien, de philosophe et de publiciste. Il suffirait d'un seul de ces chefs-d'œuvre ayant nom les *Méditations*, les *Harmonies*, *Jocelyn*, *la Chute d'un ange*, les *Recueillements*, *Voyage en Orient*, les *Girondins*, *Histoire de la Restauration*, *Histoire de la Turquie*, *Histoire de la Russie*, pour donner à un homme une mémoire impérissable. On n'a pas besoin d'ajouter les *Confidences*, les *Entretiens*, le drame de *Louverture*, où le poëte adopte une race avec ses droits et ses malheurs; la *Révolution de* 1848, les discours politiques, le *Civilisateur*, le *Conseiller du peuple*, les *Foyers du peuple*, et toutes ces pages détachées, également belles, également grandes, jetées au hasard de l'inspiration et de l'émotion, et qui forment avec tout le reste l'œuvre la plus volumineuse et la plus variée que connaisse l'histoire des lettres depuis Voltaire.

Jamais homme plus essentiellement littéraire, plus divinement artiste, plus profondément philosophe et penseur, n'avait paru sur la terre. Cicéron lui-même n'avait pas une intuition aussi intime, aussi complète de la littérature comme expression de l'humanité, comme image de ses tendances, comme manifestation de ses instincts, comme réalisation de ce verbe créateur de l'esprit humain, qui transforme le monde, et qui l'élève en l'améliorant.

Lamartine, c'est ce verbe fait homme et vivant individuellement dans notre époque. C'est Dieu lui-même qui l'a choisi, qui l'a élu dans les montagnes du Mâconnais, comme autrefois Moïse sur le Sinaï. Va, lui dit-il, parle en mon nom. On cesse de croire et l'on n'aime plus : enseigne l'espérance et la charité. Vois, le monde est triste et découragé ; l'intérêt règne et triomphe de la conscience, la force l'emporte sur le droit, la haine envahit la paix, la nuit efface la lumière. Va, combats les nuages qui font la nuit, rallume la foi qui fait le jour, relève les courages abattus, ranime les âmes, refais le monde !

Et il s'inclina, et il adora, et il prêcha.

> « Et moi, Seigneur, aussi, pour chanter tes merveilles,
> Tu m'as donné dans l'âme une seconde voix,
> Plus pure que la voix qui parle à nos oreilles,
> Plus forte que les vents, les ondes et les bois! »

Mais il ne prêcha pas seulement, comme tu le dis, le rêve et la chimère. Il prêcha la raison, le droit, la vérité, tout ce qui est juste, tout ce qui est bien, tout ce qui doit être, tout ce qui peut être.

La politique, comme il faut l'entendre, a-t-elle un autre programme que celui-là? A-t-elle d'autres mœurs et d'autres idées? Tient-elle expressément à moins de droiture et de logique, ou veut-elle absolument plus d'étroitesse de vues, plus d'égoïsme et de mépris de l'homme?

George. On entend généralement par politique et par homme politique, la science positive des affaires publiques, et l'esprit capable de les comprendre avec netteté pour les conduire avec précision.

Paul. Les comprendre avec netteté! Que faut-il pour cela? Une attention soutenue, de la réflexion, l'étude de l'homme. Et qui était plus capable que Lamartine d'étude et de réflexion?

Mais après les avoir comprises, ces affaires publiques dont tu fais la propriété exclusive de tes hommes sans cœur, ne faut-il pas, pour les conduire avec avantage pour la société, les établir sur la justice, les subordonner à l'équité, les assujétir à ces principes éternels de droite raison, sur lesquels le monde lui-même est institué? Et dès lors ne faut-il pas, pour les diriger dans leur vrai sens, des hommes possédant à fond ces notions souveraines de justice et de droit, et se passionnant pour leur succès?

Or, qui a jamais possédé ces grandes notions plus complétement que celui dont nous parlons en ce moment? Il a passé sa vie à les expliquer. Il s'est donné la mission de les enseigner, et il les a fait aimer en les enseignant.

Faire aimer la vérité en l'interprétant dans la langue puissante de l'émotion, c'est là l'effet naturel de la vraie poésie; et c'est là l'espèce de crime qu'on lui reproche, l'unique objection qu'on lui oppose.

Mais est-ce bien sérieusement un crime, un tort, une infériorité, que de faire accepter avec enthousiasme la loi qu'on veut imposer? Est-ce un signe de faiblesse ou d'incapacité, que de commander à la fois à la conscience et à l'esprit, et d'ajouter à l'autorité des lois positives celle plus forte encore et moins contestable des lois éternelles de la nature?

L'objection est donc sans fondement, et elle est cependant la seule qu'on lui ait faite. Sa lyre, toujours sa lyre! On n'a jamais pu lui reprocher d'avoir mal compris les événements, d'avoir imparfaitement jugé les hommes, d'avoir manqué de fermeté, d'avoir voulu des utopies, puisque c'est lui qui a fait la guerre aux utopies, comme nous le verrons bien quand nous en serons à ses actes publics. On n'a jamais pu lui reprocher que son nom de poëte. Il n'y a donc là qu'un préjugé ; et un préjugé, loin d'être une raison, est un non-sens.

Poëte, il l'était certes dans l'acception la plus élevée, la plus étendue, la plus profonde de ce mot sublime. Il n'écrivait pas seulement la poésie, il la pensait. Le vers était sa langue ; il n'en avait pas de plus familière, de plus naturelle. « Je suis né poëte », a-t-il dit lui-même. Et ce mot, dans la bouche de cet homme qui n'a jamais connu l'ostentation, est le portrait le plus fidèle et le plus beau qu'on puisse faire de lui.

Son enfance docile et pieuse, sous l'aile adorée de sa mère, à l'ombre de cette *blanche maison* de Milly désormais consacrée comme l'île de Chio, comme Tibur, comme Mantoue ; ses courses dans la montagne au milieu des bergers, ses premiers amis ; ses tristesses et ses larmes au collége de Belley ; sa répugnance invincible pour la discipline de l'école et pour ce mélange de *grec*, de *chiffres* et de *latin* qu'on lui imposait, dit-il lui-même, loin des tendresses de la famille ; sa fuite à travers les champs ; sa promptitude à tout comprendre et à devancer même l'explication ; les mouvements tumultueux de ce cœur précoce d'enfant, qui semblait pressentir toutes les espèces d'émotions que la vie d'un homme peut contenir ; tout annonçait en lui, dès les premiers jours, quelque chose de sublime et d'exceptionnel.

Il a tenu parole, il a donné même plus qu'on n'espérait.

Ses premiers pas dans la vie, ses premiers accents, ont révélé complétement l'homme que l'enfant avait promis.

Quand il publia les *Méditations*, l'Europe étonnée jeta un long cri d'admiration. Toutes les langues littéraires les traduisirent. Ce début d'un jeune homme suffisait à lui seul pour consacrer un nom à tout jamais. Ces poésies d'une espèce nouvelle, où le langage naturel de l'âme émue remplaçait la langue officielle et compassée de l'*Art poétique*, après avoir été d'abord refusées par les éditeurs, devinrent l'événement le plus considérable de cette époque. La France oublia, pour s'en réjouir, la charte octroyée et la sainte alliance.

Les malheurs de la liberté et l'invasion du sol de la patrie, qui venaient de fermer violemment la révolution, avaient affaissé les esprits même les plus virils. Des ruines de toutes sortes, mêlées à des souvenirs tragiques, tenaient dans la consternation les âmes sensibles et délicates. L'esprit d'analyse du dernier siècle survivait aux efforts qu'il avait inspirés dans la vie active, et le matérialisme, dominant la société, désintéressait les cœurs de tout enthousiasme, de toute croyance, de tout idéal, de tout élan généreux et vivifiant. La littérature elle-même s'était calquée sur la société : elle cultivait la forme et l'étiquette, qui remplacent d'ordinaire, dans les décadences, l'âme et le sentiment disparus avec le génie et la liberté.

C'était Boileau qui gouvernait. Racine lui-même, dont la royale solennité se revêt de grâce et d'harmonie, semblait hors de saison, dans ce monde désabusé des splendeurs du trône et de l'autel, dans cette société découragée, que l'apothéose des faits accomplis et des intérêts purement positifs avait déshabituée de la vie de l'âme.

Chateaubriand, pourtant, venait de reprendre le langage oublié de l'émotion; mais comme il ne s'en servait que pour raviver des traditions discréditées par la philosophie, l'immense majorité des libres penseurs et des esprits droits fermait l'oreille à ses dithyrambes.

Alors parut tout à coup en France le premier volume des *Méditations poétiques*. L'esprit du grand peuple se réveilla; son âme s'émut et secoua la torpeur qui pesait sur elle. La terre classique de l'enthousiasme reconnut sa langue et son génie.

Cette langue, cependant, paraissait étrange. Lamartine l'avait inventée comme Shakespeare avait fait le drame. Mais elle avait des accents intimes qui trahissaient, dans leur ingénuité, dans leur grâce native, dans leur adorable simplicité, ce vieil idiome des trouvères, qui avait tant charmé le moyen âge. On y retrouvait de temps en temps, avec bonheur, la note plaintive et sympathique de ces bardes du ciel du Midi, qui propageaient la *gaie science* dans la vieille Provence, et qui y créaient toute une civilisation d'élégance et de chevalerie, détruite par le zèle religieux, mais dont l'écho harmonieux, quoique affaibli, est parvenu néanmoins jusqu'à notre époque.

Ce n'était plus la langue disciplinée et en quelque sorte aulique du dix-septième siècle; ce n'était plus la littérature grecque écrite en français; c'était la langue de la France, ramenée aux traditions mêmes de l'esprit national : l'indépendance et la liberté.

GEORGE. Il voulait se faire chef d'école. Il créait une secte en littérature. Et bientôt, à sa voix, toute une doctrine devait s'élever sur cette idée de la proscription absolue de toute tradition de l'art antique et du bon goût, sur ce système de l'abolition de toute règle sensée, et de l'indépendance dans le bizarre. Le genre baroque deviendra bientôt la marque du génie.

PAUL. Cette accusation ne l'atteint pas : il n'était pas né pour l'exagération. Il n'a jamais donné dans aucun excès, pas plus en littérature qu'en politique. Son romantisme, à lui, était judicieux et raisonné. C'était le libéralisme de la littérature. C'était l'affranchissement de la langue nationale des lois et des formes de langues étrangères et disparues. C'était une ravissante alliance du goût le plus délicat au naturel le plus touchant. C'était la nature mariée à l'art; c'était l'ordre dans la liberté.

Lamartine continuait la révolution dans ses grands principes : il l'accomplissait dans l'art et dans la langue.

GEORGE. Mais une révolution de ce genre, ce n'est pas seulement dans la forme qu'il faudrait la faire. Il y a des choses plus essentielles, plus intimes que les règles plastiques, dans la littérature comme dans tous les arts.

PAUL. Aussi est-ce surtout par l'idée qu'il a innové. Les croyances païennes, les dieux de l'Olympe, les naïades et les nymphes, sont écartés de son ciel, de ses lacs, de ses montagnes. La nature et l'idée chrétienne les remplacent et jouent seuls leur rôle. Tu en as surtout pour preuve *Jocelyn* et *la Chute d'un ange*, épopées sans précédent dans l'antiquité, qui n'empruntent rien aux compositions métriques des anciens, et qui racontent l'histoire d'une idée et d'un sentiment au lieu de narrer les exploits des héros et leurs passions. C'est l'éternelle Iliade de l'âme, luttant avec la vie; c'est l'interminable Odyssée de l'esprit au milieu des contradictions, des obscurités du problème de l'être et de ses fins.

Telle est l'idée nouvelle de l'art nouveau que le maître a rêvé. C'est tout un monde qui éclot tout à coup à nos regards.

GEORGE. Mais c'est surtout Victor Hugo qui a accompli cette transformation.

PAUL. Victor Hugo, marchant sur ses traces, a ajouté la mâle vigueur du génie aux grâces souveraines de son devancier et de son frère par la pensée et par l'inspiration. Il a complété la tendresse par l'énergie, le sentiment par la conviction. C'est le second terme du binôme intellectuel et social que forment ces deux noms dans l'époque actuelle. C'est l'élément pour ainsi dire viril de cet éclatant dualisme moral qu'ils semblent avoir pris à tâche de constituer à eux deux, pour exprimer ce siècle étonnant, où le rayon qui s'épanche du cœur se marie à l'éclair qui jaillit de l'esprit.

Involontairement, en pensant à eux, on se rappelle ces quatre autres couples de génies qui ont successivement éclairé le monde en mêlant leurs rayons divers : Platon et Aristote, Virgile et Horace, Racine et Corneille, Schiller, l'harmonieux et doux poëte, et Gœthe, son hardi confrère, aux conceptions aventureuses, qui s'entoure à plaisir de nuages pleins de foudre et d'éclairs rutilants.

GEORGE. Cependant, ces épopées d'une espèce nouvelle dont tu viens de parler, ce n'est pas Lamartine qui les a créées. Déjà l'Arioste, Rabelais, Cervantès, Lesage, Swift, en avaient compris l'esprit et la portée, les avaient conçues et mises au monde ; déjà *Roland, Gargantua, Don Quichotte, Gil Blas, Gulliver,* avaient accompli ces odyssées morales dont tu attribues la théorie à l'auteur de *la Chute d'un ange* et de *Jocelyn*.

PAUL. Ceux-là sont les réalistes d'une école fondée sur la même idée. Ils ont réagi les premiers sur les fictions des temps fabuleux. Ils ont opposé la vie réelle au monde des merveilles, l'homme tel qu'il est fait à l'homme demi-dieu, l'enseignement utile et pratique à l'admiration lyrique et stérile. C'était un grand pas fait dans la voie. Mais Lamartine est allé plus loin. Il a entamé un autre ordre d'idées. Il a opposé, lui, la vie intime de l'âme à la vie grossière des intérêts ; l'homme de la nature et du cœur à l'homme de la société et du calcul, l'homme du progrès et de l'avenir à l'homme de la routine et des préjugés. Il a institué le spiritualisme dans la vie réelle. Au-dessus du règne rationnel, qui sépare l'homme du règne animal, il a révélé le règne du sentiment, qui élève l'homme à sa vraie hauteur, qui le place entre Dieu et les choses de la terre.

GEORGE. Mais tout est-il parfait dans ces tentatives de poésie nouvelle et philanthropique ? N'y a-t-il rien à reprocher à l'esprit de système, à la monotonie du rhythme, à l'excès de la plainte, à ce datisme perpétuel qui réitère la pensée sous mille expressions diverses, sans la présenter toujours sous des aspects nouveaux?

Paul. Ta sévérité n'est pas justifiable. Ce que tu appelles répétition inutile, et que tu condamnes ainsi sous un nom sarcastique et malveillant, n'est que l'ampleur même de la conception, jalouse de se reproduire pour se compléter. Cette monotonie dont tu te plains, ingrat, c'est l'harmonie native et involontaire de l'expression, répondant à l'harmonie de la pensée. L'esprit de système que tu attaques, c'est l'émotion partout retrouvée, et il est inutile de la défendre. Quant à cette plainte, qui te fatigue, et qui fait le fond de ces poésies, elle répond assez aux misères constantes qui nous étreignent; et si elle revient peut-être trop souvent assombrir également l'idylle, l'ode ou la strophe épique, c'est que le poëte lui-même l'avait dans son âme. Il faut l'excuser, parce qu'elle est sincère, parce qu'elle n'est pas, comme d'ordinaire, un artifice et une ressource.

George. Le public, néanmoins, en a jugé à peu près comme moi. Le second volume des *Méditations* n'a pas rencontré l'accueil du premier. On avait réfléchi après l'enthousiasme, après la surprise de la nouveauté.

Paul. Ou plutôt, l'envie s'était éveillée. Mais préférons à cette raison, d'ailleurs concluante, celle qu'a donnée Lamartine lui-même, dans la générosité de sa nature, dans une lettre à l'un de ses amis : « C'est que » les premières étaient les premières, et que les secondes » étaient les secondes..... Le ravissement même devient

» une habitude, et l'habitude, comme dit Montaigne,
» enlève sa primeur à toute saveur. »

Et il disait vrai, car bientôt la vérité reparut, et l'admiration générale ne sépara plus les deux moitiés de la même œuvre. « J'ai éprouvé ensuite, dit-il, dans
» tout le cours de ma vie littéraire, poétique, oratoire
» ou politique, le même phénomène. Toujours, et par
» une sorte d'intermittence aussi régulière que le flux
» et le reflux de l'Océan, le flux et le reflux de l'opi-
» nion et du goût s'est caractérisé envers moi par une
» faveur ou par une défaveur alternative. »

A ce moment de sa vie, Alphonse de Lamartine avait trente-trois ans. L'éclat inattendu d'un talent extraordinaire lui avait ouvert la carrière de la diplomatie. Il appartenait à la légation de France à Naples, quand il rencontra, dans cette ville qu'on visite d'ordinaire comme en pèlerinage, celle qui devait partager sa vie, sa gloire et ses malheurs.

Les chants du poëte avaient enthousiasmé la jeune fille, d'ailleurs artiste et poëte elle-même. C'est là un des traits les plus caractéristiques du génie tout personnel de Lamartine, d'avoir rempli d'admiration et d'amour le cœur des femmes et des jeunes filles. Aucun autre homme sur la terre n'a jamais à ce point enlevé les suffrages et les sympathies de ce sexe de la tendresse et de la grâce. Il suffirait de ce fait pour montrer en lui l'homme vraiment né pour commander au monde par les séductions de la parole, par le charme tout-puissant de la vérité.

De Naples il passa bientôt à Londres, à titre de secrétaire d'ambassade. Puis il fut nommé chargé d'affaires en Toscane. Il suivait ainsi, dès ces moments-là, sans les séparer, sa double carrière : politique et littéraire.

En 1829, parurent les *Harmonies*. La voix du poëte croissait chaque jour en profondeur, en émotion, en mélancolie.

George. C'est cette mélancolie-là même que je trouve outrée et monotone.

Paul. Elle est pourtant le principal élément de toutes les grandes et véritables organisations poétiques. Tous les plus grands génies qui arrivent à conduire le monde par la parole, nourrissent en eux ce fonds de tristesse plus ou moins expansif. Ils le prennent naturellement dans le spectacle bien médité des choses humaines, si mal arrangées au gré de la logique du cœur, qui domine en eux.

La vie, à mesure qu'elle s'avançait, jetait dans l'âme du poëte, avec des clartés d'une espèce nouvelle, un sens de plus en plus profond des vanités et des bruits qui agitent le monde. Ces clartés et ces intuitions, il les répandait en strophes adorables, colorées comme ces crépuscules qu'il nous fait si souvent contempler dans le ciel, murmurantes et douces comme ces sources isolées qu'il nous fait écouter au pied des collines.

C'était bien incontestablement la première fois qu'une poésie si intime et si vraie soufflait sur la terre. Jamais, en effet, poëte si vraiment poëte ne s'était encore vu, même dans les âges les plus poétiques, les plus homériques, les plus ossianiques. Pétrarque et le Tasse étaient effacés. La perfection du vers n'était pour rien dans cette magie. C'étaient surtout ces doux accents d'amour, d'innocence, de résignation, de sérénité, qui gagnaient les âmes et changeaient les temps.

GEORGE. Et c'est précisément pour cela que je soutiens que, poëte et rêveur à ce point, il était impossible qu'il fût en même temps un homme d'État.

PAUL. Mais jamais homme, en même temps, on peut s'en convaincre, n'avait été comblé par le ciel de dons plus variés et plus complets. Il comprenait tout dans sa vaste pensée : depuis les murmures et les silences qui attendrissaient son âme dans les solitudes, jusqu'aux conceptions les plus mathématiques des questions sociales les plus compliquées, jusqu'aux points d'administration les plus pratiques. Proudhon, l'homme de la science positive et effective, Proudhon, l'homme le plus étranger à tout enthousiasme et à toute poésie, Proudhon a dit de lui, rappelle-toi ce mot, qu'il pouvait tout comprendre et tout expliquer.

GEORGE. Il m'en coûte d'adopter tout à fait ce sentiment. Cet homme de synthèse et de système, qui ramenait toutes choses à une même idée, à un seul point de vue, ne pouvait être propre à l'observation du détail et à l'analyse, indispensables aux affaires publiques, en ce qu'elles séparent les choses pour les mieux comprendre et pour les appliquer surtout, suivant leur nature différente et spéciale.

PAUL. Tu ne peux pourtant soutenir que le génie, c'est-à-dire la faculté des vues générales, soit incompatible avec les affaires. Saisir les rapports qui relient les choses même en apparence les plus opposées, suppose certainement plus de clairvoyance et de profondeur que la faculté d'en discerner les contrastes et les différences. Ce sont les analogies qui font la science ; l'analyse est la moitié du travail.

Diviser, séparer, opposer, c'est la préparation, c'est-à-dire l'analyse ou l'antithèse ; l'antithèse, c'est souvent le bruit, le son simplement éclatant, retentissant ; la synthèse, elle, fait moins d'éclat, mais plus d'harmonie, plus de lumière, et partant plus de vérité.

GEORGE. Nous ne tarderons pas, du reste, à le voir aux affaires, et c'est là que nous pourrons juger de la valeur réelle de ce don de réunir et d'unifier.

PAUL. Après les *Harmonies*, qui lui ouvrirent les portes de l'Académie, comme les *Méditations* lui avaient ouvert la carrière diplomatique, il se décida à prendre une part active au gouvernement de son pays.

Lamartine s'était formé du talent et du génie l'idée la plus humanitaire, la plus élevée. Il pensait que des dons si puissants ne devaient pas rester stériles dans le monde de l'action, et qu'il fallait les faire servir à l'amélioration même matérielle de la société.

Peu lui importait au fond la gloire de ses vers. Ce qui lui tenait le plus à cœur, ce qui faisait la principale ambition, la seule ambition qu'ait jamais connue cet homme si simple au milieu de la gloire et si désintéressé au milieu de la lutte acharnée des intérêts, c'était d'exercer sur son pays et sur son époque une influence salutaire et bienfaisante. C'était de dépopulariser le matérialisme, d'amortir l'écho du siècle précédent, de détrôner Voltaire, et de mettre à sa place, dans l'âme du monde, le sentiment et l'enthousiasme.

Nous verrons sa vie tout entière attachée à cette ambition et à ce programme.

Il voulut à ce moment-là porter dans les conseils de l'État la parole émue qu'il répandait dans ses livres. Il voulut combattre par l'action elle-même le préjugé tenace qui écartait la conscience des affaires publiques sous le nom suspect de poésie.

C'était de l'audace et du courage que de tenter une entreprise de cette espèce. Nous nous en apercevrons amplement plus tard aux luttes incessantes qu'il va soutenir dans cette tâche ingrate.

Il offrit sa candidature à la députation nationale à Toulon et à Dunkerque; mais il ne fut nommé ni à Dunkerque ni à Toulon.

La *Némésis* alors, t'en souviens-tu? fit siffler ses serpents sur la tête du poëte et du philosophe. Elle railla sa lyre et sa rêverie osant aspirer à la politique.

George. Je me serais associé à Barthélemy.

Paul. Et tu t'en serais assez mal trouvé. Car le poëte prit cette même lyre que la *Némésis* lui reprochait, et il en tira des notes tellement fortes, tellement justes, tellement sublimes, qu'il confondit la ligue de ses ennemis et les accabla sous l'acclamation qui accueillit ce plaidoyer d'un genre nouveau.

« Honte à qui peut chanter pendant que Rome brûle! »

A ce premier cri, qui annonce des mouvements lyriques à la manière de Pindare lui-même, on sent jusqu'où va s'élever le génie offensé dans sa dignité.

Il développe en accents ardents la tâche de l'homme et du citoyen. Il demande au nom de quel principe on prétend l'éconduire de la cité, de quel droit bizarre et incompréhensible on lui conteste sa place au forum et au sénat.

> « Quel jour ai-je vendu ma part de la patrie,
> Ésaü de la liberté? »

Mais bientôt le calme et la mansuétude succèdent à la véhémence et à la colère. Sa nature intime reprend son langage. Il n'était pas fait pour la haine, pour la guerre. « Son Dieu à lui, dit-il, lui com-
» mande l'amour et le pardon ». Jamais cause ne fut mieux gagnée. Le poëte avait épuisé la question. Son ode était une dissertation rhythmée, qui joignait l'enthousiasme à la logique, ce qui, à coup sûr, ne peut la gâter. Il avait jeté le discrédit de l'absurde sur cette doctrine étrange qu'on instituait : l'exclusion du génie des affaires publiques.

GEORGE. Cette doctrine cependant n'était pas chose si neuve et si étrange. Platon, tu ne l'as pas oublié, chassait les poëtes de ses États.

PAUL. Mais ce Platon lui-même était un poëte. Il n'a donc pas voulu chasser les poëtes, mais les histrions, mais les parodistes de la poésie, les faiseurs de vers, les jongleurs. Il ne pouvait exclure l'homme de l'enthousiasme honnête, de la vertu, du génie, sans s'exclure lui-même, c'est-à-dire sans faire un non-sens. Or, Platon ne déraisonnait pas. Comment, d'ailleurs, pourrait-on soutenir que la passion du bien puisse nuire dans le monde? La poésie, comme la comprennent les grands maîtres, n'est autre chose que la passion du bien.

Il y a dans le vieux Ronsard, au milieu de ses efforts

pour gréciser la belle langue française, une page charmante qui nous dit cela de la manière la plus adorable : « *Et pour ce que les Muses ne veulent loger en une âme si elle n'est bonne, sainte et vertueuse, tu seras de bonne nature, non méchant, renfrogné ou chagrin; mais, animé d'un gentil esprit, tu ne laisseras rien entrer dans ton entendement qui ne soit surhumain ou divin!* ». C'est ainsi que j'ai toujours entendu la vraie poésie et les vrais poëtes.

Lamartine accepta sans peine l'échec électoral que nous venons de voir, se réservant pour des temps meilleurs. En attendant, il partit pour l'Orient. L'Orient l'appelait et l'attirait, comme nous l'avons vu attirer Cicéron, comme il sollicite d'ordinaire toutes les puissantes imaginations.

Ces contrées légendaires, berceau de l'histoire, des croyances et des arts, remplissaient sa tête, troublaient le sommeil de ses nuits. Il lui fallait voir cette terre classique du mystère, cette vieille patrie de la philosophie, où tant d'idées ont pris naissance, où tant de choses ont commencé. Il espérait recueillir de nouveaux oracles, de nouvelles clartés de ce ciel des prophètes et de la lumière. Il voulait consulter à la fois Delphes, Stamboul, Jérusalem. Des ruines qui ont vu défiler tant de grandes nations, qui ont vu se lever tant de grandes doctrines, ne lui paraissaient pas devoir être muettes.

Il partit.

GEORGE. Il partit, mais non point comme on part d'ordinaire; mais comme un de ces princes, un de ces nababs dont il allait fouler la terre lointaine. On prend habituellement passage sur un navire, mais lui, il acheta et arma son propre vaisseau. On voyage d'ordinaire en touriste ou en artiste, mais lui, il fit les apprêts d'un souverain. Il chargea son vaisseau de livres, de meubles, de curiosités, d'objets d'art et de grand prix qu'il destinait aux pachas et aux sultans, avec lesquels il allait vivre en familiarité dans ces pays du luxe et de la magnificence. Puis là, il ne descendra pas dans les hôtels, il achètera des palais à lui. Il ne voyagera pas sur les chevaux, avec les chameaux que chacun loue de ville en ville ; il aura sa propre caravane, tout son train de voyage formé par lui-même. Ce n'est pas seulement un poëte qui va saluer la terre des miracles, c'est un prince, c'est *l'émir français* qui va rêver sur le Bosphore, le long des côtes des archipels, au milieu de tout le faste et de toute la pompe de cette patrie même de la splendeur.

PAUL. Où veux-tu en venir ? Tu veux lui reprocher d'avoir aimé le luxe, l'éclat, l'ostentation ? Tu veux l'accuser d'avoir voulu faire du bruit pour en imposer et se faire valoir ? Mais Lamartine, on le sait assez, était l'homme le plus dédaigneux de ces combinaisons de la vanité.

Ce n'est pas le faste et la magnificence qu'il aimait, comme tu le crois, c'est l'élégance ; et je n'y vois rien à lui reprocher. Socrate disait : « Cultivez les grâces. » Que signifient ces grâces ? Rien autre chose que cette délicatesse de mœurs et de goût naturelle à tout homme ayant de la distinction dans l'esprit et dans le caractère. Or, Socrate ne sera pas, lui, j'espère, suspect de mollesse et de raffinement. L'élégance, la délicatesse, le goût du beau, sont même signes certains d'élévation et de supériorité. On les trouve constamment dans les natures d'élite.

GEORGE. Oui, mais il ne faut pas qu'après avoir passé sa vie à satisfaire ces goûts et ces instincts, on se croie le droit de se plaindre du sort.

PAUL. Le mot que tu dis là est une sorte de rapsodie qu'on devrait bien cesser de chanter à l'endroit de l'homme dont nous parlons. S'il n'a jamais pu sacrifier à l'intérêt, s'il n'a jamais su adorer l'argent, il n'a jamais été non plus l'homme irréfléchi qu'on a voulu en faire. Mais comme on lui devait immensément pour tout le bien qu'il avait accompli, l'esprit de parti trouva tout simple, pour refroidir la reconnaissance à l'heure des tristesses, à l'heure des revers et de la vieillesse, de le déclarer prodigue et insatiable, croyant tout régler ainsi par cet arrêt sommaire et sans appel.

Mais reprenons-le plutôt voyageant en Orient avec sa femme et sa fille unique, les plus chères amours et les plus douces espérances de son cœur d'homme et de poëte.

Il a écrit sur ce voyage un livre resplendissant comme les pays qu'il y dépeint. Toutes ces mers chantées par les poëtes, toutes ces îles aux noms sonores, tous ces caps célèbres par un grand fait d'armes ou par une élégie, tous ces golfes où se mirent des villes, toutes ces montagnes aux arêtes gracieuses bleuissant au loin dans la brume légère, toutes ces ruines de cités fameuses qui semblent pleurer, dans leur solitude, les empires puissants dont elles sont veuves ; tous les déserts, toutes les végétations, tous les fleuves, toutes les races, toutes les croyances, tous les drames de ces pays merveilleux qui contenaient jadis la pensée du monde, il a tout retracé avec une finesse de dessin et un éclat de coloris qu'on chercherait vainement dans un autre livre de cette espèce.

C'est l'antiquité elle-même qui se réveille et qui reparaît devant vous, avec son auréole de grands souvenirs qui passionne si fort l'artiste et le penseur.

Mais ce voyage le frappa au cœur. Il y perdit l'enfant qu'il adorait. Julia mourut à Beyrouth ; et le navire qui l'avait apportée heureuse et souriante entre sa mère, fière de son père, et son père heureux de les réunir toutes deux sous les rayons de sa gloire croissante, la ramena dans un cercueil entre le père et la mère en larmes. Devant ce cercueil de sa fille, son unique enfant, l'âme du poëte se replia sur elle-même, et s'enveloppa de tristesse et de silence. Il faisait, dans ce deuil inattendu, une rude expérience de cette vie trompeuse dont il a dit si bien :

« Ici-bas, la douleur à la douleur s'enchaîne,
Le jour succède au jour, et la peine à la peine. »

Pendant qu'il accomplissait ce pèlerinage sur la terre d'Orient, qui coûta si cher à son cœur, il avait été élu député dans le Nord.

George. Nous allons donc le voir à l'œuvre, et nous pourrons, comme dit l'Évangile, juger de l'arbre aux fruits qu'il produit.

Paul. La place qu'il prit à la Chambre des députés en y entrant, dessina dès le premier jour d'une manière précise la politique qu'il allait suivre, et à laquelle il devait rester fidèle jusqu'à la fin de sa carrière.

Il s'isola de tous les partis, et s'assit seul à égale distance des camps opposés qui se combattaient.

GEORGE. A mon avis, cet acte dénote assez le poëte, l'homme qui veut être remarqué par la singularité.

PAUL. Jamais Lamartine n'a connu ce qu'aujourd'hui l'on appelle la pose. C'était l'homme le plus naturel, le plus simple qui se pût trouver ; le caractère le plus franc, le plus loyal, le plus transparent pour ainsi dire. Aucune vanité, aucune jactance. Au milieu de toute la gloire qu'il a réunie sur sa personne, jamais on n'a vu en cet homme le moindre mouvement d'orgueil ou de présomption. C'est là le témoignage unanime que lui rendent tous ceux, en général, qui l'ont connu, qui l'ont approché. Il ne posait donc pas en se plaçant ainsi à l'écart à la Chambre des députés.

Pour ce qui est de ce que tu appelles acte de poëte, je demande simplement aux hommes de bon sens et de bonne foi si la politique qui consiste à ne tomber dans aucun excès est une politique d'imagination, digne de risée.

GEORGE. Je ne dis pas cela. Je crois, au contraire, que pour tout homme qui étudie, qui observe, qui réfléchit, les partis extrêmes ne sont jamais les partis sages. Mais était-ce bien là le sens de la manifestation tacite de M. de Lamartine, choisissant à la Chambre une place isolée ?

PAUL. Puisqu'il n'était pas poussé par la puérile intention de se faire remarquer, il est évident qu'il ne pouvait avoir d'autre but que celui d'exprimer, avant d'avoir parlé, la modération et la sagesse de ses opinions.

Et du moment que tu reconnais toi-même l'excellence de cette politique intelligente de la réserve au milieu des extrêmes, du moment que tu m'accordes ce postulat, qui contient à lui seul tout mon système et tout le sujet que nous traitons, tu ne pourras plus te refuser à retrouver dans chacune des paroles et dans chacun des actes de Lamartine jusqu'au dernier moment, la marque irrécusable de la meilleure des politiques, à savoir : celle du bon sens et de l'honnêteté.

George. Mais je te demande, moi, la marque d'une politique précise et praticable.

Paul. Si le bon sens et l'honnêteté ne sont pas choses précises et praticables, il ne restera plus de tel en ce monde que la violence et la brutalité. Et si l'honnêteté nuit au bon sens, la société des bêtes sauvages est préférable à celle des hommes.

George. Mais il n'a jamais dit à la Chambre des députés un mot qui indiquât un homme d'État, sérieusement occupé des affaires de son pays. Il n'a parlé que de charité, de tolérance, de vague et confuse fraternité, de choses étrangères à la politique. On l'aurait dit à la Sorbonne, occupant une chaire de philosophie.

Paul. Wilberforce, en Angleterre, a passé sa vie à demander la solution de questions purement humanitaires. Lord Brougham, sur ses traces, esprit si vaste et si profond, a illustré sa carrière par ses motions sur l'amélioration de la justice, sur la liberté des noirs, sur l'affranchissement moral des classes inférieures, racontant tantôt la parabole de la sibylle, tantôt invoquant les souvenirs littéraires de l'antiquité.

Les Anglais, les hommes les plus pratiques et les plus positifs qu'il y ait sur la terre, n'ont pas trouvé que ces citoyens fussent des idéologues et des rêveurs. Il faut appeler *plus royalistes que le roi* ceux qui, en France, dans le pays même de l'enthousiasme, reprochent à un homme de cœur sa passion des théories, de la justice absolue et des principes.

Cependant, cet homme qu'on disait si étranger à la vie réelle et aux affaires, voulut un jour faire voir qu'il les entendait comme ses adversaires. Il traita à la tribune la question des sucres, matière aride et compliquée, qu'il expliqua comme eût pu le faire l'industriel le plus familiarisé avec son commerce, au moyen de la langue même de l'industrie et de ces termes techniques qui font une sorte de vocabulaire à part à chacune des spécialités de cette espèce.

Il avait déjà traité à la tribune et dans les vues les plus rationnelles nombre de questions de haute importance, telles que l'abolition de la peine de mort, les projets d'assistance sociale, les difficultés des affaires d'Orient, le projet des fortifications de Paris, la loi relative à la régence, et tant d'autres encore, où l'élévation de sa parole, jointe à l'élévation de ses idées, avait enlevé l'admiration de l'assemblée et les sympathies de tout le pays.

Les dames accouraient en foule au palais Bourbon, pour admirer le séduisant et gracieux orateur à la parole sonore et pleine d'images, leur poëte et leur idole. Dieu l'avait doué de toutes manières. Il avait la tête du jeune Bithynien qu'on voit parmi les marbres grecs du musée du Louvre. Cette tête imberbe, rayonnante de calme et pensive beauté, supposons-la seulement un peu plus mûrie, un peu plus sévère, ce sera la tête de Lamartine, telle qu'on l'admirait à ce moment-là, et telle que je l'ai vue moi-même un peu plus tard, pour la première fois, au château de Saint-Point. Posée fièrement sur sa haute taille et légèrement inclinée de côté, elle respirait à la fois la bienveillance et la dignité. Un front large et élevé, ombrageant de sa proéminence des yeux qui attiraient en regardant, et d'où coulait un suave rayon de tendresse et d'inspiration; le nez droit, aux lignes correctes, légèrement arqué par le haut; la bouche grande et fine, arrêtée dans deux vagues fossettes qui semblaient exprimer la franchise et la bonté, et ne s'ouvrant jamais que pour répandre l'harmonie et la vérité; tel était l'homme prédestiné, comblé de tous les dons de la nature, qu'on applaudissait partout et qu'on aimait.

La France était séduite. Elle s'aimait dans son orateur et dans son poëte, dont elle avait mille fois droit de s'enorgueillir. Il occupait l'attention publique comme un prodige; il n'était question partout que de ce grand poëte devenu tout à coup grand orateur. On lisait ses discours par toute l'Europe avec le même enthousiasme que ses poésies

GEORGE. Et cependant, on ne votait pas avec l'orateur.

PAUL. C'est le contraire qui eût étonné. Il n'appartenait à aucun des partis qui se partageaient la chambre des députés. Il n'était ni à l'opposition ni au gouvernement; il était à la France. Et il opinait, dans chaque matière, sans parti pris, sans résolution préconçue, sans idée de système, mais uniquement pour l'avis qui lui paraissait le plus conforme aux intérêts de son pays.

Arrêtons-nous ici un instant, et faisons une courte réflexion, de nature à résumer, à mon avis, tout ce que nous avons dit jusqu'à ce jour. Rappelle-toi que tous ces hommes, généralement désignés sous le titre d'hommes de théorie et d'imagination, que nous avons passés en revue depuis l'époque grecque jusqu'à nos jours, s'accordent tous à n'adopter pour système politique que la liberté, la justice, le droit, la véritable démocratie. Rappelle-toi qu'aucun d'eux n'a jamais voulu appartenir aux partis extrêmes, ni d'un côté ni de l'autre, et que tous ont cherché le bien public et le triomphe de la liberté dans la modération et dans la sagesse. Remarque en outre qu'ils ont tous eu pour principe de politique et de gouvernement, une alliance intelligente et sage des idées fondamentales sur lesquelles s'appuient scientifiquement les diverses espèces de gouvernement dont on a fait l'expérience dans le monde. Et reconnais enfin que tous, sans exception, en vue de réaliser cette liberté rationnelle qui fait le fond de leur système, n'ont compté que sur cette prudente réserve au milieu des exagérations, et sur cette direction des capacités, que je soutiens devant toi depuis le commencement.

Et revenons tout de suite à Lamartine, avec qui, dis-tu, la majorité ne votait pas, à la chambre des députés. Dans les assemblées délibérantes, tu dois l'avoir déjà souvent remarqué, les résolutions ne sont pas toujours l'adoption de l'avis le plus raisonnable, mais de celui du plus grand nombre, ce qui n'est pas du tout la même chose, comme on le croit d'ordinaire. Chacun vote, communément, non pas pour celui qui a dit le plus de vérités, mais pour l'orateur et l'interprète de son parti parlementaire et politique.

GEORGE. Ainsi, seul, il avait raison contre toute l'assemblée des représentants du peuple?

PAUL. Je ne crois pas qu'il soit donné à un homme de voir *toujours* plus clair qu'une grande réunion d'hommes éclairés; mais je crois qu'il est souvent donné aux hommes de génie d'avoir une vue plus juste et plus profonde que les assemblées, souvent passionnées, au milieu desquelles ils se débattent; et l'avenir n'a jamais manqué de justifier leurs prophéties.

GEORGE. Ce n'est pas uniquement l'esprit de parti qui éloignait les majorités des opinions de ton orateur, c'est que, le plus souvent, c'était moins la raison que la poésie qui résultait de ses beaux discours.

A côté de l'apologie brillante que tu viens d'en faire, permets-moi de risquer quelques mots de *Timon* sur ton héros : « Le vent sort de ses discours ronflants
» qui étourdissent l'oreille et qui n'y laissent pas
» même du son.....

» Si avec vos phrases cadencées, vous ne voulez
» faire que de la musique, j'aime autant aller entendre
» Rossini.

» M. de Lamartine est à nos bons orateurs ce que la
» rhétorique est à l'éloquence. »

PAUL. L'exagération et la violence de ce jugement

suffisent à elles seules pour l'annuler. Timon, on le voit tout de suite, n'avait contre Lamartine que le grief de la *Némésis :* sa lyre, toujours cette lyre !

Il accuse l'orateur de contradiction, de manque de suite, d'inconsistance d'opinion ; et il s'oublie à donner lui-même, dans le même sujet, un curieux exemple de contradiction, en rendant à Lamartine des témoignages comme celui-ci : « M. de Lamartine approche » quelquefois plus de la vérité que les autres orateurs, » entraîné qu'il est, à son insu, par les inévitables » conséquences des principes qu'il pose.....; » ou bien, en l'élevant même au-dessus de tous les contemporains, après l'avoir tant amoindri dans les paroles que tu viens de citer : « Oui, Lamartine, consolez-» vous de n'être pas le premier de nos orateurs, votre » sort est assez beau. Vous vivrez quand les maîtres » actuels de la parole ne vivront plus, eux et leurs » œuvres, et que deux ou trois noms seuls surnageront » dans le vaste naufrage de nos gouvernements éphé-» mères. »

GEORGE. Mais c'est du poëte seul qu'il parle ici ; quant à l'orateur, il l'a enterré, pour ainsi dire, et il ne veut plus s'en occuper.

PAUL. Cependant, c'est du poëte qu'il parlait quand il disait quelques pages plus haut : « Si M. de Lamar-» tine passe à la postérité avec les autres poëtes *de la* » *décadence*, il sera par l'incohérence de ses pensées et » de son style, l'un des auteurs les plus difficiles à » expliquer, et il fera le désespoir des écoliers et des » commentateurs. »

C'est là ce qu'on appelle de la contradiction ; on la

prend ici en flagrant délit, et je ne pense pas qu'on la trouve ainsi dans Lamartine, si tant est qu'elle y soit, comme dit le critique. Et s'il se contredit de la sorte sur le poëte, je ne vois pas pour quelle raison il ne se tromperait pas de même sur l'orateur et sur l'homme d'État.

Il reproche à Lamartine de manquer de logique et d'esprit de suite, tandis qu'on le voit, au contraire, si rigoureusement fidèle à ses convictions et à l'enchaînement des idées qu'il a mises en avant, dès le principe, qu'il n'a pas hésité à sacrifier sa popularité et même à offrir mille fois sa vie pour maintenir cette fidélité et cette logique.

Timon a mis de l'humeur dans son arrêt contre Lamartine, qu'il estime pourtant, on le voit bien, quand il vante si fort la candeur de son âme, *cette honnêteté qui a quelque chose de virginal, l'élévation de son caractère, la noblesse de son cœur, les généreuses paroles qu'il sait trouver contre l'arbitraire et les vengeances du pouvoir.* Mais il lui demande des opinions excessives, qui n'étaient pas dans son naturel. Lamartine, comme tous les hommes politiques, cherchait le triomphe de ses idées, mais par des moyens sages et étudiés. C'était un homme de modération, de conciliation, ce qui signifie un homme politique, dans l'acception savante, philosophique et surtout pratique de ce mot. *Est modus in rebus,* dit Horace; *nihil nimis,* dit Cicéron.

M. de Cormenin, cette fois, n'a pas touché juste; et l'ingénieux écrivain, qui souvent lui-même peint et décrit comme un poëte, a abusé de la puissance du talent pour essayer d'enlaidir une belle figure.

Pendant qu'on lui contestait ainsi la nouvelle gloire

qu'il venait d'acquérir, le brillant député poursuivait sa carrière et étonnait chaque jour ses détracteurs, qui, bien entendu, n'en convenaient pas. Il s'occupait des questions pratiques les plus spéciales, il prenait la parole dans des discussions où on l'attendait le moins, il combattait le préjugé, il l'anéantissait.

Mais parmi les débats retentissants dans lesquels il se signalait, on garde surtout le souvenir de la lutte brillante qu'il soutint contre Arago, pour la défense des études littéraires, dont l'illustre astronome combattait l'exagération. Ce fut, ce jour-là, le 24 mars 1837, un spectacle imposant et magnifique. Le savant le plus complet de la France en face du premier de ses poëtes !

Arago savait tout ce qu'on peut savoir ; il avait résumé dans sa vaste tête la nature entière avec ses secrets les plus cachés. Lamartine comprenait tout ce qu'on peut comprendre, et il avait fait de son âme immense le miroir même de la création. L'un joignait un esprit brillamment orné aux connaissances positives les plus étendues ; l'autre, au génie le plus splendide, joignait une intelligence largement cultivée. Celui-là défendait, avec les sciences, les intérêts matériels de l'humanité ; celui-ci défendait, avec les lettres, les besoins moraux du genre humain.

C'était une chose imposante à voir ! Arago parlait et écrivait dans une langue originale et magnifique.

« Je réclame, dit-il, des études classiques, je les de-
» mande, je les regarde comme indispensables ; mais
» je ne pense pas qu'elles doivent être nécessairement
» grecques et latines. . . . . . . . . . . . .
    » . . . . . . Les études classiques, nous dit-

» on, *les lettres grecques et latines* doivent être le prin-
» cipal, car *c'est là la vraie culture de l'esprit et de
» l'âme*. Qu'est-ce à dire? Pascal, Fénelon, Bossuet,
» Montesquieu, Rousseau, Voltaire, Corneille, Racine,
» Molière, l'incomparable Molière, seraient privés du
» privilége si libéralement accordé aux anciens auteurs,
» d'éclairer, de développer l'esprit, d'émouvoir le
» cœur, de faire vibrer les ressorts de l'âme! Dieu me
» garde de vous faire l'injure de réfuter en détail une
» pareille hérésie.

» *Sans latin et sans grec, aucune intelligence ne se
» développe*. Messieurs, au milieu des passions politi-
» ques les plus exaltées, il est un point sur lequel au-
» cune dissidence d'opinion ne s'est jamais montrée :
» je veux parler de la force de tête, de l'intelligence in-
» comparable du grand homme qui est mort à Sainte-
» Hélène ; eh bien! cet homme, eh bien! Napoléon ne
» savait pas le latin!

» *Sans latin et sans grec on est un médiocre écrivain.*
» — La France a le bonheur d'avoir en ce moment un
» poëte éminent, un poëte qui offre l'union si rare d'un
» grand talent et du plus noble caractère, un poëte
» dont l'imprimerie a vainement essayé de reproduire
» les œuvres au gré de l'impatience publique, un poëte
» enfin dont tout le monde sait les vers par cœur (pre-
» nez garde, messieurs, ce n'est pas M. de Lamartine
» que j'entends signaler; si je n'en avertissais pas,
» la méprise serait naturelle); je parlais de Béranger,
» du chansonnier que le public a salué du nom si flat-
» teur et si juste de poëte national. Eh bien! Béranger
» ne sait pas le latin. Je ne commets pas une in-

» discrétion, car le poëte le dit à qui veut l'entendre.

» Dans le siècle de Louis XIV, je pourrais citer,
» je crois, comme s'étant trouvés dans le même cas,
» Vauvenargues et Quinault. . . . . . . .

» . . . . . Remarquez, messieurs, il est bon
» que je le répète, que je ne prétends point que le la-
» tin et le grec ne forment pas le goût, ne sont pas un
» moyen de succès; ma thèse se réduit à dire qu'ils
» ne sont pas indispensables.

. . . . . . . . . . . . . . .
» . . . . . Jusqu'ici j'avais bien entendu
» parler d'une manière défavorable des études scienti-
» fiques, mais je n'avais jamais entendu dire qu'elles
» faussassent l'esprit; car on les considère générale-
» ment comme des cours de logique, sèche, aride, si
» l'on veut, mais comme des cours de logique. Je ne
» sais pas comment, en habituant l'esprit à raisonner,
» on arriverait à fausser le jugement. L'étude de la
» géométrie est évidemment un cours de logique. . .

» . . . . . Vous voudriez me faire suivre
» jusque dans les moindres actions le passage sur le
» globe de nations inconnues dont d'Alembert, quoique
» géomètre, disait avec beaucoup d'esprit qu'elles nous
» avaient tout appris, excepté leur nom et celui des
» lieux qu'elles habitaient; vous voudriez que je m'oc-
» cupasse de ces recherches avec intérêt, avec enthou-
» siasme, et je resterais sec, sans émotion, à la vue
» de Cuvier indiquant toutes les révolutions que la terre
» a subies, exhumant des entrailles de la terre des gé-
» nérations qui ne ressemblent en rien aux générations
» actuellement existantes! »

Que d'éloquence et que d'esprit! Le savant orateur raconta ensuite, de la façon la plus charmante et la plus attique, l'anecdote d'Euler, qui eut à la chambre et dans le public le succès le plus complet.

C'est malheureux que nous ne puissions pas reproduire la longue et savante énumération qu'il fit, en forme de péroraison, des transformations et des bienfaits de toute nature que la science est appelée à opérer dans l'humanité.

Alors Lamartine prit la parole. Il va, dit-il, « es-
» sayer de répondre à l'illustre et savant orateur qui,
» en défendant les sciences, dont il est l'honneur,
» a été si juste, si bienveillant même envers les
» lettres. . . . . . . . . . . . .

» Les sciences sont les éléments de la pensée; les
» lettres sont la lumière des sciences. La pensée est
» aux sciences, si vous me permettez une expression
» que vous trouverez peut-être trop poétique, ce que
» fut aux éléments de l'univers le Verbe qui les éclaira
» et les ordonna. En écoutant tout à l'heure le préopi-
» nant vous citer les noms de Pascal, de Descartes, de
» Leibnitz, de Cuvier, de tous ces grands génies chez
» lesquels la gravité, la solidité des études scientifiques
» n'ôta rien au coloris et aux charmes de l'imagination
» et du style, un autre nom, un nom moderne, un
» nom contemporain, se présentait à toutes vos pen-
» sées, et ce nom, il n'était interdit qu'à M. Arago
» de le prononcer! (Bravos dans la salle). . . .
. . . . . . . . . . . . . . . .
» Pour ne pas revenir à la question, je la tranche
» d'un mot : si le genre humain était condamné à perdre

» entièrement un de ces deux ordres de vérités, ou toutes
» les vérités mathématiques ou toutes les vérités mo-
» rales, je dis qu'il ne devrait pas hésiter à sacrifier les
» vérités mathématiques; car si toutes les vérités ma-
» thématiques se perdaient, le monde industriel, le
» monde matériel subirait sans doute un grand dom-
» mage, un immense détriment; mais si l'homme per-
» dait une seule de ces vérités morales dont les études
» littéraires sont le véhicule, ce serait l'homme lui-
» même, ce serait l'humanité tout entière qui périrait.
» (Sensation.) . . . . . . . . . . . .

» Comme mes honorables amis, je veux qu'on initie
» l'enfant de bonne heure à ces sciences des phéno-
» mènes naturels, à ces révélations de la nature phy-
» sique qui rendent sensibles, évidentes, pratiques à
» ses yeux les vérités abstraites de ses livres; magni-
» fiques échelons que la science moderne surajoute
» sans cesse à d'autres, pour élever notre intelligence
» vers la vérité et vers Dieu. (Sensation.) Et ici, mes-
» sieurs, vous voyez que j'abonde dans le sens de
» M. Arago; comme lui je trouve de la poésie et de
» l'éloquence dans les chiffres mêmes. Je me souviens
» qu'il n'y a pas longtemps encore, à une époque de la
» vie où l'imagination n'a peut-être plus toute sa sensi-
» bilité, toute son impressionnabilité première, j'ai
» éprouvé, en lisant les leçons astronomiques d'Her-
» schell, une des plus fortes, une des plus poétiques
» impressions de ma vie. J'en ai éprouvé autant quel-
» quefois en lisant ces admirables travaux où M. Arago
» *popularise les astres;* et je le déclare, *dussé-je blesser*
» *mon honorable adversaire,* dans ces moments je me

» suis écrié : Herschell et Arago sont deux grands poëtes !
» (Vive approbation). . . . . . . . . .
    » . . . . . . Cette éducation exclusivement
» professionnelle, scientifique, industrielle, que je veux
» comme vous, doit-elle commencer avec l'enfance, ou
» ne doit-elle pas être précédée par une éducation mo-
» rale, littéraire, par une éducation commune ? Et enfin
» cette éducation spéciale et industrielle que vous
» demandez pour les colléges communaux doit-elle
» exclure l'étude des langues que vous appelez mortes,
» et que moi j'appellerai immortelles ? . . . . .
    » . . . . . Cette communauté des idées
» générales est tout ce qu'il y a de plus libéral, de
» plus démocratique. Je m'étonne que cette considéra-
» tion ait échappé au préopinant. . . . . .
    » Il est utile, il est indispensable que l'âme de
» l'homme enfant se forme à elle-même un type, et
» que ce type, sur lequel elle tend involontairement à
» se modeler, soit le plus idéal et le plus grand que
» son imagination puisse atteindre. De ce type que
» l'humanité se crée à elle-même dépend son dévelop-
» pement moral. Ne sommes-nous pas tous des sta-
» tuaires qui travaillons intérieurement, et à notre insu,
» à nous rendre ressemblants à quelques-unes de ces
» grandes figures de l'histoire et de l'antiquité qui ont
» frappé nos regards, qui ont ébranlé notre imagina-
» tion dans notre enfance ? . . . . . . . .
    . . . . . . . . . . . . . .
    » Je soumets ces observations à votre sagesse ; mais
« permettez-moi, en finissant, de protester contre cette
« malheureuse tendance de rendre l'enseignement ex-

» clusivement spécial, scientifique, mathématique.
» Qu'est-il autre chose que l'application du matéria-
» lisme du dix-huitième siècle à l'éducation? Ce
» système, c'est la division du travail, principe admi-
» rable, mais exagéré, et qu'on veut appliquer même
» aux facultés intellectuelles. . . . . . . .
» . . . . . C'est ravaler la plus noble partie
» de notre être à la condition de nos membres corpo-
» rels, qu'on peut dresser exclusivement à tel ou tel
» exercice. Mais l'âme, mais l'intelligence, au con-
» traire, n'est que l'harmonie de toutes nos facultés
» morales, et c'est cette harmonie qui constitue la
» conscience et le génie. » . . . . . . . .
. . . . . . . . . . . . . . .

L'orateur descendit de la tribune et regagna sa place au milieu des félicitations les plus chaleureuses. Lis ce discours dans son entier, tu y trouveras autant à méditer qu'à admirer.

GEORGE. C'est l'autre surtout que je voudrais lire. Je crois qu'Arago a fait là un véritable chef-d'œuvre.

PAUL. Lis les deux, et avec soin.

Pour le jugement à porter dans ce beau débat, qui semble avoir converti la Chambre des députés en académie, et qui reproduit sous une face nouvelle l'éternelle querelle du matérialisme et du spiritualisme dans la philosophie, j'adopte celui d'un savant qui fait époque, d'un confrère même de l'illustre Arago, d'un encyclopédiste exactement comme lui, de Cuvier enfin, qui écrivait à Lamartine peu avant sa mort : « Vous
» avez dignement éclairé cette profonde nuit où nous
» laisse souvent la Providence ! »

S'il ne s'était agi d'intérêts si graves et si élevés, on eût appelé la lutte que nous venons de voir un tournoi d'éloquence et de talent. Le bon goût et la courtoisie y brillent autant que le savoir et la philosophie.

Dans les intervalles des sessions de la Chambre, Lamartine avait grossi les trésors qu'il léguait au monde. Il avait fait les deux poëmes philosophiques dont nous avons parlé : *Jocelyn* et *la Chute d'un ange*. En 1839 il donna les *Recueillements*. C'était toujours la même tendresse intime du poëte philosophe qui sonde la vie, la même grâce, la même onction, répandues sur ces trois idées réunies, qui faisaient le fond même de sa poésie et de son âme : *Dieu, le sentiment, le devoir*, comme il le dit lui-même dans le récit de son second voyage en Orient : « Dieu dans l'esprit, le sentiment » dans le cœur, le devoir dans l'accomplissement » du petit nombre d'actes privés et d'actes publics aux- » quels il est imposé à l'homme de participer pendant » son rapide passage sur la terre avec la caravane de » sa génération, caravane qui laisse à peine elle-même » sa trace sur le sable et que le soleil de demain n'aper- » cevra déjà plus à l'horizon. »

Cependant, le ciel de la politique s'assombrissait de jour en jour. Des orages nouveaux semblaient menacer l'ordre de choses fondé en juillet 1830. Les partis se dessinaient avec une précision de plus en plus catégorique.

L'idée républicaine, abattue par le 18 brumaire, refoulée par la sainte-alliance, relevait la tête et reparaissait. Mais le sang de 93 criait contre elle, dans les esprits même les moins prévenus. Marat et Fouquier-

Tinville épouvantaient encore les âmes honnêtes. Le comité de salut public faisait frissonner la génération qui n'avait pas vu ces temps terribles.

Lamartine publia l'*Histoire des Girondins.* Il sépara la république des crimes commis en son nom. Il expliqua ces crimes eux-mêmes par l'inexorable logique de la lutte et des passions fanatisées. Il flétrit ce qui était horreur et cruauté ; il éleva ce qui était raison, justice et vérité dans la révolution.

Il réhabilita ainsi la république et prépara 1848.

GEORGE. Comment justifieras-tu ton poëte, l'homme du sentiment et de la tendresse, d'avoir défendu le terrorisme et l'assassinat dans la personne des proscripteurs de 93? Car tu ne diras pas, j'espère, qu'il n'a pas défendu ceux qu'il dépeint sous les traits d'une grandeur antique, comme les héros d'une grande idée?

PAUL. Il y a dans Lamartine ce qu'on pourrait appeler l'exagération ou plutôt la surabondance d'une grande qualité : ses portraits sont trop soignés. Il y met, pour ainsi dire, trop de couleur, et il les embellit ainsi à son insu.

Lamartine, c'est un grand peintre. Il fait de l'histoire exactement comme Raphaël l'aurait écrite si Raphaël avait eu une plume. Il faut toujours et sans cesse qu'il fasse du beau et du lumineux. Il n'observe pas assez le jeu des ombres. La même lumière éclaire toutes ses têtes. Le même rayon éclatant qu'il fait reluire ici sur le front de Vergniaud et sur le profil grec de madame Roland, il va, un peu plus loin, le placer sur une face horrible, dans l'intention de la faire mieux voir. C'est l'entraînement involontaire de ce qu'on appelle un grand coloriste, c'est même là un des caractères principaux de son talent. Il altère quelquefois les traits, l'image ou l'idée par une nuance toujours ravissante, mais un peu trop forte.

On pourrait, tout au plus, lui reprocher d'avoir outré une qualité littéraire ; mais la glorification du mal, il ne peut venir à l'esprit de personne d'en soupçonner un homme comme Lamartine. C'est comme si l'on reprochait au soleil de favoriser l'obscurité.

Son intention était de prouver que les principaux acteurs de la première république, ceux qui avaient des lumières, du jugement, du caractère, combattaient pour une idée juste, dont le triomphe les passionnait ; et que la grandeur de cette idée, jointe aux obstacles qu'elle a rencontrés, pouvait expliquer sinon excuser le fanatisme qui a poussé au délire et jusqu'au crime.

Mais il déplore ce fanatisme, il le condamne, il le flétrit ; et son livre enseigne à l'idée républicaine à s'en éloigner avec soin, pour son propre honneur et pour le succès de la cause du droit.

GEORGE. Et depuis quand appartenait-il au parti de la république ? Garde du corps du roi Louis XVIII, gentilhomme attaché, comme les autres, aux vieilles traditions du droit divin du sang des Bourbons, comment se réclamait-il si subitement du drapeau de cette république, dont il avait si sévèrement, dans ses vers, maudit les rigueurs et les proscriptions ?

PAUL. Lamartine avait été habitué par sa naissance à l'antique idée du pouvoir suprême immobilisé dans une famille. Il ne l'avait pas professée lui-même comme une routine et un préjugé, mais en se l'expliquant par le prétexte théorique de la stabilité dans la société.

Mais l'étude et la réflexion avaient altéré ce dogme dans son esprit. Changer est le propre de l'intelligence, c'est le progrès. Plus la pensée monte et s'élève, plus elle embrasse d'espace et d'horizon. C'est la médiocrité qui ne change pas, parce qu'elle reste toujours à la même place, parce qu'elle ne sort jamais du même point de vue. Accumulation d'années, disait-il lui-même, accroissement d'intelligence.

Quand il eut vu tomber, en 1830, le trône restauré de ses vieux rois, il ne contesta pas au peuple, dans sa pensée, le droit de changer ses destinées, d'adopter la forme de pouvoir qui pourrait lui paraître la plus favorable à ses intérêts. Mais seulement il n'admettait pas, nous dit-il souvent, que la révolution ne dût être qu'un changement de nom, que la substitution d'un homme à un homme, d'une famille à une autre famille. Il croyait qu'en dehors du vieux principe de la légitimité des héritiers des rois, il ne pouvait y avoir de place que pour le principe souverain de la légitimité du droit des peuples.

Il reprochait surtout à la maison d'Orléans d'avoir dépouillé la branche aînée. Il y voyait une déloyauté : raison de cœur plutôt que d'esprit. Et il refusa de reconnaître ce qu'il appelait une usurpation, en se ralliant au nouveau trône.

George. Mais cette opinion n'était rien moins que libérale. La nation française, en effet, pouvait divorcer avec une famille ramenée par l'étranger, imposée par l'invasion. Elle avait le droit de choisir à son gré une autre famille, qui tînt son pouvoir uniquement du peuple, et qui, en raison de cela, fût plus obligée d'observer ces garanties et ces libertés, dont la France ne pouvait plus se passer depuis la révolution de 89. Le peuple français était libre de conserver la forme traditionnelle de la monarchie, en l'entourant d'institutions républicaines, qui préparassent graduellement et paisiblement le pays à la liberté. Lamartine n'avait pas droit de protester, de vouloir autrement que la nation.

Paul. Il ne protesta pas, mais il refusa de servir le nouvel ordre de choses. Il croyait devoir cette attitude à ses vieilles relations avec les proscrits. Il venait d'être nommé ministre de France à Athènes, quand Charles X fut renversé. Il se hâta d'envoyer sa démission au cabinet du nouveau monarque, et il y persista, malgré les instances de Louis-Philippe.

George. Ceci ne cadre pas trop, il faut le reconnaître, avec ce système de modération et de *moyen terme* où tu te proposes de me le montrer dans tout le cours de sa vie publique. Le trône des héritiers de Louis XVI ou la république, telle est l'alternative que d'après toi, dans sa pensée, il imposait à son pays. Cela s'appelle : un extrême ou un autre, et c'est exactement la négation de tout le système que tu lui attribues.

Paul. Mais quand il pensait à la monarchie, il l'entendait légale et libérale, conforme à l'idée des temps modernes, subordonnée au principe de la souveraineté législative de la nation; et quand il invoquait la république, qu'il considérait comme la forme logique de l'idée nouvelle, il la voulait sensée, modérée, appuyée sur l'idée de l'ordre. Il ne sortait donc pas de son système.

Il n'imposait rien à son pays, comme tu le dis, mais il obéissait à des scrupules de conscience en refusant d'associer son nom à la monarchie de 1830, qui pouvait cependant, il le reconnaît, inaugurer une ère féconde de paix et de liberté.

Cette monarchie eût pu, en effet, réaliser la révolution dans ses principes, en attendant que plus tard elle se réalisât enfin dans les formes elles-mêmes, par la substitution de l'élection à l'hérédité dans le pouvoir, ce qui est le caractère distinctif de la république.

Lamartine tenait cependant à la famille des ducs d'Orléans par les souvenirs de sa propre famille. Son aïeule maternelle, madame des Roys, avait fait partie de cette maison. Louis-Philippe n'oubliait pas ce lien de famille : il a fait dans la suite de nombreuses démarches pour concilier Lamartine à son gouvernement. Il le fit prier de venir aux Tuileries. Le roi avait la parole habile, persuasive et facile. Il tenta sur Lamartine toutes les séductions de son éloquence. Il le prit par le raisonnement, par la persuasion, par les caresses, mais il ne put jamais parvenir à le convertir, à le gagner.

« J'aurais moins de force, répondait-il, pour servir
» mon pays et même votre gouvernement, si je con-
» sentais à aliéner mon indépendance. Les convictions
» désintéressées sont quelquefois des appuis utiles pour

» un gouvernement; les autres convictions paraissent
» des complaisances. Je ne suis point hostile, mais je
» veux rester indépendant. »

On lui offrit des portefeuilles, des ambassades : il refusa. M. Guizot alla chez lui. « Le roi, dit-il à La-
» martine, m'autorise à vous dire quesi ces ambassades,
» les plus hautes qu'il y ait à offrir à un diplomate, ne
» vous paraissent pas équivalentes à l'importance du
» rôle que vous venez de remplir, ou même aux conve-
» nances personnelles de votre fortune, il est prêt à y
» ajouter en dignités et en appointements de suréro-
» gation tout ce qui pourra compléter à vos yeux ces
» situations. » Lamartine refusa toujours. « Je ne vou-
» lais à aucun prix, disait-il, me lier au gouvernement. »
Et il le soutenait pourtant de toute la puissance de sa parole contre l'opposition, quand il lui semblait que le gouvernement avait raison et agissait dans le sens du pays. Mais il le combattait de même quand l'intérêt national lui en faisait l'obligation.

Ainsi, libre avec tous les partis, Lamartine était l'homme le mieux placé pour les événements qui semblaient s'annoncer. Les *Girondins* avaient préparé la république, et le pays avait les yeux sur l'historien.

C'est dans cette situation qu'il se trouvait dans l'opinion publique, quand se ferma la session législative de 1847.

Le gouvernement de Louis-Philippe, impopulaire par suite de ses complaisances devant l'étranger, l'était plus encore par le fait du cens électoral, qui en faisait le gouvernement particulier d'un petit nombre de privilégiés, au lieu du gouvernement libéral de tout un peuple. Ce gouvernement des journées de juillet 1830, élevé au nom de la démocratie, en était venu, par une pente funeste, à résister à la démocratie. « La » nation sentait, dit Lamartine, qu'on lui dérobait, » une à une, pendant son sommeil, toutes les vérités » philosophiques de la révolution de 89 ; qu'on la *ma-* » *térialisait*, pour lui ôter le souvenir et la passion des » progrès moraux et populaires qui lui avaient fait re- » muer le monde cinquante ans auparavant. »

On demanda une réforme électorale, qui ramenât l'idée du progrès et de la démocratie dans le gouvernement du pays; et l'on imagina d'organiser par toute la France des banquets politiques, pour manifester par là au pouvoir d'une manière énergique et générale la nécessité de cette réforme.

Mais deux opinions bien différentes présidaient à cette manifestation : celle qui ne demandait que la réforme, ayant en tête M. Odilon Barrot ; et celle qui, allant plus loin, s'attaquait à la monarchie elle-même, dirigée par M. Ledru-Rollin.

Lamartine refusa de prendre part à ces banquets. Il ne voulait pas pousser à la révolution, il se proposait de suivre le vœu du pays.

GEORGE. Mais à Mâcon ?

PAUL. Il se présenta, à Mâcon, dans un banquet offert à lui-même à l'occasion du livre des *Girondins*, par ses compatriotes, justement fiers de l'homme éminent né parmi eux. Lamartine n'y dit pas un mot qui prêtât au trouble ou à l'émeute. Il en prit simplement occasion de redire ces grandes choses qu'il savait si bien rendre populaires. « Allons tout de suite, messieurs,

» dit-il dans son discours, au fond de cette démons-
» tration. Mon livre avait besoin d'une conclusion, et
» c'est vous qui la faites !...... La conclusion, c'est que
» la France sent tout à coup le besoin d'étudier l'esprit
» de sa révolution, de se retremper dans ses principes
» épurés, séparés des excès qui les altérèrent, du sang
» qui les souilla, et de puiser dans son passé les leçons
» de son présent et de son avenir. »

Plus loin il parla de la guerre en ces termes, d'une énergie que rien ne surpasse : « La guerre est un » meurtre en masse, et le meurtre en masse n'est pas » un progrès. » Ces mots semblaient placés là pour contre-balancer en faveur de Louis-Philippe, dont le système était la paix coûte que coûte, les paroles que nous venons de voir sur la légitimité de la liberté.

Puis il exprima sa pensée dans toute son étendue. Elle est si bien dite, que nous la relirons, pour l'admirer et la méditer une nouvelle fois : « Si la royauté, mo-
» narchique de nom, démocratique de fait, adoptée
» par la France en 1830, comprend qu'elle n'est que
» la souveraineté du peuple assise au-dessus des orages
» électifs, et couronnée sur une tête, pour représenter
» au sommet de la chose publique l'unité et la perpé-
» tuité du pouvoir national ; si la royauté moderne,
» délégation du peuple, si différente de la royauté an-
» cienne, propriété du trône, se considère comme une
» magistrature décorée d'un titre qui a changé de signi-
» fication dans la langue des hommes ; si elle se borne
» à être un régulateur respecté du mécanisme du gou-
» vernement, marquant et modérant les mouvements
» de la volonté générale, sans jamais les contraindre,

» sans jamais les fausser, sans jamais les altérer ou les
» corrompre dans leur source, qui est l'opinion ; si elle
» se contente d'être à ses propres yeux comme ces fron-
» tispices des vieux temples démolis que les anciens
» replaçaient en évidence dans la construction des
» temples nouveaux, pour tromper le respect supersti-
» tieux de la foule et pour imprimer à l'édifice moderne
» quelque chose des traditions de l'ancien, la royauté
» représentative subsistera un nombre d'années suffi-
» sant pour son œuvre de *préparation* et de *transaction*,
» et la durée de ses services fera pour nos enfants la
» mesure exacte de la durée de son existence. »

Il n'y aurait pas moyen d'être plus loyal, d'être plus
clair, plus libéral, plus conforme, en un mot, au véritable esprit des temps modernes et au sentiment politique qui remuait la France à cette époque.

Et il finit ce magnifique discours par ces paroles, que
je ne puis m'empêcher de te relire : « Et si vous de-
» mandez quelle est donc cette force morale qui pliera
» le gouvernement sous la volonté nationale, je vous
» répondrai : C'est la souveraineté des idées, c'est la
» royauté des esprits, c'est la république ! la vraie ré-
» publique, *la république des intelligences !* En un mot,
» c'est l'opinion ! cette puissance moderne dont le
» nom même était inconnu dans l'antiquité. Messieurs,
» l'opinion est née le jour même où ce Gutenberg,
» que j'ai appelé *le mécanicien d'un nouveau monde*,
» a inventé, par l'imprimerie, la multiplication et la
» communication indéfinie de la pensée et de la raison
» humaines. Cette puissance incompressible de l'opi-
» nion n'a besoin pour régner ni du glaive de la

» vengeance, ni de l'épée de la justice, ni de l'écha-
» faud de la terreur. Elle tient dans ses mains *l'équi-*
» *libre entre les idées et les institutions*, elle tient la ba-
» lance de l'esprit humain ! Dans l'un des plateaux de
» cette balance, on mettra longtemps, sachez-le bien,
» les crédulités d'esprit, les préjugés soi-disant utiles,
» le droit divin des rois, les distinctions de droits entre
» les castes, les haines entre les nations, l'esprit de
» conquête, *les unions simoniaques entre le sacerdoce et*
» *l'empire*, la censure des pensées, le silence des tri-
» bunes, l'ignorance et l'abrutissement systématique des
» masses !

» Dans l'autre nous mettrons, nous, messieurs, la
» chose la plus impalpable, la plus impondérable de
» toutes celles que Dieu a créées, la lumière ! Un peu
» de cette lumière que la révolution française fit jaillir
» à la fin du dernier siècle, d'un volcan sans doute,
» oui, mais d'un volcan de vérités. »

Et c'est pourtant là cet homme qui, dit-on, n'avait pas le sens de la politique ! Où pourrait-on cependant trouver une intelligence plus nette, plus complète des questions politiques et sociales qui agitaient les esprits à ce moment-là, et qui préoccupent encore les temps où nous sommes ? Qui a jamais rencontré, pour confesser le droit, le progrès, la liberté, un langage à la fois plus clair, plus imposant et plus entraînant ? Si la France tout entière eût eu à parler en ce temps-là par un seul organe, elle n'aurait pas changé un mot aux paroles que nous venons de lire.

C'est sous l'impression de la colère que lui inspiraient ces banquets et ces manifestations, que le roi convoqua les Chambres, à la fin de l'année 1847. Il était ainsi plus disposé à réprimer par la violence qu'à calmer et à satisfaire par la politique.

M. Guizot méprisait l'opposition : ce n'était, à ses yeux, que des factions délirant dans leur impuissance. Le discours du roi reproduisit clairement cette façon de penser.

Le gouvernement déclara sa volonté d'empêcher les manifestations de se continuer. L'opinion libérale modérée proposa une loi qui réglât plutôt le droit de réunion. Lamartine prit la parole à cette occasion ; il récapitula les torts du pouvoir, il lui reprocha de vouloir *mettre la main de la police sur la bouche du pays,* et il osa lui lancer ces paroles prophétiques : « Souve-
» nez-vous que vous allez créer un grand péril. Souve-
» nez-vous du Jeu de paume et de ses suites. Qu'est-ce
» que le Jeu de paume de Versailles en 1789 ? Le Jeu
» de paume ne fut qu'un lieu de réunion politique des
» États généraux fermé par des ministres et rouvert
» par la main de la nation à la représentation outragée
» du pays. »

Mais le gouvernement, persistant à recourir à la force pour imposer silence à ses ennemis, au lieu d'adopter spontanément, comme l'indiquerait une politique habile et sage, des mesures propres à donner satisfaction aux légitimes aspirations du pays, précipita lui-même les événements.

Le 22 février, la jeunesse des écoles se mit à chanter la *Marseillaise*, et commença ainsi la révolution. Le peuple répondit aux étudiants et se répandit dans Paris, inaugurant le mouvement dans divers quartiers.

Les troupes prirent les armes et se disposèrent à ouvrir le feu.

Le sort en était jeté. La longue lutte engagée entre le trône et l'opinion allait se décider dans un combat de rues. Des coups de feu bientôt retentissent; le sang coule sur le pavé; la garde nationale fraternise avec l'émeute, et convertit les troupes de ligne.

Louis-Philippe, aveugle et sourd, croit qu'il ne peut s'agir tout au plus que d'un changement de ministère. Mais bientôt les Tuileries sont investies. L'armée refuse de tirer. Le roi comprend enfin : il abdique en hâte, et prend la fuite. Du 22 au 24, tout était dit.

Lamartine avait parlé comme un oracle, comme un prophète. *Vates*, chez les Romains, signifiait *poëte* et *prophète* à la fois.

Pendant que ces événements s'accomplissaient, Lamartine était chez lui, retenu au lit par une indisposition. Mais le dernier jour, on vint en hâte lui annoncer que la Chambre était menacée par le peuple, comme le dernier refuge de l'esprit de la dynastie chassée des Tuileries. Vite il se leva, s'habilla, courut à son poste. Puisqu'il y avait danger à courir pour ses collègues, il devait être là pour le partager. Nature généreuse et chevaleresque!

En arrivant au Palais-Bourbon, il fut reconnu par des républicains qui, effrayés eux-mêmes de la rapidité des événements et croyant la république encore prématurée pour le moment, le prirent à part, pour lui faire une communication. Cette communication consistait simplement à lui offrir, à lui, le pouvoir et la direction de la révolution. Ces messieurs s'engageaient, en lui faisant cette offre, à lui donner la force et l'appui des partis divers qu'ils représentaient : « Nous ne vous » connaissons pas, lui dirent-ils, nous ne vous flattons » pas, mais nous vous estimons. Le peuple invoque » votre nom. Il a confiance en vous. Vous êtes à nos » yeux l'homme de la circonstance. Ce que vous direz » sera dit; ce que vous voudrez sera fait..... Nous » sommes prêts à prendre l'engagement formel de vous » porter au pouvoir par la main désormais invincible » de la révolution qui gronde à ces portes, de vous y » soutenir, de vous y perpétuer par nos votes, par nos » journaux, par nos sociétés secrètes, par nos forces » disciplinées dans le fond du peuple. Votre cause sera » la nôtre. Ministre d'une régence pour la France et » pour l'Europe, vous serez le ministre de la vraie » république pour nous. »

Les hommes qui lui tenaient ce langage étaient ceux-là mêmes, pour la plupart, qui quelques jours auparavant le traitaient de rêveur et de poëte. Ce n'était donc que comme arme de guerre qu'on se servait contre lui de ces accusations d'incapacité pratique. Mais au fond, on le voit bien, tous respectaient sa sincérité, tous avaient confiance en sa haute raison.

Lamartine eut à répondre, et le temps pressait. Les événements s'accéléraient, s'aggravaient, s'assombrissaient, et ne permettaient pas de délibérer. Nous le verrons encore mis en demeure, cette fois par la voix de la France elle-même, d'accepter ce pouvoir que ce jour-là lui offraient quelques citoyens; et nous le verrons encore refuser cette dictature de la confiance, comme cette fois il la refusa.

Lamartine s'accouda à une table, dans une salle déserte du palais de la Chambre. Il réfléchit un instant, et il répondit. Il ne voyait de possible que la république, à cette chute soudaine et violente du trône de 1830, et il pensait qu'il fallait ouvertement la proclamer, cette république indiquée par la logique même des événements.

« Je ne suis pas républicain comme vous », dit-il enfin à ceux qui lui offraient ainsi l'héritage de Louis-Philippe, « et cependant c'est moi qui vais être en ce » moment plus républicain que vous...... Je regarde le » gouvernement républicain, c'est-à-dire le gouverne- » ment des peuples par leur propre raison et par leur » propre volonté, comme *le seul but et la seule fin des » grandes civilisations*, comme le seul instrument des » grandes vérités générales qu'un peuple veut inaugu- » rer dans ses lois. » Après ces grands aperçus, qui sont l'âme et la vie de toutes ses pensées, de toutes ses actions, il démontra à ces messieurs l'impossibilité matérielle de faire agréer au peuple, dans l'exaltation croissante où il allait désormais se livrer, d'autre forme de gouvernement que la république.

Cependant, à ce moment-là, il ne croyait pas encore le roi perdu, et il ne donnait son avis que sous la réserve des événements ultérieurs. « J'accepte, dit-il, » les révolutions, mais je ne les fais pas. »

« Vous avez raison », lui répondirent les républicains étonnés et confondus de tant de raison et de clairvoyance. « Faites pour le mieux, ajoutèrent-ils, » faites en cette grave conjoncture ce que les événe- » ments vous inspireront. »

Lamartine passa de là à la salle des séances, où la duchesse d'Orléans, la révolution alors consommée, implorait de l'assemblée la reconnaissance de sa régence et des droits de son fils. Tout de suite après, la foule envahit l'assemblée. La princesse se sauva avec ses enfants. Le président quitta le fauteuil pour éviter un coup de fusil.

Lamartine était à la tribune. Après avoir payé au malheur le tribut de respect qui était dans son cœur, il demandait la formation immédiate d'un gouvernement provisoire. Couché en joue par des furieux, il resta à sa place comme ces sénateurs romains du temps de Brennus, et il parvint, à force de courage, à faire porter au fauteuil le vieux Dupont, désigné par ses vertus et ses cheveux blancs, et ensuite à faire nommer, par la voix de ce président de la circonstance et du péril, les membres de ce gouvernement provisoire commandé par la nécessité, pour sauver Paris, la France et l'Europe.

Lamartine, suivi du peuple, se rendit avec Crémieux de la Chambre à l'hôtel de ville, centre et foyer de la révolution. Dupont (de l'Eure) et Arago y allaient dans le même moment, dans une voiture tirée par la foule. Garnier-Pagès y était déjà, modérant l'effervescence des premiers moments. Marie et Ledru-Rollin se débattaient au sein de la foule qui les acclamait, pour arriver au poste qui venait de leur être assigné.

Lamartine marchait donc à l'hôtel de ville à la tête du peuple. Alors va commencer cette interminable série de luttes corps à corps d'un homme avec tout un peuple. De ce moment, nous allons suivre le grand homme, non plus développant des théories lumineuses et exerçant son influence par la parole, mais lancé dans l'action elle-même, au fort de l'action, assumant héroïquement la responsabilité de la plus grande nation de son époque et le salut d'une civilisation.

C'est là que nous pourrons le juger. C'est dans ce drame terrible, sans précédent, que nous pourrons voir si cet homme ne fut qu'un rêveur inutile, incapable de comprendre les nécessités, les règles, les combinaisons de la politique.

Nous pourrons maintenant nous assurer si ce poëte aux chants sublimes n'alliait pas à son émotion la raison la plus élevée et la logique la plus *rigoureuse*. Nous verrons surtout si ce modèle des bons citoyens fut un ambitieux vulgaire comme on en voit tant, cherchant sa grandeur personnelle au milieu des émeutes de la multitude, et s'il a seulement voulu profiter de la confiance sans limite que son pays lui témoignait.

La foule tumultueuse des faubourgs s'était précipitée comme une invasion à l'hôtel de ville, déjà rempli des combattants vainqueurs de la veille et du jour. Les membres du gouvernement provisoire, encore ignoré du peuple et contesté par les partis, pouvaient à peine se retrouver pour se concerter, au milieu de la cohue d'hommes, de cris, d'armes, de coups de feu, qui avait pris domicile au palais du peuple.

Cependant il fallait se hâter. Louis-Philippe pouvait revenir le lendemain, le jour même, dans quelques heures, avec l'armée qui campait hors des murs de Paris. Mais la foule ne délibère pas, ne pense pas. Quand elle a vaincu, elle continue à s'agiter, à faire du bruit, sans organiser, sans vouloir le faire, sans pouvoir le faire; et c'est ainsi toujours qu'elle perd ses causes.

Des proclamations avaient été faites au milieu du tumulte, des mesures d'ordre avaient été prises par les membres épars du gouvernement provisoire; mais il n'y avait encore rien de définitif. Était-ce la république qu'on allait avoir, ou une seconde édition de la transaction de 1830? Sous l'impression irritante de cette incertitude, de ce problème, les partis radicaux recrutaient les masses, et les masses s'amoncelaient de plus en plus chaque heure, investissant l'hôtel de ville.

Les membres du gouvernement provisoire, assiégés pour ainsi dire dans le palais, s'épuisaient en harangues, en exhortations, en efforts de tout genre pour contenir la foule armée envahissant les salles, forçant le réduit où ils avaient pu enfin se réunir un instant pour essayer de s'entendre. A chaque minute la masse grossissait, et une foule nouvelle faisait irruption sur la première, lui apportant une fureur nouvelle. Ce n'étaient que cris, vociférations, menaces confuses et inintelligibles.

De tout ce tumulte et de tout cet assaut, il semblait se dégager une idée d'abord vague, mais se généralisant et se précisant de plus en plus : on ne voulait pas du gouvernement provisoire, on voulait proclamer la république socialiste et l'inaugurer par le drapeau rouge.

A chaque effort de la multitude pour se précipiter dans la salle du conseil, Lamartine se présentait; et d'un mot sorti de son cœur il arrêtait l'assaut, calmait la

fureur. Mais à la fin on ne voulut plus le voir, on redoutait la magie toute-puissante de sa parole. « Lamartine
» est un traître! » cria-t-on dans la foule. « La tête de
» Lamartine! sa tête! — Ma tête, citoyens, répondit-il
» sans se troubler, plût à Dieu que vous l'eussiez tous
» en ce moment sur vos épaules! Vous seriez plus
» calmes et plus sages, et l'œuvre de votre révolution
» se ferait mieux! »

« — Tu es un poëte, lui cria une voix. Tu n'es pas
» fait pour parler au peuple. Tu endormirais sa vic-
» toire. Tu n'es qu'une lyre, va chanter! — Tu vas
» voir, répliqua Lamartine à l'inconnu, si j'ai l'âme
» d'un poëte ou celle d'un citoyen. »

Alors il se jeta hardiment au milieu du tumulte, au milieu des cris de rage et des menaces, au milieu des armes partout levées sur sa tête. Mille dangers l'environnaient et le suivaient. A chaque pas, à chaque instant, il pouvait être atteint d'un coup de feu. On tirait dans le palais de tous les côtés. Mais lui, calme et souriant au milieu de l'orage, adressait résolûment la parole au peuple, lui recommandait l'ordre et la réflexion comme indispensables au triomphe de sa cause. Il trouva si bien la langue spéciale de la circonstance, que les applaudissements couvraient ses paroles au sein de cette même foule d'où l'on venait de l'apostropher, de le menacer, de demander sa tête. Ces applaudissements se communiquèrent de proche en proche et se répandirent jusqu'au dehors de l'édifice, sur la grande place couverte de foule, d'armes et de tumulte. L'orateur était descendu jusqu'au rez-de-chaussée, s'adressant à chaque groupe, à chaque bande, à chaque flot mugissant de cette marée montante de la multitude furieuse et comme en délire. Ceux qui demandaient sa tête quand il descendait, bénissaient son nom quand il remontait. Il avait au plus haut degré le don de convaincre et de persuader, même les foules dans leur plus grande colère. Et il avait dans son âme héroïque tout autant de courage que d'éloquence.

Mais il était à peine remonté qu'un flot nouveau sorti des faubourgs assaillit la foule qui à son tour assaillait le palais. Toute la multitude, au dehors comme au dedans, s'ébranla sous ce nouveau choc; et les nouveaux venus, à force d'audace et de violence, fendirent les masses compactes qui se pressaient sur la place, atteignirent le palais, et vinrent frapper du pommeau de leurs sabres et de la crosse de leurs fusils la porte de la pièce où délibérait le gouvernement.

Des orateurs montèrent sur des chaises et demandèrent catégoriquement le renvoi de ce gouvernement provisoire, suspect, dirent-ils, au peuple souverain. Lamartine revint à la charge. Il expliqua les raisons de la formation du gouvernement dans cette éclipse soudaine du pouvoir public, il dit le désintéressement patriotique de chacun de ses membres et le dévouement de tous au salut du pays : « Nous sommes
» ici du droit du sang qui coule, de l'incendie qui dé-
» vore vos édifices, de la nation sans chef, du peuple
» sans guides, sans ordre, et demain peut-être sans
» pain ! du droit des plus dévoués et des plus coura-
» geux ! Citoyens, puisqu'il faut vous le dire, du droit
» de ceux qui livrent les premiers leur âme aux soup-

» çons, leur sang à l'échafaud, leur tête à la vengeance
» des peuples ou des rois pour sauver leur nation!.....
» — Mais nous voulons la république! cria la foule
» avec fureur. — La république, répondit Lamartine,
» nous aussi nous la voulons! Mais savez-vous, citoyens,
» ce que c'est que la république? — Dites-le vous-
» même! cria-t-on de toutes parts. — La république,
» poursuivit l'orateur, c'est le gouvernement de la
» *raison* de tous, et vous sentez-vous assez mûrs pour
» n'avoir d'autres maîtres que vous-mêmes et d'autre
» gouvernement que votre propre raison? — Oui, oui!
» répondit le peuple. — La république, c'est le gou-
» vernement de la *justice*, et vous sentez-vous assez
» justes pour faire droit même à vos ennemis? — Oui,
» oui! continua le peuple. — La république, c'est le
» gouvernement de la *vertu*, et vous sentez-vous assez
» vertueux, assez magnanimes, assez cléments pour
» vous immoler aux autres, pour oublier les injures,
» *pour ne pas envier les heureux, pour faire grâce à vos*
» *ennemis*, pour désarmer vos cœurs de ces arrêts
» de mort, de ces proscriptions, de ces échafauds qui
» ont déshonoré ce nom sous la *tyrannie populaire*
» qu'on a appelée du *faux nom* de république il y a
» un demi-siècle, et pour réconcilier la France avec ce
» nom aujourd'hui? — Oui, oui, oui! » s'écria le peuple
se calmant de plus en plus sous l'impression de cette
parole sublime, courageuse et sans réplique. — « Vous
» le sentez? vous le jugez? vous en attestez ce Dieu
» qui se manifeste dans les heures comme celle-ci par
» le cri et par l'instinct des peuples? » — *Un tonnerre*
*d'affirmation* répondit à cette dernière partie de l'ha-

bile et admirable question que Lamartine posait au peuple. — « Eh bien, conclut-il, d'accord en cela avec ses » collègues, c'est vous qui l'avez dit. Vous serez répu- » blique, si vous êtes aussi dignes de la conserver » que vous avez été héroïques pour la conquérir. »

Ce furent alors les applaudissements les plus enthousiastes.

« Cependant entendons-nous », reprit Lamartine ; et il rappela au peuple les droits de la France, qui devait prononcer tout entière dans une question de cette importance. On adoptera donc la république, sauf la décision ultérieure et souveraine de la nation consultée à cet effet.

« Vive la république ! vive le gouvernement provi- » soire ! vive Lamartine ! » cria la foule convaincue, persuadée, calmée, satisfaite, éclairée, convertie à la raison, enthousiaste maintenant de ce même gouvernement qu'elle voulait dissoudre à coups de fusil.

Lamartine venait d'opérer un vrai prodige. Il avait eu le courage de dire à ceux qui demandaient la république les armes à la main, qu'il ne fallait pas que cette république fût, comme la première, une tyrannie populaire. Il avait eu l'habileté d'enseigner à la multitude irritée les vrais principes de l'idée républicaine ; d'en faire une philosophie populaire et vivante au milieu des armes ; de la fonder, dans l'esprit de ce peuple victorieux, sur ces trois grandes choses qui composent à elles seules tout l'avenir de l'humanité : la raison, la justice, la vertu. Et ce n'est qu'après avoir fait de cette république qu'on demandait avec des cris de fureur une religion politique et sociale, qu'il consentit à la proclamer, sous la réserve du vote de la France.

Il venait d'apaiser la tempête en s'adressant aux sentiments du peuple, à ses bons instincts. On voulait obtenir d'emblée et de haute lutte la proclamation d'une forme définitive de gouvernement; il obtint, lui, par son habileté, que la nation tout entière se prononçât librement avant que cette forme définitive fût proclamée. Tout autre langage, tout autre orateur eût pu, ou exciter les colères de la foule par une résistance moins ménagée, ou tout céder à ses injonctions en compromettant la chose publique. Et l'on prétend que cet homme n'était pas un politique, un homme d'État !

Pendant qu'il disciplinait ainsi la tempête, ses collègues, qu'il couvrait de son corps, pourvoyaient de leur côté aux mesures d'urgence que réclamaient les périls du moment.

Jamais situation ne fut plus difficile, plus menaçante. Tout un ordre de choses venait d'être renversé en deux ou trois jours. La société était sans boussole. Le pouvoir public n'était nulle part. Le gouvernement improvisé en hâte à la Chambre des députés, récusé par les partis extrêmes, n'avait pas encore pu, au milieu de l'orage permanent de la multitude, reconstituer un pouvoir nouveau. Tous les éléments d'ordre et de direction qui forment la sécurité d'une société étaient dispersés, anéantis même dans la victoire subite que le peuple venait de remporter.

Il fallait se hâter de réorganiser. Il fallait surtout s'appliquer à neutraliser les ferments de désordre et d'excès qui bouillonnaient dans les masses armées. Lamartine fit créer la garde mobile, composée d'une multitude de jeunes gens sans occupation, et qui recherchaient les aventures dans la carrière inopinément ouverte aux hasards par la révolution. Il donnait ainsi à la république une garde du corps composée de ses enfants, et il intéressait ceux-ci du même coup par la confiance, au maintien de cet ordre public que semblaient menacer leurs bandes éparses. OEuvre habile de sagesse et de politique.

Le gouvernement s'épuisait en efforts pour se préparer à faire face aux difficultés qui s'amoncelaient de toutes parts et qui grondaient comme une tempête immense en train d'éclater sur la société. L'horizon était sombre et menaçant, partout des nuages. Des sectes nombreuses armées d'erreurs, d'impatiences et d'utopies organisaient en silence l'assaut même de la société. La question politique était encore moins difficile à résoudre que la question sociale, dont plusieurs ramifications menaçaient à la fois l'État, la famille, la civilisation, la liberté. Une étonnante diversité de dogmes aboutissant à une épouvantable et formidable unité de but contre la liberté de la personne humaine, contre la propriété, contre la famille, signalait ce phénomène, nouveau dans le monde, du projet de changer en un tour de main le mode d'existence de l'homme et des sociétés.

Il y avait les *saint-simoniens* qui demandaient l'abolition de l'héritage et l'égalité politique des deux sexes; les *fouriéristes* qui voulaient la communauté, divisée en groupes dans ses phalanstères; les *cabétistes* poursuivant le communisme pur et simple dans une association agricole et égalitaire; les disciples de Pierre Leroux mêlant la métaphysique à leurs idées d'égalisation positive et matérielle.

Il y avait encore deux autres écoles socialistes, mais qu'il ne faut pas confondre avec les babouvismes divers qui se recrutaient dans l'ombre et s'armaient clandestinement pour le triomphe de leurs chimères. Celle de Proudhon, l'une des têtes les plus fortement organisées de ce siècle, un homme comme l'antiquité n'en a pas eu, aussi puissant par la multitude et la profondeur de ses connaissances que par le talent de les propager, qui concluait, au bout de ses systèmes encore mal compris, à la substitution de la *possession* à la *propriété*, comme nous l'avons déjà vu. Celle de Louis Blanc, intelligence vaste et élevée, homme aussi honorable par la science que par le talent, la conviction et la dignité, qui cherchait, sous la formule savante de *l'organisation du travail,* une répartition plus équitable de la fortune sociale entre le capital et le travail.

Au nom de toutes ces doctrines incomprises des masses, qui n'en pouvaient discerner ni ce qui ne pourra jamais se pratiquer à moins de changer la nature humaine, ni ce qui s'y trouve de juste et de possible au moyen du progrès paisible et graduel des législations et des lumières; la multitude crut le moment venu de mettre fin à ses souffrances, sans s'inquiéter du lendemain qui suivrait le triomphe des théories qu'on faisait miroiter à ses yeux, ni de la ruine générale qu'elle aurait créée au lieu du bonheur général qu'on lui promettait.

Conduite et entraînée, non point par les philosophes chefs des écoles socialistes qui n'espéraient, eux, rien fonder au moyen de la force, mais par les chefs d'un parti violent qui rappelait d'une manière terrible les septembriseurs et les terroristes de la première révolution, la foule se souleva de nouveau le lendemain et renouvela l'assaut de l'hôtel de ville.

Mais cette fois elle était effrayante. C'était une armée étrange dont le nombre, les cris, les costumes et les armes épouvantaient et faisaient frémir. Elle était innombrable comme une irruption; elle avait pour costumes toutes les espèces de loques et de coiffures qui sont l'uniforme ordinaire des multitudes souffrantes, ameutées et trompées par les agitateurs dans les temps de troubles; elle avait pour armes des pics, des pioches, des fusils, des épées, des sabres, des lances, des baïonnettes emmanchées à des piques, tous les objets de fer, de bois, de matière quelconque qui peuvent servir d'armes parmi les hommes.

Elle forma ses colonnes sur la place de la Bastille, et elle marcha de là sur l'hôtel de ville. Le drapeau rouge flottait sur les têtes. Des rubans rouges, des mouchoirs rouges, des morceaux d'étoffe rouge de toute espèce attachés aux cous, noués aux bras, agités par les mains, faisaient de cette masse immense une sorte d'emblème vivant de terreur et de sang.

Quand cette armée rouge se mit en marche, Paris trembla et désespéra. Le sol semblait s'ébranler, et l'on eût dit qu'un gouffre s'ouvrait béant et sans fond, où la chose publique allait s'abîmer. Ce jour-là, en effet, tout pouvait sombrer dans la tourmente. La société elle-même allait périr : mais Lamartine était là.

Le gouvernement était sans défense, et il y avait toute probabilité qu'il allait le premier disparaître dans la tempête. Il attendait. L'invasion arriva sur la place de l'hôtel de ville. Son nombre, ses clameurs, ses insignes, son attitude, ses menaces, ses mots d'ordre, annonçaient aux membres du gouvernement provisoire que leur dernière heure pouvait bien n'être pas éloignée.

Elle assaillit le palais, se précipita dans les escaliers, se répandit dans toutes les salles, et vint sommer le gouvernement d'obéir sur l'heure à ses injonctions. « Nous voulons faire notre république nous-mêmes, » dirent les orateurs qui parlaient au nom de la foule, » nous voulons que le gouvernement soit du peuple, » composé d'hommes connus et aimés du peuple.....

» ..... Nous ne voulons pas de cette république où » le riche continue à jouir et le pauvre à souffrir. Vive » le drapeau rouge, symbole de notre affranchisse- » ment! »

Pendant que ces discours se débitaient sur tous les tons et dans tous les termes, on entassait sur la place et dans les cours de l'hôtel de ville les cadavres des hommes du peuple blessés dans la lutte avec les troupes le 23 et le 24, et qui mouraient des suites de ces blessures. La vue de ces cadavres exaspérait plus encore la multitude ardente, prête à tout faire. Une combinaison secrète présidait à cette accumulation de cadavres dans le même endroit.

On frappait énergiquement à la porte de la salle où le gouvernement était réuni. « Nous voulons le compte

» des heures que vous avez déjà perdues, ou trop bien
» employées à endormir et à ajourner la révolution. Nous
» voulons le drapeau rouge pour drapeau de la nation.
» Nous voulons qu'on désarme la garde nationale et
» qu'on remette ses fusils au peuple. Nous voulons ré-
» gner à notre tour sur la bourgeoisie, complice des
» monarchies. Nous voulons qu'on déclare la guerre à
» tous les rois dans le même moment. Nous voulons
» qu'on déclare la patrie en danger, qu'on arrête tous
» les ministres passés et présents de la monarchie,
» qu'on tienne les traîtres dans la terreur, et que la hache
» soit tenue levée sur la tête des ennemis du peuple.
» Nous voulons notre république avec les grands moyens
» révolutionnaires. Vous n'êtes pas les hommes de cette
» république. Vous n'êtes, vous, que des girondins.
» Nous ne voulons pas de vous. Arrière! Faites place
» aux véritables révolutionnaires. »

Le gouvernement, ainsi assiégé, ainsi opprimé,
» ainsi menacé, restait calme et digne en présence du
péril. Chacun de ces hommes était un héros. Les portes
étaient ouvertes, et ils étaient face à face avec leurs
accusateurs, dont ils tâchaient de calmer les fureurs et
les explosions.

Un nouveau flux de foule survint, et enfonça plus
avant la foule qui intimait ses ordres au gouvernement.
Du sein de cette nouvelle vague sortit un nouvel orateur, qui prit la parole pour apostropher plus vivement
encore le gouvernement et le sommer définitivement,
au nom du peuple, de décréter, séance tenante et à la
minute, l'abolition de la propriété, la proscription des
capitalistes, l'installation immédiate du peuple dans la

communauté de tous les biens, et, pour appuyer ces décrets terribles, l'institution d'un gouvernement sans pitié et l'adoption du drapeau rouge.

A chaque article de ce programme, l'orateur frappait le parquet de la crosse de son fusil, et la foule qui le suivait et qui l'entourait d'applaudir avec des clameurs que la génération d'alors ignorait encore. Quatre-vingt mille hommes armés et furieux soutenaient cet ultimatum.

Chacun des membres du gouvernement prit la parole pour ramener au calme et à la réflexion ces hommes que la colère aveuglait et égarait. Ils épuisèrent les remontrances, les exhortations, les raisonnements, les adjurations pour apaiser l'émeute délirante, qui leur tenait littéralement le sabre sur la gorge. Mais leurs efforts n'y pouvaient rien. Louis Blanc lui-même, alors secrétaire du gouvernement, et qui, en sa qualité de socialiste, devait avoir plus d'influence sur ces hommes, essaya en vain de les faire renoncer à leurs exigences.

Lamartine, debout à une fenêtre, assistait de loin à cette scène violente, qui menaçait de finir dans quelques instants de la façon la plus tragique. Il s'indigna de tant de déraison et de tant de violence, et il s'approcha. Il vint se mettre en face de l'orateur armé qui venait de formuler d'une manière si despotique l'ultimatum de la multitude, et il lui posa la main sur le bras pour lui parler. L'homme recula comme avec répugnance, et demanda aux siens quel était celui qui le touchait ainsi. — C'est Lamartine, lui dirent quelques voix. — « Lamartine! s'écria-t-il, je ne veux pas » l'écouter. Ne me parlez pas, ne m'endormez pas avec

» votre belle langue. J'ai là une langue qui coupe tout,
» dit-il en frappant de la main sur le canon de son fusil,
» et il n'y en a plus d'autre entre vous et nous. »

Lamartine sourit, et lui tenant toujours le bras :
« Vous parlez bien, lui dit-il, vous parlez mieux que
» moi. Le peuple a bien choisi son interprète. Mais il
» ne suffit pas de bien parler ; il faut entendre la langue
» de la raison que Dieu a donnée aux hommes de bonne
» volonté pour s'expliquer entre eux et pour s'entr'ai-
» der au lieu de s'entre-détruire. La parole sincère est
» la paix entre les hommes ; le silence obstiné est la
» guerre. Voulez-vous la guerre et le sang? Nous l'accep-
» tons. Nos têtes sont dévouées; mais alors que la
» guerre et le sang retombent sur ceux qui n'auront
» voulu rien entendre ! »

» — Lamartine a raison, écoutons Lamartine ! »
cria-t-on dans la foule autour du menaçant orateur.

Alors celui qu'on appelait un idéologue et un utopiste, et qu'on disait incapable de diriger les affaires
et de conduire les hommes, se mit à développer devant la multitude les vérités primordiales et positives
de la société, les conséquences rigoureuses qui en découlent, et l'obligation où se trouvent les peuples de
s'y conformer ou de périr. Ces hommes armés et menaçants l'écoutaient et le comprenaient ; et, à mesure
qu'ils comprenaient et qu'ils sentaient, la fureur dimi-
nuait sur leurs traits. Il leur montra la liberté comme
le but même de la vie sociale, comme le vœu de Dieu
en créant le monde ; mais il leur fit voir, à côté de cette
liberté, l'ordre et la règle, sans lesquels aucune liberté
n'est jamais possible. Il déroula devant eux l'intermi-

nable série de progrès, d'améliorations, de satisfactions que peut réaliser l'humanité, dans ses classes même les plus déshéritées, au moyen de la pratique honnête et sage de ces deux grands principes de la liberté et de la raison, appliqués aux gouvernements et paisiblement entrés dans les mœurs des peuples. Il reconnut les souffrances dont ils avaient à se plaindre, il leur exprima en termes émus sa sympathie et sa compassion; il leur démontra la possibilité d'améliorer leur sort, et il leur prouva, comme deux et deux font quatre, que cette amélioration ne pourrait résulter que d'un régime intelligent d'ordre, de paix et de vraie liberté; mais jamais du tumulte et de la violence, auxquels ils recouraient dans leur erreur, et dont l'infaillible conséquence serait d'empirer encore leur situation. Il s'adressa à leurs cœurs, comme il savait le faire mieux que personne dans aucun temps; il remua tous les bons instincts de ces malheureux, dont la colère se désarmait; il réveilla les sentiments d'honneur et de générosité dont ils étaient fiers, et qu'ils furent tout heureux de retrouver en eux. Il les convainquit, il les persuada, il les convertit, il les transforma.

Quand il eut reconnu que la vérité reprenait le dessus dans ces esprits crédules qu'on avait trompés, il leur déclara que le gouvernement ne pouvait acquiescer à aucune des exagérations qu'ils venaient de formuler, et qu'il prenait l'engagement de tout faire pour le peuple, excepté *sa ruine et son déshonneur*. Il repoussa nettement enfin ce drapeau rouge, signe de terreur et de proscription, qu'on voulait imposer à la France pour la déshonorer aux yeux du monde. On applaudit.

Le farouche orateur que nous avons vu, il y a un instant, rugir de fureur et dicter ses lois en frappant le parquet de son fusil chargé, s'émut aux paroles de Lamartine. Le fusil lui tomba des mains, il pleura.

La cause était gagnée. La colonne se replia et se retira, ramenant son orateur, évanoui dans son émotion.

Mais un flot nouveau, qui n'avait pas assisté à la scène que nous venons de voir, et qui s'indignait de l'insuccès et du retard des délégués, s'engouffra dans l'hôtel de ville. Nouvel assaut, nouveau combat.

Les membres du gouvernement allèrent tour à tour, l'un après l'autre, opposer aux fureurs des nouveaux assaillants la dignité de leur attitude et l'habileté de leur parole. Cinq fois Lamartine sortit, s'adressa au peuple, remua son âme, et rentra couvert d'applaudissements. Il était excédé, il n'en pouvait plus. La sueur coulait de son front, ses vêtements étaient salis et déchirés; sa voix, épuisée par une lutte trop longue, se ranimait pourtant à chaque nouveau péril, par l'effort puissant de la volonté. Quand on l'insultait, il souriait; et quand il avait parlé, on l'acclamait. On n'avait pas encore vu sur la terre un homme exercer une pareille influence de parole et de génie sur une foule en révolution, armée et exaspérée.

Mais la sédition ne reculait pas. Des coups de fusil, au contraire, se faisaient entendre de tous les côtés. Les dangers grossissaient toujours; la foule elle-même grossissait aussi; des recrues nombreuses lui arrivaient sans cesse de tous les faubourgs.

Vers midi, il se fit sur l'hôtel de ville un si terrible

effort d'invasion et de fureur, que l'édifice lui-même sembla trembler. Cette fois, le sang allait couler ; les plus tragiques événements allaient commencer. « Où » est Lamartine ? cria-t-on sur la place. Lamartine » seul peut se faire entendre, Lamartine seul sera écouté. » Qu'il paraisse; qu'il vienne, ou tout est perdu ! »

Lamartine se présenta de nouveau, se débattant dans la masse compacte, pour parvenir à prendre la parole. Ce n'était plus une tâche, c'était un martyre. Il succombait à la fatigue, et cependant il continuait la lutte sans cesse renaissante, toujours plus ardente et plus périlleuse. C'était la vivante et dramatique réalisation de la fable de l'hydre chez les anciens. Mais le salut du pays remplissait son âme et lui donnait, comme à Antée, des forces nouvelles, chaque fois qu'il l'envisageait plus compromis, plus menacé.

Il revint donc, et il parla. Cette fois, la grandeur du danger éleva encore son éloquence ; et sa parole eut une telle puissance de patriotisme et de conviction, que les drapeaux rouges s'abaissèrent à sa voix. Il arrêta la tempête, qui montait alors à son paroxysme, et des acclamations enthousiastes se répandant, se multipliant dans cette foule immense comme le bruit du tonnerre, accueillirent sa puissante harangue.

Le danger était conjuré, ou du moins sur le point de l'être. De ce moment, on reprit confiance. On venait de reconnaître qu'il y avait, en ces graves conjonctures, un homme doué du secret de parler au peuple, et que cet homme-là pouvait dissiper l'orage qui menaçait si terriblement la société.

Cependant une nouvelle bande, étrangère aux émotions que Lamartine, depuis le matin, faisait courir sur la foule armée, arriva ardente et renversant tout. Elle fendit la multitude, se rua sur le palais, vola dans les escaliers, fit explosion dans toutes les parties de l'édifice, vociférant, brisant, tirant des coups de fusil, cherchant l'asile du gouvernement.

« Où est Lamartine? » cria-t-on encore du dehors. » C'est Lamartine, c'est lui seul qui peut tout sauver! » Lamartine à ce moment-là était dans la foule, où l'avaient attiré les cris effrayants de la nouvelle irruption. On brandissait sur sa tête des sabres, des épées, des couteaux, des pistolets, des fusils. Il était toujours calme, toujours souriant. Il faut beaucoup de courage et beaucoup de civisme pour jouer un rôle de cette nature. La bravoure qu'on déploie sur les champs de bataille ne se mesure pas avec l'héroïsme que demande cette lutte d'un homme contre une multitude en fureur.

Il luttait du coude et de l'épaule, cherchant une éclaircie, un point quelconque où il pût essayer de se faire entendre. On lui apporta enfin un débris de chaise; il y monta et prit la parole au milieu du tumulte. On fit silence peu à peu, on l'écouta.

Il répandit son âme devant ce peuple. Il parla comme parlaient les prophètes et les apôtres. Aux accents inspirés de la conscience et du devoir, il mêla la langue énergique du citoyen. Il triompha enfin des mauvais instincts qu'on avait remués pêle-mêle dans la foule crédule et sans réflexion. Il s'attaqua directement au drapeau rouge, et il le flétrit en termes que l'histoire n'oubliera jamais : « J'aime-
» rais mieux le drapeau noir, qu'on fait flotter quel-

» quefois dans une ville assiégée, comme un linceul,
» pour désigner à la bombe les édifices neutres consa-
» crés à l'humanité, et dont le boulet et la bombe
» même des ennemis doivent s'écarter. Voulez-vous donc
» que le drapeau de votre république soit plus mena-
» çant et plus sinistre que celui d'une ville bombardée?
» — Non, non! répondirent mille voix. Lamartine a
» raison. — Non, non! » s'écrièrent d'autres, les plus
furieux, les chefs sans doute; » nous garderons notre
» drapeau; c'est avec lui que nous avons vaincu. —
» Citoyens, reprit Lamartine, vous pouvez faire vio-
» lence au gouvernement, vous pouvez lui commander
» de changer le drapeau de la nation et le nom de la
» France. Si vous êtes assez mal inspirés et assez
» obstinés dans votre erreur pour lui imposer une répu-
» blique de parti et un pavillon de terreur, le gouver-
» nement, je le sais, est aussi décidé que moi-même à
» *mourir* plutôt que de se déshonorer en vous obéissant.
» Quant à moi, jamais ma main ne signera ce décret!
» Je repousserai jusqu'à la mort ce drapeau de sang,
» et vous devriez le répudier plus que moi! Car le dra-
» peau rouge que vous nous rapportez n'a jamais fait
» que le tour du Champ de Mars, traîné dans le sang
» du peuple en 91 et 93; et le drapeau tricolore a fait le
» tour du monde, avec le nom, la gloire et la liberté
» de la patrie! »

A ces mots, l'enthousiasme fut unanime. L'orateur ne put continuer; les applaudissements, les acclamations, les bénédictions de tout ce peuple, ému et pacifié, achevèrent le discours. Des milliers de bras se tendirent vers Lamartine. On l'enleva de la chaise, on le porta en triomphe. Et les voûtes de l'hôtel de ville, et les escaliers encombrés de peuple, retentirent des cris de *Vive Lamartine! vive le drapeau tricolore!* prolongés au dehors et répétés sur la place comme une immense salve de reconnaissance et d'enthousiasme.

La république était sauvée, du moment que les violences étaient écartées.

Mais cette journée, unique dans l'histoire, n'était pas encore à son dernier point. Une forte colonne armée, qui arrivait à l'instant des faubourgs, et qui n'avait pas pris part à la réconciliation qui venait de se faire entre le peuple et la raison, fit irruption dans le palais, réclamant les fameux décrets, avec plus de violence encore, avec la résolution bien arrêtée de réussir. A mesure que Lamartine pacifiait les foules, les chefs du mouvement recrutaient de nouvelles colonnes et les lançaient sur l'hôtel de ville, en les animant d'un souffle plus ardent, et en leur donnant pour consigne de fermer stoïquement l'oreille aux séductions du magicien qui changeait la guerre en fraternisation.

La nouvelle bande rencontra celle qui venait d'entendre Lamartine et qui le suivait. « Place à Lamar- » tine! » cria-t-on énergiquement aux nouveaux arrivants. — « A bas Lamartine! » ripostèrent ces hommes furieux qu'on venait tout fraîchement d'endoctriner. Et ils se mirent à formuler à leur tour l'horrible programme du drapeau rouge.

Lamartine s'élança sur une chaise et reprit la parole. Mais, au lieu de l'écouter, les nouveaux venus le couchèrent en joue. Il ne bougea pas. Un incident de hasard vint à son aide : un homme du peuple, couvert de sang, se jeta sur lui en l'embrassant, en l'appelant le sauveur du peuple et en pleurant. Cette scène étrange impressionna la foule et imposa respect.

Alors Lamartine reprit la parole. Il rappela le peuple au sentiment de sa dignité et de sa valeur, il fit resplendir à son imagination la grandeur de la tâche qu'il venait d'accomplir et la gloire de celle qu'il lui restait encore à remplir dans le calme. Puis, frappant un dernier coup, un coup vigoureux, un coup d'Hercule, sur ce drapeau rouge qui faisait tout le mal et qui était l'emblème de toutes les violences : « Citoyens, dit-il, l'Eu-
» rope ne connaît que le drapeau de ses défaites et de
» nos victoires, c'est le drapeau de la république et de
» l'empire. En voyant le drapeau rouge elle ne croira
» voir que le drapeau d'un parti! C'est le drapeau de la
» France, c'est le drapeau de nos armées victorieuses,
» c'est le drapeau de nos triomphes qu'il faut relever
» devant l'Europe. La France et le drapeau tricolore,
» c'est une même pensée, un même prestige, une
» même terreur, au besoin, pour nos ennemis! »

Ce dernier coup décida la victoire. La foule comprit, approuva, applaudit, et renonça à ses exigences.

On évacua tout de suite après l'hôtel de ville, la place elle-même se vida, et tout rentra bientôt dans le calme.

Paris était sauvé; avec Paris, le reste de la France; et avec la France, l'Europe entière, qu'une commotion de cette force et de cette nature eût ébranlée, eût bouleversée de fond en comble.

Lamartine remonta auprès de ses collègues. Ceux-ci profitaient du répit que leur laissait l'émeute, combattue par un seul homme, pour travailler aux mesures d'urgence que réclamait la situation.

Une heure de calme et d'espérance réunit enfin ces hommes vaillants. Une sorte de communion religieuse dans l'idée du devoir et dans l'héroïsme en faisait des apôtres, et comme des frères. Ces hommes avaient assumé la responsabilité de ranimer d'un souffle nouveau et de conduire dans la bonne voie, au péril de leur vie et au milieu de l'explosion subite d'une révolution, la grande idée de 89, formulée par la philosophie, dénaturée par les anarchistes, bâillonnée par le militarisme, intimidée par les défaites, mystifiée par le retour éphémère et déguisé de l'ancien régime, ressuscitée en 1830, oubliée après la victoire, et se redressant tout à coup de toute sa hauteur en février 1848.

Ces hommes s'étaient faits tout à coup les initiateurs et pour ainsi dire les chefs de l'humanité, en entreprenant de réaliser, sans violence, ce règne pacifique de la vérité que prêche la philosophie. Des rayons soudains traversaient leurs têtes, et ils allaient promulguer de ces lois sublimes, qui deviennent de plus en plus chaque jour la législation même du genre humain. Ils étaient à une de ces heures grandes et fécondes où, suivant la belle parole de Vauvenargues, renouvelée ici par Lamartine, *les grandes pensées jaillissent* du cœur, parce qu'elles sont, dit-il, *la souveraine nature et la souveraine vérité.*

*L'instinct,* dit-il encore à ce propos, *est le suprême législateur; celui qui l'écrit en loi, écrit sous la dictée de Dieu.*

Et les membres du gouvernement provisoire, inspirés par la grandeur des événements et par l'instinct du juste et du vrai, sentirent qu'il leur appartenait, qu'il leur incombait même, d'adopter immédiatement de ces résolutions philosophiques et humanitaires qui sont la gloire éternelle d'une révolution et d'une nation. Ils n'hésitèrent pas, ils se mirent à l'œuvre, ouvriers de paix, de justice, de progrès. Chacun proposait une grande idée, et l'idée, acceptée par tous, devenait décret, et se promulguait aux acclamations du peuple.

Lamartine proposa l'abolition de l'esclavage des noirs; cet acte de justice, de réparation et de philanthropie, qui était aussi dans l'âme de tous ses collègues, fut immédiatement voté, signé et rendu public. On venait d'abolir le cens électoral, système politique d'exclusion et de privilége, qui ravale l'homme au-dessous de l'argent. Des décrets immortels se signaient d'enthousiasme et se promulguaient aux acclamations du peuple, comme des révélations descendues du ciel. Des actes de la plus haute portée prirent ainsi naissance ce jour-là, qui fut peut-être le plus grand de toute la révolution de février. Enfin, entraîné par ces élans unanimes d'une réunion d'hommes de bonne volonté, de bonne foi, de bonne conscience, Lamartine prononça le dernier mot, qu'il retenait encore : il proposa l'abolition de la peine de mort en matière politique, et le décret passa quelques jours plus tard.

Ce décret à lui seul était un programme et tout un système nouveau de politique. Il désarmait immédiatement les partis extrêmes, il mariait la révolution à la modération, il empêchait 1848 de devenir jamais 1793, il ralliait à la cause de la république tous ceux qui en redoutaient les sévices et les excès. Il détruisait l'obstacle des souvenirs.

Crois-tu sérieusement, George, qu'un pareil homme soit un inutile, un vain discoureur, un utopiste incapable d'agir?

GEORGE. J'écoute en silence, et j'admire ton poëte dans ces premiers instants de la révolution. J'avoue même qu'on n'est pas accoutumé à tant d'énergie, à tant de précision de la part d'un poëte, et surtout d'un poëte comme celui-ci.

PAUL. De ce moment, Lamartine devint l'objet de l'estime, de la confiance, de l'affection, de l'amour de la France entière. On se sentait fier d'être le compatriote de cet homme antique, qui joignait tant de grandeur d'âme à tant de génie. On était rassuré, on était tranquille, on pouvait espérer, en voyant à la tête de la révolution un citoyen de ce courage, de cette fermeté, de ce zèle, de cette hauteur de raison, de cette largeur de vues, de cette élévation de sentiments, de cette honnêteté de caractère, de cette clairvoyance d'esprit, de cette organisation si multiple et si complète. La république, dès lors, devint le vœu de la société entière, et non plus seulement de quelques partis.

On acclamait Lamartine de tous les côtés, dans toutes les villes, dans tous les villages. A Paris, il ne pouvait plus sortir : dès qu'on le reconnaissait dans les rues, c'était un enthousiasme, une ovation qui ne cessait point et qui embarrassait cet homme modeste et sans prétentions. Il ne comprenait pas qu'on dût tant applaudir celui qui fait son devoir et qui sert son pays. Il était souvent obligé de se jeter en hâte dans des maisons inconnues pour éviter la perpétuelle manifestation de ce peuple, qui lui témoignait ainsi sa reconnaissance et sa confiance.

Cependant, les difficultés n'étaient pas à leur terme. On souleva de nouveau la population des ateliers, au nom des doctrines du communisme ou d'un socialisme mal entendu. Des foules armées s'organisèrent de nouveau et revinrent assiéger l'hôtel de ville. Elles demandaient cette fois au gouvernement la création d'un ministère socialiste sous le nom de ministère du *progrès*, et l'insertion du principe de l'*organisation du travail* au programme officiel de la république.

Lamartine, nous l'avons déjà dit, était l'organisation la plus complète qu'on pût souhaiter. Les sciences les plus difficiles et les plus spéciales, il les étudiait, il les approfondissait, il les cultivait comme la littérature. Il s'était soigneusement préoccupé de cette énorme question de l'inégalité des conditions humaines et des moyens pratiques qu'on peut employer pour combattre les souffrances qui en résultent.

Nous trouvons, en effet, formulée à grands traits dans un de ses livres, sa manière de voir à cet égard. Rien n'est à la fois plus sage, plus démocratique et plus savant. Cette page mérite d'être rapportée tout entière au moment où nous avons à dire sa nouvelle lutte avec ceux qui demandaient la réalisation immédiate des utopies.

« Les principes politiques de Lamartine », dit-il, parlant de lui-même à la troisième personne, « étaient » ceux de l'éternelle vérité dont l'Évangile est une

» page : l'égalité des hommes devant Dieu, réalisée sur
» la terre par les lois et les formes de gouvernement
» qui donnent au plus grand nombre, et bientôt à
» l'universalité des citoyens, la part la plus égale d'in-
» tervention personnelle dans le gouvernement, et par
» là, prochainement dans les bénéfices moraux et ma-
» tériels de la société humaine.

» Lamartine, néanmoins, reconnaissait *le gouverne-*
« *ment de la raison* comme *supérieur à la brutale souve-*
» *raineté du nombre ;* car à ses yeux la raison, étant la
» réverbération de Dieu sur le genre humain, la souve-
» raineté de la raison était la souveraineté de Dieu. Il
» ne poussait point jusqu'à la chimère ses aspirations à
» l'égalisation violente et actuellement impossible des
» conditions sociales. Il ne comprenait aucune société
» civilisée sans ces trois bases, qui semblent données
» par l'instinct même, ce grand révélateur des vérités
» éternelles : l'État, la famille, la propriété.

» Le communisme des biens, qui amène *nécessaire-*
» *ment* le communisme de la femme, de l'enfant, du
» père et de la mère, et l'abrutissement de l'espèce, lui
» faisait horreur. Le socialisme, dans ses différentes
» formules, saint-simonisme, fouriérisme, expropria-
» tion du capital, sous prétexte d'affranchir et de mul-
» tiplier le produit, lui faisait pitié. La propriété sans
» doute lui paraissait, comme toute chose, *perfectible*
» par des institutions qui la développent au lieu de la
» détruire ; mais *le salaire protégé* était pour lui la
» forme la plus libre et la plus parfaite de l'association
» entre le capital et le travail, puisque le salaire est la
» proportion exacte librement débattue entre la valeur

» du travail et les besoins du capital; proportion expri-
» mée dans tous les pays de liberté par ce qu'on appelle
» concurrence.

» Néanmoins, comme le travailleur pressé par la
» faim n'a pas toujours et immédiatement sa liberté
» complète de débattre son droit et de proportionner
» ainsi le prix de son travail au service qu'il rend au
» capital, Lamartine admettait, dans une certaine
» mesure, l'État comme arbitre, ou comme le grand
» prudhomme entre les exigences contraires des deux
» contractants.

» Il voulait de plus que l'État, providence des forts
» et des faibles, fournît dans certains cas extrêmes, dé-
» terminés par l'administration, du travail d'assistance
» aux travailleurs sans aucune possibilité de se procu-
» rer le pain de leurs familles. Il demandait *une taxe*
» *des pauvres*. Il ne voulait pas que le dernier mot d'une
» société civilisée fût l'abandon et la mort; il voulait
» que ce dernier mot fût du travail et du pain. »

Être plus large, plus profond et surtout plus pratique, ne se rencontre pas parmi les hommes, même en
présence de toutes les hardiesses de la science sociale
de notre époque.

Est-ce lui qu'on peut appeler ici rêveur et utopiste,
lui qui, tout en poursuivant les théories les plus généreuses, n'adoptait que des choses pratiques, possibles,
réalisables, et s'opposait à ceux qui demandaient la
métamorphose même de la société immédiatement et
sans retard.

N'est-il pas de la dernière évidence que c'est lui, le
poëte, qui était l'homme pratique et positif, et que ce

sont les positivistes les plus radicaux qui étaient dans le rêve, le nuage et l'impossible?

C'est dans le sens que nous venons de voir et par des considérations de cette portée, que Lamartine répondit à la députation des socialistes armés, qui investissaient le gouvernement, et qui exigeaient, non moins impérativement que les invasions des premiers jours, que le gouvernement adoptât séance tenante leur programme, résumé en ces mots : *l'organisation du travail*.

Le gouvernement provisoire refusait d'accepter cette formule, qui eût abouti, par ses conséquences extrêmes, à faire disparaître à la fois le capital et le travail, par l'immixtion constante et immédiate de l'autorité dans les relations des particuliers, par la création subite d'un maximum dans les salaires, ce qui rappellerait violemment les plus grosses mesures de 93.

Mais les délégués de la foule frappaient du poing sur la table du conseil, agitaient leurs armes, menaçaient le gouvernement. Alors Lamartine prit la parole. C'était toujours lui qui dénouait les difficultés au fort du péril.

Il commença par déclarer tout net que la chose qu'on demandait n'était pas possible, et que jamais, lui, il n'y accéderait. « Citoyens, » dit-il à ces hommes en leur montrant du doigt les pièces de canon braquées sur la place, « vous me mettriez à la bouche de ces canons
» que vous ne me feriez pas signer ces deux mots asso-
» ciés ensemble : *Organisation du travail*. »

Les délégués poussèrent des cris de colère. Mais Lamartine, tranquille et ferme, reprit son discours. Il développa la question en termes clairs, simples et précis ; il la divisa, l'analysa dans toutes ses parties, la combattit au point de vue même de la liberté, qu'elle viole en mettant l'arbitraire à la place de la transaction et de la libre convention des contractants. Il énuméra en grand détail tout ce que l'État doit aux classes pauvres de protection, d'allégement, de secours, d'enseignement, d'assistance, et montra toutes ces améliorations et tous ces avantages comme devant naturellement résulter d'une administration démocratique et régulière. « Il ouvrit enfin, dit-il, le mot qui servait de drapeau » à ces hommes du peuple, et il en fit sortir à leurs » yeux le néant, la fumée, la ruine de tous dans l'op- » pression de quelques-uns..... Je ne signerai pas, dit- » il, car je ne veux pas signer votre propre misère et » votre propre condamnation. »

Les délégués comprirent enfin. La langue du bon sens et de la vérité finit toujours par se faire comprendre. Ils acceptèrent les raisonnements, les explications, les exhortations de Lamartine, et ils l'applaudirent. Encore une fois le gouvernement était sauvé de la violence, et le pays de l'anarchie.

Le bruit de tant de sagesse et de tant de fermeté acheva de faire de cette république, que plusieurs n'envisageaient encore qu'avec terreur ou avec défiance, une cause générale et nationale. Les départements s'y rallièrent avec empressement, avec enthousiasme. En un mot, la France, confiante et rassurée, la vota d'acclamation, et acclama avec elle, d'une voix unanime, le nom de l'homme providentiel qui la personnifiait à ses yeux comme aux yeux de l'Europe.

George. Pourquoi dire qu'il personnifiait à lui seul la république? Peut-on ainsi reléguer au second plan ses vaillants collègues, tous hommes du plus grand mérite, qui dirigeaient avec lui cette révolution?

Paul. Inutile de reconnaître expressément avec toi que ces hommes éminents, désormais illustres, qui composaient ce gouvernement du péril, étaient tous, comme Lamartine, dignes de la tâche qu'ils remplissaient, et qu'ils l'ont tous remplie comme les grands hommes. Mais inutile aussi de te rappeler que dans toute assemblée, dans toute compagnie, dans toute réunion, dans toute corporation, dans toute association, dans tout conclave, dans tout congrès, dans tout parlement, dans toute chambre, dans tout sénat, dans tout cabinet, dans tout gouvernement libéral, dans toute société d'hommes en général, il y en a toujours un, c'est la nature même qui le veut ainsi, qui, par l'expansion de son âme autant que par la manière d'être de son génie, domine involontairement la réunion et l'incarne en lui. Tel a été Lamartine dans cette grande époque de 1848.

Ce que nous allons voir de l'extraordinaire popularité qui l'éleva pour ainsi dire sur le trône de l'opinion, prouvera bien mieux cette situation que tout ce qu'on pourrait en dire pour l'expliquer, pour la démontrer. C'était, du reste, ainsi que l'envisageaient effectivement et sans contredit la France et l'Europe.

Après des efforts presque surhumains pour apaiser les masses et pour rassurer tous les intérêts, le gouvernement provisoire était parvenu à proclamer, sur la place de la Bastille, cette république rationnelle et sage qui était l'objet de sa mission et de ses propres vœux. Chacun des membres du gouvernement put alors prendre la direction de la partie spéciale qui lui avait été assignée, dès le principe, dans la répartition des branches du pouvoir; et Lamartine prit possession du ministère des affaires étrangères, qui était son poste. Il venait de faire face au peuple, il allait maintenant faire face à l'Europe.

A ce nom menaçant de République, l'Europe entière avait frissonné. Elle s'attendait à voir, comme naturellement, se rouvrir l'ère redoutée des guerres sanglantes de la première révolution française. Mais Lamartine, en politique habile et consommé, se hâta de rassurer l'Europe. Il fit ce manifeste immortel, œuvre unique en son genre, et dont on ne trouve l'analogue dans aucune des langues, mortes ou vivantes, connues jusqu'ici dans le monde.

Il parla à l'Europe attentive, inquiète, défiante et peut-être hostile, comme il convenait à la France de lui parler : c'est-à-dire, avec dignité, avec fermeté, mais avec calme et avec sagesse. Il connaissait à fond les intérêts multiples des cours de l'Europe et la nature diverse de leurs relations avec son pays. Il s'adressa à tous ces intérêts et les rassura. Il s'appliqua à détruire les préventions que la tradition révolutionnaire éveillait en foule. Il expliqua la nouvelle république comme la forme obligée du gouvernement du peuple français, arrivé à ce degré de lumières et de progrès qui demande tout naturellement ce gouvernement de la raison et de la justice.

GEORGE. Ainsi, d'après lui, Montesquieu s'était

trompé, comme je voulais moi-même te le faire remarquer, en assignant à tel caractère de peuple, à tel climat, à telles mœurs sociales, un genre de gouvernement particulier et spécial.

Paul. Je t'ai déjà dit, de mon côté, s'il m'en souvient bien, que Montesquieu n'est pas aussi absolu que tu le penses à cet égard. Il semble en effet reconnaître, ainsi que Lamartine, le régime républicain comme le couronnement et l'achèvement des civilisations. Lamartine donc n'était pas en opposition directe avec le grand publiciste, en faisant de la république non point un mode d'existence uniquement propre à une nation de tel caractère ou de tel autre, mais la forme dernière et universelle qu'adoptent rationnellement les peuples mûris par une longue expérience politique et préparés par une profonde civilisation à la direction personnelle de leurs affaires. Mais comme il ne subordonnait pas, lui, son idée à ces considérations de mœurs et de climat dont se préoccupe le système de *l'Esprit des lois,* nous devons reconnaître qu'il établissait par là une nouvelle doctrine, différente non-seulement de celle de Montesquieu, mais encore de toutes celles dont on retrouve les traces chez les anciens.

Il protesta fièrement contre les traités que les revers avaient imposés à la France, et il ne les admettait que comme une sorte de point de départ des relations nouvelles de son pays avec les gouvernements européens.

Il fit valoir le programme philosophique de la nouvelle république, et il produisit à son appui l'acte caractéristique de l'abolition de la peine de mort.

Il dit, en termes incomparables, les intentions pacifiques de cette république, qui ne voulait rien bouleverser, rien violenter, mais qui ne consentirait pas non plus à voir opprimer ni les vérités sur lesquelles elle se fondait ni les peuples qui voudraient d'eux-mêmes les arborer.

« La république française, dit-il, n'intentera donc
» la guerre à personne. Elle n'a pas besoin de dire
» qu'elle l'acceptera, si on pose des conditions de guerre
» au peuple français. La pensée des hommes qui gou-
» vernent en ce moment la France est celle-ci : Heureuse
» la France si on lui déclare la guerre, et si on la con-
» traint ainsi à grandir en force et en gloire, malgré sa
» modération ! Responsabilité terrible à la France si la
» république déclare elle-même la guerre sans y être
» provoquée ! Dans le premier cas, son génie martial,
» son impatience d'action, sa force accumulée pendant
» tant d'années de paix, la rendraient invincible chez
» elle, redoutable peut-être au delà de ses frontières.
» Dans le second cas, elle tournerait contre elle les
» souvenirs de ses conquêtes, qui désaffectionnent les
» nationalités, et elle compromettrait sa première et sa
» plus universelle alliance : l'esprit des peuples et le
» génie de la civilisation. . . . . . . . . .
. . . . . . . . . . . . . . . . . .
. . . » La république, vous le voyez, a traversé
» du premier pas l'ère des proscriptions et des dicta-
» tures. Elle est décidée à ne jamais violer la liberté
» en dedans. Elle est décidée également à ne jamais
» violer son principe démocratique au dehors. Elle ne
» laissera mettre la main de personne entre le *rayon-*
» *nement pacifique de sa liberté et le regard des peuples.*

» Elle se proclame l'alliée intellectuelle et cordiale de
» tous les droits, de tous les progrès, de tous les déve-
» loppements légitimes d'institutions des nations qui
» veulent vivre du même principe que le sien. Elle ne
» fera point de propagande sourde ou incendiaire chez
» ses voisins. Elle sait qu'il n'y a de libertés durables
» que celles qui naissent d'elles-mêmes sur leur propre
» sol. Mais elle exercera *par la lueur de ces idées, par le
» spectacle d'ordre et de paix* qu'elle espère donner au
» monde, le seul et honnête prosélytisme, le prosély-
» tisme de l'estime et de la sympathie. Ce n'est point
» là la guerre, c'est la nature. Ce n'est point là incen-
» dier le monde, c'est briller de sa place sur l'horizon
» des peuples pour les devancer et les guider à la fois.

. . . . . . . » La république a prononcé en
» naissant, et au milieu de la chaleur d'une lutte non
» provoquée par le peuple, trois mots qui ont révélé
» son âme et qui appelleront sur son berceau les béné-
» dictions de Dieu et des hommes : *liberté, égalité, fra-
» ternité.* »

C'était la première fois dans le monde que la diplomatie parlait ce langage. L'éclat du style et des images ajoutait encore à la grandeur des idées et à la justesse de la politique.

L'Europe applaudit et se rassura, comme la France venait d'applaudir et de se rassurer. L'admiration fut universelle et enthousiaste. Lamartine avait fait un miracle : il avait inspiré aux têtes couronnées une sorte d'estime pour la république, chose inouïe jusqu'à ce jour-là.

Mais ce manifeste si pacifique, si philosophique et si

sage, devait avoir pourtant des conséquences plus révolutionnaires et plus puissantes que les victoires mêmes de la première république. Les peuples, n'ayant plus à redouter la conquête de leurs foyers par les armées françaises, allaient se lever d'eux-mêmes pour réclamer spontanément ces libertés et ces droits que les Français, leurs voisins, venaient de reconquérir, et dont ils faisaient un si noble usage, sous la direction d'hommes de mérite et de bonne foi. Et ces revendications soudaines des peuples de l'Europe ne devaient pas cette fois rester stériles : de ce moment, en effet, l'antique absolutisme des trônes, qui avait résisté à la secousse de 89, devait commencer à s'écrouler; le régime représentatif allait être institué par toute l'Europe, préparant ainsi le monde libéral et démocratique dont l'époque actuelle est en gestation.

Comment s'est-il donc trouvé qu'un poëte ait été si habile et ait pu accomplir de si grandes choses? D'où vient que cette lyre, qu'on lui reprochait et qu'on semblait vouloir lui attacher au cou comme une sorte de grelot, n'a point faussé la langue du ministre; et que les illuminations du génie ont augmenté, ont étendu, ont complété la clarté d'esprit de l'homme d'État?

Qu'était donc devenu le poëte des lacs et des vallons? Ou plutôt, comment avait-on pu penser que l'homme de l'émotion et du sentiment dût forcément exclure l'homme de la politique et de l'action?

GEORGE. Poursuivons toujours. Nous ne tarderons pas à trouver, je crois, la limite de ces aptitudes qui te ravissent.

PAUL. Nous trouverons la limite de la fortune, mais non point la limite de ses aptitudes.

Encore une fois, le préjugé que tu soutiens était vaincu, et cette fois de la manière la plus éclatante. Lamartine, en effet, est le poëte le plus essentiellement poëte qu'il soit jamais possible de trouver dans le monde; et les circonstances où il eut à faire acte d'homme pratique et d'homme politique sont les plus difficiles qu'il soit possible de rencontrer dans l'histoire des peuples et des révolutions.

Le préjugé était donc terrassé, était donc vaincu, comme je viens de le dire; mais l'esprit de parti, qui résiste à l'évidence même et qui y résiste de toutes ses forces, allait profiter du premier revers pour le faire revivre plus ardent, plus vivace, plus hardi que jamais.

On va mettre au compte d'un seul homme toutes les difficultés, tous les insuccès ultérieurs d'une révolution. Mais la raison, la raison impartiale et sans parti n'en juge pas, elle, de la même façon; elle n'épouse point les passions et les injustices, qui distribuent à leur gré les réputations; et la grande figure de Lamartine, désormais consacrée sous mille rapports, rayonnera éternellement sur la France et sur le monde sous les aspects multiples qui forment ce type à jamais original et splendide.

Reprenons le cours de nos recherches. Lamartine ne se contentait pas de rédiger des proclamations et des manifestes, brillants de style et d'habileté; il prenait en même temps les dispositions militaires qui devaient appuyer et faire respecter la parole de la république. Il fit établir sans perte de temps des armées d'observation à toutes les portes de la France : soixante-deux mille hommes au pied des Alpes, vingt mille hommes aux Pyrénées, trente mille hommes aux frontières du nord, et surtout, cent mille hommes sur le Rhin.

Puis il s'occupa avec ses collègues de la question des finances, qui devient toujours au lendemain des révolutions la clef de la situation, la difficulté la plus réfractaire, la pierre d'achoppement du nouveau régime. Il est curieux de voir avec quelle saine entente des questions d'impôt, de perception, d'expédients financiers, de mesures normales ou exceptionnelles, il traitait cette matière spéciale qu'on considère d'ordinaire comme si complétement étrangère à l'esprit des hommes d'imagination.

George. — Décidément, tu veux faire de Lamartine un homme universel et sans pareil. Pic de la Mirandole lui-même, diras-tu bientôt, n'avait pas l'étendue de son savoir; et ni Richelieu, ni William Pitt, n'entendaient la politique d'une manière aussi nette et aussi pratique.

Paul. — Je ne fais jamais d'exagération. C'eût été, d'ailleurs, chose inutile à mon idée et à ma cause. Un homme peut être propre à beaucoup de choses sans être pour cela un maître dans chacune de ces choses. Il me suffit d'établir et de prouver que Lamartine, jusque-là exclusivement adonné à la poésie, s'est révélé tout à coup, dans un moment extraordinairement difficile, souverainement apte au gouvernement d'une société et à la direction d'une révolution.

George. — Il y a dans les circonstances extraordinaires et exceptionnelles une sorte de poésie créée par l'enthousiasme, qui permet à un homme de ce genre d'avoir des succès dans la politique, au grand étonnement de tout le monde. Ces sortes de moments de fièvre, d'excitation morale, ont une certaine conformité avec la nature de ces hommes, pour ainsi dire étrangère à la réflexion. Mais il faudrait les voir dans des temps plus calmes, dans la tâche d'organiser, d'administrer, de gouverner, de faire, en un mot, de la vraie politique; c'est là qu'on pourrait les juger. Car alors, plus d'enthousiasme, plus d'élan. Tout se fait avec ordre, avec méthode, avec soin, avec la véritable connaissance des hommes et des affaires. Rien ne prête plus à l'inspiration; tout naît du calcul froid et réfléchi, de la combinaison patiente, précise, sans entraînement.

Paul. — Je répondrai à cela par une simple image, et je renverserai ainsi d'un seul coup tout l'échafaudage que tu viens d'élever : Le pilote qui peut sauver le navire dans la tempête, n'aura pas de peine à tenir la barre sur une mer tranquille.

Mais n'admirons pas seulement la haute habileté que Lamartine a déployée en ces conjonctures, pensons à la loyauté, au désintéressement de cet homme d'État aux vertus antiques. Entouré des témoignages perpétuels d'une confiance pour ainsi dire nationale, il n'a jamais songé à occuper la place que lui faisait cette situation unique et exceptionnelle. Il ne voulait jamais éclipser personne; loin de là, il semblait chercher de lui-même les meilleures occasions de faire ressortir, de faire reluire même tout le mérite de ceux qui collaboraient avec lui à la même tâche. Il a même pris plus tard, en retraçant les événements de cette époque, la défense de ceux à qui il avait pourtant la secrète intention de reprocher des idées entachées d'excès.

C'est ainsi que, parlant de Louis Blanc, à propos des conférences du Luxembourg, qu'il n'approuvait pas dans leurs tendances, il a dit ces mots : « Le cœur » de Louis Blanc éclatait en sentiments fraternels, sa » parole en images, mais son système en ténèbres..... » Il promettait des chimères, mais il ne donnait ni dé- » sordres, ni violences, ni sang. »

Une autre fois, à l'occasion de la circulaire de Ledru-Rollin aux commissaires de la république, après avoir blâmé l'esprit d'exclusion d'une phrase de ce document, concernant les hommes du lendemain, il atténue ainsi la sévérité de son jugement : « Le ministre de » l'intérieur, absorbé dans l'immensité des détails de » son département, ne pouvait pas matériellement » répondre de tout ce qui se rédigeait sous sa respon- » sabilité morale. » Et plus loin : « D'autres hommes » cherchaient à l'entraîner hors des voies de concert » et de concorde, où il voulait, comme tous ses col- » lègues, contenir les choses et les esprits. »

Il lui répugnait d'être agressif et acerbe, il était honnête au delà de toute comparaison. Il avait comme un besoin intime d'estimer et de respecter. Il considérait dans la suite comme des alliés et comme des frères ceux qui avaient conduit avec lui les premiers jours de la république. Il aurait enduré les derniers outrages plutôt que de dire un mot qui rompît la tacite solidarité qu'il avait formée dans son cœur avec ses collègues.

Placé à la tête du gouvernement de son pays, maître, pour ainsi dire, de décider ce qu'il aurait voulu, il avait hâte de se dessaisir d'un pouvoir que tant d'autres, à sa place, eussent voulu à tout prix garder définitivement en leurs mains. Et ce qu'il y a de plus étrange dans la destinée de ce grand homme, c'est que son impopularité et sa chute, qui l'a suivie de près, lui ont été comme infligées pour son refus d'accepter le pouvoir, que l'Assemblée nationale voulait légaliser et légitimer dans sa personne.

Ainsi nous avons eu en ce siècle le spectacle, bien rare et bien digne de respect, d'un citoyen presque tout-puissant, n'ayant qu'un souci à la tête des affaires, où voulait le maintenir la confiance publique : celui d'abdiquer son autorité et de remettre aux représentants du pays la direction du gouvernement de l'État. Il voulait, il demandait, il poursuivait sans relâche la prompte convocation de l'Assemblée nationale ; et il eut à lutter avec acharnement, nouvelle bizarrerie, contre ceux qui voulaient la prolongation de cette dictature qu'il avait en main.

GEORGE. — Mais ce n'est pas en sa faveur que ceux-là voulaient maintenir le provisoire : il n'a donc pas le mérite que tu lui fais d'avoir combattu ses propres partisans.

PAUL. — C'est vrai ; mais la prolongation du provisoire, c'était le maintien du gouvernement ; et comme à ce moment-là Lamartine personnifiait la confiance du pays, cette prolongation n'était autre chose que le maintien de son propre pouvoir, qu'appuyait, en dernière analyse, la majorité de la nation.

Il voulait donc la convocation immédiate de l'Assemblée nationale; mais il ne put se livrer tout entier à ce soin libéral qui le préoccupait, en vue d'affermir définitivement l'ordre public par l'établissement du gouvernement régulier et des institutions de la république. Après les émeutes du peuple de Paris, étaient survenues les émeutes des étrangers réfugiés en France. Il eut à lutter d'adresse et de fermeté pour contenir à la fois les Polonais, les Irlandais, les Belges, les Allemands, appartenant au parti de la république et demandant à la révolution l'appui de ses armes dans leurs pays.

Il fallait parler à ces hommes un langage qui ménageât en eux des républicains et des malheureux, et qui, en même temps, n'inspirât aucun ombrage aux gouvernements européens qu'ils attaquaient. Lamartine trouva cette merveilleuse habileté de langage, et les déclarations qu'il fit à cet égard sont des modèles qu'il faut étudier.

Mais ce n'était pas là le plus grand obstacle qu'il eût à surmonter : il lui fallut lutter dans le sein même du gouvernement. Son collègue le ministre de l'intérieur avait signé une circulaire sur les élections, comme nous l'avons vu. Dans cette pièce, il était prescrit aux agents de l'autorité de ne laisser nommer que des républicains de la veille à la représentation nationale.

Lamartine, d'ordinaire si calme et si conciliant dans le gouvernement, releva la tête et protesta avec énergie contre ce qu'il appelait l'épuration violente de la France et un *dix-huit fructidor de paroles* contre le pays. Il posa fermement la question au gouvernement en déclarant qu'il se retirait si la circulaire n'était commentée par un acte même du gouvernement. La lutte fut vive, acerbe, menaçante. Il la soutint contre son collègue avec la dignité d'un l'Hôpital ou d'un d'Aguesseau, et il l'emporta.

La proclamation qu'il fit sur la décision du gouvernement rassura les esprits qui s'étaient émus, et rétablit la république dans ses idées larges de liberté sans exception sous les auspices desquelles elle était née.

Cependant ce succès de Lamartine irrita les partis extrêmes, et le lendemain les clubs se réunirent au nombre de cent quarante mille hommes et investirent de nouveau le gouvernement à l'hôtel de ville.

Cette fois l'émeute était dirigée contre Lamartine personnellement. Les chefs se présentèrent au gouvernement et le sommèrent d'ajourner l'élection des représentants du peuple, d'éloigner les troupes du voisinage de Paris, de se déclarer enfin soumis aux volontés populaires exprimées par les clubs.

Le gouvernement ne put contenir son indignation. Louis Blanc et Ledru-Rollin eux-mêmes repoussèrent avec vivacité cette tentative d'oppression du gouvernement. Mais la sédition ne reculait pas. Elle était violente et résolue. Les physionomies traduisaient les colères qui bouillaient dans les âmes. A la fin Lamartine fut interpellé. Le ressentiment fit explosion, et l'invective le mit nommément en demeure de s'expliquer.

« J'ai entendu mon nom, citoyens, dit Lamartine » toujours calme et toujours digne, et je le relève. »

L'antiquité, dans les temps les plus dramatiques de son histoire, n'a pas eu de scènes aussi émouvantes que ces invasions successives de l'hôtel de ville en 1848; elle n'a pas connu ces luttes héroïques d'un homme tout seul avec un peuple.

Lamartine répliqua avec autant de justesse que de dignité à toutes les exigences de la députation des clubs réunis. Arrivé à celle relative à la convocation de l'Assemblée nationale : « Si vous me commandiez, » dit-il, de délibérer sous la force et de prononcer la » mise hors la loi de toute la nation, qui n'est pas à » Paris, de la déclarer pendant trois mois, six mois, » que sais-je? exclue de sa représentation et de sa » constitution, je vous dirais ce que je disais à un autre » gouvernement il y a peu de jours : Vous n'arrache- » riez ce vote de ma poitrine qu'après que les balles » l'auraient percée. » On applaudit.

Mais il y eut des hommes qui refoulèrent l'émotion et qui n'applaudirent pas. Ils redoublèrent au contraire de violence et ils demandèrent le renvoi de Lamartine. Ils voulaient contraindre le gouvernement, ce fut même là leur propre expression. Cependant ceux qui avaient été pénétrés par les paroles de Lamartine calmèrent peu à peu les plus violents, firent respecter l'honnête courage du grand citoyen qui faisait son devoir, et l'émeute enfin se dissipa. C'était un énorme danger de plus de conjuré : nous lisons, en effet, que la multitude amassée ce jour-là ressemblait assez, dans son défilé, à une de ces migrations antiques transportant une nation entière des bords d'un fleuve à l'autre bord.

Lamartine, que cette foule excitée par la propa-

gande avait eu pour but d'effrayer et de proscrire, en parle cependant dans les termes les plus indulgents, les plus bienveillants : « Elle respecta tout, dit-il, et
» elle-même elle se respecta. »

Néanmoins il avait compris le véritable sens de la manifestation. Il y voyait le dessein arrêté d'interdire la délibération calme et sensée des représentants du pays, et de perpétuer le provisoire au profit de la démagogie. Il prit dès lors la résolution de combattre ce projet funeste et de le vaincre en dépit des dangers qu'il voyait dans une lutte de cette nature et malgré les alarmes de ses amis.

On ne voulait pas la réunion des représentants du peuple, parce que l'Assemblée nationale, en votant les institutions démocratiques que demandait la révolution et en établissant le gouvernement définitif de la république, eût fermé la carrière des agitations. Il y avait des gens qui voulaient, au contraire, éloigner indéfiniment l'établissement de cet ordre régulier et définitif, parce qu'au sein de cet ordre il n'y aurait de place que pour les progrès légitimes de la démocratie et de la nation, et qu'il n'y en aurait point pour les chimères qui, pour essayer de se réaliser, exigent tout d'abord le bouleversement de la société.

Sans cet ordre, pourtant, rien sur la terre ne se peut fonder. Progrès moraux des sociétés, élévation intellectuelle des peuples, prospérité matérielle des nations, amélioration du sort des masses, tous ces buts divers de la civilisation s'obtiennent uniquement au sein de l'ordre, quand cet ordre est intimement uni à la liberté; et rien absolument de ces grandes choses ne se peut réaliser en dehors de l'ordre. L'ordre est la loi générale de la nature, comme la liberté, comme la justice, ses collaboratrices ou plutôt ses sœurs. Il y a deux forces dans la nature qui entretiennent l'harmonie des mondes : l'une qui attire au centre, qui maintient l'équilibre et qui nous enseigne l'idée de l'ordre; l'autre qui éloigne du centre, qui imprime aux corps de l'espace leur liberté d'action dans leurs révolutions individuelles, et qui nous offre la leçon du progrès dans le droit, la justice et la proportion.

De là pour le monde politique deux principes, deux idées fondamentales, qu'il s'agit, non d'opposer l'une à l'autre, mais de réunir et d'associer.

C'est cette alliance intime et féconde que Lamartine et ses collègues s'appliquaient à fonder dans les esprits et dans les faits, dès ces premiers instants de la république. La voyant menacée et en grand péril, il redoubla d'efforts pour la prémunir. Il s'entendit avec le général Négrier, commandant de l'armée du Nord, pour faire respecter la république et la société en cas de victoire ultérieure des démagogues à Paris. Il entama des intelligences avec les meneurs de la multitude. Il raisonna, il persuada, il harangua, il parvint enfin à rattacher à la cause de l'ordre les principaux des chefs de parti qui refusaient la convocation des mandataires du peuple. Il passa des nuits entières à cette tâche pénible, souvent périlleuse. Il s'entretint dans l'intimité avec tous ceux qui avaient de l'influence sur l'esprit du peuple : avec de Flotte, avec Blanqui, avec Servien, jeune mulâtre d'une *éloquence tropicale*, qui fanatisait les foules au nom des doctrines du socialisme. Il se tint ainsi prêt, de toutes façons, à combattre le communisme et l'anarchie.

Ces mesures prises, il s'occupa avec ses collègues du soin de hâter la convocation de l'Assemblée, objet de ses vœux les plus ardents.

Dans l'intervalle, son manifeste à l'Europe avait enthousiasmé les nations, et, ainsi que je te l'ai déjà dit, les peuples se soulevèrent partout, en Prusse, en Autriche, dans le reste de l'Allemagne, en Italie, au nom de la magnanime république française.

Enfin à force de luttes, à force de constance et à force de courage de la part des vaillants citoyens du gouvernement provisoire, l'Assemblée nationale fut convoquée pour le 4 mai. Cette prochaine arrivée des représentants du peuple à Paris exalta la tête aux démagogues. Il courut des bruits vagues, mais assez inquiétants, sur la vie de Lamartine, qu'on disait devoir être supprimé comme le principal obstacle de la violence et des utopies. Rappelle-toi ici à la fois Périclès, Démosthènes, Cicéron, Mirabeau, qui se sont tous trouvés dans la même situation, pour ce même et éternel motif de combattre les excès et les déraisons des partis politiques exagérés.

GEORGE. Tu te résumes.

PAUL. Et je conclus, sans que tu puisses m'opposer aucune objection sérieuse et de quelque valeur.

Mais la popularité de Lamartine était devenue si grande dans le monde libéral consciencieux et bien pensant, que non-seulement la France, mais l'Europe entière l'encourageait, le soutenait de son estime profonde et de sa sympathie. Il recevait en ce temps-là jusqu'à plus de trois cents lettres par jour. La plupart des départements le priaient à la fois d'accepter la mission de les représenter. Je ne crois pas qu'à aucune autre époque un citoyen se soit trouvé placé si haut par ses vertus dans l'opinion publique, dans l'estime des gens éclairés comme dans celle de la multitude. Il sentait, dit-il dans sa modestie, qui n'a point d'égale, le besoin de modérer cette popularité illimitée. Il ne voulait pas, dit-il encore, qu'il y eût un homme qui fût plus populaire que la représentation du pays.

Homme politique de plus de profondeur qu'on ne pouvait le croire, il prévoyait dès lors les revers que lui préparait son désintéressement, et il les annonçait prophétiquement à ses amis. « Vous voyez, disait-il à » sa famille, ce que me coûtent d'efforts l'Assemblée » nationale et la restitution du pouvoir régulier à la » nation ? Eh bien ! quand la nation aura retrouvé son » propre empire et que l'Assemblée nationale sera » ici, ce peuple sauvé se retirera de moi et me mettra » peut-être en accusation comme ayant conspiré contre » l'Assemblée, mon unique pensée. »

Il n'avait pas d'illusion, on le voit bien. Sa grande âme et sa science immense de l'histoire lui faisaient prévoir, au plus fort même de sa popularité, les ingratitudes qui l'attendaient. Mais à l'avance aussi, il s'en consolait : « Si les peuples, dit-il, étaient justes » et intelligents, il n'y aurait aucune vertu à les ser» vir. » Mot sublime et nouveau qui suffit à lui seul pour dépeindre la sereine grandeur de cette belle âme.

Les clubs voulurent s'émeuter de nouveau le 16

avril pour empêcher définitivement et à main armée la réunion de l'Assemblée, alors très-prochaine, pour chasser Lamartine du gouvernement et pour former un nouveau comité de salut public. Lamartine s'entendit en hâte avec ses collègues, avec quelques généraux et avec des citoyens amis de l'ordre. Il appela aux armes le peuple raisonnable et sensé de Paris pour la défense des vraies libertés. Le peuple à sa voix accourut en armes, et la sédition fut encore étouffée.

Ce jour-là, pour la seconde fois, Lamartine dépouilla la douceur et l'aménité de ses manières pour parler avec sévérité à ceux qui se plaignaient de cette prise d'armes immédiate du peuple contre les agitateurs et les clubistes. Il savait admirablement reprendre sa fierté quand la circonstance le lui demandait, comme il savait être tranquille et souriant en présence des menaces de la foule. On lui reprochait d'avoir étouffé l'émeute par l'émeute. Cette habileté irritait ses ennemis tout autant qu'elle les étonnait. A la coalition armée de ses adversaires, il avait su opposer la coalition armée des partisans de l'ordre, de la vraie liberté, de la vraie république.

Le soir de ce jour il put assister pour ainsi dire à son triomphe et juger de sang-froid de toute l'étendue de sa popularité. Enfermé dans une voiture, il traversait incognito les colonnes du peuple qui se retiraient par toutes les rues. Ce peuple n'avait qu'un nom à la bouche, c'était le sien ; et il l'acclamait et le bénissait avec un enthousiasme qui ne peut se décrire. Il s'émut vivement au fond de la voiture, où l'on ne pouvait soupçonner qu'il se trouvât, et il alla communiquer cette émotion à sa famille, que, le matin, il avait quittée ne sachant pas s'il la reverrait.

Les factions étaient vaincues, on pouvait l'espérer du moins devant la manifestation que le peuple lui-même venait de faire. Paris s'était prononcé sans acception de fortune ni de rang contre l'anarchie et la violence, qui menaçaient de tout engloutir. Lamartine avait le dessus ! C'est alors qu'on put dire qu'il était devenu le chef de la France.

La revue qui eut lieu le 21 avril le lui fit bien voir à lui, et le démontra assez explicitement à l'Europe. Les populations des campagnes accourues à Paris l'acclamaient avec frénésie, il faut dire le mot. Ses collègues eux-mêmes le montraient de la main au peuple et aux troupes, qui le demandaient. On saluait en lui le sauveur du pays. Lui, embarrassé et comme honteux d'une prédilection qui, disait-il, était également due à tous ses collègues, semblait s'effacer et se soustraire à l'ovation.

De ce moment il fut obligé de prendre les plus grandes précautions pour n'être pas reconnu quand il sortait. S'il était au théâtre, on suspendait la représentation, et la salle entière se levait debout pour l'acclamer. Et quand on l'acclamait ainsi, c'était avec de ces élans de cœur qu'on ne voit pas d'ordinaire dans ces manifestations de l'enthousiasme des peuples.

On n'avait pas crié Vive l'Empereur ! avec plus de passion après Austerlitz et après Iéna. César n'avait pas été aussi populaire, aussi puissant par ses armées et par ses victoires. Mais contrairement à César, qui avait tout soumis à son pouvoir par la force des armes, lui, qui avait la force plus grande encore de l'amour des populations et de leur confiance, il ne voulut point de la puissance, et il n'ambitionna que la grandeur de la patrie par le progrès et la liberté !

Qu'on cherche un homme, parmi les anciens, soit chez les Romains, soit chez les Grecs, qui se soit élevé à ce degré de désintéressement et de loyauté ! Désormais Aristide et Cincinnatus cessent d'occuper seuls le premier rang dans l'admiration de l'humanité et dans le respect religieux de l'histoire. Washington, leur émule dans les temps modernes, a trouvé aussi grand que lui, sur cette terre de France, la terre classique de toutes les grandeurs.

GEORGE. Il viendra un moment, et je t'y attends, où, trompé par l'exagération de ce désintéressement, il sera bien loin d'avoir agi comme l'eût fait Washington dans l'intérêt de son pays.

PAUL. Nous verrons ce moment-là. Voyons, en attendant, comment il hâtait de ses efforts cette réunion de l'Assemblée nationale, qui ne sortait pas de sa pensée, et comment il s'appliquait à préparer le terrain, à aplanir la voie aux représentants et aux législateurs du pays.

Les élections, grâce aux soins vigilants du gouvernement provisoire, purent enfin se faire paisiblement et en toute liberté. On pria Lamartine de préparer à l'avance une constitution. Il pensait lui-même qu'il pouvait être sage d'épargner à l'Assemblée nationale les lenteurs ordinaires de la discussion de cet acte, dans un moment où il fallait se hâter de reconstituer l'autorité.

Il pensait aussi qu'une constitution se résume en quelques axiomes généraux, posés comme base, que des lois organiques viennent dans la suite développer dans l'application et dans les détails.

L'unité du pouvoir dans les mains d'un citoyen lui paraissait devoir être la forme définitive du gouvernement de la république, qui a autant ou plus besoin d'unité d'action que les autres formes de gouvernement. Mais il lui semblait que, pour commencer, et en vue de rallier toutes les opinions et tous les partis, il conviendrait d'instituer un gouvernement transitoire, composé de trois chefs, représentant les trois éléments, les trois forces sociales qui, dans tous les pays et dans toutes les civilisations, résument les trois ordres d'idées qui composent généralement la vie politique : *l'impulsion, la résistance, la modération*. Encore une idée nouvelle, une nouvelle doctrine, qu'il n'a puisée dans aucun livre, qu'il a trouvée au fond de ses propres méditations.

Ce plan était plein de raison et de prévoyance politique ; mais la divergence des avis ne permit pas de le formuler, et on s'en remit à l'Assemblée elle-même du soin de statuer à cet égard.

Les élections s'étaient faites le 27 avril. Ce jour-là, Lamartine, passant le soir devant une église, en vit sortir les citoyens, recueillis et graves, tout entiers à l'acte solennel qui s'accomplissait. Les sons de l'orgue et des cantiques réveillèrent tout à coup l'âme du poëte : il entra, s'agenouilla, et appela l'assistance d'en haut sur cette jeune république à son berceau.

George. Le poëte, tu le vois bien, l'emporte toujours.

Paul. Le sentiment religieux, quand aucune superstition, quand aucune erreur ne le dénature, n'a rien d'incompatible avec l'esprit même le plus élevé ou le plus positif. Dieu n'est jamais de trop dans la vie de l'homme. Lamartine avait l'âme impressionnable et clairvoyante de ceux qui voient ce Dieu au milieu des lois de la nature; et il ne se cachait pas pour le reconnaître, pour le confesser, pour l'adorer. Quelle sorte de petite grandeur que celle de ces esprits forts qui se raidissent contre l'évidence, et qui s'insurgent, souvent uniquement en apparence et pour les besoins de leur doctrine, contre l'Intelligence qui règle les mondes!

Il ne peut y avoir de honte dans la foi que pour la superstition et l'absurdité. Mais il sera toujours sage, toujours méritoire, de la part du génie, de reconnaître l'Esprit organisateur de cet univers, que la science elle-même, à bout d'investigations, rencontré et salue à la dernière limite de ses analyses. Rappelle-toi Descartes, Newton, et la plupart des plus grandes intelligences qui ont éclairé les sciences positives. Ils ont presque tous la même histoire : douter, discuter, et puis croire enfin, quand la matière ne répond pas à tous les mystères. Alors ce n'est pas seulement croire, c'est plutôt voir.

George. Si c'est là l'histoire d'une foule de grandes intelligences que tu connais, ce n'est pas celle de quelques-unes que je connais, moi, de mon côté : ce n'est pas, à coup sûr, celle de Lucrèce ni celle d'un contemporain que tu reconnaîtras bien, et qui disait, lui : *Dieu, c'est le mal.*

Paul. Lucrèce n'a pu expliquer que les causes apparentes, les causes secondes; les premières lui ont échappé. La loi des lois, celle qui règle les autres et qui les met en jeu, il n'en a rien compris. C'est celle-là qui est cette limite dernière de la science des choses, et en même temps le seuil de ce monde spirituel, qui explique le reste et se traduit par Dieu. Ce Dieu, c'est cet *absolu* que le dernier athée que tu as désigné a rencontré au fond de toutes ses négations, et qu'il a ainsi nommé pour ne pas avouer le grand nom qu'adore le monde et qu'il conteste.

Toutes les organisations vraiment supérieures reconnaissent ce monde du spiritualisme, et voient Dieu face à face comme Lamartine. Il n'avait pas honte de sa piété, et c'est là un des traits qui le caractérisent au milieu de toutes les splendeurs de l'intelligence. Ce n'était ni Pascal ni Voltaire : c'était l'un corrigé par l'autre.

Mais reprenons le fil des événements. L'Assemblée nationale se réunit à Paris. Lamartine était au terme de ses vœux, mais non de ses luttes, de ses efforts, de ses périls. Désormais, pensait-il, le pays, maître de lui-même, pouvait consolider sa république et la prémunir contre les factions.

Dix départements l'avaient élu député, et s'il en eût seulement laissé entrevoir le désir, toutes les parties de la France, sans exception, l'eussent appelé à la fois à la représentation nationale, ce qui l'eût placé dans une situation exceptionnelle et jusque-là inouïe dans un pays libre.

Le nom de cet homme n'avait pas de limites : pour la France, pour l'Italie, pour l'Allemagne, pour le nord et pour le midi, pour l'Europe entière et pour toute l'Amérique, où nous l'avons si chaleureusement acclamé à distance dans les Antilles, comme on l'applaudissait aux États-Unis, au Mexique, dans la Colombie et jusqu'au Chili et au Pérou, il était le représentant du progrès et de la liberté. La France seule a ce privilége, dans les temps modernes, de donner naissance à ces puissantes individualités qui rayonnent sur la terre et qui commandent chez tous les peuples.

L'Assemblée se constitua et ouvrit ses travaux. Le 4 mai, elle rendit hommage à la vénérable vieillesse et aux vertus de Dupont de l'Eure, abdiquant l'autorité du gouvernement provisoire entre les mains de la nation.

Le 7, Lamartine rendit compte des actes de la révolution. Quand il eut achevé ce discours si lumineux, si complet, et qu'on relit chaque fois avec une admiration nouvelle et toujours croissante, l'Assemblée nationale se leva debout pour l'applaudir, pour lui rendre les honneurs civiques qu'avaient mérités son courage et ses travaux.

Son compte rendu du ministère des affaires étrangères ne souleva pas moins d'admiration et d'enthousiasme. Relisons dans cet acte, qui est la statistique originale et savante de la diplomatie de l'Europe à cette époque, le passage relatif aux nouvelles destinées européennes de la France : « En un mot, nous
» étions trente-six millions d'hommes isolés sur le con-
» tinent; aucune pensée européenne ne nous était per-
» mise, aucune action collective ne nous était possible,
» notre système était la compression, l'horizon était

» court, l'air manquait comme la dignité à notre poli-
» tique : notre système d'aujourd'hui, c'est le système
» d'une vérité démocratique qui s'élargira aux propor-
» tions d'une foi sociale universelle ; notre horizon,
» c'est l'avenir des peuples civilisés ; notre air vital,
» c'est le souffle de liberté dans les poitrines libres de
» tout l'univers. Trois mois ne se sont pas écoulés, et
» si la démocratie doit avoir la guerre de trente ans
» comme le protestantisme, au lieu de marcher à la
» tête de trente-six millions d'hommes, la France, en
» comptant dans son système d'alliés, la Suisse, l'Italie
» et les peuples émancipés de l'Allemagne, marchera à
» la tête de quatre-vingt-huit millions de confédérés et
» amis. »

L'Assemblée nationale, une fois installée, songea à substituer au gouvernement provisoire, formé dans l'orage de la révolution, un gouvernement légal, voté par les représentants du pays.

L'Assemblée était composée de neuf cents membres. De ces neuf cents, sept cents voulurent nommer Lamartine président provisoire de la république. Ces sept cents représentants exprimaient dans ce vœu, en même temps que leur propre sentiment, l'opinion de la France entière, la confiance de la nation, l'attente et l'espérance de toute l'Europe.

Lamartine refusa.

GEORGE. Et il prouva par là qu'il n'était pas un homme d'État. C'est ici le moment où je t'attendais : Washington n'a pas refusé, et il a été utile à son pays; et il l'a sauvé, et il l'a fondé en acceptant de diriger ses premiers pas. Lamartine, lui, a préféré la gloire bruyante de refuser à celle plus simple et plus méritoire de servir l'État dans des circonstances difficiles.

PAUL. Mais les circonstances n'étaient pas les mêmes. Washington pouvait accepter, Lamartine ne le pouvait pas. Il ne s'agissait pas de l'élection du chef constitutionnel de la république, mais de la nomination d'un chef provisoire.

Lamartine n'ignorait pas qu'il était désigné par l'opinion, et il eût été heureux de pouvoir remplir ce rôle de fondateur et de protecteur de la constitution naissante de la République. Mais, à part tous les autres inconvénients qu'il entrevoyait pour la paix publique dans cette concentration du pouvoir en ses seules mains, il se voyait engagé dans une sorte de dilemme : ou en acceptant le pouvoir il prenait ses collègues du gouvernement provisoire pour ses ministres, et alors il mécontentait l'Assemblée, dont la majorité voulait surtout écarter du pouvoir ceux d'entre eux qui appartenaient aux partis extrêmes; ou il les écartait lui-même et formait son ministère d'hommes agréés de l'Assemblée.

Dans ce dernier cas, il irritait les partis, qu'il fallait au contraire rallier et pacifier; dans le premier, il perdait l'appui de l'Assemblée, qui, dès lors, se déclarerait contre lui et lui ferait la guerre. Dans l'un et l'autre cas, c'était l'agitation au lieu du calme; c'était la guerre civile au lieu de l'institution paisible et sage de la république.

Ses collègues, d'ailleurs, la veille ses égaux, ne consentiraient pas volontiers à être ses ministres dans la continuation de l'œuvre commencée en commun. Leurs partis, les considérant disgraciés et suspectés, recourraient comme toujours aux conspirations et aux séditions. Et la république eût péri avant que de naître.

C'était là, à la fois, de la prévoyance, du patriotisme, du désintéressement, de la sagesse. Un autre à sa place, je le sais bien, n'eût point envisagé l'avenir et ses orages, et eût tout exposé, tout sacrifié à sa propre ambition. C'est là ce que tu appellerais un homme d'État, un homme pratique, un homme positif; mais Lamartine n'était pas cet homme, c'était un citoyen.

Quatre jours et quatre nuits, il délibéra en lui-même, et il refusa :

« Nous vous soutiendrons, lui dirent les députés. — Mais vous-mêmes, vous serez investis, répondit Lamartine. — Les départements accourront, répliquèrent-ils. — Mais en attendant qu'ils arrivent, vous serez sacrifiés. Le premier appel que vous ferez à vos départements et à l'armée sera le signal de votre perte et de la ruine entière de la république. »

Il persista dans son sentiment, comme d'autres persistent d'ordinaire pour s'attirer le pouvoir et pour l'usurper; et il proposa la formation d'une commission exécutive, comme moyen terme, comme mesure transitoire et préparatoire.

GEORGE. Il avait sans doute peur du danger, il ne se sentait pas de force à tenir tout seul le gouvernail.

PAUL. A l'égard du courage, il est au-dessus de tout soupçon : nous l'avons déjà vu au fort du péril, et nous l'y verrons encore aux journées de juin. Pour ce qui est des capacités qu'exigeait la tâche, il s'est rendu le témoignage, lui d'ordinaire si modeste et si circonspect, d'avoir, dit-il, *la force et la prudence nécessaires* pour manier le pouvoir, à la satisfaction de l'Assemblée, avec l'énergie et l'habileté qu'il fallait à la fois en ces circonstances. Il pouvait le dire sans crainte d'être démenti, l'ayant déjà prouvé par des actes nombreux et irrécusables.

Le jour où l'Assemblée attendait sa résolution pour instituer ce pouvoir intérimaire qu'il fallait donner à la République, Lamartine rencontra en se rendant au Palais-Bourbon des représentants qui le conjurèrent une dernière fois d'accéder à leurs vœux et d'accepter le pouvoir qu'on voulait lui conférer. — « Non, répon-
» dit-il, j'ai bien réfléchi. Il y a un abîme que vous ne
» voyez pas entre l'Assemblée nationale et le jour où la
» République sera armée. Il faut un Décius pour le
» combler. Je m'engloutis, mais je vous sauve. »

Le Romain qui accomplit ce trait de civisme n'est pas plus grand que le Français qui le renouvelait ainsi deux mille ans après.

Il entra à la Chambre et il refusa.

De ce jour commença sa chute. Son refus mécontenta l'Assemblée. Elle ne lui pardonna pas de s'être soustrait au rôle de gouverner le pays avec cette modération et cette fermeté réunies qui venaient de sauver la société des derniers désastres, et qui étaient l'espérance générale de la nation.

L'impopularité qu'il assuma ainsi par sa grandeur et par sa sagesse ne tarda pas à s'exprimer en faits.

GEORGE. Il n'y a qu'un pas, dit-on depuis longtemps, du Capitole à la roche Tarpéienne.

PAUL. Jamais ce mot ne fut plus exact qu'en cette circonstance.

L'Assemblée nomma les membres de la commission exécutive; et celui que dix départements de la France venaient d'acclamer représentant du peuple, celui à qui l'on voulait à toute force conférer le pouvoir unique, suprême et personnel, ne fut nommé que le quatrième dans le nouveau gouvernement provisoire, par les votes de l'Assemblée nationale.

Les amis en fait de politique ne connaissent ni considération, ni ménagements. Il faut les suivre où ils veulent aller, sinon ils vous abandonnent au milieu de la route. Ainsi, la sagesse même d'un grand citoyen changea brusquement en impopularité l'enthousiasme qui l'entourait le moment d'avant. Ainsi nous voyons ce qu'on appelle un juste expier la faute étrange d'avoir sacrifié son élévation personnelle à l'intérêt de son pays.

J'étais un soir chez M. de Lamartine, treize ans après ces événements. Madame de Lamartine, qui n'avait pas de plus grand bonheur que les souvenirs de la vie d'Alphonse et de toutes les grandes choses qu'il avait faites dans le monde, me parlait de 1848 et de cette séance de l'Assemblée nationale où le second gouvernement provisoire fut composé. « Je croyais avoir mal entendu, me dit-elle d'une voix affaiblie et encore émue, quand on proclama le premier nom; mais au second tour de scrutin, au troisième vote, l'indignation me serra le cœur. On n'a nommé Alphonse que le quatrième. »

Ce sentiment naïf et touchant de la femme, d'ailleurs supérieure, qui aimait son mari jusqu'à la piété, et qui souffrait bien plus vivement que lui de sa disgrâce, me pénétra jusqu'au fond de l'âme.

Cette femme croyait en son mari avec autant de conviction qu'on a foi en Dieu. Elle voyait, dans cet affront immérité fait à tant de supériorité et à tant de bonne foi, une sorte d'offense adressée à la vertu elle-même. Elle ne pouvait se résoudre à comprendre qu'on eût pu affliger une âme si honnête, si innocente. C'était pour elle un sacrilége.

GEORGE. La cause de ce malheur et de ces disgrâces, que tu déplores, c'est l'esprit indécis de ton poëte, qui par des scrupules de tout point contraires à la vraie politique, avait refusé de prendre en main les rênes de l'État, que le pays lui-même lui offrait, et non point une faction ou un parti.

Il me semble, à moi, qu'on n'avait pas tort de lui faire en quelque sorte un crime d'avoir manqué de clairvoyance et d'énergie au moment le plus difficile de la révolution. Il livrait ainsi l'Assemblée aux partis et la république à l'anarchie.

PAUL. Cet homme n'était pas un étourdi. Il avait réfléchi, et il avait cru trouver le parti le plus sage dans l'avis contraire.

GEORGE. Il n'eut pas à attendre longtemps pour se convaincre que sa sagesse n'était pas la vraie. Le 15 mai arriva bientôt.

PAUL. Mais il n'eût pas pu l'éviter étant chef unique du gouvernement. Il n'eût pu que réprimer la sédition, comme il le fit quoique simple membre du gouvernement.

GEORGE. Tu te trompes. Chef de la république, il ne

se fût pas trouvé enfermé ce jour-là dans la salle de l'Assemblée nationale, luttant encore contre la foule, ce qui est courageux, héroïque même, je le reconnais; mais sa place eût été au Luxembourg, d'où il aurait marché à la tête des troupes, puisqu'il savait payer de sa personne.

Paul. Cependant ses collègues, ce jour-là, étaient au Luxembourg et s'épuisaient en vain pour délivrer l'Assemblée.

George. C'est là le fruit de la confusion et du manque d'unité dans le pouvoir. Les ordres se contredisaient et s'annulaient les uns les autres. C'est justement là ce qu'on avait voulu éviter en lui offrant, à lui seul, la direction et le commandement.

Paul. Sa personnalité seule en face des partis aurait au contraire excité l'envie et provoqué des tempêtes plus furieuses encore peut-être que celles que la république eut à traverser avant d'arriver à s'organiser. Il eût accepté ce pouvoir si la république eût été définitivement et légalement constituée.

Mais il ne faillit point à sa mission. L'émeute, semblable à celle du drapeau rouge, avait envahi la salle des séances de l'Assemblée au nom de la cause des Polonais, et avait fini par vociférer la destitution de l'Assemblée elle-même et la création d'un gouvernement révolutionnaire.

L'Assemblée nationale fut dispersée; et Lamartine, toujours plein de courage et de sang-froid, attendait, dans une pièce du Palais-Bourbon, l'arrivée des légions de garde nationale qu'il avait fait convoquer au son du tambour.

« Si dans trois heures, dit-il à ceux qui l'entouraient,
» nous n'entendons pas battre le rappel de l'autre côté
» du fleuve, j'irai coucher à Vincennes, ou je serai
» fusillé. »

L'Assemblée nationale était dissoute, et un gouvernement révolutionnaire siégeait à l'hôtel de ville, défendu par une batterie d'artillerie et par dix mille canons de fusil.

Tout à coup on entend le tambour lointain de la garde nationale. La garde nationale accourait de tous côtés au pas de charge, à l'appel de Lamartine. Lui, sort précipitamment de son asile, se jette dans la cour au milieu d'un bataillon de la garde mobile, que la foule avait dispersé, le reforme, marche à sa tête, réunit les représentants éparpillés çà et là dans les environs du palais, rentre avec eux dans la salle, les rétablit, et met en fuite les séditieux qui occupaient leurs places et qui parodiaient la représentation du pays.

Puis il sortit, harangua les citoyens et les gardes nationaux rassemblés en hâte à sa voix, et marcha à leur tête sur l'hôtel de ville. Il comptait sur la promptitude et sur l'audace pour étouffer la révolte dès la première heure, avant qu'elle pût se fortifier, s'organiser. Il se souvenait du 9 thermidor, où le parti de Robespierre, quoique le plus fort, fut étouffé dans ce même hôtel de ville par suite de son inertie et par la rapide résolution de la Convention et de Barras.

Où donc était le poëte à ce moment-là? Réponds, mon George.

Il fit venir en toute hâte quatre pièces de canon, il

organisa lui-même ses colonnes d'attaque, il monta à cheval et se mit à la tête, avec un de ses collègues, Ledru-Rollin.

Chemin faisant, il rencontra les légions, qui arrivaient de toutes parts au secours de l'ordre public et du gouvernement. Il combina un plan militaire avec les généraux qu'il prit avec lui, et il déboucha enfin, à la tête des troupes, sur la place de l'hôtel de ville.

« Descendez de cheval, » lui crièrent les artilleurs qui le suivaient. « On vous visera au premier feu. » — Si quelqu'un doit tomber le premier pour la » cause de l'Assemblée, c'est moi », répondit-il sans s'arrêter.

Il enleva d'assaut l'hôtel de ville. L'émeute, foudroyée par la promptitude incroyable de l'attaque et par la résolution des assaillants, se dispersa, et les chefs furent arrêtés dans le palais.

L'enthousiasme, ce jour-là, se réveilla : les cris de *Vive l'Assemblée!* et de *Vive Lamartine!* se confondirent, et vengèrent ainsi le grand citoyen de la défaveur de l'Assemblée, qu'il venait de sauver.

Mais c'était là son dernier triomphe. Il devait une fois encore combattre les partis, affronter les baïonnettes, les balles et les boulets, pour le salut de la société, mais pour tomber tout de suite après victime de l'ingratitude et des passions.

Les ateliers nationaux s'agitèrent. Il était question de les licencier, et ils voulurent s'imposer et dicter des lois, au nom des exigences du socialisme.

George. Lamartine recueillait ainsi le fruit de son œuvre.

Paul. Ne répète pas bénévolement ce que tout le monde dit sans réfléchir. Les ateliers nationaux avaient été créés comme mesure d'urgence, comme expédient politique, au milieu des crises de la révolution ; mais ce n'était pas à titre d'institution régulière et définitive.

De gros dangers s'amoncelaient encore. Lamartine et ses collègues prirent les mesures nécessaires pour conjurer ces nouveaux orages. Ils proposèrent à l'Assemblée ou leur démission; ou l'adoption de résolutions énergiques et exceptionnelles qui garantissent fortement la sécurité publique.

Il demanda lui-même la réunion des troupes dans Paris. Il ouvrit l'avis d'un plan complet de défense militaire, approuvé par les généraux, consultés par lui à cet égard. Il est vraiment curieux de voir qu'on l'a accusé de négligence et d'incurie quand il déployait, au contraire, une prévoyance irréprochable et même excessive.

Le 22 juin, la guerre éclata. Ce n'était plus une émeute comme les autres fois. Les faubourgs se joignirent aux ateliers nationaux. La garde nationale ne se hâta pas d'accourir, comme il le fallait. Les barricades s'élevèrent de tous les côtés, et la guerre civile éclata dans toute son horreur, au nom d'un socialisme destructeur et insensé qu'on avait enseigné aux masses, à la place des doctrines scientifiques des grands écrivains de cette école.

La lutte s'engagea, rude et sanglante, entre le gouvernement et les foules insurgées. Le sang coula cette fois en abondance ; l'archevêque de Paris y perdit la vie.

Malgré les prévisions et malgré les instances de Lamartine, l'armée n'était pas en force suffisante à Paris pour combattre l'anarchie dès sa naissance. Au fort même de la lutte, on parla de remettre au lendemain les derniers efforts à faire pour écraser la sédition. Lamartine opina pour ne pas perdre une heure. Il monta à cheval à côté du général Cavaignac, qui commandait les forces militaires contre l'insurrection. On acclama encore le poëte quand on le vit ainsi en campagne, décidé à mourir pour sauver l'ordre et la république.

Il se jeta au milieu du feu dans le quartier du Temple, où la résistance déployait l'énergie la plus redoutable et la plus meurtrière. Les boulets et les balles couchaient en grand nombre les combattants à ses côtés; son cheval fut blessé sous lui. Il faisait son devoir comme un soldat. Il cherchait la mort, il était dégoûté de ces déraisons et de ces violences des partis, qui compromettaient ainsi toute une civilisation. Mais le sort le réservait à d'autres épreuves, à d'autres dégoûts. Il sortit sain et sauf de la bataille, et la révolte, à la fin, fut étouffée.

Il s'aventura seul, à cheval, au milieu des foules insurgées du quartier de la Bastille. Le peuple, admirant son courage et ému de son civisme, l'entoura, l'applaudit, l'acclama, lui jeta des bouquets, en lui criant : « Lamartine, nous ne voulons pas le mal, mais » nous souffrons. Gouvernez-nous vous-même, sau- » vez-nous. Nous vous aimons, nous vous connais- » sons. »

Il harangua pour la dernière fois ces hommes égarés

et fanatisés, et il revint instruire le général Cavaignac de l'état des esprits, de la situation des barricades qu'il venait d'affronter ainsi de sa personne.

Des forces nouvelles arrivaient d'heure en heure à Paris, au secours du gouvernement. La société, encore une fois, était sauvée.

Cependant l'Assemblée nationale imputait ces nouveaux malheurs à l'incurie du gouvernement. On conseilla à ce gouvernement de résigner ses pouvoirs de son propre mouvement, mais il refusa d'abdiquer ainsi au milieu du danger. Alors l'Assemblée destitua la commission exécutive, et conféra la dictature au général Cavaignac.

Lamartine venait de faire toutes les espèces d'efforts possibles à un homme pour donner à la république une direction d'intelligence et de raison. Il succomba sous la coalition de tous les partis. Il se confondit parmi les membres de l'Assemblée, dont il faisait partie, et il commença dès lors à s'éteindre dans l'oubli, dans l'indifférence, dans l'ingratitude, et ce qui est plus triste et plus odieux, dans l'injure et la calomnie.

On l'accusa, d'un côté, d'avoir compromis la République, de l'avoir perdue par sa modération, par ses tendances aristocratiques, par sa philosophie inopportune, par sa partialité pour la propriété et pour les classes élevées. D'un autre côté, on l'accusa d'avoir déchaîné, de concert avec les conspirateurs, les instruments de massacre et de pillage, d'avoir pactisé avec la démagogie, d'avoir créé un règne de terreur, d'avoir enrôlé, sous le nom de garde mobile, *vingt-quatre mille bandits effrénés;* d'avoir eu pour second, lors de l'invasion de la Chambre en février, un garçon boucher brandissant son couteau; de n'avoir aboli la peine de mort que parce qu'il sentait que lui-même l'avait méritée.

On s'attriste profondément quand on voit de ces citoyens comme Jean de Witt et comme Lamartine passer leur vie à vouloir le bien et tomber victimes de leurs vertus et de leur dévouement à la patrie, attaqués et proscrits par tous les partis.

GEORGE. — La contradiction même des attaques dirigées ainsi contre Lamartine et surtout leur violence, en démontrent elles-mêmes l'inanité. Quand il s'agit d'un homme de ce genre, on ne s'occupe pas de pareilles injures. Je ne l'accuse, moi, que d'avoir mêlé des scrupules de poëte aux considérations de la politique, au moment critique et décisif.

PAUL. — Tu as vu pourtant les graves raisons auxquelles il cédait en agissant comme il l'a fait. Quel homme impartial et sensé, les pesant mûrement et avec calme, voudrait décider qu'il avait tort?

De ce moment-là donc, comme je l'ai déjà dit, son agonie allait commencer. En 1849, il alla à Saint-Point. Un vieillard aveugle, qui l'avait connu dans les bons jours, l'entendit parler sur la grande route; le reconnut à sa voix, et l'aborda : « Monsieur Alphonse, soyez le
» bienvenu, lui dit-il. On disait pourtant que vous ne
» reviendriez jamais au pays, qu'il y avait eu du bruit
» là-bas, qu'on vous avait nommé un des rois de la
» république, et puis, qu'on avait voulu vous mettre
» en prison ou en exil, comme sous la *Terreur*. Il est
» venu au printemps un colporteur qui vendait des
» images de vous dans le pays, comme celles d'un grand

» homme de la république; et puis il en est venu en au-
» tomne qui vendaient des chansons contre vous, comme
» celles de *Mandrin*. J'ai bien pleuré quand ma fille m'a
» raconté cela un dimanche en revenant de la messe.
» Est-ce bien possible, ai-je dit, que Monsieur Alphonse
» *ait fait tous ces crimes*, et que lui qui n'aurait pas fait
» de mal à une bête quand il était petit, il ait fait couler
» le sang des hommes dans Paris, par malice? Et puis,
» quelques mois plus tard, on dit que ce n'était pas
» vrai; et puis, on n'a plus rien dit du tout. »

Ces derniers mots : *et puis, on n'a plus rien dit*, rendent mieux que dix pages l'injurieux oubli, plus dur que l'injure, où le grand homme a fini ses jours, après avoir sauvé son pays et peut-être la civilisation de son époque.

A l'injure, il ne répondait rien; il souriait et il disait :
« Mon âme est comme les cribles où les laveurs d'or
» du Mexique recueillent les paillettes du pur métal
» dans les torrents des Cordillères. Le sable en re-
» monte, l'or y reste. A quoi bon charger la mémoire
» de ce qui ne sert pas à nourrir, charmer ou conso-
» ler le cœur? » Plus il souffrait, plus il grandissait, justifiant ainsi ce mot de Franklin : « Il en est de
» l'homme de bien comme des plantes aromatiques;
» plus elles sont broyées, plus elles exhalent leurs par-
» fums. »

Il avait la douceur du Christ, son pardon des offenses, sa charité. L'âme et l'esprit étaient en lui également beaux, également grands. C'est incontestablement l'un des hommes les plus heureusement doués qui aient encore passé sur la terre; et l'on sera, je crois, quelque temps dans le monde avant de revoir une organisation de cette espèce.

Lamartine était de ceux qui fondaient jadis les religions. Il en avait la foi, qui soulève le monde; il en avait le génie, qui renverse les obstacles; il en avait ce don d'entraîner, d'enthousiasmer, d'enflammer, qui faisait toute la puissance des prophètes, des anciens organisateurs des sociétés; il en avait surtout la rêverie et la contemplation, mais étrangement alliées en lui à la logique et au sens pratique le plus rigoureux.

Dans d'autres temps, dans d'autres milieux, cet homme eût exercé sur le monde une influence plus considérable encore que celle qui nous surprend si fort dans l'histoire, sous les noms légendaires de Lycurgue, de Solon, de Moïse ou de Mahomet.

Il languit vingt ans après ses triomphes, répandant sans cesse des pages nouvelles, de nouveaux chefs-d'œuvre; propageant toujours, malgré ses souffrances, cette âme lumineuse et sympathique qui éclairait les choses d'un jour si pur et si complet.

Et puis, il mourut dans son isolement, comme Dante, comme Camoëns. Ni la fille ni l'épouse n'étaient là pour lui fermer les yeux. Mais il avait retrouvé une seconde fille : Valentine de Cessiat, la nièce du poëte et l'ange gardien de ses derniers jours, s'était faite depuis longtemps l'Antigone inséparable de cette vieillesse illustre, innocente et infortunée. Elle recueillit pieusement son dernier soupir.

Je l'ai vu couché sur son lit mortuaire, les mains réunies sur le crucifix, la figure calme et confiante, comme les espérances qui remplissaient son âme : tête de poëte et de philosophe, beauté du vieillard et du génie, que rien n'altère dans les luttes du monde! On croyait voir l'auréole des saints autour de son front.

Et je l'ai suivi à Saint-Point. Ces belles montagnes du Mâconnais, coupées de vallées, de collines, de sources ombreuses, comme celles que nous voyons ici, et qu'il a célébrées dans ses chants lyriques, s'étaient vêtues de blanc, en plein mois de mars, comme pour le recevoir. La neige recouvrait tout, rayée de noir sur les hauteurs par les pas des paysans qui, de tous les villages, depuis Mâcon, accouraient à Saint-Point par les sentiers de traverse.

Devant Monceau, le convoi s'arrêta. On retrouvait les vignes, le château, les grands arbres, toutes choses si bien décrites dans ces belles strophes que l'on sait par cœur. L'émotion était profonde, religieuse, solennelle.

Devant Milly, on s'arrêta encore. Pendant que les paysans s'assemblaient en foule, on se montrait du doigt le toit si connu, où s'est écoulée l'enfance du poëte :

« Il est sur la colline une blanche maison. »

Les cloches sonnaient partout dans les villages. Les curés attendaient le convoi, avec leurs enfants de chœur et leurs fidèles, le long de la route. Les paysans s'approchaient pour toucher le cercueil. Il avait été, dans tout le pays, l'ami du pauvre, la providence de toutes les souffrances. On vous raconte dans ces montages des choses si touchantes, qu'elles ont l'air d'un poëme populaire arrangé à plaisir, pour embellir encore, pour élever plus haut la vie de cet homme.

Enfin, nous entrâmes à Saint-Point. Il y avait plus de dix ans que j'y étais venu, et que j'y avais reçu cette hospitalité des vieux temps de la Grèce, qui créait une sorte de parenté du cœur, une alliance sacrée, indissoluble. Toute cette noble famille que j'y avais vue, entourant le poëte et adoucissant les ennuis de ses vieux jours, je la retrouvai, cette fois dans le deuil, rendant les derniers devoirs à celui qui lui laissait en héritage une sorte de consécration dans le rejaillissement d'une gloire impérissable et sans tache.

La cour du château était pleine de monde; tout le pays s'était réuni. L'impression générale était imposante dans son recueillement et dans son silence.

Et l'on plaça le grand homme dans la petite chapelle que nous savons, entre l'épouse et la fille, qu'il avait réunies et qui l'attendaient.

Il eût été inhumé à Saint-Denis, dans la tombe des rois, avec tout l'appareil de leurs majestés, qu'il n'eût pas eu des funérailles plus solennelles, plus vraiment dignes, dans leur majestueuse simplicité, de sa royauté de l'intelligence et du génie.

GEORGE. Ce n'est pas de l'admiration que tu as pour celui-ci, c'est un vrai culte.

PAUL. Diderot disait qu'il tenait pour malhonnêtes gens ceux qui n'avaient pas pour Richardson l'enthousiasme qu'il lui inspirait; je taxe, moi, d'ingratitude et de déloyauté ceux qui ne vénèrent pas le nom de l'homme exceptionnel dont nous parlons.

La pensée de cet homme atteignait les cimes les plus

élevées, et s'étendait aux dernières limites des choses créées. Son âme était si honnête qu'elle semblait dépaysée parmi les hommes. Un de ses adversaires politiques, homme transcendant lui-même et le principal chef de l'école socialiste (1), a dit de lui, tout en l'attaquant, *qu'on pouvait se reposer sur lui du soin même de penser.*

Ce mot immense ne peut s'appliquer qu'à un homme complet comme Lamartine. Si j'avais à lui faire une épitaphe, je ne mettrais que cela sur son tombeau.

---

Trois jours après cet entretien, on sellait, un matin, deux chevaux devant la case, c'étaient ceux de nos deux amis. Ils allaient repartir pour le Cap, après leur long séjour dans les montagnes.

George, arrivé malade et mélancolique, avait repris à la fois la santé du corps et celle de l'esprit. L'air des montagnes avait ravivé en lui les sources de la vie. Les longues causeries à l'ombre des forêts avaient changé le cours de ses idées et effacé de son cœur le souvenir d'un amour trompé qui le dévorait, et qui n'était pas pour rien dans l'espèce de scepticisme que nous lui avons vue.

Le petit vacher sanglait une *macoute* pleine de livres sur la bête de charge qu'il devait monter, sa mère ayant consenti à le laisser suivre les deux messieurs, qu'il ne voulait plus quitter et qui lui avaient déjà appris à lire.

---

(1) Proudhon.

Au moment de monter à cheval, George s'approcha de Paul et lui dit : « Je vais te faire un bien grand » plaisir, mon raisonneur. J'ai bien réfléchi à tout ce » que nous avons dit dans nos entretiens au milieu de » ces bois ; et j'en suis venu, non point seulement pour » t'être agréable, je ne suis pas si complaisant, tu le » sais bien ; j'en suis venu, dis-je, à tenir pour vraies » ces trois choses : — qu'il n'y a de légitimité que la » démocratie, — que cette démocratie n'est réalisable » qu'au moyen de l'ordre et d'une direction très- » éclairée, — et enfin, que plus un homme est grand » par l'intelligence et par le cœur, plus il est apte à » conduire à bien ce régime rationnel et humanitaire » de la démocratie sagement réglée, qui est ton sys- » tème. Tu as raison. Là est tout l'avenir de l'hu- » manité.

» Tu as, en outre, rallumé en moi l'enthou- » siasme des grandes choses, que j'avais perdu ; je t'en » sais gré, et je t'en aime mille fois plus encore. La » vie n'est rien sans conviction, sans espérance, sans » idéal.......... Le matérialisme n'est pas plus vrai » que le mysticisme. »

Paul lui serra la main. Ils montèrent à cheval, et, précédés du petit garçon, ils prirent le sentier tracé dans l'herbe, qui mène à la première branche de la rivière. Nous les retrouverons peut-être un peu plus tard.

# TABLE.

|  | Pages. |
|---|---|
| ÉPOQUE GRECQUE : | |
| Périclès. | 1 |
| Démosthènes. | 77 |
| Solon. | 178 |
| ÉPOQUE ROMAINE : | |
| Cicéron. | 195 |
| ÉPOQUE FRANÇAISE : | |
| Avant 89. | 385 |
| Mirabeau. | 451 |
| Lamartine. | 586 |

# En vente à la même Librairie.

**Asmodée à New-York**, revue critique des institutions politiques et civiles de l'Amérique. Coutumes, Anecdotes romanesques, etc.; Vie publique et privée, Mœurs. Un beau volume in-8° cavalier. Prix . . . . . . . . 8 fr.

**Les États américains**, leurs produits, leur commerce en vue de l'Exposition universelle de Paris, par L. TENRÉ, consul de la République du Paraguay, commissaire délégué à l'Exposition universelle. Un vol. in-8°. Prix. 6 fr.

**Australie.** — **Voyage autour du monde**, par le comte de BEAUVOIR. Ouvrage enrichi de deux grandes Cartes et de douze Gravures-photographies. *Quatrième édition.* Un joli volume in-18 jésus. Prix . . . . . . . . 4 fr.

**Java, Siam, Canton.** — **Voyage autour du monde**, par le comte DE BEAUVOIR. Ouvrage enrichi d'une grande Carte spéciale et de quatorze Gravures-photographies. *Quatrième édition.* Un joli volume in-18 jésus. Prix. 4 fr.

**Harmonies de la mer**, Courants et Révolutions; par M. FÉLIX JULIEN, lieutenant de vaisseau, ancien élève de l'École polytechnique. Un volume in-18 jésus. Prix . . . . . . . . . . . . . . . . . . . . 2 fr. 50 c.

**Les Commentaires d'un marin**, par FÉLIX JULIEN. Un joli vol. in-18. 3 fr.
*Le même*, édition in-8° . . . . . . . . . . . . . . . . . . . 5 fr.

**Histoire des Perses**, d'après les auteurs orientaux, grecs et latins, et particulièrement d'après les manuscrits orientaux inédits, les monuments figurés, les médailles, les pierres gravées, etc., par le comte de GOBINEAU. Deux beaux volumes in-8° de plus de 600 pages chacun. Prix . . . . . . 16 fr.

**Organisation militaire des Chinois**, ou la Chine et ses armées, suivi d'un aperçu sur l'administration civile de la Chine, par le capitaine P. DABRY, consul de France en Chine, chevalier de la Légion d'honneur, membre de la Société asiatique de Paris. 1 volume in-8°. Prix . . . . . . . . . 6 fr.

**L'Archipel des îles normandes, Jersey, Guernesey, Auregny, Sark et dépendances**; institutions communales, judiciaires, féodales de ces îles, avec une carte pour servir à la partie géographique et hydrographique, par Théodore LE CERF, de la Société des antiquaires de Normandie. Un volume in-8°. Prix . . . . . . . . . . . . . . . . . . . . . . . . . 5 fr.

**Histoire de France**, depuis les origines jusqu'à nos jours, par M. C. DARESTE, doyen de la Faculté des lettres de Lyon, correspondant de l'Institut, ouvrage auquel l'Académie française a décerné deux fois (années 1867 et 1868) **LE GRAND PRIX GOBERT**. Six forts volumes in-8° cavalier vélin glacé. Prix . . . . . . . . . . . . . . . . . . . . . . . . . 48 fr.

**La Démagogie en 1793 à Paris**, ou histoire jour par jour de l'année 1793, accompagnée de documents contemporains rares ou inédits, recueillis, mis en ordre et commentés par C. A. DAUBAN. Ouvrage enrichi de seize gravures de VALTEN et autres artistes, d'après des dessins inédits et des gravures du temps. Un fort volume in-8° cavalier. Prix . . . . . . . . . . . 8 fr.

**Paris en 1794 et en 1795**, Histoire de la Rue, du Club, de la Famine, composée d'après des documents inédits, particulièrement les rapports de police et les registres du Comité de salut public, avec une introduction par C. A. DAUBAN. Ouvrage enrichi de gravures du temps et d'un *fac-simile*. Un magnifique volume in-8° cavalier vélin glacé. Prix . . . 8 fr.

PARIS. TYPOGRAPHIE DE HENRI PLON, IMPRIMEUR DE L'EMPEREUR, RUE GARANCIÈRE, 8.

www.ingramcontent.com/pod-product-compliance
Lightning Source LLC
Chambersburg PA
CBHW060905300426
44112CB00011B/1347